2018

BAOAN YEARBOOK

宝安年鉴

深圳市宝安区档案局（馆）
深圳市宝安区史志办公室 ◎编

深圳报业集团出版社
SHENZHEN PRESS GROUP PUBLISHING HOUSE

责任编辑：李彦姝
封面设计：深圳市鼎藏文化艺术有限公司
内页设计：深圳市索雅美术设计有限公司

图书在版编目（CIP）数据

宝安年鉴．2018 / 深圳市宝安区档案局（馆），深圳市宝安区史志办公室编．-- 深圳：深圳报业集团出版社，2018.10

ISBN 978-7-80709-866-9

Ⅰ．①宝… Ⅱ．①深… ②深… Ⅲ．①宝安区 - 2018 - 年鉴 Ⅳ．① Z526.54

中国版本图书馆 CIP 数据核字（2018）第 235844 号

宝安年鉴　2018
Bao’an Nianjian 2018

编　　者	深圳市宝安区档案局（馆）　深圳市宝安区史志办公室
出版发行	深圳报业集团出版社　（518034 深圳市福田区商报路 2 号）
印　　刷	深圳市千叶印刷有限公司
经　　销	新华书店
版　　次	2018 年 11 月第 1 版　2018 年 11 月第 1 次印刷
开　　本	880mm × 1194mm　1/16
字　　数	920 千字
印　　张	24
书　　号	ISBN 978-7-80709-866-9
定　　价	180.00 元

《宝安年鉴》编审委员会

《宝安年鉴》编辑部

编辑说明

一、依法编纂

本年鉴是中共深圳市宝安区委、宝安区人民政府《地方志工作条例》《广东省地方志工作条例》组织编印的地方综合性年鉴，是系统记述宝安区自然、地理、政治、经济、文化和社会等各方面情况的年度资料性文献，是集权威性、史料性、实用性为一体的地情百科工具书，兼有为今后续修志书积攒史料的功能。本年鉴1995年创刊，出版24期。

二、指导思想

本年鉴以马克思列宁主义、毛泽东思想、邓小平理论、“三个代表”重要思想、科学发展观、习近平新时代中国特色社会主义思想为指导，运用辩证唯物主义和历史唯物主义的立场、观点和方法，遵照党和国家现行的各项路线、方针、政策，遵守《中华人民共和国宪法》和国家各项法律、法规，力求客观、真实地记述宝安区自然、政治、经济、文化和社会的现状。

三、文体与文风

文体采用规范的语体文，以记叙为主，说明为辅，两者结合；“寓观点于记述之中”，用第三人称据事直书。

四、记述范围及时间

本年鉴记述地域范围以宝安区行政区域为界。

本年鉴记述时间起自2017年1月1日，截至2017年12月31日。为了事物的完整性，记述时间适当上溯或下延。书中“历史沿革”类目内容记述时间起自可追溯的事物发端。

五、体裁

本年鉴采用分类编辑法，按照方志体例横分门类，以类目、分目、条目 3 个层次为框架结构，以条目为主要载体，条目标题统一用黑体加“【 】”表示。条目后括注为供稿作者。

本年鉴由今日宝安图片选辑、特载、宝安概况、大事记、特色宝安、中国共产党深圳市宝安区委员会、深圳市宝安区人民代表大会、深圳市宝安区人民政府、中国人民政治协商会议深圳市宝安区委员会、纪检 监察、群众团体、法治、军事、工业、城市规划和建设、人居环境、农业和海洋渔业、交通 邮政 电信、金融、商贸、财政 税务、经济综合管理、科技 教育、文化 旅游、卫生 体育、社会生活、街道、人物、统计资料、索引 30 个部分组成。除特载、统计资料采用综合性文章外，其余内容均以条目为表现内容的基本形式。

为便于检索，目录集于书首，书后设索引，采用主题分析方法。

六、框架

本年鉴按照科学发展观要求，以实事求是、客观真实为原则，按照国家现行法律、法规、党和国家行政管理部门制定的政策和规定、国家标准、学科规律，结合地情谋篇布局。

全书由辅文和正文两部分组成。辅文分为文前辅文和文后辅文两部分，其中文前辅文包括特载、宝安概况、大事记、特色宝安；文后辅文包括人物、统计资料、索引；正文包括中国共产党深圳市宝安区委员会、深圳市宝安区人民代表大会、深圳市宝安区人民政府、中国人民政治协商会议深圳市宝安区委员会、纪检 监察、群众团体、法治、军事、工业、城市规划和建设、人居环境、农业和海洋渔业、交通 邮政 电信、金融、商贸、财政 税务、经济综合管理、科技 教育、文化 旅游、卫生 体育、社会生活、街道。

七、行政区划名称的使用

本年鉴中涉及的省、市、区三级行政区划名及机构名前冠以的行政区划名，凡未有行政区划专名、只有行政区划通名的“省”“市”“区”，分别指代“广东省”“深圳市”“宝安区”，如“省政府”指“广东省人民政府”。

八、数字用法

本年鉴历史纪年用汉字数字，公历用阿拉伯数字。清（含）以前的朝代年号，采用历史纪年，括注公元纪年；中华民国纪年使用阿拉伯数字，括注公元纪年；1949 年 10 月 1 日中华人民共和国成立后，使用公元纪年。

九、计量单位

本年鉴中计量单位名称、符号的使用，除特例，一律采用中华人民共和国法定计量单位。其中，长度单位用“米”或“千米”，重量单位用“克”“千克”“吨”。其中引用文献中的计量单位尊重原文，不做改动。

十、统计口径及资料来源

本年鉴涉及的统计数据来源于宝安区统计局。对各单位初稿使用的数据如与统计局公布的数据有出入者，一律以统计局公布的数据为准。

本年鉴采用的文稿、图表由宝安区及其所辖社区党政机构、企事业单位提供，人口数据为统计局提供的人口数，特色数据由各部门、各单位提供。

本年鉴中人口性别比以女性为 100。

今日宝安 图片选辑

2017 年 1 月 12 日，中国共产党深圳市宝安区第六届代表大会第二次会议在区委区政府会堂召开

2017 年 2 月 14 日，中共深圳市宝安区第六届纪律检查委员会第二次全体（扩大）会议在区委区政府会堂召开

2017年2月15日，中国人民政治协商会议深圳市宝安区第五届委员会第二次会议在区委区政府会堂召开

2017年2月16日至17日，深圳市宝安区第六届人民代表大会第二次会议在区委区政府会堂召开

2017 年 5 月 3 日，宝安区举办“不忘初心跟党走”宝安区纪念五四运动 98 周年主题团日活动

2017 年 6 月 27 日，宝安区召开国企党建工作会议

2017 年 3 月 21 日，中宣部副部长景俊海一行到宝安区调研

2017 年 9 月 25 日，人力资源和社会保障部副部长、国家外专局局长张建国到宝安区调研

2017 年 5 月 19 日，国务院办公厅电子政务办主任卢向东一行到宝安区调研智慧政务建设工作

2017 年 6 月 16 日，国务院安委会办公室副主任、国家安全监管总局副局长李兆前一行到宝安区检查企业粉尘防爆专项治理和职业健康工作

2017 年 9 月 20 日，广东省委常委、省纪委书记施克辉到福永街道调研纪工委工作

2017 年 4 月 22 日，广东省委常委、深圳市委书记王伟中到宝安区调研水污染治理工作

2017 年 11 月 10 日，深圳市长陈如桂到宝安区调研大空港片区建设情况

2017 年 11 月 12 日，深圳市副市长黄敏率队调研茅洲河黑臭水体整治工作

2017 年 11 月 20 日，宝安区委书记姚任率队参观第十九届高交会宝安展区

2017 年 4 月 21 日，宝安区常务副区长郭子平参加石岩街道“十大重点工程”之一、兰台山森林公园一期配套项目——羊台山提升完善工程开工仪式

2017 年 4 月 7 日，宝安区人大常委会主任张志彪参加党建 +360° 服务联盟成立暨基层党群服务专项资金新闻发布会

2017 年 8 月 3 日，宝安区政协主席邓桂洪视察沙井街道“9・800・669”工作及茅洲河黑臭水体治理情况

2017 年 1 月 6 日，宝安区举办亚太星通首席科学家孙家栋院士聘任仪式

2017 年 1 月 10 日，宝安区新安街道旧厂房转型升级现场会暨七星创意工场开园

2017 年 1 月 19 日，宝安区举行“面朝大海，得宝而安”高层次人才认定及待遇落实“1000 工程”首批新引进人才“交钥匙”仪式

2017 年 1 月 22 日，宝安中德（欧）产业示范园开工

2017 年 2 月 25 日，宝安 38 区新乐花园、39 区海乐花园棚户区改造项目签约仪式举行

2017 年 3 月 8 日，宝安区开展十大街道违法建筑集中拆除行动

2017 年 3 月 23 日，宝安区举行全区十个街道管道燃气入户工程集中开工签约活动

2017 年 3 月 27 日，非遗进校园——国家级非物质文化遗产“七星狮舞”走进燕山学校

2017 年 4 月 19 日，宝安区基层治理质量年——保障城市安全“城中村综合整治”专项行动启动

2017 年 4 月 26 日，宝安区举办庆“五一”暨第二十届职工文艺汇演

2017 年 5 月 1 日，西湾红树林公园建成开园

2017 年 5 月 3 日，宝安区举行石岩湖国际院士村启动仪式

2017 年 5 月 10 日，宝安十万义警誓师仪式现场

2017 年 6 月 10 日，宝安区举办“文明创建　志愿争先”万人誓师大会

2017 年 6 月 17 日，宝安区“凤凰于栖　汇才成林”人才林揭幕

2017 年 6 月 19 日，宝安区政府与中国冶金科工股份有限公司战略合作框架协议签约

2017 年 6 月 27 日，宝安区“一河一长”责任工程启动暨环保水务局新治理架构揭牌

2017 年 6 月 29 日，宝安区召开“不忘初心　继续前进”庆祝中国共产党成立 96 周年大会

2017 年 7 月 2 日，宝安区青少年服务中心（青少年宫）落成

2017 年 7 月 27 日，宝安区举办首届创业孵化基地推介会

2017 年 8 月 31 日，宝安区 9 所新校（园）启用，新增学位 13410 个

2017 年 9 月 22 日，2017 宝安沙井足球文化节暨“合澜杯”青年足球比赛开幕式

2017 年 9 月 26 日，深圳国际人才交流中心在宝安人才园揭牌成立

2017 年 10 月 28 日，深圳最大的单个商业综合体——壹方城开业

2017 年 11 月 1 日，宝安区举行“院士讲坛”揭牌仪式暨首期“院士讲坛”科学家与人文学者对话活动

2017 年 11 月 20 日，宝安区举办“欢庆十九大　拥抱新时代”“理想·忠诚·中国梦”傅庚辰作品音乐会

2017 年 12 月 1 日，宝安区启动交通大整治暨整治电动自行车交通违法“百日行动”

2017 年 12 月 3 日，“一带一路”马拉松系列赛——招商蛇口·华侨城 2017 深圳宝安国际马拉松赛开跑

2017 年 12 月 8 日，中国浦东干部学院宝安教学研究基地签约揭牌

2017 年 12 月 12 日，“2017 智能制造产业国际合作发展论坛”在宝安区举行

大美滨海宝安

羊台水润　　（刘自得　摄）

（李兆武　摄）

翩翩起舞　　（朱韶军　摄）

夜幕中的宝安图书馆　　（赖国强　摄）

“冰心奖”图书馆

新安中学高中部运动场 （赖国强　摄）

松岗街道体育中心

桃花源科技园 （冷江 摄）

宝安区卫星科普教育基地效果图

凤凰胜景　　（曾繁坚　摄）

绿色骑行　　（黄建华　摄）

石岩湖环湖绿道

水天一色石岩湖（刘自得　摄）

固戍码头旧址

桐轩书室

新桥粮仓旧址

中共宝安县第一次党代会旧址纪念馆

曾氏大宗祠

曾氏大宗祠“大学堂”

清平古墟效果图

目　录

深圳市宝安区行政区划图
《宝安年鉴》编审委员会名单
《宝安年鉴》编辑部名单
编辑说明

今日宝安图片选辑

重要会议
领导调研
重大活动
魅力宝安

特　载

勇当“四个全面”先行区　全面建设具有全球影响力的现代化国际化滨海宝安、质量型创新型产业名城、宜业宜居活力之区
——在中国共产党深圳市宝安区第六届代表大会第二次会议上的报告 …………………………… 黄　敏（1）
深圳市宝安区人民代表大会常务委员会工作报告
——在深圳市宝安区第六届人民代表大会第二次会议上的工作报告 …………………………… 张志彪（11）
深圳市宝安区政府工作报告
——在深圳市宝安区第六届人民代表大会第二次会议上的讲话 …………………………… 姚　任（16）
中国人民政治协商会议深圳市宝安区第五届委员会常务委员会工作报告
——在政协深圳市宝安区第五届委员会第二次会议上的讲话 …………………………… 邓桂洪（24）
坚决落实全面从严治党战略部署　为建设湾区核心　智创高地　共享家园提供坚强保证
——在中国共产党深圳市宝安区第六届纪律检查委员会第三次全体会议上的工作报告 ………… 张现军（30）

宝安概况

· 地理环境
历史沿革 …… 36
位置与面积 …… 36
气候 …… 36
人口 …… 37
海岸与海洋资源 …… 37
旅游资源 …… 37
行政区划 …… 38
宝安地标建筑 …… 39
壹方城 …… 39

· 国民经济和社会发展
概况 …… 39
重点片区建设 …… 39
基本公共服务 …… 40
生态文明建设 …… 40
体制改革 …… 40
农业 …… 41
工业和建筑业 …… 41
投资和消费 …… 41
对外经济 …… 42
交通、邮电与旅游 …… 42
财政和税收 …… 42

教育和科技…………………………………………………… 42
文化、卫生和体育………………………………………………… 42
城市建设、环境保护与安全生产……………………………… 43
人民生活和社会保障…………………………………………… 43
政治建设……………………………………………………………… 43

2017 年宝安大事记

1月 ……………………………………………………………… 44
2月 ……………………………………………………………… 45
3月 ……………………………………………………………… 45
4月 ……………………………………………………………… 46
5月 ……………………………………………………………… 47
6月 ……………………………………………………………… 48
7月 ……………………………………………………………… 50
8月 ……………………………………………………………… 51
9月 ……………………………………………………………… 52
10月……………………………………………………………… 53
11月……………………………………………………………… 53
12月……………………………………………………………… 55

特色宝安

· 民生实事
2017年宝安区民生实事三级责任分解及完成情况…… 57

· 创新宝安
深圳市首个制造业创新中心在宝安启动……………… 73
全市首家街道级社区党校成立……………………………… 73
宝安率先在全省成立区级文艺志愿者协会……………… 73
深圳首家母胎医学研究所落户宝安……………………… 73
全国社区教育数字化学习联盟落户宝安………………… 74
宝安在全省率先全面推进环保主任试点工作…………… 74
全国首家区校共建未来教育体验中心揭牌……………… 74

· 重要展会和论坛
宝安参展第十三届"文博会" ……………………………… 74
2017"宝博会""智博会""电博会" ……………………… 75
宝安参展第十四届"中国—东盟博览会" ……………… 75
2017年全国双创周深圳活动暨第三届深圳国际创客周 76
宝安参展"2017物博会" …………………………………… 76
2017中德企业国际投资合作论坛…………………………… 76
宝安参展第十九届"高交会" ……………………………… 76
东欧国家院士合作发展论坛………………………………… 77
科技"一带一路"与粤港澳大湾区创新论坛…………… 77
宝安"创意十二月" ………………………………………… 77
全国第十三届打工文学论坛………………………………… 77
"2017智能制造产业国际合作发展"论坛……………… 77
中欧协同创孵高峰论坛……………………………………… 77

· 宝安物产与品牌
宝安咸茶……………………………………………………… 77
宝安凤凰茶…………………………………………………… 77
宝安荔枝酒…………………………………………………… 78
宝安沙井蚝油………………………………………………… 78
宝安石岩沙梨………………………………………………… 78
宝安芒叶粽…………………………………………………… 78
宝安月团……………………………………………………… 79
宝安云片糕…………………………………………………… 79
深圳喜嫁礼饼………………………………………………… 79
百年合成号…………………………………………………… 79

中国共产党深圳市宝安区委员会

· 2017 年中共深圳市宝安区委书记、副书记、常委名单
2017年宝安区委机构设置…………………………………… 80

· 区委区政府办公室（区直机关党工委）工作
概况…………………………………………………………… 80
区直机关党务工作…………………………………………… 81

会务与公务安排……81
公文办理……82
综合文稿服务……82
新闻信息工作……82
外事工作……82
政策研究……82
绩效管理……83
智慧宝安建设……83
法制建设……83
改革推进……83
督察督办……83
机要保密……84
档案史志……84
政务服务……84
安全维稳工作……84
党的十九大精神学习宣贯活动……85
“1+7”专项行动……85

·组织（人事）工作

党的十九大精神学习贯彻工作扎实推进……85
“两学一做”学习教育常态化制度化……85
社区“两委”换届……86
基层党建工作……86
干部队伍建设……87
党管人才工作……89
老干部和保健工作……89
机构编制和体制机制改革……90
组工干部能力建设……91

·宣传工作

概况……91
学习宣传党的十九大精神……91
意识形态和理论武装工作……91
主流媒体正面宣传……92
舆情应对处置……92
政务新媒体宣传……92
文化设施建设与文化活动……92
文艺精品创作……92
历史人文资源发掘……93
宣传文化体育发展专项资金……93
培育社会主义核心价值观……93
第五届全国文明城市创建……93
群众性文明创建活动……93
宣传队伍建设……93

·统战工作与港澳侨台事务

概况……96
理论宣讲……96
教学培训……96
科研课题……96
决策咨询……97
党校队伍建设……97
校园文化建设……97

·党校工作

概况……97
理论宣讲……97
教学培训……97
科研课题……97
决策咨询……98
党校队伍建设……98
校园文化建设……98

·信访工作

概况……97
法治信访、阳光信访、责任信访……98
责任信访落实……98
信访工作机制完善……99

深圳市宝安区人民代表大会

·2017年宝安区人大常委会组成人员名单

2017年宝安区人大常委会机关机构设置……100

· 综 述
思想建设…… 101
组织建设…… 101
制度建设…… 101

· 调研视察工作
督促重点工作落实…… 101
重大项目建设推动…… 101
产业转型升级促进…… 101
人事任免…… 102

· 监督工作
代表履职能力提升…… 102
代表履职平台拓展…… 102
意见建议督办…… 103

· 代表工作
代表履职能力提升 …… 103
代表履职平台拓展 …… 103
意见建议督办 …… 104

深圳市宝安区人民政府

· 2017 年宝安区人民政府 区长、副区长名单
2017年宝安区政府机构设置 …… 104
2017年市政府派驻宝安区机构设置 …… 105
2017年宝安区政府派出机构设置 …… 106

· 宏观经济与投资项目管理
概况…… 106
年度国民经济计划执行…… 106
固定资产投资…… 106
重大项目建设…… 106
2017年宝安区政府派出机构设置…… 106
第四季度新开工项目集中开工…… 107

· 宏观统筹
特区一体化建设…… 107
优化提升营商环境…… 107
“三年大变样”行动计划…… 107
“三年大提升”行动计划…… 107
深圳质量建设…… 107

· 循环经济与节能减排
节能减排统筹…… 107
园区循环化改造…… 107
新能源汽车充电桩建设…… 107
节能宣传活动…… 107

· 社会事业管理
停车场建设推进…… 107
价格管理…… 108
政府储备粮管理…… 108
人口管理…… 108

· 人才资源开发
人才队伍建设…… 108
招才引智活动…… 108
国际人才交流合作…… 108
宝安人才园建设…… 109
技能人才“工匠工程” …… 109
人才精准服务…… 109

· 就业创业服务
概况…… 109
就业创业政策…… 109
重点群体就业…… 109
创业带动就业…… 109
扶贫劳务协作…… 110

· 和谐劳动关系建设
概况…… 110
劳资纠纷预警防范…… 110
劳动用工监管…… 110

劳资纠纷应急处置……………………………… 110
劳动人事争议仲裁……………………………… 111
劳动争议调解组织建设………………………… 111
劳动用工诚信评价机制………………………… 111

·公职人员管理

人事制度改革…………………………………… 111
公职人员招考招聘……………………………… 111
人事规范管理…………………………………… 111
公职人员培训…………………………………… 111
自身建设………………………………………… 111

·应急管理

概况…………………………………………… 112
党的十九大特别防护期应急工作……………… 112
应急值守和信息报送…………………………… 112
应急处置………………………………………… 112
预案管理和应急演练…………………………… 112
风险管理和应急准备…………………………… 113
应急宣教培训…………………………………… 113

·机关事务管理

概况…………………………………………… 113
科学化规范化管理……………………………… 113
重要政务活动保障到位………………………… 113
公务后勤保障…………………………………… 114
机关安全生产工作……………………………… 114
公共机构节能…………………………………… 114
机关食堂管理…………………………………… 114
机关工会工作…………………………………… 114

·公共资源交易

概况…………………………………………… 115
交易业务平台整合……………………………… 115
整体交易规范…………………………………… 116
整体交易服务水平提升………………………… 116
整体交易信息化水平提升……………………… 116
区重点、重大、民生项目交易任务…………… 117
工程电子招标投标系统市区一体化…………… 117
小型建设工程招标系统开发启用……………… 118
首宗土地合作开发类项目完成………………… 118
政府采购项目诚信履约抽检…………………… 118
助力街道、国企发展…………………………… 118
教育系统采购管理改革推动…………………… 118

中国人民政治协商会议深圳市宝安区委员会

·2017年政协深圳市宝安区委员会主席、党组书记、副主席、常委名单

2017年宝安区政协机关机构设置……………… 119

·综 述

概况…………………………………………… 119
委员队伍建设…………………………………… 120
机关能力建设…………………………………… 120

·政治协商

概况…………………………………………… 120
“9·800·669工程”落实 ……………………… 120
党的十九大特别防护期工作…………………… 120
文明城市创建任务……………………………… 120
政协机关网格化管理工作……………………… 120
政协落实黑臭水体治理和河长制工作………… 120
政协落实包案任务……………………………… 121
配合抓扶贫工作………………………………… 121
配合抓治水工作………………………………… 121
配合抓规划和智慧管理工作…………………… 121

·民主监督

概况…………………………………………… 121
政协机制建设…………………………………… 121
专题视察………………………………………… 121
提案工作………………………………………… 121

区政协委员“直通车”…… 122
政协信息工作…… 122

· 参政议政
概况…… 122
年度协商计划制定…… 122
专题调研…… 122
协商议政…… 122

· 联谊工作
概况…… 123
发挥党派团体的作用…… 123
发挥界别优势作用…… 123
深化联络站创建工作…… 123
团结联谊…… 123

纪检 监察

· 2017 年中共深圳市宝安区纪委领导成员名单
· 2017 年宝安区监察局领导成员名单
· 综 述
概况…… 124

· 党风廉政建设和反腐败工作
主体责任和监督责任…… 124
执纪审查和巡察工作…… 125
作风建设和行政问责…… 125
廉政宣传和教育预防…… 125
纪检监察体制机制改革…… 126

· 纪检监察队伍与作风建设
纪检监察干部队伍建设…… 126
党风廉政建设和监督工作…… 126

群众团体

· 工 会
概况…… 127
工会组织建设…… 127
治理劳资纠纷试验区建设…… 127
工会干部和职工素质培训…… 128
维权维稳和困难帮扶…… 128
劳动技能竞赛和劳模工作…… 128
职工文体活动…… 129
服务职工…… 129
工会宣传…… 129
工会创新工作…… 130

· 共青团
概况…… 130
“凝聚”青年心向党…… 130
青少年志愿服务…… 130
党建+360° 服务模式…… 131

· 妇 联
概况…… 131
妇女儿童服务…… 132
妇女权益维护…… 132
母亲文化节活动…… 132
妇女参政议政…… 132
女性岗位建功成长成才…… 132
妇女儿童规划达标率领先全市…… 132
社区“会改联”全覆盖…… 132
妇联区域化建设…… 132
女性社会组织发展…… 133

· 工商联
概况…… 133
非公经济人士成长…… 133
促进非公有制经济健康发展…… 134

发挥企业家作用…… 134
工商联（商会）组织建设…… 135

·文 联
概况…… 136
作协成果…… 136
书协活动…… 137
音协成果…… 137
戏曲成果…… 137
美协成果…… 137
摄影活动…… 137
艺术展出活动…… 137
文艺品牌提升…… 138

·残 联
概况…… 138
残联组织建设…… 138
残联民生实事项目…… 138
残疾人事业“十三五”计划…… 139
残联“三大调研”…… 139
“三项底线保障”推进…… 139
残联“三大活动品牌”…… 139
残联“四大服务体系”建立…… 140
“文明城市”创建…… 140
“全国助残日”系列活动…… 141
残疾人文体活动…… 141

法 治

·政 法
概况…… 142
社会大局稳定维护…… 142
平安宝安建设…… 142
2017年宝安区委政法委员会机关机构设置…… 143
网格化智慧管理…… 143
法治宝安建设…… 143
改革创新推进…… 144
政法队伍建设…… 144

·公 安
概况…… 144
社会安全维护…… 144
警务改革…… 145
社会面动态管控和治安管理水平提升…… 146
队伍执法规范化建设…… 146

·检 察
概况…… 147
刑事检察…… 147
职务犯罪查办与预防…… 148
诉讼监督…… 148
检察工作新机制…… 148
阳光检务…… 149
检察队伍建设…… 149

·法 院
概况…… 149
刑事审判…… 149
民商事审判…… 150
执行工作…… 150
审判管理…… 150
社会综合治理…… 150
司法改革…… 150
法院队伍建设…… 151

·司法行政
概况…… 151
法治宣传…… 151
人民调解…… 152
法律援助…… 152
律师服务与管理…… 152
公证服务…… 152
社区矫正和安置帮教…… 153
司法队伍建设…… 153

军 事

· 2017 年宝安区武装领导机构领导成员名单

中共宝安区委人民武装委员会 …… 154
宝安区国防动员委员会 …… 154
中共宝安区人民武装部委员会 …… 154
宝安区人民武装部 …… 154

· 宝安区人民武装部

概况 …… 154
练兵备战 …… 154
国防动员 …… 154
部队管理 …… 155
征兵工作 …… 155

· 武警宝安中队

概述 …… 155
思想政治建设 …… 155
执勤战备 …… 155
军事训练 …… 156
后勤保障 …… 156
“双拥”工作 …… 156

· 公安消防宝安大队

概况 …… 157
消防队伍建设 …… 157
消防岗位练兵 …… 157
消防队伍管理创新 …… 158
消防后勤保障 …… 158
消防职业化 …… 160

· 人民防空

概况 …… 160
民防行政审批 …… 160
民防行政执法 …… 160
民防宣传教育 …… 160
民防重点工程建设 …… 160
地震安全示范社区创建工作 …… 160

工 业

· 综 述

概况 …… 161
投资增速创新高 …… 161
税收突破600亿元大关 …… 161

· 宝安区行业龙头骨干企业选介

宝安区行业龙头骨干企业选介 …… 161
深圳创维-RGB电子有限公司 …… 161
深圳市华讯方舟科技有限公司 …… 161
富葵精密组件（深圳）有限公司 …… 162
兴英科技（深圳）有限公司 …… 162
欣旺达电子股份有限公司 …… 162
惠科电子（深圳）有限公司 …… 163
恩斯迈电子（深圳）有限公司 …… 163
伟创力电子设备（深圳）科技有限公司 …… 163

城市规划和建设

· 国土资源管理

概况 …… 164
强区放权落实 …… 164
规划编制 …… 165
盘活土地资源 …… 165
服务民生工程 …… 165
安全生产与信访维稳 …… 166

· 违法建筑查处

概况 …… 166
严控违建“零增量” …… 166

违建“减存量”落实…… 166
违建管治专项行动…… 167
查违攻坚…… 167
住宅建设“互联网+政务服务”推进 …… 167
土地规划事权工作…… 167

·城市规划

概况…… 167
规划设计项目…… 167
规划设计品牌建设…… 168
规划设计人才培养…… 168

·中心区规划建设

概况…… 169
中心区规划设计…… 169
中心区开发建设…… 169
产业布局发展规划…… 169
规划建设管理…… 169
规划建设信息宣传…… 169

·土地整备开发

概况…… 169
土地整备制度建设…… 169
重点项目土地整备…… 170
违法建筑空间管控与土地整备利益统筹专项行动… 170

·住房保障和建设管理

概况…… 171
住房保障制度建设…… 171
房源建设筹集…… 171
住房租售和后续管理…… 171
房改政策执行…… 171
建设品质提升…… 171
建筑科技应用…… 171
绿色建筑发展…… 172
综合管廊建设…… 172
施工安全监管…… 172
既有建筑纳管…… 172
物业行业管理…… 172
燃气供应保障…… 172
燃气安全管理…… 172
建筑废弃物管理…… 173
工程招投标监管…… 173
建筑劳务市场管理…… 173
住房建设综合服务…… 173

·市政工程建设

概况…… 173
教育类政府工程项目…… 173
卫生类政府项目…… 174
市政类政府项目…… 174
公共建筑类项目…… 175
宝安区土地整备中心移交项目…… 175
审计及历史遗留工程项目…… 175
政府工程管理…… 176
建筑安全管理…… 176
建筑工程督办与协调…… 176
建筑工程事务管理…… 176

·公共物业管理

概况…… 177
“智慧物管”建设…… 177
公共资源移交接收“四个同步” …… 177
社区公共资源规划和设计审核移交…… 177
政府物业产权管理…… 178
政府物业城市更新和拆迁补偿…… 178
新设街道办公和业务用房调配…… 178
行政办公用房调配…… 178
政府物业经营管理…… 178
政府物业安全生产管理…… 178
政府物业安全培训与演练…… 178
制度建设…… 179

·宝安建设投资集团

概况…… 179
国有资产保值增值…… 179

区属国企集团化管理改革启动…… 179
排水"一张网"管理新格局形成…… 179
道路管养业务拓展…… 179
智慧宝安管控指挥中心及各分中心高效运营…… 180
宝牧总部园区项目推进…… 180
海上田园升级改造…… 180
福永意库产业园启动改造…… 180
水田与燕川产业统筹片区更新…… 180
政府重点项目建设…… 180
供水安全保障能力提升…… 180
企业经营管理…… 180
安全生产…… 180

·大空港新城开发

概况…… 181
大空港新城建设…… 181
空港建设工作创新…… 181

·宝安产业集团

概况…… 182
项目推进…… 182
基金管理…… 182
交通项目建设…… 182
文化板块实现盈利…… 182
集团化管理改革…… 182
制度建设…… 183
诚信建设…… 183
桃花源科技企业孵化器…… 183
廉政建设…… 183
安全生产与企业文化…… 183
附：2017 年宝安区规下服务业样本企业运行情况分析 184

人居环境

·城市管理

概况…… 186
市容环境提升…… 186
"双宜小村"建设…… 187
城中村综合整治…… 187
城市环境品质提升…… 187
"公园之区"建设…… 188
"智慧城管"建设…… 188
城市管理综合执法…… 188
垃圾减量分类工作…… 189
森林资源建设管理…… 189
机构调整…… 189
安全生产…… 189

·城市更新工作

概况…… 190
城市更新政策体系编制…… 190
城市更新计划与规划审查…… 190
城市更新项目实施…… 190
城市更新项目产业优先…… 191
公共配套设施完善…… 191
信访和提案议案处理…… 191
助定点扶贫村建设美丽乡村…… 191

·网格综合管理

概况…… 191
网格化管理工程…… 191
实有人口信息采集…… 192
出租屋安全隐患排查整治…… 192
网格排查整治…… 192
助力安保维稳…… 192
宜居与文明创建活动…… 193
网格信息化建设…… 193
网格队伍建设…… 193
楼栋长队伍建设…… 193
房屋租赁服务管理…… 194

·环境保护

概况…… 194
海绵城市建设…… 194

大气综合防治…… 194
扬尘污染整治…… 194
工业废气治理…… 195
移动源及面源整治…… 195
生态文明示范区创建…… 195
环保审批服务…… 195
环保水务工程类项目技术审查…… 195
高污染行业集中入园…… 195
环保主任制度实施…… 196
环保水政执法…… 196
环保监管执法…… 196
“三防”工作…… 196
环境安全应急处置…… 196
水务工程安全管理…… 196
环保法制宣传…… 197
环保水务治理能力提升…… 197
环保水务队伍建设…… 197

·水 务

概况…… 197
治水统筹机制建立…… 197
水环境综合整治…… 197
污水管网建设…… 198
正本清源工程…… 198
水资源管理…… 198
环保督察整改…… 198
环水智慧管控…… 198

·供 电

概况…… 199
电网规划建设…… 199
供电安全生产…… 199
供电服务…… 199
绿色低碳发展…… 200
保供电工作…… 200

农业和海洋渔业

·农 业

概况…… 201
种植业…… 201
涉农管理…… 201
精准扶贫…… 201

·海洋渔业

概况…… 202
管海治渔工作…… 202
“三无”船舶和“绝户网”清理整治…… 202
蚝排安全隐患治理…… 202
临海用海项目监管…… 203
海洋环境保护执法…… 203
渔业违法行为查处…… 203
渔船检验…… 203
海洋监察…… 203

交通 邮政 电信

·交 通

概况…… 204
交通规划…… 204
交通设施建设…… 204
道路交通品质提升…… 205
交通设施养护…… 205
道路养护管理…… 205
道路“三防”工作…… 205
公交客运服务…… 205
公交客运管理…… 205
社区微巴…… 205
交通执法…… 205
交通安全生产管理…… 206

107国道宝安段市政化及禁限货 …………………… 206
交通建设标准完善 …………………… 206
智能交通建设 …………………… 206
交通隐患整治 …………………… 206
交通服务 …………………… 206
交通运输安全监管 …………………… 206
轨道交通建设 …………………… 206

· 邮 政
概况 …………………… 207
邮政业务发展 …………………… 207
邮政窗口规范化 …………………… 207
企业文化建设 …………………… 208

· 电 信
概况 …………………… 208
网络建设 …………………… 208
助力宝安信息化建设 …………………… 209
助力宝安打造网络强区 …………………… 209
履行企业社会责任 …………………… 209

金 融

· 银 行
中国银行宝安支行 …………………… 210
中国农业银行宝安支行 …………………… 210
中国工商银行深圳宝安支行 …………………… 210
中国建设银行深圳宝安支行 …………………… 211
深圳农村商业银行 …………………… 211

· 保 险
中国人民财产保险股份有限公司深圳市分公司宝安支公司 …………………… 212
平安保险深圳分公司宝安支公司 …………………… 212
太平洋财产保险深圳分公司宝安支公司 …………………… 212

· 证 券
概况 …………………… 212
国泰君安 …………………… 212
招商证券 …………………… 212
国海证券 …………………… 212

商 贸

· 经济贸易
概况 …………………… 213
产业政策 …………………… 213
产业规划 …………………… 213
制造强区建设 …………………… 214
企业培育 …………………… 214
对德合作 …………………… 214
产业空间拓展 …………………… 214
企业服务 …………………… 214

· 商 业
概况 …………………… 214
烟草专卖 …………………… 214
概况 …………………… 214
卷烟销售 …………………… 215
专卖管理 …………………… 215
管理创新 …………………… 215
盐业专卖 …………………… 216
概况 …………………… 216
盐业市场管理 …………………… 216
食盐安全体系机制完善 …………………… 216
违法食盐商家查处 …………………… 216
食盐安全宣传 …………………… 216
食盐安全管理 …………………… 217

· 招商引资
概况 …………………… 217
招商统筹 …………………… 217

精准招引……217
招商宣传推介……217
招商选资……217
产业链招商……217
创新要素汇聚……218
产业名城推介全球拓展……218
中德（欧）交流合作……218
招商服务……218

财政　税务

·财 政

概况……219
八项支出情况……219
民生支出……219
财政规范管理……220
部门预算编制改革……220
国企运行总体情况……221
国企集团化改革……221
国资监管……221

·税 务

国家税务……222
概况……222
税收质量优化……222
税收分析强化……222
税收改革……222
法治建设……222
优化纳税服务……223
队伍建设……223
地方税务……224
概况……224
数据化管事模式改革……224
标准化建设……224
风险管理……224
“绩效管理+廉政防控”……224
税务稽查……225
概况……225
稽查制度建设……225
税收宣传与纳税服务……225
稽查创新……225
稽查队伍建设……225

经济综合管理

·市场监督管理

概况……226
稽查执法办案……226
大要案·典型案……227
特种设备监察……227
老旧电梯更新……227
特别防护期安全……227
工业园区整治行动……227
打假专项整治……227
传销查处……227
政务服务改革……228
智慧市监建设……228
商事主体监管……228
公平竞争维护……228
电子商务监管……228
民生计量工作……228
标准化资助……229
知识产权资助……229
质量强区战略……229
禽流感防控……229
市场和质量监管宣传……229
安全监管调研……229

·集贸市场管理

概况……229
市场经济发展……230
市场安全生产……230

市场管理服务……………………………………………… 230
市场重点工作……………………………………………… 230
管理队伍建设……………………………………………… 230
农贸市场体制改革研究…………………………………… 231

·国有企业管理

概况…………………………………………………………… 231
重大项目推进……………………………………………… 232
农副产品民生保障………………………………………… 232
企业管控模式创新………………………………………… 232
安全生产与信访维稳……………………………………… 232

·集体资产监督管理

概况…………………………………………………………… 233
监管政策体系建设………………………………………… 233
综合监管服务……………………………………………… 233
专项资金管理……………………………………………… 234
“银企互联”系统大额资金监管………………………… 234
“三资”清产核资………………………………………… 234
股份合作公司规范管理…………………………………… 234
建议提案办理……………………………………………… 235
宣传培训…………………………………………………… 235
“转作风”大调研………………………………………… 235
队伍与制度建设…………………………………………… 235

·审 计

概况…………………………………………………………… 236
全区廉政暨审计工作会议………………………………… 236
审计计划首次纳入全省统一管理………………………… 236
重大政策措施落实情况跟踪审计………………………… 236
党政主官任期经济责任异地交叉审计…………………… 236
区本级预算执行情况和其他财政收支审计……………… 236
领导干部经济责任审计…………………………………… 237
绩效审计…………………………………………………… 237
政府投资项目审计………………………………………… 237
区属国有企业审计………………………………………… 237
宝安区切块资金使用情况调查…………………………… 237
异地交叉审计……………………………………………… 237
“转作风、大调研”……………………………………… 237
创新审计整改……………………………………………… 238
经济责任审计管理信息系统……………………………… 238
健全审计质量控制体系…………………………………… 238
编印《宝安区政府投资项目审计办事指南》……………… 238
审计新闻信息宣传………………………………………… 238
审计培训…………………………………………………… 238
志愿者服务及扶贫助学公益活动………………………… 239

·统 计

概况…………………………………………………………… 239
统计数据质量提升………………………………………… 239
统计服务…………………………………………………… 240
智慧统计建设……………………………………………… 240
统计法治建设……………………………………………… 240
统计队伍建设……………………………………………… 241

·安全生产监督

概况…………………………………………………………… 241
“智慧安监”系统建设…………………………………… 241
用电安全监控系统………………………………………… 241
企业标准化建设…………………………………………… 241
安监执法监察……………………………………………… 241
安全专项整治……………………………………………… 242
危化企业监管……………………………………………… 242
职业病危害专项治理……………………………………… 242
安全生产应急管理………………………………………… 242
安全生产宣传教育………………………………………… 242
重点行业领域治理………………………………………… 242
安全生产隐患督查督办…………………………………… 243
安监队伍与作风建设……………………………………… 243

·食品与药品监督管理

食品安全监管 …………………………………………… 243
药品安全监管 …………………………………………… 243

·检验检疫

概况…………………………………………………………… 244

动植物及其产品检验检疫…… 244
食品与化妆品检验检疫…… 244
工业产品检验检疫…… 244
“利剑”专项行动…… 244
质量安全维护…… 244
技术性贸易措施调研…… 245
“三同”工程“逐一帮扶”培训…… 245
检验检测认证行业政策宣贯会…… 245
助出口木制品企业应对美国新规…… 245
示范区公共检测平台授牌…… 245
首推原产地证书“企业自主制证”模式…… 245
圣安娜饼屋（深圳）有限公司通过香港食环署巡查 245
出口示范区建设工作推进…… 246
深度服务辖区重大项目建设…… 246
检验检疫队伍建设…… 246

科技　教育

·科 技

概况…… 247
创新政策体系…… 247
科技创新服务…… 248
协同创新机制推进…… 248
产业空间布局…… 248
创新创业…… 249
科技计划项目…… 249
智慧宝安项目评审…… 249
科技惠民…… 249
科技队伍建设…… 249

·教 育

概况…… 250
学校与学位建设…… 250
教育改革创新…… 250
素质教育…… 250
学前教育…… 251
职业成人教育…… 251
民办教育…… 251
教师队伍建设…… 251
教育干部队伍建设…… 252
教育国际化与信息化…… 252
教育督导工作…… 252
责任督学挂牌督导…… 253
义务教育均衡发展督导…… 253
中小学、幼儿园和社区教育综合督导…… 253
教育质量监测…… 254
教育督导信息化…… 254
督学队伍建设…… 254

文化　旅游

·文 化

综 述 …… 255
概况…… 255
群众文化活动…… 255
文化服务…… 256
文艺精品创作…… 256
文化产业…… 256
文化产业扶持…… 256
工业设计…… 256
文体旅游审批改革与监管执法…… 256
文体旅游阳光政务…… 256
文物保护与开发利用…… 257
文物保护 …… 257
文物开发利用 …… 257
广播影视…… 257
广播电视宣传 …… 257
线下宣传 …… 257
精品创作 …… 257
融媒体建设 …… 257
广电安全工作 …… 257
广电基础设施建设 …… 257

图书馆…… 258
概况…… 258
“总分馆制”建设…… 258
全区公共图书馆服务网络…… 258
文献借阅…… 258
馆藏结构完善…… 258
数字图书馆服务…… 258
图书馆业务培训与行业促进…… 259
志愿者服务…… 259
基层图书馆服务…… 259
宝图读者活动…… 259
文化艺术馆…… 260
群众文化活动 …… 260
公益性文化活动 …… 260
深圳市第十三届外来青工文体节 …… 260
深圳市第十四届鹏城金秋文化艺术节 …… 260
非物质文化遗产保护 …… 260

·旅 游

概况…… 261
旅游开发…… 261
深圳市西海岸海上田园风光旅游区…… 261
羊台山森林公园风景区…… 261
凤凰山风景区…… 262
凤凰古村落文化旅游集聚区…… 263
沙井蚝壳屋（江氏大宗祠）…… 263
西湾红树林湿地公园…… 263
曾氏大宗祠…… 264
永兴桥…… 264
中共宝安县“一大”会议旧址…… 264
深圳（宝安）劳务工博物馆…… 264

卫生 体育

·卫 生

综 述 …… 265
概况 …… 265
卫生资源 …… 265
学科和人才队伍建设 …… 265
医疗服务与管理 …… 266
医疗服务 …… 266
医疗行业监管 …… 266
医药体制改革 …… 266
公共卫生与社区健康服务 …… 267
公共卫生 …… 267
社区健康服务 …… 267

·体 育

全民健身 …… 267
体育赛事 …… 267
竞技体育 …… 267
文体设施建设 …… 267
体育产业 …… 268

社会生活

·民 政

概况 …… 269
社区救助 …… 269
社区建设 …… 270
社会组织 …… 270
双拥优抚 …… 271
养老事业 …… 271
社会事务 …… 271
民政队伍建设 …… 272

·公益慈善

概况…… 272
慈善募捐…… 272
慈善救助…… 273
慈善队伍建设…… 273
“合力慈善”打造…… 274

· 社 保
概况…… 274
社保征缴…… 274
社保待遇…… 274
社保稽核…… 274
社保创新…… 275

· 人口与计划生育
计生管理…… 275
计生惠民服务…… 275
计划生育利益导向…… 275
计生依法行政落实…… 276

· 职业培训
概况…… 276
国际合作交流培训…… 276
社区教育…… 276
民生培训示范区…… 277
宝安区城市学院规划建设…… 277
职业培训助力产业升级…… 277
职业培训项目督查评价…… 278

· 居民收支与消费者权益保护
居民收入与消费…… 278
消费者权益保护…… 278
附：宝安区2017年从业和工资收入情况简析…… 279

街　道

· 新安街道
概况…… 284
经济发展与社会事业…… 284
社区建设…… 285
综合治理…… 285
党的建设和精神文明建设…… 286

· 西乡街道
概况…… 286
经济发展与社会事业…… 286
社区建设…… 287
综合治理…… 287
党的建设和精神文明建设…… 287

· 航城街道
概况…… 288
经济发展与社会事业…… 288
社区建设…… 288
综合治理…… 289
党的建设和精神文明建设…… 289

· 福永街道
概况…… 290
经济发展与社会事业…… 290
社区建设…… 290
综合治理…… 291
党的建设和精神文明建设…… 291

· 福海街道
概况…… 292
经济发展与社会事业…… 292
社区建设与综合治理…… 293
党的建设与精神文明建设…… 293

· 沙井街道
概况…… 294
经济发展与社会事业…… 294
社区建设…… 294
综合治理…… 295
党的建设和精神文明建设…… 295

· 新桥街道
概况…… 295
经济发展与社会事业…… 296
社区建设…… 296

综合治理 …… 297
党的建设和精神文明建设 …… 298

· 松岗街道
概况 …… 298
经济发展与社会事业 …… 298
社区建设 …… 300
综合治理 …… 300
党的建设和精神文明建设 …… 301

· 燕罗街道
概况 …… 301
经济发展与社会事业 …… 301
社区治理 …… 302
综合治理 …… 302
党的建设和精神文明建设 …… 303

· 石岩街道
概况 …… 303
经济发展与社会事业 …… 303
社区建设 …… 304
综合治理 …… 305
党的建设和精神文明建设 …… 305

人 物

全国先进模范人物 …… 307
广东省先进模范人物 …… 308

统计资料

· 宝安区 2017 年国民经济和社会发展统计公报
宝安区各街道主要经济指标（1—12月） …… 314
宝安区规模以上工业企业主要产品产量 …… 315
宝安区规模以上工业企业经济效益 …… 315
深圳市及各区主要经济指标对比（1—12月） …… 316
宝安区2017年1—12月主要经济指标 …… 317

索 引

索引 …… 318

勇当“四个全面”先行区 全面建设具有全球影响力的现代化国际化滨海宝安、质量型创新型产业名城、宜业宜居活力之区

——在中国共产党深圳市宝安区第六届代表大会第二次会议上的报告

（2017年1月12日）

中共深圳市宝安区委书记　黄　敏

各位代表，同志们：

现在，我代表第六届宝安区委向大会作报告，请予审议。

这次大会的主要任务是：全面贯彻党的十八大和十八届三中、四中、五中、六中全会精神，全面贯彻习近平总书记系列重要讲话精神，全面贯彻省委、市委全会和区六届一次党代会精神、区“十三五”规划，总结2016年工作，部署2017年工作，动员全区党员干部紧密团结在以习近平同志为核心的党中央周围，全面建设具有全球影响力的现代化国际化滨海宝安、质量型创新型产业名城、宜业宜居活力之区。

一、关于2016年工作

在市委市政府的正确领导下，区委团结带领全区党员干部群众，一手抓目标导向厚植优势，一手抓问题导向补齐短板，推动各项事业蓬勃发展，取得新的成绩。预计实现地区生产总值2950亿元，同比增长8.6%；固定资产投资完成额650亿元，增长19.1%；税收收入535亿元，增长17.9%；万元GDP水耗、电耗分别下降8.7%、5.0%。

（一）坚持“抓规划、抓改革、抓重点”，厚植宝安发展新优势

一批重大政策出台实施。出台贯彻落实市创新、企业、人才“三大政策”实施方案和操作规程，叠加市、区政策优势，三箭齐发，集中释放一批政策红利。资助技术创新项目186个8046万元；扶持企业430家1.44亿元；实施“紧缺人才引进1000工程”，资助人才709人次和团队12个、资金4000万元。

一批重要规划编制完成。编制完成《深圳市宝安区国民经济和社会发展第十三个五年规划纲要》及产业、教育、卫生、文体等一批专项规划，编制空港新城综合管廊专项规划、宝安综合交通规划、107时尚商务带立

体空间规划、“两城”总体空间规划等，开展“六镇一园”等重点片区概念设计，建立未来几年重点建设项目库。

一批龙头企业落户宝安。引进世界500强项目11宗，微软教育信息技术联盟、平安集团合作项目、正威集团全球总部城签约；中交、中国二十冶、中电建等8宗央企项目建设启动。集聚行业龙头企业17家，“互联网+”未来科技城完成前期，大族激光智能制造基地用地出让，怡亚通总部建设启动，亚太卫星、康美药业、香江集团宝安项目公司成立。新增上市企业7家、规模以上工业企业384家，总数分别达到29家、2450家；现有超10亿企业128家，超50亿企业15家，超百亿企业6家。

一批创新要素加速集聚。中国人民大学正式签约落户，过渡校区建设进展顺利；宝安—中交—大工科技创新小镇等一批校企合作项目签约落地。新增国家级科技孵化器1个、国家级科技孵化器培育单位2个；新组建产业技术创新联盟2个，总数达到10个。建设院士工作站2个、博士后工作站3个。新增国家高新技术企业261家，总数达到1493家；申请PCT专利1035件、国内专利2.4万件；获国家科技进步奖和中国专利优秀奖各1项。

一批重大项目建设提速。街道发展战略“双十项目”全面启动，85个“十大工程项目”进入施工阶段，45个项目当年立项、当年开工，西乡河景观带等5个项目竣工；“十大产业项目”完成投资154亿元，顺丰华南分拨中心等27个项目完工。滨海文化公园规划建设加快；西湾公园（二期）春节前将全部开放；国际会展中心、大空港新城启动区综合管廊及道路一体化工程开工；城市规划展览馆开馆；航城学校等8所学校、妇幼保健院新院等4所医疗机构投入使用，人民医院（二期）扩建工程完成可研。

一批重大基础设施加快建设。中国南方整车进出口口岸、轨道11号线开通，南光、龙大高速免费通行。向兴路、德兴路等8条道路通车，凤塘大道、沙江西路延伸段等23条道路开工，外环高速、沿江高速沙井出入口等建设加快，路网密度达6.15公里/平方公里。新增污水管网421公里、燃气管网39公里。

一批改革举措落地生根。深化国资国企改革，将130家区属国企整合为“民生保障、城市运营、产业服务、文化传媒、基层基础投资建设运营”五大板块，组建宝安人才安居有限公司，出台国资监管“1+8”制度体系，委派财务总监，设立专职党委副书记。规范集体经济发展，成立区集体资产办，全市率先上线“1+4”监管平台，出台“1+9+1”文件，对集体资产进行全口径、全流程监管。248家股份合作公司实现政企分开，全面剥离公共管理服务职能。推进基层管理体制改革，新设航城、福海、新桥、燕罗4个街道，街道内设机构精简40%，公务员编制增加13.5%。持续优化政府职能，理顺公共物业、招商引资、应急指挥、住房保障等体制机制，接住、管好市下放的政府投资、规划国土、城市管理等事权。推动民生事业集群化发展，组建幼教集团、职教集团、区人民医院（集团），完成“一级管理”教育体制改革；成立全国首个区级城市学院和全市首家针灸康复医院。探索建立产业用地供给“大族模式”和旧工业区改造“福海信息港”模式。

一批重大活动精彩纷呈。成功举办“一带一路”国际马拉松系列赛首站——2016深圳宝安国际马拉松赛、全市首个以区为单位的综合性展会——宝安产业发展博览会、首届中国产业创新论坛、2016全球激光及智能制造发展趋势高峰论坛、中国特色小镇发展论坛、中德（欧）产业发展合作联盟成立大会、世界中医药学会学术年会、中国首届中医馆发展论坛等一系列精彩、专业的活动，全面展示宝安发展的成就。

（二）坚持“抓管理、抓安全、抓民生”，补齐宝安发展短板

智慧宝安建设全面铺开。“1+4”应用体系框架89项建设任务加快推进，“1+10+12”管控指挥体系建成。政务服务“两厅两中心”正式运行，756项行政审批服务事项“一门一窗一网一号”全天候通办，各街道各部门审批窗口不再碎片化设置；政务服务手机大厅上线，行政审批服务实现“两个100%”，审批效率提高41.1%，成为全国首个手机办事大厅，上榜“南都第四届街坊口碑榜”；“宝安通”APP推出475项服务功能，下载量超过100万，上榜“2016中国网络理政十大创新案例”；“金融超市”启用，入驻金融机构25家，办理融资服务21笔计7506万元；服务企业信息平台投入使用，收集企业诉求205项，解决159项。

网格化智慧管理效果显现。按照“大巡查、大智慧、大执法、大诚信、大参与”理念，构建“1+10+126+222+44+392+4833”网格体系，222个安格、44个消格、392个警格与4833个基础网格深度融合，全天候巡查整治11类153项实有事件，日均发现实有事件1.7万件，较年初增长5.5倍，平均处置时间缩减到2小时，处置效率提高10.7倍，实现问题隐患第一时间发现、第一时间处置、第一时间解决。

城市安全基础得到夯实。238名处级以上干部挂任网格员，保持大抓安全的凌厉攻势。动态监管重大危险源企业6家，开展16项专项整治，打通出租屋生命通道8.1万处。控停厂房改公寓89栋、拆除2栋266间（套），拆除房中房2925间（套）。强力推动“两个全面纳管”，质量安全排查14.4万栋，消防隐患整改3万处。完成8个A类余泥渣土点、36个A类地质灾害和危险边坡整治，整治易涝点31个，完成30万平方米旧工业区改造。

发展空间有效拓展。严查严控违法建设，建成智慧查违系统，拆除消化违建353万平方米，实现“零增量、减存量”。强力推动土地整备，完成民主社区整备项目，全市单宗整备面积最大；完成三围码头等12宗市、区重点整备项目；整备土地3.36平方公里。完成塱岗地块等3个利益统筹试点。创新开展城市更新，新增更新项目16个，总数达117个，拆除重建用地面积8平方公里。

公共服务供给持续加强。民生支出276亿元，占总支出85.3%。区级十大服务中心全部启用，“1+10+126”三级党群服务体系建成。促进居民就业创业近4000人。新增中小学学位9000个、幼儿学位8800个、病床925张，智慧药房运行，实现看病就医“一卡通”，获评国家级妇幼健康优质服务示范区。举办群众性文体活动9000场。开通社区微巴38条，500米公交站点覆盖率达94%。新建公园6座、提升16座，总数达到171座。8.8公里立新湖环湖绿道基本建成，绿道里程超过411公里。

平安稳定局面得到巩固。成立辅警支队，推进“智慧管控”“警网融合”和“铁帚肃毒”，社会治安立体防控体系进一步完善，刑事治安总警情同比下降22.3%。抓早抓小抓本质抓规律，群体性事件同比下降12.8%，涉及30人以上劳资纠纷、劳资纠纷群体性事件同比下降60%和33%。依法依规处置医疗纠纷，医闹事件锐减。

治水提质率先破题。以全流域治理理念推动茅洲河、前海湾、大空港、铁石“四大片区”水环境整治。创新采用EPC设计施工一体化模式治理茅洲河，总投资152亿元，完成投资30.8亿元，46个子项目开工34个，茅洲河界河治理完成48%，监测断面综合污染指数同比下降43.2%；茅洲河1#底泥处理厂投入使用。强化智慧排水“一张网”管理，全区水务设施实现专业养护。

城市精细管理水平逐步提高。持续开展“序畅宁绿洁美”行动，完成机场南路等6条道路绿化提升，裸露土地复绿2平方公里，完成151个城中村综合整治。开展“资源回收日”活动6000余场，创建生活垃圾分类和减量达标小区88个，城市面貌明显改观。

（三）坚持“党要管党、从严治党”，突出党在全区各项事业发展的领导核心地位

“两学一做”深入开展。深入学习党章党规和习近平总书记系列重要讲话精神，开展区委理论中心组学习、处级干部宝安讲坛23期，党组织书记和领导干部讲党课1639场，评选“十佳党员”“正能量达人”等50名，开展公务人员“大练兵”48批1.05万人，党员思想作风得到提升。

区级换届圆满完成。充分发挥党委在换届工作中的统领作用，实施“大统筹”“大方案”“大表格”“大考察”工作模式，严格资格条件、严格组织把关、严格考察程序、严格风气监督，严格落实“九严禁九一律”等换届纪律，考察组和考察对象一一对应，选举结果实现“五满一高”，换届全过程“零投诉、零上访、零违纪”。

基层基础得到夯实。出台落实全面从严治党责任的实施意见，推进机关、社区、“两新”3个“党建标准化”，基层党建“书记项目”实现四级联动和全覆盖。设立区直单位党组27个、“两新”园区党委92个；实施社区党委“班长工程”，选配社区书记75人、社区第一书记5人，整顿软弱涣散社区党组织8个；1492个党支部完成换届。领导干部联系群众10.7万户，解决困难4613个。

队伍战斗力得到提升。坚持好干部“20字标准”，注重选拔基层一线和急难险重岗位表现突出的干部，推进干部交流和专业化建设，提拔、交流处级干部356人次，选配建设、财经等专业干部28名；实施“墩苗工程”“滨海计划”等，选派104名干部参加征地拆迁、52名参与对口帮扶，轮训干部1.29万人次。

党内监督更加严格。全力配合省委第十二巡视组的巡视监督，针对反馈意见提出85项整改措施，区委常委会每月听取整改情况，完成75项。严格落实“两个责任”，修订考核意见和问责制度。严格执行“三书”预警、个人事项报告等制度，开展谈话提醒805人次、信访约谈函询16人次。出台“1+10+1”工作规范，建成智慧廉政平台，规范“三长两域”权力运行。

反腐倡廉强力推进。保持惩治腐败高压态势，立案查处违纪违法案件166宗166人。出台街道分设“十二条禁令”、街道财经纪律“六个严禁”、茅洲河治理“六个严守、六个绝不”等规定。开展“八小时以外”监督试点，聘请社区廉政监督员，建成“随手拍”监督平台。开展明察暗访227次，纠正问题567个。

内控体系更加完善。落实“五位一体”阳光政务模式，各单位召开工作例会3055次，研究议题17587个；全区处级干部全年完成工作329768项，人均每周完成15项，同比提高36.4%。深化“知判议决督”全链条闭环管理，完成重点工作3635项，区五届六次党代会部署事项100%落实，11项绩效指标全市第一。

2016年，区委总揽全局、协调各方作用有效发挥，区委、人大、政府和政协几套班子协调一致开展工作；民族、宗教、外事、对台、港澳等工作取得新成绩，工会、共青团、妇联、工商联、文联、残联等群团组织的作用有效发挥，武装工作和国防后备力量建设扎实推进，连续四届获评省双拥模范区；全区上下形成风清气正、团结奋进、干事创业的大好局面。在此，我代表区委，向关心支持宝安发展建设的各级领导、社会各界朋友，向全区广大党员干部致以衷心的感谢和诚挚的问候！

在看到成绩的同时，我们必须正视宝安未来发展面临的问题与挑战：违法建设、水体污染、社区集体经济等“三大历史遗留问题”仍然存在，土地空间资源不足、教育医疗短板突出、城市安全基础薄弱等“三大挑战”仍然严峻，改革措施、龙头企业引进培育、干部作风能力“三个滞后”仍然突出。我们必须树立目标导向做强长板，树立问题导向补齐短板，树立民生导向提升服务，树立基层导向改进作风；不断创新工作理念方法，坚持解放思想、改革创新的使命意识，坚持科学规划、前瞻布局的战略思维，坚持“产业第一、企业为尊、纳税为荣、就业为重、民生为本”的施政理念，坚持“国际水准、国内领先”的工作标准，坚持“扬长补短、有的放矢、精准发力、守正出新”的工作路径，坚持“制度＋科技＋责任”的工作方法论，坚持“抓落实、重结果、见成效”的工作追求，推动宝安再出发、再发展、再腾飞。

二、关于2017年经济社会发展

市委六届五次全会提出，深圳加快建设现代化国际化创新型城市和国际科技、产业创新中心，宝安作为深圳的经济大区、产业大区、实体经济之区，理应敢于担当、敢于作为，以实际行动为实现全市奋斗目标做出应有贡献。

宝安地处粤港澳大湾区最核心位置，产业基础雄厚、创新动力强劲，拥有一批极具竞争力的战略性新兴产业和未来产业集群，随着全球最大的会展中心——深圳国际会展中心，世界级滨海湾区旅游地——滨海文化公园，全球“互联网＋”新标杆——“互联网＋”未来科技城，和平安、正威、中交、中冶、中电建等一批世界500强企业项目落户，以及深中通道、T4航站楼和机场东空铁联运枢纽建设的提速，宝安的区位优势和全球影响力更加凸显。全面建设具有全球影响力的现代化国际化滨海宝安、质量型创新型产业名城、宜业宜居活力之区适得其势、正当其时。

我们要紧紧围绕建设现代化国际化创新型城市和国际科技、产业创新中心的战略目标，持续打造“深圳质量、深圳标准”，深入推进标准、质量、品牌、信誉“四位一体”建设，打造“深圳质量、宝安智造”新标杆；要紧紧扭住“创新驱动发展战略”和“中国制造2025”两个战略支点，充分发挥制造业大区、强区的优势，以质量和标准引领制造业结构调整和转型升级，加快建设智能制造第一区，全面构建质量型创新型产业体系；要着力提升宝安全球影响力，推动全球资源加速集聚，着力打造一批大企业、大项目、大集群，推进产业链、价值链、创新链全球配置，为深圳建设“国际科技、产业创新中心”做出重要贡献。

2017年是十九大召开之年，是“十三五”规划实施的关键一年。为巩固“城市管理治理年”成果，进一步提升管理治理质量，夯实安全发展基础，市委将2017年确定为“城市质量提升年”。按照市委决策部署，结合宝安实际，区委将2017年确定为“基层治理质量年”，全面提升基层的经济质量、社会质量、文化质量、生态质量和党委政府服务质量，以质量引领发展、以质量成就未来。

2017年工作的总体思路是：全面贯彻党的十八大，十八届三中、四中、五中、六中全会和习近平总书记系列重要讲话精神，围绕市委市政府建设现代化国际化创新型城市和国际科技、产业创新中心的战略目标，坚持深圳质量、深圳标准，以市“十三五”规划明确的“十大战略路径”和十项重大战略任务为指引，落实区六届一次党代会精神和区“十三五”规划，紧紧抓住实体经济、智能制造、重大项目、重大基础设施建设、城市更新、基层治理等工作，强化责任、狠抓落实，全面建设具有全球影响力的现代化国际化滨海宝安、质量型创新型产业名城、宜业宜居活力之区，以优异成绩迎接党的十九大胜利召开。

2017年的总体目标是：地区生产总值增长8.5%左右；万元GDP电耗、水耗分别下降4.32%、5.0%。

（一）落实全面建设现代化国际化滨海宝安的工作部署

强化规划领控和滨海特色，以重大项目为抓手，以城市更新为龙头，把规划变项目、项目变前期、前期变施工图、施工图变建设、建设变成果、成果变成效，不断提升宝安城市品质。

进一步发挥规划领控作用。提升规划层次。以市新一轮城市总体规划修编为契机，推动“三带两心两城一谷”空间布局和“互联网＋”未来科技城、滨海文化公园等重大项目规划成果纳入深圳市城市总体规划。深化滨海中心区详规。对接“蛇口＋前海＋宝安新城＋大空港地区”大湾区规划，优化空间布局、湾区联接、市政配套和人文环境，提升核心湾区整体品质。编制完成107时尚商务带规划。完成产业、交通、综合管廊和城市建设等专项规划，重点抓好南头—航城段、立新湖段、AB航站楼段的规划设计。推动西部活力海岸带规划项目化。编制海岸带实施方案和详规，完成百里步道、长滩公园、潮汐公园、中心区湿地公园等规划编制。

落地实施一批重大项目。发挥“大前期”“大工务”的优势，强力推动政府投资项目建设，重大项目开工57项以上、完工63项以上。完成滨海文化公园用地出让，加快推进前期工作。完成“新老三馆”项目前期，年底前动工建设，按百年工程、世纪精品的标准打造宝安文化地标。实施空港新城启动区综合管廊及道路一体化工程，完成投资12.5亿元，完成工程量13%。完成海上田园升级改造首期启动区工程量50%。加快交通基础设施建设。完成机场东空铁联运枢纽规划研究，启动107国道禁限货改造和客货分离适应性改造，建成石岩外环路，加快推进沙井南环、石清大道等一批道路建设，打通12条断头路，改善交通微循环。

实施街道发展战略“千百亿工程”。各新设街道结合资源禀赋和产业基础，遴选实施一批新“双十”项目，推动各街道夯实基础、争创优势、彰显特色，实现“十三五”末期各街道“产值超千亿、税收超百亿”。强力推动107个政府投资项目、96个重大产业项目规划建设，半数以上年内竣工。强力推动六镇一园建设。坚持“规划为先、文化为魂、特色为本、生态为基”，打造“特而强、聚而合、小而美、活而新”的特色小镇。启动西乡滨海风情小镇基础设施完善工程；完成福永凤凰文化小镇项目概念规划方案，启动凤凰古村文化旅游项目；新桥大学小镇升级改造2—3个旧厂区，推进医疗健康城建设；沙井金蚝美食文化小镇升级改造蚝文化博物馆，推进龙津石塔、智熙家塾等重点文物修缮保护；燕罗琥珀文化小镇按形制修缮23处古建筑，完善周边市政基础设施；石岩阿婆髻雕艺文化小镇建成34座石窟、风采展示区、山地骑行区等；完成新安上合孝德园古建筑修缮，推动园区整体开发，打造“晋街晋巷晋城晋风”的广东第五园。

打赢查违和土地整备攻坚战。以“拓展空间保障发展”十大专项行动为指挥棒，大抓查违和土地整备。紧扣“增量为零、存量归零”目标，坚决拆除新增违建，坚决完成市下达的拆除消化违建任务。扎实推进茅洲河红线内违建拆除及危险边坡、一级水源保护区等重点区域违建整治。建成智慧整备信息平台，依托“1+10”土地整备管理体系，全力抓好26个市、区重点整备项目，完成轨道6号线、20号线、茅洲河等15个土地整备项目。

强力推进四大片区水环境综合整治。全面推行河长制，以“地方+央企”EPC合作模式，大兵团作战、全流域治理，统筹推进河流治理、海绵城市建设与环保产业、环保装备制造业协调发展。完成前海湾、大空港、铁石三大片区EPC设计施工一体化招标并开展施工图设计，茅洲河治理完成年度投资40亿元，完成界河整治、1419个排污口截排和88公里河道清淤，初步实现不黑不臭。加快环境生态产业园规划建设。创建国家生态文明建设示范区。

加快建设公园之区。建成石岩河生态湿地公园、石岩湖公园等，加快罗田航天科技主题公园、五指耙体育主题公园规划建设，改造提升羊台山森林公园一期等26个公园，公园总数达到176座。建成29公里石岩湖环湖绿道，绿道里程达到430公里。

抓实序畅宁绿洁美专项行动。持续发力、内外兼修，条块结合、纵深整治，编制序畅宁绿洁美行动“年度任务清单”，建立量化考核指标体系。组建交通秩序、市容环境等志愿者队伍，深化禁摩限电和违章违法联合整治，全力整治杂乱，维护市容秩序；推进国家森林城市创建，加强城市立体绿化和景观林带建设，推进重要区域的美化亮化，推动宝安形、神、魂跨越式提升。

（二）落实全面建设质量型创新型产业名城的工作部署

持续打造“深圳质量、深圳标准”，坚定不移推动创新发展，打造国际化一流的创新体系，驱动新一轮产业转型升级，夯实实体经济基础，打造“深圳质量、宝安智造”新标杆，实现更强大、更有质量、更可持续的经济发展。

强力推进重大产业项目落地。集中政策、空间、服务等资源，成立“一对一”专责服务小组，逢山开路、遇水架桥，全力以赴保障重大产业项目扎根宝安。“互联网+”未来科技城，7月底前完成详细蓝图编制国际咨询，加快打造互联网云全球研发基地、互联网双创基地和互联网科技实验室等“六基地一平台”。大族激光全球激光智能制造产业基地，启动实质性建设，年内完成总投资额的30%。加快推动大族激光特种光纤、工业机器人关键技术研发中心等项目落户。正威全球创新超级总部城，落实项目选址，加快建设正威全球总部、全球商务港、全球创新中心、正威科技创新展览馆、正威学院、国际机构跨国公司聚集中心。平安集团合作项目，推进平安金融科技城、平安沙井科技产业园、平安国际智汇城、平安大学小镇、国际金融小镇等项目规划建设。宝安—中交—大工科技创新小镇，加快布局中交华南投资业务总部与中交国际资源业务总部。

加快培育若干千亿级产业集群。坚持栽大树、育森林，把引进培育引擎级、龙头型企业作为重中之重，发挥龙头企业辐射带动作用，推动产业链上下游企业集群发展、周边产业集聚发展，扎牢实体经济根基。“汽车+”，推动大铲湾整车进口基础设施建设，加快形成整车进出口贸易、报关、检测全流程汽车产业链，打造上下游联动发展的产业集群。“互联网+”，实施“互联网+”三年行动计划，大力推进“宽带宝安·光网城区”建设，光纤网络覆盖率达到85%，推动50家以上制造业实体企业参与“工业化、信息化”融合。“卫星+”，加快推进亚太高通量宽带卫星通信系统项目，推动亚太卫星通信运营总部、卫星科普教育基地、航天卫星产业科技园规划建设。围绕卫星制造、空间运营和终端设备研制等领域，推动30家以上行业企业进行产业配套和生产销售。“激光+”，鼓励大族激光等领军企业组建行业协会和产业技术创新联盟，围绕激光产品产业化，整合国内激光行业资源，激光产业销售收入突破100亿元。“太赫兹+”，以华讯方舟太赫兹项目为核心，打造太赫兹器件与微系统重点实验室、太赫兹波普检测公共技术服务平台，推动深圳中英太赫兹产业基地建设，培育配套企业20家以上。

打造“深圳质量、宝安智造”品牌。树立“质量第一”的强烈意识，以智能制造为主攻方向，强力推动制造业转型升级，保障“中国制造2025”安全启航。加快智能装备产业发展，推动高档数控机床、工业机器人、智能仪器仪表等取得新突破，提高制造智能化水平。实施智能装备骨干企业培育工程，聚焦感知、控制、决策、执行等关键环节，制定骨干企业培育目录，认定40家以上，建设“机器换人”项目100个、数字车间10个。打造智能制造创新中心，开展基础共性标准、关键技术标准、行业应用标准研究，制定行业标准5个，获得专利50项以上。打造智能制造生态体系，组建一批智能制造技术服务平台，以中粮福安机器人产业园为示范，创建“广东省工业机器人产业知名品牌示范区”。

大力拓展产业空间。坚决守住75平方公里工业控制线，围绕“先进制造空间从5300万平方米拓展到1.2亿平方米”的目标，坚持“规划、更新、利益、开发”四统筹，按照“三空间一中心”模式，突破产业发展空间瓶颈，全力保障企业产业用地，满足龙头企业未来10年产业空间需求。加快“两区两城”建设，摸清“双差”空间底数，通过城市有机更新、产权置换等方式，扩展创新产业空间300万平方米、先进制造业空间600万平方米以上，加快宝安（龙川）产业拓展城桃花源项目规划建设。推广产业用地供给“大族模式”和“福海信息港模式”，落实5家以上重点工业企业用地，新建10个以上科技桃花源、众创空间，每个街道新增创新型产业空间30万平方米，淘汰低端产能350家以上，盘活产业用房不少于40万平方米。

打造国际一流创新体系。以推进国家自主创新示范区建设为契机，用足用好政策措施，鼓励企业自主创新，提升宝安科技创新能力和核心竞争力。制定“六大创新体系”建设项目清单，加快建立全链条科技研发体系、多样化创新载体体系、多维度成果转化体系、多层次人才集聚体系、多元化政策引导体系、全方位服务保障体系。加快推进重大科技基础设施建设，实施“桃花源科技创新园+”工程，建设“六大科技创新服务平台”，对接国家超算深圳中心等重大科技基础设施，加大技术创新公共服务平台建设力度。深化政产学研合作，支持大族激光—湖南大学联合研发中心、吉阳智云—湖南大学人才培养基地、华讯方舟太赫兹研究院等平台开展协同创新，新建2个产业技术创新联盟。营造支持创新的浓厚氛围，实施紧缺人才引进1000工程，引进国家“千人计划”专业人才20名以上，新认定区级高层次人才300名以上。发挥中德（深圳）产业投资基金、红土投资基金、创客创业股权投资项目基金杠杆作用。

扎实做好企业服务。建立服务企业“项目经理”模式，区领导挂点联系全区产值300强工业企业、限额以上商业企业、进出口300强企业及其他五类百强企业。加强“金融超市”运营管理，提升企业服务中心、科技创新服务中心服务效能，发挥五类百强企业联合会、品牌促进会等行业协会职能优势。办好宝博会，组织企业参加国内外展会30场以上。

全力支持企业发展壮大。千方百计解决企业扩能增效阶段的问题，推动更多企业成长为行业领军企业，构建企业良性发展梯队。启动臻鼎新生产基地建设，7月底前完成用地出让；开展一电科技园环境综合提升试点，支持一电科技加快总部建设；重点保障长盈精密、德昌电机、欣旺达电子、三诺、奋达科技、帝晶光电、银宝山新、信维通信、领亚等企业扎根宝安、壮大发展，形成大企业“顶天立地”、中小企业“铺天盖地”的良好产业生态。

（三）落实全面建设宜业宜居活力之区的工作部署

深入推进“基层治理质量年”，聚焦基层短板精准发力，提升基层管理服务水平和公共文明水平，努力构建现代化的基层治理体系，建设安全和谐、文明有序、民生幸福的活力之区。

加快重大民生基础设施建设。紧扣“功能性、流程式、人文化、园林型”的国内一流大型综合医院（中医院）的目标，强力推动人民医院（二期）动工，建成后病床数达到3300张；启动中医院扩建可研编制，建成后病床数达到1800张；加大对南方医科大学深圳医院资金、设备、人才的支持力度；创新“互联网+医疗健康”服务，组建深圳微医医院。完成5家街道医院扩建，加快推进18个医院项目规划建设。完成宝民小学等10所学校改扩建，铁岗九年一贯制学校等6所新校投入使用，新增公办中小学学位1.97万个；新增幼儿园20所、幼儿学位6000个。中国人民大学深圳校区9月份招收首批硕士生、博士生。筹集保障性住房8000套以上，供应5000套以上，其中人才住房不少于2000套。加快推进38区新乐花园、39区海乐花园等棚改试点。新增社区老年人日间照料中心10家。

深化智慧宝安建设。完善管控指挥体系和联合应急指挥体系，固化优化“一张图”“一指令”“一动作”联合应急指挥机制。提高网格化智慧管理效能，推动基础网格与安格、警格、消格无缝衔接、一张网运行。提高政务服务品质，完善“宝安通”，所有民生服务业务“一键通”，下载量突破200万。加快构建“大诚信”体系，启动“1+2+N”体系框架建设，建成数据资源平台、诚信2.0系统，在政府采购、市场准入、食品安全等领域先行推广。

加快建设十大服务中心。充分发挥党建引领作用，以区—街道—社区三级服务中心体系为载体，全面提升政府服务水平，群众找到了服务中心，就找到了党委政府。将十大服务中心分为3类，党群服务类，设党群服务中心、政务服务中心2个中心；企业人才服务类，设企业服务中心、科技创新服务中心和人力资源服务中心3个中心；民生服务类，设工人（职工）服务中心、妇女儿童服务中心、青少年服务中心、公共法律服务中心、社会救助综合服务中心5个中心。十大中心通过街道，落到126个社区党群服务中心，形成服务群众的大联盟，为群众提供360°服务。

全力保障城市安全。牢固树立“大抓安全、抓大安全”的理念，摸清底数、铁腕整治、严防死守、压实责任，坚决守住城市安全底线。配强区、街道消安委，组建街道消防中队。坚持处级以上干部挂任网格员，每周至少半天开展安全巡查督导。抓实安全生产。实行危化品生产经营企业标准化管理，推进粉尘涉爆、电镀企业及重大危险源专项整治，动态监控铝镁粉尘、危化品重点监管企业。消除公共安全隐患。完成余泥渣土受纳场、危险边坡整治。改造排水管网1000公里、清淤1800公里以上，整治易涝点14个。建设电单车充电桩4400个、集中充电点1000个以上，完成燃气入户4万户。强化食品药品安全保障。持续开展“整治房中房、厂房改公寓”专项行动，成立区厂房改造建设管理专责小组，出台专项政策，全面控停、分类疏导，消除房中房、厂房改公寓隐患。推动“两个全面纳管”。完成历史遗留违法建筑消防安全备案，全力打通出租屋生命通道。加强既有建筑质量安全纳管，完成旧屋村、海砂房和河堤上盖物安全鉴定。

确保社会大局和谐稳定。坚决维护国家安全和社会稳定，切实做到预警排查到位、处置打击到位，确保十九大、香港回归20周年等重大时间节点不发生影响稳定的重大事件。筑牢“人物技”三条防线，试点推行“网格布警”，扩充闪电特勤队，提升动态防控水平；持续开展禁毒整治共建，争创“禁毒优秀市区”；深入推进社会矛盾“5+3”专项治理，强力推进治安重点区域整治。落实劳资纠纷处置联席会议制度，完善欠薪逃匿案件查处衔接机制。严厉打击医闹等严重扰乱社会公共秩序的不法行为。加强舆情分析与引导，及时发现和处置苗头性、倾向性问题。

提升公共文明水平。始终坚持物质文明和精神文明两手抓、两手硬，提升城市文明、繁荣群众文化、传承历史文脉，建设文化文明高地。深入推进社会主义核心价值观教育，打造核心价值观主题公园。大力推行社区志愿服务，建设志愿者之区。

实施历史人文发掘提升工程，修旧如旧、保护性开发孝德园、王大中丞祠、永兴桥等一批历史文化遗存，完成中共宝安“一大”纪念馆、宝安抗日纪念馆等升级改造，开展“宝安十景”评选和“宝安四宝”产品推介。推进青少年宫等一批场馆投入使用。办好2017深圳宝安国际马拉松赛、广东省龙舟锦标赛。

强力推进法治城区建设。弘扬法治精神，着力推进依法行政、公正司法、法治社会建设，营造公平可预期的发展环境。完善重大决策合法性审查机制，强化决策公众参与、专家论证、风险评估结果运用。建立行政执法全过程记录制度，进一步明确执法程序和监督机制，严格落实行政过错责任追究，促进行政机关严格、规范、公正、文明执法。落实“七五”普法规划，深入开展“法律五进”，提升居民法律素养。深化“一社区一法律顾问”，推动人民调解与行政调解、司法调解联动。

（四）落实坚定不移推进全面深化改革的工作部署

以供给侧结构性改革为主线，推动重点领域改革取得新突破，以全面深化改革为宝安新一轮发展破障除险，注入强劲动力。

大力推进供给侧结构性改革。把提高供给质量作为主攻方向，瞄准壮大实体经济的主要任务，着力以创新创造提升供给能力，充分释放经济发展新动能。深入实施创新、企业、人才“三大政策”，大力资助一批科研创新项目，精准扶持一批拥有核心竞争力、市场前景广阔的企业，强力招引一批高层次科研人才、团队，积极营造促进科技创新、企业发展壮大、人才安居乐业的生态环境。强力推进基础设施供给侧结构性改革，创新规划、建设、运营和投融资机制，吸引更多社会资本参与智慧宝安、交通能源、综合管廊等城市基础设施建设，更好地支撑城市长远发展。

建立“大城市更新”体制机制。落实市“强区放权”改革，用好市下放的城市更新事权，发挥区城市更新工作委员会作用，加强城市更新与规划和交通市政、公共资源和民生发展、产业发展、住房保障、整治提升、廉政建设等6个方面的协调联动，形成规范、科学的政策、组织、管理、廉政四大体系，压缩审批环节一半以上，审批时间缩短2/3以上，走出城市更新的宝安新路径。实施以规划为引领的连片城市有机更新，强化先规划后更新的管理机制，发挥17个完工项目公共资源配套作用，加快推进17个动工项目建设，促进29个批规划项目加快动工，高起点编制54个列入计划项目专项规划。

加大“强街放权”力度。结合街道分设改革，进一步优化区、街道事权划分，建立区、街道权责清单，理顺运作机制。全面推进基层综合执法，在城市建设、市场监管、环境保护、交通管理、水务管理等领域推进综合执法改革，下沉执法重心，提高执法效能。继续推动编制下沉，充实基层查违、安监、维稳、劳动等工作力量。核定街道编外用人规模，核总量、控规模，提高街道编外用人规范化水平。

推动事业单位分类改革。按照政事分开、事企分开的要求，科学划分事业单位类别，分类推进事业单位改革，将从事生产经营活动事业单位转制为企业。进一步优化编制资源，整合撤并职责相近、规模过小的事业单位，由“碎片化”向“板块化”转变。组建区级综合性公共服务平台。

支持区属国企做大做强。充分发挥国企职能优势，专业专注做好打基础、利长远的事情，鼓励区属国企采用代建、收购、租赁、片区统筹开发等多种方式拓展产业空间，夯实产业名城之基。区投管公司加快推进海纳百川大厦、中德（欧）产业示范园、宝投创谷等工业园区建设，供给产业空间15万平方米以上；启动尖岗山、大洋两个产业统筹片区133万平方米城市更新。区建投集团主导实施福海工业园、宝牧石岩总部园区更新改造项目，供给产业空间7万平方米以上。区产服公司抓紧启动桃花源二期（扩建）、宝安科技创新中心、银田工业区等园区建设，拓展产业空间50万平方米以上。区实业公司加快开展街属企业自有物业升级改造、商业物业投资、不动产运营管理等业务。

加大教育卫生事业集群化改革力度。总结提升“创新理念、创新制度、创新模式、创新方法、创新价值和统一规划、统一管理、统一调度、统一标准、统一评价”的“五创五统”经验，组建新的学校、医院集团，发挥名校、名院辐射作用，以“优”带“潜”、以“优”带“新”，实现优质资源集聚、倍增。

三、关于全面加强党的建设

深入学习贯彻党的十八届六中全会精神，是当前和今后一个时期的重要政治任务。我们要按照中央和省委、市委的部署，把全面从严治党决策部署落到实处。

（一）坚定自觉地同以习近平同志为核心的党中央保持高度一致

习近平总书记作为党中央的核心、全党的核心，体现全党的共同心声，是众望所归、人心所向，对全党团结一心、不忘初心、继续前进，对保证党和国家兴旺发达、长治久安，具有十分重大而深远的意义。我们要坚决拥护习近平同志领导核心地位，自觉在思想上政治上行动上同党中央保持高度一致；坚决践行“四个意识”和“四个自信”，讲政治、顾大局、守规矩，始终向核心看齐；坚决落实全面从严治党，突出真管真严、长管长严，推进全面从严治党常态化；坚决贯彻中央和省、市重大决策部署，凡是党中央提倡的坚决响应、党中央决定的坚决执行、党中央禁止的坚决不做。

（二）严格执行新形势下党内政治生活要求

切实做好思想政治教育。推进党的群众路线、“三严三实”“两学一做”成果转化。实施“铸魂工程”，依托党员课堂、青年讲师团、宝安讲坛等载体，加强党章、习近平总书记系列重要讲话和对深圳工作重要批示精神学习贯彻。拓展教育阵地，深化与中国浦东干部学院等院校合作，建设“智慧党建”云平台，强化党委理论中心组和党群服务中心阵地功能。

严格执行民主集中制。修订区委会议制度，完善党委（党组）工作规则，提升决策科学化、民主化水平。支持人大、政府、政协、司法机关依照法律和章程独立负责、协调一致开展工作。落实“汇报制”，推动评议、旁听等制度化，推广社区“党组织议事厅”“党员提案制”，提高基层党内民主建设水平。

坚持正确选人用人导向。坚持“20字”好干部标准，注重从工作实践中培养选拔干部，注重选拔想干事、能干事、敢负责、善作为的干部，注重选拔在急难险重基层一线岗位上历练成长的干部，注重发挥各年龄段优秀干部的作用；畅通区和街道、机关和企事业单位之间干部交流，继续选派干部参加征地拆迁等工作。

严肃党内组织生活。坚决落实《关于新形势下党内政治生活的若干准则》，制定党建工作手册，全程督查“三会一课”“两会一评议”、党员谈心谈话等工作。把政治纪律和政治规矩作为必学、必谈内容。抓住党组织书记这个关键，严格落实领导干部双重组织生活、讲党课等制度。广泛开展“重温入党誓词”等活动。

（三）坚决落实党内监督的制度和责任

坚决落实《条例》和《准则》，保持战略定力和政治定力，惩治腐败力度绝不减弱，零容忍态度绝不改变。构建区、街道、社区全面从严治党主体责任体系，完善主体责任清单，从严检查“一把手”管党治党责任落实，督促各级党组织和领导干部强化责任担当。

构建完整严密监督体系。建立健全党委（党组）全面监督、纪律检查机关专责监督、党的工作部门职能监督、党的基层组织日常监督、党员民主监督的党内监督体系。扎实开展巡察工作，着力解决群众反映强烈的突出问题。完善纪检体制机制和机构设置，推动派驻街道纪检组与纪工委整合，有效发挥纪委监督作用。

保持惩治腐败高压态势。坚持有案必查、违纪必究、执纪必严，重点查处工程建设、政府采购、政府资源管理、违法建筑、环境保护、基层治理、安全生产等领域的违纪违法行为。完善区委反腐败协调机制，加强纪检监察与组织、人事、审计、公安、检察院、法院等部门的联动配合。推行考核激励和区街联动机制。

持之以恒抓正风肃纪。以更大力度抓好作风建设，进一步振奋精神，真抓实干，做到行动要“快”、干事要“实”、标准要“高”、从政要“廉”。着力查处各种隐形变异的“四风”问题，加强“八小时以外”监督，抓好明察暗访。综合运用监督执纪“四种形态”，加强谈话提醒和信访函询、约谈，对苗头性、倾向性问题早发现、早纠正、早提醒。落实“三个区分”，健全容错纠错机制，营造鼓励改革、宽容失误的干事创业环境。

全面深化智慧廉政监督。严格落实“1+10+1”工作规范，升级完善“智慧廉政平台”，重点加强对“三长两域”的监督。完善“社区集体经济综合监管服务平台”，强化对集体物业出租、工程招投标、集体土地开发与交易等监督，提升社区股份合作公司决策、管理的透明度和规范化水平。

加大科学内控力度。深化“五位一体”阳光政务模式，推动每周工作动态在编人员全覆盖。加强“知判议决督”全链条闭环管理，提升智慧督查效能，确保各项工作有序严谨可控高效运行。

（四）推动全面从严治党向基层延伸

扎实推进社区党建标准化建设。做实社区党建“三项保障”，建立达标社区库和通报制度。排查整顿软弱涣散社区党组织。出台社区专职工作者管理制度，充实社区专职工作力量。深化社区党委“班长工程”，平稳完成社区“两委”换届。

着力加强机关事业单位和国有企业党建。推进机关党建标准化，建立“党员固定活动日”制度，健全“支部服务清单”。推进教育卫生系统党建，加强师德师风、医德医风建设。出台加强国企党建若干措施，强化党组织在国有企业的领导核心作用。

大力推进两新组织领域党的建设。推进两新组织党建标准化，推动党员领导干部直接联系两新党组织，打造专职工作队伍。落实社会组织党建“燎原计划”，实施园区共建联席会议制度，创建一批示范点。推动党组织结对共建，实施一批“社会组织 + 非公企业”“金融系统 + 优势企业”结对项目。

全面强化基层党建和基层治理。出台基层党组织和党组织书记抓党建“两个责任清单”，实施“强阵地”“强队伍”“强规矩”三强工程，加强跟踪问责问效。狠抓党建“书记项目”，设立党群服务专项资金。加强对社区党建的指导，健全社区工作职责目录，严格事务准入制度，完善社区服务体系。

（五）全面加强宣传、统战、武装、群团和对口帮扶工作

扎实做好宣传文化工作。坚决落实习近平总书记“牢牢掌握意识形态工作领导权、管理权、话语权”的要求，加强对意识形态问题的引导和管理，牢牢掌握意识形态工作主动权。加强思想理论工作，深入宣传阐释马克思主义中国化最新成果。创新和改进网上宣传，营造更加清朗的网络空间。大力弘扬社会主义核心价值观，出版《宝安历史文化丛书》，打造《岭南春早》等一批艺术精品，弘扬时代主旋律、唱响宝安好声音。

构建党领导下的大统战格局。制定落实区委区政府党员领导同志与民主党派人士联谊交友、区政府有关部门与各民主党派对口联系制度，支持各民主党派、工商联、无党派人士开展联合调研，搭建党派智库平台。加强园区（楼宇）统战和社会组织工作，探索成立新社会阶层人士联合会。

加强党管武装、党对群团工作的领导和对口帮扶工作。坚持党管武装原则，创新国防教育方式，加强国防动员和民兵预备役建设，推动军民融合深度发展。加强对工青妇等群团组织的领导，推进源头治理劳资纠纷试验区、社区团建、妇女儿童友好型城区建设。加强对河源龙川、广西河池大化、都安的对口帮扶工作。

同志们，一万年太久、只争朝夕。让我们更加紧密地团结在以习近平同志为核心的党中央周围，在省委省政府、市委市政府的坚强领导下，上下同心、真抓实干、撸起袖子加油干，全面建设具有全球影响力的现代化国际化滨海宝安、质量型创新型产业名城、宜业宜居活力之区，以优异成绩迎接党的十九大和省第十二次党代会胜利召开！

名词解释

1.“两城”：指先进制造产业城、科技创新产业城。

2. 国资监管“1+8”制度体系：指 2016 年 7 月 27 日出台的《深圳市宝安区企业国有资产监督管理暂行办法》及 8 个配套文件。

3. 集体经济“1+4”监管平台：“1”指宝安区社区集体经济综合监管服务平台，“4”是指集体资产交易信息系统、“三资”管理信息系统、财务监管信息系统、证照和股权管理信息系统。

4. 集体经济监管“1+9+1”文件：第一个“1”是指《关于加快宝安区社区集体经济综合监管服务平台建设推动股份合作公司规范管理的意见》，“9”指9个配套文件，最后一个“1”是指《宝安区社区股份合作公司违反集体资产监督管理行为责任追究办法（试行）》。

5.“两厅两中心”：指物理服务大厅、网上服务大厅、全口径受理中心、全口径咨询中心。

6.“五满一高”：在 2016 年宝安区区级领导班子换届中，党代会选举区主要领导满票当选，区委和区纪委一次全会书记、副书记满票当选，人大选举人大主任、区长满票当选，政协选举政协主席满票当选，党代会报告和区人大、政府、政协和法检“两院”工作报告满票通过，其他组织意图人选均高票当选。

7.“三书”预警：指组织人事部门对领导干部进行提醒、函询和诫勉。

8.“1+10+1”工作规范：即《宝安区阳光政务廉政风险防控“1+10+1”工作规范》，加强对工程招投标、政府采购、公共（国有）物业招租、专项资金管理、集体用地开发与交易、行政处罚、查违执法等 7 个重点领域和医院院长、学校校长、社区股份合作公司董事长等 3 个重点岗位权力运行的监督制约。

9.“三长两域”：指公立医院院长、公办学校校长、社区股份合作公司董事长3个重点岗位和建设工程招投标、政府采购 2 个重点领域。

10.“五位一体”阳光政务模式：指“周一计划、周五动态、全程督查、每月绩效、年底见分晓”的政务工作模式。

11.“新老三馆”：“新三馆”指宝安公共文化艺术中心建设项目，包含宝安博物馆、艺术馆和美术馆；“老三馆”指“宝安 1990”升级改造项目，包含宝安图书馆、文化馆和音乐厅。

12.“三空间一中心”模式：指先进制造空间 + 行政研发空间 + 生活配

套空间 + 产业服务中心。

13.“两区”：指国家自主创新示范区、广东省智能制造示范基地。

14.“1+2+N”大诚信体系：“1”即“大诚信”数据资源平台；“2”即公众服务体系和政务管理体系；“N”即强化安全生产、劳资纠纷、食品安全、违法建筑等N个重点领域的应用。

15.“宝安四宝”：指沙井蚝、合成号饼干两种宝安传统特色食品和卡士奶、青岛原浆啤酒两种宝安出产的知名饮品。

16.“法律五进”：指开展法律进机关、进社区、进学校、进企业、进单位宣传活动。

17. 监督执纪“四种形态”：指中央纪委提出的党内关系要正常化，批评和自我批评要经常开展，让咬耳扯袖、红脸出汗成为常态；党纪轻处分和组织处理要成为大多数；对严重违纪的重处分、做出重大职务调整应当是少数；而严重违纪涉嫌违法立案审查的只能是极极少数。

18.“三个区分”：指习近平总书记提出的“三个区分”原则，即：把干部在推进改革中因缺乏经验、先行先试出现的失误和错误，同明知故犯的违纪违法行为区分开来；把上级尚无明确限制的探索性试验中的失误和错误，同上级明令禁止后依然我行我素的违纪违法行为区分开来；把为推动发展的无意过失，同为谋取私利的违法违纪行为区分开来。

19.“三项保障”：指社区党建标准化建设的人员待遇、服务群众经费、党建阵地“三项保障”。

20.“燎原计划”：指有3个以上正式党员的社会组织实现党的组织全覆盖，不足3名党员的社会组织实现党的工作全覆盖。

21.“两个责任清单”：指基层党组织落实全面从严治党责任清单、党组织书记抓党建工作责任清单。

相关链接

中共深圳市宝安区第六届代表大会第二次会议

2017年1月12日，中国共产党深圳市宝安区第六届代表大会第二次会议在区委区政府会堂召开。大会号召，更加紧密地团结在以习近平同志为核心的党中央周围，在省委省政府、市委市政府的坚强领导下，上下同心、真抓实干、撸起袖子加油干，全面建设具有全球影响力的现代化国际化滨海宝安、质量型创新型产业名城、宜业宜居活力之区。区委书记黄敏代表第六届宝安区委向大会作报告，在大会闭幕式上讲话。区长姚任、区人大常委会主任张志彪、区政协主席邓桂洪等区几套班子领导出席会议。会议审议通过《中国共产党深圳市宝安区第六届代表大会第二次会议决议》。大会听取区人大、区政府、区政协、区法院、区检察院党组关于贯彻落实区五届六次党代会精神的情况报告（书面），听取并审议区纪委工作报告（书面），讨论《深圳市宝安区“基层治理质量年”实施方案》。会议指出，将按照市委“城市质量提升年”决策部署，结合宝安实际，将2017年确定为“基层治理质量年”，聚焦基层短板精准发力，提升基层管理服务水平和公共文明水平。2017年工作的总体思路：全面贯彻党的十八大、十八届三中、四中、五中、六中全会和习近平总书记系列重要讲话精神，坚持深圳质量、深圳标准，以市“十三五”规划明确的“十大战略路径”和十项重大战略任务为指引，落实区六届一次党代会精神和区“十三五”规划，紧紧抓住实体经济、智能制造、重大项目、重大基础设施建设、城市更新、基层治理等工作，强化责任、狠抓落实，全面建设具有全球影响力的现代化国际化滨海宝安、质量型创新型产业名城、宜业宜居活力之区，以优异成绩迎接党的十九大胜利召开。会议要求2017年做好以下“四方面”工作：落实全面建设现代化国际化滨海宝安的工作部署，不断提升宝安城市品质；落实全面建设质量型创新型产业名城的工作部署，实现更强大、更有质量、更可持续的经济发展；落实全面建设宜业宜居活力之区的工作部署，建设安全和谐、文明有序、民生幸福的活力之区；落实坚定不移推进全面深化改革的工作部署，为宝安新一轮发展破障除险，注入强劲动力。会议对全面加强党的建设进行部署。要求坚定自觉地同以习近平同志为核心的党中央保持高度一致，严格执行新形势下党内政治生活要求，坚决落实党内监督的制度和责任，推动全面从严治党向基层延伸，全面加强宣传、统战、武装、群团和对口帮扶工作。会议强调，宝安作为深圳的经济大区、产业大区、实体经济之区，将以实际行动为实现深圳“努力建成现代化国际化创新型城市和国际科技、产业创新中心”战略目标做出应有贡献。坚定不移贯彻落实打造“深圳质量、深圳标准”的决策部署，打造“深圳质量、宝安智造”新标杆，保障“中国制造2025”安全启航。

深圳市宝安区人民代表大会常务委员会工作报告

——在深圳市宝安区第六届人民代表大会第二次会议上的工作报告

（2017年2月17日）

宝安区人大常委会常务主任　张志彪

各位代表：

我受区六届人大常委会委托，向大会报告工作，请予审议，并请列席人员提出意见。

2016年主要工作

2016年是“十三五”的开局之年，是宝安区大力推进滨海宝安、产业名城、活力之区建设的关键一年。一年中，区人大常委会在区委的坚强领导和上级人大的正确指导下，认真贯彻党的十八大和十八届历次中央全会精神，全面落实区五届六次、六届一次党代会精神，围绕宝安勇当“四个全面”先行区的战略部署，履行好宪法和法律赋予的神圣职责，紧紧依靠、全力服务、支持和保障人大代表依法履职，全年共听取和审议“一府两院”专项工作报告和其他报告29项，作出决议决定40项，开展专项监督、执法检查、专题调研和代表视察109次，督办人大代表建议案250件，依法任免国家机关工作人员和人民陪审员285人次，顺利地完成各项工作任务。

一、围绕区委中心，服务工作大局，着力督促决策部署落实

区人大常委会紧紧围绕区委决策部署，切实履行好法定职责，为推动宝安经济社会发展和民主法治建设充分发挥职能作用。

全力督促重点工作落实。围绕区委街道发展战略实施，常委会先后12次组织代表开展“双十项目”进展情况专题视察，收集并转办代表意见建议126条，强力推动相关项目加快建设。全程监督参与“拓展空间保障发展”十大专项行动，常委会领导牵头担任5个指挥部指挥长，并与区政协联组成立10个代表委员监督组，动态跟踪督查专项行动进展，确保年度任务顺利完成。关注创新驱动、产业转型工作落实，听取并审议区政府科技创新创业专项工作报告，促使政府加快推动产业载体建设、加大科技引才育才力度，以创新发展夯实实体经济基础。先后组织代表围绕宝安区“十三五”规划实施、政府投资重大项目建设、“序畅宁绿洁美”等重点工作开展调研视察，提出意见建议，形成推动宝安科学发展、创新发展、协调发展的思想共识和工作合力。

大力支持重大项目建设。针对宝安区产业用地不断减少的趋势，审议通过区政府提交的《宝安区工业控制线管理办法（试行）》，支持划定不少于70平方公里的工业控制线，为打造“产业名城”留足土地空间。加强对年中新增政府投资项目计划的立项审查，先后批准16个超过5000万元的新增项目，推动宝安区重大项目的立项建设，包括沙井纵二路、湖滨西路等7项道路交通设施，“老三馆”提升和“新三馆”建设、城市学院开工等7项教育文化类项目以及坪洲新村一期装修和社区管网改造工程等2项民生保障类项目。及时审议批准区政府两次财政综合预算调整，支持政府通过“调慢补快”优化支出结构，重点用于基础设施建设和民生保障，提高资金使用效益，确保如期完成全年目标任务。

努力推进热点问题解决。针对代表和群众反映的涉及上级管理权限的民生热点问题，常委会积极向上级人大反映情况、争取支持。迎接省人大常委会主任黄龙云率队检查宝安垃圾管理，进一步推动政府梳理垃圾处理的技术路线及政策措施，形成生活垃圾处理的“宝安经验”。报告茅洲河治理中跨市、跨区协调难题，获得省、市人大的重视和关注。省人大常委会副主任陈小川、市人大常委会副主任刘恩先后率队视察茅洲河治理推进情况，就深莞两地协同、雨污分流管网建设、淤泥无害化处理、专业技术人员配置等提出意见建议，促进包括中电建在内的各方加快工程进度，确保治水提质取得实在进展。开展《特区股份合作公司条例》法规梳理与修法调研，做好市人大常委会常务副主任罗莉率队前来宝安征求意见的服务工作，围绕股权流转、职权划分、内外部监管等问题提出一系列建议，促成市人大提前启动修法程序。市、区联动开展社康中心运行和发展情况调研，争取市有关部门的重视，推动社康中心用房、经费保障和人才培养等问题逐步得到解决。

认真抓好换届选举工作。常委会坚持把党的领导贯穿于换届选举的全过程，精准指导把关，严肃换届纪律，严格依法办事，充分发扬民主，取得换届选举工作的圆满成功。经有效宣传发动，宝安区选民登记率达 61.2%，登记人数较上届增长 60.9%，参选率高达 87.9%，各项指标均创历史新高。宝安、光明、龙华 148 个选区产生区第六届人民代表大会代表 290 名，在类别、结构、比例等方面都很好地落实市委、市人大的要求。区六届人大一次会议，依法选举产生新一届人大与“一府两院”负责人；区六届人大常委会及时任命人大常委会工作机构和办事机构组成人员 69 人次、政府组成部门负责人 18 名。2016 年年底，又根据行政区划调整的要求，全力配合做好龙华区人大筹建相关工作。

二、关切民生发展，推进依法治理，充分发挥监督支持作用

区人大常委会侧重关系改革发展稳定大局和群众切身利益、社会普遍关注的重大问题开展监督，形成推进民生发展、依法治理的“人大力量”。

切实加强计划预算监督。落实全口径预算决算审查监督要求，动态关注计划实施情况和财政预算执行情况，完成 2016 年度计划预算草案的初审，听取审议审计工作报告以及 2016 年上半年计划、预算执行情况，审查批准 2015 年本级决算草案。创新采用现场督办的方式跟踪绩效审计报告整改，并在常委会上首次对绩效整改情况进行满意度测评。开展政府投资项目竣工结算、决算、资产移交专题调研，督促政府落实责任、健全机制，加强政府投资项目全流程管理。区政府成立历史遗留问题清理小组，对历年未完成资产移交的项目进行集中处理。

聚焦推动社会事业发展。常委会专题调研宝安居民慢性病综合防控，推动政府科学制定短中长期应对策略，加快建立慢性病联防联控工作机制和目标考核体系。持续跟踪教育、卫生工作整改落实情况，支持政府成立“宝安职业教育集团”，整合全区优质资源，做强做大职业教育；支持政府进一步理顺集团管理体制和运行机制，以“集群化发展、集团化管理”扩大优质资源供给，宝安中学（集团）、宝安中医院（集团）、宝安人民医院（集团）先后挂牌成立；督促完善政府智慧监管平台，推进“智慧药房”体系建设。组织视察宝安传统文化保护与传承工作，督促政府加大对文化遗产保护的投入，继承发扬好本土优良文化传统。组织在深的全国、省人大代表以及市、区人大代表联合视察“智慧宝安”，参观宝博会、区城市规划展览馆，增进代表对宝安区智慧治理、产业发展、规划蓝图的关注和了解。

不懈促进法治城区建设。开展《国防动员法》《特区居住证条例》等执法检查，要求区政府加强基层武装工作和国防后备力量建设，督促各部门落实居住证配套权益、改善服务管理。安排市、区人大代表联合视察宝安区公共安全工作，推动加大社会治安综合治理力度，取得良好成效，进一步提高居民安全感。专题视察宝安区禁毒整改工作，推动相关部门齐抓共管，形成全社会广泛参与的严打防控体系。配合开展《特区医疗条例（草案）》《特区食品安全监督条例（草案）》意见征求，将行业主管部门、法律专家、居民群众、企业经营者有关立法的诉求反馈市人大。逐条梳理《特区信访条例》在宝安的实施情况，查找存在问题，为市人大修改、完善条例提供来自基层的依据。

高度关注公共设施建设。开展宝安区交通及公交问题专项调研，深刻剖析配套法规、公交行业发展、公交场站规划、交通疏导管理、禁摩限电执法等方面存在的不足，形成报告上报区委、市人大供决策参考。尤其就调研中发现的公交专营权、公交场站临时建设用地的使用期限等涉及规定和政策层面的问题，组织省、市人大代表提出修法议案，推动破解相关规定政策障碍。实地视察新玉路、海澜路改造和南坪二期连接通道—湖滨西路改造等交通设施的规划建设情况，充分听取基层代表意见，协调有关部门将新玉路改造方案从双向四车道调整为双向六车道，更好地满足群众生产生活的需求。两次视察同乐关交通改善工程，强调广深高速公路公司和市、区相关部门要认真研究吸纳代表意见，最后促成同乐关改造设计方案从东行单向半互通调整优化成东西双向全互通。针对宝安发展的迫切需要，视察湖滨路（边检路）规划建设情况，向市人大提出建议案，推动相关建设提前启动。围绕社区公园的管养进行三轮摸底调研，要求政府进一步完善基础设施建设、理顺社区公园管养体制，同时制定街道一级的考核办法和激励机制。

三、优化平台布局，密切联系群众，全力保障代表依法履职

区人大常委会坚持以保证人民当家做主为根本，拓展代表工作平台，深化服务代表工作，确保支持和保障人大代表依法履行各项职责。

做实做好联络站工作。指导各联络站制定计划开展接访、走访活动，广泛收集社情民意，并做好意见建议工作。深入各街道对联络站建设工作进行调研，进一步优化站点布局与规范管理。坚持以联络站为平台开展议事问政活动，组织人大代表、社区居民与职能部门面对面议事，促成诸多民生问题的解决。启动一批立法联系点向社会公开征求立法意见，将其建成人大代表、基层群众有序参与立法的重要平台，丰富区人大参与立法、反映诉求的工作渠道。

加强建议办理落实工作。区五届人大九次会议，共收到代表建议案

247件。常委会高度重视建议案办理，确定形成主任会议牵头重点督办、工作委员会分类督办、代表联络部门统筹督办三个层次的代表建议督办工作机制。一年中，所有交办的代表建议案均在规定时限内得到答复，代表反馈满意和基本满意率为99.6%。常委会对往年代表反馈不满意的建议案，持续跟踪落实，针对西乡街道后瑞排洪泵站项目停滞情况开展专题视察，就有关问题与政府部门达成共识，最终推动该排涝泵站工程重新选址并启动建设。

优化代表履职服务保障。常委会全面加强代表履职服务，建立健全代表联络机构，成立选联任工委，任命一批工委委员，形成服务代表履职的工作力量。全年举办履职培训班8期、培训各级人大代表及人大工作人员193人次，为人大代表优化知识结构、更好履行职责创造优良条件。同时，高频率地组织代表开展视察、调研、座谈，为代表履职不断提供实际平台。协调媒体对重点建议案办理情况进行宣传报道，收到良好的监督效果和社会效益。出刊《宝安人大》，及时发布人大工作动态，畅通人大代表知情知政渠道。

四、优化机构设置，完善制度体系，切实加强常委会自身建设

打铁还需自身硬。区人大常委会全面加强思想建设、组织建设、制度建设，提高自身当政议政、依法监督、代表群众的能力，为常委会组成人员集体行权提供坚强保证。

加强思想作风建设。认真学习贯彻党的十八大和十八届三中、四中、五中、六中全会精神和习近平同志一系列重要讲话精神，深入开展“两学一做”学习教育，坚持集中学习与自学相结合、批评与自我批评相结合，通过常委会领导带头讲党课、民主评议等多种形式加强思想建设，强化纪律意识、规矩意识和廉政意识。召开专题会议研究常委会自身建设，强调常委会组成人员务必要做努力学习、聚焦履职和正面形象的表率。

落实强工委工作措施。按照区委关于加强人大工委建设的要求，常委会制定并落实一系列工作措施，进一步提高监督实效，彰显人大权威。每个工委配备专门科室，安排专门工作经费，形成19人的工委委员队伍，吸纳更多的法制、财政、经济、审计、城建、科技、教育、文化、卫生等方面专家加入，提升队伍的专业水准。研究出台专门委员会工作制度，修订工委工作规则，以制度促规范、以规范提质效。

完善工作制度流程细则。按照中央18号文对基层人大工作的新要求，制定常委会听取和审议专项工作报告、执法检查、专题调研、专项视察办法等一系列履职制度，确保各项监督工作有章可循。修订区人大常委会议事规则、党组议事规则、主任会议议事规则，切实提高机关工作质量。梳理完善人大机关办文、办事、办会工作规章细则，进一步提高工作规范化、科学化水平。

在总结成绩的同时，我们也清醒地认识到，常委会工作中还存在着不足和薄弱环节，主要表现在：常委会决定、决议和审议意见的跟踪问效不够到位，督办落实工作机制需抓紧建立；监督工作在找准问题、突出重点、取得实效等方面，仍需在精准、刚性上再下功夫；代表联络站发展不够平衡，双向联系的互动功能还没有充分发挥出来；少数代表建议案落实率还有偏差、“被满意”的现象还有存在；人大干部队伍自身的作为和担当，还需进一步强化。以上这些，我们都要在今后的工作中切实改进、加紧解决、努力完善。

2017年工作思路

2017年是十九大召开之年，是“十三五”规划实施的关键一年，是区委确定的“基层治理质量年”的重要一年，也是做好宝安新一届人大工作的开局之年。区人大常委会工作要认真贯彻区六届二次党代会的部署，以忠诚作为的担当精神、依法尽责的履职态度、服务人民的奉献情怀，求真进取，真抓实干，高质量地履行好宪法和法律赋予的职责，全力以赴推动宝安各项事业发展不断向前迈进。

一、牢固树立“四个意识”，贯彻落实好区委决策部署

区人大常委会将牢固树立政治意识、大局意识、核心意识和看齐意识，坚持正确政治方向，自觉服务中心任务，确保区人大工作与区委部署要求始终步调一致。围绕中心履行职责。全面做好监督、重大事项决定、人事任免以及立法调研等各项工作，及时将区委的重大决策，通过法定程序上升为国家权力机关的决议、决定，成为全体干部群众的思想共识和行动自觉。监督重点工作推进。紧扣实体经济发展、智能制造、重大项目建设、城市更新、基层治理和街道发展战略等重要工作，深入一线视察调研，督促推进解决问题，在全区上下形成狠抓落实的浓厚氛围和工作常态。认真做好人事任免。坚持党管干部原则，坚决贯彻组织意图，做到党推荐干部与人大任免干部相统一，同心同德建设好干部队伍。

二、加强对“一府两院”监督，不断加大工作支持力度

区人大常委会将坚持监督到位和支持有力并重，督促“一府两院”依法行政、公正司法。通过定期听取工作汇报、开展执法检查、审查规范性文件、实施满意度测评等法定监督形式，加强对权力运行的制约和监督。任后监督方面，对常委会任命干部开展履职评价，增强大家责任意识、人大意识、服务意识，更好地为人民尽责、履职、用权。规范健全工作制度，落实“一府两院”定期向人大常委会报告工作。专项监督方面，听取和审议区政府关于政府投资项目工程结算和竣工决算、禁毒重点整治、新校建设及学位供给等专项工作报告，督促宝安区重大项目建设、法治城区建设、教育卫生事业发展等取得新进展。计划预算监督方面，启动预算支出联网监督系统建设，全过程监督预算执行情况，完善跟踪问效机制。认真做好计划预算草案、执行情况、调整等法定审查工作，选取若干“十三五”规划中的政府投资重大项目进行全过程监督，抓好年中新增政府投资项目立项审查。执法检查方面，对宝安区贯彻落实《消防法》《特区医疗条例》情况开展检查，督促各责任单位落实法定职责、加强问题整改、守好安全底线，推动分级诊疗制度改革取得实效。司法监督方面，开展“两院”司法改革专题调研，推动进一步完善司法管理体制和司法权力运行机制，实现司法公平公正。督促扎实推进落实依法治区各项工作，开展双年“十大法治事件”评选活动。

与此同时，要加大支持力度，对“一府两院”作出的符合宝安发展定位的、符合群众愿望要求的、符合法律规定的工作部署和创新举措，都全力支持。对宝安工作中需要上一级协调解决的问题，及时组织省、市、区人大代表开展调研、提出建议、争取支持、获得帮助。

三、完善代表工作机制，发挥代表主体作用

人民代表是由人民群众选举并从人民群众中产生的，我们必须始终做到密切联系人民群众，忠实代表人民群众，竭诚服务人民群众。常委会将紧紧围绕代表的群众性这一主体特征，不断深化人大代表工作，全力支持和保障代表依法履职，确保代表作用得到充分发挥。健全代表工作机制。建立区人大代表工作制度体系，包括代表小组工作办法、代表视察办法、代表履职通报和激励制度等，继续完善代表双向联系制度、代表述职制度。积极探索代表选区工作室建设，密切代表与选区、选民的联系。采取省、市、区人大代表联动方式，举办人大代表问政会，拓宽代表当政议政的渠道。开展“五心代表”活动，树典型、立标杆，提高代表队伍履职的积极性和质量水平。扎实推进联络站建设。根据宝安街道分设实际情况，调整增设代表联络站，每个街道设置3个联络站，实现联络站场地、人员、经费“三落实”。进一步加强立法联系点、“网上联络站”平台建设，完善群众反映问题、代表受理反馈机制。丰富闭会期间活动。组织全体区六届人大代表开展履职初任培训，提升代表履职能力。开展“代表活动月”“代表集中调研周”活动，丰富代表履职方式和形式。扩大代表对常委会工作的参与，为代表掌握社情民意、熟悉大政方针创造优良条件。强化代表建议督办。通过专题督办代表反馈不满意建议、建议办理绩效考核等一系列措施，加大建议督办力度，减少“被满意”现象，切实提高代表建议案的落实率。

四、抓实抓紧工委建设，夯实常委会工作基础

法工委、财经工委、教科文卫侨工委是区人大常委会的法定工作机构，是开展监督工作的专业部门。切实提高工作标准。明确工委监督工作的目标要求和质量标准，有计划、有针对性地开展专项监督、执法检查、专题调研、专项视察活动。各项工作选题要紧贴区委工作大局，紧扣“一府两院”工作重点，紧紧围绕人民群众生产生活和关心的热点问题，体现全局高度和严格标准，体现长远眼光和现实要求，体现基层需要和群众利益，形成人大监督有力有序、有声有色的严肃生动局面。加强工作队伍建设。建设好专委委员、工委委员、代表专业小组三支工作队伍，不断提高依法履职、当政议政、联系群众的能力。理顺职能关系，实现专门委员会与工作委员会的监督联动、错位发展、优势互补。提高专业化水平。完善法律、财经等专家咨询队伍建设，引进“外脑”提高监督工作质量，做到分析问题切中肯綮，提出建议切实可行，把工委真正打造成强化人大监督和推动工作的“利器”。

五、始终坚持党的领导，切实提升常委会履职能力

坚决贯彻中央、省、市、区委决策部署，更加自觉地在思想上政治上行动上同以习近平同志为核心的党中央保持高度一致，把全面从严治党要求落实到人大工作的全方位、全过程，不断强化常委会的自身建设。深化学习定方向。深入学习领会党的十八届六中全会精神和上级人大工作的新部署、新要求，以及人大制度和相关法律法规，不断提高思想政治素质和依法履职的能力。从严管理强队伍。出台常委会组成人员十项守则，督促各位成员要遵守政治纪律和政治规矩，形成夙夜在公、干事创业，清正廉洁、克己守正的优良作风。用心尽责提效能。常委会组成人员要强化“一线”意识和担当自觉，全情投入履行岗位职责，发挥好权力机关组成人员的重要作用，推动人大工作大有作为。

各位代表，人民代表大会制度是我国的根本政治制度，是坚持党的领导、人民当家做主、依法治国有机统一的根本性制度安排。人大代表是国家权力机关的主体，是人大常委会密切联系群众的桥梁和纽带，是我们倾听群众呼声、汲取群众智慧的重要渠道，也是我们推进各项工作的力量源泉。让我们更加紧密地团结在以习近平同志为核心的党中央周围，在区委的坚强领导下，不忘初心，砥砺前行，恪尽职守，奋发有为，进一步开创人大工作新局面，为全面建设具有全球影响力的现代化国际化滨海宝安、质量型创新型产业名城、宜业宜居活力之区，为推动光明新区各项事业发展而勤勉工作、努力奋斗！

相关链接

深圳市宝安区第六届人民代表大会第二次会议

区人大代表投票表决各项决议

2017年2月16日至17日，中国共产党深圳市宝安区第六届代表大会第二次会议在区委区政府会堂召开。开幕式由大会主席团常务主席、区人大常委会主任张志彪主持，200余名区人大代表听取区长姚任代表区政府向大会作出的政府工作报告，报告中指出，宝安2017年工作的主要目标和任务是地区生产总值增长8.5%左右。区委书记黄敏、区政协主席邓桂洪等区几套班子领导，光明新区有关领导，区法院、区检察院领导出席开幕式。宝安辖区内的市人大代表、出席宝安区政协五届二次会议的区政协委员、区属（参股）企业负责人、驻区有关单位和企业负责人、部分老同志等列席开幕式。姚任代表区政府向大会所作的工作报告分为“2016年工作回顾”和“2017年主要工作任务”两部分。姚任从六个方面对过去一年的工作进行全面回顾。他说，过去一年，在市委市政府和区委的坚强领导下，宝安深入贯彻落实党的十八大以来中央各项决策部署、习近平总书记系列重要讲话精神，统筹推进“五位一体”总体布局，协调推进“四个全面”战略布局，坚持以五大发展理念引领经济发展新常态，坚持稳中求进工作总基调，以推进供给侧结构性改革为主线，深入打造“深圳质量”，扎实推进“滨海宝安、产业名城、活力之区”建设，顺利完成各项工作任务，实现“十三五”良好开局。过去一年，宝安经济实力大幅提升，地区生产总值突破三千亿大关，达3003亿元，增长8.8%。产业转型升级稳步推进，实施科技、企业、人才“三大政策”，资助技术创新项目186个，扶持企业430家，资助团队12个、人才709名。城市环境进一步优化，编制完成区“十三五”规划纲要及系列专项规划，完成大空港地区、107时尚商务带、“两城”、十大统筹片区等一批重要规划，“拓展空间保障发展”十大专项行动成效显著，拆除消化存量违建353万平方米，盘活释放建设用地294万平方米。社会治理成效显著，社会治安形势持续好转。民生事业持续快速发展，九大类民生支出276.1亿元，增长19.6%，2016年的149件民生实事顺利完成。政府管理服务水平不断提高，宝安管控体系、政务服务模式建成运行，得到广泛好评。会议还书面听取《宝安区2016年国民经济和社会发展计划执行情况与2017年计划草案的报告》和《宝安区2016年预算执行情况和2017年预算草案的报告》，审议通过选举办法以及区人大各专门委员会组成人员人选通过办法。

深圳市宝安区政府工作报告

——在深圳市宝安区第六届人民代表大会第二次会议上的讲话

（2017 年 2 月 16 日）

深圳市宝安区人民政府区长　姚　任

各位代表，同志们：

现在，我代表宝安区人民政府向大会作工作报告，请予审议，并请各位政协委员和其他列席人员提出意见。

2016 年工作回顾

过去一年，我们在市委市政府和区委的坚强领导下，深入贯彻落实党的十八大以来中央各项决策部署、习近平总书记系列重要讲话精神，统筹推进"五位一体"总体布局，协调推进"四个全面"战略布局，坚持以五大发展理念引领经济发展新常态，坚持稳中求进工作总基调，以推进供给侧结构性改革为主线，深入打造"深圳质量"，扎实推进"滨海宝安、产业名城、活力之区"建设，顺利完成各项工作任务，实现"十三五"良好开局。

一、稳增长

1. 地区生产总值突破三千亿大关，达 3003 亿元，增长 8.8%。规模以上工业总产值 5831 亿元，占全市 21.7%；税收收入 535 亿元，财政一般预算收入 218 亿元，分别增长 17.9% 和 16.2%。

2. 完成全社会固定资产投资 650 亿元，增长 19.2%；其中，工业投资 94 亿元，增长 13.0%。

3. 加大外贸企业服务力度，出口总额 364 亿美元。实现全社会消费品零售总额 715 亿元，增长 8.1%。

4. 成功举办宝博会、智博会、电博会，主办国际工业设计节，承办文博会十大分会场，搭建"宝安质量""宝安智造""宝安创意"大展台。

5. 新增上市企业 7 家、"新三板"挂牌企业 58 家、"四上"企业 610 家。规模以上工业企业达 2450 家，居全市第一位。

6. 着力降低企业成本，减免税收 118.1 亿元，完成出口退税 155 亿元，提供贷款贴息 5000 万元。

7. 划定 75 平方公里工业控制线，新增 9 个"工改工"项目，新增产业空间 200 万平方米。

二、促转型

8. 实施科技、企业、人才"三大政策"，资助技术创新项目 186 个，扶持企业 430 家，资助团队 12 个、人才 709 名。

9. 全市率先落实市政府 80 号文，遴选大族激光、"互联网 +"未来科技城、亚太卫星等一批重大产业项目，签约引进微软、平安、正威、康美药业等重大项目 208 项。

10. "两中心一馆"落户大空港，深圳国际会展中心动工，国际会议中心和新科技馆完成选址。

11. 新增国高企业 261 家，总数 1493 家，居全市第二。新增国家级、市级孵化器各 1 个，区级科技创新园 6 个。高新技术产品产值占规上工业总产值 62%。

12. 工业增加值率提高到 23%，现代服务业增加值增长 11.2%，战略性新兴产业增加值增长 13.5%。依法淘汰低端劣势企业 526 家，万元 GDP 水耗、电耗分别下降 8.9% 和 5.2%。

13. 鼓励企业实施技术和智能化改造，补贴 1.1 亿元，支持企业建设 5 个数字车间、80 个机器换人和 105 个技术改造项目。

14. 新增中国驰名商标 3 个，广东省著名商标 18 个。全年专利申请量 2.6 万件，居全市第二；国际 PCT 专利申请量 1147 件。

15. 组建 VR、智慧城市 2 个产业创新联盟，新建各类技术中心 17 家、实验室 16 个，新增院士服务站 2 个、博士后工作站（创新实践基地）5 个，引进高水平研发团队 12 个。

16. 成功举办创新创业大赛，吸引 1438 个国内项目和 100 个海外项目参赛，102 个优秀项目在宝安区产业化。

17. 加入中德工业城市联盟，成立中德(欧)产业发展合作联盟，中德(欧)产业示范园动工。

三、优环境

18. 强化规划领控，编制完成区"十三五"规划纲要及系列专项规划，完成大空港地区、107 时尚商务带、"两城"、十大统筹片区等一批重要规划。

19. "拓展空间保障发展"十大专项行动成效显著，拆除消化存量违建 353 万平方米，盘活释放建设用地 294

万平方米，全面实现违法建筑“零增量、减存量”。

20. 完成12个市、区重点整备项目，整备入库3.36平方公里，签订土地征转协议10.95平方公里，拖延多年的沙井民主、西乡三围项目得到解决，落实20宗、合计1.23平方公里历年积累的社区股份公司未返还用地。

21. 宝安中心区29个重点项目完成投资118.5亿元，大空港片区41个重点项目完成投资25.5亿元，区城市规划展览馆对外开放，截流河工程和16.9公里的综合管廊动工。

22. 地铁6号线、20号线开工，11号线开通运营，地铁通车里程达54.6公里。穗莞深城际线、深中通道、外环高速建设加快，打通金兴路等14条“断头路”，完成71处拥堵节点和5个片区交通整治。

23. 投放微巴线路38条，开通定制化巴士及公交快线12条，公交出行分担率达56%。新建8983个社会停车位、354个充电桩，全年更换新能源公交车345辆。

24. 茅洲河EPC工程34个子项目开工，完成投资30.8亿元，界河治理完成48%，茅洲河共和断面国家监测点污染指数下降43.2%。启动43条黑臭水体治理，建成污水管网421公里，占全市40.7%。

25. 全区排水管网、泵站、河道、水闸实现“一张网”管理，排水管网管理模式在全市推广，完成31个易涝点整治，经受住“5·10”“5·20”“8·27”等大暴雨考验，实现“妮姐”“海马”等强台风过境零伤亡。

26. 新建公园6个，改造提升16个，全区公园总数达到171个，人均公园绿地面积15.8平方米；建成立新湖环湖绿道，新增绿道38公里；新增绿色建筑41个、面积428万平方米。空气质量优良天数318天，同比增加13天。

四、保平安

27. “城市管理治理年”16项专项整治行动全面推进，完成36处A类地质灾害、危险边坡和8处A类余泥渣土隐患点整治，140家铝镁粉尘企业完成“湿式除尘”技术改造。

28. 完善“13431”安全生产监管体系，压实政府监管责任和企业主体责任，建立查办分离、查办联动机制。238名处级以上干部挂任网格员，“四不两直”监督检查机制常态化。

29. 深入开展既有建筑质量安全、消防安全“两个全纳管”，排查建筑14.5万栋，打通消防通道和疏散通道8.1万处。坚决拆除沙井永丰公寓和福永福海农贸市场。

30. 开展火灾、交通、触电、高坠和农贸市场等五类百日专项行动，拘留348人。全面控停厂房改公寓、房中房等违法行为，排查厂房改公寓建筑304栋，查封89栋，拆除房中房2925间（套）。

31. 实施食品安全放心工程，食品抽检量由4.5批次／千人提升至5.0批次／千人，抽检合格率提升到98%，未发生重大食品药品安全事故。

32. 新增交通监控探头103个、电子警察98套、违停球28个、信号灯120套、交通引导屏2个。

33. 按照5分钟到达、建成区7平方公里覆盖的标准，完成“1+17+2”的消防站点布局。建成灭火救援联动指挥系统，组建2支区级和8支街道级专职消防队，新增18辆消防车和一批消防设备。

34. 新增各类治安监控探头4.3万个，高清改造4000个。

35. 刑事治安总警情下降22.3%，八类严重暴力、入室盗窃、诈骗、两抢等主要警情分别下降30.6%、34.5%、24.1%和42.4%，社会治安平稳可控。

36. 强力推进“铁帚肃毒”，全面落实物流寄递开箱验视等四个100%工作措施，破获毒品案件1107宗，刑拘1384人，缴获毒品1210公斤。宝安9个派出所缉毒工作排名全国前五十。

37. 强化劳资纠纷预警和群体性事件应急处置，劳资纠纷化解率达99%，30人以上重大劳资纠纷下降60%。

38. 建立联合应急指挥体系，加强台风防御、抗洪抢险、信访维稳等工作，全年无重特大突发事件发生，获评“广东省人民防空先进城市”。

五、惠民生

39. 九大类民生支出276.1亿元，增长19.6%，占财政一般公共预算支出的85.3%，其中教育、卫生、公共安全和住房保障分别投入44.1亿元、21.6亿元、24.6亿元和11.8亿元。

40. 151件民生实事，2件因国家政策原因、合署建设需要于7月份调出，其余149件顺利完成。

41. 街道“十大工程”项目全面启动，上合孝德园等85个项目开工建设，西乡河景观带等5个项目完工。

42. 出台新一轮创业带动就业政策，新认定创业孵化基地13家；帮助251名居民创业、3721名失业居民就业；城镇居民登记失业率0.89%，“零就业家庭”保持动态归零。

43. 社会保险各险种参保超过1167万人次，发放社会保险金35.44亿元，为221户低保家庭、2.33万名失业人员、3.91万名离退休人员等群体提供保障。

44. 成立区人才安居公司，新开工保障性住房1438套，竣工6493套，为5174户家庭提供实物住房，为302名人才提供货币补贴。

45. 中国人民大学（深圳）校区正式落户宝安。

46. 2所新校、8所改扩建学校投入使用，新增中小学学位8890个；新增幼儿园24所、学前学位8820个。全市第一家区级义务教育阶段的特殊教育学校开学。投入5.9亿元为幼儿园和民办学校师生提供津贴、补贴。

47. 完成“一级办学一级管理”教育管理体制改革，教育督导改革实践获国家肯定。组建“宝安幼教集团”“宝安职业教育集团”。成立首个区级城市学院，为6.5万人次提供培训。

48. 成立宝安区人民医院集团，中医院（集团）一期、针灸康复分院、妇幼保健院新院、公共卫生大楼投入使用，新增病床数925张。全区三级以上规模医院达到8家，全市首家名中医诊疗中心开业。

49. 引进培养8名医学重点学科带头人、21名特聘专家，建成6个市级以上重点专科和1个创伤救治专业院士工作站。

50. 就医“一卡通”发卡量超300万张，公立医院预约诊疗率达38.6%。82%的社康中心实现每周4个半天专家坐诊，社康首诊比例达52%。加强传染病防控和慢病管理，适龄儿童国家计划免疫接种率达95%。

51. 成功举办“丝路飞扬”“一带一路”国际马拉松深圳宝安首站赛，全球1.6万名跑友畅享滨海宝安新魅力。举办WBO拳王争霸赛等10场高端赛事，宝安女足首获全国U-12精英赛冠军，黄博凯成为宝安首位参加奥运会的运动员。

52. 文化春雨行动影响力持续扩大，举办群众文体活动1万多场，服务群众2100万人次。新建体育小场地60个、特色书吧3个，公办场馆免费培训青少年1.17万人次，图书馆接待245万人次，为全市各区之首。

53. 全面启动“七五”普法，调解矛盾纠纷1.19万宗。新安被评为“全国法治社区建设示范街道”。

54. 设立“中国慈展会”首个区级分会场，成立7家社区基金会、33家冠名慈善基金，筹集资金1300多万元，263人获大病关爱基金救助，建成全市首家医养结合民办养老机构。

55. 大力推进志愿服务，成立全国首家法律志愿服务U站和全市首家禁毒U站。开展志愿活动6600多场，服务居民99万人次。

56. 圆满完成第二轮扶贫“双到”任务，投入资金1.58亿元，完成帮扶项目852个，24个贫困村、1749户贫困户、7214名贫困人口全部脱贫，考核排名全市第一。

六、强服务

57. 充分发挥党组在政府工作中的领导核心作用，深入领会和自觉落实习近平总书记治国理政新理念、新思想、新战略，牢固树立政治意识、大局意识、核心意识、看齐意识，扎实开展“两学一做”学习教育，不断规范和加强党组政治生活，以整风精神认真抓好6类21项查摆问题的整改落实。

58. 自觉接受人大依法监督和政协民主监督，办理人大代表建议和政协提案495件，满意率99.6%。区政府组成部门、直属单位、国有企业和9个驻区单位一把手公开述职，全面接受“两代表一委员”、社区干部、市民代表和新闻媒体的评议监督。

59. 大力倡导“坦诚、简明、担当”的工作作风，有针对性组织开展政府败诉案例、审计整改意见和公益诉讼等学习，全年召开政府常务会28次，审议重大投资项目等议题322个，健全全流程督查督办工作制度，政府绩效明显提高。

60. 做好市“强区放权”改革下放事权承接。街道分设顺利完成，推行“强街放权”和“大部门制”改革，将原来35个街道行政事业单位精简至21个，充实分设街道公务员编制104个。全区124个社区全部实现政企、社企分离，社区工作站综合协调管理职能得到强化。

61. 区智慧宝安管控指挥中心、10个街道分中心和安监、查违等12个专业分中心全面启用，“1+10+12”智慧宝安管控指挥体系初步建立。

62. 构建“1+10+126+4833”的网格化管理体系，初步实现11大类153项综合事件和4大类59项专业事件的巡办分离和闭环管理。

63. 区和街道政务服务中心全部实现“一门集中、一窗受理”，30个部门626项行政审批事项进驻区政务服务大厅，756项行政审批服务事项全部实现“100%网上申报、100%网上审批”。

64. 区级“十大服务中心”全部启用，涵盖11类595项服务功能的“宝安通”APP上线运行。全口径咨询热线“85908590”24小时接听市民咨询建议。

65. 深入落实阳光政务廉政风险防控“1+10+1”工作体系，在工程招投标、政府采购、专项资金管理等7个重点领域和公立医院院长、公办学校校长等3类重点岗位推进阳光政务。

66. 率先在全市上线“社区集体经济综合监管服务平台”，覆盖全区248家股份合作公司，完成20宗大宗物业公开招租和3宗重大建设工程招标，成交金额达6.6亿元、1.6亿元。

67. 保持反腐倡廉高压态势，强化行政监察、工程审计和绩效审计，开展审计项目232个，开展明察暗访227次，纠正问题567个。

同时，我们加强国防教育、国防动员和民兵预备役工作，统计、外事、档案、民族、宗教、侨务、台务等工作均取得新的可喜成绩。

2016年，浓墨重彩，亮点纷呈，特别是在以下重点领域、关键环节取得新的突破。

一是全球最大的会展中心——深圳国际会展中心动工。

二是茅洲河EPC工程全面铺开，开创中国治水的新里程。

三是智慧宝安管控体系、政务服务模式建成运行，得到广泛好评。

四是“互联网+”未来科技城、亚太卫星、大族激光等一批重大产业项目取得重大进展，龙头企业集聚发展态势凸显。

五是纵贯宝安的地铁11号线通车，宝安全面迈入地铁时代。

六是成功举办全市首个区级综合性展会——宝安产业发展博览会。

七是民主、三围等一批拖延多年的土地整备项目得到彻底解决。

八是成立中德（欧）产业发展合作联盟，开启与德国工业4.0的高端对接。

九是全市首批社区微巴落地，出

行“最后一公里”更加顺畅。

十是成功举办首届宝安国际马拉松赛，展现滨海宝安新形象。

各位代表，过去一年，我们在“十三五”新起点上，攻坚克难、乘势而上、砥砺前行，经济社会发展取得来之不易的成绩，这得益于市委、市政府和区委的正确领导，凝聚着全区人民的智慧和汗水。在此，我代表区人民政府，向奋斗在各条战线的广大干部群众，向各位代表、委员，向广大企业以及关心宝安发展的各界人士，向驻区人民解放军和武警官兵，致以崇高的敬意和衷心的感谢！

各位代表，在看到成绩的同时，我们也要清醒看到发展中存在的问题和面临的诸多挑战：一是转型发展加快，但是企业运营成本和生活成本上升也很快；二是新增的中小企业铺天盖地，但是缺乏顶天立地的支撑型企业；三是城市面貌变化很大，但是城市安全运行基础仍然不牢，水体污染治理和违法建筑消化等任务依然艰巨；四是人气很旺、市场很旺，但是教育、医疗、住房等公共服务还存在不少短板；五是大家干劲很足，“5+2”“白加黑”，但是创新能力、担当精神还需提升。我们要直面问题，把市民的期盼作为努力方向，把问题的解决作为检验工作成效的标准，更有定力、更有担当、更有作为，推动宝安各项事业迈上新台阶。

2017年主要工作任务

2017年是十九大召开之年，是实施“十三五”规划的重要一年，是率先全面建成小康社会的攻坚年，是供给侧结构性改革的深化年。市委市政府将2017年确定为“城市质量提升年”，区委发出“基层治理质量年”的一号任务令。

我们要按照稳中求进的总思路，围绕供给侧结构性改革这一主线，坚持质量主攻方向，坚定不移推进“基层治理质量年”九大行动，全面提升经济质量、社会质量、文化质量、生态质量和政府服务质量；坚持不懈抓基层、打基础，深入推进街道发展战略“千百亿工程”，推动有质量的稳定增长、可持续的全面发展。

2017年工作的主要目标和任务是：地区生产总值增长8.5%左右，规模以上工业增加值增长7.5%左右，固定资产投资完成800亿元，万元GDP能耗、水耗分别下降4.32%和5.0%；拆除消化违建669万平方米，新增污水管网550公里，10条水体基本消除黑臭，全面推进26个重点土地整备和征地拆迁项目，既有建筑实现“两个全纳管”，全面完成178件民生实事。新长征没有中场休息，我们必须撸起袖子加油干！

一、深入落实创新驱动和供给侧改革

1. 实施创新驱动、质量引领战略，高新技术产品产值占规上工业总产值比重提高到63%，现代服务业增加值占GDP比重提高到32%。

2. 瞄准世界500强、中国100强以及大型央企、民企，力争引进龙头项目3宗以上。

3. 开展“互联网+”未来科技城项目详细蓝图编制国际咨询，做好动工前期准备工作。

4. 3月底前完成亚太星通运营总部土地出让，完成卫星科普教育基地选址、航天卫星产业科技园规划。

5. 推广产业用地“大族模式”，为成长性好、技术含量高、对宝安有贡献的优质企业精准配置产业空间，落实臻鼎科技、长盈精密、帝晶光电、德昌电机等一批重点产业项目的增资扩产用地需求。

6. 加快“两城”双差空间转型升级，推进十大产业统筹片区建设，以区属国有企业为主导，加快新安尖岗山、石岩水田、西乡宝田等工业片区更新，上半年启动第一批核心区改造；引进有实力、有经验的大型企业参与产业空间再造，拓展先进制造空间600万平方米、创新产业空间300万平方米。

7. 新增10家科技创新园和众创空间，建设10个国家级创新基础平台（分支机构、检测检验实验室），设立10家以上省市级重点实验室（工程实验室、技术研发中心）。

8. 力争引进1个诺贝尔奖科学实验室、1个院士工作站，引进10个院士服务站（专家服务站、院士创新中心），支持办好各类科技、产业论坛。

9. 继续办好创新创业大赛，推动100项以上的大赛优秀项目在区内产业化。

10. 支持新建5个行业协会、技术联盟，5个产学研合作基地、联合研发中心，发挥行业组织作用，推进协同创新和技术转化。

11. 落实知识产权扶持激励政策，安排专项资金资助区内知识产权优势企业，力争申请专利突破2.8万件。

12. 引进紧缺人才1000名，新认定高层次人才300名，新建3—5家博士后工作站（创新实践基地），引进80名博士来宝安创新创业。

13. 培育上市企业6家，新引进上市企业5家，力争上市企业总数突破40家，新三板挂牌企业数量突破140家，拟上市企业储备超过260家。

14. 围绕新技术、新产业、新业态，遴选2000家中小微企业重点培育，力争新增“四上”企业1000家、“国高”企业500家。

15. 落实整车进口扶持措施，完善大铲湾整车进口配套设施，全年平行进口突破5000辆。

16. 推动腾邦、创捷等物流、供应链龙头企业加快落户，支持20个以上物流企业技术改造和设备更新。支持顺丰、递四方等企业建设“海外仓”“保税仓”和“跨境电商体验中心”，支持企业打造跨境电商示范园区和外贸综合服务平台。

17. 办好文博会分会场，引进1-2宗重大文化创意产业项目。

18. 建设深圳－爱丁堡国际创意产业孵化中心公共服务平台，举办中

英文化创意、科技创新等项目对接活动，扩大深圳－爱丁堡国际创意产业孵化中心影响力。

19. 推动科技、人文、体验、展会等各类综合体建设，沙浦国际艺展中心主体和配套设施建成，壹方中心等大型购物中心开业。

20. 完成国资板块化、功能化整合，完善经营管理机制，做专做强区属企业，在民生保障、城市运营、产业服务、基础建设等领域发挥更大作用。

21. 安排 1.9 亿元，支持股份合作公司转型发展。健全社区集体经济综合监管服务平台，强化“一网四平台”监管。

22. 深化企业挂点服务，开展领导联系服务五类百强企业专项活动。密切与海关、边检、检验检疫等部门联系沟通，加强协调联动，优化通关服务。

二、扎实推进中国制造 2025 先行区建设

23. 出台“深圳质量、宝安智造”行动计划，以质量为标杆，以智能制造为主攻方向，支持制造业中高端发展。

24. 加大工业投资扶持力度，安排 1 亿元支持技术改造和机器换人项目 100 项以上，建设数字车间、无人工厂 1—2 家。

25. 设立专项资金奖补区内企业研制的国内首台（套）设备，符合条件的，政府优先采购。

26. 推动大族激光产业基地项目尽快开工，年内完成投资 5 亿元以上。支持大族、创鑫、百超迪能等激光龙头企业协同创新，力争实现万瓦级激光器的技术突破，激光产业产值突破 100 亿元。

27. 支持华讯方舟“中国天谷”加快建设，继续引进全球知名卫星运营商，打造全球领先的卫星通信产业园。支持华讯方舟建设太赫兹研究院，牵头制定行业标准，吸引上下游企业协作配套，加速太赫兹产业化。

28. 推进劲拓、领亚、方正、惠科、裕同、劲嘉、奔迅、创维等企业拓展产业空间，加快银宝山新、诺普信、鑫荣懋、艾美特等企业厂区更新改造，解决辉烨等企业历史遗留用地问题。

29. 实施质量标准品牌信誉战略，推进广东省工业机器人产业知名品牌示范区建设，支持建设国家品牌产品交易中心，力争新增 15 个中国驰名商标、广东省名牌产品和著名商标。

30. 申报创建省级以上制造业创新中心，围绕智能装备、高端装备等领域，推动建设 1 个以上创新中心。

31. 支持企业主导或参与团体标准、行业标准、国家标准和国际标准制订与修订不低于 50 项。

32. 办好国际工业设计节、创意十二月系列活动，促进创意设计与生产制造的深度融合，提升宝安制造设计水平，提升产品竞争力。

33. 继续办好宝博会、智博会和电博会，吸引 50 家以上国际先进智能制造企业参展，支持优质企业参加境内外展会，促进对接合作、展示交易。

34. 鼓励欣旺达等企业到海外建设创新中心、产业基地、展销平台，支持银宝山新、航盛等公司引进海外技术团队、管理团队。

35. 引进深创投、广晟等设立产业投资基金，3 月底前成立中德产业发展投资基金。支持成立太赫兹产业引导基金。

36. 发挥中德（欧）产业发展合作联盟平台作用，新吸纳会员 100 家以上，举办工商界赴德合作交流培训班，选派 1–2 批企业家参加中德政府合作培训项目，在宝安举办中德中小企业合作交流对接会。

37. 争创中德（欧）中小企业合作示范区，加快推进中德（欧）产业示范园规划建设，筹建德国产品展示中心。

三、精心抓好城市规划建设

38. 构建立体交通体系，协调推进地铁 6、12、13、20 号线和穗莞深城际线、机场三跑道、T4 航站楼、深中通道、外环高速等重大项目建设。

39. 加快机场东枢纽规划建设，推动深茂铁路、沿海客专、赣深铁路前期研究，力争打造“一带一路”空铁联运综合枢纽。

40. 打通共和工业路等断头路 12 条，开工建设航空东路等道路 19 条。

41. 投入 2 亿元，以“短、平、快”方式整治西乡大道前进路路口等一批交通拥堵点，提高通行效率。

42. 投放社区微巴线路 20 条、高峰专线 10 条，建设公交站亭 120 座，500 米公交站点覆盖率达到 95% 以上。

43. 新增 10 个以上公共停车场、5000 个以上停车位，设置路边停车位 5000 个。

44. 宝安中心区计划投资 148.7 亿元，大力推进 40 个重点项目建设，完善地下空间综合开发利用、空中连廊规划，加快中心区书城用地出让、海澜路方案设计，青少年宫 7 月投入使用，滨海文化公园年内开工。

45. 空港新城计划投资 100.1 亿元，大力推进 45 个重点工程建设，国际会展中心主体工程完成 50%，完成国际会议中心和新科技馆前期工作；加快 8 条道路的综合管廊和截流河建设。完成大空港 5.3 平方公里半岛区围填海申报，推进宝安综合港区建设。

46. 完成滨海岸线百里步道、长滩公园、潮汐公园、湿地公园等项目详细规划。启动海上田园水上街市、三基鱼塘和会议中心改造。

47. 上半年完成 107 时尚商务带城市设计、产业、交通等专项规划，下半年启动铁仔山等 3 个地段重点项目，推动“禁限货”。

48. 完成海绵城市规划和项目库编制，重点推进中心区、大空港、西湾公园、石岩浪心四大片区规划建设。

49. 推动滇西北重大供电设施投入使用，新建 1 座 220 千伏、3 座 110 千伏变电站，建设输配电线路 220.8 公里。

50. 推动铁长支线建设和配套水厂扩建，完成 120 公里优质饮用水管网改造，完成老旧小区、城中村 4 万户管道燃气入户改造。

51. 全力打造公园之区，建成开放石岩河生态湿地公园等5座新公园，改造提升羊台山森林公园等26座公园。

52. 建成石岩湖环湖绿道，新增绿道43.6公里；划定2000个共享单车停车点，加强自行车配套设施建设，推进绿道和城市慢行系统连通，支持绿色出行。

四、统筹推进土地整备和更新改造

53. 深入开展“拓展空间保障发展”十大专项行动，始终保持查违高压态势，坚决拆除消化存量违建669万平方米，推动土地整备利益统筹2.31平方公里以上，完成未完善征转手续、未建设用地清理1平方公里，加快地籍调查和土地总登记。

54. 统筹推进269个土地整备和征地拆迁项目开展，年度整备土地2.68平方公里。

55. 区领导包点狠抓26个市、区重点土地整备和征地拆迁项目实施，年内完成茅洲河治水提质、地铁6号线、外环高速宝安段等17个项目土地整备。

56. 积极探索多元化补偿模式，推进沙四、衙边社区等6个利益统筹土地整备试点，开展和平、新桥、水田、浪心、和一等5大片区试点研究，充分调动社区积极性，逐步扩大利益统筹项目库。

57. 健全“大城市更新”工作机制，出台“1+12”系列配套文件，充分发挥区城市更新各专业委员会职能，加快推进城市更新，确保产业用房、保障性住房、公共设施等足额配建、顺利移交。

58. 加快17个开工城市更新项目建设，力争马安山锦胜工业园等3个项目竣工。

59. 优化城市更新项目审批流程，积极推动29个批规划项目实施，力争中粮69区工业园等8个项目动工；高标准推进石岩总部经济园区等54个项目编制专项规划。

60. 完善棚户区改造实施办法和工作指引，加快38区新乐花园、39区海乐花园改造；建立棚户区改造项目库，每个街道选定1个棚户区改造试点项目。

五、铁腕推进污染治理和环境保护

61. 推进国家生态文明建设示范区创建，围绕41项考核指标，严格落实147项工作任务，全面铺开216项工程。

62. 继续跟踪办好中央环保督察组交办的40宗案件，重点推动一级水源保护区违法建筑综合整治，加大案件查处和宣传教育，进一步强化全社会环保意识，压实政府监管责任和企业主体责任。

63. 茅洲河流域新开工5个子项目，年内完成界河段整治，疏浚河道88公里，加快管网建设和河道底泥处理，完成投资60亿元，初步实现不黑不臭的治理目标。

64. 铺开前海湾、大空港、铁石水源等三大片区水环境治理，8月底完成可研编制、初步设计，年内完成EPC工程招标。

65. 落实河长制，加快43条黑臭水体治理，重点推进住建部督办的新圳河等10条河的截污整治，完成1647个入河排污口截污。

66. 新建污水管网550公里，新改建3座排涝泵站，完成438公里排水管网清疏。

67. 启动江碧环境生态园规划建设，推进电镀、线路板行业污水集中处理。

68. 实施蓝天行动，推动大铲湾岸电项目建设，完成50家工业废气、48个建筑工地扬尘和120家餐饮企业油烟达标治理，PM2.5下降达到市的要求。

69. 投放新能源公交车1600辆，全区公交车全部实现纯电动化。新建公交充电桩150个、快速充电桩250个。

70. 贯彻“土十条”，开展土壤污染布点监测，编制土壤污染专项治理工作方案。完成4715亩农用地、1.88平方公里水源地土壤环境调查。

71. 加快老虎坑填埋场二期中区工程和垃圾焚烧发电厂三期建设。推动建筑垃圾、大件垃圾资源化回收。协调配合光明新区建设餐厨垃圾处理场。

72. 推进垃圾分类和减量，40%以上小区实现生活垃圾分类减量，50%以上农贸市场实行果蔬垃圾就近处理，50%以上市政公园推进绿化垃圾分流处理。

73. 新增50个以上节能减排改造示范项目，监督219家碳排放管控企业严格履约。全区削减化学需氧量4.8万吨、氨氮0.61万吨以上。

74. 新增10处以上环境状况显示屏，实时监控环境噪声、空气质量等环境信息，严控商业、工业和工地噪声污染。

75. 实施最严格的环境保护和监察执法，出台茅洲河流域重污染企业关停退出政策，强制关闭茅洲河流域10%以上的重污染企业。

六、大力提升城市安全管理水平

76. 出台《党政部门安全生产职责规定》，完善安全生产党政同责、一岗双责、失职追责责任体系。

77. 完善安全生产工作机制，全面落实街道党工委书记任安委会、消安委会主任，深入推进处级以上干部挂任安全网格员工作。

78. 做实做优网格，6月底前完成消格、安格、警格和基础网格的深度融合，深化巡办分离，集中整治安全生产重点难点问题，确保安全隐患“发现得了，整治得好”。

79. 持续开展安全隐患专项整治行动，完成204家铝镁粉尘企业“湿式除尘”改造，105个B类地质灾害、危险边坡，12个B类余泥渣土隐患点整治；完成地下管线和暗化河渠全面普查。

80. 加大对黑煤气、环保油打击力度，持续推进火灾、交通、触电、高坠等，以及农贸市场等事故多发场所安全隐患专项整治行动。

81. 完成250家工矿企业、102家

危化品生产和带储存设施的企业安全生产标准化建设。推动全区 206 家重点监控企业实施生产全过程动态监管。

82. 全面深化建筑质量安全、消防安全“两个全纳管”，对旧屋村、河堤上盖及河道边临近建筑物等存在较大质量安全隐患的建筑进行专业排查鉴定，实行分类整改；按照 9 个负面清单对全区既有建筑进行动态排查，出租屋全部落实专人管理，持续推进积案消除，坚决打通消防生命通道。

83. 全面整治厂房改公寓、房中房等违法行为。坚决控停在建项目，3 月底前出台控停项目分类整治指引；坚决整治使用项目，严格实施安全隐患排查和环保检查，达不到标准的坚决关停。

84. 大力整治交通秩序，提升城市交通文明，强化繁忙时段、重点路段巡逻管控，提高路面见警率，开展“五类车”、泥头车、涉酒驾等整治行动 450 次以上，全力压减交通事故。

85. 深入开展“平安细胞”建设，深化网格化布警，按照“街道组建、派驻社区、公安指挥”模式重组社区治安联防队伍。

86. 抓牢禁毒工作预防、管控、戒治三个关键环节，全链条打击涉毒犯罪，扎实推行物流寄递开箱验视等“四个 100%”。高标准建成 10 个综合性戒毒康复站。

87. 推进国家食品安全示范城市创建，完善食品溯源系统，落实食品经营索证索票制度，推广“明厨亮灶”，加大对无证经营、私宰生猪活禽的查处，强化食品违法犯罪司法打击。6 月底前，为每个市场监管所配备 1 辆食品快检车。

88. 加快“1+17+2”消防站点规划建设，建成区级消防指挥中心和上川、固戍等 6 座消防站，新增消防车 36 辆，新建消火栓 7540 个。加快组建街道消防中队，充实基层消防力量。

89. 完善治安监控基础设施，6 月底前 90 个城中村实现“科技围合”，12 月底前新增 200 套人脸识别系统、1500 个一类高清摄像头。

90. 强化交通安全基础设施建设，新建道路标线 1 万平方米、防爬网 8000 米，完善 50 所学校周边交通安全设施；新增 30 处信号控制系统、50 处车牌识别点、120 个高清视频、150 套引导屏、800 个高清电子警察。

91. 完善安全生产应急救援体系，启动社会公共安全教育基地和消防训练基地建设，以 31 个专项应急指挥部为基础，健全专业应急救援队伍和专家队伍，加强应急救援演练。

七、多渠道增加公共服务资源

92. 抓好人才住房和保障性住房建设，筹集房源 10000 套以上，供应 5000 套以上，为人才配租 2000 套以上。

93. 举办公益招聘及校企对接活动 100 场以上，确保 90% 以上户籍就业困难人员实现就业、90% 以上生源大中专毕业生当年找到工作、“零就业家庭”动态归零。

94. 加快中国人民大学（深圳）校区建设，确保过渡校区 9 月份招生办学。

95. 投入 12.2 亿元，完成宝民小学等 10 所学校改扩建工程，确保海城小学等 6 所新校按时开学，新增公办学位 19740 个。新设幼儿园 20 所，新增学前学位 6000 个，全区普惠性幼儿园达 60% 以上。

96. 发挥宝安中学集团、宝安幼教集团、宝安职教集团示范带动作用，继续推进集团化办学。引进名校、名校长办名校。实施“民办教育质量提升工程”，鼓励民办学校差异化、特色化、高端化发展。

97. 加大重点高校优秀毕业生和名师引进力度，新招考教师 600 人，加快区教师进修学校规划建设。

98. 开设“双元制”职业教育实验班，筹建中德合作国际化职业学校，支持企业开办职业教育机构。

99. 建成区人力资源服务中心，建设 5 家以上技能大师工作室（技师工作站、实训基地），培养 2000 名以上中高级技术工人。

100. 投入 5.44 亿元，完成 5 家街道医院一期扩建，新增床位 1000 张；全面启动区人民医院（集团）第一人民医院等 8 家医院二期扩建，加快垦岗中山大学第九人民医院等 10 家新建医院前期工作。

101. 推进中医药综合改革试验区和中医药创新之都建设，推广中医及中医治未病服务、中医馆和中医坐堂医模式，筹建 10 家中医特色社康中心。

102. 实施医疗卫生“三名”工程，引进培养 10 名学科带头人、20 名特聘专家，建成省级、国家级重点专科 5 个以上。

103. 推进分级诊疗，推广家庭医生签约服务，高血压、糖尿病患者纳入家庭医生管理服务达 70% 以上；65 岁以上户籍老年人纳入健康管理服务达 80% 以上；适龄儿童国家计划免疫接种率达 95% 以上。

104. 推动医疗信息化建设，建成区互联网医院平台和医疗数据中心，全区医院、社康医疗信息数据实现互通共享。支持“微医”网上医院建设。

105. 做好登革热、禽流感、寨卡等传染病的防控工作，监测重点职业病危害企业 600 家，严重精神障碍患者管理率达 90% 以上。

106. 加快推动区公办养老院及前海幸福之家等民办养老院建设，新增 10 家社区老年人日间照料中心和长者家园。

107. 完善综合型社会救助体系，确保低收入家庭救助覆盖率达 100%，低保居民自费医疗救助比例达 80%；加快区福利中心孤残儿童教学楼建设。

108. 统筹推进军民融合深度发展，扎实做好国防动员、国防教育、双拥共建工作。

109. 积极开展对口扶贫，完成宝安（龙川）产业拓展城规划方案设计，帮扶龙川 33 个村 5957 名贫困人口脱贫；协助察隅医院创建二甲医院；全面开展广西河池市都安、大化对口帮扶。

八、推进城市人文法治建设

110. 保护城市文脉，改造提升中共宝安“一大”纪念馆、宝安抗日纪念馆，年底向市民开放；修缮肖峰公家塾、怀翠曾公祠、黄田天后古庙等一批重点文物。

111. 深入挖掘文化遗产，完成第一次全国可移动文物普查，出版《宝安近现代文献辑要》等4本宝安历史文化系列丛书。

112. 开展“宝安十景”评选，结合各类旅游、文化创意产业活动，开展“宝安四宝”等名优特产品推介，展现历史人文魅力。

113. 推进“六镇一园”建设，加快西乡滨海风情小镇、新桥大学小镇、燕罗琥珀文化小镇基础设施完善和环境综合提升，推进福永凤凰文化小镇项目策划，完成新安上合孝德园黄氏宗祠、西庄书室、大王古庙，以及沙井金蚝美食文化小镇龙津石塔、智熙家塾等一批古建筑修缮，石岩阿婆髻雕艺文化小镇建成风采展示区和34座石窟。

114. “新老三馆”完成前期，年底动工，启动区音乐艺术中心建设，松岗文化艺术中心和体育中心10月前投入使用，推进五指耙体育公园前期研究，加快社区基层综合性文化服务中心建设，新建30个体育小场地。

115. 扩大“文化春雨行动”影响力，办好2017深圳宝安国际马拉松赛、广东省龙舟锦标赛等一批高水平赛事。开展1万场以上群众文体活动，新设12个“星光”街区艺术活动点。

116. 深入开展“七五”普法，建成10个法治公园、10个青少年法治教育基地和139条法治长廊。设立2个街道法律志愿服务U站。完善驻点社区律师服务管理，充分发挥法律咨询、援助、教育作用。

117. 健全人民调解组织网络，成立各部门行政调解组织，拓展司法调解范围，实现“三大调解”协调联动。全面梳理和妥善化解信访积案、历史遗留问题，主动下访，及时回应群众关切。

118. 推进行政执法和警务公开，推动城市建设、市场监管、环境保护、交通管理、水务管理等领域综合执法改革，全面实施“双随机一公开”监管，增强行政执法效率和威慑力。

119. 弘扬社会主义核心价值观，开展“文明宝安行”“宝安文明月”等主题实践活动。推进“志愿者之区”建设，新建8个街道义工联服务中心，推出20个社区志愿特色服务。组织2支万人志愿者队伍，开展以市容市貌、交通秩序为重点的公共文明引导。

120. 建立统一公共信用信息平台，3月底前推出企业信用和个人信用报告查询系统，成立区诚信促进会。建立信用评级制度和守信激励、失信惩戒联动机制。

121. 新设立20家冠名慈善基金，举办宝安区慈善会公益慈善项目大赛，启动一批优秀公益慈善项目，让老百姓感受到更多关爱和温暖。

九、扎实提升政府服务管理水平

122. 牢固树立“四个意识”，自觉同以习近平同志为核心的党中央保持高度一致，引导全区公职人员坚定信念，认真履职，为民服务。

123. 加强政府系统党的建设，严格落实全面从严治党主体责任，严格执行党内政治生活若干准则、党内监督条例、党组工作条例等党内法规，严格执行党组领导班子集体研究制度。

124. 自觉接受区人大、政协的监督，主动报告工作，及时通报情况，全力支持人大代表、政协委员的日常监督和视察，特别是围绕治水提质、食品安全、垃圾分类、交通拥堵等重点领域开展调研、建言献策，扎实抓好意见建议和议案提案的办理。

125. 加强依法行政，全面实行政府重大决策合法性审查和依法公示，年底前全面落实行政执法全过程记录，畅通行政复议渠道，完善行政败诉案件备案监督和行政执法案卷评查。

126. 全面做好“强区放权”事项承接，确保市级下放转移的城市更新、土地整备、投资建设、规划交通等职权接得住、管得好。

127. 继续加大行政服务审批事项精简力度，取消转移下放行政审批事项30项以上，优化审批流程120项以上。

128. 实施事业单位编制资源整合优化，组建区级公共文化、住房保障、公园管理等服务平台，推动事业单位管理效能提升。

129. 深化“强街放权”，完善区、街两级权责清单目录和权责事项流程，围绕安全生产、综合执法等重点领域继续推动编制和人员下沉。

130. 做好社区居委会换届工作，指导做好118家任期届满股份合作公司换届。加强社区政企、社企分开后的指导，厘清工作职责，强化基层管理服务。

131. 提升区级“十大服务中心”建设标准；6月底前全面组建街道政务服务中心、企业科技服务中心、党建服务中心；以社区党群服务中心为载体贯通职能，延伸服务，年内全部社区实现“一门、一窗”政务服务。

132. 继续推进智慧宝安“1+4”应用体系和“1+10+N”管控指挥体系建设，年内建成信息资源和地理信息相融合的全区“一张图”。升级完善政务服务“两个100%”，推出“宝安通3.0”。

133. 强化审计监督，围绕政府投资、专项资金、民生建设、经济责任等主要领域，开展268个审计项目。

134. 坚持“三个区分”原则，健全正向激励、容错纠错机制，完善与工作量、难易度相挂钩的绩效评价体系，鼓励干部敢闯敢试、勇于担当、攻坚克难。

135. 狠抓作风建设，落实“明察暗访20条”，坚持“四不两直”，暗访、查处、追责、曝光“四管齐下”，持之以恒纠治“四风”。

136. 加强廉政建设，强化公职人员廉政教育，加强行政监察，严肃查处违纪违法案件，努力营造风清气正的干事创业环境。

各位代表，新常态蕴含新机遇，新发展呼唤新作为。让我们更加紧密地团结在以习近平同志为核心的党中央周围，紧紧依靠全区人民，不忘初心，继续前进，真抓实干，加快建设滨海宝安、产业名城、活力之区，为深圳建设现代化国际化创新型城市和国际科技、产业创新中心做出宝安贡献，以优异成绩迎接党的十九大胜利召开！

中国人民政治协商会议 深圳市宝安区第五届委员会常务委员会工作报告

——在政协深圳市宝安区第五届委员会第二次会议上的讲话

（2017 年 2 月 15 日）

深圳市宝安区政协主席　邓桂洪

各位委员、同志们：

我代表政协深圳市宝安区第五届委员会常务委员会，向大会报告工作，请予审议。

一、2016 年工作回顾

2016 年，在中共宝安区委的正确领导下，区政协及其常委会牢牢把握团结和民主两大主题，团结带领全体委员，认真履行政治协商、民主监督、参政议政三大职能，切实做好协调关系、汇聚力量、建言献策、服务大局各项工作，为宝安勇当“四个全面”先行区、全面建设滨海宝安产业名城活力之区和光明、龙华改革发展做出积极贡献。

（一）加强学习、凝聚共识，坚决服从和服务工作大局

深化学习，坚定政协工作的正确政治方向。深入学习领会中共十八大以来重要会议和习近平总书记系列重要讲话精神，特别是认真学习贯彻落实中共十八届六中全会精神，牢固树立政治意识、大局意识、核心意识、看齐意识，在思想上政治上行动上同以习近平同志为核心的中共中央保持高度一致，不断夯实团结奋斗的共同思想政治基础。强化执行，坚决服从和服务全区工作大局。认真学习贯彻区五届六次和六届一次党代会精神，切实把思想和行动统一到区委的决策部署上来。坚持围绕中心、服务大局，自觉将区委的部署要求贯彻到政协履职的各项工作当中。坚决执行区委工作要求，区政协主席班子成员担任街道分设、街道发展战略“双十”项目、“拓展空间保障发展”十大专项行动、治水提质、网格化智慧管理、安全生产、联系重点企业等工作的指挥长或负责人，与党委政府同心同德、齐心协力做好一线中心工作。

（二）严守纪律、落实责任，圆满完成区政协换届工作

换届工作是区政协 2016 年的重要任务。根据市、区有关换届工作文件精神，以及区委关于换届工作“大统筹、大方案、大表格、大考察”的统一部署，区政协换届及五届一次会议筹备工作，由区换届工作领导小组统一领导。区政协党组坚持把加强党的领导、严守换届纪律和充分发扬民主紧密结合，会同区各有关单位，认真做好委员推荐提名、会务组织、文件资料、大会发言、人事选举、宣传报道等工作。五届区政协委员规模 290 名，比上届增加 30 名，区政协五届一次会议安排 260 名，预留 30 名。对于委员人选，区委成立 29 个考察组进行严格考察，并经过 27 个部门的意见征求、联合审查和综合评价，确保新一届委员综合素质好、参政意识强、涵盖面广，充分体现统战性、代表性和进步性的统一。区政协五届一次会议坚持团结民主，开得务实高效，换届工作圆满完成，为新一届政协工作的开展打下良好基础。

（三）广泛协商、深入调研，为助推改革发展建言献策

坚持把促进改革发展作为履行职能的第一要务，充分发挥政协人才荟萃的智库作用，深入调查研究，积极协商建言。

紧扣改革发展大局，统筹做好政协协商。一是围绕中心工作，扎实开展协商。围绕服务建设滨海宝安产业名城活力之区的发展目标，全年召开全体会议 2 次、党组会议 14 次、主席会议 10 次、班子办公会议 49 次、常委会议 5 次、专题协商会议 6 次，组织委员通过大会发言、分组讨论、提交提案等形式，提出意见建议 580 多条，得到党委政府及相关部门的重视采纳，为助推街道发展战略、促进经济结构调整和改善民生等工作发挥积极作用。二是关注发展规划，积极献计献策。组织区政协常委和在宝安工作生活的省、市、区政协委员参观区“十三五”规划展厅和宝安城市规划展览馆，开展协商座谈。委员们通过参观学习，进一步了解宝安的发展规划，并针对西部活力海岸带建设、扶持产业发展、交通建设、环境保护、展览馆利用等工作，提出意见建议 26 条，为做好相关工作提供参谋。三是聚焦重点工作，专题听取汇报。组织委员专题听取区环水局、卫计局年度重点工作情况通报，形成综合材料报送区委区政府，为推动相关工作建言献策。黄敏书记充分肯定委员的意见建议，批示政协对环水、卫计重大项目加大监督视察力度，形成合力，推进工作、项目落地。

紧扣市情区情，精选课题搞好调研。一是开展“东进战略背景下宝安城市发展策略研究”专题调研。紧扣深中通道建设这个事关宝安改革发展的重要机遇，成立课题组开展专题调研，形成《关于加快推进深圳西拓发展 打造宝安成为粤港澳大湾区核心区的建议》，从推动“西拓战略”成为深圳城市发展战略、推动“跨海发展模式”研究、加快改善宝安交通环境、为深圳西拓发展先行先试等六方面工作提出建议，并通过提案等形式，把相关建议向市政协报告和反映。二是开展“宝安区医疗卫生供给侧改革”专题调研。深入调研分析宝安区医疗卫生资源建设成效、存在短板和面临形势，形成《关于加大供给侧改革力度 补齐宝安区医疗卫生短板的调研报告》，从办好宝安“大医疗”、下大力气解决床位不足问题、培育发展壮大医疗卫生人才队伍等方面，提出 15 条意见建议，为区委区政府决策提供参考。

（四）搞好视察、务实监督，为助推党政决策落实献计出力

坚持把助推党政中心工作作为履行职能的重点，组织专题视察 42 次，切实加强民主监督和检查评议，促进相关工作落实。

围绕“拓展空间保障发展”十大专项行动开展专项监督。落实区委工作要求，与区人大联合成立监督组，在区人大、区政协领导的带领下，监督推动十大专项行动。此外，区政协主席班子还先后带队，到西乡街道视察兵防山整治、固戍社区综合整治、盛航路征地拆迁工作；到福永街道凤凰第三工业区、桥头次中心，视察违法建筑减存量工作。一年来，围绕推动十大专项行动，组织视察 15 次，召开专题座谈会多场，报送《关于区政协视察西乡街道相关工作的情况报告》等材料，提出意见建议 58 条，部分建议转化为有关部门的工作举措，有效助推相关工作。

围绕街道发展战略开展专题视察。确定“关于高标准推进街道发展战略的专题提案”为年度重点提案，提请黄敏书记、姚任区长领办，政协主席会议督办。结合提案督办，主席班子先后带队到新安汇聚创新园、西乡十大项目展厅、福永高中建设项目、大空港和中粮机器人智造园、石岩奋达工业园二期项目视察。同时，依托各街道政协联络办，组织委员参加新安十大建设项目动工仪式、西乡西湾公园一期 B 段征求意见会，视察福永管控指挥中心，参加沙井市民广场设计评审会、松岗十大项目会议、石岩十大工程项目动工仪式等工作。一年来，围绕该项工作组织视察调研 18 次，活动富有成效，为推进街道重点项目建设发挥积极作用。

围绕“序畅宁绿洁美”工作开展专题视察。配合省政协开展茅洲河污染综合治理考察，现场视察松岗燕川污水处理厂、沙井河治理现状，深入企业视察废水、污水处理环保工程。落实区委工作部署，组织委员视察余泥渣土受纳场及危险边坡整治情况，视察西乡街道企龙山公园、铁岗品质社区建设情况。组织委员参加“序畅宁绿洁美”行动、网格化管理工作会议，并通过“委员之家”网络互动平台进行宣传，鼓励委员踊跃建言。

围绕新区工作开展专题视察。依托光明政协联络办，组织委员视察光明办事处重点工程和民生实事落实情况。依托公明政协联络办，组织委员视察公明办事处城市品质提升及公明中心区交通环境整治情况，针对城中村消防安全、社区医疗设施配备等问题提出建议。依托玉塘政协联络办，组织委员视察玉律社区道路景观提升、停车场建设等民生工程。此外，还依托龙华各办事处政协联络办，组织委员围绕辖区工作视察调研，建言献策。

（五）提好提案、办好提案，为助推民生改善汇智聚力

坚持把促进民生改善作为履行职能的出发点和落脚点，切实做好政协提案工作，助推民生实事落实。

切实提高提案质量。通过集中培训、印发选题参考、组织视察调研等方式，为委员知政情、听民声创造条件，引导委员提出更具针对性和实效性的提案。区政协四届五次会议以来，共收到提案249件，立案231件（宝安193件、光明16件、龙华22件），提案质量稳步提高。

突出做好重点提案领办督办。坚持党政领导领办、政协主席会议督办重点提案制度，深化领办督办协商，确定“关于高标准推进街道发展战略的专题提案”等10件重点提案（宝安6件、光明2件、龙华2件），提交区（新区）党政领导领办，并由主席会议督办。及时总结办理情况，编印重点提案办理成果集，并通过新闻媒体进行宣传，确保重点提案办理力度大、效果好。

全面做好提案办理协商工作。将协商贯穿提案办理的全过程，推动各办理单位采取电话联系、面商座谈、情况通报、调研走访等方式，听取提案者意见建议，共商解决问题方法。同时，选择提案办理“大户”宝安交警大队，组织提案委委员开展检查评议活动，推动提案办理工作取得实效。截至目前，全年所有立案提案均办复，提案所提问题解决的占44.28%、正在解决或列入解决的占43.17%、留作参考的占12.55%。

（六）协调关系、增进团结，为助推改革发展汇聚合力

坚持大团结大联合，发挥政协联系面广、包容性大的优势，积极协调关系，汇聚发展合力。

加强党派团结合作。密切与各民主党派、工商联和无党派人士的联系，为他们参政议政创造条件。新一届区政协突出多党合作、协商民主的需要，增加民主党派和无党派代表人士的比例，委员中民主党派70名、无党派人士18名，合计占33.8%，比上届增加8.8个百分点。发挥民主党派副主席在党派中的引领作用，搞好专题调研，为助推党委政府中心工作献计献策。一年来，以党派、团体名义提交大会发言6篇，提交集体提案13件，其中4件被列入重点提案，所提问题得到较好落实。

及时了解反映社情民意。通过政协委员联络站，开展走访约谈活动111次，接访群众652人，收集意见建议203条，办理答复191条。及时整理各党派、团体和各街道政协联络办反映的信息，编发《社情民意》30期、报送信息33篇。其中，“大力推动被征地农民市民化 进一步加快我省新型城镇化建设”被《广东省政协信息》采稿，并获省政协主要领导批示肯定；“地铁11号线沙井段西侧未安装全封闭隔音屏，噪音扰民严重”“建设新能源公交场站配套设施难题亟待解决”被市《信息快报》采稿；“市民盼望尽快修通银晖路海旺学校路段”等被《宝安信息》采稿，许多合理化的意见和建议得到重视采纳。

做好团结联谊工作。积极协助市政协做好“深圳口述史”相关工作，按要求推荐42位区政协委员和有关行业、阶层的代表性人物参与该项工作。受区委区政府委托，赴西藏察隅县考察对口援建工作，出席宝安区援建项目察瓦龙卫生院建成交接仪式，慰问援藏干部。关心关注国防建设，组织委员视察征兵工作，增进军民鱼水情。重视联系服务企业，主席班子定期带队走访企业家委员，推动建立新型政商关系。赴港召开区政协港澳人士座谈会，应邀参加各街道香港同乡会、香港长洲宝安会所等友好社团的庆典活动，加强与港澳委员和港澳人士的联系。接待马来西亚董教总教育中心来访交流，加强与海外侨胞的联系。依托委员活动组，深入社区开展“政协委员与您话健康”等活动，搭建委员与群众沟通的桥梁。加强与各地政协的联系，接待政协系统客人10批100多人来区调研，交流学习政协工作经验做法。

（七）抓好班子、带好队伍，切实提高履职能力

坚持把加强自身建设作为提高政协履职能力的重要抓手，抓班子、带队伍，建制度、立体系，履职能力和服务水平不断提高。

加强领导班子建设。严格遵循党总揽全局、协调各方的原则，自觉接受和维护区委的领导，定期向区委请示报告。认真落实民主集中制、主席会议议事规则和常委会议制度，进一步提升党组、主席班子和常委会的政治把握能力和总揽政协工作全局的能力，确保政协工作与区委区政府的决策部署保持高度一致，切实做到政治上同向、思想上同心、行动上同步、工作上合拍。

加强委员队伍建设。加强学习培训。上半年，举办全体委员培训班和常委培训班各1期，邀请专家为委员作“新常态下经济形势、改革与发展”专题讲座，组织常委到江西干部学院脱产学习。10月，组织新一届委员集中学习换届纪律、政协理论和提案撰写知识，提升委员政治修养和参政履职能力。及时研究调整委员规模。结合龙华区政协成立的实际情况，及时研究做好接受龙华54名委员请辞和调整宝安区政协委员规模等工作。

加强机关作风建设。深入开展“两学一做”学习教育，大力加强机关党的建设，切实增强机关干部队伍“四个意识”。坚持“制度＋科技＋责任”工作方法论，实行“知判议决督”工作模式，修订完善《宝安区政协机关来文处理规定》等9项制度，进一步提升机关服务质量。加大宣传力度，利用报刊、电视等媒体，播发文稿260多篇，营造助推党委政府中心工作的良好氛围。

各位委员，过去的一年，四届区政协工作圆满完成，五届区政协工作顺利开局。这些成绩的取得，是市政协关心指导和中共宝安区委坚强领导的结果，是区人大、区政府、新区党工委管委会及各街道各部门重视支持的结果，凝聚着政协各参加单位和全体委员的智慧与力量，更离不开历届区政协奠定的良好基础。在此，我代表五届区政协常委会，表示衷心的感谢和崇高的敬意！

肯定成绩的同时，我们清醒看到，区政协工作仍然存在不足，主要是：区政协换届后，委员学习培训工作有待加强；街道分设工作完成后，各街道（办事处）政协联络办和委员联络站建设工作有待跟进；委员主体作用发挥不够充分，需要加强引导，等等。在今后工作中，我们将切实采取措施，认真加以改进。

二、2017 年工作部署

2017 年是中共十九大召开之年，是“十三五”规划实施的关键一年。习近平总书记在全国政协新年茶话会上强调，“新的一年，人民政协要认真履行政治协商、民主监督、参政议政职能，坚持问题导向，深入调查研究，有效协商议政，多进诤言、多谋良策、多出实招，努力寻求全社会意愿和要求的最大公约数、画出民心民愿的最大同心圆，广泛凝聚实现中华民族伟大复兴的正能量。”区政协要全面贯彻中共十八大、十八届三中、四中、五中、六中全会和习近平总书记系列重要讲话精神，在中共宝安区委的坚强领导下，坚持深圳质量、深圳标准，围绕中心、服务大局，认真履行职能，为宝安勇当“四个全面”先行区，全面建设具有全球影响力的现代化国际化滨海宝安、质量型创新型产业名城、宜业宜居活力之区，以及光明新区发展建设做出新贡献。

（一）深入学习贯彻中共十八届六中全会和中共十九大精神

要把深入学习贯彻中共十八届六中全会精神作为重要政治任务，作为引领和推动政协事业发展的一项全局性工作，认真抓好落实。通过学习，进一步增强政治意识、大局意识、核心意识、看齐意识，特别是核心意识和看齐意识，坚决维护以习近平同志为核心的中共中央权威，做到思想上高度统一、政治上清醒坚定、行动上坚决有力。要认真落实全面从严治党要求，充分发挥政协党组在政协工作中的领导核心作用，自觉接受和主动争取区委的领导，重大问题及时向区委请示报告，切实把党的领导贯穿于政协履职的全过程。中共十九大将在本年度召开，要按照中央部署和省委、市委、区委安排，及时组织政协委员和机关干部学习贯彻会议精神，确保政协工作坚定正确的政治方向。

（二）坚持质量引领，在协商建言方面有新贡献

坚持深圳质量、深圳标准，紧扣全面建设具有全球影响力的现代化国际化滨海宝安的发展目标和打造“深圳质量、宝安智造”新标杆、“基层治理质量年”等重点工作，按照“党政所需、群众所盼、政协所能”选准履职切入点，由专委会牵头，加强与各街道各部门的联动，认真开展调查研究，切实做到调研主题突出、调研内容明确、调研时间充分、调研结果出成效，为党委政府科学决策提供智力支持。紧扣落实“三带两心两城一谷”规划，围绕推进机场东空铁联运综合枢纽建设、推动深圳西拓发展等事关宝安未来发展的重要问题，发挥政协作为协商民主重要渠道和专门协商机构作用，通过提交提案、视察调研、协商议政等形式，为宝安实现更高能级发展献计出力。紧扣党委政府重点工作重点项目和民生热点问题，如茅洲河污染综合治理、街道发展战略“千百亿工程”和“双十”项目、固定资产投资、查违工作、“拓展空间保障发展”十大专项行动、政务服务、网格化智慧管理、社区治理创新、联系服务企业、文化教育、医疗卫生、养老事业等，精准选题，组织专题视察，有效协商议政，助推党委政府决策部署和民生改善措施落到实处。

（三）坚持围绕中心服务大局，在民主监督方面有新作为

学习领会中共十八届六中全会关于人民政协民主监督工作的部署要求，把握好民主监督的方向和原则。学习借鉴市政协和其他区政协民主监督的经验做法，拓展监督内容，找准监督角度，让监督工作有计划、有载体、有成效。坚持目标导向、问题导向、民生导向、基层导向，紧紧围绕党委政府中心工作，制定区政协年度协商工作计划，有序开展专题协商、对口协商、界别协商、提案办理协商和社区共治协商，及时推动协商成果的应用落实。聚焦党委政府重大改革举措、重要决策部署贯彻执行情况和“十三五”时期重要约束性指标的落实，组织视察调研，提高监督工作成效。规范特邀监督工作，按要求选派委员担任党政部门和司法机关特邀监督员，实行监督员定期向主席会议汇报工作制度，及时了解和推进监督工作。完善民主评议工作机制，定期组织委员开展检查评议，通过问政、评议等方式突出监督的特色，将民主评议打造成民主监督的重要渠道，积极助推服务型政府建设。

（四）坚持务实创新，在提案工作方面有新成绩

牢固树立“提案的产生在于调研，提案的办理在于责任，提案的影响在于公开，提案的推行在于互动，提案的价值在于落实”的工作理念，切实做好提案各环节工作。抓好提案提出环节，及时对全体委员就提案工作开展书面培训。抓好提案立案环节，坚持提案委分小组预审、提案委全体会议会审、主席会议终审的“三审”工作机制，从严把握立案标准，提高立案提案质量。抓好提案办理环节，加强重点提案领办督办，坚持党政领导领办、主席会议督办重点提案制度；重视提案办理协商，普及办理单位与提案者在办前、办中、办后“三见面”的做法，通过调研、视察和协商会等形式，推动提案办出实效。抓好提案评议环节，对提案办理大户进行抽查评议，召开重点提案办理情况汇报会，通过抓重点提案带动提案工作水平。

（五）坚持大团结大联合，在团结联谊方面有新气象

深化党派团结合作。支持各民主党派、无党派人士积极参与政协活动，努力为他们参政议政创造更好条件。促进民族团结宗教和睦。鼓励少数民族、宗教界委员加强同少数民族和信教群众联系，促进民族宗教事业和谐发展。发挥界别优势作用。依托专委会和活动组，组织委员开展学习考察、视察调研、座谈讨论、走访界别群众等活动，及时为党委政府决策提供来自各阶层各群体有价值的参考意见。广泛开展“联谊、联情、联系”活动。结合传统节庆召开座谈会，密切与各界人士的交流；加强与港澳政协委员的联系，结合庆祝香港回归20周年，开展相关联谊活动；鼓励委员发挥特长，为群众提供法律、医疗咨询等服务；鼓励委员积极参与公益慈善事业，凝心聚力服务改革发展。

三、充分发挥政协委员主体作用

中共十八大以来，我国社会主义协商民主建设进入新阶段，中共中央高度重视人民政协工作，高度重视发挥政协委员作用。我们要切实加强委员队伍建设，充分发挥委员主体作用，努力提升区政协围绕中心、服务大局的工作质量。

（一）明确职责使命

习近平总书记强调，“政协委员是政协工作的主体。政协委员社会知名度大、关注度高，一言一行都具有影响力和示范性。希望广大政协委员珍惜自身荣誉，恪守宪法法律，自觉践行社会主义核心价值观，锤炼道德品行，改进工作作风，切实发挥在本职工作中的带头作用、界别群众中的代表作用，不负重托，不辱使命”。我们要认真落实总书记的要求，牢记职责使命。要有强烈的政治责任感，坚决拥护中国共产党的领导，坚定自觉地同以习近平同志为核心的中共中央保持高度一致，坚决践行“四个意识”“四个自信”。要有强烈的纪律观念，恪守宪法法律、政协章程和有关规定，争做遵守纪律、求真务实、发扬民主、联系群众的模范。要有强烈的履职责任感，积极参加政协会议活动，准确把握政协的性质定位，充分发挥政协的智力优势和资源优势，用好政协的话语权，认真履行职能，做到有为有位。每位委员每年至少参加1次学习培训、1次视察调研、1次联络站活动，参与提交1件提案或反映1件社情民意信息，以实实在在的行动，为改革发展而谋、为人民利益而呼，不当“挂名委员”“空头委员”“哑巴委员”。

（二）提高履职能力

政协作用发挥在委员、活力展现看委员、事业发展靠委员。委员履职能力直接决定作用发挥水平。结合换届后新委员较多的实际，区政协2017年将着力加强委员分级分类培训工作，为提升委员参政履职能力创造条件。一是举办全体委员培训班和常委培训班，组织委员认真学习习近平总书记系列重要讲话精神、政协章程和中央、省委、市委、区委关于政协工作的部署要求，提升政协理论知识水平。二是依托各专委会，以“走出去”“请进来”等方式，组织委员培训，加强与各地政协的学习交流，拓宽工作思路。三是适时邀请党委政府及相关部门通报经济社会发展情况和有关工作，为委员知情明政创造条件。各位委员要积极参与，认真学习，努力提高政治把握能力、调查研究能力、联系群众能力、合作共事能力，切实做到在政协工作中履职尽责，在本职工作岗位上建功立业，在界别群众中示范引领，为促进经济社会各项事业发展贡献智慧和力量。

（三）加强服务保障

坚持“制度＋科技＋责任”工作方法论，完善工作制度，健全委员联络机构，为委员履职创造良好条件。发挥专委会基础性作用，形成引领各界别、活动组委员积极履职的整体优势。做好街道分设后政协联络办和委员联络站建设工作，把委员编入各联络站，开展约谈走访、调研议政、学习交流活动，并通过报告、提案、信息等渠道，推进委员履职成果转化。继续跟进做好区政协委员规模调整工作。加强委员管理，引导委员按照“懂政协、会协商、善议政，守纪律、讲规矩、重品行”的要求认真履职。落实《宝安区政协委员产生、履职评估和退出制度》《宝安区政协委员向界别述职制度》，认真记录委员提交提案和参加会议活动、视察调研、慈善捐款等情况，并在每年政协全会通报。加强机关党风廉政建设，转变工作作风，提高工作质量，为区政协工作有序严谨可控高效开展提供有力保障。

各位委员、同志们，新形势新任务赋予政协工作新使命。让我们更加紧密地团结在以习近平同志为核心的中共中央周围，在中共宝安区委的坚强领导下，同心同德，开拓进取，为宝安勇当“四个全面”先行区，全面建设具有全球影响力的现代化国际化滨海宝安、质量型创新型产业名城、宜业宜居活力之区，以及光明新区发展建设做出新的贡献，以优异成绩迎接中共十九大和省第十二次党代会胜利召开！

相关链接

政协深圳市宝安区第五届委员会第二次会议

2017年2月15日，中国人民政治协商会议深圳市宝安区第五届委员会第二次会议在区委区政府会堂召开。区委书记黄敏、区人大常委会主任张志彪、区政协主席邓桂洪等区几套领导班子，光明新区有关领导，区政协副局级领导，区纪委副书记，以及宝安区（县）历届政协老领导，在宝安工作（生活）的全国和省政协委员代表在主席台就座。区政协主席邓桂洪代表政协常委会作工作报告。2016年，区政协及其常委会牢牢把握团结和民主两大主题，团结带领全体委员，认真履行政治协商、民主监督、参政议政三大职能，切实做好协调关系、汇聚力量、建言献策、服务大局各项工作，为宝安勇当“四个全面”先行区、全面建设滨海宝安产业名城活力之区和光明、龙华改革发展作出积极贡献。立案的231件提案全部办复，提案所提问题解决的占44.28%、正在解决或列入解决的占43.17%、留作参考的占12.55%。报告提出，2017年是中共十九大召开之年，是“十三五”规划实施的关键一年。区政协要全面贯彻中共十八大、十八届三中、四中、五中、六中全会和习近平总书记系列重要讲话精神，牢固树立政治意识、大局意识、核心意识、看齐意识，在思想上政治上行动上同以习近平同志为核心的中共中央保持高度一致，不断夯实团结奋斗的共同思想政治基础。在中共宝安区委的坚强领导下，坚持深圳质量、深圳标准，围绕中心、服务大局，认真履行职能，为宝安勇当“四个全面”先行区，全面建设具有全球影响力的现代化国际化滨海宝安、质量型创新型产业名城、宜业宜居活力之区，以及光明新区发展建设作出新贡献。报告强调，区政协要坚持深圳质量、深圳标准，紧扣全面建设具有全球影响力的现代化国际化滨海宝安的发展目标和打造“深圳质量、宝安智造”新标杆、“基层治理质量年”等重点工作，认真开展调查研究，切实做到调研主题突出、调研内容明确、调研时间充分、调研结果出成效，为党委政府科学决策提供智力支持；紧扣落实“三带两心两城一谷”规划，围绕推进机场东空铁联运综合枢纽建设、推动深圳西拓发展等事关宝安未来发展的重要问题，发挥政协作为协商民主重要渠道和专门协商机构作用，通过提交提案、视察调研、协商议政等形式，为宝安实现更高能级发展献计出力；紧扣党委政府重点工作重点项目和民生热点问题，如茅洲河污染综合治理、街道发展战略“千百亿工程”和“双十”项目、固定资产投资、查违工作、“拓展空间保障发展”十大专项行动、政务服务、网格化智慧管理、社区治理创新、联系服务企业、医疗卫生、养老事业等，精准选题，组织专题视察，有效协商议政，助推党委政府决策部署和民生改善措施落到实处。同时，要切实加强委员队伍建设，充分发挥委员主体作用，努力提升区政协围绕中心、服务大局的工作质量。在宝安工作（居住）的市政协委员代表，各街道和区各有关单位的领导，光明新区各办事处联系政协工作的领导，区政协联谊会会员代表，区各民主党派、无党派人士代表、商会代表、台商代表，以及群众代表应邀列席开幕大会。会议召开提案委员会全体会议、审议通过区政协五届二次会议决议。

政协深圳市宝安区第五届委员会第二次会议召开

坚决落实全面从严治党战略部署 为建设湾区核心 智创高地 共享家园提供坚强保证

——在中国共产党深圳市宝安区第六届纪律检查委员会 第三次全体会议上的工作报告

（2018年2月28日）

中共深圳市宝安区纪律检查委员会书记　张现军

同志们：

我代表区纪委常委会向六届区纪委三次全体会议作工作报告，请予审议。

一、2017年工作回顾

2017年，在市纪委和区委的坚强领导下，全区各级纪检监察组织认真学习贯彻党的十九大精神，按照中央、省、市纪委全会和区六届二次党代会的部署要求，聚焦主业、忠诚履职、积极作为、锐意创新，党风廉政建设和反腐败工作取得明显成效。

（一）提高政治站位，不断强化新时代管党治党责任担当

压紧压实“两个责任”。区委率先垂范，带头履责，认真落实关于进一步营造良好政治生态的意见，推动管党治党责任层层落实，压力层层传导；各级各部门各司其职，党风廉政建设与经济社会发展同步推进、协同发展。细化和完善区委党风廉政建设“主体责任清单”，明确区委班子责任39项、班子成员责任181项，区委主要领导对重要案件亲自审核把关。对标市纪委考评要求，修订主体责任《考核实施意见》，细化量化5个方面27项考核指标，对全区60个单位进行考核，约谈排名靠后的单位主要负责同志。压实党风廉政建设责任制，年初组织5个单位“一把手”在区纪委全会上述责述廉述德并接受评议，强化责任传导。对落实“两个责任”不力的2名基层领导干部分别追究主体责任和监督责任。

推进区委区政府重要决策部署的贯彻落实。紧紧围绕“9·800·669”目标和全国文明城市创建等重点工作，找准和坚守职责定位，不断强化监督执纪问责。加强对营商环境提升、重点区域建设、生态环境改善、社会综合治理等各项工作部署的监督检查；对治水提质、安全隐患整治、河长制落实等重大民生实事进行重点督办，助推全区重大决策部署和重点工作任务贯彻落实。区纪委监察局班子成员定期到包挂点网格开展督导，有效推动网格和谐稳定。实施涉纪信访突出问题包销案制度，将21件涉纪重点信访问题分解到区纪委班子成员包案化解，立案查处22人，确保十九大期间涉纪“零非访”。严明社区“两委”换届纪律，发挥派驻纪检组“靠前”监督优势，纠治拉票贿选、“带病提名”行为，19人被建议取消候选资格，推动社区“两委”换届工作顺利完成。对有关查违责任人予以严肃问责，推动饮用水源一级保护区内23栋违建顺利清拆处置；发挥执纪审查震慑作用，严查深中通道建设工程中的社区干部腐败问题，排除阻力，保障重大项目顺利推进。

（二）加大执纪审查力度，巩固反腐败斗争压倒性态势

旗帜鲜明惩治腐败。畅通信访举报渠道，出台《奖励举报有功人员暂行办法》，全年受理信访举报413件，排查基层党员干部违纪违法线索572条。坚持有案必查、有腐必惩，严肃查处党员干部违纪问题。全年立案审查201宗201人（处级干部10人、科级干部22人），同比增长21%；给予党纪政纪处分181人，移送司法机关7人，立案数、结案数排在全市各区前列；追缴违纪所得1812万元，挽回直接经济损失3亿多元。严肃查办了松岗街道党工委原书记许华违纪案、福永街道原班子成员王芳、舒富桃等涉工程腐败案和区发改局节能减排科原负责人黄国辉等人侵吞财政专项资金案等一批有影响力的案件，强化“伸手必被捉”的震慑作用。发挥区委反腐败协调小组作用，完善纪检监察、公安、检察院、法院联合办案机制，成功查办了方华房地产公司原董事长陈少南非法经营同类营业案，涉案金额巨大，被评为深圳市纪检监察系统

“十佳精品案件”。坚持依纪依法安全文明办案，实现办案安全“零事故”。坚持宽严相济、治病救人的方针，对4名违纪情节较轻、主动交待问题、主动上交违纪所得的干部免于处分，予以诫勉谈话处理；为反映失实的23名干部澄清问题。

执纪监督关口前移。坚持挺纪在前，突出抓早抓小，着力用好监督执纪“第一种形态”，让“咬耳扯袖”“红脸出汗”成为常态。出台《关于开展谈话提醒构建抓早抓小工作机制的实施方案》和《谈话提醒四类方式工作指引》，对苗头性、倾向性问题，早打招呼早提醒，全区累计开展谈话提醒3550人次。该项工作在全市作经验介绍。完善《信访监督实施细则》，规范信访监督的实施范围和操作要求，开展信访约谈、函询29人次，纠正一批尚未达到组织处理或纪律处分的轻微违纪问题。认真开展全区新提任处级干部任前廉政谈话201人次。全年廉政审核3952人次，提出意见73条，把好选人用人政治关、廉洁关。

发挥巡察利剑作用。区委出台巡察工作意见，由区委主要领导任领导小组组长，区委常委会议专题研究首轮巡察方案，强化对巡察工作的统一领导。从区纪检监察、组织、人事、财政、审计等部门和街道抽调12名精干力量，组成2个区委巡察组，对航城街道党工委和区委卫计工委进行一个月的驻点巡察。巡察发现人事问题不经党委会审议、重要岗位长期不轮岗、违规出国（境）、违规发放津贴补贴等一批管党治党突出问题，梳理问题线索36条，立案审查25人，政治巡察震慑作用明显。

（三）严查违反中央八项规定精神问题，驰而不息改进作风

持之以恒纠治“四风”。认真贯彻落实中央八项规定精神，坚持暗访、查处、追责、曝光“四管齐下”，严肃查处在节日期间违规收送礼品礼金、公款旅游、违规发放津贴补贴、超标准接待等“四风”突出问题，全年立案审查73人。对原福永街道违规发放奖金补贴问题，追究4名领导干部责任；对松岗人民医院十八大后连续几年公款购买高档烟酒、违规公款接待问题，立案查处10人；对区委巡察卫计系统期间，松岗卫监所部分干部仍借公务差旅之机旅游问题，立案查处2人、诫勉2人；对鹤洲、黄麻布、共乐、渔业等社区违规发放津贴补贴问题，查处党员干部34人，追回资金1114万元。

严查群众身边的不正之风和腐败问题。加强对口扶贫领域执纪监督，联合区经促局、审计局前往河源市龙川县，实地检查近3年扶贫专项资金使用管理情况，严防扶贫领域侵害群众利益问题。聚焦创建文明城市、查处违法建筑等全区中心工作和民生实事，开展明察暗访265次，拍摄暗访片7期，督促解决一批非法占用国有土地、交通整治等行政不作为、慢作为问题。严肃查处基层站所“吃拿卡要”和为赌博、涉黄场所充当“保护伞”等群众身边的腐败问题，立案审查18人。对中央环保督查组交办案件、市明察暗访曝光问题、安全生产事故等进行责任倒查，严肃问责40人。

（四）坚持教育、监督并重，持续推进源头防腐

加强党风廉政教育。认真抓好纪律教育学习月活动，举办处级干部“三纪”教育培训班，区委主要领导亲自作辅导报告。开展原原本本学党章党规党纪活动，不断强化党员领导干部党性意识和法纪观念。发挥正面引领作用，将传统文化与廉政教育相结合，建成文天祥廉政教育馆，组织党员干部参观学习4200人次。强化反面警示，分批组织4家区属国企及下属企业约600名党员干部到省反腐倡廉教育基地接受警示教育；将我区近两年查办的79宗典型案例制成展板巡回展览，1.5万余名党员干部观展；编印区内违纪违法领导干部《忏悔录》，组织各单位班子学习，以身边事教育身边人，效果明显。

强化重点领域和重点岗位监督。协调推动建设工程招投标工作规则、公共和社区物业出租管理办法、专项资金管理等制度的修订完善，加强廉政风险防控，扎紧制度“笼子”。探索“廉洁共建”模式，加强对“茅洲河水环境治理工程”，区人民医院、宝安外国语学校整体改造工程等重大项目的廉洁监督。选取学校和医院的集体议事、小型工程招标、设备采购等作为监督重点，推动建成校长和院长重点业务管理系统，实现全区公办学校和公立医院监督全覆盖。提升社区廉政治理水平，以全市集体经济监管“一平台四系统”专项交叉检查为契机，整改问题13个；大力加强集体资产交易系统推广运用，平台总成交金额76.5亿元，其中，55单大宗物业公开招租成交额26.3亿元，租金上涨34.41%，经济效益和廉洁水平实现“双提升”。

（五）创新纪检体制机制，推动全面从严治党向基层延伸

认真落实监察体制改革。严格按照中央统一部署，对标省、市工作要求，区委统筹推进监察体制改革试点工作，区委主要领导带头履行“施工队长”职责，靠前指挥，牢牢把握改革的正确方向。区纪委认真履行牵头抓总的专责职责，相关部门密切配合、各负其责，保证改革有力推进。严格按照实施方案精准施工，把握重要节点，集中力量抓好人员转隶、机构组建、线索移交、资产划转和纪法衔接等工作，为区监察委起步运行奠定坚实基础。

扎实推进派驻街道纪检机构改革。抓住街道分设契机，在不增加人员编制的前提下，实施派驻机构内涵式改革。从原来3个派驻街道的纪检组拿出10个编制下沉街道，与街道纪工委立体整合，组合增设为10个组，“一对一”监督10个街道。区纪委派驻组与街道纪工委(纪检审计室)合署办公，派驻组长兼任街道纪工委书记，在区纪委的统一领导下开展工作，形成"条条主管、聚焦主业、融合监督" 的派驻监督新格局。这一创新得到省纪委主要领导的充分肯定，《广东纪检监察信息》专刊予以介绍，并被评为深圳市纪检监察系统"十大创新项目"。

加强基层纪检组织建设。对区纪委5个内设机构进行优化调整，纪检监察力量进一步向执纪监督一线倾斜。完善国资国企监督体制，在4家区属国企设立纪委，纪委书记和监事会主席由一人担任；推动区住建局等6家单位成立机关纪委；推进124个社区纪委选举和换届，基层纪检组织力量全面加强，形成全区"纪检监察一张网"。

（六）坚持"打铁必须自身硬"，不断加强纪检监察队伍建设

认真学习贯彻党的十九大精神。专题召开区纪委常委扩大会议，第一时间传达学习党的十九大精神。发挥党支部"堡垒"作用，区纪委班子成员以普通党员身份参加党支部学习活动，认真学习党的十九大报告和新修订的党章，深刻领会习近平新时代中国特色社会主义思想。组织开展专题研讨，用十九大精神武装头脑，全年召开区纪委常委会26次，书记办公会45次，谋划新时期宝安纪检监察工作，把党的十九大精神落到实处。

强化内控管理。出台《关于严明工作纪律改进工作作风的通知》，严明请示报告、督办落实等"八项纪律"，明确"一级带一级"作风建设责任机制。开展派驻街道纪检组规范化建设，出台《加强派驻街道纪检组运行管理的实施意见》"1+5"文件，加强对信访举报、执纪审查、督查问责等各个环节的廉政风险防控。深入开展"转作风、大调研"活动，处级以上干部形成调研报告30份，深入查摆基层党风廉政建设"痛点""堵点"问题，提出对策建议67条，已转化落实18条。多渠道开展业务培训78人次，有效提高监督执纪工作水平。严肃查处3名基层纪检干部违纪问题，维护干部队伍纯洁性。

引进外部监督。组织民主党派和无党派人士召开党风廉政建设和反腐败工作情况通报协商座谈会，听取意见建议，接受民主监督；选聘18名内务监督委员，引导外部力量有序参与纪检监察干部监督。加强纪检监察干部业余生活、社会交往和"八小时以外"的监督，净化干部"生活圈""交友圈"。

一年来，我区党风廉政建设和反腐败工作取得明显成效，这得益于区委区政府的坚强领导以及各级各部门的共同努力和大力支持。但也要清醒看到，我区党风廉政建设和反腐败斗争形势依然严峻，一些党员干部不收敛不收手，消除存量、遏制增量任务依然艰巨；建设工程、专项资金、干部任用、查违执法、社区股份合作公司等重点领域腐败问题多发，存在监管漏洞，"不能腐"的制度笼子还需进一步扎牢；个别单位党风廉政建设"主体责任"落实不到位，管党治党主体意识不强，压力传导不够；乱发津贴补贴、"节日腐败"等问题依然存在，深层次"四风"问题仍未得到根本解决；少数干部"庸懒散拖"，攻坚克难、敢于担当的意识不强；纪检监察干部作风和能力有待进一步提升，等等。对此，必须高度重视，认真加以解决。

二、深入学习贯彻党的十九大精神，自觉用习近平新时代中国特色社会主义思想指导纪检监察工作新的实践

党的十九大对新时代纪检监察工作提出了新的更高要求。全区纪检监察干部要学懂弄通做实党的十九大精神，以习近平新时代中国特色社会主义思想为指导，坚定不移推动全面从严治党向纵深发展。

（一）牢固树立"四个意识"，坚决维护以习近平同志为核心的党中央权威和集中统一领导

带头维护习近平总书记的核心地位，带头维护政治纪律和政治规矩，不断增进对党的政治认同、思想认同、情感认同，同违反党的政治路线、破坏政治纪律和政治规矩行为作坚决斗争，推动全区党员干部自觉向核心看齐、自觉维护核心。

（二）忠实履行党章赋予的职能职责，切实扛起管党治党政治责任

深刻领会新时代党的建设总要求，找准职责定位和工作抓手，坚持思想建党、纪律强党、制度治党同向发力，把党的政治建设摆在首位，加强党性党风党纪教育，把权力关进制度的笼子。

（三）以永远在路上的执着和韧劲，坚定不移巩固发展反腐败斗争压倒性态势

全面从严治党永远在路上，决不能有任何松口气、歇歇脚的想法。必须保持清醒头脑和忧患意识，保持战略定力，不松劲、不停步、再出发，要更加有效地遏制腐败增量、削减存量，推动全面从严治党向基层延伸，以坚如磐石的决心夺取反腐败斗争压倒性胜利。

（四）不断完善党和国家监督体系，进一步增强监督的针对性和震慑力

站稳深化国家监察体制改革试点第一个台阶，充分履行纪检监察两项职责，深化对监督工作规律的认识和把握，发挥好巡察监督和派驻监督作用，创新运用互联网技术，构建信息化监督网络，不断健全对权力运行的监督体系。

（五）建设高素质专业化纪检监察干部队伍

掌握反腐败工作主动权。充分认识反腐败工作的长期性、复杂性、艰

巨性，按照政治过硬、本领高强的要求，不断提高把握大局、运用规律、推进工作的能力。完善内控机制，防范内部风险，严防“灯下黑”，打造一支让党放心、人民信赖的纪检监察干部队伍。

三、2018 年工作部署

2018 年全区纪检监察工作的总体要求是：全面贯彻党的十九大精神，以习近平新时代中国特色社会主义思想为指导，深入贯彻习近平总书记对广东重要指示批示精神，认真落实上级纪委全会和区党代会各项决策部署，增强“四个意识”、坚定“四个自信”，忠实履行党章和宪法赋予的职责，坚持党要管党、全面从严治党，坚持稳中求进工作总基调，以党的政治建设为统领，全面推进党的各项建设，深化国家监察体制改革，持之以恒正风肃纪，深入推进反腐败斗争，营造风清气正的良好政治生态，建设忠诚干净担当的纪检监察干部队伍，为宝安加快建设湾区核心、智创高地、共享家园，全力打造社会主义现代化先行区典范提供坚强保证。

（一）把党的政治建设摆在首位，进一步营造良好政治生态

严明政治纪律和政治规矩。严格执行新形势下党内政治生活若干准则，加强对党内政治生活状况、党的路线方针政策和民主集中制等制度执行情况的监督检查，重点强化政治纪律和组织纪律，带动廉洁纪律、群众纪律、工作纪律、生活纪律严起来。坚决反对“七个有之”，全面彻底肃清李嘉、万庆良等的流毒影响，坚决清除对党不忠诚不老实、阳奉阴违的两面人、两面派。以严明纪律保障中央、省、市、区重大决策部署的贯彻落实。对有令不行、有禁不止，打折扣、做选择、搞变通的行为严肃查处，对不作为、乱作为的严肃问责。严格请示报告制度，及时向市纪委和区委请示报告重要工作，做到步调一致、令行禁止。

切实履行党内监督专责机关职责。进一步深化“转职能、转方式、转作风”，坚守职责定位，聚焦主责主业，履行好“监督的再监督、检查的再检查”职能。把管党治党政治责任落实情况作为监督执纪的重点，深化巡察和派驻监督。进一步强化主体责任落实，建立健全上级党委书记、纪委书记约谈下级党组织一把手制度，对标市纪委工作要求，完善主体责任考核指标体系，严格实施考核；继续抓好述责述廉工作，推动管党治党责任全面覆盖、层层传导。探索建立干部廉政档案，严格落实“纪检监察机关意见必听，线索具体的信访举报必查”要求，严把选人用人政治关、廉洁关、形象关。落实好支持改革创新容错纠错有关规定，支持党员干部大胆干事创业，注重营造鼓励改革、宽容失误的干事创业环境。

（二）全面完成监察体制改革试点任务，充分履行纪检监察职责

高标准完成改革试点任务。准确把握改革目标任务，在区监察委员会挂牌成立的基础上，继续深入推进改革试点各项工作，确保在 7 月底前全面完成改革试点任务，迎接上级考核评估。着力抓好队伍建设，加强学习研究，开展党章党规党纪和宪法法律知识教育，推动队伍、能力、业务深度融合，提升执纪监督水平。充分利用派驻街道纪检机构改革成果，赋予派驻组（纪工委）相关职责权限和调查手段，推进监察工作向街道延伸。

建立健全纪检监察履职机制。落实纪委和监委全面合署办公，进一步完善党领导反腐败的工作体制、决策机制和实施举措。区监委要迅速依法开展工作，严格执行宪法和监察法，严把事实关、程序关和法律适用关，提高反腐败工作法治化水平。实践探索监察工作运行机制，完善工作制度，规范调查流程，全要素试用 12 种调查措施，用留置取代“两规”措施。坚持纪严于法、纪在法前，实现执纪审查与依法调查顺畅对接，加强监察机关与审判机关、检察机关、执法部门的工作衔接，形成既相互配合又相互监督的体制机制。

（三）加大巡察工作力度，不断增强党内监督合力

彰显巡察利剑作用。制定区委巡察工作三年计划，贯彻巡察工作方针，以政治建设为统领深化政治巡察。综合运用巡察成果，狠抓整改落实，对已巡察单位开展“回头看”。深入推进巡察常态化，建立常设巡察机构，完善巡察工作机制，选优配强人员力量，提升巡察发现问题能力。2018 年巡察 20 家单位，确保本届区委任期内巡察全覆盖。

加强监督体制机制建设。加强党内日常监督，重点加强对“一把手”和“关键少数”的监督，严格规范领导干部配偶、子女及其配偶经商办企业行为。充分发挥党员干部操办婚丧喜庆事宜监管平台作用，完善党员干部监督体系。充分发挥派驻纪检监察组“派的权威”和“驻的优势”，完善派驻监督工作机制，提升监督实效性。充分发挥社区纪委作用，规范社区权力运行，保障社区现代化治理体系建设。

（四）持之以恒正风肃纪，巩固拓展落实中央八项规定精神成果

驰而不息纠治“四风”。以更高标准更严要求，推进整治“四风”常态化长效化，把坚决反对特权思想和特权现象作为着力点，坚决整治形式主义、官僚主义等突出问题。严格贯彻执行中央八项规定精神及实施细则和省实施办法、市实施方案。把握重要时间节点，运用明察暗访等方式，坚决纠治顶风违纪和“隐形四风”问题，及时通报曝光典型案例，推动中央八项规定精神落地生根。

深化运用“四种形态”。在早发现上深化，提高发现违纪问题的能力，

抓早抓小、防微杜渐。在分类处置上深化，强化对问题线索的分析研究，提高精准把握政策能力，防止出现适用不当、尺度不准、畸轻畸重现象。在用好第一种形态上深化，加强日常管理监督，在全区常态化开展谈话提醒工作，及时处理干部苗头性、倾向性问题。在谈话函询上深化，全面落实谈话函询采信的书面告知制度，发挥采信告知的教育激励作用；发挥抽查核实的监督作用，防止敷衍塞责、欺瞒组织，对边谈边犯、边询边犯的，从严从重处理。

（五）坚持力度不减、节奏不变，巩固扩大反腐败斗争压倒性态势

持续保持惩治腐败高压态势。充分发挥区委反腐败协调小组作用，大力惩治腐败。坚持无禁区、全覆盖、零容忍，坚持重遏制、强高压、长震慑，坚持受贿行贿一起查，进一步减少腐败存量，重点遏制增量。紧盯选人用人、审批监管、工程建设、专项资金、城市更新、国有企业、集体资产等重点领域和关键环节的腐败问题。严肃查处十八大以后不收敛不收手，问题线索反映集中、群众反映强烈，现在重要岗位且可能还要提拔使用的领导干部和信访维稳事件中群众反映的贪污腐败问题。严把案件审理事实关、证据关、程序关，强化监督执纪的政治效果、纪法效果和社会效果。

大力整治群众身边的腐败问题。加大基层党员干部违纪违法问题线索排查力度，严肃查处基层执法司法及公共服务领域的以权谋私、吃拿卡要、行政无为等消极腐败行为。把惩治侵害群众利益的“蝇贪”同扫黑除恶结合起来，坚决查处涉黑腐败，坚决惩治放纵、包庇黑恶势力甚至充当“保护伞”的党员干部，坚决铲除涉黑涉恶腐败问题滋生的土壤，把全面从严治党覆盖到“最后一公里”。

（六）大力加强廉政宣传教育，营造风清气正的氛围

强化正面引领。升级完善文天祥廉政教育馆，积极申报市廉政教育基地。用好中共宝安县第一次党员代表大会旧址、孝德园等本土资源，将传统文化与廉政教育有机结合，打造本土特色宣传品牌。挖掘树立勤政廉政、敢于担当的基层先进典型代表，发挥正面引领示范作用。拓展宣传教育平台，充分运用群众喜闻乐见的形式，广泛开展党风廉政教育。

加强警示教育。坚持领导干部任前廉政谈话制度。抓好被组织处理、诫勉和纪律处分干部的回访教育。通过开展“以案说纪”活动、组织观看警示教育片、制作图片展等方式，进行反面警示教育。加大典型案例公开曝光力度。把警示教育抓在经常、融入日常，提醒党员干部明规矩、知敬畏、守底线。

（七）坚持严管厚爱，打造忠诚干净担当的过硬队伍

加强学习锻炼，提升执纪水平。深入学习贯彻党的十九大精神，扎实开展“不忘初心、牢记使命”主题教育，以习近平新时代中国特色社会主义思想武装头脑、指导工作，不断提升纪检监察干部政治能力和工作水平。加强基层纪检组织建设，规范指导工作开展，夯实全面从严治党基础。加强业务培训和实践锻炼，加大干部轮岗交流力度，不断提升队伍整体素质。

强化监督约束，保持队伍纯洁。单独设置纪检监察干部监督室，专门负责对纪检监察干部进行监督，不断完善内控机制，严明工作纪律。认真执行监督执纪工作规则，进一步规范执纪审查和案件调查工作。加强纪检监察干部业余交往和“八小时以外”监督。充分发挥内务监督委员会和民主党派监督作用，自觉接受外部监督。严格落实《广东省纪委监委机关纪检监察干部违纪违法行为处理和责任追究办法（试行）》，严查纪检监察干部违纪违法行为，绝不姑息，坚决防止“灯下黑”。

同志们，全面从严治党永远在路上。我们要在市纪委和区委的坚强领导下，不忘初心、牢记使命，开拓创新、奋发有为，不断取得全面从严治党、党风廉政建设和反腐败斗争新成效，为全力打造社会主义现代化先行区典范提供坚强保证！

相关链接

中共深圳市宝安区第六届纪律检查委员会第二次全体（扩大）会议

2017年2月14日，宝安区召开中共深圳市宝安区第六届纪律检查委员会第二次全体（扩大）会议。区委书记黄敏在会上强调，全区各级党组织和全区党员干部要准确把握管党治党的新形势、新任务、新要求，突出重点、抓住关键，推动全面从严治党向纵深发展，坚守“五条底线”，大力营造想干事、敢干事、干成事、不出事的良好氛围。会议传达学习习近平总书记在十八届中央纪委七次全会上的重要讲话精神，以及十八届中央纪委七次全会、十一届省纪委六次全会、六届市纪委三次全会精神，全面总结宝安区2016年党风廉政建设和反腐败工作，部署2017年工作。区长姚任、区人大常委会主任张志彪、区政协主席邓桂洪等区几套班子领导出席会议。区委常委、区纪委书记张现军主持会议。

会议指出，去年全区各级党组织牢固树立“四个意识”，认真学习贯彻党的十八届六中全会精神，全面落实从严治党主体责任；全区各级纪检监察组织围绕中心，服务大局，努力工作，党风廉政建设和反腐败工作取得新成效。会上，参会人员观看案件警示教育片《小官巨贪陷落记》。“要准确把握管党治党的新形势、新任务、新要求。”黄敏要求，各级党组织和全区党员干部要深刻认识宝安管党治党面临的形势，自觉增强全面从严治党的责任感和紧迫感。切实把思想和行动统一到上级的工作部署上来，坚定不移推动全面从严治党向纵深发展，使宝安各级党组织和广大党员干部真正成为各项事业发展的中流砥柱。黄敏指出，全区党员干部在今后的工作中要突出重点、抓住关键，推动全面从严治党向纵深发展。紧紧抓住要筑牢理想信念根基、落实管党治党责任、严肃党内政治生活、严格党内监督这4个重点，推进全面从严治党；持续聚焦工程建设领域、资金密集领域、社区“三资”领域、“三长”等敏感岗位、行政执法领域这5大重要领域，提高廉政风险防控能力；时刻牢记“快实高廉”四字要诀。行动上要“快”，持之以恒加强执行力建设。干事上要“实”，鼓实劲、出实招、求实效。标准上要“高”，对标一流、追求卓越。从政上要“廉”，严于律己、干净干事。坚守廉政、安全、维稳、质量、环保五条底线，铸造宝安一流干部作风。黄敏强调，纪检工作除执纪监督外，还要为干事的干部提供保护。抓紧出台制度措施，让干部更加心无旁骛地干事业，更加一往无前地抓改革，大力营造想干事、敢干事、干成事、不出事的良好氛围。张现军代表区纪委常委会作工作报告，全面总结去年全区党风廉政建设和反腐败工作，部署2017年工作任务。张现军指出，2017年是宝安区“基层治理质量年”，党风廉政建设和反腐败任务艰巨。全区各级纪检监察组织要以全面从严治党为主线，以严肃党内政治生活、加强党内监督为重要抓手，驰而不息纠正“四风”，严厉惩治腐败，推进标本兼治，维护好党内政治生态，推动全面从严治党向纵深发展，为宝安经济社会发展提供坚强纪律保障。会议听取石岩街道、区文体旅游局、区应急办、区安监局、区投资管理有限公司党风廉政建设第一责任人“述责述廉述德”，并由区纪委委员评议。区法院院长、检察院检察长、区纪委副书记，区各部委办局、正处级事业单位、人民团体主要负责同志，各街道、社区负责人，各社区股份公司董事长，区管企业有关负责人、区公立医院院长、学校校长以及全体纪检干部共千余人参加会议。

中共深圳市宝安区第六届纪律检查委员会第二次全体（扩大）会议召开

宝安概况

地理环境

【历史沿革】宝安在东晋时建县，有1680年历史，被誉为深港文化之根。1979年撤宝安县升设地级深圳市，1982年12月复设宝安县，辖深圳经济特区之外的原宝安县地区，1992年宝安撤县建区，分设为宝安、龙岗两个行政区，2007年分设光明新区，2011年底分设龙华新区。2016年12月，宝安区开展基层管理体制改革街道行政区划调整，将其中4个街道一分为二，现辖新安、西乡、航城、福永、福海、沙井、新桥、松岗、燕罗、石岩10个街道，124个社区，有股份合作公司246家，其中一级（行政村）公司92家，二级（自然村）公司154家，股民数共74176人，2017年资产总额576.38亿元。宝安区是深圳的经济大区、工业大区和出口大区，产业基础非常雄厚，外向型特征明显，已形成以战略性新兴产业为先导、电子信息产业为龙头、装备制造业和传统优势产业为支撑的产业结构。

【位置与面积】宝安区位于深圳市西北部，北纬22° 32′ ~ 22° 51′，东经113° 44′ ~ 114° 07′；地处珠江口东岸发展轴，是连接穗深港黄金走廊的重要节点，境内有海岸线45公里，海域220平方公里；区委区政府驻宝安中心区（属新安街道辖区）。土地面积397平方公里，占全市19.9%；管理人口540.9万，占全市25.9%；常住人口314.9万，占全市25.4%；户籍人口57.72万，占全市12.6%；境内有海岸线45公里，占全市17.3%；海域220平方公里，占全市10.9%。区内有国际机场、大铲湾港、107国道、宝安大道等重大交通基础设施，有广深高速、机荷高速、沿江高速、南光高速、龙大高速等5条高速公路和地铁1、5、11号线，宝安国际机场与香港机场实现海陆联运，轨道6、9、12、13、15、20、26号线、穗莞深城际线、港深机场快轨、深中通道等正规划建设，海陆空铁立体交通网络初步形成。

【气候】2017年，宝安区天气气候呈现“台风多、影响重，暴雨集中、龙舟水强，雷电阶段性集中，冬季异常暖、夏季高温强”的特征，是继2008年之后，台风、“龙舟水”和高温影响最重的年份，灾害性天气年景重，但无人因气象灾害死亡。

气温 年平均气温23.6℃，较气候平均值（23.0℃）偏高0.6℃，属偏高年份。记录到10℃以下寒冷日8天，高温日7天。除5月和7月外，各月平均气温都在气候平均值之上，其中1月平均气温异常偏高2.7℃，9月平均气温显著偏高1.3℃，8月平均气温偏高0.7℃，其余各月平均气温在正常范围波动。年极端最低气温7.4℃，出现在12月；年极端最高气温36.9℃，出现在8月。

雨量 年累计降水量1967.1毫米，比气候平均值（1935.8毫米）略偏多1.6%，属正常年份。共记录到降水日127天，其中暴雨日11天，与去年持平，近10年仅次于2008年（16天），大暴雨日2天。除5月、8月降水在正常范围（略偏少）外，其余月份降水均偏多或偏少，其中6月降水偏多27.2%，7月、10月降水分别显著偏多58.0%和61.5%；1月至4月降水均偏少，其中1月异常偏少81.1%，4月显著偏少58.2%；9月、11月降水偏少，12月降水为0，异常偏少100%。

日照与湿度 全年总日照时数为1919.1小时，比气候平均值（1837.6小时）偏多81.5小时，比近5年同期平均值（1889.3小时）偏多29.8小时，属日照正常年份。除2月、8月、10

月日照偏多，11月日照显著偏少外，其余各月均在气候平均值上下正常范围内波动。年平均相对湿度为77%，比气候平均值（74%）偏高3个百分点。天气总体湿润，除2月、10月和12月平均相对湿度偏低外，其余各月平均相对湿度均偏高，1月、6月、7月和11月偏高5个百分点或以上，其中1月和6月分别偏高8个和9个百分点，12月偏低7个百分点。

台风显著偏多，影响广泛 年内共有8个台风进入深圳500公里警戒区范围，与2016年并列为近10年最多；其中6个造成风雨影响，与2008年并列近10年最多，比气候平均值（3.5个）明显偏多；其中3个造成严重风雨影响，近10年仅次于2008年的5个，比气候平均值（1.2个）明显偏多。“苗柏”登陆大鹏半岛，带来大暴雨局部特大暴雨，是有记录以来登陆最早的台风，以及近10年6月风雨影响第二重的台风；“天鸽”堪称1949年以来登陆珠江口的最强台风，带来暴雨和8-10级阵风；“帕卡”带来大暴雨和8～10级阵风；此外还有“洛克”“玛娃”和“卡努”造成明显风雨影响。年内共发布各级台风预警信号24次，刷新深圳台风预警次数记录。6月至10月每月均有台风影响，为近年少见。

暴雨集中，龙舟水强 盛夏（6-8月）暴雨集中，有30个局地以上暴雨日，占全年总数（40天）的75%；累计雨量1261.0毫米，近10年中仅次于2008年，占年总雨量的64%。“龙舟水”期间（5月下旬到6月中旬）累计雨量487.7毫米，为2008年之后最多，并记录到2008年之后持续时间最长的“龙舟水”强降水过程（6月16-21日，连续6天记录到暴雨以上降水）；7月为年内降水最多月份，记录到同期第二多的暴雨日（4个，仅次于2001年的6天）和2002年以来同期最多累计雨量（505.1毫米，偏多近6成）。

冬季异常暖，夏季高温强 冬季（2016年12月-2017年2月）平均气温17.8℃，为历史同期最高。其中1月份最低气温11.6℃，平均气温18.1℃，均刷新历史同期最高记录，比此前记录分别高出2.4℃和0.9℃，历史同期首次未记录到寒冷日。夏季气温总体偏高，共记录到7个高温日，为2004年以来最多；最高气温36.9℃（8月22日），刷新深圳国家基本气象站2006年迁站以来记录，局地记录到罕见40℃以上高温。9月到10月上半月气温居高不下：9月平均气温29.0℃，刷新历史同期最高记录；10月上半月平均气温28.2℃，刷新历史同期最高记录，33℃以上炎热天数（5天）刷新历史同期最多记录。

雷暴次数少，极端性集中 年内共发布雷电预警信号94次，为近5年第二少；录得云对地闪电8761次，为近5年最少，属于雷电频次较少年份；最强负闪-163.1千安，最强正闪104.2千安，在近五年中属较弱年份。但夏季局地对流多发，雷电阶段性集中，特别是8月份高温条件下局地强雷暴多发，记录到2次冰雹，录得云对地闪电3408次，占全年总次数的39%，其中8月31日记录到云对地闪电1173次，占全年总次数的13%。

【人口】2017年，宝安区常住人口314.90万人，比上年末增加13.19万人，增长4.4%；常住户籍人口53.84万人，增长12.7%；常住非户籍人口261.06万人，增长2.8%。户籍人口出生率22.17‰，死亡率1.58‰，人口自然增长率25.59‰。

【海岸与海洋资源】宝安区西南部为珠江口、伶仃洋，海岸线长达30.62公里，宝安区的深水港码头——大铲湾港区一期工程于2008年完工并投入运营，海岸线可建中小型码头的有10多处；宝安区海域、江域辽阔，海洋资源相当丰富，鱼、虾、蟹、贝类达100多种，其中沙井蚝是本区一大特产，享誉海内外。

【旅游资源】宝安区是依山面海、风光秀丽的海滨城区，区内文化旅游资源丰富，羊台山、凤凰山、海上田园、西湾公园等生态旅游景区成为深圳市民度假休闲的热点地区。羊台山险峻雄伟、层峦叠嶂，2004年获评“深圳八景”——羊台叠翠，每年重阳节宝安区都在此举办登山比赛；凤凰山奇拔峻秀，西眺伶仃洋，南瞰深圳湾，集自然优美山色、文物古迹、神话传说和宗教旅游于一体，是宗教、人文休闲度假之旅游景点；大、小铲岛有

宝安中心区

良好的自然生态环境，灌木丛生，林间有猿猴出没嬉戏，四季有各种鸟类自由飞翔，是具保护性、观赏性的旅游胜地；西部海上田园是深圳市西部海岸线的“沙田基塘”景观保护区和“三高”农业示范基地，集休闲度假、观光娱乐和生态生产示范功能为一体，具有浓郁的田园气息；西海堤堤外是珠江出海口，堤内是2万亩渔场，传统渔村与江南水乡相结合，风光旖旎。宝安历史人文旅游景点众多，包括深圳最早的革命遗址——中共宝安一大旧址；最大的古建筑——绮云书室；最大的宗祠——曾氏宗祠；唯一的古阁——文昌阁；唯一的石拱桥——永兴桥等。

【行政区划】宝安区下辖新安、西乡、航城、福永、福海、沙井、新桥、松岗、燕罗、石岩10个街道，124个社区。

新安街道于1994年11月在原新安镇的基础上设立。该街道位于宝安区南部；东与南山区西丽街道接壤，西临珠江口，南与南山区南头街道相连，北以新安路为界与西乡街道毗邻；是宝安区委、区政府所在地；辖区面积30.9平方公里；下辖龙井、宝民、灵芝园、洪浪、上川、新安湖、新乐、文汇、布心、海富、海乐、兴东、大浪、建安、海华、文雅、海旺、海裕、上合、翻身、安乐、甲岸22个社区工作站，22个社区居民委员会，实行“一站一居”管理体制；2017年年末常住人口44.39万人，其中户籍人口23.58万人。

西乡街道于2004年7月在原西乡镇的基础上设立。该街道位于宝安区西南部；东与石岩街道和光明新区公明街道接壤，西濒珠江口，南以新安路为界与新安街道毗邻，北与福永街道相连；辖区面积58.55平方公里；下辖管辖固戍、南昌、共乐、乐群、盐田、河东、河西、臣田、庄边、凤凰岗、铁岗、流塘、径贝、麻布、劳动、永丰、渔业、蚝业、西乡、柳竹、龙珠、龙腾、福中福、富华、桃源25个社区工作站，25个社区居民委员会，实行“一站一居”管理体制；2017年年末常住人口46.21万人，其中户籍人口16.08万人。

航城街道于2016年12月由西乡街道分设，位于宝安区西南部。东接石岩街道，南接西乡街道，西至珠江口岸边，北接福永街道。辖区面积45.62平方公里，管辖黄麻布、九围、黄田、钟屋、鹤洲、后瑞、草围、三围、利锦9个社区工作站，9个社区居民居委会，实行“一站一居”管理体制；2017年年末常住人口27.14万人，其中户籍人口1.99万人。

福永街道于2004年7月在原福永镇的基础上设立。该街道位于宝安区西部；东与光明新区公明街道接壤，西濒珠江口，南与西乡街道相连，北与沙井街道毗邻；辖区面积37.6平方公里；下辖兴围、福围、怀德、聚福、白石厦、福永、凤凰7个社区工作站，7个社区居民委员会，实行“一站一居”管理体制；2017年年末常住人口27.01万人，其中户籍人口2.89万人。

福海街道于2016年12月由福永街道分设，位于原福永街道北片区，辖区面积28.6平方公里，管辖新和、桥头、和平、塘尾、新田、稔田共6个社区工作站，7个社区居民委员会（新田社区为“一站两居”，包括新田社区居委会和大洋社区居委会）；2017年年末常住人口30.32万人，其中户籍人口1.41万人。

沙井街道于2004年7月在原沙井镇的基础上设立。该街道位于宝安区西北部；东接光明新区公明街道，西临珠江口，南邻福永街道，北连松岗街道，西北隔茅洲河与东莞市长安镇相望；辖区面积35平方公里；下辖马安山、壆岗、衙边、辛养、东塘、后亭、步涌、共和、沙一、沙二、沙三、沙四、蚝一、蚝二、蚝三、蚝四、大王山、沙头、沙井、和一、民主21个社区工作站，22个社区居民委员会（沙头社区为“一站两居”，包括沙头社区居委会和茭塘社区居委会）；2017年年末常住人口36.03万人，其中户籍人口2.88万人。

新桥街道于2016年12月由沙井街道分设，位于原沙井街道的东片地区，东接光明新区，南接福永街道，西接沙井街道，北接松岗街道。辖区面积28平方公里，管辖新桥、新二、上星、上寮、黄埔、万丰、沙企社区共7个社区工作站，7个社区居民委员会；2017年年末常住人口27.17万人，其中户籍人口1.61万人。

松岗街道于2004年7月在原松岗镇的基础上设立。该街道位于宝安区西北部；东与光明新区公明街道接壤，西与沙井街道和东莞市毗邻，南与沙井街道相连，北靠东莞市，是深圳的西北大门；辖区面积27.66平方公里；下辖东方、潭头、红星、松岗、楼岗、溪头、沙浦、沙浦围、江边、朗下、碧头、松涛、花果山13个社区工作站，13个社区居民委员会，实行“一站一居”管理体制；2017年年末常住人口30.38万人，其中户籍人口2.96万人。

燕罗街道于2016年12月由松岗街道分设，是深圳的“西北门户”，东接光明新区，南连松岗街道，西邻东莞市。辖区面积27.15平方公里，包括罗田水库、罗田林场，管辖山门、洪桥头、燕川、罗田、塘下涌共5个社区工作站，5个社区居民委员会；2017年年末常住人口14.06万人，其中户籍人口0.59万人。

石岩街道于2004年7月在原石岩镇的基础上设立。该街道位于宝安区中部；东邻大浪街道，西连新安街道和西乡街道，南依南山区西丽街道，北接光明新区公明街道和光明街道；辖区面积65.9平方公里；下辖水田、石龙、官田、上屋、龙腾、浪心、罗租、塘头、应人石9个社区工作站，水田、三祝里、石龙仔、官田、黎光、塘坑、上下屋、田心、园美、上排、下排、径贝、石岩、浪心、石新、砖厂、宝源、罗租、龙眼山、应人石21个社区居民委员会，实行“一站多居”管理体制；2017年年末常住人口32.18万人，其中户籍人口2.11万人。

宝安壹方中心

宝安地标建筑

【壹方城】壹方城位于宝安区创业一路与新湖路交汇处，地处中国战略级新区——深圳前海中心核心位置，毗邻宝安区政府。整体占地 10 万平方米，地块呈方形，总体量 88 万平方米，其中商业体量 36 万平方米，为鸿荣源集团在深圳打造的首个大型商业项目。该项目由全球著名的商业建筑设计单位美国凯里森和 LLA 操刀设计，以深圳的自然地形地貌、海风及海浪为规划灵感，以“山、水”元素为设计主题，构筑“源”“湾”“汇”三大主题空间。退台式的建筑设计、科学合理的动线规划、45 米挑空的中庭空间、自然采光三大艺术主题下沉式广场、Lifestyle 公园版顶层商业，结合休闲主题业态的规划，打造人文与建筑、商业与艺术融合的多元主题商业。场内共 8 层（地上 5 层，地下 3 层），作为深圳规模最大、业态最全的购物中心，综合“多元主题体验”生活方式和全流程管家服务的运营理念，集萃美食天地、儿童家庭、视听盛宴、时尚运动、社交聚会、文化创意六大核心功能板块，超过 400 家品牌进驻，业态品类丰富多元，在业态占比上，体验业态超过 55%。壹方城于 2017 年 10 月 28 日开业，开业首日客流量突破 40 万人次。

国民经济和社会发展

【概况】2017 年，宝安始终坚定坚守实体经济和工业制造，坚定坚守高端制造和智能制造，巩固提升电子信息产业优势地位，做大做强智能制造产业，经济发展稳中有进、稳中提质。经济总量大幅跃升。龙华区分设以来，地区生产总值从 2011 年的 1769 亿元增加到 2017 年的 3448 亿元，占全市 15.4%，年均增长 10.0%，高于全市、全省平均水平；规模以上工业总产值从 3976 亿元增加到 6648 亿元，占全市 21.7%。主导产业特色鲜明。三次产业结构为 0.03∶52.10∶47.87，其中规模以上工业增加值 1545 亿元，占 GDP 的 44.8%；高新技术产业 2017 年产值 4155 亿元，占规模以上工业总产值的 62.5%。发展质量稳步提升。完成工业投资 132 亿元，其中技改投资 49 亿元，增长 40.3%；高新技术产业产值 4155 亿元，增长 14.6%，占规上工业总产值 62.5%；工业增加值率提升至 23.2%，万元 GDP 电耗、水耗、建设用地分别下降 4.5%、5.8%、8.1%，人均 GDP 达 11.18 万元。有规模以上工业企业 2779 家，居全市第一位；2017 年新增上市企业 5 家，总数 34 家，新三板挂牌企业 40 家，总数达 146 家；“四上”企业新入库 1206 家，总数达 4345 家；国高企业 3030 家，占全市 27%。市场主体活跃。全区登记注册商事主体 71.4 万家，其中制造业企业 46464 家，占全市 134159 家的 34.6%。产值 1 亿元以上企业 1316 家，其中：产值 100 亿元以上的企业 11 家，50 亿～100 亿元的企业 27 家，20 亿～50 亿元的企业 64 家，10 亿～20 亿元的企业 145 家，产值 5 亿～10 亿元的企业 301 家，产值 1 亿～5 亿元的企业 768 家。营商环境明显优化。实施优化提升营商环境“1+5”政策，新引进中能建、腾讯等世界 500 强企业投资项目 9 宗，引进美国戈尔、瑞士 ABB、云洲科技、大生农业等龙头企业 23 家；服务企业“大走访”解决企业诉求 1420 宗；政务服务实现街道通办通取、自助服务全覆盖；“金融超市”解决中小微企业融资诉求 610 笔 70.7 亿元。

【重点片区建设】2017 年，宝安区继续抓好重点片区建设。宝安中心区包括新安街道滨海片区和西乡街道碧海片区，面积约 15.5 平方公里。重点发展战略性新兴产业、现代服务业、先进制造业、海洋产业总部，打造现代化国际化创新型滨海城区和粤港澳大湾区重要节点。2017 年建设项目 48 个，完成投资 148.8 亿元，同比增长 25.5%，2014−2017 年累计完成总投资额 436.71 亿元，位居全市重点区域前三名。以区城市规划展览馆、青少年宫为代表的一批公共配套设施建成并投入使用。2018 年新建、续建总投资超 10 亿元的社会投资项目共 17 个，总投资 564 亿元，其中总部项目 7 个。

宝安中心区吸引农商行、易尚、中意、怡亚通、亚太卫星、鹏鼎等总部项目成功落地并陆续开工建设，vivo、平安不动产等60多家在谈总部项目将陆续落地。大空港总规划面积95平方公里，定位为粤港澳大湾区经济核心区、国际航空枢纽、海洋经济发展示范基地。其中，空港新城位于该地区北部，是全市十七大重点开发片区之一，规划面积45平方公里（陆域32平方公里，水域13平方公里）。深圳国际会展中心、国际会展中心配套市政工程、截流河、综合管廊及道路一体化、国展互通立交、海洋新兴产业发展基地、综合港一期等七大项目正在施工。深圳国际会展中心总投资198亿元，总建设用地面积148.05万平方米，其中，一期121.42万平方米，预计2019年6月竣工。总投资95.62亿元的综合管廊及道路一体化工程，预计2020年年底全部完工。

【基本公共服务】2017年，宝安区做好各项基本公共服务。财政支出80%以上用于民生，全区有中小学142所、在校学生46.1万，占全市学生总数26.53%；有各类医疗机构1040间、病床7980张，千人病床数2.64张。其中，2017年，新改扩建学校、幼儿园36所，新增中小学学位3.28万个；区人民医院（二期）扩建动工，区中心医院等3个医院扩建项目投入使用，新增床位数550张；500米公交站点覆盖率达到93%；筹集保障性住房1.65万套，供应5072套；成立冠名慈善基金53家；新增社区老年人日间照料中心10家，总数达到31家、全市第一；新投放社区微巴20条，总数达到41条，获评2017年度深圳关爱行动“百佳市民满意项目”。文化事业蓬勃发展，具有各类文化设施2533处，基层公共文体设施总面积居各区之首。其中文化馆（文体中心）11个、公共图书馆97个；各类体育场地设施3652处，每年开展群众性文体活动1万余场，成功举办宝安国际马拉松赛、广东省龙舟锦标赛、国际手风琴艺术周、首届粤港澳大湾区民间艺术展，宝安女足荣获全运会亚军。

【生态文明建设】2017年，宝安区深入实施生态文明建设十年规划，各项任务有序推进。全年共处理污水2.3亿吨，削减化学需氧量6万吨、氨氮6700吨，均超额完成既定目标。全面推进治水提质攻坚战。以“河长制”和中央环保督察整改为抓手，实施治水提质项目156个、完成53个，完成年度投资80亿元；建成污水管网890公里，整治入河排污口1647个，建成区10条黑臭水体基本实现不黑不臭；茅洲河EPC项目完成总体进度56%，流域污水全面收集，主要考核指标氨氮下降至8毫克/升以下；全年完成水务工程征拆23.08万平方米，清拆一级水源保护区“0962”之后违建21栋3.37万平方米；改造给水管网162公里，优质饮用水入户5539户，完成3家村级水厂整合。新增海绵城市8平方公里。沙井、松岗水质净化厂二期基本建成。建立智慧排水模式，全区“排水一张网”做法在全市推广。打响蓝天保卫战。关停空气污染企业170家、整治1421家，公交车纯电动化率100%，大铲湾2个岸电项目建成运行，购置10台喷雾抑尘车缓解扬尘污染。老虎坑垃圾焚烧发电厂三期完成30%。完成裸土复绿240万平方米、立体绿化2.4万平方米，建成西湾公园（二期）等公园4座，公园总数达到173座。

【体制改革】2017年，宝安区持续深入推进各项改革。通过探索优化提升营商环境破解产业空间不足的问题。针对土地资源约束趋紧，招引的好项目落地难，本土好企业增资扩产难，出台优化提升营商环境“1+5”文件，“1”是打造稳定公平透明可预期营商环境的9条硬措施，“5”是5个配套文件（工业控制线、产业遴选、“1+2+N”“散乱污危”、闲散用地），把好空间精准配置给好企业。实施以来，排查闲散用地280块6平方公里，淘汰落后产能353家，完成亚太卫星、鹏鼎项目用地出让，解决信维通信等一批企业增资扩产用地需求。探索通过EPC治理模式解决治水提质难的问题。针对以往河流治理零敲碎打、各自为政、不成体系的问题，创新采用“大兵团作战、全流域治理”的EPC治理模式，2017年建成管网890公里，占全市44.3%；整治排污口1647个，占全市59.2%；拆除一级水源保护区违建21栋3.7万平方米，占全市四分之一；10条建成区黑臭水体实现不黑不臭，茅洲河治理顺利通过国考，得到国家环保部充分肯定。通过探索网格化智慧管理着力破解城市管理治理的难题。针对安全隐患发现难、处置难、监管难的问题，以网格化智慧管理为抓手，深化城管综合执法和警务体制改革，将综合巡查、综合整治、治安消防、安监、环水、交通、交警、市场监管等8支队伍下沉到124个社区，全口径巡查整治11类152项问题隐患，整治重点隐患190万宗，为上年的4.1倍。针对消防事故易发多发、救援难的问题，推广用电安全动态远程监控系统，建成社区小型消防站31个，开发快速灭火联动系统，一点报警、多站响应，5分钟到达，打造“五分钟消防圈”。通过探索建立大诚信体系破解诚信制度建设滞后的问题。针对不诚信行为多、成本低的问题，专门组建副处级事业单位——公共信用建设中心，建立大诚信数据平台，分别收集法人诚信信息1041万条、自然人诚信信息8.65亿条，将信用数据与政府采购、招投标、产业资金扶持等事项挂钩，逐步实现守信激励、失信惩戒的联动。通过深化“互联网+政务服务”改革破解政务服务水平不高的问题。针对政务服务存在的信息壁垒、数据孤岛，深化“互联网+政务服务”改革，建成区、街道、社区三级政务服务体

宝安碧海片区

系，实现行政审批“100%网上申报、100%网上审批”，全区通办通取。实现178个事项零跑动申办、无纸化审批，国务院电子政务办主任给予充分肯定。

【农业】2017年，宝安区全年农业总产值2.28亿元，比上年增长21.3%。其中，种植业产值增长54.8%；渔业产值增长1.8%。

【工业和建筑业】2017年，宝安区全年全部工业增加值1708.18亿元，比上年增长9.4%，占地区生产总值的比重为49.5%。规模以上工业增加值1545.01亿元，增长9.7%。

规模以上工业企业2351家，实现总产值6647.50亿元，比上年增长9.5%。其中，内资企业产值3289.51亿元，增长13.4%；民营企业产值2446.43亿元，增长9.2%；港澳台及外商企业产值3357.99亿元，增长5.8%。分轻重工业看，轻工业和重工业产值分别为1918.58亿元和4728.92亿元，增长5.8%和11.0%。

通信设备、计算机及其他电子设备制造业产值3449.15亿元，比上年增长6.3%，占规模以上工业总产值的比重为51.9%。规模以上工业企业销售产值6361.64亿元，增长8.7%。工业产品销售率为95.70%，提高0.43个百分点。出口交货值2913.93亿元，增长8.7%。

规模以上工业企业实现利润总额309.99亿元，比上年增长5.5%。工业经济效益综合指数为189.8%，比上年提高11.67个百分点。总资产贡献率7.9%，提高0.17个百分点；资产负债率54.3%，下降2.26个百分点；资产保值增值率113.2%，下降8.29个百分点；成本费用利润率5.3%，下降0.09个百分点；全员劳动生产率167299元/人，增长15.4%；流动资产周转率1.7次，下降0.02%。

全区资质等级以上建筑企业76家；实现建筑业增加值94.39亿元，比上年增长10.3%，占地区生产总值的比重为2.7%。

【投资和消费】2017年，宝安区全年完成固定资产投资817.06亿元，比上年增长25.6%。其中，非房地产项目完成投资536.63亿元，增长49.9%，占固定资产投资完成额的65.7%；房地产项目完成投资280.43亿元，下降4.1%。

从投资方向看，工业完成投资131.82亿元，比上年增长39.9%，其中技术改造完成投资48.54亿元，占固定资产投资完成额的5.9%；住宅完成投资317.74亿元，下降8.0%；公共设施完成投资312.71亿元，增长64.1%。

全年118个重大建设项目累计完成投资237.71亿元，完成年度计划的152.2%。其中，政府投资项目83个，完成投资104.94亿元；社会投资项目35个，完成投资132.77亿元。按项目分类别，道路交通16个、宜居环境36个、社会民生31个、新兴产业7个、现代服务业9个、高新技术和先进制造业7个、城市更新12个。

全年批发业商品销售额1641.29亿元，比上年增长8.3%；零售业商品销售额555.37亿元，增长11.2%；住宿业营业额13.79亿元，增长11.2%；餐饮业营业额70.42亿元，增长4.9%。社会消费品零售总额779.06亿元，增长9.0%。

在限额以上批发和零售业商品零售额中，汽车类商品零售额175.94亿元，比上年下降0.7%；石油及制品类27.05亿元，增长4.9%；粮油、食品、饮料、烟酒类10.68亿元，增长15.0%；服装、鞋帽、针纺织品类

S3 沿江高速宝安段

12.60 亿元，下降 12.3%；日用品类 8.45 亿元，增长 22.6%。

【对外经济】2017 年，宝安区全年进出口总额 3770.99 亿元，比上年增长 1.7%，其中出口总额 2456.70 亿元，增长 3.1%；进口总额 1314.29 亿元，下降 0.8%。贸易顺差 1142.41 亿元。全年新批外商直接投资项目 296 宗，比上年增长 58.3%，协议（合同）外资金额 9.62 亿美元，下降 17.1%。外商实际投资额 4.82 亿美元，增长 48.9%。

【交通、邮电与旅游】2017 年，宝安区全年货物运输周转量 295.91 亿吨公里，比上年增长 2.9%，其中公路 97.30 亿吨公里，增长 4.1%，民航 8.23 亿吨公里，增长 6.3%，水运 190.38 亿吨公里，增长 2.1%；旅客运输周转量 447.77 亿人公里，增长 6.9%，其中公路 31.40 亿人公里，增长 6.0%，民航 416.05 亿人公里，增长 7.0%，水运 0.32 亿人公里，增长 7.2%。

全年邮政业务总量 3.16 亿元；全年邮政国内汇款 3.21 亿元；年末邮政储蓄余额 115.23 亿元。电信业务收入（纳税收入）21.63 亿元；固定电话用户 70.71 万户，下降 4.1%；互联网宽带用户 63.08 万户，增长 6.8%。

全区星级酒店 13 家。其中，五星级 2 家，四星级 5 家，三星级 6 家。全年接待游客 729.00 万人次，比上年增长 5.9%。过夜游客 205.59 万人次，增长 5.5%，其中，接待过夜国内游客 178.83 万人次，增长 5.4%，过夜海外游客 26.76 万人次，增长 6.0%；一日游游客 523.41 万人次，增长 6.0%。

全年旅游总收入 35.98 亿元，增长 4.3%。其中，宾馆酒店收入 12.11 亿元，增长 5.0%；旅行社收入 2.87 亿元，增长 2.5%；景点收入 3.11 亿元，下降 0.8%。

【财政和税收】2017 年，宝安区全年国地税总收入 646.48 亿元，比上年增长 17.0%，其中税收收入 625.90 亿元，增长 17.0%。全年一般公共预算收入 235.64 亿元，比上年增长 11.9%。

全年一般公共预算支出 425.42 亿元，增长 31.4%。其中，公共安全支出 34.15 亿元，增长 38.4%；教育支出 68.59 亿元，增长 55.4%；医疗卫生和计划生育支出 29.17 亿元，增长 35.6%；社会保障和就业支出 36.18 亿元，增长 155.9%。

【教育和科技】2017 年，宝安区全区学校总数 511 所，比上年增长 6.9%。其中，职业技术学校 4 所（含民办 2 所），十二年一贯制 11 所，完全中学 7 所（其中民办 1 所），初级中学 3 所，九年一贯制学校 57 所(其中公办 20 所，民办 37 所），小学 58 所（其中公办 45 所，民办 13 所），幼儿园 369 所(其中公办含 7 所分园共计 16 所），特殊教育学校 1 所，教育基地 1 所。全年各类教育招生人数 10.80 万人，在校生 46.11 万人，毕业生 5.47 万人。年末各类学校教职工总数 4 万人，增长 10.8%，其中专任教师 2.71 万人。

全年高新技术产品产值 4169.16 亿元，比上年增长 11.4%，占规模以上工业总产值的 62.7%。全区有国家级高新技术企业 3030 家；全年三种专利申请量 34698 件，比上年增长 29.1%。其中发明专利 6069 件，增长 15.5%；实用新型专利 17948 件，增长 31.2%；外观设计专利 10681 件，增长 34.6%。

三种专利授权量 19910 件，增长 30.3%，其中发明专利授权量 1480 件，增长 16.1%；实用新型 10595 件，增长 23.6%；外观设计 7835 件，增长 44.3%。

【文化、卫生和体育】2017 年，宝安区年末全区有区图书馆 1 个，区图书馆直属分馆 8 个，街道图书馆 5 个，社区阅读中心及社区图书馆 83 个，全区公共图书馆总藏书量 377.36 万册；区级群艺馆 1 个，街道级文化馆（站）6 个，博物馆 14 个，影剧院 61 个。全年共开展各类文化活动 6100 场次，其中“送电影进社区”3780 场，“送文艺进社区进企业”200 场。全年获省级以上文化艺术奖项 18 项，其中国家级 7 项，省级 11 项。

年末全区共有医疗卫生机构 1102 个，比上年增长 15.3%，其中医院 22 个，卫生监督所 6 个，门诊部、诊所 893 个，社区健康服务中心 135 个。医疗卫生机构拥有病床 7980 张，病床使用率 86.7%。年末各类卫生技术人员 15704 人，增长 8.4%，其中执业（助理）医师 6154 人，注册护士 6358 人。

全年总诊疗2076.59万人次，增长7.5%，其中门诊诊疗1888.43万人次，增长8.0%。

全区各类体育设施3695个。其中，健身路径538条、游泳馆（池）116个、篮球场752个、足球场51个。全年举办群众性体育活动5170场次，参加人数50万人次。国民体质测试有效人数11179人，达标率92%。全年竞技体育获市级以上金银铜奖牌537枚，其中国际级4枚、国家级71枚、省级113枚。

【城市建设、环境保护与安全生产】 2017年，宝安区新建公园4个，公园总数达173个，其中社区公园155个，人均公园绿地面积16.02平方米/人，增长1.3%。全区公共厕所420座，垃圾转运站248个，全年处理垃圾213万吨，增长11.2%，其中采取卫生填埋处理的达69.7万吨，采取焚烧处理的143.3万吨，全区城市生活垃圾无害化处理率100%。

全年环境空气质量AQI指数范围在22～198之间，空气质量优良天数合计为298天，空气质量优良率为83.7%，比上年减少3.4个百分点。二氧化硫年平均浓度9微克/立方米，同比保持不变；二氧化氮年平均浓度43微克/立方米，下降2.3%；可吸入颗粒物（PM10）平均浓度66微克/立方米，上升11.9%；细颗粒物（PM2.5）平均浓度36微克/立方米，上升5.9%。区域环境噪声平均等效声级均值58.3分贝；道路交通噪声平均等效声级均值69.3分贝。

全年各类生产安全事故共死亡139人。亿元地区生产总值生产安全事故死亡率为0.02，比上年下降36.2%。工矿商贸事故61宗，上升3.4%；死亡38人，下降24.0%；受伤33人，上升106.3%。道路交通事故420宗，上升53.9%；死亡101人，下降15.1%；受伤234人，上升17.6%；直接经济损失119.19万元，上升10.0%。火灾事故282起，下降2.7%；无人员死亡，受伤1人，直接经济损失195.80万元，下降55.6%。

【人民生活和社会保障】 2017年，根据居民家庭抽样调查资料，全年城市居民人均可支配收入48382.93元，比上年增长9.0%；居民人均消费性支出33447.41元，增长8.2%，恩格尔系数为31.6%。

年末各险种参保总人次达1206.40万人，比上年末增长4.3%，其中养老保险206.17万人、医疗保险288.01万人、工伤保险234.61万人、失业保险233.03万人、生育保险244.60万人。

全年实缴各项社会保险费达162.06亿元，比上年增长17.2%。其中，养老保险累计征收112.25亿元，医疗保险34.97亿元，失业保险8.36亿元，工伤保险3.03亿元，生育保险3.45亿元。

全年民政事业费1.45亿元，比上年增长13.3%。年末社区服务设施1486个，社会福利院1个，福利院床位数400张。城镇居民家庭最低生活保障标准900元/人月，增长12.5%。年末领取最低生活保障人数488人，发放最低生活保障金410万元，比上年增长5.7%。

全年受理治安案件34036宗，比上年下降22.7%；查处行政案件20633宗，下降4.0%；查处人数20405人，下降7.2%。全年刑事案件立案数11603宗，下降26.7%；破案数5132宗，下降2.6%。

【政治建设】 2017年，宝安区始终把学习宣传贯彻习近平新时代中国特色社会主义思想和党的十九大精神作为首要政治任务，在学懂弄通做实上下功夫，不折不扣落实中央和省、市各项决策部署，在服务大局中坚定政治方向，在聚焦主业中把握职责定位，切实履行好全面从严治党的神圣职责和使命。落实党建主体责任。构建“目标+考核+问责”全链条党建责任体系，落实各级党组织书记抓党建“两个责任清单”；实施“书记项目”2211个；全领域铺开党建标准化建设。加强党建创新和基层治理。圆满完成社区“两委”换届，完成“两非进两委”试点，全程零违纪、零上访；探索形成“党建百强企业”“区域化党建网格”“党建+工程建设”等特色做法；创立党建+360°服务联盟，打造174个特色服务项目，得到市委肯定。加强干部人才队伍建设。突出政治标准，落实“好干部二十字”要求，调整配备区管干部280名；选派46名干部参加援疆援藏及对口扶贫攻坚，62名干部到征地拆迁等急难险重一线岗位锻炼；“院士宝安”签约诺奖得主2名、院士9名；宝安人才园开园，深圳国际人才交流中心入驻；面向全国公开引进优秀学校校长3名、医院院长2名；引进国家千人计划团队、院士团队、孔雀团队7个，新认定高层次人才699名，落户人才9692名。推动行政管理体制改革。承接“强区放权”下放事权124项；编早编细编实2018年预算，将社区作为一级预算单位；完成环保水务、城管综合执法、住房建设等重点领域体制改革，优化整合事业单位114家。加强党风廉政建设。严守“廉政、安全、维稳、质量、环保”五条底线，“两个责任”不断强化，建成文天祥廉政教育馆；深化街道派驻纪检机构改革，实现“一对一”监督；首轮巡察党工委2个，发现问题线索36条；开展明察暗访265次，行政问责40人；审计移送违规违纪线索4条；严查建设工程、专项资金等重点领域腐败案件，立案200宗201人。总揽全局、协调各方。支持区人大及其常委会依法履职，成立人大街道工委，切实行使好监督权、任免权和重大事项决定权；支持区政协依章程开展工作，落实政协协商计划，把协商民主贯穿履职全过程；进一步加强政党协商，积极构建大统战工作格局；工青妇、港澳台、侨务、民族宗教等工作有序推进；坚持党管武装，“双拥”共建深入推进，军民融合发展取得新成绩。

2017年宝安大事记

1月

3日，2017年首个工作日，宝安区升旗仪式在海滨广场隆重举行。区委书记黄敏寄语，加快建设滨海宝安、产业名城、活力之区。

5日，宝安区召开全区2016年第四季度维稳形势研判分析会，研究部署2017年维稳工作。区委书记黄敏强调，要绷紧维稳这根弦，坚决维护社会大局稳定，不断夯实基层治理基础。

6日，“两弹一星”元勋、国家最高科学技术奖获奖者、业界公认的中国卫星之父——孙家栋院士受聘为亚太卫星宽带通信（深圳）有限公司首席科学家，受聘仪式在宝安区举行。孙家栋将指导建设中国首个全球高通量宽带卫星通信系统，助力宝安打造千亿级卫星产业集群。

8日，由深圳市政府支持的深圳微医互联网医院落户宝安并启动。该院通过帮助医院、医生开设“线上平台”，快速形成优质医疗资源在深圳集聚，为全市居民提供连续主动的健康“守门人”服务。宝安区政府与腾讯、微医共同签署“互联网＋医疗健康”战略合作协议，多方合作推动“健康宝安”建设。市卫计委副主任孙美华，区领导张志彪、周学良、文维参加启动仪式。

10日，宝安区网格化智慧管理工程清积案百日行动启动，打响全区落实市委六届五次全会“城市质量提升年”工作部署的“首场战役”。区委区政府向全区人民作出承诺，力争2月底全区37746宗A级事件办结率逾95%，3月底41.4万宗积案办结率逾95%。

11日，中国人民大学深圳企业研究院在宝安签约落户。该院将充分发挥高端智库作用，为质量型创新型产业名城建设荟萃全球顶尖智力资源。区领导黄敏、姚任、吴晶、蔡英权、梁敏华、高志远参加签约仪式。

12日，中国共产党深圳市宝安区第六届代表大会第二次会议召开。会议将2017年确定为“基层治理质量年”，打造“深圳质量 宝安智造”新标杆。会议要求做好以下四方面工作：落实全面建设现代化国际化滨海宝安的工作部署；落实全面建设质量型创新型产业名城的工作部署；落实全面建设宜业宜居活力之区的工作部署；落实坚定不移推进全面深化改革的工作部署。会议号召全面建设具有全球影响力的现代化国际化滨海宝安、质量型创新型产业名城、宜业宜居活力之区。

13日，“卫星通信产业供给侧改革与‘一带一路’倡议的机遇与挑战”主题论坛在宝安举行。来自全国的150余位卫星通信和经济学领域的院士、专家、学者齐聚一堂，为中国卫星通信产业发展献计，为全人类信息自由通畅献策。

18日，宝安区召开2016年度基层党建工作述职评议会，29名党组织书记述职应考。区委书记黄敏要求把党的建设作为推进基层治理的龙头和主线，与中心工作同部署、同推进、同提升。

19日，“面朝大海，得宝而安”——宝安区高层次人才认定及待遇落实、紧缺人才引进“1000工程”首批新引进人员“交钥匙”仪式举行。一批高层次人才引进宝安，为宝安注入新的强劲动力。

20日，宝安区土地整备局揭牌成立。区委书记黄敏、区长姚任要求进一步优化调整土地整备体制机制，优质高效完成市下达的整备任务。

22日，宝安西湾红树林湿地公园二期正式开园。该园建设总投资7.8亿元，海岸线长度约2公里，可同时容纳3万人休闲游乐。

24日，宝安区召开2017年春节军政座谈会。黄敏向部队官兵表示亲切问候和良好祝愿，并寄望军民携手共创省双拥模范区“五连冠”。

2月

4日至5日，黄敏、姚任、张志彪、邓桂洪等几套领导班子前往10个街道及相关部门，向春节假期坚守岗位的广大干部职工送去新春祝福，勉励大家蹄疾而步稳为百姓多办实事；区领导黄盛华、刘红瑛、梁敏华、朱桂明到宝安日报社等一线部门、驻区单位开展走访慰问活动，致以新春问候和祝福，寄语各单位以饱满的精神状态做好新闻宣传工作。

6日，宝安召开千人动员大会部署“基层治理质量年”工作。区委区政府1号文件印发工作方案，开展9大行动47项工作，完成469项具体任务，全面提升基层发展质量和效益。

10日，宝安区召开国有企业工作会议，对区属国企重组整合进行系统部署。会议阐述区四大国有企业集团的定位和使命，宣读《宝安区国有企业重组整合方案》，对国有企业党风廉政建设和党的建设提出具体要求。区委书记黄敏要求国资企业要专注打基础、利长远、保安全、惠民生，全力打造宝安“质量国企”。

11日，宝安区人民医院（集团）在第二医院（原石岩人民医院）举行特聘教授仪式。市卫计委主任罗乐宣，区领导姚任、刘红瑛、周学良、廖欣为63位知名教授颁发聘书。

15日，深圳市2017年第一季度新开工项目集中启动宝安分会场活动暨大族集团全球激光智能制造产业基地奠基仪式举行。该产业基地是全市15个重中之重的工业项目之一，总投资约51.7亿元，年度计划投资15亿元，新开工项目共42项，总投资134.6亿元，涉及民生建设、产业升级和城市更新等多个领域。

15日至16日，中国人民政治协商会议深圳市宝安区第五届委员会第二次会议在区委区政府会堂召开，会议强调，区政协要坚持深圳质量、深圳标准，紧扣全面建设具有全球影响力的现代化国际化滨海宝安的发展目标和打造“深圳质量、宝安智造”新标杆、“基层治理质量年”等重点工作，围绕中心，服务大局，提升政协工作质量。大会听取提案委员会关于提案收集情况的报告，审议通过区政协五届二次会议决议。

16日至17日，深圳市宝安区第六届人民代表大会第二次会议在区委区政府会堂召开。会议指出，宝安区2017年工作主要目标和任务是地区生产总值增长8.5%左右，全面完成178件民生实事。大会表决通过区政府工作报告等6项决议，依法补选区人大常委会委员1名，表决通过区六届人大法制委员会、财政经济委员会组成人员。

20日，宝安2017年度春运工作收官，历时40天。宝安2万余“春运守护者”960小时坚守在一线，有力保障春运平安有序。

23日，宝安区召开国企集团化管理试点暨建投集团工作会议。会议宣读《宝安建设投资集团有限公司集团化管理改革试点工作方案》，以区建投集团为试点，推动集团人事管理、经营管理、财务管理、廉政风险防控四大体系改革。区委书记黄敏强调，要始终以党建引领国企集团化管理改革，“闯”字当头，“干”字为先，走出一条国企集团化管理改革的新路子。

24日，宝安区在全市率先启动刑事案件认罪认罚从宽制度试点工作，解读《关于开展刑事案件认罪认罚从宽制度试点工作的实施办法（试行）》及配套方案。认罪认罚从宽制度试点工作涵盖多个诉讼环节，细化司法部门的工作流程，在适用范围、办案程序、侦查等方面均有详细的制度性规定，强调各部门的互相配合，突出相互制约以及检察机关的法律监督职能。

28日，宝安区纪念“三八”国际劳动妇女节107周年暨“TA为她”社区行活动在福永街道怀德社区举行。活动现场发出《“TA为她”，共建宝安幸福家——2017年宝安区性别关爱行动倡议书》，倡导为女性群体的发展提供公平、健康、尊重的条件和环境。

3月

1日，宝安区十大街道违法建筑拆除行动启动。10个街道分别出击，拆除违建20宗逾22万平方米，计划10天内拆除完毕。

3日，宝安区航城、福海、新桥、燕罗4个新设街道义工服务中心正式成立，“3·5”深圳义工节宝安行动月同时启动。

9日，宝安区“基层治理质量年”街道发展战略项目集中举行开工仪式。各街道新开工10个项目，共投资24.2

亿元，解决制约街道发展的问题，实现街道的跨越式发展。

10日，宝安区首个遏制“厂房改公寓”综合整治首个大型项目正式签约。区委书记黄敏要求各街道、相关部门和4家国企在老旧工业园区升级改造工作中坚持“四个统筹”原则，推进宝安区“拓展空间保障发展”工作。

13日，宝安区以“转作风·强业务·提素质·当标兵”为主题，开启2017年新一轮军事训练活动。区委书记黄敏出席开班仪式并寄语，要向解放军学习，强化责任意识、纪律观念和担当精神，为完成全年硬任务硬指标打造精兵劲旅。

14日，宝安区市容环境大整治大参与行动誓师大会在新桥街道市民广场举行。全区十街道的誓师大会和行走辖区市容环境大整治行动全面铺开，全城出动，推动辖区市容环境全面提升。

16日，宝安区“基层治理质量年”十大街道交通集中整治大行动暨2017年社区微巴投放仪式在石岩街道举行，由20家单位联合开展、近万人参与的“雷霆十号”专项整治行动和交通秩序综合治理行动正式启动，沙井、新桥、松岗、石岩4个街道投放的6条社区微巴线路正式运行。

20日，宝安区召开环境保护工作会议。是年，以环境质量改善为核心，以四大片区水环境综合整治、突出环境问题整改为抓手，坚决打赢水、大气、土壤环境治理“三大战役”，推进生态文明、美丽宝安建设。区委书记黄敏强调，贯彻落实绿色发展理念、深化环水网格化智慧管理，以更大力度推进治水提质工程和环保督察整改工作，打造天蓝、地绿、水清的绿色发展示范区。

21日，广州市委常委、政法委书记谢晓丹率队到宝安考察“智慧宝安”建设工作，赞扬宝安城市管理治理工作做得很精、很细、很实，为广州智慧城市建设提供宝贵经验。

22日，市委常委、组织部长郑轲率队调研宝安基层党组织建设等工作，赞扬桥头社区党群服务中心真正做到扎根基层，勉励宝安将其打造成基层党组织建设的样板，要求紧抓社区“两委”换届纪律，制定规范严谨、细致可行的工作方案确保社区换届工作有序平稳。

23日，宝安区管道燃气入户工程2016年试点项目开通暨2017年全区十街道管道燃气入户工程集中开工签约活动在西乡街道臣田旧村举行。宝安上年投入5917万元，委托市燃气集团对臣田旧村等13个老旧住宅小区和城中村约1.44万户家庭实施管道燃气入户改造，实现全部通气。未来4年，宝安将按照平均每年改造不少于4万户的目标，继续推进管道燃气入户改造工作。

28日，宝投集团、宝安产业集团、宝安实业集团成立揭牌仪式。至此，宝安区4家区属国有企业全部完成集团化管理改革。

29日，宝安区政府与中建南方投资有限公司签署合作框架协议，中建南方投资有限公司将牵头统筹中建旗下10家公司迁址宝安，并设立中国建筑南方区域“总部基地”。

30日，宝安区人民政府与广东省广晟资产经营有限公司正式签署战略合作框架协议，深圳市宝安产业集团有限公司与广东省广晟金融控股有限公司签署中德（欧）产业发展基金合作协议。

4月

1日，宝安区召开2017年宝安区人大重点建议、政协提案交办会，本次会议交办的是区六届人大二次会议的重点建议和区政协五届二次会议的提案。区长姚任要求，各级各部门要扎实办、联动办、持续办，全力办好各项建议提案。

同日，宝山园生态苑举行宝安区首次生态葬公益活动，3名逝者的骨灰埋葬于此。这是宝安区进一步深化殡葬改革，推行节地生态安葬，满足群众基本安葬需求，保护生态环境的又一举措。

5日，宝安区召开4套班子主要领导工作会议，区委书记黄敏传达全市干部大会精神，并部署第二季度维稳工作和4月重点工作任务，强调各级部门要深入贯彻落实中央、省委、市委决策部署，坚持“稳中求进”工作总基调，强化忧患意识和“底线”思维，切实营造和谐稳定的社会环境；继续保持第一季“开门红”的良好势头和攻坚克难的工作作风，把宝安的事情办好。

7日，宝安区“党建+360°服务联盟”正式成立，打造“10+10×3+124+N”区、街道、社区三级党群服务体系，依托区十大服务中心，设立基层党群服务专项资金，整合社会各类公共服务资源，孵化对应宝安党员群众需求的服务项目，将三级党群服务中心打造成为以党建为引领的“有名、有实、有价值、有效果”的综合服务平台，为群众提供360度全方位社会公共服务。

12日，深圳市太赫兹制造业创新中心在宝安西乡挂牌成立，这既是全市首个启动的制造业创新中心，也是全国首家将太赫兹技术与电子信息制造业相融合的创新中心。华讯方舟科技有限公司与深圳职业技术学院、深圳市太赫兹科技创新研究院在挂牌仪式上签订战略合作协议。深圳市副市长陈彪，深圳市经贸信息委副主任谢建民，深圳职业技术学院校长贾兴东，区领导姚任、高志远等为创新中心揭牌。

13 日，宝安召开全国文明城市创建千人动员大会，全面贯彻落实深圳市文明委全体（扩大）会议暨全国文明城市创建动员大会精神，并通报全区创建工作总体进展情况，对下一步工作进行部署。

14 日，宝安第二人民医院（集团）揭牌成立。该集团整合原沙井人民医院、原松岗人民医院及其下属社康中心的医疗资源。两分院扩建（二期）完成后，病床总规模超过 3000 张。该医院（集团）将打造为宝安北部现代化综合医院集团，承担沙井、新桥、松岗、燕罗 4 街道以及部分大空港片区的医疗服务任务，缓解辖区看大病难问题。

同日，宝安区举行区纪委派驻纪检组揭牌仪式。本轮改革将过去的 3 个组派驻 6 个街道，变为 10 个组“一对一”派驻 10 个街道，派驻组总数从 6 个增至 13 个，实现“融合监督、条条为主”的监督管理格局。

15 日，新安中学（集团）揭牌成立，塘头学校和第二外国语学校同时加入宝安中学（集团）。区委书记黄敏指出，宝安将抓住“宝中”“新中”两张教育名片，打造宝安义务教育、高中教育的两支“航母舰队”，要进一步加大“强校放权”力度，固化优化集群化办学、集团化管理体制机制，加快形成教育集群化改革的宝安模式，提升全区教育品质，为宝安经济社会发展提供强力支撑。

15 日至 16 日，第十五届中国国际人才交流大会在深圳会展中心举行。国家、省、市领导一行在视察展馆期间，莅临宝安人才展区。宝安区设立宝安人才展区、宝安职业教育与技能人才展区两大展区，组织 110 家五类百强企业参与现场招聘。

17 日，宝安区举行“投资宝安·共赢未来”系列商洽之“2017 第二届百名海外博士宝安行”活动，上百名参加第 15 届中国国际人才交流大会的海外高层次人才走进宝安参观考察。

19 日，深圳宝安滨海文化公园奠基。项目一期将于 2020 年完成建设，为广大市民增添一处近水亲水、休闲旅游、享受文化盛宴的胜地。省委常委、市委书记王伟中出席奠基仪式，现场听取宝安区“十三五”规划空间布局以及西部活力海岸带规划建设情况汇报。

同日，宝安区“基层治理质量年”再度发力，十大街道保障城市安全“城中村综合整治”专项行动正式启动，从治安安全、生产安全、消防安全三方面综合施策，“城中村脏乱差”的历史将翻篇，把城中村建设为宜居家园，实现由乱到治的转变。

21 日，石岩街道“十大重点工程”之一、羊台山森林公园一期配套项目——羊台山提升完善工程开工仪式在羊台山广场举行，该工程新增满足不同年龄段人群的登山需求的缓步盘山道、多种亲水栈道和空中栈道，完善现有登山道的圈层设计，将羊台山升级成老少咸宜的休闲场所，打造林间漫步、溪声山色的羊台新景。

21 日，宝安区人民政府与腾邦集团有限公司签订战略合作框架协议，将共同推进腾邦全球价值链总部大厦等项目。副区长高志远与腾邦集团董事、腾邦物流集团联席总裁刘洋代表宝安政府与腾邦集团签订战略合作框架协议。

23 日，宝安区在区委区政府会堂举行首届“终身学习节”启动仪式，表彰区“百优十佳”学习之星，并开展区城市学院名师讲座。此次“终身学习节”系列活动将持续到年底，全区 10 个街道将举办各种类型的培训学习活动项目 549 个，方便全区市民就近学习，践行“活到老，学到老”。

25 日，宝安区召开质量工作动员大会暨第八届宝安区质量奖颁奖大会，部署《“深圳质量　宝安智造”三年行动计划》，并为第八届宝安区质量奖的 10 家获奖单位颁奖。区长姚任指出，宝安是产业大区、实体经济之区，质量是制造产业和实体经济的生命线，宝安将致力为企业提供最优质的政务服务，全力解决企业发展难题，助力企业在宝安生根、不断提升生产质量，继续做强做优。

26 日，第 127 个五一国际劳动节即将来临之际，宝安区庆“五·一”暨第二十届职工文艺汇演在区委区政府会堂上演。

29 日，西湾小学管乐团 B 团代表深圳市出征中国第十一届优秀管乐团队展演，再次斩获“全国示范乐团”称号。这是继去年该校管乐团 A 团摘获“全国示范乐团”桂冠后，再获殊荣。

5 月

1 日，融天然美景与艺术人文于一体的西湾红树林公园（二期）正式开园。西湾公园南接大铲湾码头，北临宝安国际机场，是滨海宝安活力海岸带关键节点。建设范围北至铁岗排洪渠、南至新安六路、西至金湾大道海域、东以金湾大道为界，建设面积 36.08 万平方米，海岸线长度 3 公里。其中，道路广场 7.2 万平方米；绿化面积 16 万平方米，绿地率 74%，可容纳 3 万人休闲游乐。配套标准足球场 2 个、标准篮球场 4 个，以及地下停车库 3 处共 1500 个车位。

3日，中国深圳石岩湖国际院士村启动仪式在宝安区举行，2位诺贝尔奖得主和5位院士科学家，携手宝安拉开深圳石岩湖国际院士村开发建设序幕。宝安区与中国科学院合作创新中心签署战略合作框架协议，由中国科学院合作创新中心、宝安建投、深圳赛格和上海场景4家公司协力打造中国深圳国际院士技术创新中心，探索国际科技思创、孵化、转化、产业合作融合的新路径，全力打造世界级科技转化中心，实现“最后一公里”科技产业型转化，以“院士+”战略为抓手，发展“院士经济”，推动深圳从“科技南山”向“院士宝安”升级。

9日，宝安区委书记黄敏、区长姚任率队前往龙岗区考察学习城市更新、产业转型升级有关工作。龙岗区委书记高自民、区长戴斌、区人大常委会主任陈少雄、区政协主席吴书坤与黄敏一行进行座谈，两区领导均表示，将进一步加强城市更新工作的经验交流，共同推动城市更新工作体制机制创新，把宝安、龙岗建设得更加美好。

10日，第十三届中国（深圳）国际文化产业博览交易会宝安区定军山数字电影文化科技创意园分会场正式开幕，深圳市定军山科技有限公司在开幕式上与各合作方就“新一代智能点播影院”合作项目进行签约，在3年内打造5亿产值的电影产业。同时，文博会期间，该分会场将重点展示“新一代智能点播影院”技术，同时举办百场公益电影放映活动。

同日，宝安区举行第十一届母亲文化节启动仪式暨“看见·母亲”论坛，邀请专家学者做主题演讲，诠释母亲在家庭、社会的重要性，呼吁全民关注。同时倡议成立“宝安母亲支持联盟”，为宝安的母亲们提供更多个性化、社会化、专业化的服务。

15日，宝安区统计培训学校揭牌成立，并面向全区10个街道、124个社区组建“1+10+124”统计队伍，印发《宝安区“1+10+124”统计队伍组建工作方案》。

17日至18日，宝安区连续两夜召开专题会议研究部署全区黑臭水体治理工作。会议印发《宝安区关于加快完成10条建成区黑臭水体治理工作方案》和《10条建成区黑臭水体治理“一河一策”任务一览表》，把10条黑臭水体治理工作精准到每个建构筑物征拆、每段河道整治、每个入河排污口治理、每个片区管网建设，明确时间表、路线图和责任区领导、责任单位、施工单位、具体责任人，并构建“条块结合、以块为主”的“1+10+1”组织架构，建立“七大机制”全链条闭环管理体系，确保完成10条黑臭水体治理目标。

18日，“健康宝安创新互联网+医联体”模式暨宝安通医联体应用终端发布，该模式以智慧宝安为基础，以“互联网+”为手段，引入优质医疗资源和创新机制，连接宝安各医院和社康中心，推进分级诊疗，缓解大医院就医压力，市民通过“宝安通”医疗板块可体验全新的医疗和健康服务。

19日，沙井街道举行社区党校（社区干部学院）揭牌仪式暨学习习近平总书记对广东工作重要批示精神专题辅导报告。该街道社区党校（社区干部学院）系全市首家。

24日，宝安人大代表“建议直通车”启动，以进一步强化人大代表履职服务和保障工作，更好地发挥代表的监督职能，确保闭会期间人大代表意见建议反映渠道畅通并得到高效办理落实。直通车启动后，代表建议可直达区长，主办单位要在1个月内办理答复，大大提高代表建议的办理效率。

27日，宝安区举行“蓝天保卫战暨空气质量提升十大专项行动”启动仪式，区委书记黄敏宣布行动开始，宝安全面打响“蓝天保卫战”，十大专项行动冲着“啃硬骨头”积极推动道路扬尘整治、机动车尾气整治、餐饮油烟整治等，呵护“宝安蓝”。

31日，广东省首家“冰心奖”图书馆开馆仪式暨宝安区庆“六一”德育大观园活动在宝安区青少年服务中心举行。

6月

1日，中央电视台《走遍中国》栏目组摄制的纪录片《文化也有“钟点工”》在中央电视台中文国际频道（CCTV4）播出。纪录片《文化也有“钟点工”》以宝安区“文化春雨行动”为载体，讲述宝安区在探索构建现代公共文化服务体系中的故事。

5日，第46个世界环境日，宝安响应2017年环境日“人人参与，创建绿色家园”主题，举行2017年“六·五”世界环境日“全民环保”活动启动仪式。区领导黄敏、姚任、张志彪、邓桂洪、郭子平、蔡英权及全区环境监督志愿者、专家和社会各界人士600多人参加活动。

7日，宝安区召开推行河长制工作暨治水提质“六个一”工程千人动员大会，深入贯彻落实中央和省、市全面推行河长制文件精神，系统部署宝安治水提质工作。

同日，2017年高考正式拉开战幕，宝安区8344名学子迎来高考。区委书记黄敏与区长姚任分别前往宝安中学（集团）高中部、宝安智慧管控中心教育分中心、新安中学（集团）高中部检查高考工作。

8日，中央编办副主任吴知论率

队到宝安调研“放管服”政务服务模式改革有关工作。吴知论充分肯定宝安区在推进“一门式、一网式”政务服务模式改革和行政审批标准化工作以及“智慧宝安”建设工作中取得的成效，希望宝安继续完善政务服务模式，为办事群众和企业提供更加高效便捷的政府服务。

10日，宝安十大街道同步举行“文明创建，志愿争先”万人誓师大会，在海滨广场主会场为全区10个街道的志愿者大队和各部门的志愿者支队授旗，并对全区公共文明创建工作进行总动员，进一步落实公共文明提升百日行动部署，使志愿者“有平台、有组织、有价值、有载体”地开展活动，并发挥更积极的作用。

13日，中国机器人产业发展高峰论坛在深圳宝安成功举办，论坛以“破局智能制造，引领大国转型”为主题，智能制造产业界的专家、教授、企业家以及政府部门负责人等共商机器人产业发展大计，从政府支持、科学研究、科技创新和产业化等多个维度进行深入探讨，有效推动政产学研融合互动，助力多方共同破解产业发展难题。

15日，第十五届中国国际人才交流大会总结会举行，区长姚任和国家外专局国外人才信息研究中心主任王海洋分别代表宝安区政府和国家外国专家局国外人才信息研究中心签订战略合作协议，双方将全力推动在宝安区建立国际人才园，探索建立具有国际竞争力的人才制度，全方位、多层次、宽领域地开展引进海外人才和智力工作；广泛开展国际交流合作，把宝安区打造成具有国际影响力的海外人才集聚高地。

16日，国家安监总局副局长李兆前率队到宝安检查安全生产工作，并考察智慧宝安管控指挥中心的运作情况。李兆前充分肯定宝安区企业除尘改造和安全生产工作，称赞智慧宝安建设工作走在国内外同类系统前列。

17日，宝安区政府与招商局蛇口工业区控股股份有限公司在区委区政府办公楼宝安厅举行战略合作框架协议签约仪式，双方将就宝安区范围内园区及社区开发及运营、产业投资、合作招商等建立合作伙伴关系；招商局蛇口工业区控股股份有限公司将按有关规定申请在宝安中心区投资建设区域总部大厦，组建投资运营公司承担相关项目的具体工作。至此，投资宝安的世界500强企业增至70家，其中世界500强央企增至8家。

同日，深圳石岩湖国际院士村院士入村暨“领亚·姚建铨院士创新工作室”揭牌仪式在石岩街道领亚美生智慧绿谷举行。区委书记黄敏为姚建铨颁发石岩湖国际院士村院士证书，他指出，宝安将以院士村为旗帜，全面梳理辖区院士团队、院士工作室，加快构建“1+10+N”院士体系，通过更加“真诚、友好、发挥作用”的理念，集聚全球“最强大脑”，不断提升宝安科技创新能级，打造宝安的全球影响力。

19日，宝安区政府与中国冶金科工股份有限公司签订战略合作框架协议，双方将在特色小镇城市更新、产业统筹片区更新、宝安基础设施建设、水环境治理等领域开展全方位战略合作。

21日，宝安区政府与深圳市大生农业集团有限公司举行战略合作框架协议签约仪式，“大生农业”将把集团总部迁至宝安，建设总部大厦，集聚现有在深所属公司，发挥管理运营中心的聚合效能；“大生农业”拟在宝安区建设国际冷链物流交易中心及配套设施。

同日，宝安区召开千人大会部署交通综合治理工作，贯彻落实全市文明城市创建动员大会精神，明确8大行动、39项工作、310项具体任务，紧扣交通秩序、交通畅通、交通管理、交通服务4个主攻方向，把交通综治推向纵深，补齐宝安新一轮改革发展的交通短板。

22日，宝安区召开大会部署新设街道“三年大变样”行动，开展96个行动，安排664项任务、366个项目，吹响航城、福海、新桥、燕罗4个新设街道大建设集结号。区委书记黄敏作工作部署强调，4个新设街道要以“三年大变样”行动计划为纲，打造亮点、消除痛点、夯实发展根基，实现“一年一小变、三年大变样”；新、老街道要均衡发展、齐头并进、整体提升，力争通过三年的不懈努力，推动宝安再发展、再跨越。

24日，以“开放、共享、生态”为主题的第二届全国中医馆发展论坛及中医药开放生态大会在宝安举行。1000余名来自全国各地中医馆、中药材供应商、中医药投资者、中医互联网，及保险、IT等中医药生态领域的代表参与此次论坛，聚焦当前我国中医药事业迅速发展的大背景下，中医药行业生态建设等热点议题。

26日，国家禁毒日。由骑行爱好者、禁毒社工、禁毒志愿者、社区戒毒康复人员和热心市民共同组成的“无毒青春　骑聚蓝天”千人禁毒公益骑行队集结在宝安，以此方式倡导市民低碳生活、绿色出行的同时，将禁毒理念进行有效传播，提升市民对毒品危害的认识。

27日，宝安区举行区国资委党委、纪委揭牌仪式，并召开国企党建工作会议，出台全区层面的国企党建指导性文件。

同日，宝安举行“一河一长”责任工程启动暨环保水务局新治理架构揭牌仪式，辖区66条河涌有河长、格长、段长，并将环保水务工作划分成五大板块，重塑治理新架构，打造新时期环水精兵劲旅，将治水提质纳入网格化智慧管理，把环水工作建立在“制度 + 科技 + 责任”之上，提升全区环保水务治理能力现代化水平。

28 日，宝安区第一家移动金融超市服务点在梧桐岛深圳市虚拟现实行业协会授牌，标志着宝安区移动金融超市进社区进工业园区跨越式发展。

29 日，宝安区隆重召开庆祝中国共产党成立 96 周年大会，全体参会人员重温入党誓词，进一步增强党性观念。

同日，经过 21 个月建设，总长度达 30.5 公里的全市最长环湖绿道——石岩湖环湖绿道实现全线贯通。

30 日，宝安举行慈善奖表彰大会暨 2017 年“广东扶贫济困日”活动启动仪式，弘扬慈善公益传统美德，表彰 70 个先进慈善个人和组织，启动本年度“广东扶贫济困日”活动。

7月

2 日，宝安举行区青少年宫落成仪式，该项目涵盖 9 大场馆和 46 间功能房，能满足青少年群体在教育培训、文体艺术传播等方面多元需求。

同日，宝安第二人民医院（集团）总医院（原沙井人民医院）、宝安人民医院（集团）第二人民医院（原石岩人民医院）、宝安区中心医院（原西乡人民医院）三家医院扩建（一期）项目正式启用，3 家医院可供应床位分别为 1000 张、800 张和 900 张。

4 日，2017 年广东省龙舟锦标赛在松岗街道五指耙水库开幕，来自全省各地的 24 支顶尖龙舟赛队伍参加比赛。经过激烈比拼，男子组 200 米、500 米直道赛分别由深圳松岗碧头队、新会龙舟队摘冠；女子组 200 米和 500 米直道赛冠军均被远航九江队收入囊中。中国国际文化传播中心中南联络部部长蔡多文、副部长饶新建，省体育局巡视员曾晓红，省龙舟协会会长甘焯雄，省社会体育中心主任、省龙舟协会常务副会长麦良，深圳报业集团副总编辑邓自强等嘉宾及区领导黄敏、张志彪出席活动。

5 日，以“庆回归 · 宝安情”为主题的宝安区美术、书法、摄影、诗词作品联展在区青少年宫主会场及合正艺术博物馆分会场正式开展，主会场展出时间持续至 7 月 10 日。

6 日，新安中学（集团）理事会成立。理事会共 13 名成员，包括政府部门、教育专家、社会贤达及新安中学（集团）行政、教师、家长等多方代表，将履行咨询、指导、监督等职能，推动集团教育事业发展。区委书记黄敏寄语各位理事充分发挥智慧库、资源库的作用，辅助完善集团管理制度，提升教育质量，保障集团成熟稳健运行，为下一代创造更有质量的教育环境。

7 日，新安街道文雅社区公益联盟正式成立，包括艾清书法教育、耐思培优、冰金国际舞蹈学院、柠檬兔美术教育、10 艺青少年成长俱乐部等 13 家爱心企业积极响应，加入联盟，成为首批成员，计划在暑假期间为社区 230 多名青少年提供 14 类共 2000 多节公益培训课程。

10 日，宝安召开全区城中村、农贸市场整治工作现场会，传达贯彻市委重要指示精神，动员全区上下把文明城市创建工作抓紧抓实抓出成效，坚决打赢文明城市创建战役，全面提升宝安文明水平。

同日，宝安职业教育集团与德国手工业行会奥登堡签订合作备忘录，双方携手推动德国手工业行会培训考试认证基地项目在宝安落地，将该基地建成广东省唯一的精密机械切削师、工业机电师、机动车机电师和智能制造技师 4 个工种的德国手工业行会考试认证基地，并同时成立中德工业智造学院，为宝安乃至粤港澳大湾区产业发展服务。

12 日，宝安区食品安全宣传活动暨宝安区食品快检车移交仪式在宝安中心区海滨广场举行。区长姚任出席活动并指出，“舌尖上的安全”关乎国计民生，食品快检车的检测工作要紧贴百姓需求，加大对商超、农贸市场的抽样检测力度，及时公布监测结果，为市民提供放心、安全的食品。

13 日，宝安滨海文化公园凭借其独特设计魅力摘下“美国最高级别的风景园林”奖。该项目位于宝安中心区滨海片区的滨海带上，东接前海合作区，西连大铲湾港区，北临宝安中心区的商务办公区，该项目核心商业区和海滨广场总占地面积 168 万平方米，分 3 期开发。

16 日，宝安区政府与南方科技大学签订战略合作框架协议，双方将按照“校地结合、共同发展”原则，在科技、教育、人才领域展开战略合作，加强政产学研协同创新，深度参与技术研发、成果转化、污染防治等工作，共建世界级科技人才集聚的先行试验区、“一带一路”最前沿的“科技资源池”和科技成果创新的标杆示范区。

17 日，2017 年“青年之声”网络文化示范基地、青少年法制教育基地揭牌暨宝安区福永街道关爱留守儿童“爱心驿站”活动开班仪式在福永街道群艺馆 1 楼大厅举行。

18 日，宝安团区委、区人力资源局在宝安区青少年宫举办第十五届“走进社会大课堂”生源大学生社会实践活动供需见面会。活动共吸引大中专学生 1000 多人入场。

24 日，2017 深圳宝安国际手风琴

艺术周在西乡乐谷剧场开幕，来自世界各地的手风琴音乐家、教育家、专家及参赛选手汇聚于此。

25 日，区四套班子领导分成 9 组，分别前往 19 个驻地部队开展“八一”建军节慰问活动。区领导黄敏、蔡英权、周学良一行到深圳警备区、驻香港部队深圳基地向驻地官兵致以节日问候，并座谈国防与双拥共建工作。

26 日，宝安举行行政审批服务全区通办暨行政审批 24 小时自助服务区启动仪式，在全市第一个实现行政审批事项跨街道全口径通办。即日起，全区 10 个街道实现 230 个事项跨街道通办，辖区居民可自主选择到任一街道政务服务大厅办理业务。同时，全区首个政务服务中心 24 小时自助服务区在新安街道启用，市民可自助办理 190 项常用业务；年内，全区将建成 10 个行政审批 24 小时自助服务区。

27 日，2017 宝安产业发展博览会，连同 2017 深圳国际智能装备产业博览会、2017 深圳国际电子装备产业博览会在深圳会展中心开幕。

28 日，星火燎原 · 2017 年宝安区党建 +360° 项目启航大会在深圳会展中心举行，由非公经济、社会组织以及各基层党组织分别申报的 174 个党建 +360° 项目正式起航，项目依托宝安区基层党群服务专项基金生成，服务 500 余万人，服务人次达 700 多万。

8月

1 日，宝安区举行庆祝中国人民解放军建军 90 周年座谈会暨《宝安军人风采》首发仪式。原广州军区司令部副参谋长袁邦根少将，深圳市委常委、深圳警备区政治委员李建华大校，区领导李金宇、周学良等有关部门负责人与老战士代表、现役军人代表座谈并赠书。

2 日，宝安召开“双宜小村”创建动员部署会，吹响 465 个城中村改造提升的号角。宝安按照“一村一特色、一村一景、一村一管”的思路，拟实施党建、安全、文明、美丽、市政、便民“六大工程”58 项工作任务。

4 日，宝安区松福大道沙井河桥正式通车，桥梁连接沙井和松岗两地，为周边数十万群众出行带来便利，建设工期历时 7 年，是大家期盼久的“畅通工程”。

8 日，宝安举行落实河长制实施治水提质“六个一”工程责任书签订仪式，明确任务、压实各级河长责任，进一步做实做细河长制工作。同时，上线运行国内首个河长制智慧管理软件——“宝安河务通”APP，通过科技化手段进一步加强河流保护和管理工作，以“三紧”（即紧盯目标、紧抓项目、加紧实施）措施落实“三硬”（即硬措施、硬手段、硬作风）要求，坚决打赢治水提质攻坚战。

9 日，宝安区统一开展交通综合整治大行动，区委书记黄敏率队到福海街道的宝安大道和桥和路交叉口抽查交通执法工作，并参与交通文明秩序整治志愿者服务。福海街道组织执法力量，积极开展行动，查扣非法营运电单车 91 台，整治违停 67 宗，开展交通违法义工劝导绿马甲 100 余人次。

15 日，宝安区作为全市信用体系改革唯一试点区，启用公共信用信息平台，构建起以归集、共享、奖惩为一体的“法人 + 自然人”大诚信体系，整合、采集法人和自然人两大信用主体数据 8.76 亿条。今后法人和自然人在宝安有失信行为将受到行政性、市场性、行业性、社会性的约束。

18 日，文天祥廉政教育馆开馆暨宝安区 2017 年纪律教育学习月启动仪式在福永街道文天祥廉政教育馆举行。宝安将分批次组织全区党员干部到文天祥廉政教育馆参观学习、接受教育，营造清白做人、干净做事的良好工作氛围。

21 日，宝安区召开全国文明城市创建工作推进大会，副市长、宝安区委书记黄敏强调，全区上下要深入学习习近平总书记关于精神文明建设的重要论述，落实省、市决策部署，坚持“三个导向”，强力推动文明创建工作落地、责任落实，以全国文明城市创建为契机，加快形成城市管理治理新常态，让老百姓有获得感。

25 日，2017 年宝安区首届双福（福永福海）海鲜美食文化节开幕式在福海街道渔人码头美食文化广场举行。此次活动由宝安区福海街道办事处、福永街道办事处主办，宝安区餐饮服务行业协会承办，福海渔人码头、福永海鲜市场、福永商会（福永工商联合会、福海工商联合会）共同协办。活动为期 5 天，旨在进一步挖掘福海、福永海鲜美食文化，推动双福“美食 + 文化 + 旅游 + 产业”发展，打造双福美食文化新名片。

30 日，“8 · 29”火灾事故周年警示会在沙井街道召开。区长姚任表示，全区上下要吸取“8 · 29”火灾事故的教训、牢记使命，坚持“安全是最大的民生、最大的责任和最大的政治”这一思想认识，继续推进消防安全全纳管，加快推广用电安全监控和老旧电线改造，强力提升消防设施和消防力量建设，提高全社会主体责任和消防安全意识，通过实施最严谨的标准、最严格的监管、最严厉的处罚、最严肃的问责确保宝安平安。

31 日，宝安区举行 2017 年新校（园）启用揭牌仪式。

9月

1日，宝安幼教集团第十一幼儿园（机关幼儿园假日名居分园）、第十二幼儿园（兴华幼儿园上合花园分园）、第十四幼儿园（建安新村幼儿园宝民分园）顺利开学，再增优质学位逾千个。至此，全区公办幼儿园数量增至16所，且6所原公办园均有分园，集团品牌效应日益彰显。

5日，澳洲清洁科技公司（Australian CleanTech）创始人约翰·奥·布莱恩一行来访宝安，并与泰华梧桐岛园区企业进行项目对接。Long Pipes Limited公司与全球清洁联盟GCCA的代表分别就公司项目进行介绍。随后，澳大利亚代表团一行参观宝安区城市规划展览馆，了解宝安历史、文化、产业等发展历程。

6日，宝安人民医院（集团）第二人民医院（原石岩人民医院）新住院大楼扩建工程（一期）正式搬迁投入使用。宝安区人大常委会副主任刘红瑛、区政协副主席廖欣和区卫计局及宝医（集团）负责人参加新住院大楼整体搬迁仪式。当天178名病人搬迁至新住院大楼。

8日，宝安区举行庆祝第三十三个教师节大会，对62个教育工作先进单位、1272名教育工作先进个人进行表彰，并对229名教龄满30年的教师授予金质纪念章。区长姚任在会上代表区委区政府对广大教师为宝安的经济社会发展做出巨大贡献表示感谢，并寄语广大教育工作者继续在宝安深化改革发展过程中发挥更重要的推动作用，共同提升宝安核心竞争力，为宝安实现再腾飞强化教育支撑。

9日至10日，区长姚任率队赴广西都安、大化瑶族自治县考察扶贫协作有关工作，分别在都安、大化出席扶贫协作联席会议暨宝安区慈善会捐建扶贫项目资金仪式。姚任表示，宝安区将全力做好对口都安、大化瑶族自治县的扶贫协作工作，做到全局统筹、突出重点、确保精准、稳扎稳打，确保早谋划、快对接、全方位、稳推进，下阶段要做好八方面工作，实现真扶贫、扶真贫。区领导吴晶、项健一同调研。

12日，为期四天的第14届“中国－东盟博览会”在广西南宁揭幕。宝安区经促局组织的41家宝安企业参展，展出各类智能制造产品科技含量高，设计新颖奇巧，吸引众多东盟各国客商及专业观众。

13日，宝安举办2017年处级干部党纪政纪法纪教育培训班。区委副书记、区长姚任在讲话中强调，全区党员干部要坚决贯彻落实中央、省、市部署，进一步增强党员领导干部党纪政纪法纪意识，坚持管党治党不放松、正风肃纪不停步、反腐惩恶不手软，推动全面从严治党、从严治政向纵深发展。

15日，2017年全国双创周深圳活动暨第三届深圳国际创客周宝安分会场开幕，活动持续到21日。2017年双创周宝安分会场系列活动以“创响滨海宝安，智造产业名城”为主题，采用“1+N”模式，设1个主会场、7个分会场，重点活动共计13场。

20日，2017全国大众创业万众创新暨第三届深圳国际创客周活动“共享科技创新论坛”活动在新桥街道创新智慧港启动。本届双创周（共享科技）会场以产业需求为导向，以技术创新、服务创新为原动力，社会各界精英共聚一堂，探讨产业发展方向，共论科技前沿话题，激发创业创新思维。

22日，2017宝安沙井足球文化节暨“合澜杯”青年足球赛开幕仪式在沙井垦岗小学举行。

同日，宝安区文艺志愿者协会第一次会员大会在区群艺馆举行，宝安率先于省内成立区级文艺志愿者协会。

25日，人力资源和社会保障部副部长、国家外专局局长张建国一行到宝安调研国际人才工作，实地考察领亚·姚建铨院士创新工作室，召开见

2017年9月15日，2017年全国双创周深圳活动暨第三届深圳国际创客周宝安分会场开幕

面会与多名外国专家就国外人才来华这一话题进行交流。

26日，第十六届中国国际人才交流大会组委会第一次会议在五洲宾馆举行，会议决定由国家外国专家局国外人才信息研究中心、中国国际人才交流中心、深圳市人力资源和社会保障局和宝安区人民政府共同发起成立深圳国际人才交流中心，并落户宝安人才园。人力资源和社会保障部副部长、国家外国专家局局长张建国、深圳市市长陈如桂、宝安区区长姚任等领导为深圳国际人才交流中心揭牌。

27日，2017年度全国“质量标杆”颁奖仪式在北京航空航天大学隆重举行。工信部科技司联合中国质量协会共同为全国33家“质量标杆”企业授牌颁奖。大族激光凭借卓越的质量贡献与标杆示范作用，获得2017年度全国“质量标杆”大奖，为推动“深圳质量　宝安智造”发展贡献力量。大族激光智能装备集团总经理陈焱代表大族激光上台领奖。

29日，全区十街道在重点区域设置100个交通整治组，集中开展“禁摩限电”统一行动，共查扣违规车辆724辆，因扰乱公共秩序行为拘留3人。全区交通综合整治大行动持续至年底。

10月

8日，“迎接党的十九大胜利召开——当代名家书周文彰诗词作品展”在宝安区群众文化艺术馆开幕，展览持续至19日。本次展览由国家行政学院书画研究院、中国艺术研究院中国书法院、中华书局主办，广东书法院、宝安区群众文化艺术馆承办，著名书法家言恭达题写展名。

10日，第26个世界精神卫生日的宣传主题是“心理健康，社会和谐”，由宝安区卫计局主办，宝安区慢性病防治院（区精神卫生中心）、新安街道办事处承办的世界精神卫生日主题宣传暨健康义诊活动在海雅缤纷城广场举行，旨在引导人们关注心理健康，正视精神健康问题并从预防的角度关注可能引起心理健康问题的工作相关压力，营造包容、信任、相互支持和参与决策的工作氛围和社会环境。

12日，为期3天的全球物流领域标杆性品牌盛会——第12届深圳国际物流与交通运输博览会在深圳国际会展中心开幕。由宝安区经济促进局牵头组织的20家宝安本土优质企业组成宝安展团在9号馆精彩亮相，此外还有数十家宝安优质企业按照行业分类，分别在1号馆、6号馆和9号馆单独设立展区展示。众多宝安优质物流企业全方位、多维度地展示宝安在粤港澳大湾区背景下的融合物流枢纽、物流强区的形象。

18日，中国共产党第十九次全国代表大会开幕，习近平代表第十八届中央委员会向大会作报告。宝安区广大党员干部、社会各界组织集中收听收看党的十九大开幕会直播，聆听报告内容。

24日至25日，中央党校国际战略研究院教授纪军一行5人到宝安区调研“党建+360°服务联盟”相关工作，纪军教授一行充分肯定宝安党建工作，认为服务联盟是宝安党建工作的又一新尝试和新做法。

26日，宝安区召开人武部党委第一书记任职大会，会议宣布区委书记、区长姚任任宝安区人武部党委第一书记。

27日，宝安区召开2017年第十八届深圳（宝安）读书月工作动员会，读书月活动于11月4日在宝安图书馆正式启动。全区115项读书月主题活动给宝安市民带来读书盛宴。

28日，深圳单体规模最大的购物中心——36万平方米的前海·壹方城在宝安中心盛大启幕。区领导张志彪、高志远出席开业活动。开业现场人山人海，包括商界企业家、商家代表等社会各界嘉宾及众多慕名而来的消费者参加开业启动仪式。醒狮点睛、采青环节将活动现场的气氛推向高潮。在开业致辞中，张志彪表示，壹方城是深圳商业发展的新标杆，更是宝安区新型消费的一张靓丽名片。壹方城正式开业，标志着宝安城市功能配套的进一步完善，标志着宝安宜居宜业的优质生活圈加快形成，也标志着宝安的中心城区建设迈向新的台阶。

31日，由宝安区民政局主办，宝安区老龄办、区老年协会承办的“宝城秋韵”老年人文艺汇演在西乡会堂举行。汇演是宝安区“敬老月”系列活动之一，围绕“关爱老年人　欢庆十九大”主题。活动旨在展示宝安老年人“老有所学、老有所为、老有所乐”的精神风貌。“敬老孝亲文明家庭”和“最美长者文明家庭”颁奖仪式在演出前举行。

11月

1日，深圳市第38届市民长跑日宝安区万人长跑活动开跑，由全区数十家党政机关、人民团体、工厂、企业的5000余名长跑爱好者参与。活动不但展现宝安全民健身的风采，而且也为即将到来的“宝马第二季”（2017深圳宝安国际马拉松赛）预热。

3日至5日，智慧海洋发展专题研究和应用研讨会在宝安举行，中国工程院院士张光义、邱志明，宝安区副区长高志远出席会议。宝企深圳云洲创新科技有限公司的“海洋智能无人艇平台技术”获2016年度海洋科学技术奖特等奖。

4 日，“宝安区母胎医学研究所”落户宝安区妇幼保健院，由该院与香港中文大学医学团队合作建设的研究所，是深圳首家母胎医学研究所，将致力于推动深圳市母胎医学临床技术和学科研究的发展。

6 日，由宝安“三大集团、两大医院”共同组建的 2 支各 6 人医疗扶贫队伍出征广西，开展为期 3 个月的帮扶。医疗扶贫队将把宝安医疗技术和大爱带到广西河池都安、大化两县，为当地民众送健康。

8 日，由中国国际投资促进中心（德国）和宝安中德（欧）产业发展合作联盟联合主办的“隐形冠军企业全球化中的创新驱动者——2017 中德企业国际投资合作论坛”在宝安区拉开帷幕，众多德国行业协会、企业、企业家代表与宝安企业家齐聚一堂。

9 日，深圳市在宝安区人民医院整体改造工程（二期）项目工地举行 2017 年第四季度新开工项目集中启动活动。本次集中开工项目 138 个，项目总投资额约 1645.4 亿元。其中，宝安区 10 个项目纳入全市集中启动，涉及投资超 500 亿元，12 个区级项目同步开工，涉及投资 196 亿元。

10 日，“2017 宝安购物节”在主会场壹方城举行启动仪式。本次购物节由宝安区政府主办，区经济促进局及各街道办事处承办。商界企业家、商家代表等在内的社会各界嘉宾以及众多消费者参加活动。

11 日，沙井街道举办第四届“沙井粤剧（戏剧）节”，以“粤韵传蚝乡，粤唱越有剧”为主题，弘扬中华民族优秀传统文化，传承发展沙井粤剧，全面展示沙井粤剧艺术成果，提升沙井文化内涵，建设“魅力文化沙井”，打造岭南粤剧小镇。

12 日，宝安区在全区十个街道开展党的十九大精神大型集中宣讲活动宣讲团进企业、进车间、进工地，为近 3000 名“两新”组织党员送党课，掀起学习党的十九大精神的热潮。这是全区首次针对“两新”组织党员开展的大型宣讲活动。宣讲团还将继续深入社区，把十九大精神送到党员群众中间。

13 日，中国创新创业大赛电子信息行业总决赛开幕式暨电子信息行业高峰论坛在宝安区 F518 创意园创展中心举行。

15 日，宝安区与萧山区签订建立友好城区合作协议书，两区结为友好城区，双方将在产业发展、城市建设、基层治理等领域开展深度合作。杭州市委常委、萧山区委书记盛阅春，宝安区委书记、区长姚任等领导参加签订仪式。

16 日，第十九届高交会开幕，宝安展区吸引 4 万余人次参观，宝安企业备受瞩目，现场多家参展企业的产品深受参观者关注。作为中国规模最大、最具影响力的科技类展会，第十九届高交会吸引 30 个国家和地区约 3000 家展商，其中国外参展商数量创历届新高。第十九届高交会以“聚焦创新驱动、提升供给质量”为主题，由展览、论坛、专业技术会议等多项内容组成。重点展示节能环保、新一代信息技术、生物、高端装备制造、人工智能等领域的先进技术和产品。总展览面积超过 11.5 万平方米。

18 日，宝安区 2016 年国家义务教育检测结果反馈会暨深化教育督导改革工作会议在宝安中学（集团）高中部举行，会议通报全区教育工作及参加国家义务教育质量检测情况，并对下一阶段教育工作进行部署。国务院教育督导委员会办公室副主任、教育部教育督导局副局长、国家督学林仕梁，教育部基础教育质量监测中心专家组组长檀慧玲，深圳市教育督导室主任金依俚，区领导姚任、蔡英权、梁敏华参加会议。

20 日，宝安区 2017 年“嗨，我来讲”理论宣讲创新首场活动在海滨广场进行。本次活动聚焦“创新”“协调”“绿色”“开放”“共享”5 个关键词，以歌舞、小品、视频等多种元素串联，讲出宝安人自己的生动故事。

22 日，深圳市首个社区股份合作公司“互联网＋物业（土地）”信息管理平台在福海街道正式上线启动。该平台充分发挥“制度＋科技”的优势，对社区物业（土地）进行全口径、全流程监管，让社区物业（土地）运营置于阳光下，确保社区集体经济健康可持续发展。

同日，全国社区教育数字化学习联盟成立大会暨学术研讨会在宝安召开。全国教育行政主管、社区教育先行区代表、省市社区教育中心负责人、中国成人教育、社区教育的一线教学和研究人员，区委区政府、区素质工程领导小组成员单位等 300 余人出席大会。大会宣读全国社区教育数字化学习联盟成立文件，并举办联盟揭牌仪式。

25 日，由宝安区妇联与致公党宝安总支主办、区妇儿中心承办的“爱·阅读·爱”宝安区“点亮阅读之灯”创意亲子阅读展示活动在区群众文化艺术馆小剧场举办，来自全区的 200 多名父母和孩子参加活动。本次活动是第十八届“深圳（宝安）读书月”重点主题活动，也是第十七届“家庭教育宣传周”系列活动之一。

26 日，2017 第二届“黄连胜杯”粤港澳大湾区醒狮邀请赛拉开帷幕，来自粤、港、澳三地的 16 支狮队齐聚新安街道上合社区上合孝德园，醒狮盛况再度升级。新安上合是深圳文化与精神的溯源地之一，在粤港澳大湾区的黄金节点上，上合人以南粤醒狮的传统文化，凝聚起粤港澳三地共谋发展合作。

27 日，深圳劳动者文学推介会开幕式在深圳书城宝安城举行。市文体旅游局副局长陈绍华，区委常委、宣传部长黄盛华，深圳出版发行集团党委书记、总经理尹昌龙出席开幕仪式。参加活动的还有谢冕、叶延滨、王山、刘元举等六十余位国内知名学者和作家。本次活动由深圳读书月组委会办公室、深圳市文学艺术界联合会、宝安区委宣传部、深圳出版发行集团主办，新桥街道办事处、宝安区作协、海天出版社、深圳书城宝安城承办，深圳劳动者文学（宝安）创作孵化中心协办。该活动是第十八届深圳读书月重点主题活动之一。

27 日至 28 日，第十六届中国国际人才交流大会“东欧国家院士合作发展论坛”在宝安凤凰书院举行，18 位东欧国家院士、专家组团来深考察，并与宝安区政府、中科院深圳先进技术研究院签署科技创新、先进医学方面合作意向书。

29 日，由中国图书馆学会阅读推广委员会、中国阅读学研究会、深圳读书月组委会办公室、深圳市阅读联合会、宝安区委宣传部等单位联合主办的“领读者分享喜阅”第三届领读者大奖颁奖典礼在宝安区海雅大剧院举。

29 日，宝安区企业“环保主任”培训结业典礼暨“宝安河务通”企业端开通仪式在区委区政府举行，为加快黑臭水体治理工作增添新动力。宝安区环水局在全省率先试点“环保主任”制度，共 631 名环保主任通过培训上岗，同时开发“河务通”企业端 APP 平台，从而实现对企业和企业环保主任的一系列量化考核。这是宝安创新环保监管模式的又一重要举措。

30 日，中国科学院联动创新系列论坛——科技“一带一路”与粤港澳大湾区创新论坛在香港举行。区委书记、区长姚任应邀参加论坛系列活动，见证宝安区及宝安企业分别与中科院创新孵化投资有限责任公司签订战略合作协议，并实地调研考察香港科技园，与 FDT（香港金融数据技术有限公司）高层座谈共商发展。

12 月

1 日，由区法院、教育局、司法局、团区委四家单位联合开展的青春法治护航行动之“法治情景剧”——“让青春不留伤疤”首演仪式在宝安职业技术教育集体第一校区拉开序幕。宝安区人民法院党组书记、院长马文权等领导出席活动，来自宝安区各中小学代表及同学约 200 多人参加。

2 日，“两岸文创梦想公园草根手工创意工坊”主题活动在立新湖畔的两岸文创梦想公园举行，活动拉开“创意十二月”系列活动序幕，未来图片展、聆光创客儿童创意艺术乐园等精彩活动陆续展开。

3 日，“一带一路”马拉松系列赛——招商蛇口·华侨城 2017 深圳宝安国际马拉松赛开跑。来自 25 个国家和地区 2 万名运动员参加全程、半程、欢乐跑比赛。最终 2 名非洲选手包揽全马男、女组冠军。

4 日，区主要领导率队到新安街道海富社区开展“12·5 国际志愿人员日”慰问义工活动，区委书记、区长姚任，区人大常委会主任张志彪，市公安局禁毒支队支队长邓广生等领导为宝安马拉松赛志愿者、文明城市创建志愿者优秀代表点赞，并为海富社区禁毒阳光志愿服务 U 站揭牌。

5 日，2017 第十届中国（深圳）国际工业设计节在宝立方展览中心盛大开幕，同时拉开宝安“创意十二月”的大幕。深圳市政府副秘书长刘佳晨、宝安区副区长梁敏华、宝安区政协副主席项健、深圳市工业设计行业协会会长刘志雄等领导参加设计节启动仪

2017 年 12 月 4 日，深圳首家户外单体禁毒 U 站在宝安揭牌

式。宝安区与世界设计风向标的设计之都——荷兰阿姆斯特举行“深圳－荷兰设计战略合作签约”，通过多方资源和方式建立多种互帮互助渠道，进一步促进双方之间的设计、商业和文化交流。

6日，深圳百年老字号“合成号”举行喜嫁礼饼恢复上市仪式，众嘉宾现场品喜饼，听民俗专家讲述喜饼背后的老深圳婚嫁习俗。一盒红彤彤包装的喜嫁礼饼背后，承载着一段深圳本土婚嫁趣闻、文化技艺和记忆。

7日，2017年全国第13届“打工文学”论坛在福海街道举行。论坛由深圳市读书月组委会、深圳市作协主办，宝安区文联、宝安区作协、福海街道办事处等单位联合举办。通过“打工文学”讴歌时代精神，反映人民心声，拓展文学领域，以积极向上的文艺作品，服务进城务工人员，努力打造打工文学的文化品牌，构建社会主义核心价值体系的根本，积极推进社会主义和谐文化建设。

8日，全国首家由政府与学校共建的未来教育体验中心——宝安区未来教育体验中心揭牌启用，2所微软创新示范学校和10所微软创新学校同时启动建设。

12日，由宝安区五类百强企业联合会、智能制造产业国际合作委员会和中国国际投资促进中心联合主办的“2017智能制造产业国际合作发展”论坛在宝安举行。中外众多权威专家、学者、企业家共聚一堂，把脉宝安智造，探讨共享共赢智造产业转型发展之路，为宝安企业发展传经送宝，推动宝安智造走向世界。

13日，宝安区举行区人大常委会街道工作委员会揭牌仪式，为10个街道人大工委统一揭牌，正式确立区人大常委会、10个街道人大工委、28个人大代表社区联络站“1+10+28”的三级人大工作架构。

同日，宝安区妇女联合会召开第五次代表大会，谋划新时代宝安妇联工作。大会号召全区妇女和各级妇女组织紧扣区委区政府中心工作，以建设“湾区核心、智创高地、共享家园”为目标，谱写新时代妇女儿童事业新篇章，为创建新时代宝安妇女儿童友好型城区不懈奋斗。大会通过各项工作报告决议，选举产生新一届执行委员会委员，冯颖霞任第五届执行委员会主席，陆健青任副主席；大会首次选举出执行委员会兼职副主席，由费英英、程再峰、陈舜贞当选。

17日，由宝安区人力资源局主办，“中欧协同创孵高峰论坛”在大公坊创业孵化基地举行，来自宝安区20多家创业孵化基地的负责人、运营人及各街道创业服务专员共100多人参加论坛。

18日，宝安区与中国浦东干部学院签订共建教学研究基地合作框架协议，双方代表共同为宝安教学研究基地揭牌。

同日，全国曲艺培训表演基地暨宝安区青少年宫笑满堂成立授牌，中国曲协副主席、四川省文联副主席、四川省曲协主席张旭东，中国曲协分党组成员、副秘书长黄群，中国曲协研究部干部张小卫，广东省曲协名誉主席杨子春、专职副主席宋梟楠、副主席史琳，深圳市文联专职副主席林亮，深圳市曲协主席吴金富，区领导黄盛华、王曦参加座谈会并出席揭牌仪式。

19日，宝安首个园区工联会——美生创谷科技创新园工会联合会举揭牌成立，标志全区5个层级的工会组织建立起来，广大职工又多了一个学习、交流、互促、互进的平台场所。

21日，第十四届宝安区沙井金蚝美食文化节在沙井京基百纳古榕广场拉开帷幕。《沙井街道志》举行首发及赠书仪式。区人大常委会副主任毛伍元参加活动。

27日，西部沿江新城建筑废弃物综合利用厂项目运营试投产，探索实现建筑废弃物减量化、无害化和资源化。这是宝安区循环再利用的建筑垃圾处理项目，项目贯彻落实市政府关于开展建筑废弃物处理和综合利用的重要部署。正式运营后预计年处理建筑废弃物可达100多万吨，从而实现建筑垃圾变废为宝的综合处理利用，有效减少因建筑垃圾废弃物处置不当而引发的环境问题。

28日，区委书记、区长姚任前往龙川县调研精准扶贫精准脱贫和对口帮扶龙川工作，参加宝安区－龙川县对口帮扶工作联席会议与龙川县一同研究推动扶贫脱贫工作开展。

30日，宝安区知识界人士联谊会举行“古镇新经济，城市新文化——新桥老街保护与利用调研成果汇报会”，以“专题调研＋专家对话＋文化体验”问智专家学者，共议古村落现状和存在的问题，并提出对策和建议。

民生实事

2017年宝安区民生实事三级责任分解及完成情况

序号	类别	工作任务	第一季度	第二季度	第三季度	第四季度	责任单位	分管领导	责任领导	责任人
1	一、优质教育	康达尔九年一贯制学校建设工程部分建成并投入使用	进行地下基础工程	完成部分主体工程	8月底前完成部分装修工程，9月部分投入使用	项目基本完工	教育局	梁敏华	熊俊峰	教育局，黄　敏
2	一、优质教育	完成新安中学加固工程建设	完成教学楼部分并交付使用；完成宿舍楼加固工程的80%；完成食堂加固工程的100%；完成总工程量的75%	完成宿舍楼加固工程的100%；完成宿舍楼装饰工程的30%；完成食堂装饰工程的100%；完成食堂水电安装工程的80%；完成地下水泵房工程的10%。完成总工程量的80%	完成宿舍楼装饰工程100%；完成宿舍楼水电安装工程的60%；完成食堂水电安装工程的100%；完成地下水泵房工程的60%，完成总工程量的90%	全部完工	新安街道	梁敏华	刘　尧	江静波
3	一、优质教育	完成建安新村幼儿园分园—原新蕾幼儿园校舍加固及配套工程建设	完成地下水泵房工程的100%；完成教学楼装饰装修工程的30%；完成教学楼水电安装工程的30%；完成总工程量的75%	完成教学楼装饰工程的75%；完成副楼装饰工程的75%；完成水电安装工程的50%。完成总工程量的90%	全部完工		新安街道	梁敏华	刘　尧	江静波
4	一、优质教育	铁岗九年一贯制学校部分建成并投入使用	完成工程量约11%	完成工程量约29%	完成工程量约47%	完成工程量约68%	西乡街道	梁敏华	宋乃阵	西乡建设工程事务中心
5	一、优质教育	桥头小学扩建工程完工并投入使用	完成主体封顶及砖砌体（五栋）	室内外的装修及安装工程	完成室内外的装修及安装工程，7月中旬施工验收	投入使用	福永街道	梁敏华	闫　虎	冼汉超
6	一、优质教育	壆岗小学扩建工程完工并投入使用	完成工程量70%	完成工程量80%	完成工程量100%		沙井街道	梁敏华	辛　逸	李　璋
7	一、优质教育	松岗第一小学拆除扩建工程完工并投入使用	松岗第一小学拆除扩建工程完成形象进度80%	松岗第一小学拆除扩建工程完成形象进度90%	完工，进行竣工验收准备，完成形象进度100%	松岗第一小学拆除扩建工程完成竣工验收工作并投入使用	松岗街道	梁敏华	冀小平	文煌坚

续表

序号	类别	工作任务	第一季度	第二季度	第三季度	第四季度	责任单位	分管领导	责任领导	责任人
8	一、优质教育	燕山学校综合提升工程完工并投入使用	燕山学校综合提升工程完成形象进度46%	燕山学校综合提升工程完成形象进度70%	燕山学校综合提升工程完成形象进度90%	燕山学校综合提升工程完成形象进度100%	松岗街道	梁敏华	冀小平	文煌坚
9	一、优质教育	对全区学生视力不良情况进行监测，建立宝安区学生视力不良分级警示制度	草拟《宝安区学生视力不良专项督导工作方案》及相关文件	对学生视力情况进行摸底，建立全区学生视力原始档案	委托第三方专业机构对各学校学生视力情况进行抽样监测，力争10月底完成全部学校的监测	继续完成全部学校的监测；草拟并出台建立宝安区学生视力不良分级警示制度的文件，促使学校减轻学生负担、加强学生视力保护	教育局	梁敏华	张德梅	程学才
10	一、优质教育	投入4.58亿元，为符合条件在民办学校就读的学生发放学位补贴	开展政策宣传	审核春季学位补贴	核拨春季学位补贴，开展秋季学位补贴政策宣传	审核并核拨秋季学位补贴	教育局	梁敏华	熊俊峰	蔡　波
11	一、优质教育	投入9000万元，为符合条件的民办学校教师发放从教津贴	开展政策宣传	审核民办教师从教津贴申报资料	公示并发放从教津贴		教育局	梁敏华	熊俊峰	刘　甜
12	一、优质教育	投入1.32亿元，补助普惠性幼儿园25所	开展政策宣传	创建普惠性幼儿园13所	开展政策宣传	创建普惠性幼儿园12所	教育局	梁敏华	李家勇	邱慧婷
13	一、优质教育	投入1.14亿元，为符合条件的在园儿童发放成长补贴	公示享受2016—2017学年成长补贴儿童名单	发放2016—2017学年成长补贴	做好2017—2018学年在园儿童成长补贴政策宣传及幼儿园信息管理员培训工作	开展申请2017—2018学年在园儿童成长补贴工作	教育局	梁敏华	李家勇	邱慧婷
14	一、优质教育	推进“校园足球”体育教学特色项目，组织开展系列足球夏令营活动	组织“校园足球”教学教研活动	开展足球夏令营教学活动	举行全区校园足球赛	组织“校园足球”教学交流展示活动	教育局	梁敏华	彭茂发	张思静
15	一、优质教育	创建“毒品预防教育示范校”30所	制订《毒品预防教育示范校评审方案》	“毒品预防教育示范校”申报创建	对“毒品预防教育示范校”申报单位进行考核验收，评选出30所“毒品预防教育示范校”	对30所“毒品预防教育示范校”进行总结表彰	教育局	梁敏华	陈国新	周焕南
16	一、优质教育	推进宝安教育云平台的优化重构部署，促进教师在线学习培训提升，为学生提供更多优质素质教育资源	完善平台优化重构方案	启动项目招标	项目建设，初步完成平台重构项目建设，开展教师在线学习培训	完善和优化平台的运用效能，提供更多优质教育资源	教育局	梁敏华	范培川	钟群星
17	一、优质教育	实施公办职校学生顶岗实习实训补贴和区级实习基地补贴	指导职校做好学生顶岗实习工作	组织职校汇总学生实习实训情况及统计实习补贴经费	审核职校上报的学生顶岗实习补贴及区级实训基地补贴申报材料	发放补贴经费	教育局	梁敏华	李家勇	王峰岚
18	二、医疗卫生	福永人民医院改扩建（一期）完工并投入使用	福永街道：完成病房区室内装修及安装工程至85%，洁净区装修及安装至55%；区卫生和计划生育局：完成设备、办公家具采购计划的编制	福永街道：完成病房区室内装修及安装工程至95%，洁净区装修及安装至80%；区卫生和计划生育局：按批复完成招标文件及上传到采购中心	福永街道：完成室内装饰工程至100%，准备各项验收工作，完成室外环形消防车道、入口广场等至30%；区卫生和计划生育局：完成采购程序及完成采购	福永街道：完成室外工程包括消防车道、广场，室外水电工程等至100%，并移交使用；区卫生和计划生育局：完成家具安装及其他设备的调试	福永街道 区卫生和计划生育局	周学良	闫　虎 陈泽强	冼汉超 卫生规划办
19	二、医疗卫生	松岗人民医院扩建（一期）完工并投入使用	松岗街道：松岗人民医院扩建（一期）完成形象进度90%；区卫生和计划生育局：完成设备、办公家具采购计划的编制	松岗街道：进行工程收尾工作，完成形象进度95%；区卫生和计划生育局：按批复完成招标文件及上传到采购中心	松岗街道：完工，进行竣工验收准备，完成形象进度100%；区卫生和计划生育局：完成采购程序及完成采购	松岗街道：完成竣工验收工作并投入使用；区卫生和计划生育局：完成家具安装及其他设备的调试	松岗街道 区卫生和计划生育局	周学良	冀小平 陈泽强	文煌坚 卫生规划办

续表

序号	类别	工作任务	第一季度	第二季度	第三季度	第四季度	责任单位	分管领导	责任领导	责任人
20	二、医疗卫生	区人民医院整体改造工程（二期）动工	区卫生和计划生育局：编制可研编制及方案设计，环评报告编制及送审；工务局：参与前期招标文件及合同的讨论工作，结合工程特点及后续建设的需要，提出修改意见和建议	区卫生和计划生育局：完成房屋拆除，完成可研及方案设计审批；工务局：对设计深度和设计质量提出要求和建议，交叉并行，加快工作进度，为后续招标及建设实施做准备	区卫生和计划生育局：完成基坑工程概算审批，完成基坑工程施工图审查；工务局：熟悉基坑施工图纸及预算，编制监理招标方案，进行标段划分，准备相应标段的招标文件及合同，开展招标准备工作	区卫生和计划生育局：完成基坑工程预算审批，完成基坑工程提前介入审批，基坑工程移交区工务局；工务局：按法定程序开展监理及基坑招标工作	区卫生和计划生育局，工务局	周学良	陈泽强 吴宝丰	卫生规划办，鄢鹤萍
21	二、医疗卫生	推进区内各公立医院提高预约诊疗率，全区二甲以上公立医院预约挂号率全年平均达到40%以上	制定区卫计局预约挂号工作督导方案，确定2017年各区属公立综合医院预约挂号目标	定期督导各区属公立综合医院加强预约挂号工作，提高区内各公立医院预约诊疗率	结合前半年工作开展情况，进一步督导各公立医院巩固成果，提高预约挂号率	全区二甲以上公立医院预约挂号率全年平均达到40%以上	区卫生和计划生育局	周学良	徐庆十	医政科
22	二、医疗卫生	推进公立医院专家进社区，90%的社康中心有专家定期坐诊、带教	制订专家进社区工作补助方案	对各单位工作进行督导，统计工作进展，及时解决存在问题	对各单位工作进行督导，统计工作进展，及时解决存在问题	90%的社康中心有专家定期坐诊、带教；核拨相关经费	区卫生和计划生育局	周学良	代　扬	社管中心
23	二、医疗卫生	免费为全区公共场所、学校、水厂、泳池、工厂企业开展卫生监测	召开全区公共卫生工作会议，制定全年卫生监测工作计划	加强培训，做好对街道预防保健所的业务指导工作，提高全区公共卫生队伍的工作能力和服务水平	重点监测水厂、泳池、工厂企业、住宿、商场（超市）、学校等场所卫生情况，对检测不合格的，依法查处并督促整改，并跟踪复查	2017年全区监测各类公共场所2000间次以上，水厂50间次以上，泳池80间次以上，工厂企业1500间次以上	区卫生和计划生育局	周学良	徐庆十	疾病预防控制科
24	二、医疗卫生	免费为宝安区育龄女性进行女性乳腺癌、宫颈癌筛查	加强政策宣传，面向全区筛查点举办一次“两癌”筛查技术培训班，与街道、社区联合开展宣教活动，子宫颈癌、乳腺癌的目标人群筛查人数及项目经费使用达15%	子宫颈癌、乳腺癌的目标人群筛查人数及项目经费使用达45%	子宫颈癌、乳腺癌的目标人群筛查人数及项目经费使用达75%	完成全年子宫颈癌、乳腺癌的目标任务，项目经费使用100%	区卫生和计划生育局	周学良	代　扬	社管中心
25	二、医疗卫生	免费为准备生育的育龄夫妇每孩次提供一次孕前优生健康检查	做好各街道孕前优生健康检查计划及开展宣传动员工作，完成检查人数500对（1000人），做好每月系统录入及月报工作	累计完成检查人数3000对（6000人），做好每月系统录入及月报工作	累计完成检查人数5000对（10000人），做好每月系统录入及月报工作	累计完成检查人数6000对（12000人），做好每月系统录入及月报工作；同时做好年度统计及数据分析工作	区卫生和计划生育局	周学良	代　扬	社管中心
26	二、医疗卫生	免费为全区常住人口孕妇夫妇提供地中海贫血防控	制定年度计划、制定宝安区具体实施方案、举办实施方案讨论会、下发相关通知文件和实施方案、建立项目网络平台、协助各单位对收费系统进行调整	举办项目培训、完成各项目单位的督导、协调项目存在问题，做好相关数据的录入和经费使用，完成经费使用进度25%	完成项目督导，累计完成项目经费60%，做好相关数据的录入和经费拨付	累计完成项目经费100%，完成项目年度督导，做好相关数据的录入和经费拨付；做好年度项目总结和2018年经费预算	区卫生和计划生育局	周学良	代　扬	社管中心
27	二、医疗卫生	免费为在宝安区出生的新生儿进行代谢性疾病筛查	落实宝安区新生儿遗传代谢病筛查服务项目实施方案及开展宣传动员工作，完成15%经费目标，累计完成目标任务15%	完成25%经费目标，累计完成目标任务40%，做好每月数据收集及汇总分析工作	完成30%经费目标，累计完成目标任务70%，做好每月数据收集及汇总分析工作	完成30%经费目标，累计完成目标任务100%，做好每月数据收集及汇总分析工作；同时做好年度项目总结工作并提出下一年项目工作计划	区卫生和计划生育局	周学良	代　扬	社管中心

续表

序号	类别	工作任务	第一季度	第二季度	第三季度	第四季度	责任单位	分管领导	责任领导	责任人
28	二、医疗卫生	加强对全区存在苯、正己烷、三氯乙烯、铅、矽尘、高噪声等重点职业危害因素工厂企业的监测工作，评估全区职业病发病风险，保障劳动者健康	制定监测计划，完成全年工作总量的 10%	开展职业病检测与风险评估，完成全年工作总量的 45%	组织进行半年评估，对发现的问题及时调整，完成全年工作总量的 80%	完成全年监测企业 600 家的工作任务，汇总全区数据；撰写总结、分析报告	区卫生和计划生育局	周学良	徐庆十	公共卫生监督管理科
29	二、医疗卫生	为严重精神障碍患者提供服药管理服务与补贴	1. 制定项目实施的服务内容、服务人群、申请条件和流程；2. 对项目相关人员进行培训，学习项目的内容和服药申请的办理流程；3. 充分利用“五位一体”小组，并多渠道（如短信、报纸、电视和微信等媒介）宣传补贴服药项目；4. 第一季度申请注册补贴服药患者人数达到 300 人	1. 通过各渠道继续加强补贴服药项目的宣传力度；2. 对申请补贴服药的患者进行常规实验室检查（含血常规、血生化、心电图等）；3. 对服药病人进行服药疗效评估，填写服药疗效评估表；4. 第二季度申请注册补贴服药患者人数达到 800 人	1. 通过各渠道和多部门联合加强补贴服药项目的宣传力度；2. 对申请补贴服药的患者进行常规实验室检查（含血常规、血生化、心电图等）；3. 抽取一定病例数，了解补贴服药项目的实施情况，患者服药情况，组织好每月的药品发放工作；4. 第三季度申请注册补贴服药患者认识达到 1200 人	1. 通过各渠道和多部门联合加强补贴服药项目的宣传力度；2. 对申请补贴服药的患者进行常规实验室检查（含血常规、血生化、心电图等）；3. 完成补贴服药项目的总结报告和项目评估；4. 第四季度申请注册补贴服药患者认识达到 1500 人	区卫生和计划生育局	周学良	徐庆十	疾病预防控制科
30	三、就业安居	扩充创业项目库规模，新征集 50 个科技含量高、创新要素多、符合宝安产业发展方向、带动就业快的创业项目，向有志创业群体推介	制定宝安区创业项目征集管理规程	加强宣传，面向社会广泛征集创业项目	新征集 50 个创业项目，经专家评审入库；通过公共就业创业服务平台、创业项目推介会、创业项目路演等形式向有志创业者推介创业项目	落实创业项目补贴政策	人力资源局	周学良	张晓洲	张汉煌
31	三、就业安居	推进创业孵化基地建设，新认定 5 家区级创业孵化基地，为自主创业人员提供更多一体化发展空间和专业化创业服务	召开创业孵化基地推介会，开展创业孵化基地推介、创业指导专家与创业者“一对一”帮扶协议签订、区级创业孵化基地授牌工作，并做好宣传工作	引导和鼓励认定的创业孵化基地，承接举办“创业论坛”系列活动，自主举办创业沙龙和创业培训等创业服务活动，发动各街道组织户籍青年、大学生参观基地，激发创业热情	推动现有基地组建创业联盟，将基地所有创业资源实现开放共享，为所有创业者自主选择创业孵化场所、创业项目、资金、场地和专家指导服务	新认定 5 家区级创业孵化基地	人力资源局	周学良	张晓洲	张汉煌
32	三、就业安居	试点支持一批区内企业设立企业大学、企业学院等内训平台和机构	调研了解企业内训机构开展情况，制定内训机构评定标准	依据评定标准，审核企业申报情况，支持设立 1 家以上内训机构	依据评定标准，审核企业申报情况，支持设立 1 家以上内训机构	依据评定标准，审核企业申报情况，支持设立 1 家以上内训机构	职业训练局	梁敏华	刘益民	刘丰收
33	三、就业安居	开展各类产业人才培训 5000 人次以上	走访调研，制定方案，招生	完成培训 2000 人	完成培训 2000 人	完成培训 1000 人	职业训练局	梁敏华	车勇成	龙　龙
34	三、就业安居	持续提高劳动者的职业技能水平，年内完成职业技能鉴定 3000 人次以上	完成鉴定 300 人	完成鉴定 800 人	完成鉴定 1200 人	完成鉴定 700 人	职业训练局	梁敏华	车勇成	黄建年
35	三、就业安居	针对就业困难人员、生源毕业生、登记失业人员等重点群体，制定个性化帮扶措施，实现零就业家庭保持动态归零	举办 40 场公益招聘会，开展就业援助月活动，做好就业专项资金的审批发放工作	举办 40 场公益招聘会，加大重点群体就业创业扶持，做好就业专项资金的审批发放工作	举办 10 场公益招聘会、“创业服务周”活动、生源毕业生社会实践和青年见习推介会，做好就业专项资金的审批发放工作	举办 10 场公益招聘会和“企业招聘周”活动，加大重点群体就业创业扶持，做好就业专项资金的审批发放工作	人力资源局	周学良	张晓洲	王　烨

续表

序号	类别	工作任务	第一季度	第二季度	第三季度	第四季度	责任单位	分管领导	责任领导	责任人
36	三、就业安居	举办“春风行动”“就业援助月”等公益招聘会100场，开发岗位18万个	1.进行“春风行动”服务承办公开招标，并举办40场公益招聘会；2.开展就业援助月活动	举办40场公益招聘会，其中包括组织就业助残公益招聘会	举办10场公益招聘会	举办10场公益招聘会	人力资源局	周学良	张晓洲	王烨
37	三、就业安居	筹集人才住房和保障性住房3000套以上，供应2000套以上	结合市保障性安居工程年度工作目标制定《宝安区2017年度保障性安居工程计划及目标任务分解方案》	开工建设人才住房和保障性住房约1000套	开工建设人才住房和保障性住房约2000套，供应房源约1000套	完成全年筹集人才住房和保障性住房3000套以上，供应2000套以上的目标任务	住建局	双德会	戴鼎清	谭天宇
38	三、就业安居	向新引进入户的全日制本科及以上学历的人员和归国留学人员发放一次性租房和生活补贴	对于符合政策的新引进人才的租房和生活补贴申请开通“绿色通道”优先办理	对于符合政策的新引进人才的租房和生活补贴申请开通“绿色通道”优先办理	对于符合政策的新引进人才的租房和生活补贴申请开通“绿色通道”优先办理	对于符合政策的新引进人才的租房和生活补贴申请开通“绿色通道”优先办理	人力资源局	周学良	李先富	王烨
39	四、社会建设	推广环卫工人临时休息、就餐、避雨“爱心歇脚屋”项目，新增爱心歇脚屋67个点	广泛发动商铺，进行选点	完成20个点	完成20个点	完成27个点	城管（执法）局	朱恩平	陈才苏	江燕航
40	四、社会建设	实施“幸福老人计划”，开展各类为老活动160场以上	根据市福彩公益金文件，下发关于申报宝安区2017年度“幸福老人计划”区级项目资金的通知，组织开展各为老组织“幸福老人计划”项目申报工作	审核并汇总各为老组织宝安区2017年度“幸福老人计划”项目的申报资料，草拟资助金分配方案	确定“幸福老人计划”资助金分配方案，按流程拨付资助金	“敬老月”期间，按工作计划和活动安排组织各为老组织开展为老活动160场以上；总结“敬老月”期间开展各类活动的工作	民政局	周学良	曾子坤	杨冠青
41	四、社会建设	开展驻深部队官兵职业技能培训	统计第一期驻深各部队参加培训人员数量	联系和组织师资，举办第一期培训班	统计第二期驻深各部队参加培训人员数量	联系和组织师资，举办第二期培训班	民政局	周学良	史纪新	吴建忠
42	四、社会建设	开展“欢乐暑期·社工陪伴”关爱留守儿童行动，举办来深过暑假的留守儿童暑期活动30场以上	到街道各社区服务中心走访、座谈，了解各社区关爱留守儿童的实际需要，确定关爱行动的指导项目	研究确定10个有关爱留守儿童需要的社区服务中心，指导各中心制定关爱行动的计划；下拨资助金额	指导各中心利用社工专业服务能力，组织发动社区志愿者，开展30场以上的心理辅导、社会适应、行为矫正等专业社工服务及各类亲子主题活动	指导各中心总结关爱留守儿童行动开展情况	民政局	周学良	张明明	李映静
43	四、社会建设	组织开展社区邻里节活动140场，提升居民对社区的归属感和认同感	前去街道、社区走访、座谈，了解社区居民关于邻里节活动的项目需求	结合宝安区社区实际，初步确定宝安区邻里节分会场	制定社区邻里节活动方案，组织社区报送邻里节活动项目，下拨资助经费	组织全区140个社区居委会开展邻里节活动，引导社区居民走出家门参与各类活动，构建和谐、友爱的新型邻里关系	民政局	周学良	史纪新	李强
44	四、社会建设	为60周岁以上户籍老人购买意外伤害和意外医疗保险	开展调查摸底工作，了解老年人对意外伤害及意外医疗保险的需求	拟定保险方案和保险责任项目	开展招投标工作，与中标公司签订保险协议	拨付资金	民政局	周学良	曾子坤	杨冠青
45	四、社会建设	每个街道新建1家社区老年人日间照料中心	开展选址工作	选定运营机构	对场地进行装修改造	挂牌成立运行	各街道	周学良	各街道分管领导	各街道社会事务科
46	四、社会建设	组建区公共法律服务中心，构建“1+10+126”三级法律服务保障体系，提供一站式服务	制定中心新场地建设方案及预算	协调沟通新场地选址，做好新场地功能定位工作	进行新场地装修工程招标，新场地装修及网络平台建设	按办公需求购置办公用品，进驻新场地	司法局	周兆翔	查桂芳	阳少文

续 表

序号	类别	工作任务	第一季度	第二季度	第三季度	第四季度	责任单位	分管领导	责任领导	责任人
47	四、社会建设	在全区组织创建“深圳市学习型社区”12个，“宝安区学习型示范社区”10个	确定12个“深圳市学习型社区”和10个“宝安区学习型示范社区”创建社区	组织举办创建评估培训班，深入22个社区指导创建工作	深入22个社区指导创建工作，组织创建社区申报和参加市、区学习型社区评估	组织创建社区参加市、区学习型社区评估并圆满完成创建工作，总结年度学习型社区创建工作	职业训练局	梁敏华	刘益民	邱志韬
48	四、社会建设	完成新安街道布心二村等20个全区治安重点区域综合整治	下发重点区域整治工作方案；各整治区域制定实施方案，确定建设项目	启动综合整治工作	指导各街道开展整治工作；开展整治工作中期检查	完成整治建设项目，组织验收工作	政法委	区委副书记	陈佑明	蔡志鹏
49	五、慈善济困	开展残疾人健身工程，在各街道建立全民助残健身点，残疾人公共文化体育设施向残疾人免费开放	制定方案	各街道确定全民健身培训点	开展创建工作	检查验收	残　联	郑新强	靳卫民	赖　慧
50	五、慈善济困	区残疾人综合服务中心动工，项目拟覆盖残疾人托养、诊疗康复、教育培训、就业指导和残疾儿童早期干预、特殊教育等多个方面	完成项目的方案设计及报批工作；完成项目的勘察测量和勘察报告审查等工作	开展项目的初步设计；办理土地使用合同、人防审批等相关报建手续	完成项目的初步设计和概算的报批工作；办理水土保持、节水、排水等报批手续	完成项目的施工图设计、施工图审查及预算审定并移交区工务局招标动工建设	残　联	郑新强	杨洪流	张国华
51	五、慈善济困	对户籍残疾人发生重度残疾、一户多残、老残疾一体、生活困难、支付高等教育学杂费、无住房、意外事故和突发重病住院等特殊困难实施“精准扶贫”	完成2000人次，225万元的特殊困难救助款项的发放	完成2200人次，275万元的特殊困难救助款项的发放	完成2200人次，325万元的特殊困难救助款项的发放	完成2300人次，375万元的特殊困难救助款项的发放	残　联	郑新强	靳卫民	黄玉春
52	五、慈善济困	创新慈善帮扶模式，新发展成立20家冠名慈善基金	结合2017年区民政工作会议部署发展冠名慈善基金有关工作	各街道结合宝安区“6.30广东扶贫济困日”活动分别发动设立2家以上冠名慈善基金	跟进冠名慈善基金设立情况，指导相关机构按要求运作，并报民政局备案	总结全区冠名慈善基金发展情况，为新发展的冠名慈善基金制作牌匾，全年累计新成立冠名慈善基金20家以上	民政局	周学良	张明明	邱灿华
53	五、慈善济困	开展低保医疗救助“一站式”结算服务，提高救助效率	实施低保对象医疗救助办法，为低保对象按比例报销自费医疗费用；区财政部门落实经费；民政、卫计部门合作，建立低保医疗救助“一站式”结算服务管理系统、选定定点医院、筹办低保医疗救助“一站式”结算服务业务培训	继续实施低保对象医疗救助办法，为低保对象按比例报销自费医疗费用；民政、卫计部门合作，组织实施低保医疗救助“一站式”结算服务系统安装试运行	继续实施低保对象医疗救助办法，为低保对象按比例报销自费医疗费用；实施低保医疗救助“一站式”结算服务系统操作，方便低保群众就医救助	继续实施低保对象医疗救助办法，为低保对象按比例报销自费医疗费用；继续实施低保医疗救助“一站式”结算服务；巩固总结工作	民政局	周学良	史纪新	梁彬彬
54	五、慈善济困	新增35个社区流浪乞讨人员救助咨询点	拟定总体项目计划与实施方案，征求各街道意见	根据各街道修改意见完成项目实施方案，确定社区救助咨询点及联络员	组织业务培训、完成制度上墙及材料印制，开展业务试运行	完成35个咨询点的建立	民政局	周学良	史纪新	李巧英
55	六、文体惠民	开展文艺下乡、周末音乐会、开心超市等各类品牌文化活动300场以上	开展各类品牌文化活动50场	累计开展各类品牌文化活动117场	累计开展各类品牌文化活动211场	累计开展各类品牌文化活动300场	文体旅游局	梁敏华	童尽一	池广友

续表

序号	类别	工作任务	第一季度	第二季度	第三季度	第四季度	责任单位	分管领导	责任领导	责任人
56	六、文体惠民	举办宝图星期讲座80场、文化茶座30场、劳务工大讲堂20场以上	举办宝图星期讲座20场、开展文化茶座9场、劳务工大讲堂4场	举办宝图星期讲座20场、累计开展文化茶座15场、劳务工大讲堂6场	举办宝图星期讲座20场、累计开展文化茶座25场、劳务工大讲堂6场	举办宝图星期讲座20场、累计开展文化茶座30场、劳务工大讲堂4场	文体旅游局	梁敏华	童尽一	周英雄
57	六、文体惠民	举办外来青工文体节、鹏城金秋文化艺术节等系列文化节庆活动	制定第十三届深圳市外来青工文体节开幕式活动方案，积极做好筹备工作	举办深圳市第十三届深圳市外来青工文体节各项赛事	根据市文体旅游局要求，筹备第十四届“鹏城金秋”市民文化节	组织开展第十四届“鹏城金秋”市民文化节项目宝安区初赛，并选送优秀节目参加市级决赛	文体旅游局	梁敏华	童尽一	池广友
58	六、文体惠民	组织开展“宝安十景”评选，宣传、推广本土旅游资源	跟踪活动审批及经费下达情况	制定评选活动方案、确定承办机构	启动十景评选活动	选出“宝安十景”	文体旅游局	梁敏华	柯明	陈瑾瑜
59	六、文体惠民	编辑出版《宝安古墓葬》《宝安区不可移动文物名录》等本土历史文化系列丛书	收集整理《宝安古墓葬》《宝安区不可移动文物名录》等丛书资料	撰写《宝安古墓葬》《宝安区不可移动文物名录》等丛书初稿	组织专家对《宝安古墓葬》《宝安区不可移动文物名录》等丛书初稿评审，并根据专家意见修改	申请书号，排版，修改定稿后出版	文体旅游局	梁敏华	柯明	吴志刚
60	六、文体惠民	送电影进社区2000场	送电影进社区300场	送电影进社区600场	送电影进社区600场	送电影进社区500场	文体旅游局	梁敏华	童尽一	吴汉谋
61	六、文体惠民	建设星光街区艺术活动点25个	制定《2017年度宝安区“文化春雨行动”工作计划》	累计建设18个（新增设7个）街区艺术活动点	累计建设22个（新增设11个）街区艺术活动点	累计建设25个（新增设14个）街区艺术活动点	文体旅游局	梁敏华	童尽一	池广友
62	六、文体惠民	推广固定服务点服务与深入群众随机服务相结合的文艺志愿服务，推动基层文艺工作繁荣发展	向区宣传文化体育发展专项资金申报文艺志愿服务活动项目，做好年度文艺志愿服务活动计划安排，并进行动员	通过各文艺家协会和有关文艺团体，组织广大文艺家，深入各固定服务点开展常态性的文艺志愿服务活动，并结合节庆开展随机服务活动	通过各文艺家协会和有关文艺团体，组织广大文艺家，深入各固定服务点开展常态性的文艺志愿服务活动，并结合节庆开展随机服务活动争取在开展服务过程中，培育和增加固定服务点一至两个	通过各文艺家协会和有关文艺团体，组织广大文艺家，深入基层，在各固定服务点开展常态性和随机服务活动，并组织举办综合性的大型文艺志愿服务活动；年底对工作进行总结	文联	黄盛华	史文集	黄超华
63	六、文体惠民	完成曾氏大宗祠文物修缮及周边环境整治工程（一期）	完成施工招标	完成工程的30%	完成工程的70%	完成工程的100%	新桥街道	梁敏华	窦文耀	胡奎
64	六、文体惠民	完成沙井清平古墟及周边环境整治工程	完成项目前期工作，完成项目施工、监理招标工作	完成永兴桥周边临建拆迁工作，开展项目设计内15户建筑立面刷新工作	完成永兴桥周边道路整治，完成项目设计内15栋建筑立面刷新工作，指导有关业主开展项目设计外41栋建筑物自行整治工作	完成清平古墟周边环境整治工作所有工程量，指导有关业主完成项目设计外41栋建筑物自行整治工作，并完成相关验收工作	新桥街道	梁敏华	窦文耀	胡奎
65	六、文体惠民	宝安中心区青少年宫（含文化艺术中心）建成开放	工务局：施工简装、幕墙、智能化、小剧场、室外工程及精装工程，完成产值800万元；团区委：标识系统、设备及工器具、创客创意中心和多功能厅项目招标	工务局：施工幕墙、智能化、小剧场、室外工程及精装工程，完成产值1300万元；团区委：标识系统、创客创意中心和多功能厅施工建设，设备及工器具进场安装调试	工务局：工程收尾，进行专项验收，完成竣工验收，完成产值1150万元；团区委：开办大楼启用仪式，项目正式投入使用	工务局：进行专项验收，配合使用单位整改使用中发现的问题，办理工程结算手续	工务局 团区委	双德会	吴宝丰 许琳	梁旭辉 青少年宫工作领导小组办公室
66	六、文体惠民	石岩体育馆投入使用	完成形象进度70%	完成形象进度80%	完成形象进度90%	完成形象进度100%	石岩街道	梁敏华	朱志光	潘晓雷
67	六、文体惠民	举办各级各类体育赛事100项以上	举办比赛10项以上	举办比赛30项以上	举办比赛35项以上	举办比赛25项以上	文体旅游局	梁敏华	卢清	体育科

续表

序号	类别	工作任务	第一季度	第二季度	第三季度	第四季度	责任单位	分管领导	责任领导	责任人
68	六、文体惠民	大力推动沙井足球等特色体育事业发展，举办首届宝安足球文化节，开展合澜杯青年足球联赛	走访调研各社区足球发展情况，探索足球事业新模式	制定足球文化节及合澜杯青少年足球联赛方案	举办足球文化节及“合澜杯”青少年足球联赛	继续开展“合澜杯”青少年足球联赛及活动总结	沙井街道	梁敏华	朱锐	潘翠雯
69	六、文体惠民	建设篮球场、门球场、小型足球场等全民健身体育小场地30个	勘察场地、项目选址	招投标、设计等前期工作	施工建设	验收及投入使用	文体旅游局	梁敏华	郭汉奎	陈雪峰
70	六、文体惠民	区体育中心体育馆、体育场等分时段向社会公众免费开放	1. 体育馆室内羽毛球场、乒乓球场免费开放时间：8:00—12:00，14:00—18:00；2. 体育馆室外羽毛球场、篮球场全天免费对外开放；3. 室外网球场免费开放时间：7:00—12:00，15:00—18:00；4. 体育场一楼外围平台、二楼平台：6:00—22:00；5. 体育场副场跑道：6:00—16:00；6. 游泳场馆外围乒乓球台、健身器材全天免费开放	1. 体育馆室内羽毛球场、乒乓球场免费开放时间：8:00—12:00，14:00—18:00；2. 体育馆室外羽毛球场、篮球场全天免费对外开放；3. 室外网球场免费开放时间：7:00—12:00，15:00—18:00；4. 体育场一楼外围平台、二楼平台：6:00—22:00；5. 体育场副场跑道：6:00—16:00；6. 游泳场馆外围乒乓球台、健身器材全天免费开放	1. 体育馆室内羽毛球场、乒乓球场免费开放时间：8:00—12:00，14:00—18:00；2. 体育馆室外羽毛球场、篮球场全天免费对外开放；3. 室外网球场免费开放时间：7:00—12:00，15:00—18:00；4. 体育场一楼外围平台、二楼平台：6:00—22:00；5. 体育场副场跑道：6:00—16:00；6. 游泳场馆外围乒乓球台、健身器材全天免费开放	1. 体育馆室内羽毛球场、乒乓球场免费开放时间：8:00—12:00，14:00—18:00；2. 体育馆室外羽毛球场、篮球场全天免费对外开放；3. 室外网球场免费开放时间：7:00—12:00，15:00—18:00；4. 体育场一楼外围平台、二楼平台：6:00—22:00；5. 体育场副场跑道：6:00—16:00；6. 游泳场馆外围乒乓球台、健身器材全天免费开放	文体旅游局	梁敏华	卢清	梁海洋
71	七、公共安全	在重点企业、商业区推广安装电气安全动态监控系统10000套	制定工作方案，将安装电气安全动态监控系统10000套任务分解到各街道	督促街道开展安装任务，对各街道安装进度进行检查，抽查	督促街道开展安全任务，对各街道安装进度进行检查，抽查	督促街道开展安装任务，年底前开展检查督导，确保街道按时完成安装	安监局	郭子平	黎惠波	李柳青
72	七、公共安全	推进管道燃气入户改造工作，全年完成40000户老旧住宅区和城中村，以及69所学校、2所医院、148户餐饮商家的管道燃气入户改造	住建局：拟定2017年宝安区管道燃气入户工程、餐饮场所天然气改造工作方案，落实相应资金及项目名录；配合教育局、卫计局制定学校、医院管道天然气工作方案，落实项目名录；教育局：草拟《宝安区校园实施管道燃气入户工程工作方案》。区卫生和计划生育局：拟定《宝安区医院实施管道燃气入户工程工作方案》	住建局：完成项目设计以及前期准备工作，争取部分项目进入施工阶段；教育局：制定《宝安区校园实施管道燃气入户工程工作方案》，协调沟通燃气入户改造工程费用，争取部分学校进入工程施工管理，落实燃气入户改造工程费用；区卫生和计划生育局：协调区住建部门和各街道，争取部分进入工程施工管理	住建局：各项目进入全面施工阶段；教育局：工程队进场施工，与区住建局、市燃气集团及时协调解决项目施工建设过程中遇到的困难及问题；区卫生和计划生育局：工程队进场施工	住建局：各项目竣工验收，通气点火；教育局：继续开展工程建设，力争完成有关学校管道燃气入户改造的工程建设；区卫生和计划生育局：继续开展工程建设，争取完成工程建设	住建局 教育局 区卫生和计划生育局	双德会	王慧婷 熊俊峰 陈高飞	傅兴平 教育局 黄敏 区卫生和计划生育局
73	七、公共安全	新建一支应急救援战勤保障分队，一支消防装备维修分队	完成选址工作	完成建设任务	战勤保障分队和车辆维修分队装备采购	人员招聘，完成入驻	公安消防大队	周兆翔	李战凯	解龙
74	七、公共安全	新建一支区级政府专职消防队	按区局要求，对西乡辖区进行消防评估，及选址规划	确定选址并进行装修	组建消防队员	完成装修，消防队可投入运用	西乡街道	周兆翔	赖志民	西乡安监办

续表

序号	类别	工作任务	第一季度	第二季度	第三季度	第四季度	责任单位	分管领导	责任领导	责任人
75	七、公共安全	中心区特勤消防站、上川消防站建设工程主体封顶	中心区特勤消防站：项目移交，方案设计；上川消防：方案设计审查	中心区特勤消防站：方案设计审查；上川消防：初步设计及概算	中心区特勤消防站：初步及概算；上川消防：概算批复及施工图	中心区特勤消防站：概算批复及施工图，开展施工及监理招标工作；上川消防：施工及监理招标，工程建设	新安街道	周兆翔	刘　尧	江静波
76	七、公共安全	固戍消防站、臣田消防站建设工程主体封顶	根据固戍片区的土地性质，进行选址	进行设计规划	进行招标、施工	完成施工及开始运用	西乡街道	周兆翔	赖志民	西乡安监办
77	七、公共安全	桥头消防站建设工程主体封顶	向区发改局申请列入街道“十大工程”，并开展项目方案设计编制工作	开展项目初步设计及概算编制工作，并上报区发改局审批	待区发改局核发概算批复后，开展项目施工图设计及预算编制，并上报区造价站审批	完成项目前期工作，开展施工招标	福海街道	周兆翔	梁艺坚	福海城建办
78	七、公共安全	燕罗消防站建设工程主体基本封顶	完成施工图设计	完成预算审定及施工招标工作	开工建设	完成项目主体基本封顶	燕罗街道	周兆翔	周海峰	燕罗城建办
79	七、公共安全	新建消火栓7540个，改造消火栓1379个，更换消火栓管道2403套等	核查新建、改造消火栓建设数量，申请前期经费	设计施工招标	开工建设消火栓	完成消火栓建设任务并验收	公安消防大队	周兆翔	李战凯	解　龙
80	七、公共安全	新配备1艘消防救援艇	物色渔业消防船船型及参数，为采购做准备	完成渔业消防船采购工作	完成渔业消防船建造工作	完成渔业消防船验船、交船工作	经济促进局	高志远	刘柏稻	马湘华
81	七、公共安全	加强畜禽屠宰检疫管理工作；实现定点屠宰场屠宰生猪检疫率100%，家禽代宰点病死动物、检疫不合格动物及动物产品无害化处理率100%	严格实施定点屠宰场屠宰生猪屠宰同步检疫工作，实现同步检疫率100%，规范处置病死动物及检疫不合格动物产品；开展家禽代宰点检疫监督检查，督促规范实施病死禽只无害化处理，举办法律法规、动物防疫、品质检验培训班，提高基层动物防疫检疫水平	严格实施定点屠宰场屠宰生猪屠宰检疫检验工作，实现同步检疫率100%，督促企业强化安全生产管理，提高肉品品质检验水平；开展家禽代宰点检疫监督检查，配合燕罗街道开展检疫队伍培训，提高家禽代宰检疫检验水平，确保上市肉品质量安全	严格实施点屠宰场屠宰生猪屠宰检疫检验工作，实现同步检疫率100%；开展家禽代宰点检疫监督检查，指导驻场检疫机构开展大型流水线屠宰检疫工作	对定点屠宰场屠宰生猪实施同步检疫，实现同步检疫率100%，规范处置病死动物及检疫不合格动物产品；开展家禽代宰点检疫监督检查，强化入场查验、待宰巡查和屠宰检疫等工作，确保各项驻场检疫工作规范有效实施	经济促进局	高志远	刘柏稻	杨克军
82	七、公共安全	推进“食品安全放心工程”，新配备食品安全快速检测车7部，新增食用农产品质量安全快速筛查及定量检测预处理点50个	制定方案，组织发动	组织实施，现场指导	检查督导，组织申报	督促检查，协助评审	市场监督管理局宝安分局	周学良	李廷义	柯汉辉
83	七、公共安全	完成宝安中医院（集团）针灸康复医院挡墙边坡治理项目建设	现场勘验，检查边坡危险程度	根据检查结果确定治理方案并进行前期准备工作	实施边坡治理	完成边坡治理	新安街道	朱恩平	刘　尧	江静波
84	七、公共安全	完成西乡街道共乐华丰工业区边坡治理项目建设	积极配合市规土委宝安管理局开展立项工作	积极协调市规土委宝安管理局工作，争取项目立项	开展方案设计工作	完成项目建设	西乡街道	朱恩平	宋乃阵	西乡城建办
85	七、公共安全	完成航城街道东方英文书院足球场主席台东侧挡墙、东北侧挡墙边坡治理项目建设	开展项目立项等前期工作	开展前期工作	组织开展施工工作	继续施工并完成施工任务	航城街道	朱恩平	乔永普	航城城建办

续表

序号	类别	工作任务	第一季度	第二季度	第三季度	第四季度	责任单位	分管领导	责任领导	责任人
86	七、公共安全	完成福永街道兴围社区新利丰制模厂周边挡墙边坡治理项目建设	配合区发改局尽早完成项目立项	开展项目勘察、设计招标，并完成方案设计	完成项目初步设计及概算审批工作	完成项目施工图及预算编制，并组织施工	福永街道	朱恩平	闫　虎	冼汉超
87	七、公共安全	完成石岩街道水田新村机荷高速西南内侧挡墙边坡治理项目建设	待区国土部门下达治理计划，开展下一步工作	报发改立项，完成后开展下一步工作	完成项目前期勘察设计、预算编制等前期工作	完成项目建设工作	石岩街道	朱恩平	朱志光	谢建华
88	八、公共交通	开通社区微巴20条，重点保障11号线沿线站点接驳，新建10个微巴场站	开展社区微巴线路规划调研工作，协调各街道办开展微巴场站选址工作	组织实施开通10条社区微巴，并重点保障11号线沿线站点接驳，继续协调各街道办开展微巴场站选址工作	开展下半年社区微巴线路规划调研工作，配合各街道办开展微巴场站建设工作	组织实施开通10条社区微巴，完成全年20条工作任务，场站建设完成，投入使用	交通运输局	朱恩平	王　玮	谢开仁
89	八、公共交通	新投放新能源大巴1800台	督促西部公汽公司加快新能源公交车采购工作	督促西部公汽公司加快充电桩建设	督促西部公汽公司加快车辆投放	督促西部公汽公司完成车辆投放工作	交通运输局	朱恩平	王　玮	谢开仁
90	八、公共交通	完成凤凰山片区交通改善工程等30个交通拥堵综合治理项目	完成项目梳理工作项，梳理出全区治堵项目库	启动项目前期工作，并完成前期工作40%	完成项目前期工作100%	项目开工，并完成工程量100%	交通运输局	朱恩平	张忠泽	黄晓东
91	八、公共交通	规范提升全区道路标志标线标牌护栏等设施，打造交通设施示范区	粉刷翻新31条道路交通安全设施，新增修复10套双语标志路名牌，提高道路设施美化水平	粉刷翻新31条道路交通安全设施，新增修复10套双语标志路名牌，提高道路设施美化水平	粉刷翻新31条道路交通安全设施，新增修复10套双语标志路名牌，提高道路设施美化水平	粉刷翻新31条道路交通安全设施，新增修复10套双语标志路名牌，提高道路设施美化水平	交通运输局	朱恩平	张瑞芳	袁立辉
92	八、公共交通	新增监控探头100个、电子警察50套、违停球80个、车牌识别点10套、信号灯100套、交通引导屏10个以上	梳理需安装科技设施路段和路口，逐步推进该项工作	梳理需安装科技设施路段和路口，逐步推进该项工作	梳理需安装科技设施路段和路口，逐步推进该项工作	梳理需安装科技设施路段和路口，完成全年任务量	交警大队	朱恩平	包志强	交警大队
93	八、公共交通	建设12个公共停车场，新增公共停车位2000个以上	推进政府投资、社会投资类停车场开工建设	推进政府投资、社会投资类停车场开工建设	推进政府投资、社会投资类停车场开工建设	推进政府投资、社会投资类停车场开工建设；进行停车场建设竣工验收	发展和改革局	双德会	李　懿	王　丰
94	八、公共交通	规划设置500个绿道、公园共享单车停放点	完成规划设置方案	完成项目前期工作	完成绿道停放点规划设置任务50%	完成绿道停放点规划设置任务100%	城管（执法）局	朱恩平	刘　力	彭少星
95	八、公共交通	新建快速充电桩250个以上	出台年度充电桩建设实施方案，将任务下发到各街道完成场地选址、签订土地使用协议	进场施工、完成基建及设备安装工作	完成设备通电及调试工作	验收各场站设备	发展和改革局	双德会	陈炜诚	朱文金
96	八、公共交通	打通航空路二期等12条断头路	启动打通断头路项目前期工作	完成打通断头路项目前期工作	打通断头路项目开工建设	打通断头路项目完工	交通运输局	朱恩平	张忠泽	黄晓东
97	八、公共交通	完成中心区碧海a27号路新建工程建设	碎石桩施工；检测、雨污管道工程施工	给水管、电力、通信、路灯及路面施工	绿化施工	完成中心区碧海a27号路新建工程	西乡街道	朱恩平	宋乃阵	西乡建设工程事务中心
98	八、公共交通	完成宾隆路（宝安大道—宝源路）新建工程建设	完成宝源路口和宝安大道路口的收尾工程及沥青路面	完成配套工程，及人行道路灯、标志牌、公交亭，画分标线	完成宾隆路（宝安大道—宝源路）新建工程	完成宾隆路（宝安大道—宝源路）新建工程	西乡街道	朱恩平	宋乃阵	西乡建设工程事务中心

续表

序号	类别	工作任务	第一季度	第二季度	第三季度	第四季度	责任单位	分管领导	责任领导	责任人
99	八、公共交通	完成西湾公园跨金湾大道人行天桥新建工程建设	开始施工	完成工程形象进度35%	累计完成工程形象进度70%	累计完成工程形象进度100%	西乡街道	朱恩平	宋乃阵	西乡城建办
100	八、公共交通	完成西乡街道劳动路综合改造工程工程建设	完成项目形象进度5%	完成项目形象进度25%	完成项目形象进度75%	完成项目形象进度100%	西乡街道	朱恩平	宋乃阵	西乡城建办
101	八、公共交通	完成码头路综合改造工程80%工程量	完成项目形象进度5%	完成项目形象进度20%	完成项目形象进度75%	完成项目形象进度80%	西乡街道	朱恩平	宋乃阵	西乡城建办
102	八、公共交通	完成铜鼓路综合整治工程建设	完成项目形象进度5%	完成项目形象进度20%	完成项目形象进度75%	完成项目形象进度100%	西乡街道	朱恩平	宋乃阵	西乡城建办
103	八、公共交通	完成航城街道同富路综合改造工程建设	完成工程量25%	完成工程量的50%	完成工程量的75%	完成工程量的100%	航城街道	朱恩平	乔永普	航城市政建设工程事务中心
104	八、公共交通	基本完成育桥路（宝安大道—永岗路）工程建设	因桥塘路—荔丰路段存在大量拆迁拆迁工作，与区发改局协商分两期实施	待区发改局批复后，办理概算审批工作和预算审核工作	开展施工招标和施工工作	完成工程100%	福海街道	朱恩平	梁艺坚	福海城建办
105	八、公共交通	完成兴业西路等11条现状道路改造提升的福永街道塘尾片区交通微循环工程	完成施工招标工作	完成施工合同30%	完成施工合同60%	完成施工合同100%	福海街道	朱恩平	梁艺坚	福海城建办
106	八、公共交通	完成福佑路等5条现状道路改造提升的福永片区交通微循环工程	1. 完成项目部搭设、图纸会审等前期准备工作；2. 组织施工单位进场施工；3. 完成总工程进度约15%	1. 完成道路雨水、污水管道安装；2. 完成道路路基处理；3. 完成工程总进度约40%	1. 完成电力、照明工程；2. 完成管线迁改等；3. 完成工程总进度约70%	1. 完成道路沥青混凝土照明；2. 完成道路绿化种植；3. 完成道路人行系统；4. 完成交通标志标线；5. 完成工程总进度100%	福永街道	朱恩平	闫　虎	冼汉超
107	八、公共交通	完成桥头次中心区周边交通综合整治工程	完成施工招标工作	完成施工合同30%	完成施工合同60%	完成施工合同100%	福海街道	朱恩平	梁艺坚	福海城建办
108	八、公共交通	完成富桥大道（桥和路—景山路）新建工程	完成施工招标工作	完成施工合同30%	完成施工合同60%	完成施工合同100%	福海街道	朱恩平	梁艺坚	福海城建办
109	八、公共交通	完成桥兴路（黄埔路—南环路）新建工程建设	完成施工招标	完成总工程量的20%	完成总工程量的60%	完成总工程量的100%	新桥街道	朱恩平	钟启旗	陈子冬
110	八、公共交通	完成新玉路（沙井段）综合改造工程量的50%	完成施工招标	完成总工程量的10%	完成总工程量的30%	完成总工程量的50%	新桥街道	朱恩平	钟启旗	陈子冬
111	八、公共交通	沙浦国际艺展中心配套的艺展一、二、三、四路完工	完成监理招标工作，完成全年工作任务25%	开工建设，完成全年工作任务50%	完成工程形象进度50%，完成全年工作任务75%	完成建设，完成全年工作任务100%	松岗街道	朱恩平	冀小平	胡馨元
112	八、公共交通	完成松安路（广深公路—东宝河立交）现状道路综合改造工程65%以上的工程量	完成松安路（广深公路—东宝河立交）现状道路综合改造工程完成形象进度8%	完成松安路（广深公路—东宝河立交）现状道路综合改造工程完成形象进度18%	完成松安路（广深公路—东宝河立交）现状道路综合改造工程完成形象进度36%	完成松安路（广深公路—东宝河立交）现状道路综合改造工程完成形象进度65%	松岗街道	朱恩平	冀小平	文煌坚

续表

序号	类别	工作任务	第一季度	第二季度	第三季度	第四季度	责任单位	分管领导	责任领导	责任人
113	八、公共交通	完成松岗体育中心周边道路完善工程—东珠路综合改造工程75%以上的工程量	完成施工报建并开工建设	完成形象进度10%	完成形象进度35%	完成形象进度75%	松岗街道	朱恩平	冀小平	文煌坚
114	八、公共交通	完成东方大道大田洋段人行天桥新建工程建设	完成施工报建并开工建设	完成形象进度15%	完成形象进度45%	完成形象进度100%	松岗街道	朱恩平	冀小平	文煌坚
115	八、公共交通	完成松裕横路（宝安大道—广深公路）新建工程（松岗门户新城启动区道路新建工程）50%以上的工程量	完成部分征地拆迁工作	完成形象进度3%	完成形象进度20%	完成形象进度50%	松岗街道	朱恩平	冀小平	文煌坚
116	八、公共交通	完成石岩总部经济园周边配套道路—塘头大道扩建工程建设	完成形象进度50%	完成形象进度60%	完成形象进度80%	完成形象进度100%	石岩街道	朱恩平	朱志光	潘晓雷
117	九、环保水务	推进茅洲河片区新桥河、塘下涌等17条河道综合整治工程，完成50%工程量	完成总工程量5%	累计完成总工程量15%	累计完成总工程量30%	累计完成总工程量50%	环保水务局	郭子平	李　军	饶　伟
118	九、环保水务	茅洲河界河河道防洪（潮）工程、岸线景观、截污工程及其他配套工程等完工	茅洲河界河累计完成总工程量的65%	茅洲河界河累计完成总工程量的75%	茅洲河界河累计完成总工程量的85%	茅洲河界河累计完成总工程量的100%	环保水务局	郭子平	李　军	饶　伟
119	九、环保水务	推进九围河水环境整治工程，完成85%工程量	累计完成总工程量81%	累计完成总工程量82%	累计完成总工程量83%	累计完成总工程量85%	环保水务局	郭子平	李　军	饶　伟
120	九、环保水务	推进应人石河水环境整治工程，完成85%工程量	累计完成总工程量81%	累计完成总工程量82%	累计完成总工程量83%	累计完成总工程量85%	环保水务局	郭子平	李　军	饶　伟
121	九、环保水务	完成西乡河2#排涝泵站及配套管网工程	累计完成总工程量85%	累计完成总工程量90%	累计完成总工程量95%	累计完成总工程量100%	环保水务局	郭子平	李　军	饶　伟
122	九、环保水务	完成虾山涌排涝泵站工程	累计完成总工程量85%	累计完成总工程量90%	累计完成总工程量95%	累计完成总工程量100%	环保水务局	郭子平	李　军	饶　伟
123	九、环保水务	推进玻璃围涌雨水泵站工程，完成55%工程量	累计完成总工程量52%	累计完成总工程量54%	累计完成总工程量56%	累计完成总工程量60%	环保水务局	郭子平	李　军	饶　伟
124	九、环保水务	推进塘下涌片区排涝工程，完成70%工程量	累计完成总工程量65%	累计完成总工程量66%	累计完成总工程量68%	累计完成总工程量70%	环保水务局	郭子平	李　军	饶　伟
125	九、环保水务	完成西乡河上游橡胶坝新建工程建设	完成工程量80%	完成工程量90%	完成工程量100%	完成工程量100%	西乡街道	郭子平	黄世斌	西乡水务管理中心
126	九、环保水务	推进西乡街道劳动片区排水箱涵改造工程，完成50%工程量	完成工程量20%	完成工程量30%	完成工程量40%	完成工程量50%	西乡街道	郭子平	黄世斌	西乡水务管理中心

续表

序号	类别	工作任务	第一季度	第二季度	第三季度	第四季度	责任单位	分管领导	责任领导	责任人
127	九、环保水务	完成黄麻布河清淤工程建设	开展施工图编制工作	开展施工招标工作	完成工程量 50%	完成工程量 100%	航城街道	郭子平	刘锡贤	航城市政建设工程事务中心
128	九、环保水务	完成沙井街道衙边旧村内涝整治工程	完成预算编制	完成施工招标	完成 20%	完成主体工程	沙井街道	郭子平	辛　逸	李　璋
129	九、环保水务	推进黄埔社区内涝整治工程，完成 80% 工程量	开展黄埔社区内涝整治工程施工招标前期准备工作	完成黄埔社区内涝整治工程施工招标	开展黄埔社区内涝整治工程，完成 30% 工程量	完成黄埔社区内涝整治工程	新桥街道	郭子平	钟启旗	陈子冬
130	九、环保水务	推进上高坡排洪渠整治工程，完成 50% 工程量	完成施工图	完成施工招标	完成总工程量的 20%	完成总工程量的 50%	新桥街道	郭子平	钟启旗	陈子冬
131	九、环保水务	完成料坑片区内涝整治工程（一期）工程	完成施工图编制、预算编制等前期工作	完成施工招标	完成工程量的 30%	完成工程量的 100%	石岩街道	郭子平	陈浩强	叶国效
132	九、环保水务	完成爱群路北环至光明路段易涝点整治工程	完成施工图编制、预算编制等前期工作	完成施工招标	完成工程量的 30%	完成工程量的 100%	石岩街道	郭子平	陈浩强	叶国效
133	九、环保水务	完成洲石公路与松白路交汇处易涝点整治工程	完成施工图编制、预算编制等前期工作	完成施工招标	完成工程量的 30%	完成工程量的 100%	石岩街道	郭子平	陈浩强	叶国效
134	九、环保水务	推进固戍污水厂配套污水干管二期工程，新建污水管网 8 公里	完成 1 公里管网铺设	累计完成 2 公里管网铺设	累计完成 5 公里管网铺设	累计完成 8 公里管网铺设	环保水务局	郭子平	李　军	饶　伟
135	九、环保水务	推进茅洲河片区 18 项污水管网工程，新建污水管网 355 公里	新建污水管网 30 公里	累计新建污水管网 100 公里	累计新建污水管网 220 公里	累计新建污水管网 355 公里	环保水务局	郭子平	李　军	饶　伟
136	九、环保水务	推进新安街道翻身、上合片区，宝安中心片区，裕安路以南片区，新安公园片区等 4 项雨污分流管网工程，新建污水管网 51 公里	新安街道裕安路以南片区污水支管网完善工程：新建管网 3 公里；新安街道新安公园片区雨污分流管网工程：完成新安湖社区、前进路、裕安路管道铺设 4 公里；新安街道宝安中心区片区雨污分流管网工程：新建管网 1 公里；新安街道翻身、上合片区雨污分流管网工程：新建管网 1 公里	新安街道裕安路以南片区污水支管网完善工程：新建管网 3 公里，累计 6 公里；新安街道新安公园片区雨污分流管网工程：完成大浪社区管道铺设 4 公里；新安街道宝安中心区片区雨污分流管网工程：新建管网 1 公里，累计 2 公里；新安街道翻身、上合片区雨污分流管网工程：新建管网 3 公里，累计 4 公里	新安街道裕安路以南片区污水支管网完善工程：新建管网 4 公里，累计 10 公里；新安街道新安公园片区雨污分流管网工程：完成洪浪社区和公园路管道铺设 4.5 公里；新安街道宝安中心区片区雨污分流管网工程：新建管网 1 公里，累计 3 公里；新安街道翻身、上合片区雨污分流管网工程：新建管网 5 公里，累计 9 公里	新安街道裕安路以南片区污水支管网完善工程：新建管网 4 公里，累计 14 公里；新安街道新安公园片区雨污分流管网工程：完成建安社区、甲岸社区和创业路管道铺设 4.5 公里，累计 17 公里；新安街道宝安中心区片区雨污分流管网工程：新建管网 2 公里，累计 5 公里；新安街道翻身、上合片区雨污分流管网工程：新建管网 6 公里，累计 15 公里	新安街道	郭子平	刘　尧	江静波
137	九、环保水务	推进航城街道机场外排水渠综合整治工程，完成 60% 工程量	完成工程量的 14%；1. 三支渠 SK1+734~SK1+962 段；2. 机场外排水渠 K0+400~K1+633.4 段；3. 金乡一路截污管道	完成工程量的 29%；1. 钟屋渠 ZK1+145~ZK1+375 段；2. 钟屋渠 ZK1+460~ZK1+515 段；3. 外排水渠 K2+024~K2+582 段；4.107 以东截污管道	完成工程量的 46%；1. 钟屋渠 ZK0+060~ZKO+500；2. 桥梁 2 座；3. 凯成二路截污管道	完成工程量的 60%；1. 外排水渠 K3+300~K3+925；2. 桥梁 2 座；3. 绿化工程	航城街道	郭子平	乔永普	航城市政建设工程事务中心

续表

序号	类别	工作任务	第一季度	第二季度	第三季度	第四季度	责任单位	分管领导	责任领导	责任人
138	九、环保水务	推进福永街道立新湖水库周边片区雨污分流管网工程，新建污水管网33公里	完成6公里	完成7公里	完成9公里	完成11公里	福永街道	郭子平	闫　虎	冼汉超
139	九、环保水务	推进沙井街道西部片区、共和片区雨污分流管网工程，新建污水管网25公里	完成3公里	完成5公里	完成7公里	完成10公里	沙井街道	郭子平	辛　逸	李　璋
140	九、环保水务	推进新桥街道新桥片区雨污分流管网工程，新建污水管网8公里	完成1公里	完成2公里	完成2公里	完成3公里	沙井街道	郭子平	辛　逸	李　璋
141	九、环保水务	推进松岗街道中心片区、罗田水流域片区雨污分流工程，新建污水管网27公里	新建管道4公里，完成考核的工程量14%	累计新建管道13公里，完成考核的工程量43%	累计新建管道22公里，完成考核的工程量73%	累计新建管道30公里，完成考核的工程量100%	松岗街道	郭子平	冀小平	叶泳怡
142	九、环保水务	完成石岩街道北环路以南片区、北环路以北片区、上屋西片区、铁岗水库流域料坑片区、麻布片区雨污分流工程，新建污水管网44公里	石岩街道北环路以南片区：新建管网2.5公里，北环路以北片区：新建管网2公里，上屋西片区：新建管网2公里，铁岗水库流域料坑片区：新建管网2公里，麻布片区雨污分流工程：完成施工招投标工作	石岩街道北环路以南片区：新建管网5公里，北环路以北片区：新建管网4公里，上屋西片区：新建管网3公里，铁岗水库流域料坑片区：新建管网5公里，麻布片区雨污分流工程：开工建设	石岩街道北环路以南片区：新建管网7.5公里，北环路以北片区：新建管网6公里，上屋西片区：新建管网4公里，铁岗水库流域料坑片区：新建管网8公里，麻布片区雨污分流工程2公里	石岩街道北环路以南片区：新建管网12公里，北环路以北片区：新建管网10公里，上屋西片区：新建管网6公里，铁岗水库流域料坑片区：新建管网12公里，麻布片区雨污分流工程累计完成4公里	石岩街道	郭子平	朱志光	潘晓雷
143	九、环保水务	13辆喷雾式新能源抑尘车投入运营	完成13辆抑尘车运营管理的招投标工作	按照工作方案实施抑尘车运营管理，并做好监督管理工作	按照工作方案实施抑尘车运营管理，并做好监督管理工作	做好抑尘车运营管理的年度考核工作，总结经验，科学合理确定下一年运营管理方案	环保水务局	郭子平	谢佩强	苏　媚
144	九、环保水务	建设10处环境信息实时显示屏	完成实际方案和选址	完成初步设计、费用落实和招标文件编制	完成招标、合同签订工作	完成安装和调试，投入试运行	环保水务局	郭子平	谢佩强	姚云峰
145	九、环保水务	完成1000公里排水管网清疏	完成项目前期准备工作	完成清淤量373公里，其中市政管网260公里，社区管网113公里	完成清淤量745.2公里，其中市政管网519.6公里，社区管网225.7公里	完成清淤量1027.9公里，其中市政管网589.6公里，社区管网438.3公里	环保水务局	郭子平	茹月华	李英豪
146	九、环保水务	动工建设宝安区优质饮用水入户工程（四期），对9个居民小区供水设施进行更新改造	组织完成改造小区评选工作，开展设计招标	开展初设及概算编制工作	完成概算审批，开展施工图设计	完成施工、监理及材料招标并开工建设	环保水务局	郭子平	林　青	冼秋瑜
147	九、环保水务	建设6个环境区域噪声自动监测站和1个道路交通噪声自动监测站	开展宝安区环境噪声自动在线监测子站选址工作	根据选址结果完成噪声自动监测站建设工作	根据监测结果制定专项工作方案，做好噪声污染防治工作	根据监测结果制定专项工作方案，做好噪声污染防治工作	环保水务局	郭子平	谢佩强	苏　媚
148	十、市容环境	新增屋顶及垂直绿化30000平方米以上	完成本年度立体绿化项目选址工作	完成本年度立体绿化项目概算编制	完成本年度立体绿化项目施工前期工作	完成本年度立体绿化项目建设工作	城管（执法）局	朱恩平	刘　力	欧国略

续表

序号	类别	工作任务	第一季度	第二季度	第三季度	第四季度	责任单位	分管领导	责任领导	责任人
149	十、市容环境	尖岗山—大井山生态公园完成60%工程量	完成测量放线及树木迁移的50%	完成树木迁移的100%，路基开挖完成20%	路基开挖完成50%，边坡支护完成30%	路基开挖完成80%，边坡支护完成60%，桥梁桩基全部完成，给排水管网完成30%，完成总工程量的60%	新安街道	朱恩平	刘 尧	江静波
150	十、市容环境	完成凤凰山森林公园三期—西乡片区工程	开展施工、监理招标工作	开展施工、监理招标等施工前工作，项目移交施工单位进行施工	累计完成工程量30%	累计完成工程量100%	航城街道	朱恩平	乔永普	航城城建办
151	十、市容环境	完成西乡街道企龙山公园新建工程80%	开展监理、施工招投标工作	完成监理、施工招投标工作，施工单位进场施工	开展施工工作，预计完成施工形象进度50%	开展施工工作，预计完成施工形象进度80%	西乡街道	朱恩平	罗培庆	西乡城管办
152	十、市容环境	西湾片区景观提升工程（一期）B段建设完成70%工程量	一地块施工，累计完成45%工程量	一地块施工，累计完成60%工程量	一地块施工，累计完成65%工程量	一地块施工，累计完成70%工程量	西乡街道	朱恩平	宋乃阵	西乡建设工程事务中心
153	十、市容环境	下角山公园完工	完成工程量10%	完成工程量30%	完成工程量60%	完成工程量100%	航城街道	朱恩平	乔永普	航城市政建设工程事务中心
154	十、市容环境	完成大钟山公园新建工程80%工程量	完成施工招标	完成总工程量的30%	完成总工程量的50%	完成总工程量的80%	新桥街道	朱恩平	钟启旗	陈子冬
155	十、市容环境	完成罗田森林公园一单体建筑除外工程建设	完成10%，累计完成总形象进度70%	完成10%，累计完成总形象进度80%	完成15%，累计完成总形象进度95%	累计完成总形象进度100%	城管（执法）局	朱恩平	文旭平	李美蓉
156	十、市容环境	松岗公园二期工程完成50%的工程量	开展施工报建工作	开工建设	形象进度25%	形象进度50%	松岗街道	朱恩平	冀小平	文煌坚
157	十、市容环境	羊台山森林公园一期配套项目—羊台山提升完善工程完成50%工程量	完成监理、施工招标工作	完成形象进度5%	完成形象进度10%	完成形象进度50%	石岩街道	朱恩平	朱志光	叶伟军
158	十、市容环境	完成黄麻布社区公园等24个社区公园改造提升工程	督促各街道办开展前期工作	督促各街道办6月底前完成前期工作	督促各街道办开展施工工作	督促各街道办12月底前完成施工工作	城管（执法）局	朱恩平	刘 力	秦明辉
159	十、市容环境	完成新安留仙一路南段西侧国有土地景观改造提升工程	完成设计招标及设计方案	初步设计及概算	概算批复及施工图	施工招标及工程建设	新安街道	朱恩平	刘 尧	江静波
160	十、市容环境	完成新圳西路改造工程、宝农一巷西段改造工程等为主要内容的特色商业街区市政及配套设施建设工程—新安片区	完成甲岸公园凉亭基础工程的100%、甲岸公园改造工程的20%；甲岸村口和新圳西路改造工程的50%	完成甲岸公园改造工程的50%；新安湖商业城周边改造工程的100%；甲岸村口和新圳西路改造工程的100%	完成甲岸公园改造工程80%；黄氏宗祠改造工程的100%；完成宝农一巷道路改造工程的80%	全部完工	新安街道	朱恩平	刘 尧	江静波
161	十、市容环境	完成尖岗山新兴产业园（一期）慢行系统提升改造工程及海安苑保障房市政管网完善工程	完成海安苑保障房红线外给排水管网工程的50%	完成海安苑保障房红线外给排水管网工程的100%	完成上川二路、隆昌路、洪浪北二路、宝石路的慢行系统改造	完成留仙一路、二路、三路，宝石路的慢行系统改造，年底完工	新安街道	朱恩平	刘 尧	江静波
162	十、市容环境	完成机场周边区域景观提升工程	对机场周边区域景观进行排查	对排查后的机场周边区域景观情况进行研究	对确实需要提升的机场周边区域开展景观提升前期工作	以加强管养、补种等形式提升机场周边区域景观	航城街道	朱恩平	刘锡贤	航城城管办

续表

序号	类别	工作任务	第一季度	第二季度	第三季度	第四季度	责任单位	分管领导	责任领导	责任人
163	十、市容环境	完成下角山片区景观提升工程建设	完成总工程量的 15%	完成总工程量的 35%	完成总工程量的 70%	完成总工程量的 100%	航城街道	朱恩平	乔永普	航城市政建设工程事务中心
164	十、市容环境	完成沙井街道十大产业园区周边环境整治工程建设	完成监理、施工招投标工作，进场施工	累计完成 30% 工程量	累计完成 70% 工程量	累计完成 100% 工程量	沙井街道	朱恩平	辛　逸	李　璋
165	十、市容环境	完成宝安区绿道网设施完善工程—沙井片区建设	现场勘查，拟定绿道设施完善计划	对绿道设施进行全面修复、完善	加强绿道设施完善工程	完成绿道设施完善工程	新桥街道	朱恩平	钟启旗	麦建辉
166	十、市容环境	完成老虎坑垃圾填埋场二期中区工程建设	完成总形象进度 80%	完成总形象进度 90%	基本完工	竣工验收	城管（执法）局	朱恩平	文旭平	李美蓉
167	十、市容环境	老虎坑焚烧发电厂三期工程完成 50% 建设量	继续老虎坑焚烧发电厂三期工程场地平整工程施工以及桩基工程施工	继续老虎坑焚烧发电厂三期工程场地平整工程施工以及桩基工程施工	老虎坑焚烧发电厂三期工程桩基工程检测，开展项目施工图设计及主体建安施工招标	老虎坑焚烧发电厂三期工程垃圾池工程施工，设备安装工程年底前开工	城管（执法）局	朱恩平	文旭平	隋继超
168	十、市容环境	全区新创建 80 个垃圾减量分类达标小区	各街道选定住宅小区启动垃圾分类减量达标小区创建工作	督促各街道有关住宅小区按要求开展达标创建	加强住宅小区的创建指导，提高创建工作成效	组织开展达标小区评价验收	城管（执法）局	朱恩平	陈才苏	林海滨
169	十、市容环境	完成和一、步涌社区周边垃圾房新建及改造工程	开展招标工作	完成招标	进场施工	完成新建及改造工程	沙井街道	朱恩平	邓亚虎	陈贺荣
170	十、市容环境	完成官田新村垃圾中转站（公厕）工程	开展施工招投标工作	完成施工招投标工作及图纸会审	完成施工进度的 50%	完成施工进度的 100%	石岩街道	朱恩平	陈浩强	张　旭 石　岩
171	十、市容环境	完成新安街道 19 区、50 区自由小区等 15 个城中村及旧住宅区综合整治	计划完成 15 个城中村整治，第一季度进行现场勘察工作	针对 15 个城中村组织开展整治工作	继续开展整治工作	整治完毕并验收	新安街道	朱恩平	孙志刚	廖子崇
172	十、市容环境	完成西乡街道共乐旧村、河西旧村等 19 个城中村及旧住宅区综合整治	完成施工招标等前期工作	完成工程总量的 40%	完成工程总量的 70%	完成工程总量的 100%，完成工程验收工作	西乡街道	朱恩平	罗培庆	西乡城管办
173	十、市容环境	完成航城街道草围旧村、后瑞旧村、利锦社区等 3 个城中村及旧住宅区综合整治	项目立项	开展设计、勘察等单位招标工作	开展施工图设计等前期工作	开展施工	航城街道	朱恩平	刘锡贤	航城城管办
174	十、市容环境	完成福永街道凤凰市场西区、南区等 9 个城中村及旧住宅区综合整治	确定整治区域和整治项目	完成项目申报审批手续	施工阶段，完成施工任务的 30%	施工阶段，完成施工及验收	福永街道	朱恩平	周　慧	梁志斌
175	十、市容环境	完成福海街道玻璃围新村南、和顺新村等 11 个城中村及旧住宅区综合整治	确定整治区域和整治项目	完成项目申报审批手续	施工阶段，完成施工任务的 30%	施工阶段，完成施工及验收	福海街道	朱恩平	林松龙	福海城管办
176	十、市容环境	完成沙井街道衙边社区老住宅区、辛养社区居民小区等 45 个城中村及旧住宅区综合整治	开展现场勘查工作，确定整治内容制定整治计划	联合社区整治中队，完成辖区 15 个城中村的市容整治工作，并督促社区落实管理职责	联合社区整治中队，完成辖区 15 个城中村的市容整治工作，并督促社区落实管理职责	联合社区整治中队，完成辖区 15 个城中村的市容整治工作；督促社区落实管理职责；实行常态巡查，巩固整治效果	沙井街道	朱恩平	邓亚虎	罗丽平

续表

序号	类别	工作任务	第一季度	第二季度	第三季度	第四季度	责任单位	分管领导	责任领导	责任人
177	十、市容环境	完成新桥街道新桥社区洋下五区、新桥社区大庙小区等 11 个城中村及旧住宅区综合整治	完成 11 个城中村及旧住宅区综合整治任务的 20%	完成 11 个城中村及旧住宅区综合整治任务的 50%	完成 11 个城中村及旧住宅区综合整治任务的 80%	完成 11 个城中村及旧住宅区综合整治任务	新桥街道	朱恩平	钟启旗	麦建辉
178	十、市容环境	完成松岗街道江边旧村、溪头村旧屋村等 13 个城中村及旧住宅区综合整治	确定整治范围和方案	完成设计、预算编制	完成施工招标	完成整治	松岗街道	朱恩平	何明青	文欣仪

创新宝安

【深圳市首个制造业创新中心在宝安启动】 2017 年 4 月 12 日，深圳市太赫兹制造业创新中心在宝安区西乡街道挂牌成立，这既是全市首个启动的制造业创新中心，也是国内首家将太赫兹技术与电子信息制造业相融合的创新中心。该中心的成立，旨在汇聚多方力量，聚焦太赫兹科学和应用最新技术成果，其发展定位是面向国内外太赫兹科学与技术的高水平产学研平台，是攻克太赫兹领域关键技术的生力军，是培养太赫兹高新技术的产业与人才基地，是培育太赫兹品牌企业的摇篮。太赫兹技术广泛应用于电子信息、生命科学、生物检测、通讯雷达、军事、国家安全与反恐等多个领域。多年来，华讯方舟坚持在太赫兹领域大力研发，太赫兹技术处于国内一流行列，部分技术经处于国际领先，在全世界率先实现同时用 3 种方式获得太赫兹源，并分别研发制造太赫兹人体安检门、光谱分析仪等实用型产品。华讯方舟科技有限公司与深圳职业技术学院、深圳市太赫兹科技创新研究院在挂牌仪式上签订战略合作协议。

【全市首家街道级社区党校成立】 2017 年 5 月 19 日，沙井街道举行社区党校（社区干部学院）揭牌仪式暨学习习近平总书记对广东工作重要批示精神专题辅导报告。沙井街道社区党校（社区干部学院）系全市首家街道级社区党校（社区干部学院），采用“123456”的办学模式：“1”是坚持“党校姓党”的这“一条主线”；“2”是坚持理论教育与能力培训“两个重心”；“3”是建立课堂教育、外训平台、实训基地“三大平台”；“4”是用好用足各级领导干部、专业讲师、特色讲师和基层党员干部“四类师资”；“5”是创新主体课堂、自选课堂、空中课堂、一线课堂、流动课堂“五大课堂”；“6”是重点培训社区“两委”班子成员、社区股份合作公司经营管理人员、社区专职和辅助工作人员、社区党员、“两新”党员和社区居民“六类对象”。

【宝安率先在全省成立区级文艺志愿者协会】 2017 年 8 月 22 日，宝安区文艺志愿者协会第一次会员大会在区群艺馆举行，宝安率先于省内成立区级文艺志愿者协会。区人大常委会主任张志彪为首届宝安区文艺志愿者协会授旗，并寄语广泛动员文艺工作者投身文艺志愿服务，将更多思想性、艺术性、观赏性相统一的优秀文艺作品送到千家万户。

【深圳首家母胎医学研究所落户宝安】 2017 年 11 月 4 日，“宝安区母胎医学研究所”正式落户宝安区妇幼保健

深圳市首个制造业创新中心在宝安启动

院，是深圳首家母胎医学研究所。宝安区妇幼保健院引进香港中文大学著名胎儿医学梁德杨教授团队，帮助该院在该领域前进和发展。香港中文大学下属的妇产科学系胎儿医学中心是香港最大的胎儿医学中心，其胎儿疾病宫内治疗技术位世界前沿。该团队受邀成为宝安区妇幼保健院的临床与科研指导团队，全权负责该院胎儿医学部的规划与建设。通过专家定期疑难病例讨论、专家坐诊、网络视频会议、提供专业技术人员进修培训等方式，指导该院开展胎儿医学及产前诊断临床工作，及与之相关的科学研究工作。

全国社区教育数字化学习联盟落户宝安

【全国社区教育数字化学习联盟落户宝安】2017年11月23日，全国社区教育数字化学习联盟成立大会暨学术研讨会在宝安召开，全国教育行政主管、社区教育先行区代表、省市社区教育中心负责人、中国成人教育、社区教育的一线教学和研究人员，区委区政府、区素质工程领导小组成员单位等300余人出席大会。大会宣读全国社区教育数字化学习联盟成立文件，并举办联盟揭牌仪式。2016年，宝安区率先提出建设“‘O2O’城市学院”的规划目标，根据规划，宝安区“O2O”城市学院将利用云计算、移动互联网等新一代信息技术，通过“线上线下”学习相结合，实现“1（区）+10（街道）+N（社区企业）”全覆盖，构建“人人学习、时时学习、处处学习”的全民终身学习环境。“O2O”城市学院项目完成《智慧社区教育和职业培训公共学习平台初步设计和概算（初稿）》编制工作，预计将于2019年年底全面建成。“全国社区教育数字化学习联盟”作为中国成人教育协会的二级机构，由中国成人教育协会领导、监督和管理。

【宝安在全省率先全面推进环保主任试点工作】2017年11月29日，宝安区企业“环保主任”培训结业典礼暨“宝安河务通”企业端开通仪式在区委区政府举行，为加快黑臭水体治理工作增添新动力。宝安区环水局在全省率先试点“环保主任”制度，共有631名环保主任通过培训上岗，同时开发“河务通”企业端APP平台，“河务通”为每个企业设置独立账号，并设计勾选式的企业生产状况填报表单，企业环保主任要定期通过“河务通”上报生产经营及产污治污状况，监管部门可第一时间审阅该上报信息并针对问题企业开展核查，以实现对企业和企业环保主任的一系列量化考核。同时，监管部门可通过该平台实现管理信息和新闻动态的实时发布，让企业及时了解最新的法律法规、政府管理方针和政策，促进企业建立环保自律制度，提升企业守法经营意识与水平。这是宝安创新环保监管模式的又一重要举措。

【全国首家区校共建未来教育体验中心揭牌】2017年12月8日，宝安区教育信息化规模应用推进工作会召开，宣布全国首个未来教育体验中心——宝安区未来教育体验中心揭牌启用，这也是全国首家区校共建未来教育体验中心揭牌。2所微软创新示范学校和10所微软创新学校同时启动建设。基于“信息化对人类的生产生活乃至思维学习方式都产生重要影响”的认知与判断，宝安区按照“科学设计、标准引领、数据统一、应用融合、共建共享”的规划与建设理念，深入推进信息技术与教育教学的深度融合发展，打造智慧教育标杆。宝安成为全市唯一与国家教育云、粤教云、鹏教云资源融合的区，实现本地资源与国家、省、市资源互通，是中央电教馆“国家数字教育资源公共服务体系建设试点”全国应用示范区。（何 图）

重要展会和论坛

【宝安参展第十三届“文博会”】2017年5月10日至15日，第十三届中国（深圳）国际文化产业博览交易会（以下简称“文博会”）举行。本届文博会宝安区围绕“滨海宝安、产业名城、活力之区”的精神主题，设置主场馆及11个分会场，“中英创意产业合作周”“两岸礼物博览会”“琥珀时尚精品周”等14个专项活动。宝安主展馆位于深圳会展中心1号馆，

宝安参展第十三届“文博会”

展示面积 384 平方米。以“滨海宝安、产业名城、活力之区”为创意出发点，展现宝安作为“粤港澳大湾区脊梁”的自然禀赋特色和作为“深港文化之根”的历史人文特色，将“现代与传统”相结合，体现“文化 +”元素。在外观造型上，以“滨海蓝”为背景色，采用新型环保材料，在展区中间设置“滨海文化柱”4 根，实现文化与创意、人文与科技的激情碰撞。在展示内容上，既有对宝安区重点文化企业和文化创意产业园区的静态展示，又有虚拟现实、智能制造等领域的动态体验；既有动漫设计、工业设计的获奖作品展示，又有宝安特色的杂技、魔术和非遗节目表演，尽显人文宝安的传统文化风采，绽放时尚宝安的产业活力。主题为“创见未来”，划分为“创新宝安”“科技宝安”“人文宝安”三大板块。通过面向全区公开招展、定向邀约、政府部门推荐等方式，征集小趴智能、精敏数字、金鼠影业、中非文化等 46 家文化创意企业共计 89 款创意产品和项目参展，展示内容丰富，创意亮点纷呈。本届参观宝安文博会分会场各项活动的观众达 60.73 万人次（主场馆人次由会展中心测定），比上届增长 83.58%。签约 24 个文创项目，总投资金额达到 289.6 亿元。项目分为区政府、相关街道、文化创意园引进优质企业或项目类三大部分。区政府与引进优质企业、项目，相关街道与引进优质企业、项目，以及文化创意园区与引进优质企业、项目类分别签约，分五批次进行。此次重大签约项目，区政府引进优质企业、项目 10 个，分别为区政府与深圳大视界文化产业投资管理有限公司等签约；街道引进优质企业、项目 4 个，分别为西乡等街道分别与深圳打铁文化传播有限公司等公司签约；文化创意产业园区引进优质企业、项目 10 个，分别为茶阅世界与茶通电子等签约。签约项目领域涵盖“互联网 +”、非遗传承、文化创新、科技众创和电影制作等。

【2017“宝博会”“智博会”“电博会”】2017 年 7 月 27 日至 29 日，2017 宝安产业发展博览会，连同 2017 深圳国际智能装备产业博览会、2017 深圳国际电子装备产业博览会在深圳会展中心开幕。2017 年智博会以“智能改变未来、产业促进发展”为主题，重点展示智能装备、机器人、自动化设备、SMT、激光、特种装备六大主题。展商将携 50 多项高端智能新产品首次发布。此外，40 多个国家和地区的 25 家政府机构、行业组织以及 300 余家重要国际企业组团前来参观采购洽谈。德国库卡、瑞士 ABB、日本三菱、雅马哈、杭州永创、大族激光等 480 家国内外知名企业参展。会上，安泽智能机器人举行全球首发仪式，推出的警用、服务和工业三个系列的机器人产品，涵盖排爆、巡逻、商用、民用、协作工业臂等多个应用领域的数款产品。另外，由深圳企业德富莱研发的国内首条工业 4.0 智慧工厂示范线在博览会上亮相，据介绍，该示范线将打通智能设计、智能管理到智能生产的整个智能制造流程，实现工业 4.0 标准。整个智能工厂仅需 2 人在中央监控室进行管理，而在此之前，仅生产线员工就要 59 人。展会还举办全球机器人产业峰会、第三届全球智能制造高端论坛、EeIE2017 创新成就之夜暨第四届工业设计“红帆奖”颁奖典礼等 30 多场配套活动。由大族激光集团推出的第三代激光清洗机系列产品，获得第四届工业设计“红帆奖”金奖。签约仪式上，12 宗重大项目签约落户宝安，协议投资额达 223.96 亿元人民币。宝安主要特色产业的 405 家优质企业及其产品纷纷亮相，全面展示宝安产业发展巨大成就。

【宝安参展第十四届“中国—东盟博览会”】2017 年 9 月 12 日至 15 日，第十四届“中国—东盟博览会”在广西南宁举行。第 14 届中国—东盟博览会组委会首次设立智能制造装备展区，并将在智能制造装备产业方面走在全国前列的深圳专馆安排在新扩建的展馆 E 区（智能制造装备展区），这种为宝安参展企业量身打造的设计，不仅让宝安展区更具特色，而且更充分体现参展产品的个性化特征；而宝安的智能制造装备产品也在展会上刮起一股“智造风”，成为展会的新热点。41 家宝安企业参展，展出的各类智能制造产品科技含量高，设计新颖奇巧。世椿智能装备股份有限公司的智能机器人、3D 打印机，科比特航空科技有限公司的多旋翼无人机，方图智能（深圳）科技集团股份有限公司的多媒体数模双备份会议系统及无纸化会议系统，深圳市华联宝科技有限公司的网络机顶盒、智能监控摄像头，盛天龙视听科技有限公司的智能语音音箱……各式各样的产品无不体现宝安智造的新奇与独特，吸引众多外国客商和专业观众前往参观咨询、洽谈交流。

【2017 年全国双创周深圳活动暨第三届深圳国际创客周】2017 年 9 月 15 日至 21 日，全国双创周深圳活动暨第三届深圳国际创客周活动举行。本届双创周主题为“双创促升级，壮大新动能”，继 2015 年、2016 年两届全国大众创业万众创新活动周的成功举办，“双创”理念得到更精准的延伸，全民参与的双创活动为中国经济发展提供新的增长点。宝安分会场系列活动以“创响滨海宝安，智造产业名城”为主题，采用“1+N”模式，设立 1 个主会场、7 个分会场，重点活动共计 13 场。其中主会场设在新安街道兴东社区的“众里创业社区”，福海信息港创客空间、深圳飞扬兴业科技有限公司等分别承办 7 个街道分会场。活动期间，主会场和分会场将分别以高峰论坛、主题沙龙、专题研讨会、展览等形式展示双创新成果。

【宝安参展“2017 物博会”】2017 年 10 月 12 日至 14 日，全球物流领域标杆性品牌盛会——第 12 届深圳国际物流与交通运输博览会在深圳国际会展中心开幕。由宝安区经济促进局牵头组织的 20 家宝安本土优质企业组成宝安展团在 9 号馆精彩亮相，此外还有数十家宝安优质企业按照行业分类，分别在 1 号馆、6 号馆和 9 号馆单独设立展区展示。众多宝安优质物流企业全方位、多维度展示宝安在粤港澳大湾区背景下的融合物流枢纽、物流强区的形象。

2017 年全国双创周深圳活动暨第三届深圳国际创客周宝安分会场开幕，区长姚任参观宝安分会场，了解创业者在宝安的发展情况

【2017 中德企业国际投资合作论坛】
2017 年 11 月 8 日，由中国国际投资促进中心（德国）和宝安中德（欧）产业发展合作联盟联合主办的“隐形冠军企业，全球化中的创新驱动者——2017 中德企业国际投资合作论坛”在宝安区拉开帷幕，众多德国行业协会、企业、企业家代表与宝安企业家齐聚一堂，乘盛会之机，商共赢之事。宝安通过邀请行业专家来宝安传经送宝，进一步推动辖区行业细分领域企业走好“专注、专业、创新”之路，早日成为全球化中的创新驱动者。商务部投资促进事务局局长刘殿勋出席论坛并致辞，中国国际投资促进中心（德国）主任徐遥君主持会议，区领导姚任、郑永刚、高志远参加论坛。德国著名管理学思想家、“隐形冠军”之父、西蒙顾和管理咨询公司荣誉主席赫尔曼・西蒙（Hermann Simon）教授就论坛主题“隐形冠军企业：全球化中的创新驱动者”发表演讲。论坛还对中德（欧）产业联盟和中德企业合作项目进行推介，就如何收购并管理隐形冠军、隐形冠军的发展驱动力及宝安企业对德合作机遇等话题展开专家对话，会上，共有 7 个中德合作意向项目落地宝安，并现场与宝安区企业服务中心进行签约仪式。这些意向项目的中德合作方将围绕激光切割、新能源汽车、航空物流、自动化、新材料研发应用、德国品牌运营、燃气微型涡轮机、机器人电机研发等方面开展务实合作。

【宝安参展第十九届“高交会”】
2017 年 11 月 16 日至 21 日，第十九届中国国际高新技术成果交易会（以下简称“高交会”）在深圳会展中心举行。本届高交会以“聚焦创新驱动、提升供给质量”为主题，由展览、论坛、专业技术会议等多项内容组成。宝安展区设在会展中心 1 号展馆，展区面积 170 平方米，设计秉承“滨海宝安、产业名城、活力之区”的主题，简洁大方。宝安区的 24 家参展企业分别来自新一代信息技术、智能装备制造、机器人、智能穿戴、无人机、虚拟现实领域，分布在展区的互动、成果、智能制造 3 个展示区域。此次参展的盟云全息为盟云移软全资子公司，带着他们最新研发的光粒子全息展示系统亮相，这款光粒子全息展示系统，是一种 LED 全息视频装置。它通过采用电机带动LED灯旋转，利用人眼光影滞留的原理形成浮空成像的效果，解决成像模糊失真以及受环境光影响巨大的问题，进而降低成本。光粒子全息设备支持对全息图像和视频的展示，并且可根据需求随时更换数字内容；以实现酷炫的全息悬浮效果，给顾客震撼的观感体验。6天内，宝安展区共吸引18万余人次参观，24家参展企业共收获高达3亿元的意向交易订单。

【东欧国家院士合作发展论坛】2017年11月27日至28日，第十六届中国国际人才交流大会“东欧国家院士合作发展论坛”在宝安凤凰书院举行，18位东欧国家院士、专家组团来深考察，并与宝安区政府、中科院深圳先进技术研究院签署科技创新、先进医学方面合作意向书。副区长周学良出席论坛，并代表区政府签约。

【科技“一带一路”与粤港澳大湾区创新论坛】2017年11月30日，中国科学院联动创新系列论坛——科技“一带一路”与粤港澳大湾区创新论坛在香港举行。区委书记、区长姚任应邀参加论坛系列活动，见证宝安区及宝安企业分别与中科院创新孵化投资有限责任公司签订战略合作协议，并实地调研考察香港科技园，与FDT（香港金融数据技术有限公司）高层座谈共商发展。

【宝安“创意十二月”】2017年12月5日，宝安“创意十二月”开幕。本届“创意十二月”活动，宝安区对申报活动进行严格把关，经过资料审核和现场考察，从29个项目中筛选出25个项目进行专家评审，最终22个创意项目入选。入选的每个活动都有开幕式、展览、论坛和主题文化活动等4个方面138场活动。这些活动中既有具有宝安特色的杂技、魔术和非遗节目表演，又有极具国际化视野的“创意英伦周”设计论坛，还有突显宝安设计特长的主题车模设计比赛、“旧楼新颜”墙绘第三季暨“点石成金”绘石艺术节等。作为每年宝安“创意十二月”的重头戏，第十届中国（深圳）国际工业设计节在西部国际珠宝城（宝立方）启幕，以“设计智造·共创未来”为主题，举行为期7天的精彩活动，创新推出首届“宝安杯”智能硬件创新设计大赛，首创“平台+孵化/加速+投资+产品化+产业化”赛制，推动获奖产品走向产业化、市场化，尽显人文宝安的传统文化风采，绽放时尚宝安的产业活力，助力宝安全面建设具有全球影响力的质量型、创新型产业名城。宝安区与世界设计风向标的设计之都——荷兰阿姆斯特举行“深圳－荷兰设计战略合作签约”，通过多方资源和方式建立多种互帮互助渠道，进一步促进双方之间的设计、商业和文化交流。

【全国第十三届打工文学论坛】2017年12月7日，全国第十三届“打工文学”论坛在福海街道举行。论坛由深圳市读书月组委会、深圳市作协主办，宝安区文联、宝安区作协、福海街道办事处等单位联合举办。通过“打工文学”讴歌时代精神，反映人民心声，拓展文学领域，以积极向上的文艺作品，服务进城务工人员，努力打造打工文学的文化品牌，构建社会主义核心价值体系的根本，积极推进社会主义和谐文化建设。

【“2017智能制造产业国际合作发展”论坛】2017年12月12日，由宝安区五类百强企业联合会、智能制造产业国际合作委员会和中国国际投资促进中心联合主办的“2017智能制造产业国际合作发展”论坛在宝安举行。中外众多权威专家、学者、企业家共聚一堂，把脉宝安智造，探讨共享共赢智造产业转型发展之路，为宝安企业发展传经送宝，推动宝安智造走向世界。

【中欧协同创孵高峰论坛】2017年12月17日，由宝安区人力资源局主办，中欧协同创孵高峰论坛在大公坊创业孵化基地举行，来自宝安区20多家创业孵化基地的负责人、运营人及各街道创业服务专员共100多人参加论坛。长江商学院创业项目副主任宫蓓、荷兰著名创业团队Trouble Maker负责人Henk werner、美国Gragon media创始人Andrew Aker、星网资本CEO陈凌等多位业内人士在论坛上发表对宝安创业孵化发展的看法，介绍欧洲先进的创业孵化理念，助推“新时代宝安创业”走向国际化。

宝安物产与品牌

【宝安咸茶】宝安咸茶为深圳市宝安区传统茶叶产品，主要选用宝安石岩羊台山生长的著名矮脚绿茶叶为原料，制作工艺历史悠久。据清嘉庆年间《新安县志·卷之三·物产》记载：“茶产邑中者甚多，其出于杯渡山绝壁上者有类蒙山茶，烹之作幽兰茉莉气，缘山势高得雾露以滋润之故，味益甘芳，但不易得耳。”制作宝安咸茶的绿茶叶生长在日照充足，山水资源丰富，水质甜美，土地肥沃的宝安石岩羊台山石土之间，因羊台山水和雾露水的滋润，溪谷与山脊相关分布，错落有致，山林茂盛、空气清新，形成独有的生态环境，孕育出天生丽质的绿茶叶，含天然丰富的矿物质和微量元素，肥壮宽厚最适宜制作咸茶茶叶，再辅以宝安当地所产佐料，经过多道传统工序精制成为宝安咸茶。宝安咸茶具有“清热解毒，去湿利脾”的功效，风味独特，风行粤港，深受欢迎。

【宝安凤凰茶】宝安凤凰茶为宝安区驰名绿茶茶种，据清嘉庆年间的《新安县志·卷之三·物产》记载：“凤凰山在大奚山账内，双峰插霄，形如凤阁，与杯渡山对峙，中有神茶一株，能消食退暑，但不可多得，土人于清明日上山采之，名曰凤凰茶。”宝安濒临浩瀚的南海，位于广东珠江口，湿气重，福永凤凰山一带山中有云雾和甘露水滋润，地下水源丰富，山青水甜，溪谷山脊相间分布错落有致，岩石红泥混合微元素丰富的肥沃土壤，有着得天独厚的气候条件和地理位置优势。宝安凤凰茶是矮化优质品种，属绿茶类，清明节前后，在山上即采即制，不发酵，柴火烧炒，传统古法制作工艺，茶味芳香，茶汤色泽润绿，耐冲耐泡，喝后甘甜，滑舌凉喉。宝安凤凰茶含茶碱、茶丹宁及维生素，饮用怡神醒脑、渴暑解胀、保健养生。

【宝安荔枝酒】宝安当地有着酿制宝安荔枝酒的传统习俗，南宋闻人规编撰医术《痘疹论》，记载痘疮治疗偏方：“荔枝肉，浸酒饮，并食之”，宝安人饮用荔枝酒有近千年历史。宝安荔枝酒主要原料是当地产的优质荔枝和咸淡水交界处咸田种植的优质矮脚粗壮稻米酿制的本土米酒。宝安位于珠江口，带酸性红泥土壤微量元素丰富，日照和雨水充足，得天独厚的地理生态环境是种植荔枝的最佳地理位置，当地所产的宝安荔枝具有果实皮薄，肉嫩汁多，味道清甜等诸多特点，酿制出的宝安荔枝酒品质优良，中外闻名。宝安荔枝酒选用本土优质天然原料，传统的酿制工艺，风味独特，果味清香，含多种氨基酸，维生素，调节人体机能，滋补养生，提高免疫力等作用，老少皆宜，极具地方特色，是馈赠亲朋好友的上佳礼品。

【宝安沙井蚝油】宝安沙井蚝油是深圳最著名的特产。宝安沙井一带有着千年养殖和采食生蚝的生产风俗，蚝田处于珠江口咸淡水交界处，经纬度低，日照充足，蚝吸食海水里的浮生物特别多，得天独厚的生态环境养殖的沙井蚝比其他地方的个头更加肥壮，色泽乳白，肉质嫩美可口，富含蛋白质和维生素，含碘量是牛奶和蛋黄的200倍，1980年曾获农林渔业部“国内质量最佳奖”。宝安沙井蚝油用鲜蚝煮出蚝汁，加粉浆、盐、酱汁等古法传统工艺精制而成，味道鲜美，蚝香浓郁，黏稠适度，营养价值高，成为世界驰名天然调味品，全国独有。宝安沙井蚝油是当地最具特色的地方食品和送礼佳品，深受市场欢迎。

【宝安石岩沙梨】宝安石岩沙梨是宝安区主要出产水果之一，种植历史悠久。据《新安县志》记载：“产乌石岩者佳”。因而有“宝安石岩沙梨”之称。宝安石岩沙梨广泛种植于宝安山地丘陵地区，地下水资源丰富，山泉水质甜美，清冽爽口；溪谷与山脊相间分布，错落有致，山上林木茂盛，空气清新，形成独有的生态环境，种植的宝安石岩沙梨去皮后，梨肉雪白，松脆，无渣，多汁，清甜，富含多种营养物质和微量元素，有治疗热症等功效。当地人把宝安石岩沙梨加盐腌渍成“咸沙梨”，留着全年食用，生津开胃，辅助食疗。当地习俗“鲜梨”不送人，但“咸梨”可做保健养生品赠予亲友，成为当地的特色。近年来在宝安区政府的推广下，宝安石岩沙梨种植规模有所提升，产量趋于稳定，宝安石岩沙梨也因其独特的口感和优良的品质受到市场的欢迎和消费者的青睐。

【宝安芒叶粽】千年传承的“宝安芒叶粽”，是岭南文化的重要组成部分，蕴含着这片土地悠久的民俗文化。宝安芒叶粽是宝安街道特色食品，从选叶到制作馅料都十分严谨。芒叶即粽叶，长于松岗茅洲河岸边的天然芒叶气味芬芳有鲜味；馅选用当地咸淡水交汇处稻田出产的糯米，同时加入基围虾米、新鲜的本地土猪肉，辅以其他佐料，古法精制而成。宝安芒叶粽气味清香、口感软糯、食而不腻，深受当地百姓喜爱。2015年，宝安芒叶粽广式粽子（合成号）制作技艺被宝安区人民政府列入第三批非物质文化遗产保护项目，枧水粽（灰水粽）制

宝安芒叶粽制作材料

作配方和工艺获国家级发明专利。

【宝安月团】宋人吴自牧《梦粱录》记载：南宋期间，月团的工艺和配方流传至新安县（现宝安）地区。师傅不断改良，选用当地食材，制成“宝安月团”，独具当地特色。宝安月团外酥里嫩，香甜不腻，满口溢香，其主要原材料是宝安本地猪肉，用白糖粉腌制7天，配上榄仁、肉松、五香料、料酒、酱油、糖等制成馅。使用当地咸淡水稻田种植的谷米研磨制成的饼皮，用传统工艺烘制而成。2014年，宝安月团等“合成号”深圳传统小食制作技艺被深圳市人民政府列入第三批非物质文化遗产保护项目。

2017年12月6日，深圳百年老字号“合成号”喜嫁礼饼恢复上市仪式

【宝安云片糕】宝安云片糕起源于光绪二十七年（1901），至今已有100余年历史。宝安云片糕主要原料是宝安当地优质糯米。宝安位于珠江口基围咸淡水交界处，咸田纬度低，日照充足，土壤格外肥沃。种植出的糯米粒大饱满口感好。云片糕用当地细腻的淡水河沙翻炒糯米，使其膨化，研磨制成糕粉，糕粉沉化120天后，辅以白糖、猪油、芝麻、榄仁等制成。云片糕犹如凝脂，轻薄透亮、口感细糯滑绵，入口即化，甜而不腻，深受当地百姓喜爱。2014年，深圳宝安云片糕等传统小食制作技艺被广东省人民政府列入第六批非物质文化遗产保护项目。

【深圳喜嫁礼饼】深圳喜嫁礼饼有着悠久的历史，民间传有：“礼饼方为礼，其他不为礼”的说法，深圳有广府，客家，潮汕，疍家等婚嫁礼俗。男方向女方提亲订婚，要先择好吉日送喜嫁饼大礼。喜嫁饼为六件头，有红棱、白棱、黄棱、橙棱、合桃酥、老婆饼，饼皮印上囍字，馅料是豆蓉、莲蓉、冬瓜蓉、蛋黄等，寓意甜蜜恩爱，幸福美满。喜饼的品牌和丰厚显示体面和气派。为保留优秀的传统喜嫁礼饼习俗文化，2015年，“合成号”喜嫁礼饼制作技艺被深圳市人民政府列入第四批非物质文化遗产保护项目，让优秀的本土传统文化发扬光大。

【百年合成号】清光绪二十七年（1901），“合成号”在深圳墟正式挂牌营业，专门生产经营传统食品。据《宝安县志》载：“合成号”发明驰名中外的“云片糕”，产品远销南美洲、悉尼、南洋华埠，是广大华侨同胞寄托乡忧的家乡食品，曾经为出口创汇做出贡献。百年间，国家兴衰时代变迁，“合成号”也历经沧桑。从原料到口感不断改进、创新，独特的制作工艺伴随着一代代深圳人走过历史的长河，历经改革开放的大潮，在民间小作坊里，在乡村茶桌上，在乡民手里逢年过节的礼品中，保留至今。20世纪50年代初，公私合营将其纳入国营食品厂。80年代初，在老工匠退休与改革开放洋糖果涌入市场的双重冲击下，深圳云片糕等地方名优特产一度消失30余年。2008年，“合成号”创办人之一陈树芬曾孙第五代传承人陈淦忠立志恢复百年老字号，注册成立深圳市合成号食品有限公司。2011年，在深圳市、宝安区两级政府的大力关怀支持下，“合成号”深圳传统小食、喜嫁礼饼、广式粽制作技艺被列入非物质文化遗产保护项目，数年来研发近百项专利，其中艾草饼、枧水粽、汾酒腊肠制作配方和工艺获国家级发明专利。2015年，合成号“深圳云片糕制作技艺”被广东省人民政府列入为省级非物质文化遗产保护项目，同年被评为“广东著名商标”。2017年，“合成号”被广东省老字号协会认定为深圳首家“广东老字号”，同年被宝安区品牌促进会评选为“宝安四宝”。

中国共产党深圳市宝安区委员会

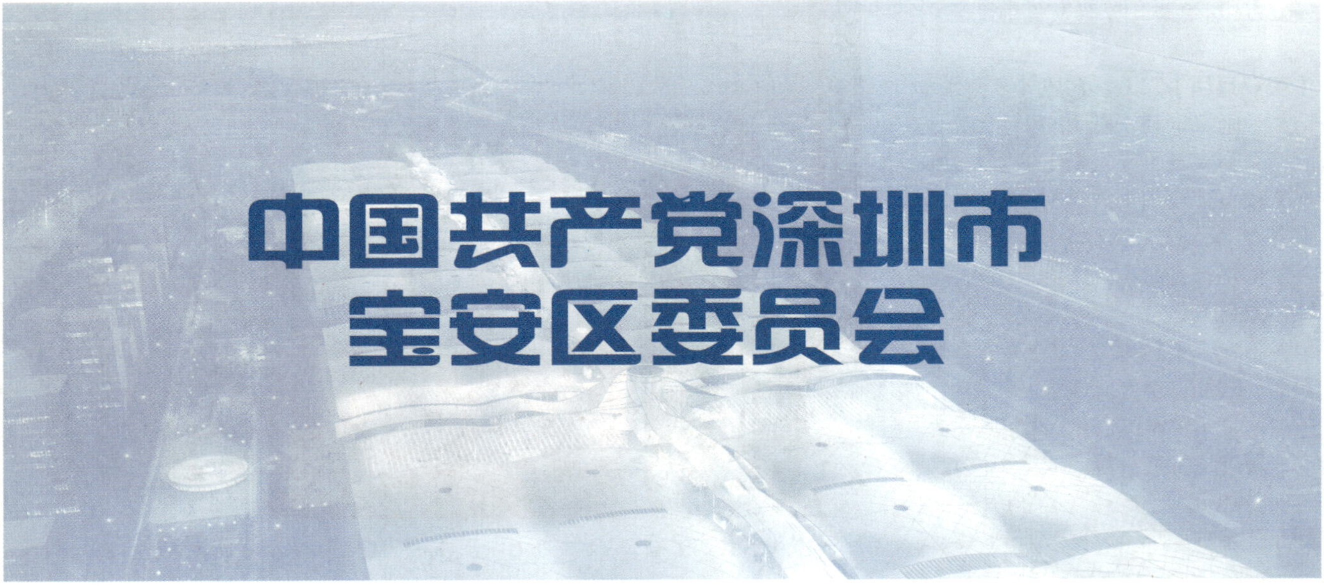

2017 年中共深圳市宝安区委书记、副书记、常委名单

书　记：黄　敏（9 月止）
　　　　姚　任（9 月起）
副书记：姚　任（9 月止）
　　　　郭子平（7 月起）
常　委：黄　敏（9 月止）　姚　任
　　　　郭子平　张现军　吴　晶
　　　　黄盛华　郑新强　李金宇
　　　　双德会　蔡英权

2017 年宝安区委机构设置

机构名称	主要职责	负责人	地　址
办公室（直属机关工作委员会）	区委综合办事机构，负责区委日常工作	蔡英权	创业一路 1 号区委（府）办公楼
组织部（编办）	负责党务、组织、干部及机构编制工作	吴　晶	同上
宣传部	负责宣传、教育和理论工作	黄盛华	同上
统战部（侨办）	负责统一战线、侨务、侨联、民族宗教和对台工作	郑新强	同上
政法委	负责维护稳定和社会治安综合治理工作	周兆翔	同上
党校（电大 行政学校）	负责马列主义理论研究及党员干部培训工作	吴　晶	新安二路 104 号
信访	负责统筹协调全区信访工作	江朗朗	同上

区委区政府办公室（区直机关党工委）工作

【概况】2017 年，宝安区委区府办公室办坚持把高质量完成区委区政府决策部署作为办公室工作的根本要求，把加强自身建设、营造良好工作环境作为办公室工作的根本保障，上下同欲，苦干实干，出实招、办实事、求实效，较好完成全年目标任务。2017 年，宝安区被市直属机关工委评为全市唯一的区级“2016—2017 年度十佳优秀志愿服务项目”；区政府获评 2017 人民网网民留言办理工作先进单位及 2016 年度深圳市信息公开民间评议活动金秤砣奖；宝安区被评为 2016 年度深圳市党政信息工作先进单位；区法制办被确定为全市唯一“乡镇人民政府规范性文件统一合法性审查机制试点”单位；宝安区被评为 2016 年度深圳市督查工作先进单位；《宝安年鉴》（2016 卷）获全国第四届地方志优秀成果（年鉴类）县区级综合年鉴三等奖；区政务服务创新获“第四届南都街坊口碑榜金奖”，入选最具群众获得感基层改革十大案例，受国务院办公厅电子政务办主任卢向东高度肯定，并被《人民日报》点赞；“宝安通”APP 荣获第三届中国“互联网＋政务”50 强优秀实践案例称号及 2017 年广东省电子政务优秀案例；宝安区被确定为深圳市新型智慧城市建设试点区；宝安区委办团支部被评为深圳市五四红旗团（总）支部、区 2015-2016 年度

红旗团（总）支部。

【区直机关党务工作】2017 年，宝安区委区府办公室办推动十九大精神宣贯往深里走、往实里抓。把学习宣传贯彻落实十九大精神作为当前及今后一段时期首要政治任务，组织机关党员干部开展形式多样的学习，切实在学懂弄通做实上下功夫。坚持领导带头学，姚任书记、英权常委利用休息时间，带领区委区政府办第一党支部党员读报告原文，其他区领导也分别到党支部和挂点社区党支部逐字逐句学习十九大报告和党章。全年，下发学习资料 4500 余册，区领导到 20 多个机关党支部学习十九大报告 30 次，参加党员 790 余人次；57 名机关网格长和机关党组织书记分别组织所在党组织或社区党员进行学习；坚持原文精学，原汁原味通读十九大报告和新党章，召开各类学习会 106 场次，参加党员达 2600 多人次；坚持理论考学，组织机关党员开展“学报告学党章”考学，参加考学人数 2008 人，超额完成考学任务；创造性推行短信导学，通过短信每天定期向 3035 名机关党员干部推送一条十九大报告或党章的内容，推动十九大精神融入日常、植入灵魂。

推动“两学一做”学习教育常态化制度化。把促进“两学一做”常态化制度化建设与推进机关党组织思想建党、组织建党、制度治党相结合，编印 6 册党员理论学习口袋书，发放《习近平谈治国理政》（第二卷）等学习书籍 6800 余册；举办党支部书记、党务干部两期培训班；先后到 126 个党支部督导检查，下发情况通报 2 期；落实“三会一课”制度，180 多名党组织书记和领导干部带头讲党课，29 名机关党员参加百人讲师团到社区授课 60 余场次；在《宝安日报》刊出机关“两学一做”学习教育经验材料 4 篇；编印《机关党员日常行为规范》口袋书；处理违纪违法党员 6 名，较 2016 年减少 3 名、下降 33%。

2017 年，区委区政府举办“两办讲坛”6 期，提升全办干部职工的作风、水平与素养

推动机关党建质量提升行动抓到位、见成效。坚持“抓党建促业务、抓业务促党建”的思路，推进机关党建各项工作上台阶。印发《区直机关工委系统党组织书记落实全面从严治党要求强化党建工作责任清单（试行）及任务安排表》，从 6 个方面共 64 条明确党组织书记工作职责；制定任务一本书、责任一张表，形成 2017 年机关党建工作任务 87 项，区直机关工委系统党组织上报党建工作任务 4774 项，实行“红黄绿”督导管理；全市首创编印《党建工作职责任务书》，并督导 143 个党组织书记抓好落实；梳理“三会一课”等 11 项基层党组织日常工作程序，形成《基层党务工作流程图》；建立党建工作月报制度，做到月初有计划、月底有落实、全年跟踪督查、年底见分晓，编印《党建工作动态》7 期、《党员活动日计划书》；完成党组织换届选举 35 个，选举党组织书记 37 名，党组织委员 78 名；发展新党员 13 名，讨论预备党员转正 9 名；慰问党员 222 人次，发放慰问金 24.6 万元；建立宝安机关党建标准化指数体系，对 43 个单位党组织、1871 名党员信息全部都进行审核和校对，以《宝安区推进机关党建标准化建设实施方案》中的 28 项工作任务为指标，打造发布、分析、督促、考核等诸多功能于一体的综合党建平台；推动党建创新，区发改局、空港新城办 2 个党组织以党建引领工作全局，在市规土宝安局、城市更新局党组织试点党员每月定期直接到社区听取居民群众意见，开展执纪监督部门的基层党支部与资金、工程、审批、执法等权力集中部门的基层党组织结对共建；推进服务型党组织建设，先后开展“机关党员进社区活动”“文明交通我参与、文明出行我带头”等志愿服务活动。

【会务与公务安排】2017 年，宝安区委区府办充分发挥牵头抓总、协调各方的中枢作用，主动加强与上级办公厅和有关部门以及区几套班子和各部门各街道办公室的沟通交流，积极争取支持和帮助，形成做好工作的整体合力；充分发挥在全区重大政务和工作中的统筹作用，时时事事想在前、干在前，推动快速打印会务桌牌等“微创新”，在勤俭节约的基础上认真组织好全区重大会议、重要活动、贵宾接待等工作，进一步提高政务安排质量。全年，共办理上下级政务来文1727份，编制周表52期，安排政务1600多次，其中，区委常委会议39次、区政府常务会议31次，合并套开会议活动140多次；圆满完成区“两会”、滨海文化公园奠基仪式、广东省龙舟锦标赛、2017年宝安马拉松赛事等重大政务安排，较好地完成马凯副总理、春华书记、伟中书记、如桂市长等上级领导来区视察各项接待工作。

【公文办理】2017年，宝安区委区府办严把文件质量关。综合运用加强报件审核、严控发文规格、加强沟通协调等多种措施，从严把好文件质量关；开展“办文质量和效率”绩效指标考核，并对呈送区主要领导的文件实行专人登记、呈送及转办，规范公文办理程序，确保公文流转及时、准确、规范、畅通；及时、快速办理上级公文，保障上级决策部署传达落实。全年，受理各类请示、报告、函类文件共1575份；办理、制发各种文件2769份；办理上级来文4755份（其中非涉密件3957份，“三密”件462份，机要电报336份），转办区领导批示4680份次。

【综合文稿服务】2017年，宝安区委区府办以笔为戎当“高参”。始终将综合文稿服务作为核心工作来抓，准确把握领导意图，紧密联系工作实际，用心打磨、精心雕琢每一篇文稿，力求文稿起到谋划全局、指导实践、推动工作的作用，不断提升以文辅政水准。全年，重点起草区六届二次党代会报告、区六届人大二次会议上的政府工作报告、2017年区委区政府一号文件（深圳市宝安区“基层治理质量年”工作方案）、实施“9·800·669工程”工作方案、宝安区2015年8月以来治水提质工作情况汇报、向商务部汇报对德合作情况、《宝安2018—2035年发展战略规划》等讲话稿、汇报材料、会议纪要、政策文件等各类文稿2900多篇。

【新闻信息工作】2017年，宝安区委区府办完成宝安政府主站迁移至市政府在线统一平台以及宝安政府在线主站改版上线工作，完善网站管理负责人和具体经办人联络保障机制，依法依规办理信息公开申请和网络问政，办好重要政策文件解读栏目，并修订区级考核指标扣分规则，抓好宝安区各单位年度网站建设管理绩效评估，打造更加全面的信息公开平台、更加权威的政策发布解读和舆论引导平台；围绕中心任务，以策划为导向，编写并严格执行年度、月度和每周新闻报道计划，严把宣传“政治关”，弘扬主旋律，不断扩大新闻宣传影响力。全年主动公开信息14327条，开展互动类市民热线33期、民意征集35期，办理信箱类栏目收到有效信件3845件，下发区直属部门和街道整改工单226条、错别字、失效链接整改报告22份，刊发《政府公报》3期，举办专题业务培训4期；联合南方日报、深圳特区报、先锋898等省市媒体策划宣传专题近100个，协助采写并审核国家级媒体新华社稿件1篇，省级《南方日报》27篇，市级媒体《深圳特区报》84篇、《先锋898》440条、区级媒体《宝安日报》超过500篇。打赢党政信息翻身战。坚持目标导向、问题导向，在全市率先起草制定《深圳市宝安区党政信息工作管理制度》，出台2017年《加强党政信息工作方案》，完成区信息员队伍建档造册，打造核心信息员队伍，邀请市、区领导专家主动上门到各单位、各街道开展培训，组织各单位、各街道信息员开展座谈，加强责任落实督查每月通报，理顺新闻信息表扬激励机制，全力打造具有核心竞争力的信息生产线。截至2017年11月30日，市级党政信息总积分5702分，位于全市前列，比上年有较大提升；全年编印《宝安信息快报》219期，刊登信息1046篇，分别为上年509%和253%；获区领导批示119条，为上年的1983%；获市领导批示81条，其中市主要领导批示7条；省采用信息19条，是上年的190%，市采用390条，是上年的155%；5名同志被评为2016年度深圳市党政信息工作先进工作者，有12篇信息被评为2016年下半年至2017年上半年深圳市优秀党政信息。

【外事工作】2017年，宝安区委区府办严把因公出国（境）审核关，及时高效做好外事报批服务；加强与市外办和有关部门的沟通协作，推动宝安区与法国阿维尼翁市结为友好交流城市工作，为对德合作、经贸团组出访以及文博会、石岩湖院士村启动仪式等交流合作提供外事指导和服务，开展海外领事保护进校园活动、推进2017年市政府民生实事“公示语标志规范事项”等，协调相关部门妥善处理涉外案事件。全年，共办理短期出国54批141人次，集中保管各类因公证照461本，受理电话咨询1000多次，接待上门咨询人员600多人次；处理外事接待、涉外活动、涉外函件22宗，协处涉外事件2宗。

【政策研究】2017年，宝安区委区府办将开展调查研究作为一项重要的工作方法，围绕宝安区中心工作和区、办重大调研课题，结合挂点街道调研安排和全区“转作风、大调研”活动，大兴调查研究之风，办处级以上领导干部带头、各科室干部职工一道用脚步丈量宝安大地，深入街道、深入社区、深入企业、深入群众，摸实情、建真言、献良策，并与市委党校、社科院和区委党校、区经促局等部门以及张克科等知名学者搭建长期合作对接平台，开展联合调研和信息交流，及时提供推动科学发展的好建议、惠民利民的好思路、维护社会稳定的好举措。全年完成重大调研课题70多项，其中，《粤港澳大湾区背景下深圳制造业亟须关注和解决的五个问题》获陈如桂市长批示，《土地成本攀升下的工业突围样本—全至“工业上楼”模式打造深圳工业新标准》被全市推广；编发《宝安发展研究》12期、《宝安发展研究快报》15期、《宝安调研》10期（其中，《宝安区市民文明行为提升传播策略调研报告》获姚任书记批示）、《宝安调研快报》5期（其中，西乡街道社区调研报告获姚任书记批示）、《宝安》杂志14期，编印2016年宝安区重大调研课题成果、调研报告。

【绩效管理】2017年，宝安区委区府办适应区绩效管理体制调整的新形势，全面承接绩效管理工作职能，制定宝安区2017年绩效工作“1+4”文件，对绩效评估体系、操作规程、管理办法、管理机制、工作例会制度等进行规范明确，开发绩效管理系统，细化指标、细化分值，运用“制度＋科技＋责任”方法论开展每季度绩效评估，充分提高绩效管理工作的科学性、精细化和制度化水平；按照“表格化、项目化、数字化、责任化”的原则，第一时间对市对区38项考核指标进行三级责任分解以及年度目标设置、阶段性成绩预估和“红黄绿”评价，明确职责要求，定期走访责任单位、上级单位沟通协调指标落实的有关情况、存在问题和解决办法，采取有针对性的措施加快预警、滞后指标落实，推动各单位重视考核、关注考核、服从考核，充分发挥绩效考核的“方向标”作用。截至12月初，38项市对区指标中，预计绿色正常20项，预计黄色预警9项，预计红色落后9项。

【智慧宝安建设】2017年，宝安区加快打造智慧城市新标杆。完善《智慧宝安建设管理暂行办法》，严格按程序审批全区信息化项目；信息基础设施大幅完善，建成一个大数据中心、一个机房、一张网络，形成“共享、实用、安全”的信息基础设施体系；制订区中心与街道分中心的管理规范和操作指引，实现“十统一”准军事化管理，“1+10+15”管控体系高效运转；网格化系统运行效果显著，累计新增优化30多项功能，初步实现以社区为基础单元的网格化管理体系；建成全区统一公共信用信息系统，对接市、区共111家单位信用数据，归集法人、自然人等信用数据1555万余条、涵盖全区企业主体93万余家；发布宝安通3.0，打造党建＋360°服务联盟、义工、家校等全流程移动电子化管理互动平台，提供1756项电子化公共服务功能和实现1060项审批事项的手机移动办理，打造“一站式”服务。全年，巡查上报全区12大类155项综合事件600.36万宗，办巡比为99.39%，较2016年的巡查量增加380.34万宗、办巡比提高30.16%；信用报告查询总量15500次，应用渠道访问总量62266次；宝安通累计下载近205万人次，累计访问超过2013余万人次，日均活跃度达到7.45%；支撑692个审批事项全流程网上办理，减少群众跑大厅9万人次，减少群众提供纸质材料14.5万件。

【法制建设】2017年，宝安区委区府办坚持开门立规，引导群众参与区规范性文件制定，推行街道办事处规范性文件统一合法性审查，积极开展行政复议、行政应诉和行政调解以及行政执法全过程记录，发挥好法制参谋、助手和顾问作用。全年，列席区政府常务会议等会议591次，审查区规范性文件40件次，代拟的法规性意见复函、审查的法律顾问事项、重大合同和安全生产事故调查报告以及对各部门征求意见的复函931份（件），受理行政复议案91宗，办理以区政府为被告的行政诉讼案件24宗，其中13宗原告撤诉，2宗驳回起诉，5宗驳回原告诉讼请求，其余4宗尚在进一步审理，未出现败诉的生效判决或裁定；尤其是全程参与区排水网管等市政设施以资产形式注入区属国有企业、港中旅聚豪高尔夫球场清退、沃尔玛“7·16”事件处理、石岩一级水源保护区违法建筑处理、中央海滨文化公园招标后有关事宜、恒生医院股权收购、理顺基层供销社管理体制、38、39区棚户区改造等区委区政府重点工作，有效管控区委区政府重大决策的法律风险。

【改革推进】2017年，宝安区委区府办充分发挥改革办的统筹协调作用，组织制定和推进宝安区2017年重点改革项目，敢于啃“硬骨头”、涉险滩，联合教育局、卫计局、住建局、市规土宝安局、城管局、事务局等部门制定方案，重点推进落实教育集群化、医疗集群化改革、“20·80人才安居工程”改革、重大产业项目土地供给侧结构性改革和“工业上楼”模式改革、道路综合管养改革、“互联网＋医联体＋分级诊疗”改革以及公务用车制度改革，推动解决一批制约宝安区发展的突出困难和深层次问题，有针对性地补齐民生短板，取得良好成效。主动与市委改革办协调沟通“改革执行与创新成效”绩效指标考核工作，提前谋划研判，力争绩效考核取得好成绩。

【督察督办】2017年，宝安区委区府办抓好督办落实。开展阳光政务督查和智慧督查，组织上级专项任务、区委区政府的重大决策部署和人大建议、政协提案等专项重点督查，建立健全任务分解、回访调研、批示件办理、联合督查、调研督查、决策落实情况报告、核查复核、督促整改等工作机制，一件一件全程盯办，一环一环跟踪问效，督任务、督进度、督成效，确保区委区政府重大决策部署事事有着落、重要批示指示件件有结果。全年，共汇编《一周政务安排》和《一周工作动态》50期，形成会议纪要3330份，研究议题20485项；报送政务动态352107条，人均动态16条；承办督查督办事项15277项，环比上升64.3%，督办区委区政府专项重点工作5613项，完成5593项（占比99.6%）；办理市委市政府督办事项135项，完成率为100%；办理区委区政府主要领导

2017 年 7 月 21 日，宝安区委常委、区委区府办主任蔡英权率队到街道检查安全生产工作

会议议定及批示交办事项 1546 项；办理市、区人大建议、政协提案 476 件，答复率 100%，代表及委员反馈满意率 100%。

【机要保密】2017 年，宝安区委区府办严把文件保密关。深入贯彻各级领导特别是习近平总书记对密码工作的指示批示精神，坚持 24 小时不间断值班工作，全力做好党的十九大等特别防护期的密码通信服务保障工作，确保绝对安全和绝对畅通；出台宝安区保密工作“十三五规划”等有关文件，认真组织全区机关单位开展定密统计分析和互联网门户网站、政务微博、微信公众号、互联网办公自动化系统（OA）、互联网政务邮箱等保密自查与检查，举办保密工作专题培训，加强保密工作指导、检查、监督以及保密宣传教育，全力构筑保密安全防线，确保不发生泄密事件。全年，共接收电报 336 份，传输办理 1430 份；发放《机关、单位保密自查自评工作手册》100 本；清理废弃文件资料 40 多吨；培训 2 期 240 人次；推送保密安全提醒短信 10 万多条次；印发《保密提醒 20 条》宣传册单 2000 份。

【档案史志】2017 年，宝安区委区府办推进档案史志业务工作，及时收集整理区委区政府相关文件资料，严把档案进馆入库质量关，确保档案编目规范、分类准确、利用便捷；积极联系区城建档案室和区产服公司就科技创新中心有关档案用房需求问题进行沟通协调，推进档案馆新馆建设立项；启动宝安区数字档案馆（二期）建设，搭建全区统一的使用和利用的档案信息化平台；有序开展《宝安年鉴》《宝安大事记》及地方志资料年报等地方志编研工作，积极为各级领导提供准确、快捷的市情信息咨询，发挥史志、方志、年报的“资政”功能。全年，共接收档案 35629 件，参加全区重大公务拍摄 657 场次、形成照片档案 1.25 万幅；共接待查询利用 2805 人次，调档 4163 卷（件），复印 18636 页；出版《宝安史志》4 期，定稿《深圳市宝安区自然村落历史人文普查文稿》，总计 19.52 万字，图片 862 幅。

【政务服务】2017 年，宝安区加快打造政务服务最优区。制定《宝安区政务中心“一窗受理”管理细则（试行）细则》，优化综合窗口咨询、受理、发证、材料流转、印章管理等一窗受理运行机制，群众办事平均等候时间从 30 分钟缩短至 15 分钟；夯实基层政务服务工作，在全市率先实现 10 个街道 230 项业务“通办通取”、率先引进邮政“双向”专递服务，在区及 10 个街道完成 24 小时自助服务区的建设工作，整合资源设置户政窗口，为群众提供一站式户政业务受理服务；优化网上办事大厅及咨询中心服务功能，实现区网上办事大厅与省、市权责清单系统对接，区网厅所有事项均实现单点登录；将宝安通 APP、微信公众号的咨询板块纳入在线咨询服务体系，加大热线电话宣传力度。全年，区及街道政务服务大厅业务总量约 281 万件，区大厅日均业务量近 4000 件，群众满意率达 99.9%；接听来电 156134 个，电话接通率为 96.83%；通办业务量为 1201 笔，受到社会各界人士与办事群众肯定和点赞。

【安全维稳工作】2017 年，宝安区委区府办把安全维稳工作摆在更加突出的位置，在办公室主任办公会、干部大会等不同会议上强调、部署安全维稳有关工作，加强安全维稳的宣传教育；办公室处级以上领导干部定期到包挂点街道、社区网格开展安全生产、信访维稳等工作检查，积极维护全区安全平稳态势；制订办公室 2017 年度安全生产监管责任书，下发《关于进一步加强办公室安全维稳工作的通知》，出台信息安全责任管理办法，进一步加强办公室人员人身、办公场所、网络信息、舆情、保密文件等安全管理工作，定期排查安全隐患、组织应急演练，落实各项安全防控措施，并坚持节假日 24 小时值班制度，每逢节假日前夕普发短信提示假期安全、值班等工作，时刻绷紧“安全”这根弦。同时，密切掌握干部职工思想动态，及时帮扶解决遇到的困难和问题，及时将组织的温暖送到每位干部职工心坎，营造和谐安全的工作氛围。全年，组织消防大排查15次，应急演练9次；开展信息安全检查150余次，检查非涉密计算机300多台。

【党的十九大精神学习宣贯活动】 2017年，宝安区委区府办通过办公室主任办公会、干部大会，党支部、党小组会议等方式，组织全办同志深入学习贯彻十九大精神和习近平新时代中国特色社会主义思想，切实树牢“四个意识”，坚定“四个自信”，做到“四个服从”，自觉维护以习近平同志为核心的党中央权威和集中统一领导。组织收看党的十九大活动，全办各党支部、党小组党员干部集中聆听习近平总书记作报告；区委常委蔡英权多次组织区委区政府办党员干部学报告原文，谈学习谈体会；其他办领导班子成员以上率下带头学，带领所在支部、党小组原原本本、原汁原味、逐字逐句诵读十九大报告，形成“头雁效应”，推动真学真信、入脑入心；各党支部、党小组认真落实“三会一课”，把学习贯彻十九大精神与推进办公室业务工作紧密结合，做到抓在日常、融入经常；举办专题讲坛，组织全办干部职工集中学习十九大精神和新党章；邀请十九大代表费英英讲党课，坚定全办干部职工的理想信念；组织全办党员干部开展“学报告学党章”考学，深入掌握十九大报告和新党章的科学体系、核心要义、创新观点、实践要求；坚持知行合一、学做结合，进一步发挥党员干部先锋模范作用，真正用十九大精神武装头脑、指导实践、推动工作，全办党员干部在完成当年的“9·800·669”指标、基层治理质量年工作、黑臭水体治理、“序畅宁绿洁美”行动等重点难点工作中走在前、做表率，展现“硬作风”。十九大以来，全办下发学习资料850余册，召开支部党员大会8场次，支部委员会21场次，党小组会议60场次，参加党员1000多人次；参加“学报告学党章”考学人数133人。

【“1+7”专项行动】 2017年，宝安区委区府办精心制定“1+7”专项行动方案并按周、月、季督促落实，全办干部职工的作风、水平、素养明显提升，内部各科室之间的相互沟通交流更加深入、常态，全办工作开展的基础更实、机制更顺、动力更足，展现新气象、新作为。全年，举办“两办讲坛”6期；选定调研课题32个，到挂点街道走访700多次；建立健全科室例会、内部督查、资料共享等机制，制作“六不”管理要求牌子并在120个办公室悬挂；各科室每周至少推送微信工作动态3条；各科室完成制度梳理修订；汇编一周动态信息40期123742条，人均条数从最初的15条增到35条，上传“智慧文库”资料14278份；在干部队伍建设上下大力气、硬功夫，通过选调、招考、购买服务、劳务派遣、提拔（重用）、轮岗交流等方式配齐人员力量、盘活队伍活力、加强人才梯队建设，推荐提拔处级干部9名、提拔（重用）科级干部18名，提拔科级以上干部较去年增加42.1%，办理各类人员调动（退休）等手续59人次，较去年增加73.5%；组织46名干部职工参加外出培训，开展“读几本好书”活动，沟通宝安图书馆提供免押金办理借书证服务；慰问干部职工68人次；组织篮球友谊赛20场，乒乓球赛18场，气排球赛10场，羽毛球赛20场；参加区直机关工会运动会比赛拖拉机项目获第一名、第八名，乒乓球项目获第四名，和谐并进、俄罗斯方块、搭桥铺路送爱心、定向越野项目获组织奖。

附：2017年宝安区委区政府办公室领导成员名单

区委常委、主任： 蔡英权

区直机关工委书记、副主任： 高　峻

常务副主任： 王大勇

区直机关工委副书记： 陈日明

副主任： 张东雁（2月起）

组织（人事）工作

【党的十九大精神学习贯彻工作扎实推进】 2017年，宝安区委组织部（区编办）按照中央和省、市、区委部署，始终把学习宣传贯彻习近平新时代中国特色社会主义思想和党的十九大精神作为首要政治任务，积极落实组织部门“双重责任”，既带头学习贯彻，强化组织部门自身学习和组工队伍建设，在学懂弄通做实上下功夫；又结合工作职能，认真做好统筹组织工作，第一时间开展传达部署，制定出台学习宣传贯彻工作通知、十大行动计划等方案，在全区迅速掀起学习热潮，切实把全区党员、干部、人才的思想和行动统一到十九大精神上来。注重创新学习形式，在宝安电台推出“用声音致敬新时代”党员群众原文诵读十九大报告、党章系列活动，区委书记姚任率先垂范，区几套班子领导和全区处级以上干部带头原文诵读并在90.5广播频率播出，引起强烈反响，《深圳组工信息》进行刊载和肯定。把十九大精神列为“三会一课”的必学内容和干部主体培训班的“必修课”，实施学习贯彻十九大精神“十大行动”，推出以宣传习近平新时代中国特色社会主义思想和十九大精神为主题的“快闪”活动；组织全区党员开展“学报告、学党章”网络考学活动，考学率100%；组织十九大代表费英英开展巡回宣讲55场；在全市率先建立“新时代讲习所”“社区党校”等一批特色讲习载体，使原原本本读报告、原汁原味学党章成为宝安鲜明特色。深入推进开展“转作风 大调研”工作。全区处级以上干部聚焦工作中的问题，选定669个课题开展调研，形成一批针对性、操作性强的调研成果。

【“两学一做”学习教育常态化制度化】 2017年，宝安区委组织部（区编办）始终把政治建设摆在第一位，强化“三

会一课”等制度落实，推动全区“两学一做”学习教育常态化制度化不断往纵深发展。选拔100余位优秀党员组建“学做讲习团”，建立支部点单、讲师送课的党性教育长效机制，开展“百课下基层”200场；区、街道、社区三级党委书记全部讲党课1次以上；开展党课互学、军营夜学等形式多样的支部活动3800余次；评选十佳书记项目10个、党员服务示范岗66个，强调学做并重，为党员干部爱岗敬业干好工作提供强大的思想动力；宝安区“三从严”强化组织生活的典型做法获《广东党建》杂志封面报道。突出党性修养与理想信念教育开展大学习大培训，围绕“学习贯彻习近平总书记系列重要讲话精神”及理想信念、党性修养等主题，在湖北红安、江西井冈山、广西百色等革命老区，通过创新沉浸式党性教育，做好政治体检，把牢政治阀门。全区新一届社区党委书记124人全部轮训一遍，培训党代表76名及党建组织员、社区专职工作者等165人。举办支部书记全员轮训班24期次，统一教材、统一师资、统一课程、统一课室，首次对全区包括两新支部书记在内的2211名党组织书记实现全员轮训。组织拍摄的党员电教片《永远跟党走》，获深圳市2017年党员教育电视片评选展播三等奖。

2017年6月8日，中央编办副主任吴知论（前左二）、省编办主任潘享清一行到宝安区政务服务中心调研“放管服”改革等工作

【社区“两委”换届】2017年，宝安区委组织部（区编办）积极落实省、市、区委工作部署，坚持稳中求进，在新形势下、特别防护期内按时平稳选出新一届组织满意、党员满意、群众满意的“三满意”社区班子，圆满完成124个社区党委和140个居委会的换届选举工作。突出“稳”字，立足于早，社区党委换届平稳有序。成立“1+10”工作组，先行介入、先行督导，形成“1+10+124”调研报告。根据省、市“先易后难”“先党委后居委”的部署，合理安排社区党委、居委换届时间。选举产生社区党委委员877名、居委委员903名，党委书记与居委会主任一肩挑94.02%，“两委”委员交叉任职82.2%。社区党委书记、“两委”委员、非户籍委员得票率分别为92.88%、88.46%、89.25%，全部实现组织意图，参选率、得票率均高于省市要求。落实“严”字，强化督导，确保换届过程风清气正。审核印发“1+1+5+10+124”文件（即1个全区工作方案、1个全区非户籍参选意见、5个加强换届纪律风气监督等文件、10个街道方案和124个社区方案），明确区委的主体责任和街道的直接责任，落实组织、纪检监察、宣传、综治信访等部门责任。把选优配强社区“两委”班子特别是社区党委书记作为重中之重，对标“五强”标准，按照科级领导干部的标准，着力配强社区党委班子。成立10个督导协调组，分别由区人大主任、政协主席和7名区委常委、1名副区长担任组长。成立10个换届风气监督小组，累计督导56次，实现风清气正搞换届。抓“实”字，挂图作战、精准施策保证换届质量。每周召开工作例会研究选情、风险点、问题和对策。将社区换届风险隐患等级分为红、黄、绿三级，并实时动态更新。集中培训业务骨干近800人，赴街道开展个性化培训15场、参训510人次，指导社区党委广泛发动党员群众参与，通过社区党委委员大走访、社区工作人员发动亲属“找”、包片入户“访”、信息平台“查”等方式，切实做到不重登、不漏登、不错登。着力“进”字，激发状态，提升队伍整体战斗力。着力从学历、性别、年龄等要素优化社区班子结构，新一届班子学历、女性占比、年龄“两上升一下降”，实现结构优化稳中有进。推进非户籍党员和居民进“两委”试点工作，在市下达66个试点社区指标的基础上，自加压力，新增10个试点社区，最终选举产生88名非户籍委员，其中大专以上学历84人（包括本科学历38人），女性29人，平均年龄33.55岁，4项指标均优于全体委员结构。

【基层党建工作】2017年，宝安区委组织部（区编办）按照区委部署，牵头开展“基层治理质量年”党建引领行动、基层服务提升行动两大行动，以改革创新精神推进城市各领域党建互融互通创新发展。在全市首创党建+360°服务联盟，统筹党政群团窗口服务资源，吸纳社会力量，构建“10+10×3+124”三级服务中心体系。一方面通过抓党建引领服务提升，加强党委政府的服务精准度；另一方面通过抓全方位服务，提升基层党组织建设，有效联通区－街道－社区三级党建阵地的党群服务职能，为群众提供360°、全方位、全覆盖的贴心服务，使群众找到服务中心就找到党委政府。这一创新机制获得上级充分肯定，入选2017年全省城市基层党建座谈交流会“创新工作案例”，并在市委理论中心组加强城市基层党建主题学习会上作经验汇报，市委书记王伟中同志指出：“宝安党建+360°服务联盟构建区、街道、社区‘10+10×3+124’三级服务体系运转，实现个人办事不出街、企业办事不出区。”立足宝安产业大区特点，在全市率先培育评定“党建百强企业”，分3年开展，2017年评定首批“区党建百强企业”46家，坚持以党建促发展，帮助企业做强做大，以党建促和谐，引导企业履行社会责任，在“宝安智造”中发挥党建力量，市委常委、组织部长郑轲同志给予授牌表彰；扎实提升新兴领域党建工作，推进实施“双亮双培”建设，开展20个园区、8个商务楼宇和和1个商圈市场党建示范点建设；选配两新党建专职组织员62名，实施社会组织“人才库计划”，新兴领域党建“两个覆盖”有效提升。推进党建十大行动，在全区庆祝建党96周年大会上发布党建十大行动方案，引起各级党组织和党员群众的广泛共鸣，人民网等转载报道。

创新实施“党建+”工作法。探索建立“党建+工程建设”工作机制，发挥党组织在重大项目建设和中心任务、攻坚克难工作中的积极作用，以党建引领促进重大项目建设。联合中冶等央企创新将支部建在大空港建设项目工地上，融合甲方乙方助力大空港项目建设高质高效推进，实现政治效益和经济效益双提升；指导沙井街道党工委与中电建联合发布区域化党建共同行动纲领，以党建聚合力，推动治水提质、征地拆迁等重点工作有效推进。区委姚任书记给予批示肯定。筑牢城市基层党建工作制度基础。坚决贯彻《地方党委工作条例》《党组工作条例》等党内条例，落实市委《关于推进城市基层党建“标准+”模式的意见》，制定《宝安区推进城市基层党建“标准+”模式工作方案》和《社区民生“微实事”实施细则》《加强党群服务中心建设管理实施细则》《社区党委行使“四项权力”实施细则》《社区党建组织员管理办法》等系列制度文件。

构建“目标+考核+问责”全链条党建责任体系。创新出台街道、区直单位党组（党委）书记落实全面从严治党“两个责任清单”，分类编制区委书记、党（工）委书记、支部书记和党员等4种党建工作手册，实施书记项目2211个，开展党建工作大督查，将书记抓党建工作责任清单化、条目化，落实销号制管理，入选深圳市城市基层党建创新案例。基层党组织管理体制机制不断优化，对党员人数超过100人的区经促局、环水局等4个区直单位，单独建立机关党委；落实全国国有企业党建工作会议精神，率先成立全市首个区级国资委党委，保证党组织在国企发挥领导核心作用；改建成立区委教育工委、卫计工委等2个党工委，完善全区公民办中小学校（幼儿园）和公立医院党组织关系区级统一管理机制；大力推动机关、国企、两新等全领域党建标准化铺开。社区党建标准化建设深入推进，24名连续任职满六年的社区书记纳入事业编制；区财政投入3.3亿元支持社区党群服务中心升级改造，安排社区党群活动经费3050万元，选聘社区党建组织员132名。深入排查整顿软弱涣散社区。区主要领导带头，7位区委常委包点督导，建立“双书记模式”，7个软弱涣散社区通过整顿全部达标提升，实现从软弱涣散到坚强有力。党代会常任制不断深化落实。把区党代会年会打造成为体现区委“统揽全局、协调各方”领导核心作用的重要载体；办理党代表年度提案71件；创新打造“英英党代表工作室”等3个网络党代表工作室，突破实体党代表工作室的时间、空间等局限，形成“零距离、全天候、线上线下一体化”的服务特色，党代表履职实效不断增强。开发建设“区域化党建网格”平台。坚持双网融合、双员协力的原则，依托智慧宝安系统，在124个社区推进“党建网格化”，使党建网格和管理网格合二为一，网格员和党建组织员相互配合，既发挥党员、党组织在基层治理中的积极作用，又实现对党务工作的实时督查，做到“虚功实做”。立足群众所需打通联系服务群众“最后一公里”。坚持以党建项目服务群众，在服务中强化支部建设，狠抓党建工作项目化。区财政投入5000万元，建立全市首个基层党群服务专项资金，统筹机关、两新、街道、社区等各类党组织资源，实施党建+360°特色民生项目174个，涵盖民生、党建、文化、教育、救济等多个领域，开展活动2700多期次，服务群众44万余人次，马拉松党建方阵、党建定向行、“暖城计划”党员救助服务义工队等成为党员群众欢迎的党建精品项目。深化党员领导干部普遍直接联系服务群众工作，全年累计收集意见3357条，解决2730条。推进市、区党代表组团进社区，开展接访活动3666人次，接待党员群众21916人次，走访慰问困难党员群众821户，收集社情民意619件，切实将一批矛盾纠纷化解在基层。

【干部队伍建设】2017年，宝安区委组织部（区编办）干部队伍建设不断取得新成效。严格落实《党政领导干部选拔任用工作条例》精神，积极推动干部队伍高素质专业化建设。突出党管干部要求，坚持人岗适配和专业化原则做好换届后干部配备。树立正确用人导向，坚持好干部“20字”标准，围绕社区换届、创文、拆违、治水等中心工作，优先配齐配强相关专业干部；选人用人中注重政治过硬、专业对口、表现优秀、敢于担当、实绩明显、工作意愿强等标准，调整配备区管干部280人次。注重实绩导向。以实绩说话，用敢于担当的干部，39名在查违、土地整备、信访维稳、安全生产等急难险重一线实绩好的干部得到提拔重用。注重基层导向，40名街道干部被提拔重用，占提拔重用总数的28%。注重结构导向。从年龄、性别、专业、经验等方面综合考量，加强梯队化、专业化建设，提拔重用40岁以下的年轻干部43名、女干部20名、党外干部5名，一批“80后”走上领导岗位。全区“70后”“75后”“80后”的处级干部分别达42.9%、15.9%和5%，平均年龄48.3岁，同比下降0.7岁。注重交流导向。打通街道和区直部门、党政机关和企事业单位的干部交流渠道，交流任职135人，其中街道交流到区直15名，区直交流到街道34名，区直部门之间、街道与街道之间、企事业单位之间交流62名，机关事业单位交流到企业13名，事业单位调任行政机关4名，干部队伍不断焕发生机活力。注重五湖四海导向。不分地域，任人唯贤，2017年以来提拔重用的143名干部中，57名来自市外省内的15个地市，73名来自省外的20个省市，来源于五湖四海。

2017年11月1日，深圳人才日活动期间，省委常委、市委书记王伟中，市长陈如桂在宝安分会场与宝安区引进的高端人才、中科院院士姚建铨亲切交谈

培养与引进相结合，干部队伍专业化建设不断强化。加大专业干部选拔任用力度。把专业化能力建设落实到区管领导班子、具体岗位上，坚持人岗相适，选拔一批具有项目前期、土木、水利、工程管理等相关专业背景的干部；选拔一批懂经济、会管理的专业干部到企业任职；选拔一批教育、卫生专业干部到教育、卫计、学校、医院担任领导职务，让专业的人干专业的事。做好干部培训，先后围绕“习近平总书记系列讲话和十八届六中全会精神”、理想信念和城市质量提升等主题举办各类干部培训主体班次和专题16场次，培训各级党政干部4600余人次。围绕民生需求大手笔引进高端人才。突出教育卫生系统干部队伍专业化建设，面向全国优选引进优秀学校校长3名、医院院长2名，全部是该领域的全国高职称、高荣誉、高素质拔尖人才，其中正高级职称4人、副高级职称1人；2名院长考察人选均为专业硕导博导，1人获得省级科技进步奖；3名校长考察人选均为省级特级教师，其中有吉林省首批名校长工作室主持人、江苏省教育家培养对象等。多渠道多层次引进专业人才。结合“紧缺1000工程”，选聘引进一批事业单位博士和副高级以上专业技术资格人才；面向全国公开选调引进金融、城建、信息技术、装备制造、生物医学、生态环境与海洋科学等紧缺专业干部和公务员职员131名，其中博士11名、硕士41名。

围绕服务中心，全区“两重”工作中的干部支撑保障作用发挥明显。坚持在急难险重一线工作中培养锻炼干部，选派17名处级、34名科级干部到“拓展空间保障发展”十大行动和征地拆迁、土地整备工作一线；选派11名新招考紧缺专业公务员到街道挂职锻炼、23名公务员到新设街道工作，保障街道分设和基层管理体制改革有序推进，以急难险重来锤炼提升干部能力。开展宝安区黑臭水体治理和查违工作专项考核工作，组建专项考核组，开展现场调研5次，谈话48人次，向考核组推荐干部81名，强化干部队伍正面激励。做好挂职干部的跟踪管理。落实中央扶贫工作部署，选派46名干部参加援疆援藏及对口扶贫攻坚并做好跟踪服务；认真组织做好西藏、广西河池、新疆喀什等地27名来区挂职学习干部的协调服务。加强干部关爱关怀，坚持三必问（即干部生病住院必问，干部家庭发生重大变故必问，干部到外地挂职必问），送去组织的温暖，2017年安排干部慰问预算30万元，以多种形式慰问干部及家属90余人次。

强化政治自律，干部日常监督工作更加扎实深入。从严落实领导干部报告个人有关事项“两项法规”，组织填报个人有关事项655人次，对首次填报个人有关事项的干部开展培训23批次、165人；严格把关比对核查，共发现未如实报告情况28人，推动2017年度宝安区随机抽查一致率由上年的60.87%提升至80.39%，重点核查一致率由54.78%提升至89.09%。做好任前管理。严格执行“四个凡提”要求，完成165名考察人选的征求意见和审核工作，完成任前公示127人。加强任后监督。规范执行干部试用期考核

2017 年 12 月 10 日，新一届社区党委书记等社区干部开展党性教育专题培训

工作程序，完成 50 名试用期满处级干部和 43 名党群线科级干部的考核。严格出国（境）管理，抽查 30 个单位出国（境）证件集中保管情况；办理因私、因公出国（境）政审备案 1377 人次；受理处理信访投诉 27 宗。抓好“三书”预警、提醒谈话等制度。对苗头性倾向性问题及时咬耳扯袖，函询、谈话 22 人。

干部日常管理工作更加科学规范。制定出台《宝安区干部管理信息系统使用管理规定》；开发启用新的干部档案业务系统；维护干部人事信息 5.3 万条；做好党群线科级干部的考察、任免、调配及公务员、职员、雇员、临聘人员日常管理，办理干部任免 370 人次、调配 228 人次，同比分别增长 81.4%、57.2%；办理有关人员的聘任、转正、登记、任职、注销等人事业务 338 项。

【党管人才工作】2017 年，宝安区委组织部（区编办）党管人才工作不断开创新局面。积极落实党管人才原则，对外广泛引才育才聚才用才，对内强化干部队伍理论素养，取得明显成效。瞄准目标多举措引才。围绕产业发展，制定并实施宝安人才政策“88 条”，推动新的人才政策效应开始显现，新认定高层次人才 699 名，达前五年总数的 60.3%；在城市、产业、公共服务领域，实现“1000 工程”引进社会紧缺人才 810 名，产生良好的扩大效应，全区人才队伍进一步壮大。立足创新创业，与南方科技大学签署战略合作协议，在科技、教育、人才方面推进“十大项目”，对接技术转移中心及肿瘤精准诊断、黑臭水体防治等项目，未来 3 年将引入 5 名全职院士、10 名“千人计划”专家。着眼技术合作，制订“柔性引才”实施办法（初稿），吸引院士科学家等尖端人才为宝安科技创新、产业发展等提供智力支撑。柔性引进市级以上卫生系统“三名工程”7 人、教育系统“名师”“名校长”27 人，提升公共服务水平。与国家外专家合作，共享国家海外人才资源总库，促进海外院士项目成果转化。抢抓人才流动机遇，推出全市首个国际招才引才区级项目，赴澳大利亚等国开展人才政策推介和人才招聘会，吸引 300 余位海外人才来宝安创业就业，在卫生、教育、先进材料等领域均有项目落地。

紧扣需求大力度育才，抓好技能培训。对标德国“工业 4.0”，与德国高级专家组织合作，聘请德国高级专家、退休工程师对宝安制造业技术指导。丰富培养模式。引进德国“双元制”职业教育，在宝安职教集团开设“双元制”实验班，围绕宝安产业结构，加大技能人才培育扶持力度。创建合作平台。围绕院士生活、生产、思创及成果转化等需求，推进石岩湖国际院士村建设，授证诺奖得主 2 名、两院院士 9 名；成立并获市级认定院士工作站 5 个；打造“领亚 · 姚建铨院士创新工作室”，探索推进“院士 + 企业 + 工作室”产学研合作；推动诺普信、创鑫激光、亚太卫星分别与钱旭红、林尊琪、孙家栋院士联合技术攻关。加速人才引进，建设宝安人才园，深圳国际人才交流中心入驻，人力资源服务、创业孵化、人才交流对接等平台更加专业化。

做好服务以真心安才。创新“院士服务专员”服务，“区领导 + 对口职能部门领导 + 院士专员”为院士提供针对性的优质服务。设立医疗保障服务团队，为院士村科学家及其直系亲属开通就医保健绿色通道；为全区高层次人才购买健康医疗保险，每年提供高端体检服务。将人才认定及待遇申报等 62 个事项全面纳入政务服务。打造全市首个以院士为引领汇聚顶尖人才的“院士讲坛”；开展宝安人才嘉年华活动，举办“招才进宝、职等你来”活动，展示宝安人才、产业风采，市委书记王伟中、市长陈如桂等参加宝安分会场活动。建设凤凰山人才林公园，打造寄寓人才意义的自然园林景观和人文景观，传播宝安重才崇学文化、展示各行业精英风采。用好人才工作专项资金。严格执行人才专项资金管理制度，充分发挥财政资金的撬杆作用，不定期核查资金使用效益，将 1.5 亿的人才工作专项资金全部用在刀刃上。

【老干部和保健工作】2017 年，宝安区委组织部（区编办）注重用心用情服务，认真做好干部保健和老干部、关心下一代等工作。认真落实好离退休干部政治和生活“两个待遇”。结合春节、中秋、端午等节日，走访慰问700余人次；探望慰问生病住院离退休干部35人次；组织离退休干部参加全区经济社会发展情况通报会。做好离退休干部的疗养、体检及外出参观学习工作，先后分批在广东汕尾、河源等地开展疗养体检，到湖北、浙江、成都等地开展参观学习；举办宝安区老干部喜迎十九大诗词书画摄影作品展等展览；办好老干部大学，约4万人次参与，先后获得第三届全国老年人体育健身大会门球交流活动优胜奖和体育道德风尚奖等。不断凝聚激发老干部正能量，开展“严党风”“优政风”“传家风”系列活动及“一把手”上门建言活动，举办主题座谈会及小公益、小参观等“小而精”活动55场次，3000多个离退休干部家庭参与，老同志纷纷为宝安发展点赞；选送的节目被评为全市老干部“激情唱讲谈、喜迎十九大”文艺展演优秀奖；电教片《我是正能量 银发也先锋》，获深圳市2017年党员教育电视片评选展播优秀奖。省委组织部副部长、老干部局局长郭跃文专程到宝安区调研并给予充分肯定，市委组织部副部长唐桂阳评价“宝安区的老干部工作是深圳市的排头兵”。稳步推进关心下一代工作，扎实推进“民族精神代代传”主题教育“三五工程”，开展活动2756项、39万余人次参加；举办第六届幼儿艺术节；开展全区中小学生“一日社会实践”活动16批次，共约2400人参加，有力引导和带动全区青少年积极践行社会主义核心价值观；不断推进完善街道、社区、企业关工委建设，中国关工委常务副主任闵振环到宝安区调研时给予充分肯定。做实做细公职人员健康促进工作。开展以“保健护航”为主题的健康促进活动，邀请专家开展诊疗400余次；采用“量身定做”方式举办健康教育讲座13场次，并通过建设膳食模型展台、印发宣传手册、宝安健康e家微信公众号等方式大力开展健康宣传教育工作，推动干部人才的健康教育和管理更加精细化。

【机构编制和体制机制改革】2017年，宝安区委组织部（区编办）立足服务全局，积极做好强区放权和基层体制改革，以改革思维突破资源瓶颈，有效促进重点工作。基层治理现代化体系建设加快推进。理顺街道分设后续工作。推进强街放权，先后深入10个街道逐一调研，调整完善街道党工委办、社会事务办、党建服务中心等相关部门机构编制事项。同时，制定街道领导职数调整方案，争取编制资源保障最大化，协调将宝安区街道纳入“特大镇”分类范畴。开展社区治理现代化大调研。梳理社区工作职责、架构及人员情况，牵头形成《关于进一步加强社区现代化治理体系建设的指导意见》，推动构建党委统筹、政府负责、多方参与、社会协同的社区现代化治理体系。优化配强基层党组织工作力量。在区教育、卫计等5个党（工）委和宝安中学（集团）等7个教育医疗集团党委各设置1名专职副书记（副处级），在区国资委设立“党委办公室”，加强对国企、教育、卫计等行业系统党建的统筹协调。深化宝安区政法、纪检监察体制改革，理顺全区绩效评价工作体制。在全市率先成立区级党建服务中心，设立区委网络安全信息化领导小组办公室，调整完善信访、党校等单位机构编制。提高编制资源使用效益。在上级编办不断收紧编制的形势下，积极预判谋划，提前预增公办学校编制424名，调剂100名事业编制专用于社区书记入编，向全区“两重”工作和民生领域、基层一线保障倾斜；大力推进简政放权减员增效，整合优化党政机构31个，盘活编制466名，妥善处理好控编减编与保急需促发展的关系。

基层机制体制改革工作更加深入。推进深化全区纪检监察、环保水务、城管执法体制创新，促进工作提速增效，其中环水体制改革创新做法获市领导批示肯定并要求全市推广，“一对一”街道纪检监督体制改革被评为全市“十大纪检监察创新项目”。抓好“强区放权”。梳理市级下放转移的128项事权，完善机构编制保障，统筹协调16个区职能部门做好承接，确保事权顺利承接、落实到位。不断完善监管机制，牵头组织编制“一单两库一细则”，开发“双随机一公开”随机抽查平台，完善事中事后监管，全年开展平台摇号832次，覆盖市场主体985家。对20多家区直部门重新“三定”，厘清全生产等10项行政管理职能，推进政府治理体系和治理能力现代化。

政府供给侧结构改革不断加强。开展行政审批标准化建设。牵头组织编写每个事项的办事指南和业务手册，推动区直单位行政许可事项由356项减少至197项，申请材料减少328份，内部审批环节减少220个，办理天数减少2854天。开展“减证便民”行动，清理规范66个基层证明类事项、50个区直单位证明类事项，21个中介服务事项。牵头推进“互联网＋政务服务”，在全市开展的“互联网＋政务服务”考核中宝安区相关指标均获满分，网厅建设获《人民日报》点赞。做优做实“十大服务中心”，区级十大服务中心全部按副处级设置，并在区级十大服务中心和街道级党建、政务、企业创新三大服务中心中增加“负责党建＋360°服务联盟建设有关工作”职责，理顺职能，突出党建引领促进服务提升作用。

事业单位改革发展和科学管理更加深化。加快推进事业单位“板块化”发展，将114家职能相近、任务较轻、规模较小的事业单位撤并，整合形成区公共文化服务中心等70家综合性事业单位，最大限度发挥事业单位的社会服务效能。巩固推动教育医疗集团化发展，先后组建成立“四大教育集团、三大医院集团”，实行“条块并举、一体管理”模式，民生保障更加有力。推动事业单位登记管理工作向改革、服务、监管协调推进转变，完成事业单位法人设立登记66家、变更登记101家、注销登记27家；在全市率先完成事业单位法人年度报告提交及公示；在全市率先探索建立事业单位法定代表人约谈机制，约谈6批38家。全面推行“多证合一、一证一码”改革，累计赋码机关群团74家、事业单位345家，在全市率先完成赋码转换工作，存量转换率超过100%。

【组工干部能力建设】2017年，宝安区委组织部加强业务能力建设。在清华大学举办全区组工干部“学习贯彻十九大精神提高工作专业化水平”培训班，开展全区组织系统学习贯彻十九大精神考学暨“学习的竞赛、工作的竞赛”业务知识大比拼活动，选派部机关干部参加各类培训140余人次。抓好组工品牌宣传。编发《宝安组工信息》87期，组工信息上报率、采用率在全市组织系统中排名第一，被评为“2017年全区党政信息工作先进单位”。推进机关文化建设。建设读友会，开展“分享一刻”微课堂活动，形成“有作为、有项目、有品质、有影响、有贡献”的组工文化。在全市组织系统“我的岗位我最精通”组工业务知识竞赛中获评优秀组织奖。

（康勇斌）

附：2017年宝安区委组织部（区编办）领导成员名单

区委常委、组织部部长：吴　晶

副部长：王立萍　白政瑜　吴国强　钟艳妮

常务副部长、区两新组织党工委书记：白政瑜

副部长、区编办主任：吴国强

区编办副主任：陈创成（2月止）　廖　望（6月起）

区委正处级组织员：曾向红

副调研员：黄伟达

宣传工作

【概况】2017年，宝安区委宣传部围绕迎接和学习宣传党的十九大工作主线，围绕中心、服务大局，突出重点、开拓创新，扎实推进理论武装、意识形态、正面宣传、文化建设、文明创建各项任务，推动全区宣传思想文化工作迈上新台阶。

【学习宣传党的十九大精神】2017年，宝安区委宣传部把学习宣传十九大精神作为首要任务，召开全区宣传文化系统专题会进行传达，出台学习宣传党的十九大精神工作方案，推出12条具体举措。组织区委中心组专题学习，邀请省委宣讲团成员到宝安宣讲。各基层党委中心组组织专题学习216场（次），处级以上干部带头原原本本诵读十九大报告和《党章》。成立46人的区宣讲团，进机关、进社区、进企业、进校园宣讲党的十九大精神。区内媒体开设“新时代 新作为 新宝安”等15个专题专栏，推出报道396篇（条），“滨海宝安”等政务新媒体推送相关内容阅读量超6万。宝安日报每周安排版面持续刊载十九大精神公益广告，宝安广电中心每天在黄金时段滚动播出十九大精神宣传语，滨海90.5广播频率邀请基层党员诵读十九大报告。推出党的十九大精神主题“快闪”活动，发布户外立柱广告46幅，公共场所449块电子显示屏和1500辆公交车显示屏滚动播放十九大精神宣传画面和标语，组织制作主题宣传栏981块，张贴主题海报2.43万份，营造浓厚的学习宣传氛围。

【意识形态和理论武装工作】2017年，宝安区委宣传部落实意识形态工作责任制，每月召开意识形态情况分析会，及时开展隐患排查和安全防范，严格管理社科类论坛活动，重点整治非法出版物市场，确保意识形态领域平稳可控。区委理论中心组全年组织集中学习活动19次，其中专家报告会9次。基层党委理论中心组开展集中学习活动740余次。向全区党员干部发放《习近平谈治国理政》1.1万册，采取“讲”“演”“播”相结合的方式开展“嗨·我来讲”宣讲活动4场，组织基层公益宣讲、“百课下基层”

2017年4月13日，宝安区召开全国文明城市创建动员大会

活动260余场，反响热烈。区委宣传部被评为2017年全省基层理论宣讲先进集体，是全市唯一获奖单位。《文化宝安》季刊获“2017年度深圳优秀城市内刊奖”。

【主流媒体正面宣传】2017年，宝安区委宣传部围绕“9·800·669”工程、黑臭水体治理等重点工作和省龙舟锦标赛、宝安国际马拉松赛等重大活动，精心策划，组织各级媒体集中采访报道，有力推动各项工作顺利开展。2017年省、市主要媒体刊发宝安区正面报道4300多篇（条），其中较大篇幅专题报道280篇（条），比上年增加27%，头版新闻（含深视新闻）70篇，增加34%。组织召开新闻通气会12场，邀请12家中央和省重点媒体看宝安，组织第三届“宝安好新闻”评选。全市首创“驻区媒体走基层”采访活动，组织驻区媒体深入街道集中采访，推出系列报道240余篇，得到媒体广泛赞誉。充分利用南都宝安通、898早新闻、读特APP等媒体合作平台，为全区各街道和部门提供宣传渠道。与英文深圳日报合作开展主题宣传12期，提升宝安对外宣传影响力。设立“媒体报道工作室”，为记者采访、写稿提供便利，定期召集媒体记者座谈。派专人全程跟进重点报道，组织现场采访，主动提供资料。改善驻区媒体办公环境，协调解决记者用餐、停车等问题。

【舆情应对处置】2017年，宝安区委成立网络安全与信息化领导小组，网信工作领导及管理机制进一步完善。全市首创区级舆情应对综合协调系统正式上线，实现从发现、分拨到处置的闭环处理，舆情响应和处置全过程留痕，流程进一步优化，有效实现以舆情促进部门履职。全年监测并指导处置舆情2237项，比上年增长36.36%，处置市舆情中心通报的舆情87项，增长335%，开展24小时专项舆情监测70项。每季度召开全区舆情分析会，发布宝安区舆情应对能力排行榜。针对重要工作、敏感节点制定舆情处置预案，进行风险点排查。宝安区获得全市网络舆情应对“突发处置优秀奖”。针对“7·16”西乡沃尔玛伤人事件、沙井鑫鑫田工业园火灾等重大突发事件，第一时间赶到现场，指导开展新闻应对和舆情处置，及时发布新闻信息、引导舆论。

【政务新媒体宣传】2017年，宝安区委宣传部建成政务新媒体综合调度系统，使其成为全区政务公号“大本营”，变“独唱”为“合唱”。“滨海宝安”政务微信粉丝量近20万，位居各区之首，被市网信办评为“最具影响力政务新媒体”，全年总阅读量376万次，比上年增加15.2%。紧跟热点开展新媒体宣传，《宝安年度“据”献》H5发布5小时内封面分享量即达3万次。举办全国首个县区级新媒指数峰会，推动57个部门开通“头条号”，与新浪深圳、南都新媒体、今日头条等新媒体建立框架合作关系，精准宣传模式逐渐成形。

【文化设施建设与文化活动】2017年，宝安公共文化艺术中心、宝安1990升级改造工程项目进入施工图设计阶段，宝安音乐艺术中心取得立项批复。湾区书城概念设计方案审定通过，西湾公园简阅书吧建成并投入运营。携手粤港澳大湾区11个城市举办“粤港澳大湾区民间艺术展”系列活动，成功举办首届深圳（宝安）国际手风琴艺术周，18个国家和地区顶级演奏家参加。举办“新时代 新阅读”宝安读书月主题活动115项，劳动者文学推介会、领读者评选等重点活动反响热烈，营造浓厚的全民阅读氛围。

【文艺精品创作】2017年，宝安区加强文艺精品创作。歌曲《爱国之恋》荣获中宣部第十四届精神文明建设“五个一工程”奖，是全市各区唯一获奖作品；广播剧《社区达人关大姐》获广东省“五个一工程”奖。区委宣传部获得全市组织工作奖。文艺精品创作获市级以上奖项100件次，获奖数量及级别全市双第一。

2017年5月19日，宝安首届新媒指数峰会召开，宝安区政务新媒体集体入驻头条号

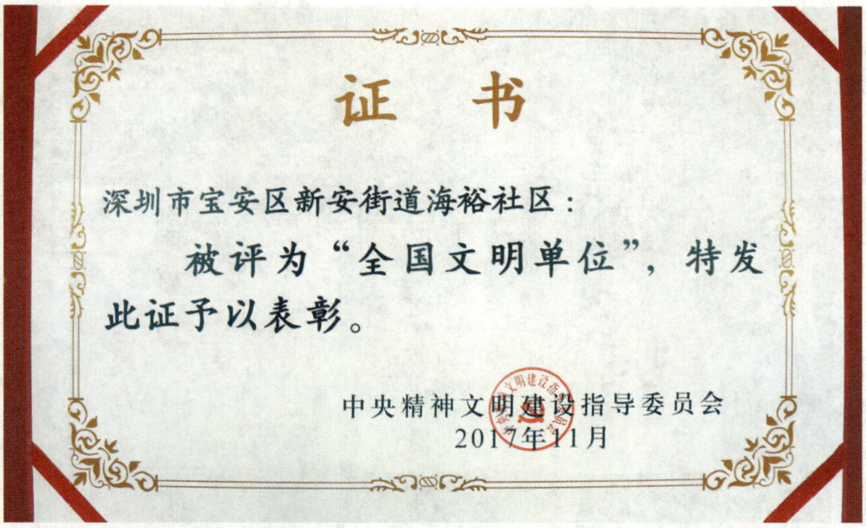

2017 年 11 月，新安街道海裕社区被中央精神文明建设指导委员会授予“全国文明单位”

【历史人文资源发掘】2017 年，宝安区委宣传部出版《宝安不可移动文物名录》《宝安近现代文献辑要》。新增北帝古庙等 4 处文物保护单位，启动文物保护与利用总体规划编制工作。成功举办广东省龙舟锦标赛。上合孝德园古建筑修缮工程有序推进，清平古墟及周边环境整治工程基本完工。

【宣传文化体育发展专项资金】2017 年，宝安区宣传文体专项资金共资助项目 181 个，奖励获奖项目 837 个。修订《宣传文化体育发展专项资金管理暂行办法》，委托专业机构开展督查跟踪与绩效评估，进一步发挥资金扶持引导作用。

【培育社会主义核心价值观】2017 年，宝安区委宣传部强化社会主义核心价值观教育引导，推进宝安公园、西湾公园核心价值观主题建设，建成 10 个具有地方特色的核心价值观文化墙。推进优秀传统文化教育进校园，深入打造“中华十德课”，面向全区中小学生举办核心价值观主题征文活动。开展核心价值观环境宣传，建筑工地围挡张贴主题宣传画超过 6 万平方米，发布户外立柱广告 190 面。

【第五届全国文明城市创建】2017 年，宝安区委宣传部建立周检查、月督导工作机制，运用网格化管理落实文明城市创建责任，组织 124 名网格长开展督导检查，制作文明城市创建明白卡、评分表、负面清单，开展公共文明指数测评和文明创建明察暗访，推动创建工作精准落实。深入推进公共文明提升春季大行动、创建文明城市“八大行动”等系列专项行动，各街道、各部门持续瞄准五大痛点，平均每天出动 9.25 万人次，强力推进市容环境、交通秩序等短板的整治提升，甲岸社区、宝民市场成为全市城中村和农贸市场整治标杆。张贴宣传海报单张 58 万张，派发各类宣传资料及主题宣传品 182 万份，发送文明短信 3228 万余条，有效提高市民知晓率、参与率、支持率和满意率。

【群众性文明创建活动】2017 年，宝安区委宣传部进一步推进群众性文明创建活动。制定和发布文明创建长效机制 10 条标准和 11 条措施，长效推进市民文明素养和城市文明水平提升。广泛征求市民意见后发布“宝安市民文明行为基本规范十条”（五要五不要），开展“文明宣讲团”“文明宝安行”和入户宣传等系列活动 400 多场，创新开展“五要五不要”快闪活动、说唱动画、填字游戏等新媒体宣传，“超级文明侠”宣传策划获第十二届设计之都（中国·深圳）公益广告大赛“新媒体类最佳创意奖”。新安街道海裕社区获评第五届全国文明单位，沙井街道民兵应急连获评 2016—2017 年度广东省文明单位。组织开展关爱行动主题活动 140 项，宝安区 4 个单位（个人）和 18 个优秀活动项目受到市关爱行动组委会表彰。

【宣传队伍建设】2017 年，宝安区委宣传部班子成员和处级干部坚持问题导向，深入开展“转作风 大调研”，形成《宝安区新闻发布工作存在问题及对策》《宝安区行人交通文明现状及对策》等 7 份调研报告，针对存在的问题提出 28 项工作建议。组织开展 2 期全区新闻发言人、新闻助理培训，86 人次参与。加强党支部建设，制度化、常态化开展“两学一做”学习教育，落实“三会一课”制度，使党员干部牢固树立“四个意识”，做到忠诚干净担当。强化内部管理，新制定《专项资金内部管理制度》《媒体合作项目管理制度》和《新闻特专刊经费管理制度》等 6 项制度，修订原有 4 项制度。严格落实党风廉政建设主体责任，定期开展谈话提醒，确保党员干部廉洁自律。

附：2017 年宝安区委宣传部领导成员名单

区委常委、部长：黄盛华
常务副部长：王　曦
副部长：戴彩福　杜俊平（3 月起）
区文明办主任：陈　新（5 月止）
邱创安（5 月起）

统战工作与港澳侨台事务

2017年6月1日，3000余人参与香港宝安乡亲“庆香港回归20周年活动”

【概况】2017年，宝安区委统战部（侨办、侨联、台办、民宗局）紧紧围绕区委区政府工作中心任务，认真贯彻落实中央和省、市统战工作会议精神，全面开展党派、侨务、对台、民族宗教、非公经济与新的社会阶层等各领域的统战工作，推动各领域统战工作不断取得新发展、新突破。

【大统战工作格局构建】2017年，宝安区委统战部贯彻落实上级对统战工作的决策部署，积极构建大统战工作格局。宝安区召开区委统一战线工作领导小组全体成员会议，认真学习领会市委统战工作领导小组会议精神，深刻领会精神实质，把握工作要求，切实用会议精神指导实践、推动工作。会上审议通过《宝安区贯彻落实中央统战工作会议精神和〈中国共产党统一战线工作条例（试行）〉重点工作规划（2017—2019年）》，共列出目标任务26大项95小项；建立健全工作制度，出台《关于建立区委、区政府党员领导同志与民主党派和无党派人士联谊交友制度的意见》，全年区委、区政府党员领导同志与民主党派和无党派人士开展交心谈心38人次。出台《关于进一步健全宝安区政府有关部门与民主党派建立对口联系制度的工作方案》，18个政府有关部门与9个党派团体建立对口联系。召开对口联系工作部署会，进行统一战线、多党合作理论培训，要求对口联系有关部门和党派团体建立台账制度，以联合开展专题调研为主线，切实将对口联系工作落到实处。

【政党协商】2017年，宝安区统战部（侨办）推进多党合作与协商民主。指导各党派、知联会紧紧围绕服务“基层治理质量年”“800·669工程”等全区重点工作，开展“智慧商圈+公交”“食品安全”“滨海生态保护”等10项专题调研。姚任书记专门出席全区民主党派和无党派人士调研协商座谈会，提出党派调研要“选得准、做得深、能转化、可持续”，并建立健全党外人士意见建议“直通车”制度，集全区之力、众人之智，准确把握新时代宝安发展的方向和重点，实干兴区，为宝安新一轮全面改革发展再创佳绩的新要求。区委审定印发《中共宝安区委2017年政党协商计划》，首次将党风廉政建设和反腐败工作纳入政党协商计划。区委与各民主党派进行5次政党协商，就区六届二次党代会报告、政府工作报告等征求各民主党派的意见建议，并分别与各党派、知联会进行调研协商。区委还专门召开党风廉政建设和反腐败工作情况通报协商座谈会，向全区各民主党派、工商联负责人及无党派代表人士通报有关情况，并听取意见建议。

【党外人士队伍建设】2017年，宝安区委统战部（侨办）加强党外代表人士队伍建设。切实抓好党外代表人士的发现储备、教育培养和选拔任用力度，加强新形势下党外代表人士队伍建设。在武汉大学举办党外人士（党外干部）培训班，共计培训70人；加强党外干部实职安排力度。截至2017年年底，区副处级（事业单位6级管理岗）以上党外干部20人，其中正职7人（政府部门、国企、人民团体各1人，事业单位4人）。同时向区教育局推荐14名教育系统中层正职党外干部，着力加强教育系统党外干部后备队伍建设；推荐确认一批无党派人士。2017年共推荐确认新一批无党派人士34人；协调落实民主党派活动办公场所，解决民主党派无固定活动、办公场所问题。建立党派信息员制度，举行党派信息员培训班，各党派由专人负责收集报送党派调研参政活动信息，在《深圳统战信息》《宝安信息》等刊物上发出党派声音，扩大党派影响力。

【港澳侨台工作】2017年，宝安区委统战部（侨办）切实抓好香港、侨务和对台工作，确保完成政治任务。结合街道分设情况，稳妥有序推动成立新设街道同乡会，松岗同乡会换届和燕罗、福海同乡会成立顺利进行。组织各社团同乡会联合举办庆祝香港回

2017年7月15日，宝安区举办“文明创建·两岸青年齐参与”定向主题创意跑活动

归20周年活动，有3000多名乡亲参加活动。全年赴港参加香港深圳社团总会、各乡亲（宗亲）社团同乡会开展的活动18批次。积极筹备成立香港宝安青年创业联会，大力支持侨港澳青年回乡创业，先后组织2批次共150余名香港青年到美生创谷、福海信息港侨港澳青年双创基地参观学习。深化宝台两地党际交流、基层交流，举办“文明创建·两岸青年齐参与”主题跑等活动；接待台湾参访团累计4批次，组织福海文艺演出团赴台开展文化交流活动，为促进两岸文化交流起到积极作用。做好台湾青年就业创业服务工作，认真落实台湾青年来深就业工作，积极发动15家区内企业提供岗位需求153个；在福海两岸文创梦想公园举行来宝安实习台湾大学生座谈交流会并组织他们参观美生创谷科技园。

【民族宗教工作】2017年，宝安区委统战部（侨办）加强民族宗教事务规范管理，服务安全维稳大局。召开全区民族宗教工作协调领导小组专项工作会议，部署全区防范打击境外宗教渗透和非法宗教活动专项行动，制定《关于在全区开展防范打击境外宗教渗透和非法宗教活动专项行动的工作方案》。联合公安、国安、街道等部门共查处活动点13处，纳入引导活动点3处，打击整治工作完成率100%，圆满完成上级的专项打击工作任务。充分发挥“拉面餐饮和谐工作组”的作用，及时妥善处置南山医疗纠纷案等4宗涉及少数民族群众因素的矛盾纠纷。在西乡桃源社区、新安兴东社区深入推进民族团结进步创建活动。加强对宗教活动场所安全工作的规范化、标准化管理，制定实施《宝安区宗教活动场所安全管理工作方案（试行）》《宝安区宗教活动场所安保工作指引（试行）》，从责任制度、人防、物防、技防等方面对宗教活动场所安全保卫工作做出具体规范。加强十九大等重要节点及圣诞节、复活节、斋月等法定节假日期间宗教场所安全维稳工作，确保不发生安全事故。顺利完成区基督教两会常委和各常委换届各项工作，加强基督教两会班子队伍建设。组织天主教、基督教分别到古田开展爱国主义实践教育活动，提升爱国爱教意识。依托基督教两会、区残联等平台打造“宝安区安心公益共享心理服务项目”，成立全国首个区级公益共享心理服务平台，通过“心体检”“心运动”“心课堂”“心热线”等系统化的内容，为市民提供共享化、公益性、全天候、全方位的心理健康服务。

【助推企业转型升级与创新发展】2017年，宝安区委统战部（侨办）充分发挥优势，抓好非公经济领域的企业服务工作。深化服务企业专题调研，紧密结合宝安非公经济发展特点，分别开展“宝安制造业隐形冠军挖掘与培育”和“宝安区工业园区创新模式”课题调研。搭建企业凝聚平台，联合区工商联按实体制造、园区企业、青年企业家等类别举办4期企业家培训班，共安排“工业4.0与中国制造2025”等32场专题讲座，参观考察厦门美亚柏科、杭州未来科技城等8家创新型企业（园区），举行以“智能制造·共享智慧”等为主题的4场专题交流座谈会，参加培训的宝安民营、侨（港）资、台资企业家、青年企业家等共214人。实施服务企业“一十百千”计划，全年重点走访1000家会员企业，详细收集企业生产经营基本情况和问题；引入专业合作团队，开展深化服务100家潜力企业活动；依托区产业转型升级设计中心，为麦轩食品、东汇精密等18家企业（原定10家）提供深入转型发展辅导，培育发展特色示范企业；针对宝安产业园区功能特点及行业集聚发展需要，引入专业团队策划辅导，重点培育1个特色园区，树立宝安企业集聚发展标杆。（彭镇杰）

附：2017年宝安区委统战部（侨办、侨联、台办、民宗局）领导成员名单

部　长：郑新强
副部长：邱慧萍　高伟光
区侨办主任：邱慧萍（兼）
区侨联主席：陈贺党
区委台办主任：刘伟斌（10月止）
区民宗局局长：张仲明

党校工作

【概况】 2017年，宝安区委党校认真贯彻落实区委区政府“基层治理质量年”工作部署，充分发挥党的理论研究、宣传的主阵地和党员干部培训主渠道功能，开展十九大精神学习宣讲活动，努力提高培训教育质量和科研工作水平，树立优良工作作风。各项事业取得明显进步，获评“2017年宝安区党政信息工作先进单位”和区“法治建设先进集体”。

2017年9月21日，宝安区委党校客座教授（教师）聘任仪式在区委党校举行

【理论宣讲】 2017年，宝安区委党校围绕党的理论政策和党委政府重要会议精神，加强宣传交流，充分发挥党校思想引领主阵地作用。组织理论宣讲，组建高水平的理论宣讲队伍，特邀十九大代表费英英同志加入宣讲团，以十九大精神为重点，以社区和两新党组织为重点，完成77场宣讲，实现两新党组织宣讲全覆盖。

【教学培训】 2017年，宝安区委党校坚持质量立校，主业主抓、主课主讲，充分发挥党性锻炼“熔炉”、干部业务素质和能力提升主阵地的功能作用。全年共举办67期15629人次培训，参训人数比上年增长21.3%。其中，主体班28期2200人次，宝安处级干部讲坛5期3553人次，干部自选培训28期7935人次，宝安企业干部讲坛6期1941人次。重点班次有：党支部书记培训班24期、科级干部任职培训班1期、企业干部讲坛6期、社区股份公司董事长培训班1期以及18个专题的自选培训班。创新培训方式，办好特色班次。根据市委统一部署，精心完成全区党支部书记培训班24期，培训1693人次，突出“小班制”教学特色，聚焦党性教育；紧扣党建问题，引导学员思考讨论基层党支部在城市党建大格局中面临的新形势新问题；注重党务实操，开展互动教学，设置实务课、实训课、课前分享、模拟组织生活会、总结汇报等5种互动性培训方式，引入心理测评机制。党校优化培训资源，精选一批理论水平较高、实践经验丰富的领导干部、企业家，作为兼职教授（教师）参与各项教学工作。举办客座教授聘任仪式，为50位客座教授和17位客座教师颁发聘书。党校首次将社区干部纳入全区统一培训计划，拓宽党性培训覆盖面，提升基层党员党性修养，逐步形成对各类干部的制度化、规范化、常态化培训体系，共有822名社区干部和社区工作者培训合格。

【科研课题】 2017年，宝安区委党校围绕区委区政府中心工作，针对宝安区经济社会发展的新形势新情况，加大科研和社会调查力度，及时总结课题成果，科研成果被纳入国家高端智库。由区主要领导负责，区委党校牵头，与中央党校国际战略研究院合作攻关的区重大调研课题“‘四个全面’战略布局下的宝安发展模式研究”顺利结项。此课题历时近2年，课题组深度调研30余家有地方特色的区基层先进单位，形成1个主报告和2个分报告。主报告《大数据时代的智慧城市治理——深圳市宝安区智慧城市治理研究报告》在国家高端智库——中国人民大学重阳金融研究院举办发布会，《南方日报》《深圳特区报》等媒体做全面报道。其中分报告《关于制度＋科技＋责任集体资产管理》在人民日报内参发表，分报告《关于党建+360° 服务联盟》将于近期发表。课题涉及的宝安智慧城市治理案例被编入中央党校《重大理论和现实问题案例选编》，供各地方、各部门参考借鉴。党校组织教师深入基层开展调研，与人民日报社主办的《人民论坛》合作，开展课题“深圳市宝安区党员队伍党性状况和党建质量”研究，通过实地调研和广泛征求意见等形式，课题成果呈报区委区政府，为区中心工作提供决策参考。池蕾副讲授主笔的《非户籍参选社区“两委”的观察与思考》、王静媛博士主笔的《推进宝安区社区股份合作公司发展的建议——基于万丰与华西发展变迁的比较研究》等两篇课题调研报告分别获得区主要领导批示，被转发有关部门作为工作决策参考。为总结科研成果，促进学术交流，汇编2016年读书沙龙和科研课题报告，出版《读书沙龙讲座实录》和《党校调研2016》。党校自觉主动对接高

2017 年 11 月 12 日，"党的十九大精神"大型集中宣讲活动分别在全区十个街道举行，宣讲团为近 3000 名"两新"党员送党课

端机构，推动中国浦东干部学院深圳教学研究基地在宝安落地，举办基地挂牌仪式，将对宝安培养优秀干部、深化改革实现新发展有积极作用。

【决策咨询】2017 年，宝安区委党校发挥新型"智库"作用，组织教师结合"转作风 大调研"工作，重点围绕宝安如何在新时代勇当尖兵、再创新局，如何更好地坚持和发展中国特色社会主义，在社会主义现代化建设的"两步走"征程中如何发挥应有作用，如何在贯彻新发展理念、建设现代化经济体系的过程中增创发展新优势等重大战略问题开展调查研究，上报《建议宝安区以"四环联动"打造社会主义先进文化典范区》《建议宝安区成立高新技术产权交易推广转化中心》等一批稿件获得采用并获区委主要领导批示，信息任务综合完成率突出，获评"2017 年党政信息工作先进单位"。党校强化宣传平台，推进校刊改革，努力提高办刊质量，增强影响力。突出校刊理论性，打造品牌栏目，紧密结合宝安经济社会发展热点难点问题，优选文章。共刊发 4 期，分别以从严治党、社会治理和区"两会"和"党的十九大"精神主题，刊登 67 篇文章，每期印刷 3000 本，向全区处级以上干部派发，充分发挥工作交流和理论学习平台作用。

【党校队伍建设】2017 年，宝安区委党校狠抓各类队伍建设，提升班子和广大党员作风，树立良好的教风学风。强化领导班子建设，根据班子成员变动，及时调整领导分工。严格落实党风廉政建设主体责任制，推动工作落实。校领导带头坚持每月开展课题调研、每周开展集中理论学习。加强师资队伍建设，依托深圳大学中国特区研究中心，招聘 1 名博士后进站研究；面向全国选聘 2 名博士研究生，充实校师资队伍；精选 68 名理论水平较高、实践经验丰富的领导干部、企业家，作为兼职教授（教师）参与各项教学工作。强化师德师能建设，组织教师学习党的十九大精神、习近平总书记对广东工作指示精神 20 余次，提升党校教师的理论素养和授课水平。共组织 30 余人次，分 9 批次到人民大学、江西瑞金外出学习。实行试讲评议制度，在主体班教学前，组织骨干教师认真备课并公开试讲，以改善教学效果。

【校园文化建设】2017 年，宝安区委党校抓好校园文化建设，保障教学培训活动有序开展。开展第 33 个教师节座谈会，凝聚发展动力。加强党员教师理论武装，召开"学习十九大报告精神"主题组织生活会，组织教师集中学习，开展专题研讨，分 3 批选派教师到北京、延安等地参加十九大报告精神解读培训班，推动教职工精神文明建设。抓好党建工作，落实"三会一课"制度，坚持党员每周集中学习，深入开展"两学一做"专题教育；组织全体教职工到文天祥廉政教育馆廉政教育基地、区纪委、深圳监狱等参观调研，全校学习和调研蔚然成风。加强校园文化建设，联合深圳市委党校共同主办深圳市党校系统第六届"党校杯"运动会，并取得良好成绩。校工会、妇委会、团支部等多次开展针对退休人员和困难教职工的走访慰问活动，建设和谐互助校园。

（冯晓丽）

附：2017 年中共宝安区委党校领导成员名单

党校、行政学校、干部学院校长：
吴　晶

党校（干部学院）常务副校长、
行政学校副校长：胡雨青

党校、行政学校、干部学院副校长：
刘新华（3 月止）　曾子坤（3 月起）

信访工作

【概况】2017 年，宝安全区信访系统以十九大特防期为核心目标，全面加强统筹协调，一手抓畅通信访渠道，规范信访基础业务，一手抓化解积案难案，稳定重点人员，较好完成各项工作任务，为全区经济社会发展营造平稳可控的良好氛围。年内，宝安区信访形势继续保持总体平稳，呈现"两持平八下降"（进京非访的批次、人次同比持平，赴省、到市集体访和到区上访、集体访的批次、人次同比均下降）趋势。群众进京非访1批1人次，批次和人次与上年持平；群众赴省集体访6批62人次，批次和人次比上年分别下降16.6%和22.5%；群众到市集体上访35批434人次，批次和人次分别下降39.6%和59.2%；群众到区上访455批1979人次，批次和人次分别下降15.2%和52.7%，其中，集体访57批1161人次，批次和人次分别下降64.5%和66.8%。圆满完成全国“两会”、香港回归20周年纪念、建军90周年、“金砖峰会”和“党的十九大”等全部特别防护期信访工作任务，期间无群众进京非访或到会场周边上访，实现上级提出的工作目标。

宝安区人民来访接待厅

【法治信访、阳光信访、责任信访】 2017年，宝安区信访局运用“互联网+”思维，进一步畅通和拓宽诉求渠道，将群众来信、来访、来电和电子邮件“全口径”网上流转，大力夯实信访事项的受理、办理、督办等基础业务，通过业务规范化推动信访问题及时就地依法得到解决。加强区信访大厅软硬件规范化建设。硬件上，在信访大厅配置警务室，增加社工服务室、法律服务室等功能室；合理设置服务窗口、增加安检设备，安装信访维稳工作信息化平台（即云安访信息化平台），提升信访维稳工作效能。在软件上，继续引入律师、心理咨询师、社工等第三方力量参与信访工作，开展“五个一”活动，推动接待工作标准化、规范化。日常注重作风建设，抓好业务学习，淡化人员来源、身份等差异问题，整合大厅现有资源，打造具有宝安特色的信访大厅服务品牌。2017年，驻厅律师协助参与联合接访群众达4100余人，提供法律咨询510次；心理专家共介入115批上访案件，疏导来访群众242人。在市纪委、市监察局和深圳电视台组织对全市各级政务大厅和信访大厅开展的联合暗访中，宝安信访大厅表现尤为突出，得到市联合暗访组的点名肯定，区委区政府在全区通报予以表扬。推动领导干部定期接访下访和部门联合接访制度化、常态化。在省、市、区政府门户网站定期公开区领导接访信息。领导干部采取定点接访、重点约访、专题接访、带案下访、下基层接访、领导包案等灵活方式，了解民情、倾听民声、纾解民困，提高依法解决问题的质量和效率。全年，区领导干部共接待群众来访131次，批示信访案件41宗，开会研究和实地调研信访案件96宗，如成功解决黄鸿初与宝安中医院的医患纠纷，双方就赔偿达成一致意见。大力落实群众来信和立案件办理。对群众来信认真做好登记、呈送、转办、督办、报告各环节的工作，全年共办理群众来信218件、立案件22件、领导阅批信件9件，到期案件办结率达100%。做好群众电话投诉办理工作。区长专线电话前后台合并运行，接听、登记、转办、督办、回复各环节一站式无缝衔接；做好市政府12345电话新旧系统转换过渡工作，加强业务培训指导，缩短办理时限（15个工作日内办结），统一办理意见规范格式，制定新的考核标准，加强电话办理质量管控，对来电办理情况实行100%检查，确保办理反馈率100%，切实做到事事有着落。1至10月共办理市政府12345电话19021宗、区长专线电话982宗，其中直接答复处理1228宗，协调处置紧急异常来电667宗。开通微信公众号和手机APP，加强网上信访工作。推进“智慧＋信访”，宝安信访微信公众号、手机APP正式上线运行，为群众提供移动受理、渠道指引、办理查询、信访政策法规公开等服务，通过“掌上信访大厅”市民就可轻松实现手机信访，做到“让数据多跑路，让群众少跑腿”。1月至10月共办理网上投诉2189宗，比上年上升16%，到期办结答复率100%。有序开展业务培训。全年共组织开展全区性综合型业务培训3次，对口型业务培训12次，推动全区信访业务工作人员意识上重视工作，并自觉落实规范化工作要求。

【责任信访落实】 2017年，宝安区信访局推行区领导包销案工作。全面排查信访积案和重大矛盾纠纷，与区委政法委共同研究，在全区推行区领导包销案工作。共排查交办案件79宗，通过区领导包案协调，落实“表格化、数字化、责任化”和“五个必须”的工作要求，成功销案32宗，其余案件重点人员全部实现稳定可控。强化“一站式”联调联处。在充分尊重群众意愿的情况下，启动联调联处机制解决

宝安区网上信访大厅

群众诉求，推动信访案件的快速调处，增加群众对政府部门的信任度。全年共联合调处矛盾纠纷 131 宗，涉及群众 3998 人，如成功协调杨双鹏与恒生医院医患纠纷、西乡街道尖岗山名苑二期项目装修工人工资问题。多措并举做好重点人员稳定工作。针对宝安区重点人存量较大、成分复杂、管控难度高的实际，各单位和各街道采取多种方法，因人施策，分类管控。对于居住在宝安区的重点人必须落实稳控措施，坚决将重点人吸附在当地，杜绝出现漏控失控情况。对于有特殊情况、思想极端情绪偏执、存在赴省进京上访极大隐患的，采取人盯人的办法，坚决盯死看牢，仅对张某凡、胡某容、李某红等 7 人安排 94 人跟踪盯控，确保万无一失。对于人在外地的“三跨三分离”重点人员，要求落实异地稳控措施，确保不出现赴省进京越级上访和非访情况。其间，全区共派出 73 批 178 人次在全国各地稳控了 65 名重点人，外联工作小组对于生活困难的重点人，专门带上慰问品纷纷登门慰问稳控。对于遇有生活难题确需帮助的重点人，想尽办法提供帮助，体现组织关怀。如重点信访人孙某彦子女上学遇到困难，立即采取特殊措施将其从重点人员库中撤销，为其办理居住证，并为其子女上学开通绿色通道。

【信访工作机制完善】2017 年，宝安区信访局进一步完善工作机制，完成各个敏感期特别防护任务。做实信访维稳工作专班。从区委政法委、信访局、卫计局、教育局、公安分局、人力资源局、环水局、住建局、网格办、新安街道和西乡街道等 11 个单位抽调人员组成区信访维稳工作专班，在区公安分局指挥中心集中开展工作，统筹协调、指导督导、布置落实全区信访维稳突出问题的处置化解工作。派出 2 名副局长担任专项工作组组长、4 名业务骨干全程参与专班工作。派出驻京、驻省、驻市工作组。从 3 月开始，区信访局、区委政法委、区公安分局和各街道派出 20 人工作组进驻北京、广州和市信访大厅工作，对涉访群众发生进京、赴省和到市情况实现快速处置，迅速接触做好劝导工作，力争在上访行为发生前将群众劝返回辖区。派出驻天津、郑州和石家庄工作组。在十九大召开前，组织街道、公安派出力量进驻天津、郑州和石家庄等地，确保一旦出现人员脱控赴省进京等情况，能快速反应、立即处置，切实预防减少赴省进京上访和非访情况。专班成立以来，根据情报信息的及时研判和落地核查，共交办排查重点人员 72527 人，稳控重点人员 535 人，成功劝说组织赴省进京越级上访、意图非访人员 83 批 132 人次，其中在京劝返 30 批 35 人次、在省劝返 29 批 55 人次、成功稳控购票赴省进京 24 批 42 人次。（王　颖）

附：2017 年宝安区信访局领导成员名单

局　长：钟日平

副局长：曾治军（2 月起）　刘静悠

深圳市宝安区人民代表大会

2017 年宝安区人大常委会组成人员名单

主　任：张志彪

副主任：李献荣　毛伍元　欧瑞志　刘红瑛　赵俊平　苏喜金

委　员：王伟邦　王　新　史文集　白政瑜（2 月起）　朱北平　刘文灿　李呈阳（11 月止）　李泉生　肖　奋　吴兰平　吴成智　张　剑　张　琼　陈伟杰　陈　焱　林　戈　林春伟　林晓生　郑　阳　黄万钧　黄东明　黄居科　黄振辉　梁志虹　彭锻华　谢戈平　赖福安

2017 年宝安区人大常委会机关机构设置

机构名称	主要职责范围
办公室	负责区人民代表大会会议、常委会会议、主任会议、党组会议及其他有关重要会议的会务工作。负责常委会领导政务活动安排。负责区人大机关的文秘工作。负责人大制度、人大工作宣传、报道和综合课题调研。编发常委会会刊、简报，信息收集反馈，档案图书资料管理。负责区人大及常委会通过的决定、决议的公告和上报备案工作。负责区人大机关党务、人事、劳资、接待、工青妇、计生、财务（物）、后勤工作。受理常委会委托协调各工委（办）工作。承办常委会和主任会议交办的其他事项
选举联络人事任免工作委员会	负责落实本工委业务范围内的常委会选举、人事任免和监督工作事项；负责代表资格审查委员会的日常工作；负责联络区人大代表，在宝安工作、居住的全国、省、市人大代表，组织代表活动和学习培训；指导人大代表社区联络站工作；负责督促人大代表议案、建议和意见的办理工作；负责相关规范性文件的审查工作；承办人大常委会和主任会议交办的其他事项；负责与市人大常委会选举联络人事任免工委的工作联系
财政经济和城建环资工作委员会	负责落实本工委业务范围内的常委会监督工作事项；负责监督本行政区域内的发展计划、财政、经济等工作情况，督促政府相关职能部门依法开展工作；组织本工委牵头的代表专业小组开展活动，负责相关代表议案、建议的办理和督办；负责相关规范性文件的审查工作；承办常委会和主任会议交办的其他事项；负责与市人大常委会计划预算委、经济工委、城建环资工委的工作联系
教育科学文化卫生和侨务工作委员会	负责落实本工委业务范围内的常委会监督工作事项；负责监督本行政区域内的教育、科学、文化、卫生、计生、体育、宗教、侨务等工作情况，督促政府相关职能部门依法开展工作；组织本工委牵头的代表专业小组开展活动，负责相关代表议案、建议的办理和督办；负责相关规范性文件的审查工作；承办常委会和主任会议交办的其他事项；负责与市人大常委会教科文卫工委、外事侨务工委的工作联系
法制和内务司法工作委员会	负责落实本工委业务范围内的常委会监督工作事项；负责监督区政府相关职能部门、区人民法院、区人民检察院依法开展工作；组织本工委牵头的代表专业小组开展活动，负责相关代表议案、建议的办理和督办；负责规范性文件的备案审查工作；负责常委会机关内部的法制事务；负责常委会的信访工作；承办常委会和主任会议交办的其他事项；负责与市人大常委会法制委、内务司法工委的工作联系

综　述

2017 年，宝安区人大常委会认真学习贯彻党的十九大精神和习近平新时代中国特色社会主义思想，全面落实区六届二次党代会的部署，紧扣中心、服务大局，关注民生、践行法治，依靠代表、恪尽职守，圆满完成各项工作任务。全年共召开党组会议 22 次，主任会议 31 次，常委会会议 13 次；听取和审议“一府两院”专项工作报告和其他报告 89 项；作出决议决定 22 项；开展专项监督、执法检查、专题调研和代表视察 198 次，向“一府两院”转交一系列较高质量的意见建

2017 年 5 月 24 日，“宝安区人大代表建议直通车”启动

议，为宝安的经济社会发展和民主法治建设作出努力和贡献。

【思想建设】2017 年，宝安区人大常委会把学习宣传贯彻党的十九大精神作为首要政治任务，组织召开党组学习（扩大）会、组成人员专题学习会、专题辅导讲座、支部组织生活会，常委会组成人员确保学懂弄通做实。扎实开展“两学一做”学习教育活动，落实“三会一课”制度，进一步加强机关党的建设。深入开展“转作风、大调研”活动，形成 14 篇调研报告，向区委提出 64 项建议，为宝安再出发、再发展、再提升提供思路举措。

【组织建设】2017 年，宝安区人大常委会严格落实中央和省、市关于加强基层人大工作的决策部署，不断完善人大组织架构。做好成立区人大法制委员会和财政经济委员会有关工作，每个委员会配置 11 名委员，推动人大工作专业化、经常化。单独设立选举联络人事任免工作委员会，进一步优化人大机关职能分工。成立 10 个街道人大工作委员会，形成“1+10+28”的区、街道、社区三级人大组织架构，建立自上而下、纵向到底的人大工作体系。积极引进“外脑”，组建 22 人的人大计划预算审查监督专家库，聘请 30 名法律、财经、民生等领域的专家顾问，进一步完善常委会的决策咨询机制。

【制度建设】2017 年，宝安区人大常委会出台《区人大常委会组成人员 20 条守则》，从始终坚持党的领导、忠实行使法定职权、坚决维护人民利益、模范履行代表职责、自觉坚持集体行权、带头做好勤政自律等 6 个方面作出具体规定，全面提升常委会的工作质效。完善常委会议事规则，听取和审议专项工作报告、执法检查、专题调研、专项视察、询问和质询等一系列办法，有效确保常委会依法履职、依规办事。修订公文办理、公务接待、财务管理等 18 项工作制度，着力以规立行、以规提效。

调研视察工作

【督促重点工作落实】2017 年，宝安区人大常委会按照区委“基层治理质量年”工作部署，紧扣“9·800·669”工程、全国文明城市创建等重点工作，先后组织代表开展 28 次专题视察，向区政府转交 125 项意见建议，有力推动区委决策贯彻到位。开展黑臭水体治理专项监督，督促落实河长制，助推解决征地拆迁、环保执法等 112 项难点问题，促进建成区 10 条黑臭水体实现不黑不臭，茅洲河治理顺利通过“国考”。加强城市更新工作监督，要求政府加快修编《城市更新战略与策略研究》《宝安区城市更新十三五规划》，破解城市更新“碎片化”、公配设施不足等问题。听取和审议政府关于禁毒整治工作情况报告，助力宝安区由毒品集散中转“通报警示地区”降为“重点关注地区”。带头落实网格长责任，常委会班子成员定期到包挂点网格开展安全生产检查、信访维稳处置等工作，有效确保网格的和谐稳定。

【重大项目建设推动】2017 年，宝安区人大常委会严把新增项目立项关，对立新湖东南片区景观提升工程等 9 个项目严格审查，审议并通过宝安音乐艺术中心、工人文化宫、新桥街道蚝乡路、江碧产业园工业废水处理厂等 5 个 5000 万元以上年中新增项目的立项。依法行使好重大事项决定权，审查批准《宝安区生态文明建设规划（2016—2025）》，支持宝安区打造三生融合、人与自然和谐共生的现代化城市生态，加快创建国家生态文明建设示范区。

【产业转型升级促进】2017 年，宝安区人大常委会结合“深圳质量、宝安智造”行动计划，组织开展宝安智能制造生态系统建设专题调研，在梳理分析大族激光、杨森工业机器人等 16 家企业经营现状的基础上，从夯实发展基础、完善公共服务、优化人才机制等方面提出意见建议。持续关注工业用地保护和先进制造城规划建设，以监督保护 74 平方公里工业控制线为重点，支持区政府制定《工业上楼改革试点方案》《工业控制线管理办法实施细则》，有效保障工业发展空间。开展科技创新创业视察，督促政府加快重大科技产业和创新创业载体建设步伐，切实提升宝安的创新能力和核心竞争力。

【人事任免】2017 年，宝安区人大常委会坚持党的领导，充分发扬民主，严格依法办事，顺利完成全国和省人大代表候选人推荐选举工作。坚持党管干部与人大依法任免有机统一，全年共任免国家机关领导人员、工作人员和人民陪审员 156 人次，同心同德建设好干部队伍。

监督工作

【干部任后监督】2017 年 7 月，经区人大常委会第十三次会议审议通过，出台《关于开展国家机关工作人员任后履职监督的工作方案》，完善监督工作链条，增强国家机关工作人员人大意识、法治意识和担当意识。8 月，区人大常委会第十四次会议上分别听取和审议区长和法检“两长”上半年工作报告，提出 54 项意见建议，现全部办理答复。年底，副区长、政府部门主要负责人、法院副院长、检察院副检察长分别向常委会提交年度履职报告，常委会组织代表进行评议，并提出 113 条意见建议。

【计划预算监督】2017 年，宝安区人大常委会动态关注计划实施情况和财政预算执行情况，完成 2017 年度计划预算草案的初审，听取审议 2017 年上半年计划、预算执行情况，批准 2016 年财政总决算，先后两次审查批准 2017 年计划、预算调整方案，强化计划预算的刚性约束力。建立计划预算联网监督系统，与区财政局金财核心系统、政府投资基建系统进行联网，实现预算支出全过程实时监督。在全市率先出台《关于审计查出问题整改工作监督的暂行办法》，通过分类明确整改责任、调整报告主体、强化满意度测评、加强督查督办等方式，进一步增强整改实效。开展政府投资项目竣工结算、决算、资产移交专项工作监督，督促政府修订《宝安区政府投资项目管理办法》，建立从立项到决算移交的全流程管理机制。

2017 年 10 月 10 日，区人大常委会组织市、区人大代表视察区政府学校建设及学位供给专项工作

【法治城区建设推进】2017 年，宝安区人大常委会针对司法改革中的新情况、新矛盾，开展专题调研，支持“两院”解决案多人少、职业保障不到位、后勤保障不充分等问题。开展《消防法》执法检查，重点从理顺基层监管机制、加大消防基础设施建设、落实消防安全主体责任等 8 大方面推动政府改进落实。检查《特区医疗条例》相关配套制度建设的落实情况，协助开展《特区警务辅助人员条例（草案）》《特区食品安全监督条例（草案）》《特区人才工作条例（草案）》《特区医疗急救条例（草案）》立法调研和征求意见，充分听取行业主管部门、法律专家、居民群众、企业经营者的声音，共有 11 条立法建议被市人大采纳。结合“七五”普法工作，开展“法律五进”专题视察，促进形成良好的法治环境和守法氛围。

代表工作

【代表履职能力提升】2017 年，宝安区人大常委会先后组织 248 名市、区人大代表，分 3 批赴全国人大培训基地进行初任培训，为代表依法履职打下坚实业务基础。结合专项监督工作，组织专委、工委委员开展专题培训 12 次，提升监督的精准化、规范化。创新开展“五心”（即忠心、公心、尽心、贴心、清心）代表队伍建设活动，专门召开代表工作会议，评选出年度“五心”代表 12 名，形成典型引领、比学赶超的代表履职局面。加强代表工作宣传，在媒体刊登新闻报道 120 篇，出刊《宝安人大》12 期，进一步扩大代表工作的影响力。

【代表履职平台拓展】2017 年，宝安区人大常委会将人大代表社区联络站调整增设至34个，安排专项经费，设置专门场地，实现外观标识、工作制度、量化要求“三统一”，为代表履职搭建活动阵地。扎实开展“代表活动月”工作，以“监督推动全国文明城市创建工作”为主题，先后开展视察、调研、议事会等活动52次，为深圳市第五次荣膺全国文明城市称号贡献力量。与深圳卫视合作，成功承办深圳市第八期人大代表问政会，推动解决医院停车难问题，合力为“生命通道”点亮绿灯。密切代表与选民之间的联系，组织代表参加进站活动536人次。开展常委会组成人员和人大代表向选民述职活动，积极践行“对人民负责、受人民监督”，让选民了解代表，让代表熟悉民情。

2017年12月13日，宝安区人大常委会街道工作委员会揭牌

【意见建议督办】2017年，宝安区人大常委会把意见建议办理作为发挥代表作用的重要途径，采取集中交办、定期沟通、满意度测评等方式，全程跟进督促，使办理单位有压力、人大代表有动力、促进工作有效力，268项建议全部按期办理答复。加强重点建议督办，由宝安区政府办理的《关于进一步加强停车场建设的建议》，以及由光明新区管委会办理的《关于加大力度整治龙大、南光高速免费后车流量加大导致交通拥堵问题的建议》均取得较好成效。切实加强停车场建设，新增停车位2.26万个；光明新区龙大、南光高速的交通拥堵问题得到有效缓解。在全市率先开通“代表意见建议直通车”，代表意见建议直通区长，区长限时批示交办落实，推动解决民生实事32件，赢得辖区群众的广泛点赞。　　　　（崔鸿俊）

2017年12月17日，区人大常委会主任张志彪组织人大代表视察茅洲河并召开座谈会

深圳市宝安区人民政府

2017 年宝安区人民政府区长、副区长名单

区　长：姚　任
副区长：郭子平　梁敏华　周兆翔
周学良　高志远　朱恩平

2017 年 6 月 22 日，宝安区召开新设街道“三年大变样”行动计划动员大会

2017 年宝安区政府机构设置

机构名称	主要职责	负责人	地 址
办公室	区政府综合办事机构，负责区政府日常工作	蔡英权	区委（府）办公楼
发展和改革局	负责研究、提出国民经济和社会发展规划与发展政策，指导与协调经济体制改革工作	黄　臻	同上
经济促进局	负责工业、商业、口岸、贸易、经济合作、能源电力、种植业、畜牧兽医业、渔业、海洋管理、信息化建设工作	谢炳文	新安三路海关大厦
科技创新局（科协）	负责科学技术发展创新、版权工作	胡细银	区委（府）办公楼
财政局（国资委）	负责财政和国有资产监督工作	查红俐	湖滨路 31 号
城市更新局	负责城中村（旧村）改造工作	陆福强	区委（府）办公楼

续表

机构名称	主要职责	负责人	地址
土地规划监察局	负责处理辖区规划土地违法案件及查违工作	黄再晓	新安二路 86 号
中心区规划建设办	负责中心区规划建设管理工作	邹建华	区委（府）办公楼
区土地整备局	统筹协调全区土地整备工作	张聪杰	洪浪北二路长丰工业园 D1-1 栋 4-6 楼
环保水务局	负责环境保护和水行政工作	朱桂明	新安二路 96 号
卫生和计划生育局	负责医疗卫生、计划生育工作	刘红瑛	龙井路 116 号
教育局	负责教育工作	吴少平	宝民一路 1 号
教育督导室	负责教育督导工作	李全毅	同上
公安分局	负责维护社会治安，打击各类刑事犯罪活动和扰乱社会治安的违法活动，保护人民生命财产安全，管理户籍工作	王　浩	湖滨路 3 号
民政局	负责民政事务工作	项　健	同上
司法局	负责司法行政工作	刘文浩	前进路 76 号
人力资源局	负责人力资源综合管理、公共就业服务工作。	高荣望	区委（府）办公楼
职业训练局	负责统筹规划和协调职业能力培训工作	范燕塔	龙井路 70 号
文体旅游局	负责文体旅游业及其市场规范、新闻出版和广播电视工作	邓少玲	裕安西路宝安体育馆东区三楼
审计局	负责审计工作	于剑锋	同上
公共物业管理局	负责全区公共物业的产权管理、运营管理、修缮维护和安全监督等工作	江朗朗	新安二路 53 号
住房和建设局	负责工程建设、建筑业和燃气业管理工作	彭　颖	洪文路 1 号
统计局	负责国民经济和社会统计工作	涂仁胜	区委（府）办公楼
城市管理局	负责城市管理和行政综合执法工作及林业管理工作	李　懿	新安二路 86 号
应急管理办公室	负责重特大突发公共事件综合协调和指挥工作及民防工作	孙玉卫	区委（府）办公楼
安监局	负责安全生产监督与管理工作	阮开江	新安二路 82 号
机关事务管理局	负责机关后勤保障工作	袁　钦	同上
建筑工务局	负责对区政府投资工程项目的计划编制、设计、立项、技术审查及监督、管理工作	陈　健	宝民一路广场大厦 3 楼
投资推广署	负责招商引资、投资推广等工作	古菁华	区委（府）办公楼

2017 年市政府派驻宝安区机构设置

机构名称	主要职责	负责人	地址
市场监督管理局分局	负责市场监督管理执法，维护市场秩序工作	陈欣奋	翻身路 70 号
社保分局	负责社会保险工作	高龙飞	新安二路社保大楼
市规划国土委宝安管理局	负责规划和国土资源管理工作	李　倩	前进路 293 号
宝安交通运输局	负责交通运输管理服务、交通公用设施管理和养护监管以及港航管理工作	巫作如	宝民一路 37 号

续表

机构名称	主要职责	负责人	地　址
国税局	负责国家税收征管工作	李鸿杰	宝安九区国税大厦
地税局	负责地方税收征管工作	林杰三	前进一路 82 号税务大厦
地税第四稽查局	负责辖区税收稽查工作	王　勋	创业二路地税第四稽查局大楼

2017 年宝安区政府派出机构设置

机构名称	主要职责	负责人	电　话	地　址
新安街道	行使区政府赋予的各项职权	高荣望	27789368	宝民一路 202 － 8 号
西乡街道	同上	林更斌	27932025	宝民二路 108 号
航城街道	同上	龚建荣	85905590	黄田股份公司办公大楼
福永街道	同上	魏剑彬	27399228	福永大道 303 号
福海街道	同上	谢海生	27302060	桥头社区居委会办公大楼
沙井街道	同上	赵俊平	27728828	新沙路 488 号
新桥街道	同上	卫树强	27725023	宝安区中心路 239 号（原沙井街道国土所）
松岗街道	同上	许　华	27099288	松岗街道办公楼
燕罗街道	同上	詹　辉	27211160	燕川社区居委会办公大楼
石岩街道	同上	谷更军	27760193	石岩街道办公楼

宏观经济与投资项目管理

【概况】 2017 年，宝安区发展和改革局认真学习贯彻习近平新时代中国特色社会主义思想和党的十九大精神，自觉深入践行新发展理念，全面推进市、区各项重点工作，全力落实“基层治理质量年”各项任务，超额完成固投任务和重大项目年度投资计划。

【年度国民经济计划执行】 2017 年是十九大召开之年，是实施“十三五”规划的重要一年，也是率先全面建成小康社会的攻坚年，区委发出“基层治理质量年”的一号任务令。在区委区政府的坚强领导下，全区上下一心，按照稳中求进的总思路，围绕供给侧结构性改革这一主线，坚持质量主攻方向，坚定不移推进“基层治理质量年”九大行动开展，全面提升经济质量、社会质量、文化质量、生态质量和政府服务质量；坚持不懈抓基层、打基础，深入推进街道发展战略“千百亿工程”，推动有质量的稳定增长、可持续的全面发展，取得较好成效。

——实现地区生产总值 3448 亿元，增长 9.2%；

——规模以上工业增加值 1545 亿元，增长 9.7%；

——社会消费品零售总额 780 亿元，增长 9.0%；

——固定资产投资完成额 817 亿元，增长 25.6%；

——公共财政预算收入 235.6 亿元，增长 11.9%

——税收收入 626 亿元，增长 17%；

——城镇登记失业率为 0.48%；

——万元 GDP 水耗下降 5.8%；

——节能减排指标完成市下达目标。

【固定资产投资】 2017 年，宝安区出台《800 · 669》工作方案，将 800 亿投资任务分解到各街道、部门，并按月抓好跟踪协调，推进责任落实。全区全年完成固定资产投资 817 亿元。

【重大项目建设】 2017 年，宝安区加强重大项目综合协调，51 个市级重大项目完成投资 389.04 亿元，完成年度

计划的125.5%；118个区级重大项目完成投资237.71亿元，完成年度计划投资的152.23%

【第四季度新开工项目集中开工】 2017年12月，宝安区发展与改革局成功举办深圳市2017年第四季度新开工项目集中启动暨宝安区人民医院整体改造工程开工活动，活动前期仅用不到两周时间，高质量完成场地平整、机械设备布置、活动流程及人员安排策划等工作，受到市领导好评。

2017年11月9日，深圳市第四季度重大项目集中开工仪式在宝安区举行

宏观统筹

【特区一体化建设】 2017年，宝安区发展与改革局制定宝安区推进特区一体化建设攻坚计划（2017—2020年），以基础设施和民生短板等薄弱环节为突破口，明确12项目标任务，提出城市功能布局、基础设施、基本公共服务、城市安全、环境保护和管理体制等六大方面的一体化建设任务。

【优化提升营商环境】 2017年，宝安区发展与改革局制定《宝安区关于优化提升营商环境的若干措施》，形成产业发展“1+5”政策体系的主文件，打造稳定公平透明可预期的营商环境，为坚守实体经济和高端制造提供有力支撑。

【“三年大变样”行动计划】 2017年，宝安区发展与改革局出台《宝安区新设街道“三年大变样”行动计划》，部署4个新设街道七大方面664项工作任务和366个具体项目。

【“三年大提升”行动计划】 2017年，宝安区发展与改革局出台《宝安区六个街道“三年大提升”行动计划》，部署6个老街道五大方面42个行动、1733项工作任务和662个重点建设项目，总投资约3651亿元。

【深圳质量建设】 2017年，宝安区发展与改革局重点推动资源节约、创新驱动和结构调整，统筹抓好深圳质量考核29项指标的落实，进一步提升宝安经济社会发展质量。

循环经济与节能减排

【节能减排统筹】 2017年，宝安区发展与改革局联合区各相关部门扎实推进辖区内企业碳管控企业履约工作，全年协调292家（占全市总数35%）碳排放管控企业99.9%完成履约；推进循环经济发展，认定并资助180个节能减排示范项目；全年完成28个总投资达485亿、年耗能5.3万吨标准煤的固定资产投资项目节能审查。

【园区循环化改造】 2017年，宝安区发展与改革局加强园区循环化改造工作，完成深圳石岩奋达科技园，华美工业园的循环化实施方案的制定，并推荐为省级园区循环化改造试点。

【新能源汽车充电桩建设】 2017年，宝安区发展与改革局制定工作实施方案，积极部署建设工作，不定期协调解决困难问题，定期督查建设进度，出台区级补贴政策调动社会建桩积极性等措施，大力推进全区新能源汽车充电桩建设，全年新增充电桩325个。

【节能宣传活动】 2017年，宝安区发展与改革局精心组织节能宣传月和低碳日活动会，总结以往节能减排工作经验，部署2017年的节能减排工作，通过电视、户外广告、网络、报纸等媒体，搭建多维的节能减排宣传平台，多层面倡导节能低碳理念，制作环保袋和宣传手册各3万件发放到各单位，积极开展各式各样的宣传活动，将节能理念深入人心，让绿色发展、低碳生活遍及千家万户。

社会事业管理

【停车场建设推进】 2017年，宝安区发展与改革局多次组织实地调研，采取多种方式加强与相关单位的联系沟通，通过“积极协调推进前期工作”“强化政策研究，修订完善鼓励停车场建设相关政策措施”“依托区属国有企业，积极推进立体停车库项目建设试点”“强化资金保障，加快推进重点建议涉及的政府投资公共停车场项目建设”“积极改善现有道路路边停车泊位紧张现状”五大举措，强力推进宝安区停车场建设，显著成效，全年全区新增停车泊位31902个，新增公共停车泊位22598个。

【价格管理】 2017年，宝安区发展与改革局办理133宗民办幼儿园收费备案，3宗民办非学历教育培训机构备案，5宗物业收费备案，10宗民办成人教育培训机构和3宗民办职业机构技能培训机构收费备案，27宗初审学历教育收费标准；完成全区267条长途汽车票价审核，5宗辖区内公交线路票价制定，全区12个车站共325条公路长途汽车上限票价核定和执行票价的备案工作，完成涉案物品价格认证5200宗。

【政府储备粮管理】 2017年，宝安区发展与改革局开展区粮食库存、粮食行业夏季消防安全、“粮食安全隐患大排查快整治严执法”集中行动等工作检查，储备粮完成情况良好，100%完成当年的储备粮存储任务。

【人口管理】 2017年，宝安区发展与改革局发挥引进人才的“指挥棒”作用，全年高质量完成9330名人口机械增长指标审核发改工作，较上年同期增长128%。（刘　春）

附：2017年宝安区发展和改革局领导成员名单

局　长： 李　懿

副局长： 王映芬（4月起）

曾国辉（2月起）

黄文青（挂职深汕合作区财政局局长）

宾小山

评审中心主任： 周元媛

人才资源开发

【人才队伍建设】 2017年，宝安区在新一轮人才优先发展政策带动下，人才引进数量再创新高，全区新认定高层次人才699名，占前5年认定总数的38%，其中产业类165人，教育类25人，卫计类119人，综合类360人；新增人才入户9793人，比上年增长158%，其中积分制引进人才4178人，增长119%；接收毕业生5402人，增长186%；引进留学生213人，增长317%。截至2017年年底，全区共有合作院士14名，“千人计划”专家9名，市“孔雀计划”海外高层次人才95人，市级高层次专业人才881人，区级高层次人才1776人，博士700多人。

【招才引智活动】 2017年，宝安区人力资源局聚焦产业需求大力开展招才引智活动，为辖区企事业单位引进各类人才3万多名。落实紧缺人才引进“1000工程”，举办“宝安名企高校行”活动，组织500家企业赴36所高校、职校招聘应届毕业生1万多名；实施“建站引博”计划，指导企业建立博士后创新实践基地5家，引进博士以上人才100多名；举办宝博会“人才嘉年华”、宝安企业招聘周暨校企对接会等人才交流活动，为辖区企业招聘各类人才1.5万名，促成250家企业与120所职业院校交流对接；组织110家企业参加第15届中国国际人才交流大会“智聘百强”名企招聘会、中高级人才专场招聘会和全国高校毕业生春季双选会，达成招聘意向4000名。

【国际人才交流合作】 2017年，宝安区国际人才交流合作取得重大突破。国务院副总理马凯、广东省委书记胡春华等国家、省、市领导视察第15届中国国际人才交流大会宝安展馆，人力资源和社会保障部副部长、国家外专局局长张建国、国家外专局副局长陆明调研宝安海外引智工作，区政府与国家外专局签署战略合作协议，深圳国际人才交流中心落户宝安人才园，宝安区首次成功申办中国国际人才交流大会宝安、德国分会场和中国深圳创新创业大赛国际赛3个分站赛、2个行业总决赛、1个专业赛。借助中国国际人才交流大会、中欧经贸交流活动平台，区人力资源局还与德国高级专家组织、全法中国学者学生联合

2017年2月9日，深圳宝安·广西都安“百企扶百村”劳务协作现场招聘会在都安举办

会、加拿大深圳社团联合总会达成海外引智合作。

【宝安人才园建设】 2017年12月22日，宝安人才园正式开园运营，并纳入深圳市“一园多区”人力资源服务产业园申报国家级产业园。截至2017年年底，深圳国际人才交流中心、深圳中智、智联招聘、一览网络、日本VE协会等一批国内外知名人力资源服务机构入驻园区。宝安人才园将全力打造全链条人力资源产业集聚平台、全方位人力资源公共服务平台、国际国内人才交流共享平台、产业技能人才培养集聚平台、留学生创业孵化平台、综合性就业保障服务平台，全方位服务企业和人才。

【技能人才“工匠工程”】 2017年，宝安区人力资源局为贯彻落实党的十九大关于“建设知识型、技能型、创新型劳动者大军”的战略部署，开展“工匠工程”专题调研，创新提出建设技能人才“一联盟两基地”（即工匠联盟、工匠基地和大学生实训基地）的工作设想；联合区总工会举办“2017年深圳技能大赛——宝安区职业技能竞赛”，近400名选手参加4个工种竞赛，72名选手获国家职业资格证书（三级），36名选手获得优秀荣誉证书、24名选手获“宝安工匠”荣誉称号；启动宝安区“工匠基地”认定工作，首批认定技能大师工作室1家、技师工作站2家、高技能人才培训基地2家；发放技能培训补贴418万元，惠及职工5647人次。

【人才精准服务】 2017年，宝安区人力资源局为加强高层次人才服务，建立专职人才服务专员队伍，为诺奖获得者、院士及团队开展“一对一”贴身服务；开发宝安“人才地图”，收录各类人才数据2.6万条，实现人才信息可查询、可追踪、可统计。

2017年11月27日至28日，宝安区承办东欧国家院士合作发展论坛，图为副区长周学良代表区政府与中科院深圳先进技术研究院、莫斯科国立谢东诺夫第一医科大学签约

就业创业服务

【概况】 2017年，宝安区人力资源局坚持“政策扶持+创业带动”工作思路，高质量完成促创业、稳就业工作任务。全区共办理失业登记23363人次，其中户籍居民2555人次，异地务工人员20808人次；扶持户籍居民就业4331人、创业381人，全区城镇居民登记失业率控制在0.48%，低于全市2.22%的完成指标，为近10年最低水平；西乡街道劳动社区被认定为第四批国家级充分就业社区，为本批次全市唯一社区；石岩街道塘头社区被认定为第四批省级充分就业星级社区。

【就业创业政策】 2017年，宝安区人力资源局贯彻《宝安区人民政府关于进一步促进创业带动就业实施办法（试行）》（深宝规〔2016〕11号），研究出台《自主创业人员创业补贴操作规程》《创业孵化基地认定及奖补申领操作细则》《创业指导专家队伍建设及管理实施细则》《创业项目征集管理细则》和《关于企业促进就业补贴项目操作规程》5个配套文件，开发上线自主创业补贴服务系统，严格规范各项政策补贴发放，充分发挥政策的引导扶持作用。

【重点群体就业】 2017年，宝安区人力资源局多措并举促进就业困难人员、生源毕业生、劳务工等重点群体就业。开展“就业援助月”等行动，认定就业困难人员893人，帮扶就业892人，就业困难人员就业率99.86%，零就业家庭保持动态归零；举办“高校毕业生就业服务月”活动，服务高校毕业生5197人次，生源大学生初次就业率达90%以上；举办“春风行动”等公益招聘会100场，提供岗位17.8万个，免费服务企业1.7万家次、求职者9.2万人次，促成就业近4.2万人。

【创业带动就业】 2017年，宝安区人力资源局大力实施居民创业扶持计划，创业带动就业成效显著。新认定区级创业孵化基地7家，累计20家，其中8家被认定为市级创业孵化示范基地（累计10家，占全市四分之一）；新招募创业指导专家51人，累计145人；新入库公共创业项目55个，累计164

个；举办“创业论坛”系列活动22场，参与创业意向人员4000多人次。依托创业孵化基地、创业指导专家打造“一站式”创业孵化平台，各基地已进驻企业2247家，其中初创企业986家；促进创业4032人，其中宝安户籍381人；带动就业25692人，其中宝安户籍658人。

【扶贫劳务协作】2017年，宝安区人力资源局积极开展精准扶贫劳务协作，组织65家企业赴广西都安、大化开展2次劳务协作专场招聘活动，提供岗位7242个，招聘建档立卡贫困劳动力97名。宝安·都安“百企扶百村”劳务协作招聘会获新华网、人民网等中央媒体宣传报道，中国政府网及30多家报纸、网络媒体转载，为全区精准扶贫工作营造良好氛围。同时，开展在宝安工作的贫困劳动力调查，做好跟踪服务，发放社保补贴和稳岗奖励9.2万元。

和谐劳动关系建设

【概况】2017年，宝安区人力资源局坚持“源头防范、动态管理、应急处置”相结合的工作思路，加大劳动关系协调力度，完善劳资纠纷预防预警调处机制，劳资形势持续向好发展。在上年劳资纠纷主要指标下降的基础上，2017年全区受理劳动信访13534宗，比上年下降0.82%；受理劳动争议仲裁案件6124件，下降9.31%；处理30人以上劳资纠纷32宗，下降22%；未发生劳资纠纷群体性事件，是全市仅有两区之一，为近年来首次。

【劳资纠纷预警防范】2017年，宝安区人力资源局立足源头治理，突出预警防范，研究制定《宝安区欠薪举报奖励办法》，依托街道网格员、企业劳资信息员加强劳资信息动态采集，确保违法用工早发现、早介入、早解决；每周编写《劳动关系快报》，向区领导和区相关部门通报当周劳资维稳情况，针对有可能升级为群体性事件的重大劳资风险隐患，及时向街道发出提醒函；坚持全区劳资纠纷排查工作例会制度，在区委政法委、区应急办、信访局等部门和各街道的共同努力下，研究化解重点劳资隐患1621宗，动态化解率保持98%以上，实现劳资纠纷“掌握得了、控制得好、化解得掉”，深圳副市长黄敏在全市保障农民工工资支付视频会上要求各区学习推广。

【劳动用工监管】2017年，宝安区人力资源局根据不同时段劳资矛盾特点、难点，组织开展打击非法使用童工、规范劳务派遣专项整治、工资发放大检查等11个专项执法行动，检查用人单位2.3万家次，发现劳动用工违法违规企业1243家次，督促整改1146家次，立案查处97宗，有效规范用人单位用工行为；加强与公安、法院、检察院等部门合作，完善欠薪案件衔接机制，向公安部门移送欠薪案件11宗，公安部门立案5宗，办理网上追逃1人，抓获1人；办理全市首宗以转移财产方式拒不支付劳动报酬犯罪案件，并召开现场表彰大会，产生强大威慑作用，全区欠薪类劳资纠纷得到有效控制；会同区住建局开展建筑领域劳务工实名制和工资分账制检查，从源头上遏制建筑领域拖欠工资的“老大难”问题。2017年，宝安区清理整顿人力资源市场秩序工作获国家人社部、工商总局通报表扬，是全市唯一获表扬单位。

【劳资纠纷应急处置】2017年，宝安区人力资源局针对全区劳资矛盾仍处于凸显期、多发期的情况，开展岁末年初劳资纠纷预警防范“百日行动”、欠薪企业回头望检查、搬迁企业摸底排查、建筑行业“两制”检查、重大劳资隐患包销案行动等5个专项行动，劳动监察大队正科级以上干部滚动包案、副科级干部全员下沉直接参与化解片区重大劳资隐患，劳动人事争议仲裁院抽调业务骨干驻点街道指导劳资纠纷仲裁调解，多方合力妥善处置一批重大劳资纠纷和矛盾隐患，实现

2017年6月8日，宝安区召开“打击拒不支付劳动报酬犯罪表彰大会”

党的十九大、全国“两会”等重大时间节点劳资零上访。

【劳动人事争议仲裁】2017年，宝安区人力资源局受理劳动人事争议仲裁案件6124，结案6362件，法定审限内结案率99.81%，涉及劳动者11473人，涉及诉求金额23925.35万元；其中调解结案3040件，全年调撤率为47.78%。建立劳动人事争议仲裁业务专家库，出台重大疑难案件研讨制度，解决各类疑难问题642个。完善欠薪集体案件快立快审快结特别程序，全年办结集体争议案件192件，涉案人数5471人。举办全区劳动人事争议仲裁“庭审大比武”活动，宝安区首创的劳动人事争议仲裁要素式办案改革获国家人社部肯定在全国推广，《中国劳动保障报》专题报道宝安劳动人事争议仲裁工作经验。

【劳动争议调解组织建设】2017年，宝安区人力资源局充分发挥各级劳动争议调解组织职能，借助社会力量促进劳资纠纷多元化解。成立区劳动人事争议调解中心和10个街道劳动人事争议调解组织，西乡劳动人事争议仲裁派出庭被评为广东省乡镇（街道）劳动争议调解综合示范单位；完善挂点直联和调裁衔接机制，指导台商协会、商会、青年企业家协会和教育、卫计系统等16家行业性劳动人事争议调解组织规范运行，受理劳动争议案件279件，成功调解198件，调解率71%；举办各类劳动人事争议调解员、仲裁员培训班15场次，全区劳动人事争议仲裁系统和2000多家企业、17家医疗单位、85所学校的1400余名仲裁员、调解员、联络员参加培训。

【劳动用工诚信评价机制】2017年，宝安区人力资源局多措并举构建劳动用工诚信评价机制，积极营造共建共治共享和谐劳动关系治理格局。定期公开发布劳动用工“红黑榜”，公示重大违法用工企业32家，并纳入区公共信用信息平台，在政府资助等方面实行“一票否决”；持续开展“劳动用工诚信守法企业”评选活动，获评企业年度内无投诉举报的不纳入日常巡查检查；针对用工不规范企业开展“送法进企业”和精准讲法活动80场次，派发宣传资料2万多份，进一步提高辖区用人单位的依法用工意识。

公职人员管理

【人事制度改革】2017年，宝安区人力资源局按照市统一部署，稳妥推进机关事业单位人事制度改革，激发公职人员队伍活力。统筹推进机关事业单位养老保险改革，基本完成293个单位2万多名在职人员养老保险正常缴交，实现机关事业单位和企业养老保险制度并轨；综合管理各中小学教师职称制度改革，75个参改单位完成第一轮职称评聘工作，扩大学校用人自主权；参与区教育、医疗‘集团化’改革，下放集团七、八级管理岗位职务任免权限，搞活集团用人制度；参与现代化社区治理体系改革，协助制定社区专职工作者管理办法，加强社区专职工作者队伍建设。

【公职人员招考招聘】2017年，宝安区人力资源局严格规范做好公职人员招考招聘工作，组织公务员公开招考1批次、公开选调2批次、事业单位公开招考2批次、赴外招聘2批次，招录公职人员1844人；创新紧缺公职人员招录方式，首次面向全国集中遴选82名紧缺专业公务员，来宝安参加面试的考生超过900人；落实事业单位紧缺人才“1000工程”，引进教育、医疗紧缺人才142人；参与面向全国选拔优秀院长、校长工作，首批引进2名优秀院长、3名优秀校长；认真落实军转安置任务，安置军转干部67人，促进随军家属就业4人。

【人事规范管理】2017年，宝安区人力资源局严格规范办理人事业务，办理工资日常业务近1万人次、年度工资晋升1.6万多人次，公务员和职员入职、任免、交流等4000多人次，退休200多人次，出国（境）政审1800多人次；协助制定“两令一书”制度，完善干部队伍激励机制；落实基层管理体制改革，与区委组织部、编办密切配合完成10个街道分设后2000多人的定岗定职；规范机关事业单位津补贴发放，与区纪委、区委组织部、区财政局多次联合开展津补贴专项检查；进一步规范编外人员管理，会同区委组织部（编办）、区财政局多次开展编外人员摸底调研，要求各单位严禁新进编外人员，提倡减员增效。

【公职人员培训】2017年，宝安区人力资源局围绕城市规划、产业发展、社区治理等主题，采取“请进来、走出去”等方式，开展多层次多元化干部培训，提高干部队伍服务改革发展的能力。其中，在香港举办宝安区“城市更新规划和建设管理”处级领导干部培训班1期，在新加坡国立大学苏州研究院、浙江大学举办“产业名城建设”科级领导干部培训班2期，在区委党校举办科级领导干部任职培训班和干部自选培训班，培训机关事业单位人员、区属企业经营管理人员、社会各类人才7300多人次。

【自身建设】2017年，宝安区人力资源局深入学习贯彻党的十九大精神，推进“两学一做”学习教育常态化；筹备成立机关党委和机关纪委，完成6个基层党支部换届选举工作。坚持科学民主决策，每周局长办公会（局党组会）、工作例会常态化。开展“汇智一刻”“建议书”征集、“聚人心、激活力、提质量”活动，打造“严谨有序、进取阳光、学习创新、用心服务”的过硬队伍。落实党风廉政建设主体责任，持续保持党风廉政零违纪、零发案。开展“转作风 大调研”活动，局班子、各处级干部围绕贯彻落实党的十九大精神撰写调研报告 8 篇。

（陈海广）

附：2017 年宝安区人力资源局领导成员名单

党组书记、局　长：王立萍

党组成员、副局长：李先富（11 月止）

徐　颖　杨知义（3 月止）

张晓洲　姚宝君（4 月起）

2017 年 4 月 24 日，中国气象局许小峰副局长率队参观智慧宝安管控指挥中心

应急管理

【概况】2017 年，宝安区应急办（民防办）扎实推进“基层治理质量年”，全面实施《宝安区突发事件应急体系建设“十三五规划”》和落实《2017 年宝安区应急管理工作要点》，不断完善联合应急指挥体系，圆满完成十九大特别防护期应急值守任务，快速、妥善处置“3·22”福永街道霍尼韦尔安防公司劳资纠纷、“5·26”新安街道上合水口花园火灾事故、“6·28”新桥街道华南环境科技公司仓库火灾事故、“7·16”沃尔玛商场持刀伤人事件，成功防御台风“天鸽”“帕卡”，为加快建设“湾区核心、智创高地、幸福家园”提供公共安全保障。

【党的十九大特别防护期应急工作】2017 年，宝安区应急办（民防办）高效完成十九大特别防护期应急工作。统一值班值守。编制《十九大特别防护期区领导值班表》，每天实行双领导值班制；网格长、网格成员、包挂社区的街道处科级干部参与社区 24 小时值班，将两级应急指挥体系拓展为区、街道、社区三级指挥体系，社区值班员第一时间处置突发事件、报告信息。编制《全区值班一张表》，全区参与应急值守人员 8.4 万人次，每天3次点名并联合区督查室到各街道、社区对值班值守干部进行实地抽查 660 次，均在岗在位。统一应急救援。统筹交警、消防、公安和卫计力量，建立综合救援机制，快速响应、无缝衔接，畅通“绿色通道”，由区卫计局统一指派医疗专家到救治医院会诊指导，对受伤人员全力救治，最大限度保护人民群众生命安全。

【应急值守和信息报送】2017 年，宝安区应急办（民防办）制定并报区印发《宝安区联合应急指挥视频点名制度》，每天 9 时、17 时、22 时 3 次例行对 10 个街道分中心和安监、公安、交通、卫计、城管、网格等 15 个重点应急职能部门进行视频点名。下发《关于进一步加强应急值守和突发事件信息报告工作的通知》，要求各街道、各单位建立健全排班、交接班、值班信息处理、人员奖惩考核、后勤保障等制度。圆满完成全国“两会”、省市党代会、“一带一路”高峰论坛、“金砖”会议、国际植物学大会、文博会等重要会议及法定节假日期间的应急值守任务。按照“快、准、简”标准编印《每日值班情况》365 期，《一周值班综述》52 期，《值班月（季）报》16 期、《重要防护期信息综报》150 期，提出工作建议 455 条。按照“快速、主动、严谨、细致、周全”工作原则，迅速、主动、准确、动态报送各类突发事件信息 2800 多条，做到信息应报尽报、应报快报，未出现迟报、漏报现象。办理市、区领导批示、指示 566 项，及时向市、区领导反馈落实情况，实现“件件有落实，事事有反馈”。

【应急处置】2017 年，宝安区应急办（民防办）进一步加强应急处置。年内，协调处置各类突发事件 1241 宗（较上年的 1961 宗减少 720 宗，下降 21%），其中街道自行处置 723 宗，区级层面协调处置 518 宗；按级别分，重大 1 宗（“天鸽”台风灾害）、较大 5 宗、一般 512 宗；按类别分，社会安全事件 182 宗、事故灾难 284 宗、自然灾害 34 宗、公共卫生事件 18 宗。将处置关口前移，使绝大多数突发事件都未发展为较大以上级别，较大级别突发事件数量较 2016 年降幅 76%。

【预案管理和应急演练】2017 年，宝安区应急办（民防办）指导编修《宝安区港口危险货物事故应急预案》《宝安区海洋灾害应急预案》等 12 个区专项预案、《福州路凤凰山隧道路段交通拥堵专项应急处置预案》等 31 个部

2017 年 11 月 20 日，宝安区召开全区应急管理工作会议

门（行业）预案、《2017 年广东省龙舟锦标赛预案》和《2017 年宝安国际马拉松比赛预案》等 17 个重大活动应急预案以及《中俄人文合作委员会第十八次会议“深圳配套活动”期间宝安区专项应急工作方案》等 12 个工作方案，进一步完善应急预案体系。结合风险隐患排查治理、危险源与危险区域管理，因地制宜设置演练科目，增强演练实战性和针对性。统筹开展各类应急演练 2310 场次。8 月 31 日，福海街道南玻集团 20 万平方米厂区开展消防实战演练，检验大跨度大空间灭火救援联合作战能力，包括广州、中山、佛山在内的近 400 名消防官兵参加演练。10 月 27 日，大铲湾码头举行港危险货物泄漏应急处置暨港口设施保安演习，市港航、海事、检验检疫和区消防、公安、环水、卫生、交通运输等 18 家单位参加演习。

【风险管理和应急准备】2017 年，宝安区应急办（民防办）推广“中德合作地方政府灾害风险治理与预案优化”试点项目成果，全力做好交通运输、消防安全、建筑施工等 18 个重点领域重点行业突发事件隐患排查治理工作。督促指导各单位排查整改各类风险隐患 39524 宗，整改 37549 宗，整改率 95%。统筹全区建设专业应急队伍、应急专家队伍等各类应急队伍 140 余支，约 5 万人。推荐 18 名区专家到市应急专家库。充分利用智慧宝安管控指挥中心运行监测的作用，通过调用 71 个部门的 659 项数据、40719 路视频以及 4833 个网格实时巡查信息，对突发事件频发区、易发区、薄弱区、敏感区进行实时监测和分析研判。对接“深圳市突发事件预警信息发布中心”发布平台，进一步拓宽预警信息发布覆盖范围。

【应急宣教培训】2017 年，宝安区应急办（民防办）试点开展“第一响应人”培训相关工作，完成 36 名师资力量培训任务（全市共 100 名），为后续“第一响应人”学员培训提供师资保障。充分利用“5·12”防灾减灾日、“9·18”防空警报试鸣日、“11·9”消防宣传日、“12·2”交通安全日等契机，普及应急知识，弘扬应急文化。组织应急志愿服务进社区活动 97 场次，受到市民欢迎和好评。开展应急宣传 1612 场，受众约 150 万人（次）；举办应急宣传 735 场，受众约 70 万人（次），增强社会公众的应急避险意识和自救互救能力。

（陈　鹏）

附：2017 年宝安区应急办（民防办）领导成员名单

主　任：孙玉卫

副主任：谭耀同　黄　海

机关事务管理

【概况】2017 年，宝安区机关事务管理局认真贯彻学习党的十九大会议精神，以习近平新时代中国特色社会主义思想为指导，紧紧围绕区委区政府“湾区核心、智创高地、共享家园”建设，结合机关后勤服务工作实际，树立“工匠精神”和“五心”服务理念，以认真、快速、落实的工作作风，用数字思维、用户思维、结果思维、创新思维的思维模式，努力实现安全、规范、精细、人文、质量的后勤工作目标。全体后勤工作人员，团结拼搏，开拓创新、真抓实干，在会务服务、公务接待、财务报账结算、公务车辆保障、大院安保、后勤事务管理、机关食堂餐饮服务等机关后勤各项工作中为区直各单位提供优质到位的服务。

【科学化规范化管理】2017 年，宝安区机关事务管理局以“基层治理质量年”为契机，不断强化工作责任，抓好建章立制，对现行制度加以完善，对不规范的制度、不合理的管理办法予以修改，建立科学的、系统的、行之有效的工作机制。全年共制定包括党组工作规则、劳务派遣人员管理办法、紧急重大情况报告处置制度、小型基建和零星维修工程竣工验收管理办法等 25 项重要制度规则，不断提升用制度管人管事管项目的水平，确保服务工作向科学化、精细化、规范化管理迈进。

【重要政务活动保障到位】2017 年，宝安区各类重要政务活动多、任务重，区六届二次党代会、六届人大二次会

2017 年 6 月 21 日，区机关事务管理局主持召开宝安区节能宣传周系列活动

议、政协五届二次会议、宝安国际马拉松赛、全市公共机构节能暨宝安区公共机构节能工作第五次联席会议等多项会议和活动陆续举行。根据会议及赛事筹备工作组的分工和要求，高质量完成各项后勤保障服务工作，包括会务协调、用餐保障、会议安保、车辆停放、医疗保健、电力保障以及会议秩序维持等。

【公务后勤保障】2017 年，宝安区机关事务管理局用数据印证机关后勤日常服务成绩单。全年保障大小公务会议 6458 次、177928 人次，做好区直机关 45 个单位的会计账务处理和固定资产登记工作，共完成区直机关单位各类记账凭证 3.1 万份，完成公务接待 690 批次、9800 人次，保障公务活动用车 5868 辆次，维修车辆 323 辆次，办理车辆年审和保险 78 辆，协调办理市委市政府大院车辆出入证件 70 张，履行非定编车辆购置管理工作领导小组办公室责任，协调召开小组工作会议 3 次，共审核同意购置 289 辆车，购车经费 2.29 亿元。劝导群众上访及求助 41 批共 1910 人次，完成各项物业检查 9493 次，维修 4384 项，保障干部职工用餐 472256 人次，以匠心服务，数字思维，为区直各单位干部职工提供服务和便利。

【机关安全生产工作】2017 年，宝安区机关事务管理局落实安全责任制，着力抓好安全生产工作。建立健全安全工作机制，修订完善安全生产方案，落实安全制度，提高安全意识，强化安全管理；开展安全生产大检查活动，组织对员工宿舍、各类功能房、项目施工现场、挂点社区“三小”场所等，认真开展安全事故隐患排查，落实整改；进一步完善物防、技防、人防体系建设，做到科学、规范、安全管理；制定安保工作方案，明确各方安全职责，建立安全员队伍，安装安检门及人脸识别系统，加大巡逻，维护良好的办公秩序；加强消防安全管理，开展“11·9”消防宣传，年度消防、反恐演习，建立 3 个标准微型消防站，提高应急处置能力；把好食品安全采购及生产加工关，为干部职工提供美味可口的优质饭菜；加强安全教育。结合季节、节日及重点工作，定期组织相关维保单位和业务科室进行安全教育，组织相关人员到沙井“8·29”火灾事故纪念广场接受火灾事故警示教育培训，加强交通安全教育，提倡文明、安全驾驶。通过人、财、物、水、电、气等各方面的安全管理，确保全年安全生产无事故。

【公共机构节能】2017 年，宝安区机关事务管理局坚持绿色发展，持续推进公共机构节能工作。按照国家、省、市统一部署，统筹开展节能工作。开展能源资源消费统计工作业务培训，组织全区近 200 家单位报送 2016 年度能耗数据。召开宝安区公共机构节能工作第五次联席会议，签订“十三五”公共机构节能目标责任书。做好区委区政府办公楼合同能源管理综合节能改造项目运营管理及节能效益工作。多措并举做好节能宣传工作，通过举行节能宣传周、组织节能工作知识讲座培训等形式多样的活动广泛宣传节能工作。稳步推进能源审计工作，全面摸底宝安区“能耗大户”，为下一步节能工作开展夯实基础。争创国家型节约型公共机构示范单位，引领示范效应初现。积极组织海滨中学、区人民医院和区图书馆申创公共机构示范单位，开展西乡、沙井、松岗街道和 4 个单位复核工作，继续争创能效领跑者。

【机关食堂管理】2017 年，宝安区机关事务管理局以“书记项目”为抓手，打造舌尖上的美食。成立机关膳食委员会，作为“书记项目”部署落实，开展一系列完善创新工作：邀请营养专家讲座，摆放营养膳食模型，健全管理制度，引进管理人才，推动厨工人员转制，规范服务行为，完善续卡制度，定期推出新菜品，新增早餐汤粉汤面。11 月，成功举办第一届机关食堂厨艺交流会，10 个街道机关食堂和区机关食堂共 12 支代表队参加，对刀工、面点、烹饪比赛项目及特色菜品进行厨艺交流，多措并举不断提高机关食堂服务质量和管理水平。

【机关工会工作】2017 年，宝安区机关事务管理局区直工会和局工会坚持以人为本、关爱至上。成立篮球、乒乓球、烘焙、太极拳、书法、吉他器乐等10余个文体兴趣小组，组织进行烘焙培训，“庆中秋．圆梦想”为主题的月饼制作课程等活动，设立机关工会活动室，室内放置象棋、围棋、书画用纸、各类报刊、学习资料等。同时，积极组织各类文体活动、关爱活动，对患重病的会员干部职工进行慰问走访20多次，送去温暖。在“三八”妇女节等节日开展登山等文体活动，在读书月期间开展阅读活动等。工会工作充满生机和活力，大院全体干部职工倍感鼓劲暖心。（魏　来）

2017年8月7日，宝安区机关工会组织女职工参加烘焙课堂

2017年11月18日，宝安区举办机关食堂厨艺比赛

附：2017年宝安区机关事务管理局领导成员名单

局　长：袁　钦

副局长：谢晴玲

公共资源交易

【概况】2017年，宝安区公共资源交易中心紧紧围绕区委区政府中心工作，按照区分管领导的工作部署，区公共资源交易中心提前布局，统筹兼顾，在整合中转作风、强业务，以“法纪、阳光、品智”为宗旨，扎实推进政府采购、建设工程招投标、集体资产、区属国有企业等公共资源交易业务开展。2017年，完成政府采购及建设工程交易业务24115项，采购预算金额及招标控制价合计约209.96亿元，实际采购金额及中标价合计约184.51亿元，节约财政资金约25.45亿元，节资率约12.1%，圆满完成各项招标采购任务。其中，政府采购组织完成采购项目22473项，合计采购预算金额约51.67亿元，实际采购金额约46.78亿元，节约财政资金约4.89亿元；建设工程交易共组织完成招标工程1642项，同比增长16.57%，合计工程招标估价约158.29亿元，工程中标价约137.73亿元，节约财政资金约20.56亿元。

【交易业务平台整合】2017年，宝安区公共资源交易中心积极谋策整合工作，深入走访市层面公共资源交易整合权责部门，重点调研挂牌成立的各区公共资源交易中心业务运行情况，摸清市公共资源交易业务平台整合的总体方向和整合思路，查摆全市在推进公共资源交易业务整合遇到的难点、问题。同时，与市公共资源交易工作委员会密切联系，紧密跟进全市整合动态。平稳推进，以整合不影响业务为原则，完成加挂“市建设工程交易

2017年7月19日，宝安区举办公共资源交易中心政府采购网上竞价及自助交易系统操作培训

服务中心宝安分中心”牌子。市建设工程交易服务中心宝安分中心原属区住建局下属事业单位，并为市建设工程交易服务中心的业务分支机构。为确保区建设工程招投标项目正常运转，该中心采取暂时搁置管理架构问题，以解决实际问题为出发点，在区编委的大力支持下，2017年5月底完成加挂“市建设工程交易服务中心宝安分中心”牌子。在全市公共资源交易平台整合未完成前，该中心并积极申请加挂“区政府采购中心”牌子，保证政府采购业务、建设工程招投标业务平稳有序推进；启动搭建中心组织架构，集中统筹公共资源交易业务开展。年内，完成单位法人证书办理、公章刻制、基本账户办理、人事系统立户等组织架构建设，明确领导班子岗位分工，政府采购、建设工程招投标业务工作实行集中统筹开展；积极谋划统一业务办公场地。原区采购中心与区工程交易分中心分开场地办公，为更有利于公共资源交易业务统一开展，该中心对标《广东省公共资源交易平台场所设施标准和服务标准》，主动寻找符合标准要求的业务办公场地，向区相关职能部门反映需求。

【整体交易规范】2017年，宝安区公共资源交易中心恪守法纪、完善制度，促进整体交易规范有序。为进一步规范程序、防范风险，全面梳理建设工程招投标法律法规，重新编制《宝安区公共资源交易中心法律法规政策汇编》，严格遵照法律法规规定开展工程招投标业务；根据财政部2017年10月施行的《政府采购货物和服务招标投标管理办法》，对政府采购货物和服务类招标文件模板进行修订完善，确保招标文件符合最新法律法规要求；联合区财政局印发《深圳市宝安区政府采购通用类货物网上竞价管理办法》，规范通用类货物网上竞价操作流程以及自助交易流程，促进充分竞争；制定发布《区属国有企业采购项目的工作规则》，规范区属国有企业纳入政府采购平台的管理制度；协助制定股份合作公司土地交易、物业出租、工程招投标、货物与服务采购等5项实施细则，规范集体资产交易行为；制定完善《封闭定标区管理规定》《招投标平台使用基本问题答疑》等各项招投标配套管理规定，严格开、评、定标区域纪律，对招投标各方参与人实行履约评价监督机制。

【整体交易服务水平提升】2017年，宝安区公共资源交易中心主动服务、强化业务，提升整体交易服务水平。在开展建设工程招投标业务中，主动对接招标人、招标代理，做好进场交易引导，合理安排进场交易，强化开评定标现场管理，现场发现问题，及时解决，关注开评定标各个环节的平稳衔接，确保各类建设工程项目招投标工作有序、严谨、高效进行，提供优质招投标服务。在开展政府采购业务中，采取提前介入、专人跟踪、上门服务等措施，为招标人编制采购需求、招标方案提供对策建议，大大提高招标人采购立项效率。优化工作方式方法，在与服务对象加强沟通、提升沟通效率方面下功夫，理顺各方面的关系，减少招投标过程中的争议和质疑。同时，继续推行医疗、教育类项目集中打包采购，进一步扩大预选采购范围，减少同类项目重复采购，政府采购效率和采购质量明显提升，为全区各项工作的顺利开展提供坚实的政府采购保障。

【整体交易信息化水平提升】2017年，宝安区公共资源交易中心改革创新、科技创新，提升整体交易信息化水平。3月，中心开发的政府采购自助交易系统正式启用，系统引入京东、苏宁易购、史泰博等12大电商上架商品80781个，从日常办公电脑设备到办公生活用品全面覆盖，包含537个商品品目，全区各单位可通过该自助交易系统实现一站式采购通用类办公物品，系统功能在全市政府采购领域处于领先地位。改革采购合同备案纸质流程，创新实现全流程网上合同备案，简化合同备案手续，为采购单位节约时间成本；优化升级政府采购系统，开发完成公告分类管理、网上发放专家评审费、网上发放数字中标通知书

2017年7月27日，宝安区召开2017—2019年小型建设工程承包商预选库启用大会

等功能，修改完善标前答疑环节功能，开发政府采购诚信数据接口、开发物业出租和土地合作开发类项目对接等功能，使政府采购业务系统平台更全面；完成新交易系统平台的移植，根据区的统一部署要求，完成移植市住建局“深圳市建设工程行政监督平台”，使电子招标投标系统实现市、区一体化。建立宝安区小型建设工程招标系统，提高建设工程项目交易效率；启用招标人数字证书，在评标阶段实行对招标人代表身份信息认证，规范评标工作，确保和市工程交易中心保持一致。修改完善招标代理抽取系统，新增“预算审定价”模块；充分利用信息化手段，提供多样化招投标服务。通过网络、电话等方式对在招投标过程中出现的问题进行答疑，为招投标人提供技术支持及引导，建立“交易中心技术支持”QQ群，群内有281家单位，专人进行维护管理。

【区重点、重大、民生项目交易任务】

2017年，宝安区公共资源交易中心高效完成区重点、重大、民生项目交易任务。重点、重大建设工程、政府采购项目，采取全程“盯、关、跟”措施，实行“时间倒排、任务倒逼、责任倒追”制度，提前介入，提前规划，主动上门服务，紧密跟进项目进度，积极推动项目进入招标采购环节，高效完成采购任务。响应全国文明城市创建、市容整治行动，完成多个街道的清扫保洁服务、垃圾清运和垃圾转运站运营、绿化管养等项目招标，采购预算金额约3.39亿元；助力治水提质行动，完成涉及水质提升服务项目4个，采购预算金额约4.46亿元；配合做好城市公共安全隐患整治行动，完成沙井街道社区小型消防站站房设施设备购置、区公安分局模块化小型消防站22套、网格化布警点70套采购及安装、重点区域高空瞭望视频建设及维护、电子防控工程（三期）后端建设、视频资源共享平台系统集成采购、黄田派出所情报指挥及禁毒展示中心建设等涉及公共安全项目招标，预算金额约2.26亿元；助推“智慧宝安”建设，完成智慧宝安管控指挥中心运营总体服务、新设街道的智慧宝安管控指挥中心四街道分中心运营总体服务、智慧宝安政务数据服务平台、智慧医疗区域性可视化急危重症救治信息平台系列等16个项目，采购预算金额约9668.6万元；高效完成重大建设工程招标工作，顺利完成大空港、前海湾、铁石水源三大片区水环境综合整治项目（规划、可研、初步设计及勘察）、区人民医院整体改造工程（二期）、宝安中学集团外国语学校整体改造提升等区重大建设工程招标工作；有序推进宝安中心区滨海文化公园、“双宜小村”工程、消防站工程、聚豪高尔夫球场场地复绿、前海铁石片区环境整治EPC项目等重点建设工程项目。民生实事项目，优先安排落实，安排骨干积极推进、重点抓，从采购需求方案合理性的审核到招标文件的编制，每个环节都把时间压缩到最短，高效完成各类民生实事项目招标工作。

【工程电子招标投标系统市区一体化】

2017年，宝安区实现建设工程电子招标投标系统市区一体化。4月，新版建设工程交易系统上线，宝安区建设工程交易业务从依托有形场所向电子化平台转变，实现电子招标投标系统市区一体化。全年通过新平台发布招标公告811项，发布中标公示699项，其中完成开评标工程103项，总中标价85.53亿元，充分体现“互联网+政务服务”特性和“开放、互联、透明、共享”特点。实现统一规范的招投标交易市场。新系统使用后，实现电子招投标系统市、区一体化，全市工程交易信息无缝连接、互联共享，进而实现全市招投标工作流程的规范统一，便于招投标人进行招投标活动，有效降低交易成本，节约政府投资；开创“互联网+招投标”政务服务新格局。新系统进一步突出网上受理、网上办理，大幅提升招标公告发布、招标控制价公示、投标报名、资格审查等环节电子化程度，开标、评标、定标全过程实现无纸化；政务服务速度与深度双提升。招标人可使用数字证书自行登录交易平台系统提交招标公告、招标控制价及中标公示等，与此前招标人

2017 年 10 月 24 日，宝安区公共资源交易中心组织开展新闻信息写作培训学习

需提交纸质材料到交易中心公示相比，大大缩减办事环节，简化工作流程。招标完成后，招标人可在网上直接打印中标通知书，无须到交易中心打印领取，节省工作时间，提高工作效率，更加便民利民。推进公共资源实现“阳光交易”。根据法律法规的规定及业务办理时限要求，新系统在各个业务流程环节设置监控，监管部门可对业务进程进行实时监控，及时纠正业务办理中的违规操作，实现动态监控，实时预警。

【小型建设工程招标系统开发启用】 2017 年，宝安区公共资源交易中心开发启用宝安区小型建设工程招标系统。配合区住建局完成区小型建设工程承包商预选库批量招标工作，该小型库共 5 个类别 16 个组别。7 月，区小型建设工程承包商预选库与“宝安区小型建设工程招标系统”正式启用。根据文件要求及工作实际，编写宝安区小型建设工程招投标服务指南、招投标操作流程及流程图等，并制定《宝安区小型建设工程信息采集表》及相关业务操作办法；加强工作人员业务培训学习，积极做好系统使用咨询引导及招标公告受理工作，并跟踪系统各个环节使用情况，及时收集使用意见，进一步优化交易程序，大大提高小型建设工程交易效率。年内，招标人通过该系统发布招标公告共计 452 项、安排抽签定标会共 452 项。

【首宗土地合作开发类项目完成】 2017 年，宝安区公共资源交易中心完成首宗土地合作开发类项目。积极探索开展土地合作开发、物业出租等集体资产交易类项目，制定科学、规范、严谨的交易流程，以竞争性谈判评标方式，通过宝安区社区集体经济综合监督服务平台顺利完成首宗土地合作开发项目“沙井东塘旧村片区城市更新项目”及宝安区燕罗街道“罗田股份合作公司第二工业区（北片区）城市更新项目”。此项工作的顺利开展，为后续股份合作公司土地合作开发项目进平台交易提供良好借鉴。

【政府采购项目诚信履约抽检】 2017 年，宝安区公共资源交易中心强化政府采购项目诚信履约抽检，制定《宝安区政府采购中心履约抽检工作方案》全面规范抽检程序，依法依规抽检；邀请区监察、财政等监督部门参与组成抽签小组，采用抽签方式随机产生抽检项目；扩大抽检项目类别，强化重点领域抽检力度，增强震慑力；引入第三方专业检测机构，采用实验室检测手段，更科学更权威；加强诚信履约应用，为建设“大诚信”数据资源平台提供供应商信用信息，助力宝安大诚信体系建设。

【助力街道、国企发展】 2017 年，宝安区公共资源交易中心勇于担当，助力街道、国企发展。针对新设街道、区属国企，该中心积极主动开展街道、国企采购人员采购业务知识集中培训。采取跟班学习方式，让各街道、国企采购人员到中心学习政府采购业务，快速提升对政府采购业务的熟悉程度；主动上门提供指导服务，对复杂、重大项目，组织业务骨干到各街道进行现场指导，帮助各街道采购部门，尽快熟悉政府采购工作。

【教育系统采购管理改革推动】 2017 年，宝安区积极推动教育系统采购管理改革。实行统一归口教育局管理采购申报，科学分类打包，同时，理顺 50 万元以下包含通用货物的项目采购途径，统一同类项目采购需求标准，教育口采购结果更科学合理，促进教育资源均等化。截至年底，累计完成 50 万元以下包含通用货物的教育口项目约 190 个，采购预算金额合计约 1 亿元，有效保障保障各学校正常工作的开展。（邹文金）

附：2017 年宝安区公共资源交易中心领导名单

主　任： 陈宜汉（4 月止）
郭东江（4 月起）

副主任： 王凌云（4 月止）
车勇成（4 月起）　郑飞燕

2017 年政协深圳市宝安区委员会主席、党组书记、副主席、常委名单

主席、党组书记：邓桂洪

副主席：何家鸿　杨浩勃　廖　欣　项　健　朱桂明　文　维

党组副书记：何家鸿

党组成员：项　健　朱桂明　游植雄

秘书长：游植雄

常　委：王凌云　牛金瓶　叶慧明　朱利霞　刘典明　孙甫伶　苏河平　李小平　李伟如　杨　辉　杨　慧　邱慧萍　张东辉　张金龙　张学全　张清明　陈　南　林填发　罗春荣　金如湘　聂睿姬　翁志明　郭　华　郭子予　郭瑞琼　黄小波　黄超荣　萧燕珍　彭　颖　曾巨湘

2017 年宝安区政协机关机构设置

机构名称	主要职责范围	负责人	地址
办公室	处理机关日常工作	张金龙	区委区政府办公楼
提案委员会	组织政协提案工作	李伟如	同上
经济委员会	组织委员就经济、科技方面的问题开展各种活动，联系和团结经济、科技领域的各界人士．	陈　南	同上
社会联谊委员会	组织委员就政法、文化、教育、卫生、体育、工会、共青团、妇联、计生、新闻、外事、侨务、劳动人事、监察、民政、城管、环保等方面的问题开展活动，密切与党政机关、各民主党派和人民团体的联系，为参政议政创造条件	刘典明	同上

综　述

【概况】2017 年，宝安区政协坚持把深入学习贯彻中共十八大、十九大精神作为首要政治任务，坚决维护以习近平同志为核心的中共中央权威，准确把握人民政协的性质定位，确保政协工作的正确政治方向。自觉把加强学习贯穿履职全过程，召开区政协全体会议 1 次、党组会议 16 次、主席会议 14 次、常委会议 7 次、班子办公会议 49 次，举办培训班 6 期，深入学习中央和省委、市委、区委的决策部署以及关于政协工作的指示要求，结合实际抓好落实。中共十九大胜利召开后，区政协坚决落实中央和区委的决策部署，把学习贯彻十九大精神作为首要政治任务，开展党组、机关支部专题学习，组织委员专题培训，自觉用习近平新时代中国特色社会主义思想武装头脑，牢固树立“四个意识”，坚定“四个自信”，在思想上政治上行动上同以习近平同志为核心的中共中央保持高度一致。认真落实全面从

2017年7月5日，市政协副主席王璞一行出席宝安区政协举办的“庆回归·宝安情”美术、书法、摄影、诗词作品联展

严治党要求，严格遵循党总揽全局、协调各方的原则，自觉接受和维护区委的领导，定期向区委请示报告，自觉将区委的部署落实到政协履职的各项工作当中。

【委员队伍建设】 2017年，宝安区政协加强自身建设，为提高政协工作水平夯实基础。按照“懂政协、会协商、善议政，守纪律、讲规矩、重品行”要求，着力加强委员队伍建设。举办全体委员培训班2期，开展“党的十九大精神”“政协章程与提案工作”专题辅导；举办常委培训班1期、专委会培训班3期，组织常委和部分委员赴全国政协北戴河培训基地、南京大学和重庆大学培训；依托委员活动组和街道编组，组织学习考察活动29次。加强委员联络管理。设立委员微信群，定期发放学习资料和相关信息，为委员知情明政创造条件。依据委员管理办法、履职评估制度，对委员履职情况全程记录和考核评估，提高委员参政履职的积极性和主动性。

【机关能力建设】 2017年，宝安区政协认真落实中央关于推进“两学一做”学习教育常态化制度化的要求，切实加强机关党风廉政建设。组织区政协离退休老干部开展“畅谈”“建言”和“传承好家风”等活动，传递正能量。修订完善《宝安区政协机关会务办理规定》等7项制度，提升机关服务质量。加大宣传力度，利用报刊、电视等媒体，播发政协履职新闻305篇（次），营造助推工作落实的良好氛围。

政治协商

【概况】 2017年，宝安区政协坚持围绕中心、服务大局，牢固树立政协是一线、是火线的工作理念。区政协领导班子成员按照区委的决策部署，担任有关工作指挥长或负责人，与区委区政府同心同德、同向同力做好一线中心工作。

【“9·800·669工程”落实】 2017年，宝安区政协积极落实“9·800·669工程”。领导承担固定资产投资74个项目96.64亿元、拆除消化违建208.73万平方米的任务，并兼任“拓展空间保障发展”十大专项行动的副总指挥及第二、五、七分指挥部的指挥长。先后赴各街道督导“9·800·669工程”、街道“双十”项目64次，参加违法建筑拆除行动70场，走访挂点的13间重点企业68次，协助反映79个问题，推动完成固定资产投资98.1亿元、拆除消化违建256.99万平方米。

【党的十九大特别防护期工作】 2017年，宝安区政协主席班子带领机关党员干部，认真履行挂点街道安全工作的领导责任和网格长、网格员责任，到街道社区，开展大排查、大整治、大接访、大维稳工作，圆满完成党的十九大特别防护期各项任务。

【文明城市创建任务】 2017年，宝安区政协专门制定《区政协落实“宝安区创建第五届全国文明城市”任务工作方案》，到社区、市场、交通路口等场所，检查推动市容环境提升、文明创建工作落实。

【政协机关网格化管理工作】 2017年，宝安区政协及机关正处级以上领导干部，分别担任12个网格的网格长，定期到挂点街道或所在网格，开展党的十九大报告学习、交通综合整治、安全生产检查、民生服务、基层党建和社会关爱等工作。

【政协落实黑臭水体治理和河长制工作】 2017年，宝安区政协积极落实黑臭水体治理和河长制工作。政协领导分别担任福永河、双界河、西乡河、石岩河、罗田水、茅洲河等6个黑臭水体分指挥部的指挥长或副指挥长，先后召开现场会议69次，推动黑臭水体治理工作。区政协领导同时还分别担任孖庙涌等14条河流的河长，秘书长及“一办三委”主要负责同志分别担任塘坑河等5条河流的副河长，召开治理会议及开展相关活动57次。

【政协落实包案任务】2017年，宝安区政协落实区委关于包案调处化解重大矛盾纠纷的工作要求，区政协领导包案9宗，牵头组织协调活动33次，积极协调解决群众的合法合理诉求，销案4宗，其余也在积极协调推进中。

【配合抓扶贫工作】2017年，宝安区政协做好配合抓扶贫工作。领导担任区对口扶持领导小组副组长，配合做好相关工作。龙川对口帮扶工作，2016年至2017年累计投入精准扶贫资金1.658亿元，脱贫622户2449人。对口协作广西河池市都安、大化瑶族自治县，2017年共拨付两县财政扶贫协作资金1000万元，并积极募集1000万元社会扶贫协作资金，两县共脱贫6910户30501人。

【配合抓治水工作】2017年，宝安区政协认真做好配合抓治水工作。领导担任区治水提质指挥部副指挥长和茅洲河分指挥部副指挥长。积极配合指挥长，强有力推进河道治理工作。截至2017年年底，茅洲河流域47个EPC子项目完工32个，累计完成投资87.2亿元，总体进度56%。茅洲河完成新建管网729公里，2016年以来累计完成1028公里，完成率100%。

【配合抓规划和智慧管理工作】2017年，宝安区政协加强做好配合抓规划和智慧管理工作。区政协领导担任区规划领导小组副组长、城市更新工作委员会办公室副主任和智慧宝安建设领导小组副组长兼办公室主任。与分管副区长牵头，制定《宝安区城市更新暂行办法》"1+12"政策文件。全程参与重大规划的研究决策，"新老三馆"、工人文化宫、特色小镇等重大项目，逐步从设计规划走向项目落地。全方位、高标准推动智慧宝安建设，"智慧宝安"成为宣传和推广宝安区的一张出彩名片。

2017年11月16日，宝安区政协召开重点提案办理情况汇报会

民主监督

【概况】2017年，宝安区政协坚持履职为民，认真学习贯彻中央关于加强和改进民主监督的新要求，着力加强机制建设和视察、提案、信息工作，开通区政协委员意见建议"直通车"，增强民主监督工作实效。

【政协机制建设】2017年，宝安区政协加强机制建设。专题学习中办《关于加强和改进人民政协民主监督工作的意见》，制定《宝安区政协选派特约监督员暂行办法》，选派29名委员担任党政部门和司法机关特约监督员，选派45名委员参加创文、查违、治水等检查评议工作。召开主席会议，专题听取委员担任特约监督员的情况报告。探索民主监督与舆论监督相结合新方式，在《宝安日报》开办10期"政协之窗"专栏，定期报道委员意见建议，推动解决民生问题。

【专题视察】2017年，宝安区政协加强专题视察。依托专委会、活动组和街道政协联络办，围绕"9·800·669工程"、街道发展战略"三年大变样""三年大提升"、治水提质、政务服务、社康建设、安全生产、食品安全、社区治理创新等工作，开展视察调研70次，并将有关情况专题报告区委区政府。黄敏同志在政协视察新设街道的报告上批示，"对区政协认真负责，履行专职，有力监督推进推动予以点赞"；姚任同志对政协常委会议听取部门工作通报的报告批示，"请涉及区分管领导与相关单位，认真吸收政协委员所提意见，进一步改进工作"。委员们的意见得到充分重视，有关加大新设街道民生领域投资、减少工程施工扰民等许多建议，被采纳转化为工作举措，有效推动党政决策部署的落实。

【提案工作】2017年，宝安区政协加强提案工作。五届二次会议以来，共收到提案200件，立案175件（宝安区161件、光明新区14件），立案率为87.5%。其中7件被确定为重点提案（宝安区6件、光明新区1件），提交区（新区）党政领导带头领办，并分别召开重点提案办理情况汇报会，推动办理工作整体上水平。截至2017年年底，立案提案100%得到办理答复。提案者提出的786条建议，488条被办理单位采纳，采纳率达62.1%。所提问题解决占38.59%；正在解决占55.44%；列入计划解决占5.43%；对0.54%暂不具备条件解决的，也都作解释和说明。首次开展提案办理情况分析评估，准确把握提案办理的落点、重点、热点、难点和堵点，探索推动提案办理见成效的长效工作机制。

【区政协委员"直通车"】2017年，宝安区政协开设区政协委员"直通车"。制定《宝安区政协委员"直通车"工作方案》，拓展委员意见建议反映渠道，鼓励委员落实区委"五员"进社区工作要求，深入基层，了解经济社会发展情况和民生热点问题，并通过"直通车"信件，将意见建议直报区长办公室。在"直通车"启动仪式上，围绕公园建设、午托班管理、交通等群众反映强烈的问题，提交首批15份"直通车"信件，相关部门认真办理中。

【政协信息工作】2017年，宝安区政协进一步加强信息工作。编发《社情民意》28期，报送信息35篇，21篇被市、区有关刊物采稿。其中，"推进粤港澳大湾区建设政策研究"获《特区实践与理论》刊发，"建议抢抓深中通道建设机遇，打造深圳成为粤港澳大湾区核心区"被市《调研与交流》采稿，"关于大力扶持中小企业发展的建议"等被《宝安调研》《调研快报》和《宝安信息快报》刊发，一批建议得到重视采纳。

2017年11月22日，区政协视察燕罗街道"9·800·669"工程，并召开河流污染治理、街道"三年大变样"推进座谈会

参政议政

【概况】2017年，宝安区政协坚持把促进改革发展作为履行职能的第一要务，发挥政协代表性强、联系面广、包容性大的优势，深入调查研究，积极协商建言，为区委区政府决策提供智力支持。

【年度协商计划制定】2017年，宝安区政协围绕落实区六届二次党代会工作部署，制定政协年度协商工作计划报区委。区委高度重视，首次以区委常委会议的形式专题审定，明确开展政协全体会议协商、常委会议专题协商、提案办理协商等工作的具体要求，切实提高政协协商民主的制度化、规范化、程序化水平。

【专题调研】2017年，宝安区政协深入开展专题调研。落实区委"转作风大调研"任务。区政协处级以上干部，按照区委有关工作要求，深入调查研究，形成15份调研报告提交区委，围绕加强政协协商监督、委员队伍建设和提升宝安区域定位等工作，提出62方面共139条对策举措；搞好区政协课题调研。紧扣宝安区情，选择扶持中小企业、发展养老产业开展专题调研，形成《关于大力扶持中小企业发展的建议》等两份调研报告。深化前期调研成果，针对"补齐医疗卫生资源短板"和"打造粤港澳大湾区核心区"，提交两件建议案，供区委区政府决策参考。积极推动调研成果转化，《社区再造：被征地农民市民化困境之突破——对深圳市"村改居"社区的调查与反思》获市"第八届哲学社会科学优秀成果奖"的优秀调研报告二等奖；加强市区联动调研。参加市政协理论研讨会，《关于充分发挥政协委员主体作用的思考与探索》获评优秀并入选论文集；参与粤港澳大湾区发展、壮大实体经济、强区放权改革等多项调研，围绕市、区重点工作建言献策。

【协商议政】2017年，宝安区政协广泛开展协商议政。围绕全局工作，开展全体会议协商。区政协五届二次会议期间，组织委员分组讨论政府工作报告，协商议政，提出意见建议303条，并以会议简报形式进行报送；围绕中心工作，开展常委会议协商。先后召开常委会议，听取区发改局、土地规划监察局、交通运输局通报"9·800·669工程"进展情况，听取区城管局、市市场和质量监管委宝安局通报年度重点工作和落实"基层治理质量年"工作情况，围绕产业发展、交通、城市管理、食品药品安全等工作协商讨论，向区委区政府报送2份专题报告，提出意见建议35条；围绕重点工作，开展提案办理协商。将"关于加大倾斜力度 加快推进新设街道民生基础设施建设的提案"确定为1号重点提案，提请区委主要领导领办。主席班子先后带队到4个新设街道视察，报送专题报告，提出51条意见建议，助推新设街道发展。同时，围绕“推动医师规培基地建设”等重点提案和“加快推进机场东空铁联运综合枢纽建设”等民生热点提案，开展提案办理协商30次，为推动相关工作献计出力；围绕环境保护，开展专题协商。先后5次实地调研，召开专题协商会，推动空港新城有关道路规划重新调整，海上田园湿地得到较好保护。

207年10月28日，宝安区政协医卫体育组主办，区卫生和计划生育局承办的“政协委员与您共话健康”活动在石岩街道石龙社区举行

联谊工作

【概况】 2017年，宝安区政协拓展团结联谊，为促进和谐稳定汇聚合力。坚持大团结大联合，强化政协团结统战功能，积极协调各方关系，努力画出民心民愿的最大同心圆。

【发挥党派团体的作用】 2017年，宝安区政协密切与党派团体的联系，重视和支持各民主党派、工商联和无党派人士提出提案和建议。各党派团体共提交集体提案16件，其中，“关于加强青少年优秀传统文化教育，助推宝安文化兴区战略实施”“关于推动宝安工业创意设计产业发展”和“关于加强保护湿地资源，建设亲海宝安”等3件，被确定为重点提案。相关意见建议，被区委区政府及有关部门重视采纳，党派团体参政议政的重要作用得到切实发挥。

【发挥界别优势作用】 2017年，宝安区政协完善加强委员活动组工作的相关制度，将全体委员按照行业、界别编入8个活动组，鼓励委员按组开展界别活动。年内，经济组围绕发展先进制造业开展调研，并撰写报告；港澳组开展“爱在宝安·善行龙川”公益慈善活动；教育文化组对无线教育城域网工作开展调研；医卫体育组举办“政协委员与您话健康”论坛，开展儿童计划免疫义诊、社区群众健康咨询等公益活动；社群组围绕养老工作进行考察调研；工商组组织多场政企交流协商活动，并赴河源等地考察和慰问困难群众；科技组对现代农业进行调研；光明新区组对道路景观提升等工作进行视察。年内通过委员活动组开展各类活动59次，搭建政协委员发挥界别优势联系群众的平台。

【深化联络站创建工作】 2017年，宝安区政协健全街道分设后委员联络机构建设，加强对各街道政协联络办的工作指引，创建12个委员联络站，推进“委员进社区”活动常态化，定期开展约谈走访、调研议政、学习讨论、联谊交流等活动。开展走访约谈活动105次，走访约谈群众556人，收集和办复群众意见建议165条，较好发挥委员联络站在推进社区共治协商中的作用。

【团结联谊】 2017年，宝安区政协广泛开展团结联谊。定期走访委员，了解委员情况，调动委员履职积极性。定期走访街道商会和有关企业，及时收集和反映意见建议。开展庆祝香港回归祖国20周年系列活动，编印历届区政协港澳委员“我与香港回归20年”作品集，赴港召开专题座谈会，举办“庆回归·宝安情”美术、书法、摄影、诗词作品联展。应邀参加各街道香港同乡会换届典礼和学习十九大精神等专题活动。举办中秋国庆座谈会，邀请区主要领导和分管领导通报经济社会发展情况，与各界代表共商改革发展。赴四会市考察文化产业，形成调研报告提交区委区政府。鼓励委员积极参与公益事业。赴广西河池市考察对口扶贫协作工作，开展义诊活动。加强与各地政协的联系，接待政协系统17批168人次来区调研。

（王梦郁）

纪检 监察

2017 年中共深圳市宝安区纪委领导成员名单

书　记：张现军
副书记：贺远东　王　新
常　委：张楚健　夏　风　张　曙　洪　勇

2017 年宝安区监察局领导成员名单

局　长：贺远东
副局长：刘　伟

综　述

【概况】2017 年，宝安区纪委监察局各项工作取得新的明显成效，工作质量全面提升。2017 年的办案工作和信息工作两项主要指标在全市纪检监察系统各区位列第一，“深化基层纪检机构改革”和“查办国企方华房地产公司原董事长陈少南非法经营同类营业案”分别被评为深圳市纪检监察系统“十佳创新项目”和“十佳精品案例”，廉洁文化作品《生日》获评深圳市廉政小品曲艺创作大赛小品类金奖，信访举报、谈话提醒工作在全市作经验介绍，同时，首次获得全市纪检监察系统篮球联赛冠军。截至 2017 年年底，宝安区纪委监察局下设 9 个业务室和 13 个派驻组，分别为：办公室(纪检监察干部监督室、督查室)、宣传教育室（智慧廉政监督室）、党风政风监督室（区党廉办、区政府纠风办）、信访室、案件监督管理室、第一、第二、第三纪检监察室、案件审理室，以及派驻第一至第十三纪检组。12 月，成立区委巡察办，为区委巡察工作领导小组日常办事机构，设在区纪委。经区编委核定，区纪委监察局共有编制 86 名（书记单列），其中行政编制 66 名、雇员编制 20 名。截至 2017 年 12 月 31 日，实有公务员 61 名（其中 10 名干部派驻街道）、雇员 18 名（含老工勤 4 名）。

党风廉政建设和反腐败工作

【主体责任和监督责任】2017 年，宝安区纪委（监察局）细化和完善区委党风廉政建设“主体责任清单”，明确区委班子责任 39 项、班子成员责任 181 项。对标市纪委考评要求，修订主体责任《考核实施意见》，细化量化 5 个方面 27 项考核指标，对全区 60 个单位进行考核，约谈排名靠后的单位主要负责同志。压实党风廉政建设责任制，2017 年，组织 5 个单位“一把手”在区纪委全会上述责述廉述德并接受评议，强化责任传导。对落实“两个责任”不力的 2 名基层领导干部分别追究主体责任和监督责任。紧紧围绕“9・800・669”目标和全国文明城市创建等重点工作，找准和坚守职责定位，不断强化监督执纪问责。加强对营商环境提升、重点区域建设、生态环境改善、社会综合治理等各项工作部署的监督检查；对治水提质、安全隐患整治、河长制落实等重大民生实事进行重点督办，助推全区重大决策部署和重点工作任务贯彻落实。

2017 年 11 月 10 日，深圳市委常委、市纪委书记张子兴到宝安区指导学习宣传贯彻党的十九大精神

实施涉纪信访突出问题包销案制度，将 21 件涉纪重点信访问题分解到区纪委班子成员包案化解，立案查处 22 人，确保十九大期间涉纪"零非访"。严明社区"两委"换届纪律，发挥派驻纪检组"靠前"监督优势，纠治拉票贿选、"带病提名"行为，19 人被建议取消候选资格，推动社区"两委"换届工作顺利完成。对有关查违责任人予以严肃问责，推动饮用水源一级保护区内 23 栋违建顺利清拆处置；发挥执纪审查震慑作用，严查深中通道建设工程中的社区干部腐败问题，排除阻力，保障重大项目顺利推进。

【执纪审查和巡察工作】 2017 年，宝安区纪委(监察局)畅通信访举报渠道，出台《奖励举报有功人员暂行办法》，全年受理信访举报 413 件，排查基层党员干部违纪违法线索 572 条。坚持有案必查、有腐必惩，严肃查处党员干部违纪问题。全年立案审查 201 宗 201 人（处级干部 10 人、科级干部 22 人），同比增长 21%；给予党纪政纪处分 181 人，移送司法机关 7 人，立案数、结案数排在全市各区前列；追缴违纪所得 1812 万元，挽回直接经济损失 3 亿多元。发挥区委反腐败协调小组作用，完善纪检监察、公安、检察院、法院联合办案机制。坚持依纪依法安全文明办案，实现办案安全"零事故"。坚持宽严相济、治病救人的方针，对 4 名违纪情节较轻、主动交待问题、主动上交违纪所得的干部免于处分，予以诫勉谈话处理；为 23 名被反映问题失实的干部澄清问题。出台《关于开展谈话提醒构建抓早抓小工作机制的实施方案》和《谈话提醒四类方式工作指引》，对苗头性、倾向性问题，早打招呼早提醒，全区累计开展谈话提醒 3550 人次。完善《信访监督实施细则》，规范信访监督的实施范围和操作要求，开展信访约谈、函询 29 人次，纠正一批尚未达到组织处理或纪律处分的轻微违纪问题。认真开展全区新提任处级干部任前廉政谈话 201 人次。全年廉政审核 3952 人次，提出意见 73 条，把好选人用人政治关、廉洁关。6 月底，在全市各区中率先启动首轮区级巡察。2 个区委巡察组对航城街道党工委和区委卫计工委进行 1 个月的驻点巡察，发现人事问题不经党委会审议、重要岗位长期不轮岗、违规出国（境）、违规发放津贴补贴等一批管党治党突出问题，梳理问题线索 36 条，立案审查 25 人，充分发挥巡察震慑作用。

【作风建设和行政问责】 2017 年，宝安区纪委（监察局）认真贯彻落实中央八项规定精神，严肃查处在节日期间违规收送礼品礼金、公款旅游、违规发放津贴补贴、超标准接待等"四风"突出问题，全年立案审查 73 人。加强对口扶贫领域执纪监督，联合区经促局、审计局前往河源市龙川县，实地检查近 3 年扶贫专项资金使用管理情况，严防扶贫领域侵害群众利益问题。聚焦创建文明城市、查处违法建筑等全区中心工作和民生实事，开展明察暗访 265 次，拍摄暗访片 7 期，督促解决一批非法占用国有土地、交通整治等行政不作为、慢作为问题。严肃查处基层站所"吃拿卡要"和为赌博、涉黄场所充当"保护伞"等群众身边的腐败问题，立案审查 18 人。对中央环保督查组交办案件、市明察暗访曝光问题、安全生产事故等进行责任倒查，严肃问责 40 人。

【廉政宣传和教育预防】 2017 年，宝安区纪委(监察局)加强党风廉政教育。认真抓好纪律教育学习月活动，举办处级干部"三纪"教育培训班。开展原原本本学党章党规党纪活动，不断强化党员领导干部党性意识和法纪观念。发挥正面引领作用，将传统文化与廉政教育相结合，建成文天祥廉政教育馆，组织党员干部参观学习 4200 人次。强化反面警示，分批组织 4 家区属国企及下属企业约 600 名党员干部到省反腐倡廉教育基地接受警示教育；将宝安区近两年查办的 79 宗典型案例制成展板巡回展览，1.5 万余名党员干部观展；编印区内违纪违法领导干部《忏悔录》，组织各单位班子学习，以身边事教育身边人，效果明显。强化重点领域和重点岗位监督。协调推动建设工程招投标工作规则、公共和社区物业出租管理办法、专项资金管理等制度的修订完善。探索"廉洁共建"模式，加强对"茅洲河水环境治理工程"，区人民医院、宝安外国语学校整体改造工程等重大项目的廉洁监督。选取学校和医院的集体议事、小型工程招标、设备采购等作为监督重点，推动建成校长和院长重点业务管理系统，实现全区公办学校和公立医院监督全覆盖。提升社区廉政治理水平，以全市集体经济监管“一平台四系统”专项交叉检查为契机，整改问题13个；大力加强集体资产交易系统推广运用，平台总成交金额76.5亿元，其中，55单大宗物业公开招租成交额26.3亿元，租金上涨34.41%，经济效益和廉洁水平实现“双提升”。

2017年8月18日，宝安区举行文天祥廉政教育馆开馆暨宝安区2017年纪律教育学习月启动仪式

【纪检监察体制机制改革】2017年，宝安区纪委（监察局）加强纪检监察体制机制改革。规范调整内设机构。将党风廉政预防室、政令效能监督室合并为党风政风监督室，履行党风政风监督职能，同时加挂“区党风廉政建设领导小组办公室”（简称“区党廉办”）和“区政府纠正部门和行业不正之风办公室”（简称“区政府纠风办”）牌子；将案件监督管理工作从原信访室（案件监督管理室）独立出来，新设立案件监督管理室，信访室不再加挂案件监督管理室牌子；将智慧廉政监督室（微观反腐办公室）更名为宣传教育室，同时加挂“智慧廉政监督室”牌子；将第一、第二、第三案件检查室分别规范更名为第一、第二、第三纪检监察室，职能职责保持不变；深化派驻纪检机构改革。利用街道分设契机，区委、区纪委系统谋划派驻街道纪检体制机制改革，重构派驻机构领导体制和工作机制，将区纪委原第四、第五、第六派驻纪检监察组进行整合，同步对应设立10个派驻街道纪检组（第四至第十三派驻纪检组），同时与街道纪工委立体整合，实现对街道“一对一”监督，派驻组长兼任街道纪工委书记，在区纪委的统一领导下开展工作，形成“条条主管、聚焦主业、融合监督”的派驻监督新格局。4月14日，区纪委派驻纪检组正式挂牌。这一创新做法被《广东纪检监察信息》《南方日报》等刊发介绍，被评为深圳市纪检监察系统“十大创新项目”；深化监察体制改革试点工作。2017年年底，按照中央统一部署，对标省、市工作要求，扎实推进监察体制改革，把握重要节点，为监察委起步运行奠定坚实基础；打造全区“纪检监察一张网”。完善国资国企监督体制，在4家区属国企设立纪委，纪委书记和监事会主席由一人担任；推动区住建局等6家单位成立机关纪委；推进124个社区纪委选举和换届，基层纪检组织力量全面加强。

纪检监察队伍与作风建设

【纪检监察干部队伍建设】2017年，宝安区纪委（监察局）认真学习贯彻党的十九大精神。专题召开区纪委常委（扩大）会议，第一时间传达学习党的十九大精神。组织开展专题研讨，用十九大精神武装头脑，全年召开区纪委常委会26次，书记办公会45次，谋划新时期宝安纪检监察工作，把党的十九大精神落到实处。强化内控管理。推进派驻街道纪检组规范化建设，出台《加强派驻街道纪检组运行管理的实施意见》“1+5”文件，进一步提升信访举报、执纪审查、督查问责等工作的规范性。

【党风廉政建设和监督工作】2017年，宝安区纪委（监察局）深入开展“转作风、大调研”活动，处级以上干部形成调研报告30份，深入查摆基层党风廉政建设“痛点”“堵点”问题，提出对策建议67条。多渠道开展业务培训78人次，有效提高监督执纪工作水平。严肃查处3名基层纪检干部违纪问题，维护干部队伍纯洁性。加强外部监督，组织民主党派和无党派人士召开党风廉政建设和反腐败工作情况通报协商座谈会，听取意见建议，接受民主监督；选聘18名内务监督委员，引导外部力量有序参与纪检监察干部监督。加强纪检监察干部业余生活、社会交往和“八小时以外”的监督，净化干部“生活圈”“交友圈”。

（谢 耳）

群众团体

工　会

【概况】2017年，宝安区各级工会组织按照区六届二次党代会和区工会五届三次全委会工作部署，在广大工会干部的积极作为和社会各界的大力支持下，坚持“建会、维权、服务”的总体思路，以夯实基础为重点，以服务职工为中心，团结带领广大职工坚定不移听党话、跟党走，努力建设有为工会、活力工会、智慧工会，圆满完成各项工作任务。

【工会组织建设】2017年，宝安区总工会按照市总工会《关于进一步加强区域性工会联合会的实施意见》和《2017年度工会组建工作考核方案》要求，抓好社区工联会和企业工会组建工作，建立完善“区、街道、社区、工业园区、企业”五级工会组织体系。全年新建企业工会211家，现有各类工会组织29058家，工会会员106万多名。新安、西乡、福永、沙井、松岗5个街道完成换届，航城、福海、新桥、燕罗4个新街道召开成立大会。加强基层工会规范化建设，指导区直属机关工委会、区建设投资集团等703家企事业单位完成工会换届、补选工作。评选表彰2016年度宝安区“十佳工会主席”。帮助和指导区直属机关工委会、泰科电子、华讯方舟等职工之家建设，全区共建有职工之家3966个。加强工会干部队伍建设，招聘38名素质较高、年轻有活力的职业化工会工作者充实工会干部队伍。扎实开展“双述”工作，在10个街道56家企业开展工会主席向职工述职和民主评议活动，加强工会与职工之间的沟通互动，让职工知道“有困难、找工会”。

【治理劳资纠纷试验区建设】2017年，宝安区总工会加强源头治理劳资纠纷

2017年9月29日，宝安区举办首届工会杯羽毛球赛

2017 年 5 月 18 日，全国总工会常委邓凯副主席到福永街道和平社区调研

试验区建设。新建新安街道兴东、西乡街道臣田 2 个试验区，全区建立源头治理劳资纠纷试验区 5 个。和平试验区全年开展各项服务职工的活动 622 场次，参与职工 4 万余人次。建立一支工会积极分子队伍，将劳资纠纷信息及时传递到企业工会和试验区工联会，使劳资纠纷不出厂、不扩大；塘尾试验区有企业 614 家，劳务工 10 万多人，发展劳资纠纷预警员 67 名，覆盖辖区所有工业园和 500 人以上企业。2017 年，塘尾试验区全年只发生群体性劳资纠纷 1 宗，劳动仲裁案件从 236 件下降到 47 件，下降 80%；沙井街道沙四试验区主动将服务覆盖到周边社区的企业职工，每周大部分时间下到企业，帮助和指导企业工会开展工作，与职工交心谈心，开展单身职工交友联谊活动，促成 5 对职工牵手成功。新安街道兴东试验区建立“三培养一宣传”工作机制，通过举办活动培养一批工会积极分子，通过走访企业培养一批企业工会骨干，通过与园区管理处合作，培养一批了解企业动态的园区管理员，大力宣传法律法规知识，提高职工知法、守法、懂法和用法的能力；西乡街道臣田试验区在 11 月成立后，2 个月内开展 14 项服务职工的活动，协助解决奥科伟业因厂房搬迁发生的群体性劳资纠纷。区总工会开展的源头治理劳资纠纷试验区工作，得到上级工会的充分肯定。3 月，全国总工会在《业务工作通报》中，向各省、自治区、直辖市介绍宝安区试验区的工作经验。5 月 19 日，全国总工会党组副书记、副主席邓凯在和平调研时，对试验区工作给予充分肯定，要求试验区着眼职工需求，不断完善，持续深入，抓出成效，为全国提供好的借鉴。年内，试验区共接待全国各地工会考察交流 36 批 600 多人次。

【工会干部和职工素质培训】2017 年，宝安区总工会加强工会干部和职工素质培训，共投入资金 400 多万元，用于开展对基层工会和职工的各类培训。其中投入资金 100 万元，与深圳市职工继续教育学院合作，举办职工素质提升培训 10 期，培训职工 1000 多人；积极开展“圆梦计划”“追梦行动”，资助 200 多名劳务工圆大学梦，帮助 800 名职工被各大专院校录取，是全市唯一所被市总授予教育帮扶优秀组织奖的单位；组织 3 批次 142 名各级工会干部到北京大学、山东大学、四川大学参加工会理论研修学习，通过与当地工会互动交流、实地考察等方式，学习先进地区工会工作经验，进一步开阔工会干部的视野；举办“职工大讲堂”22 期，邀请上级工会领导、国内知名专家学者为职工和工会干部授课，4000 多名工会干部、一线职工从中受益。

【维权维稳和困难帮扶】2017 年，宝安区总工会参与处理纽威家居、爱普迪光等劳资纠纷 123 宗，接待处理各类咨询 508 宗。深入推进工资集体协商，全区建会企业协商建制率动态保持在 80% 以上，新签重点企业工资集体协商合同 59 份。做好困难职工帮扶慰问工作，区总工会、各街道总工会和工委会共慰问困难职工及外来务工人员 2878 人，发放慰问金近 500 万元。“金秋助学”活动帮扶救助困难职工子女 20 人，发放助学金 10 万元；建立“工伤探视”职工档案 618 份，探视慰问和帮扶工伤职工 569 人，发放慰问金近 30 万元。区总工会“工伤探视”项目被评为深圳市 2017 年度关爱行动“百家市民最满意项目”。

【劳动技能竞赛和劳模工作】2017 年，宝安区总工会积极开展劳动技能竞赛和劳模工作。组织宝安职工积极参加深圳市第九届职工技术创新运动会，全区有 93 名职工参加预赛，其中有 58 名职工进入全市决赛，3 名老师获“幼儿园教师教育基本功”一等奖，2 名老师获“中小学心理健康教育技能大赛”一等奖并代表深圳市参加全省决赛。与区人力资源局联合举办 2017 年宝安区职业技能竞赛，来自全区各行各业近 400 名职工参加数控铣床、加工中心操作等四大项高精尖工种的大比武，72 名选手被核发国家职业资格三级证书、36 名选手获得优秀荣誉证书、24名选手被授予“宝安工匠”技术能手称号。评选推荐一批全国、省、市先进集体和个人。宝安中学（集团）艺术科组获“全国工人先锋号”称号，泰科电子（深圳）有限公司注塑成型班组被授予“广东省五一劳动奖章”，伟创力实业（深圳）有限公司等2家企业被授予“深圳市先进集体”称号，吴光胜等8人获“深圳市劳动模范”称号，徐鹏等13人被授予“深圳市五一劳动奖章”。组织举行“庆五一劳模座谈会暨劳模创新工作室授牌仪式”，新建“劳模创新工作室”5家；图文并茂地开设劳模事迹宣传长廊；组织召开劳模创新工作室经验交流座谈会，20家劳模创新工作室的负责人现场分享创新工作经验。认真做好劳模的服务工作，组织召开新当选劳模座谈会，鼓励劳模立足本职工作，做出新成绩。开展“劳模贴心管家”课题调研，为劳模免费订阅报刊、购买“二次医保”；组织劳模免费体检，分五批组织110名劳模到海南、成都等地疗养。另外，劳模费英英当选党的十九大代表，劳模陈琼当选广东省人大代表。

2017年9月27日，宝安区举办工会志愿者队成立仪式暨首次志愿服务活动

【职工文体活动】2017年，宝安区积极举办各项文体活动。举办第二届工会杯篮球赛，来自全区90支企业代表队和22支机关事业单位代表队的1344名运动员，为区职工呈现精彩的篮球比赛312场；举办首届工会杯羽毛球赛，79支职工队伍参赛，参赛职工近800名，是全区有史以来举办的规模最大、参赛人数最多的一次羽毛球比赛；举办庆祝“五一”国际劳动节暨第二十届职工文艺汇演，职工自编、自导、自演文艺节目，为广大职工带来美的享受的同时，也展现出广大职工积极向上的力量。市总工会、区几套班子领导现场观看演出并给予充分肯定；举办“五月的赞歌”职工征文比赛，得到全区职工的热烈响应，共收到参赛作品215篇，部分优秀作品在《宝安日报》、宝安新闻网等媒体刊登；开展“以匠心·致初心”职工摄影比赛，收到职工参赛作品500多幅。用镜头展现广大职工立足本职岗位，专注极致、精益求精的动人形象；成立宝安职工读书社，采取线上线下相结合的方式，为全区职工搭建起一个读书分享、思想交流、开阔视野的综合性平台；开展宝安区首届“十大书香企业”和“十大读书成才职工”评选活动。在区评选推荐的基础上，伟创力等3家企业被评为“深圳十大书香企业”，深圳青岛啤酒公司的石华伟等2名职工被评为“深圳十大读书成才职工”；成立宝安职工合唱团，招募80多名基层工会文体骨干，唱响宝安劳动者之歌，多次进园区、企业慰问演出。

【服务职工】2017年，宝安区进一步完善服务职工工作。新工人文化宫建设取得新进展，4月，完成项目建议书的编制；7月，区人大常委会审议通过区政府提请审议的工人文化宫立项事宜的议案，区工人文化宫正式立项。项目的可研阶段和初步设计阶段的工作进行中；2017年率先启动“智慧工会——职工交友”平台建设，利用信息化手段，创新职工服务工作，为广大单身职工的交友和婚恋难题提供科学的“工会方案”。该平台开发工作初步完成，各项交友功能基本完善，服务器部署工作落实完毕，平台的建设与运营工作稳步推进；邀请清华大学社会学系教授沈原、中国劳动关系学院教授闻效仪，联合开展宝安职工队伍需求调研，为做好职工服务工作提供第一手资料和理论指导。同时，按照区“转作风、大调研”统一部署，围绕加强基层工会组织建设等内容开展6项课题调研；区工人（职工）服务中心培养孵化一批职工服务类项目，利用周末和节假日开展工会知识普及、趣味运动会等系列活动10余场，参与职工近万人次，发放宣传资料8万余份；成立工会志愿者队，招募1000多名工会义工，开展系列有工会特色的义工服务活动；重视开展女职工特色服务。在广东省总工会干部学校举办女职委履职专题培训班，进一步提高女职委履职能力；赠送女职工安康互助保障计划2500人次；为女职工提供免费体检并开展免费讲座18场，受益女职工达8300多人次。

【工会宣传】2017年，宝安区积极打造工会宣传阵地。创办《宝安工会》报，把宣传的镜头重点瞄准基层工会和一线职工，报道各级工会贯彻落实十九大精神的具体举措和广大职工的精神风貌。《宝安工会报》自11月1日创刊，出版发行13期，累计发行13万份；工会网、微信公众号每周推出2~3期与职工权益、工会相关的文章，普及法律维权和工会知识，2017年，新媒体中心共推送各类稿件800多篇，对基层工会开展生动活泼的活动给予及时宣传，传递工作信息，交流工作经验；与《工人日报》合作开展“寻找最美宝安工人”系列宣传5期，充分挖掘、宣传一线劳动者在宝安成长、成才的感人事迹；在《宝安日报》开办“五月的赞歌”专栏10期，对劳动模范和基层工会干部先进事迹进行宣传报道；拍摄制作“榜样的力量”“匠心筑梦未来”电视宣传片，大力弘扬劳模精神、劳动精神和工匠精神；在《宝安日报》头版刊登《致全区职工的五一慰问信》，对全区职工进行节日慰问；在宝安新闻网开办“产业工人·宝安力量”专栏，加强对优秀产业工人的宣传报道。此外，拍摄《圆梦在工会》《城市美容师》等5部微电影，《榕树下的女子》在“中国梦·劳动美”深圳市第二届职工微电影大赛中获金奖。

【工会创新工作】2017年，宝安区设立工会创新孵化资金500万元，批准各级工会申报孵化项目11项，下拨创新孵化资金150多万元；开展宝安区首届工会工作创新奖评选，理光工会的“建立工会委员接待日制度”、和平试验区的“四步法打造工会积极分子队伍”获2016年度“宝安区工会工作创新奖”，石岩艾美特、燕罗卓翼智造等7家工会申报的项目获得创新提名奖。区总工会开展的“非公企业工会主席述职和民主评议活动”等2个项目获2016年度“深圳市工会工作创新提名奖”。（王晓旭）

附：2017年宝安区总工会领导成员名单

主　席：欧瑞志

副主席：方荣添　叶慧明

共青团

【概况】2017年，宝安团区委围绕区委区政府和上级团委的中心工作，积极推进“青年发展型城市”建设，突出“凝聚、紧跟、激发、夯实、固化”五方面，凝心聚力、脚踏实地、开拓创新，推进共青团和青年工作新发展。引领青年学习宣传贯彻党的十九大精神，承办“欢庆十九大　拥抱新时代——傅庚辰作品音乐会”。深化“听吧”微信公开课品牌影响力，“听吧”获市“党建杯”决赛一等奖。高质量完成宝马志愿服务共招募志愿者2506名，在全国所有马拉松赛事中唯一做到全部从社会各界招募。7月2日，区青少年宫建筑如期落成。首次承办市、区政协重点活动和提案。落实区2017年重点改革项目“深入推进基层治理党建+360°服务模式”，开展“智造·先锋”“青承国粹”等10个“党建+360°”项目，受益人群达2万人次。抓好党建工作出实效，促进党建活动长效化，开展党员志愿服务出特色。

【“凝聚”青年心向党】2017年，宝安团区委引领青年学习宣传贯彻党的十九大精神。深入挂点社区和青年群体中开展原文研读活动10场，党的十九大代表费英英开讲深圳各区首场“党的十九大精神深圳青年宣讲会”。承办“欢庆十九大，拥抱新时代——傅庚辰作品音乐会”，团市委、区领导及1000余名市民参加。采用生动活泼形式，组织青年运用思维导图学习十九大报告。制定《团区委贯彻落实党的十九大精神工作方案》，抓好19项具体举措。深化“听吧”微信公开课品牌影响力，举办“红星的故事”“不忘初心跟党走”等5期活动。“听吧”获市“党建杯”决赛一等奖，写入团市委六届二次全会报告，并得到区分管领导批示。

【青少年志愿服务】2017年，宝安团区委全力以赴开展创文工作。成立志愿者总队，区委姚任书记、团市委领导授旗，志彪主任任总队长，盛华常委等区领导任副队长。共开展活动近82285场，服务近1122044小时。制定诚信管理制度，将志愿者信息纳入区“大诚信”体系；公布服务时数，全年时数300小时以上553人，增长107.1%；获市五星级志愿者72人，

2017年5月31日，宝安区“冰心奖”图书馆开馆

2017 年 11 月 9 日，区文明办、团区委主办的“青春献歌十九大”——宝安青乐团“传播心灵美”音乐会走进沙井街道步涌社区

2017 年 12 月 7 日，团区委、区教育局、区关工委联合举办“新时代　新奋斗”宝安区第十七届 18 岁成人宣誓仪式

创历史新高。高质量完成宝马志愿服务，共招募志愿者 2506 名，在全国所有马拉松赛事中唯一做到全部服务人员从社会各界招募。7 月 2 日，青少年宫落成，团市委广阳书记、全国宫协、区领导出席落成仪式并现场指导，在青少年宫举办各类公益活动 30 余场次，参加活动的青少年超过 30000 人次。首次承办市、区政协重点活动和提案。承办市政协委员议事厅“我的青春我的城”，团市委首次现场对外发布“青年发展型城市”理念。首次主办区政协重点提案，建设一支 3000 多人的食品义工队，开展活动 700 余场，营造食品安全人人参与的氛围。

【党建 +360° 服务模式】2017 年，宝安团区委落实区 2017 年重点改革项目“深入推进基层治理党建 +360° 服务模式”，将区青少年服务中心各项工作汇入“党建 +360° ”服务体系，开展“智造 • 先锋”“青承国粹”“红心义站”等 10 个“党建 +360° ”项目，受益人群达 2 万人次。制订 20 项服务项目，全年服务青少年 12 万人次。将党建 +360° 服务模式运用到其他服务青年领域，青年驿站为 647 名来深就业大学毕业生提供 7 天免费住宿和就业指导。“走进社会大课堂”社会实践活动服务大学生实习 1800 人次。开展“阳光启航”涉罪未成年人帮教服务，服务 345 人。“相约金秋”机关青年拓展联谊活动服务单身青年 80 人。创新基层团组织建设，印发《关于加强社区团建工作的通知》，推进社区团建标准化建设，指导社区完成团委换届，引导每个社区推出 1 个以上特色项目。规范学校团、队建设，举办教育系统共青团、少先队干部研修班。严格控制入团人数，全年下发团员编号 7250 个。创新引领青年参与城市服务，发动青年文明号、宝安青乐团参与创文、社区服务等工作，区社会福利中心保育部特护班荣获“国家级青年文明号”，青乐团举办“传播心灵美”专场音乐会 5 场，吸引 1 万多市民参加。积极推进“青年之声”工作，筑牢“网上共青团”基础，共发布活动 60 余场，吸引上万名青年。　　（潘　攀）

附：2017 年共青团宝安区委领导成员名单

书　记：许　琳

副书记：

妇　联

【概况】2017 年，宝安区妇联深入贯彻落实十九大精神和习近平总书记对群团改革的重要指示精神，牢牢把握群团改革的正确方向，坚持“党建带妇建，妇建促党建”，紧紧围绕宝安区委中心工作，以建设“智慧妇联，品质妇联”为目标，以改革促工作，“开门办妇联”，组织引导全区广大妇女积极投身于经济社会建设，服务大局发展作用显著，推进改革创新成果喜人，维护妇女权益保障有力，妇女事业蒸蒸日上、硕果累累：妇儿工作创新发展引全国妇联点赞，全国维护妇女儿童权益先进个人荣誉花落宝安，妇女儿童发展规划达标率引领全市，宝安妇联第十一届母亲文化节擦亮全省首张“母亲文化节”名片。

2017 年 5 月 10 日，宝安区举行第十一届母亲文化节启动仪式暨“看见 · 母亲”论坛，倡议成立“宝安母亲支持联盟”

【妇女儿童服务】2017 年，宝安区妇联紧贴宝安区情和人口结构特征，按照“项目化运作、专业化服务、社会化推进”的思路，在区、街道、社区三级妇女儿童服务阵地，开展全省首个女童性侵援助试点项目、外来女工流动学校公益培训项目等一批公益服务项目。全年三级服务阵地共开展活动 13538 场，服务 39.35 万人次。

【妇女权益维护】2017 年，宝安区妇联婚姻家庭调解纳入诉前大联调机制在全市推广，家庭暴力预防与处置体系成为全市试点。成立社区妇女维权工作站 143 个、“家庭暴力报案点”87 个、“馨和家园”工作室 60 个。全年共接待妇女儿童来信来访来电 1218 宗，慰问贫困妇女儿童约 1061 人次，发放慰问金及慰问品 65.7 万余元。

【母亲文化节活动】2017 年是宝安区妇联在全省首创母亲文化节的第 11 年，区妇联以“2+1+N”模式（即两大“主打活动”：举办“看见 · 母亲”论坛、开展“看见 · 母亲”主题文化展；一项“例牌活动”：开展寻找“美丽母亲”和“最美家庭”活动；N 项“配套活动”：在 10 个街道 124 个社区开展“优秀家风进家庭”专栏、“为你朗读 · 一封家书”等 200 多场配套活动），办好以“看见 · 母亲”为主题的宝安区第十一届母亲文化节，擦亮全省首张“母亲文化节”名片。

【妇女参政议政】2017 年，宝安全区广大妇女干部积极参与到区委中心工作，在重点工作推进中彰显优势，参政议政水平不断提高。各级领导干部中女性比例呈明显上升趋势，全区处级女干部比上届增加 26 人，人大常委、政协常委、社区“两委”中的女性比重分别比上届提高 6%、18.5%、5.55%，创历史新高。

【女性岗位建功成长成才】2017 年，宝安区创建“巾帼文明岗”“三八红旗手”“三八红旗集体”等各类先进典型在岗位上成长成才，涌现出费英英（全国劳动模范、十九大党代表）、洪胜元（全国维护妇女儿童权益先进个人）等一批优秀女性代表，为宝安经济社会发展贡献半边天力量。

【妇女儿童规划达标率领先全市】2017 年，宝安区妇儿工委颁布实施《深圳市宝安区妇女发展规划(2011—2020 年)》和《深圳市宝安区儿童发展规划（2011—2020 年）》，增设 17 个宝安特色指标，并在全市率先将 144 项定量指标纳入督办系统，超过 80% 的定量指标提前达到 2020 年终期任务，居全市前列。

【社区“会改联”全覆盖】2017 年，宝安区妇联在全市率先全面实现社区妇代会改建成社区妇联。全区专兼职妇干增长 13 倍，新增社区妇联执委 1516 名（非户籍占比 26%；非党员占比 63%；社会组织、专业技术人员各占比 12%）。与社会组织、高校等合作，对基层妇女干部分层次分类别开展全员轮训。在新一届妇女代表大会代表中，除专职妇干外，各界妇女代表占比提高 11.9%。

【妇联区域化建设】2017 年，宝安区妇联打破行政隶属、身份限制和行业分割，构建开放式妇联区域化工作格局，有街道妇联兼职副主席 31 名，执委 290 名。各街道妇女工作百花齐放，各具特色。新安、西乡街道着力打造社区妇女儿童之家，创建巾帼文明岗，阵地建设可圈可点；沙井、松岗街道

2017 年 12 月 13 日，宝安区妇女第五次代表大会召开

重点开展留守儿童关爱工作，平安家庭创建活动，妇女儿童权益保护工作扎实有为；福永、石岩街道率先建设园区妇联，成立街道妇女儿童发展基金，妇女工作锐意创新。各街道妇联在参与街道中心工作中真正做到“党政所急、群众所需、妇联所能”。

【女性社会组织发展】2017 年，宝安区妇联打造女性社会组织的支持、培育体系，动员、凝聚更多的社会组织参与妇女儿童家庭服务。举办妇儿服务项目创新大赛、短期项目优化营等，筛选出优质项目，建立“项目库”“组织库”，成立“妇女儿童家庭服务联盟”，为近 200 家组织提供业务模式梳理、项目优化设计、项目实施对接、增能培训等服务。指导各类女性平台型组织的建立和运营，如妇女儿童福利会、女企业家协会、女新闻工作者协会等；关注、支持、引领社区女性组织发展，建立巾帼健身队妇女小组、爱心妈妈服务队、左邻右舍互助社等 800 多个。

（陈瑞恋）

附：2017 年宝安区妇联领导成员名单

主　席：冯颖霞

副主席：王　红（2 月止）

陆健青（5 月起）

工商联

【概况】2017 年，宝安区工商联紧紧围绕区委“基层治理质量年”中心工作，坚持“团结、服务、引导、教育”的方针，充分发挥桥梁纽带作用，努力建设平台型、枢纽型、服务型的工商联组织，促进非公有制经济人士健康成长、非公有制经济健康发展，工商联事业实现新发展、取得新成效。2017 年，区工商联再次荣获“全国五好县级工商联”称号。

【非公经济人士成长】2017 年，宝安区工商联坚持政治引领，促进非公有制经济人士健康成长。坚持把加强思想政治工作作为工商联的重要任务，贯穿于工商联工作各个环节，积极引领广大非公有制经济人士坚定信念、共谋发展、同心同行。

引导企业家树立崇高理想信念。加强对企业家，特别是年轻一代企业家的理想信念教育和社会主义核心价值观教育，通过学习党的十九大精神、《关于营造企业家健康成长环境　弘扬优秀企业家精神　更好发挥企业家作用的意见》、习近平总书记对广东工作重要批示精神、全国年轻一代民营企业家理想信念报告会精神以及省、市、区有关会议精神等，引导企业家爱国、敬业、诚信、守法、贡献，增强对中国特色社会主义的信念、对党和政府的信任、对企业发展的信心、对社会的信誉。组织企业家代表前往浙江参观安吉“两山”理念发源地和杭州阿里巴巴集团总部园区，强化理想信念教育实践活动成效。区、街道工商联全年召开理想信念专题学习会、座谈会和参观实践活动 32 次，2200 余位企业家参加。

践行“亲”“清”新型政商关系。树立宗旨意识、服务意识、廉洁意识，真心实意与企业家交往，同企业家建立真诚互信、良性互动的工作关系，以实际行动践行“亲”“清”新型政商关系。先后组织多场以“提升服务　助推发展”为主题的政企交流活动，邀请区领导和经促局、安监局、环保局等职能部门负责人与企业家代表进行交流座谈，了解并帮助企业协调处理在生产经营过程中遇到的突出问题。与区经促局、安监局建立直接联系制度，通过定期召开联席会议、交流信息及企业走访等形式，进一步加强政府、工商联（商会）、企业三者之间的联系，努力在构建“亲”“清”新型政商关系上做表率，引导更多企业家成为“亲”“清”新型政商关系的模范。

引导企业家参政议政。充分发挥工商联作为党的统一战线组织的职能作用，引导广大非公有制经济代表人士积极参政议政、建言献策。以工商联会员为主体，广泛团结非公有制经济人士，进一步加强与“两代表一委员”中的非公有制经济代表人士联系，先后参与、组织参政议政交流、视察、调研等活动 160 多人（次）。6 个区党代表、人大代表、政协委员工作室（联络站）设置在街道工商联所在办公场地，非公经济领域代表委员的作用得到进一步发挥。区“两会”期间，会员企业家提交提案建议 53 件，涉及经济社会发展、民生民计各个领域。其中，工商组集体提案《关于加快产业园区建设，促进宝安产业转型升级的提案》得到办理。区总商会副会长曾剑琨牵头提交的《关于加大倾斜力度，加快推进新设立街道民生基础设施建设的提案》被列为区政协2017年1号提案，得到区委区政府高度重视和社会广泛关注，推进了街道的基础设施建设。

2017年3月20日，宝安区举办“深圳质量，宝安智造——化融合下的企业融资思维论坛”

【促进非公有制经济健康发展】 2017年，宝安区工商联提升服务质量，促进非公有制经济健康发展。坚持服务会员是立会之本的理念，针对会员的诉求和需要，创新活动载体，提升服务质量，着力提高服务非公有制经济健康发展的水平，做好服务政府、服务企业、服务社会的各项工作。

实施服务企业“一十百千”计划。全年走访企业1186家，为103家企业提供专业咨询服务报告，为10家创新特色企业提供发展建议报告，并在此基础上提出打造1个特色企业群（园区）的建议。通过走访服务，收集企业反映的用地不足、人才缺乏、扶持政策信息不对称、子女入学难等方面意见建议130多条，部分意见建议向有关职能部门反映，85%以上意见建议得到采纳。区、街道工商联配合区领导大服务大走访活动，协助跟踪落实区领导、有关部门走访调研中企业反映的问题建议，推动相关问题的解决。与宝安转型升级设计中心合作，开展工业园区创新模式调研，提出宝安工业园区升级发展的新路径。

加强为企业提供智力支持的力度。牵头举办“两化融合下的企业融资思维”论坛，邀请区领导担任主讲嘉宾，邀请金融专家就中小企业融资等问题与企业家互动交流，探寻解决企业融资难途径。联合区委统战部举办“宝安智造”企业家系列培训班4期，组织实体制造、园区企业、青年企业家等三类企业家赴国内知名高校培训，搭建一个加强企业交流、相互促进、共同提高的服务平台，提升企业家综合素质和市场竞争能力。区非公有制经济组织党委开展“党建引领，智胜未来”系列培训，举办以非公党建、品牌营销、新媒体技术和团队建设等为主题14场专题讲座，助推企业健康发展。此外，各基层工商联（商会）围绕企业需求开展培训活动，新安商会开设“智慧大讲堂”、石岩商会举办“企业家讲堂”等，形成覆盖全区非公有制经济的培训网络。全年开展非公有制经济人士教育培训活动52场次，参加培训企业家3680余人次。

利用工商联渠道优势做好精准服务。向区委提交《福永商会民营企业经营状况调研报告》，得到区委主要领导的高度重视。6月26日，区委主要领导调研福永街道工商联（商会），肯定工商联（商会）服务政府、服务企业、服务社会的举措和成效，并与企业家交流，听取意见建议。福海商会倡议成立的福海街道安全生产协会、沙井新桥商会成立的制造业企业委员会，为企业提供专业化精准服务。对接企业需求，组织参观宝安区政务服务大厅、金融超市、文博会分会场和宝博会，汇聚科技创新园、美生创谷科技园、福海信息港等创新示范园区。全年协调推进解决会员企业在安全生产、劳动、环保、消防和园区改造升级、落实扶持政策等方面的问题218个。

加强内外交流帮助拓展发展空间。邀请香港全港各区工商联、区“五类”百强企业联合会、中德（欧）产业发展合作联盟及龙华区、光明新区商会企业家参加2017年宝安商会企业家联谊活动；组织企业家代表赴德国、西班牙商贸考察交流活动，签订合作协议1份，达成合作意向4个，促进宝安与欧洲企业的交流与合作；组织企业家赴港拜访香港生产力促进局、香港深圳社团总会、全港各区工商联、世界福州十邑同乡总会、香港福永同乡会等政府机构和工商社团，加强与港澳工商界的交流合作；开展与山东淄博、重庆渝北和广东江门、湛江、龙川、博罗等地工商联（商会）和经济部门的交流活动，进一步活跃交流氛围。松岗商会组织100多位企业家前往沈阳沈北新区开展考察学习活动，为企业寻找商机搭建平台。区、街道工商联（商会）全年开展内外联谊和经贸交流活动128次，建立友好商会联系23个，为宝安企业发展开拓新渠道。

【发挥企业家作用】 2017年，宝安区

2017 年 4 月 15 日，区非公有制经济组织党委党员参加“与爱同行”第二届宝安慈善微跑活动

工商联弘扬企业家精神，更好发挥企业家作用。增强企业家履行社会责任的荣誉感和使命感，引导和支持企业家奉献爱心、服务社会，更好发挥企业家在对口帮扶、关爱员工、公益慈善、诚信守法等方面的重要作用。

推进精准扶贫工作取得成效。加强与帮扶对象龙川县龙邦村的联系，在加强产业扶贫、农村基础建设、人居环境改善等方面做了大量的工作和投入，收到较好效果。发动群众投资种植业，紫玉淮山产业基地种植面积扩大达 25 亩，增加产值约 60 万元；发动企业捐赠一批图书和党员电教设备，成立党建工作专项基金和贫困户产业发展资金，为实现群众脱贫致富创造条件。邀请龙川县工商联企业家一行来宝安交流，共寻合作商机，助力村发展。开展机关党支部与村党支部共建活动，组织干部职工落实对口帮扶贫困户责任，发动捐款 2.2 万元。

引导企业家主动履行社会责任。推进“双爱”企业示范点建设，组织 2017 年“商会杯”篮球乒羽联谊赛，充分发挥各街道商会劳动争议调解委员会作用，引导企业积极构建和谐劳动关系。新安商会乐善会连续 6 年坚持在中秋、春节传统节日开展“送爱心进社区”关爱活动；西乡商会参与全国助残日启动仪式暨残疾人产品义卖活动以及慈善义捐活动，企业家大爱精神深入人心。在宝安区首届慈善奖评选活动中，13 名企业家获得慈善捐赠个人奖，15 家企业获得慈善捐赠企业奖，6 家商会获得慈善典范机构，11 个商会和企业（企业家）获得慈善推动奖。

强化诚信守法经营。撰写《宝安诚信商家联盟建设专项行动调研报告》，总结宝安诚信商家联盟建设阶段性工作成果，提出下一步工作建议，为进一步加强商务诚信建设提供参考。街道工商联（商会）开展的“诚信商家”走访服务、“诚信宝商、福企先行”专题调研、诚信专题交流讲座等，将诚信守法的理念进一步拓展。此外，开展“法律三进”（即进商会、进企业、进机关）活动，举办基层商协会劳动法、税法及企业经营法规及实务讲座 20 期，提供法律咨询和帮助，提高企业知法、用法、守法意识。

营造有利于“两个健康”的舆论环境。加强舆论引导，树立有信念、有担当、有作为的非公有制经济人士新形象。全年编印《宝安区工商联》2 期，与宝安日报社合作，刊发《宝商之窗》专版 17 期，集中展示区、街道工商联（商会）、团体会员工作亮点和企业家创业发展、追求卓越的精神风貌；联合团区委、宝安日报社，组编《活力宝商》文献图书，推举选写改革开放 40 周年以来 40 位宝安企业家创业故事，弘扬优秀企业家精神；依托工商联网站、微信等新媒体，发布政策法规、工作动态、商务信息等 830 余条，有效配合宝安区营造良好营商环境，加强新时期非公经济宣传报道，增强工商联（商会）凝聚力和影响力。

【工商联（商会）组织建设】2017 年，宝安区工商联牢固树立大抓基层基础的鲜明导向，坚持把组织建设作为基础工作来抓，为提高履职能力和发挥作用奠定基础，增强影响力和凝聚力。

抓好基层商（协）会组织建设。落实区、街道工商联主席联席会议和秘书长联席会议制度。坚持每两个月召开一次联席会议，保持两级工商联纵向和横向的紧密联系，持续稳定推进各项工作。指导推进基层工商联（商会）建设。贯彻落实区主要领导调研基层商会有关工作要求，推动街道工商联（商会）优化名称工作，探索会员企业资源整合促进园区升级发展的新途径。结合街道分设的实际，加强街道工商联业务指导，关心关注新设工商联（商会）组织建设问题。争取财政支持街道工商联工作，加强协调区财政部门，争取工作经费支持，解决街道工商联工作经费不足的问题。开展商协会交流活动。组织商协会专职工作人员举办业务培训班，举办商（协）会秘书长经验交流分享会，搭建商协会交流平台，不断提高服务水平，形成工作合力。

加强三支队伍建设。一大执委（理事）队伍。组织召开区工商联（总商会）四届五次执委（理事）会议，增补执委（理事）11 人，成员规模达到 224 人，增强领导班子力量。壮大团体会员队伍。新吸收 2 家经济类商协会组织加入区工商联团体会员，总数达到 14 个。

壮大会员队伍。各基层商会多形式多渠道大力发展新会员，重点吸收上市公司、五类“百强企业”、规模以上企业、科技创新企业和新兴产业企业加入，会员总数达7026家，同比增长15%。

做好非公有制经济组织党建工作。推进党建“书记项目”。该项目基本完成，党员群众反映很好。落实“两学一做”学习教育常态化制度化。组织392名党员参加“考学”活动，平均成绩90分以上。党建工作调研取得成果。撰写《宝安区国有改制企业党建工作现状与思考》调研报告，为稳步推进党建工作奠定理论基础。健华医药有限公司、宝安药业有限公司、桂银村镇银行被评为宝安首批“党建百强”企业，发挥典型示范引领的作用。

加强机关建设。充分发挥党组织核心领导作用。从抓好领导班子和干部队伍的思想、学风、作风等方面入手，更新思想观念，转变工作作风，提高办事效率，营造团结、务实、高效、清廉的工作氛围，为工商联工作提供组织保证。强化工作职能。根据区编办“三定”方案，区工商联“会员联络科”加挂“产业促进科”牌子，进一步强化工商联的服务企业职能。规范工作程序。先后制定修订党组工作规则、预算管理办法等10项内控制度，规范内部管理，建立以制度管人办事的长效机制。（杨　凯）

附：2017年宝安区工商联领导成员名单

主　　席：

常务副主席：郭瑞琼

专职副主席：刘达华

2017年7月23日至27日，“2017深圳·宝安国际手风琴艺术周”活动开展

文　联

【概况】2017年，宝安区文学艺术界联合会认真履行协调联络服务指导和精品创作的职能作用，围绕“把好方向、接足地气、大胆创新”的工作要求，以规范工作为主线，坚持科学发展总基调，不断规范和完善机关管理工作，按照区委部署，以“高质量、高标准、高要求”的原则圆满完成作家协会、美术家协会、音乐家协会、舞蹈家协会、杂技家协会、影视家协会、戏剧家协会共7个协会的换届工作，完成曲艺家协会、摄影家协会、文艺志愿者协会共3个直属文艺家协会的成立工作，全面梳理区文联历史遗留问题，完善宣传文化资金使用标准，严明文联及协会财务及合同制度，聘请专业财务及法律顾问对合同及财务支出进行严格把关。此外，在完成各项文艺工作任务的同时，区文联全面开展精品创作工程和具有广泛影响力的大型文艺活动，努力推进文艺志愿者服务，坚持用精品文化引领群众文化，用群众文化提升社会文明，推动宝安文艺事业繁荣发展。截至2017年年底，区文联共有直属协会12个，挂靠协会6个，代管协会、团体22个，拥有会员5700余人，人数较多的协会有美协220人、书协354人、作协246人、摄影协381人。此外，国家级会员183人、省级会员255人、市级会员747人；国家一级职称文艺工作者24人、二级职称150人、中级职称860人。

【作协成果】2017年，宝安区作协圆满完成换届选举。新班子组建以来，在传承的基础上进行创新，取得作品奖励扶持、出版《宝安作家精品文丛》、获评的第十一届深圳市“文明单位”称号的复检复评、举办第十三届全国打工文学论坛、第三届中国（宝安）国际诗歌论坛、第四届中国“海子诗歌奖”颁奖典礼等一系列成果。此外，宝安作家的创作成绩也十分突出，在小说、诗歌、杂文、评论等领域均取得丰硕成果。宝安作家郭海鸿长篇小说《山光水色》获得深圳市第六届原创网络文学拉力赛季军；陈再见长篇小说《六歌》获第九届深圳青年文学奖；李双鱼组诗《曾经爱过我的》获深圳睦邻文学奖年度十佳奖项；王枣燕小小说《叩门》获第二十六届“东丽杯”梁斌小说优秀奖。徐东小说《父亲》获林语堂小说奖，长篇小说《旧爱与回忆》获广东省第十届鲁迅文艺奖；郭建勋获曹禺杯全国第三届剧本奖；喻敏获加拿大金枫叶国际电影节最佳剧本奖；唐诗获深圳十大佳著（非虚构类）奖；陈诗哥《童话之书》获第十届广东省鲁迅文艺奖，《列国志》获第三届《儿童文学》金奖，《我想养一只鸭子》获得第十四届《儿童文学》

擂台赛“金牌大决战”铜奖。

2017年11月24日，“南雁书声——2017深圳·宝安书法作品晋京展”在北京杏坛美术馆开幕

【书协活动】2017年，宝安区书协继续开展义写春联活动，“宝城十二品”举办至第10回。11月，区书协还组织开展声势浩大的“南雁书声——宝安书法晋进展”活动。展出的书法作品以“培育、践行社会主义核心价值观和习近平总书记治国理政用典”为主，汇集深圳76位知名书法家的百余幅书法精品，这是特区的书法艺术家们深入贯彻党的十九大精神，用文艺弘扬习近平新时代中国特色社会主义思想丰富内涵的重要举措，不仅展示深圳特区精神文明建设和“自强不息，敢为天下先”的深圳精神，也全面反映新时期下特区人民群众积极向上的精神风貌。中国文联、中国书协领导出席活动开幕仪式，并给予高度评价。

【音协成果】2017年，宝安音乐优秀的中青年人才继续增光添彩。作曲家李芮又获2017年香港国际声乐公开赛艺术歌曲（民族唱法）公开组一等奖。2015年，区文联组织创作《我们的价值观——社会主义核心价值观组歌》，其中《爱国之恋》获2017年中宣部“五个一工程”优秀音乐作品奖，该项工作得到中宣部及中国文联的高度重视与大力支持。此外，区流行音乐协会创作的音乐《电梯风波》，获深圳市群众文艺作品评选一等奖。区音乐家协会，共获国家、省、市、区级奖项10余个，其中宝安本土作曲家巫定定斩获省、市5个奖项，并被评为“广东省优秀音乐家”（广东省内音乐家最高荣誉）。

【戏曲成果】2017年，宝安曲艺事业打造出不少艺术精品力作，荣获省、市以上奖项繁多。由区实验曲艺团创作的《留门》荣获第十五届中国人口文化奖金奖。4月，由阳光曲艺团表演的群口快板《欢迎您到深圳来》和小品《传递》参与中央电视台戏曲频道《一鸣惊人》栏目《梦想微剧场》第二季，荣获团体铜奖，并在6月成功播出。其中，群口快板《欢迎您到深圳来》荣获第四届“南山杯”全国曲艺新人新作展演二等奖（国家级）。4月，快板书《学艺》、化妆快板《自然和谐是一家》、数来宝《中国女排精神》均获得2016年度广东省群众文艺作品评选一等奖，而群口快板书《飞夺泸定桥》也获得二等奖（省级）。6月，由李明阳、郭一龙表演的快板书《生死诺言》荣获深圳市第十三届外来青工文体节一等奖（市级），并入选参加首届中国东部优秀曲艺节目展演（国家级）。区时代潮艺术团也获得2017年深圳市第十四届“鹏城金秋”市民文化节原创节目（曲艺类）比赛金奖。此外，踢踏快板《男人女人》和《节日早知道》也分别成功入围即将参加中华颂“第八届”全国小戏小品曲艺大展和国家文化部艺术司举办的全国曲艺、木偶剧、皮影戏优秀剧（节）目展演。

【美协成果】2017年，宝安区美协开展《宝安画家画宝安作品进基层、社区、企业巡回展》等展览活动10余场。此外，区美协副主席颜晓萍的国画《春·素颜》获广东省第十四届美术书法摄影联展评选美术类金奖。此外，在深圳市第十四届“鹏城金秋”文化节上，区美协也大获全胜。全市共设金银铜优秀奖76个，区美协夺得20个奖项，其中金奖3个，银奖作品3个，铜奖6个。

【摄影活动】2017年，宝安区摄影协举办“古韵宝安　滨海新貌”——深圳市宝安区城市建设发展主题摄影比赛、“庆回归　宝安情”宝安区美术书法摄影联展等数场，立足广东和深圳，关注珠三角大湾区建设的重大摄影展大赛，共斩获省、市级以上奖项20余个，其中获全国第十三届“外来青工风采”摄影大赛铜奖1个，深圳市第十四届“鹏城金秋”市民文化节摄影艺术展览作品金奖1个。

【艺术展出活动】2017年，宝安区文联积极举办各类艺术展及艺术周等活动。5月，区文联主动结合宝安关于对接大湾区联动发展、传承历史人文根脉的工作部署，在宝安区图书馆和福永街道凤凰创研基地举办“首届粤港澳大湾区民间艺术展系列活动”。中国民协主席、副主席、广东省文联党组书记、省民协主席、副主席等120位重要嘉宾出席，并对此次活动给予高度评价，社会影响较大。7月，率领区文联按照深圳文化创新发展2020工作的总体部署，在西乡乐谷举办“2017深圳·宝安国际手风琴艺术周”。该活动以“中国第一、世界一

2017 年 5 月 12 日，首届粤港澳大湾区民间艺术展系列活动启动

流”的高标准定位全力打造，活动创造 2260 人合奏手风琴的世界纪录，推动深圳特区艺术向多元化和国际化发展，进一步提升市民的艺术鉴赏能力和文化素养，成为深圳文化新名片。9 月，宝安区文联组织举办首届深圳当代陶艺大展，广东省美术家协会陶艺艺委会主任，著名陶艺家左正尧教授等 400 余位艺术家到场。参展的 45 位陶艺家 98 件（组）作品，充分展示出深圳当代陶艺的学术高度和当代陶艺的创作成果，为深圳美术事业填补空白，同时使宝安文艺事业发展增加新项目。2017 年，由宝安区电影电视家协会打造的广播剧《社区达人关大姐》，在传统项目上推陈出新，荣获广东省 2017 年度“五个一”优秀作品奖，提升广播剧的“宝安现象”知名度和影响力。打铁文艺社共斩获省、市、区级文艺奖项 30 余个。其中“旧楼新颜涂鸦第二季”获得深圳市创意十二月“优秀项目奖”，作品《3·15》荣获首届中国“打铁杯”漫画大赛一等奖（国家级），作品《留影》和《胸怀天下》也分别获得“漫说诚信 艺见西乡”漫画大赛一等奖和闻鸡起舞·首届生肖文化视觉艺术大赛铜奖(省级)。2017 年 8 月，区朗诵艺术家协会率领深圳赛区 62 名选手赴北京参赛，斩获 2 个一等奖，3 个二等奖，6 个三等奖的好成绩，为宝安再添一份殊荣。

【文艺品牌提升】2017 年，宝安区文联继续加强宝安本土文化队伍建设，组织各协会和艺术社团在全区广泛开展文艺沙龙、文艺汇演、文艺展览、文艺讲座、文艺志愿等一系列有规模、有特色、有品位、有影响、有效益的文艺活动。区美协坚持到区社会福利院为适龄孤残儿童开展公益美术教育；区民协、区音协等协会通过“志愿授课”的方式将优秀艺术带入全区中小学校等，出动文艺家 5000 多人，开展各类活动 300 多场，服务群众 8 万人次。

（唐石成）

附：2017 宝安区文学艺术界联合会主席团成员名单

主席：史文集

专职副主席：刘上东（3 月止）
赖为杰（3 月起）

秘书长：黄超华

残 联

【概况】2017 年，宝安区残联坚持以残疾人为本，切实履行“代表、管理、服务”职能，为推进残疾人事业发展提供有力的组织保障。根据 2006 年第二次全国残疾人抽样调查数据统计，深圳市户籍残疾人占全市户籍总人口比例为 3.02%，结合 2017 年户籍人口数，测算宝安区在册残疾人数约 16260 人。持有二代证的户籍残疾人 3650 人（含区福利中心 227 人），比上年增加 4.1%。按残疾类别，其中肢体残疾 1524 人、精神残疾 863 人、智力残疾 562 人、视力残疾 201 人、听力残疾 273 人、言语残疾 113 人、多重残疾 107 人。从发展趋势看，传统盲聋哑、肢体残疾人数量在降低，精神残疾人数量在增加。据区精神卫生数据统计，在册严重精神障碍患者 6474 人，报告患病率 2.15‰。按照 2016 年统计局的人口公开数据推算，宝安区常住人口残疾人约 9.1 万。

【残联组织建设】2017 年，宝安区形成残疾人工作“三级组织架构”：区一级成立残工委，34 个成员单位各负其责，各司其职，有关部门积极配合，建立稳定的残疾人事业保障机制；街道一级（除新设街道）均成立残联，配备理事长、专干，建立综合（职业）康复服务中心，面积 600 至 1700 平方米不等，每个街道职康中心均设置庇护工场、体能训练室、心理咨询室、物理治疗室等功能区，为辖区残疾人提供工疗、娱疗，生活自理、社会适应能力训练、职业训练、就业辅导、日间照料、综合康复等服务；社区一级成立社区残协 67 个，全区配备专职委员 83 名。

【残联民生实事项目】2017 年，宝安区残联坚持夯实基础，办好“三件民生实事”。宝安区残疾人健身工程全

2017 年 5 月 21 日，宝安区第二十七次"全国助残日"系列活动启动

面铺开。将残疾人健身纳入公共体育服务和全民健身计划范畴，与区文体旅游局制定出台《深圳市宝安区全民助残健身工程建设实施方案》，明确时间表、线路图，细化责任，落实到人，确定各街道创建点。宝安区残疾人综合服务中心前期工作顺利推进。完成项目初步设计报告编制工作，召开专家评审会，完成人防易地建设的付款手续及预算编制单位的招标工作。对特殊困难残疾人实施"精准扶贫"。为重度残疾、一户多残、老残疾一体、生活困难户提供每月 400 元的护理补助；为低保残疾户提供每月 200 元的生活困难补助；为低保边缘户提供每月 100 元的生活困难补助；为在校残疾大学生提供每学年 4000 ~ 8000 元的学杂费补助，为自考大学毕业生提供 4000 元的补助；为发生重大疾病住院、重度精神病长期住院及其他突发意外事故的残疾人提供每年不高于 4000 元的临时补助。全年共受理残疾人特殊困难救助申请 7329 人次，补助总金额为 964.1 万元，比上年增加 16%。

【残疾人事业"十三五"计划】2017 年，宝安区残联进一步落实残疾人事业"十三五"计划。"行动计划"涵盖康复、教育、就业、社会保障等 11 大领域，94 项具体任务。明确各个部门和各个岗位的工作目标和职责，做到责任明确，任务清晰。把残疾人事业重点工作纳入区督察、督办及绩效考核范围，确保各项目标任务全面落实。

【残联"三大调研"】2017 年，宝安区残联坚持问题导向，开展"三大调研"。开展"宝安区残疾人专职委员满意度调查"。从"总体满意度""服务水平满意度""工作专业性满意度""工作效率满意度""联系紧密度"5 个维度考察专职委员满意度。通过专职委员满意度调查，更好地发挥专职委员在社区残疾人工作中的主力军作用，也为全区开展有针对性的业务培训班提供依据，使专职委员努力做到社区残疾人难有所帮、病有所医、学有所教、业有所就、为有所展，真正成为"上为政府分忧，下为残疾人解愁"的好帮手。开展"宝安区残疾人享有基本服务状况和需求调查"。对全区持证残疾人进行问卷调查、访谈，摸查其享有的基本服务状况，挖掘残疾人的基本公共服务需求；邀请社会保障、公共管理、残疾人事业、社会工作等领域的教授、专家召开专家座谈会，探讨宝安区残疾人基本服务的提供模式。打通"需求""供给"环节，为残疾人服务。开展"宝安区残疾人医疗保险参保情况调查"。残疾人社保基本保障方面的主要短板在医疗保险保障。其中，未保障的范围主要集中在未就业且未以任何形式参加社会保险的残疾人，存在突发高额医疗费用负担的风险。为符合此类条件的困难残疾人购买社会医疗保险，提高抗风险能力。经测算，每年用于残疾人医疗保险扶助的经费约计 227.87 万元。

【"三项底线保障"推进】2017 年，宝安区残联坚持需求导向，推进"三项底线保障"。优先保障残疾人基本住房需求。配合住房保障部门筛查残疾人信息 5810 人次，确保保障性住房优先配租、配售给通过资格申请的残疾人，共为 17 名残疾人实现优先配租、配售服务。为无自有住房且未享受政府住房政策的残疾人提供每年 3000 元的住房补助；全年共受理住房补助申请 359 人次，补助总金额为 107.7 万元。落实各项残疾人补贴。为 9 名考取驾驶证的残疾人提供 60% 费用补贴。为 280 名听力、言语残疾人发放 16.8 万元通信费补贴。发放残疾儿童康复救助、白内障、随班就读儿童后期支援、残疾儿童保教费、精神残疾人免费服药、住院、入住中途宿舍等各类康复补贴，共计 3474.1 万元。逐步提升残疾人福利待遇。开展慰问残疾人送温暖活动。对全区登记在册的残疾人进行"一对一"慰问。为首次办理残疾人证的残疾人提供 300 元的评残鉴定补贴，受理评残鉴定补贴 90 人次，合计 2.7 万元。为 249 人次 65 周岁以下残疾人办理"深圳通"免费乘车卡。

【残联"三大活动品牌"】2017 年，宝安区残联坚持创新驱动，擦亮"三大活动品牌"。"全国助残日"活动品牌唱响深圳。举办"推进残疾预防，健康成就小康"为主题的关爱残疾人

2017年11月9日，“国际残疾人日”系列活动启动仪式暨国际陶笛大赛金奖获得者盲人演奏家董文强个人作品音乐会在深圳市音乐厅举行

系列活动，包括残疾人作品慈善拍卖、就业助残招聘会、残疾预防知识宣传活动、服务基地职业技能培训宣传、辅具知识咨询、宝安区残疾人权益保障咨询、手语歌大赛等。27家企业现场招聘，招聘岗位66个，招聘人数150人。打造艺术人才培养品牌。开展10场残疾人艺术团进社区巡演活动，2017年主题为“残健同行　我梦飞翔”。残疾人声乐、器乐培训班下沉到街道，聘请老师到各街道职康对学员进行声乐培训，对有天赋、对艺术感兴趣的残疾人统一安排组织进行专业培训与排练，重点挖掘和培养艺术人才，培训有需求的残疾人70余名。组织残疾人艺术团合唱队参加市残联组织的“爱耳日”文艺演出，积极组织艺术团成员参加各类公益演出和比赛活动。慈善助残，举办全国首场残疾人个人作品音乐会。为让社会民众更多了解残疾人自强不息、多才多艺、阳光自信的一面，通过音乐会的形式，感谢政府、社会各界人士对残疾人工作的支持和对残疾人的关心帮助，与深圳市残联联合在深圳市音乐厅举办“国际残疾人日”系列活动启动仪式暨国际陶笛大赛金奖获得者盲人演奏家董文强个人作品音乐会，打造全新的残疾人公益文化品牌。

【残联“四大服务体系”建立】2017年，宝安区残联坚持任务驱动，建立“四大服务体系”。完善残疾人社区康复网络体系。成立残疾儿童家长培训中心，培训24期，参与家长231人次，培训内容有脑瘫康复、自闭证救治、语言训练等；细化“康复进社区”“残疾人日常生活自理能力训练”等项目实施方案。为743名有辅具需求的残疾人提供服务。接受A类辅具评估335例，适配辅具250件（套），接受B类辅具评估108例，安排市残联专家定点评估。为300名残疾人发放“爱心手机信息卡”，为104名肢体残疾人发放机动轮椅车维修补贴1000元。为12户残疾人家庭提供居家无障碍环境改造，置换旧机动轮椅车48台。完善残疾人自主创业体系。为自主创业的残疾人发放各类补贴，解决残疾人在社保、场地费用等方面的问题，全年为780名残疾人提供就业创业扶持资金共551.74万元，向133个用人单位发放扶持资金102.96万元。审核用人单位分散按比例安排残疾人就业的单位523家，残疾人1358人。新开设慈善手礼旗舰店和慈善手礼旗舰店微店，店内销售的作品均由参加宝安区残疾人创业就业服务基地培训项目学员所制作，学员培训作品通过微信及实体销售等渠道推广，引起社会各界人士的积极反响。完善残疾人就业培训体系。2017年，残疾人创业就业服务基地与深圳职业训练学院合作，开展西式面点、平面设计、盆栽插花培训班，共培训长期学员25人。服务基地培训课程除设置以职业技能为主的主课程之外，还辅以生活常识及艺术欣赏类的副课，如：食品安全知识教育、交通安全知识教育、电影观赏、职业礼仪、手机摄影等，丰富的学习内容让学员们不仅习得技能知识，同时拓宽生活知识范围以及艺术鉴赏能力。在培训期间，充分利用学员的技能与培训作品，开展各种活动，如七夕情人节活动、中秋、国庆节活动，并将西式面点班和盆栽插花班的学员联合起来开展鲜花礼饼加工活动，增强学员之间的互动，鼓励学员们学以致用，走出课堂，更多地接触外界，让学员有更多的机会去体验和创造，在快乐中学习，在学习中成长。完善残疾人法律救助体系。创新服务供给模式，通过政府购买方式，与专业律师事务所签订合作合同，对残疾人提供优先、优质、优惠、便利的法律服务、法律援助和法律救助。编写《心手相牵　共享阳光》，涵盖婚姻、家庭、教育、维权等残疾人迫切需要了解的内容。

【“文明城市”创建】2017年，宝安区残联助力推进区创建“第五届全国文明城市”建设。志愿服务制度化。组织党员志愿者及专业人士为各街道的残疾人免费提供辅具维修、理发、家电维修、法律维权、政策咨询、生活帮助等“门对门”服务。接待残疾人小家电维修等82宗，上门为残疾人维修小家电等49宗。残疾人权益维护。为做好残疾人社会保障工作，组织街道残联开展户籍残疾人参保调查工作，拟写扶持建议与措施并与财政局和社保局协商，希望能为残疾人多争取补贴。全年接待残疾人来访来电 97 人次，做到件件有回音，宗宗有结果。联系残疾人用人单位 60 余家，接待户籍和非户籍残疾人来电咨询 300 余次，帮助 30 多名残疾人成功实现就业。扶持集中托养和居家安养共 255 人，发放托养资金 260.98 万元；扶持民办托养机构 46.48 万元。

2017 年 3 月 1 日，福永残联开展残疾人手工艺品展示与义卖活动

【“全国助残日”系列活动】2017 年，宝安区残联在“全国助残日”期间开展“推进残疾预防，健康成就小康”为主题的关爱残疾人系列活动。为残疾人朋友量身定制“生命力量，温暖你我”“预防残疾，从小做起”“辅具有爱，残障无碍”“就业帮扶，助业圆梦”“技能加分，前程满分”“阳光维权，依法护残”“爱心助残，情暖你我”“艺术之光点亮生命”等主题活动，吸引残疾人朋友到场参加。开展全区性慰问活动，将慰问物资送到持证残疾人手上。各街道拿出相应资金慰问残疾人，让残疾人得到真正实惠。区、街道领导上门慰问特困残疾家庭。在区群众文化艺术馆广场举行宝安区 2017 年“全国助残日”系列活动启动仪式暨残疾人主题摄影展开幕式。开展残疾人工作生活摄影展，用残疾人工作、生活等方面的摄影作品，展示宝安区残疾人热爱生活、自强不息的风采。开展残疾预防知识宣传活动，综合服务中心早期干预、民非康复机构和残疾人托养中心等机构通过派发宣传资料及现场解答的形式，宣传残疾预防、康复训练等相关知识及托养业务咨询服务。开展辅具知识咨询活动，为残疾人介绍辅具的正确使用方法，增进残疾人对辅具功能的了解，体现辅具的应用价值。开展服务基地职业技能培训宣传活动，宣传服务基地职业技能培训项目内容，现场开展培训报名活动。开展宝安区残疾人权益保障咨询活动，区残联法律咨询服务律师和权保部工作人员，现场解答残疾人相关政策法律法规问题，并派发法律宣传资料。开展“就业助残”招聘会，联合区人力资源局举办第十二届“就业助残”招聘会，为残疾人提供更多的就业机会。开展残疾人现场才艺展，现场展示残疾人书法、绘画、丝网花、剪纸、石雕、木刻等残疾人才艺。开展残疾人慈善拍卖活动，现场义卖残疾人及知名艺术家捐赠的字画作品，以及残疾人制作的手工艺品等，取得良好社会效益。通过这一系列活动，让宝安区的残疾人朋友们切实感受到来自身边的关怀，享受到切实的实惠。

【残疾人文体活动】2017 年，宝安区积极开展残疾人文体活动。组建广东轮椅冰壶队荣获 2017 年全国残疾人冰壶锦标赛第三名；宝安残疾人龙舟队代表深圳参加粤港澳特殊龙舟邀请赛（广东赛区）荣获季军；艺术团成员董文强获省第二届盲人声乐器乐大赛器乐组一等奖；精神残疾人梁淑仪、马新泰分别荣获深圳市首届精神残疾人音乐大赛声乐组第一、二名；组队参加深圳市第五届残疾人运动会，宝安区获 18 枚金牌、5 枚银牌、13 枚铜牌，在全市排名第 5 位。 **（彭 俏）**

附：2017 年宝安区残联领导成员名单

理 事 长：杨洪流

副理事长：靳卫民

法 治

政 法

【概况】2017年，宝安区委政法委围绕“保安全、护稳定、强法治、促和谐”的目标，忠诚履职、不辱使命，推动平安宝安、法治宝安和过硬队伍建设，较好完成上级政法部门和区委区政府下达的各项工作任务。宝安区连续两年荣获市委市政府“平安创建先进区”称号，“毒品中转、集散通报警示地区”摘帽工作顺利完成，认罪认罚从宽制度试点工作获市委政法委肯定推广，“十万义警”巡逻防控体系获广泛好评，全区社会稳定大局持续向好，人民群众安全感和满意度稳中有升，为宝安改革发展提供坚强有力保障。

【社会大局稳定维护】2017年，宝安区委政法委坚持源头预防和基层化解，有力维护宝安区社会大局保持和谐稳定。十九大维稳安保实现“四个零发生”工作目标。实行区领导包销案，成功化解38宗“骨头案”。统筹一带一路高峰论坛、香港回归20周年庆祝活动、金砖国家领导人厦门会晤、广州财富全球论坛等重大活动维稳安保工作，敏感期无人进京非访。制订和实施信访维稳与政法工作18条联动机制，成功批捕涉嫌拒不执行判决裁定的犯罪嫌疑人一批，得到市委华楠副书记的高度肯定，要求在全市推广学习。组织开展维护政治安全八大专项行动，挤压驱离多名政治重点人及多个有境外背景的非政府组织，排查取缔非法宗教活动点一批。全力服务保障全区重点工作，牵头组织或全程参与社区“两委”换届、石岩一级水源保护区违建清拆、义务教育招生入学、聚豪高尔夫球场清退等区委区政府重点工作，以及松岗龙舟锦标赛、宝安国际马拉松赛等全区重大活动维稳安保，确保平稳有序。

【平安宝安建设】2017年，宝安区坚持社会治安综合治理，社会治安形势持续稳中向好，治安复杂地区整治成效明显。全区刑事治安总警情在前两年连续两位数下降的基础上（年平均降幅达19.5%），再次实现刑事、治安、

2017年3月至7月，宝安区委政法委统筹开展2017年度全区“大军训”工作

2017年宝安区委政法委员会机关机构设置

机构名称	主要职责范围
办公室	负责内外的联系与综合协调工作；协助领导了解掌握全区政法工作的全面情况；组织办理机关综合性文电；负责机关文秘、会务、文书档案、文印、督办、财务、接待、安全、保密、固定资产管理、后勤服务及工资福利工作；负责起草会议纪要、记录和大事记等工作。监督指导政法部门开展政法队伍建设；协助组织部门考察、管理政法部门干部；负责对本单位工作职责范围内需要开展督促检查的事项进行督查督办；督促检查本单位工作执行、落实、推进情况，并加强督查督办；负责承接上级督查部门交办的督查事项
执法督查室	检查监督政法部门贯彻党的方针、政策和法律法规的执行情况；协调督办有重大影响的大案要案和有争议的重大疑难案件；组织和协助纪检部门查处政法干部违法违纪的案件；负责群众来信来访工作。加挂"深圳市宝安区法学会"牌子，负责联系、服务基层法学法律工作者，开展基层法学研究，指导和推动基层法治实践；组织法学法律工作者学习和贯彻党的基本理论和基本路线、方针和政策，学习社会主义法治理念、宪法和法律
综治科	研究分析全区社会治安综合治理形势和重大问题并提出意见、建议。统筹指导协调各街道、各部门落实社会治安综合治理的各项工作。协调推进群众诉求表达、权益保护、矛盾调处化解、公共安全等社会治安相关体系建设；组织推进基层网格建设、指导协调实有人口管理、群防群治、重点地区综合整治、专项整治、安全文明小区创建、出租屋综合服务管理、见义勇为等工作，指导推进校园及周边综合治理、护路护线联防、预防青少年犯罪等专项小组工作，推进"织网工程"等专项工作。承担社会治安综合治理宣传、调研、考核工作
人口综合管理科	组织、协调和检查区人口管理的有关工作；研究提出加强和改善人口管理、优化人口结构，控制人口规模，保证人口与社会经济协调发展的相关措施
维稳科	贯彻落实中央、省、市、区关于维护稳定的方针、政策、决定和部署；协调、督促各街道、各部门开展矛盾纠纷排查和调处工作；指导、协调有关部门处置群体性事件和突发事件；及时发现和研判影响全区社会稳定的不稳定因素和突出问题，提出对策和措施
防范科	组织、协调、指导全区有关防范和处理邪教、有害气功组织、冒用宗教名义的其他邪教组织的工作；协调有关部门开展反邪教工作及警示教育工作；负责全区反邪教工作的分析调研
社会建设指导科	组织开展社会形势分析，研究社会工作重大问题并提出政策建议；牵头拟订并组织实施全区社会工作规划；综合协调全区开展社会工作，建立健全社会建设和管理绩效评估体系；研究推进社会建设和管理体制改革创新；协调构建社会治安防控、流动人口和特殊人群管理服务等体系，协调推动有关部门加强对网络虚拟社会的管理工作
公共服务促进科	宏观指导、统筹协调社会公共服务体系建设工作；参与拟订教育、民政、司法、劳动就业、社会保障、住房和城乡建设、文化、卫生、人口和计划生育、体育等政策，协调构建综合性社会救助体系；研究拟订服务群众、联系群众的制度和方法，协调建立健全群众利益协调、诉求表达、矛盾调处、权益保障等

"黄赌毒"等主要警情指标"九个下降"，其中刑事治安总警情下降22.5%、八类暴力警情下降14%、两抢警情下降45.2%。禁毒工作成效显著，顺利将"毒品中转、集散通报警示地区"降级为"重点关注地区"。"一中心两化"和"雪亮工程"建设经验受到市委领导高度肯定，要求全市各区向宝安学习。区严重精神障碍患者协议签订人数、纳管人数、服药治疗人数3个全市第一。重点整治西乡、沙井、松岗3个刑事治安警情多发街道，治安复杂地区整治成效明显。35个"城中村综合整治"和治安重点区域整治全面达标，新建成高清视频5500套，全区一、二类高清视频总数12613套。制订商场、学校、医院等16类人员密集场所治安防范标准，对3195处重点场所建立治安防范动态监控台账，重点人员、重点场所管控水平全面提升。

【网格化智慧管理】2017年，宝安区委政法委进一步优化"1+10+124+4833"网格体系，整治A类隐患190.3万宗，为上年的4.1倍，接待全国各地学习考察团300多批次。智慧管控平台实现区、街道、社区三级联网，互联互通。实行全区领导干部兼任"网格长"，共巡查发现安全隐患2473处。开展专项整治，将零星工程、厂房改公寓纳入网格巡查体系，共控停零星工程7000余起、厂房改公寓304处。强化危险边坡、"三小"场所、"黑燃气"、直排式热水器、电动车违规充电的整治力度，累计打通出租屋生命消防通道71.8万处，查处黑燃气224.6吨，清拆直排式热水器1.1万台，整治电动车违规充电95.4万宗，排除大批影响社会公共安全的"地雷"。

【法治宝安建设】2017年，宝安区委政法委坚持全面依法治区，全区81个社区创建为省级民主法治社区，3个单位被确定为市级法治创建示范点。111名新提任处级干部全部参加学法考法。法治建设"四级同创"深入推进，全区十大法治事件评选圆满完成。区直单位、各街道、各社区普遍设立法律顾问室，实现"一社区一法律顾问"。成立全市首家矛盾纠纷多元化解综合法律服务中心，完善诉调对接机制，在全市首推专业性人民调解远程司法确认。协调解决执行难案件34宗，协调处理区委区政府关注的疑难案件21宗，司法公信力实现新提升。

【改革创新推进】2017年，宝安区委政法委坚持先行先试，推进一批创新项目，取得亮眼成绩。首创“十万义警”巡逻防控体系，得到中央领导郭声琨肯定及广大群众点赞。率先在全市启动刑事案件认罪认罚从宽制度试点工作，受理认罪认罚从宽刑事案件4197件，占审查起诉案件总量52.3%，平均审查起诉时间比其他案件节约近三分之二，获省市推广。宝安区公共信用信息平台正式上线，纳管全区90.4万家法人和534.2万名自然人信用信息，宝安被列为深圳市社会信用体系建设唯一试点区，大诚信体系建设入选深圳“建设社会信用体系、建设市场监管体系”2017年十大最具影响力工作。智慧政法建设项目进展顺利，政法舆情监控、精神障碍患者监控预警等模块投入试运行。

【政法队伍建设】2017年，宝安区委政法委坚持政治建警、素质强警，有效提升政法队伍战斗力。全区9个政法单位受到省级以上表彰，16名政法干部获省级以上荣誉称号。宝安法院获评“全国社会治安综合治理先进集体”，是全国法院系统中唯一获此荣誉的基层法院。宝安检察院连续4年荣获“全国检察机关派驻监管场所一级规范化检察室”称号。区公安分局4名民警获个人二等功以上荣誉，5个基层所队获省级以上表彰。深入开展“转作风·大调研”工作，全区处级以上政法干部聚焦工作“痛点”“堵点”，选定59个问题开展调研，形成一批针对性、操作性强的成果。抢占政法宣传阵地，建立“守望宝安”及“大政法”微信矩阵，联合宝安日报开设“政法24小时”“说法周刊”专栏，积极传播政法工作正能量，唱响宝安政法好声音。深入学习贯彻习近平新时代中国特色社会主义思想和党的十九大精神，第一时间召开全区政法系统学习会，第一时间组织全区政法系统干警原原本本研读十九大报告和党章，用习近平新时代中国特色社会主义思想武装全区政法干警头脑，指导政法工作实践。 （唐允臻）

2017年5月10日，宝安区十万义警誓师仪式在海滨广场举行

附：2017年宝安区委政法委员会领导成员名单

书记、区委专职副书记：

第一副书记：周兆翔

兼职副书记：马文权　詹先见

常务副书记：陈佑明

专职副书记：马　明　陈创成　鲁和利　毕于坤

专职委员：潘晓东　蓝亦辉　刘开卫

公　安

【概况】2017年，宝安公安分局以习近平总书记“对党忠诚、服务人民、执法公正、纪律严明”“四句话 十六字”讲话精神为统领，压实“块责任”、推动“块治理”，在警务机制创新和警队内涵式发展上求突破，向数据要警力、向科技要效率、向管理要效益，实现社会治安形势总体持续好转。年内（2016年12月26日至2017年12月25日，下同）全区呈现出打击上升、发案下降的良好态势，实现八类（−12.1%）、盗窃（−22.6%）、入室盗窃（−42.2%）、盗窃汽车（−17.6%）、抢劫（−33.6%）、抢夺（−56.2%）、飞抢（−50%）、诈骗（−24%）案件破案率的“九个上升”，刑事（−29.6%）、治安（−20.6%）、八类（−12.1%）、盗窃（−22.6%）、入室盗窃（−42.2%）、“两抢”（−44.1%）、飞抢（−50%）、诈骗（−24%）、“黄赌毒”警情数的“九个下降”。

【社会安全维护】2017年，宝安公安分局立足先手打击、系统维稳，确保全区社会大局稳定。

严厉打击暴恐犯罪。及时化解维维之间、维汉之间的纠纷和矛盾，避免发生大的冲突，调解处置化解涉疆涉维矛盾纠纷问题35起；成功侦破“断流2017-01”“4·17”“9·19”“10·20”等涉恐案件，其中，“2017-01”专案的侦破得到公安部、省厅和市局的批示表扬。先后组织开展“断流2017”专项行动，核查涉恐涉爆线索134条，侦破涉恐专案5宗，刑拘5人，已移送新疆警方处理；打掉涉嫌组织、领导、参加恐怖组织案和资恐犯罪团伙2个，协助侦破3宗。

加大国保工作力度。强化情报信息搜集，上报情报信息833条，市局采用678条、省厅采用171条，市局、省厅发刊等主要指标居全市各行政分局第一位；严管严控政治重点人员，管控32名在册政治重点人和93名政治类关注对象，侦破政治类专案和现行案5宗，全年“街头政治”活动零发生；抵御境外非政府组织渗透，成功瓦解境外敌对组织召开的“丽江会议”等非法聚集活动3起；深入开展“敲门活动”，累计核查邪教人员411人，侦破“I0912B”“1701B”2宗专案和2宗现行案件，刑事拘留犯罪嫌疑人9人。

排查化解不稳定因素。会同相关部门排查、处置鸿福花园、石岩一级水源保护区等各类不稳定因素和群体性事件140余起；核查涉军重点人员线索40余条并协同相关部门开展稳控工作，确保各敏感节点宝安区无参战退役人员及家属进京上访。年内，办理信访事项7687宗，办结、回复率100%。

提升重点部位防范应急能力。以宝安区8个重点反恐目标为中心，辐射文博会、市第六次党代会、体育馆赛事、“9·3”安保等活动及区域安全，安排100余名警力到区委区政委、宝安汽车站等8家市二级防范重点目标单位、区内12家客运站、松岗中学、罗田水库等30余个重点部位开展反恐防范应急工作检查指导，作检查指导84次，对存在问题的单位约谈2次、下发责令整改通知书9份，督促整改问题27个，督促相关单位及时堵塞防范漏洞，有效提升重点单位的防范应急水平。快速稳妥处置群体性事件，先后出动警力24391人次，处置较大型突发群体性事件182宗，其中影响较大的有西乡翠湖花园、锦绣花园用地纠纷，新安金丰豪庭大厦、福永鸿福花园产权纠纷，松岗老虎坑垃圾焚烧场征地纠纷，“3·10”机场特大死

2017年6月21日，公安部长郭声琨到黄田派出所检查工作

伤事故维稳安保，光明楼村原住民股权纠纷，沙井“裕客隆”招商诈骗纠纷，福永骏达厂、新安建明玩具厂劳资纠纷，参与光明山体滑坡灾害救援，惠州博罗搜山行动等。

【警务改革】2017年，宝安公安分局从机制创新着手，以“整合资源、集约高效，再造流程、减负增效，规范管理、保障安全，智能支撑、服务实战”为路径，打造现代“警务工厂”。全力推进“飓风2017专项行动”破案大会战，会战总分、打击盗抢、打击整治电信网络新型违法犯罪和打黑除恶四项排名均位居全市第一，成功侦破部督“4·06”专案，核实案件约400宗；打击“电诈”行动中，“飓风9号”行动顺利在全国多地实施第一次统一收网，抓获76名嫌疑人，实现对非法出售、买卖公民个人信息犯罪的全链条打击；打黑除恶行动中，“105专案”展开收网行动，一举抓获黑社会性质组织犯罪嫌疑人142人，是2011年以来全省规模最大、一次性抓获人数最多、且与香港黑社会组织“新义安”相勾联的黑社会团伙。“网格布警”打造治安大棋局，以“警力3分钟内到达现场处置”为原则，推进“反恐、治安、交通、消防、禁毒”警种融合作战，以全区386个屯警点建成使用为目标，年内，已建成网格布警点4个，网格布警点周边的路面可防性警情下降35.7%～45.5%，“两抢”实现“零警情”。历时29天组建“十万义警”队伍开展“一禁三防”。“十万义警”共发动107238人，其中“两长”72447人、“两员”34791人，全区盗窃警情同比下降15.5%；义警排查消防隐患1.2万余处，火灾警情被及早发现、及早扑灭，全区重大火灾事故得到有效控制；禁毒面对面宣传近200万人次，查获毒品9公斤。义警的组织发动被社会各界誉为“北有朝阳群众，南有宝安义警”。开展出租屋“双清双查”：全区居住登记主动申报率由年初全市倒数的61%提升至93.81%，“双清双查”完成采集102913人、排查隐患9107处。率先在全市创建统一执法办案中心，综合运用物联网无线射频识别（RFID）、三轴加速度传感、生物识别、视频行为分析等“四项技术”，实现人脸、虹膜及声纹识别、

2017 年 11 月 22 日，国家禁毒局副主任朱峰到宝安调研

活动轨迹定位、身体状态监测、异常行为报警等“四大功能”，由智能手环和视频监控“两个媒介”全程保障，最终达到规范流程管理、提高安全系数、提升办案效能“三个目标”。执法办案中心的建立，为全市统一执法办案改革积累经验，推动实现执法规范与执法效率的双提高，受到公安部、省厅、市局及市、区政府相关领导的充分肯定。创建花园街区社会综合管理新模式，依托区智慧管控中心和网格化工作体系，积极推进西乡街道花园街区社会综合管理指挥中心建设，用“搭建平台、整合职能，政府统筹、齐抓共管”思路，撬动党委政府主导维护社会治安，实现“政府主导、部门协同、社群参与、多元共治”。创新警务运作新模式，在西乡街道片区探索集中办案和接处警改革试点，通过成立独立的办案中心和接处警中队，实现“办案权、接处警、基础治理管控”的“三权分立”，让派出所更专心地做好基层基础防范治理工作，切实为基层派出所“减负、压责、提效”。

【社会面动态管控和治安管理水平提升】2017 年，宝安公安分局全面提升社会面动态管控和治安管理水平。开展叠加巡逻：实行机关与派出所捆绑作业，最大限度地把警力压上路面，加大路面巡逻防控。全区共设置区级重点防控区 4 个，治安重点部位 68 个，一级巡段 60 条（机关承担 18 条一级巡段）、二级巡段 203 条，提升动态管控覆盖面和快速反应处置效率。严控肇事肇祸精神病人：全面掌握严重精神障碍患者动向，排查管控严重精神障碍患者，协助街道落实严重精神病患者“1+2”的监护机制，制定《应对肇事肇祸精神病人的处置方案》，组建应急处置分队，制定处置预案并组织开展训练演练，共掌握管控各类严重精神障碍患者 186 人。开展缉刀工作：建立健全缉刀机制，落实“三查三落实”缉刀措施。全年收缴刀具 42479 把（管制刀具 6450 把、非管制刀具 36029 把），刑事拘留涉刀人员 216 人，行政拘留 781 人。宝安缉刀的经验和做法得到市局党委高度认可，目前已在全市推广。消防隐患排查整治，组织开展今明冬春火灾防控、拉网排雷、三大战役、重点区域整治、夏季攻势、党的十九大消防保卫战等 74 项消防安全隐患排查整治专项行动，消防监督检查单位 31599 家，发现火灾隐患 50461 处，整改隐患 48568 处。以灭小、灭早和“5 分钟到场”扑救初起火灾为目标，因地制宜推动社区小型消防站建设，拟建小型消防站 88 个，年内第一期已建成 34 个。大力开展“禁摩限电”工作，通过集中力量强化对摩托车、电动自行车管理整治和宣传教育，严查摩托车、电动自行车违法上路行为，有效减少路面摩托车、电动自行车数量，净化治安环境。年内共查扣摩托车 2205 辆、电动车 30252 辆，销毁各类查扣车辆 7568 辆。精确打击“黄赌毒”，年内查破“黄赌”案件 1381 起，刑事拘留 776 人，逮捕 536 人，行政拘留 3753 人，涉赌警情下降 21.5%；部署开展“春雷涉毒打击专项行动”“涉毒百日冲刺专项行动”等行动，共查处吸毒人员 5215 人，强戒吸毒人员 350 人，刑事拘留涉毒嫌疑人 539 人，逮捕 409 人，涉毒警情下降 63.3%；打掉涉毒犯罪团伙 35 个，破获自侦目标案件 12 宗，破获公斤以上毒品案件 33 宗，缴获各类毒品 993 千克，为提前完成禁毒打击、强戒任务和禁毒重点警示地区“摘帽”做出重要贡献，2017 年宝安区综治考评禁毒项目位列全市第一，全区社会治安环境得到进一步净化。落实“一长四必”，提升勘查质量，持续抓好信息采集录入数量和质量，全区共采集 DNA 78583 份，采集指纹 166750 份，刑警大队出勘现场 16993 宗，提取指纹 1087 份、DNA3222 份、足迹 1266 份，现场指纹比中嫌疑人 315 人、案件 312 宗，现场 DNA 比中嫌疑人 408 人、案件 476 宗。

【队伍执法规范化建设】2017 年，宝安公安分局全面优化队伍结构，创新考核办法，深入推进队伍执法规范化建设。建立“警务工时”考评体系，通过“警务工时”考评体系，推动解决警队工作驳杂多端、不同岗位考量评价缺失、民警工作主动性缺乏等三大问题。强化领导班子建设、优化队伍结构，加强领导岗位的交流与配备，配合市局区委选配处级干部22名，分局党委选配科级干部14名，交流警官26名，接收军转干部19名，公开招考新警34名，落实关爱民警措施，组织民警参加拔河、乒乓球、网球等比赛，丰富民警业余文化生活。加大民警优抚慰问力度，年内工会共慰问723人，慰问金额177.15万元，为480人申报警察基金会援助金共258.05万元；针对民警因公受伤案件，及时组织开展维权慰问，慰问受伤民警42人，发放慰问金6.2万元。严格纪检监督，推动执行力建设，创新党建廉政教育形式，拍摄“幸福原来如此简单”主题廉政宣传片，制作VR虚拟现实警示教育体验片，设立廉政教育“走心讲堂”，使教育效果最大化，促进形成风清气正的警队氛围；深化临时党支部建设，先后接受各类问题民警26名，通过教育引导，临时党支部民警盘查各类可疑人员8.55万余人、可疑车辆4.52万辆，比中违法犯罪前科人员1926名，现场抓获网上在逃人员25名，刑事拘留10人、强制隔离戒毒9人、治安拘留吸毒人员32人；深化落实三级督察工作机制，充分运用现场、专项、网上和暗访等督察手段，开展各类警务督察3820次（项），发现查纠各类问题1852个。强化服务监督与培训，促进执法规范化，针对基层反映的执法热点、难点问题，制定各类执法指引，为基层执法提供法律保障；建立提前介入机制，对相关案件线索提前指导、重大案件提前把脉、疑难案件提前会商，妥善处置西乡沃尔玛“7·16”蒋某均危害公共安全案等案事件；开展突出执法问题专项整改，健全完善执法监督机制，进一步强化执法监督管理；创新培训服务模式，开设民警大讲堂，组建法制宣讲团，举办执法业务培训班，有效提升民警执法素养。

（刘　欣）

附：2017年深圳市宝安公安分局领导成员名单

党委书记、局长：周兆翔

党委副书记、政委：曹华雄

党委副书记、第一副局长：刘　刚

党委副书记、副局长：鲁和利（3月止）

党委委员、副局长：颜长缨

党委委员、纪委书记：王子侨

党委委员、政治处主任：赵学英

党委委员、指挥处处长：陈　斌

检　察

【概况】2017年，宝安区检察院认真贯彻区委、市检察院的工作部署和区六届人大二次会议精神，以保障党的十九大胜利召开为主线，围绕“全面建设具有全球影响力的现代化国际化滨海宝安”的发展战略定位，以“抓质量，打升级，建家园”为工作思路，服务司法辖区的经济社会发展大局，忠实履行宪法和法律赋予的职责，各项工作取得新的进展。全年共2人获得国家级荣誉，2人获得省级荣誉，19人获市级荣誉，其中，林伟平被评为“全国检察机关优秀反渎局长”，是广东省唯一获此殊荣的检察官。在“基层民事行政检察工作推进年”专项活动中，被最高人民检察院评为先进基层检察院，为广东省获此殊荣的两家基层检察院之一。积极推进驻所检察室规范化建设，被评为第五届“全国检察机关派驻监管场所一级规范化检察室”，是全市检察系统唯一蝉联四届该荣誉称号的基层检察院。

【刑事检察】2017年，宝安区检察院全面履行审查逮捕和起诉职责，受理审查逮捕案件7150件10502人，案件数量比上年下降3.91%。受理审查起诉案件9067件12003人，案件数量上升7.81%。重点打击“两抢一盗”等多发性犯罪，批捕2913人，起诉3183人。严厉打击故意杀人、故意伤害、强奸、绑架、涉黑等严重影响群众安全感的恶性犯罪，批捕1137人，起诉979人。及时提前介入，批捕影响恶劣的西乡沃尔玛超市伤人案，并在第一时间向社会公布，防止市民恐慌情绪的蔓延。

2017年9月8日，宝安区检察院召开“全面履行检察职能，推进司法救助工作”新闻发布会

突出打击网络传销、非法吸收公众存款、电信诈骗、集资诈骗等各类涉众型经济犯罪，批捕178人，起诉238人。重点打击食品药品安全、生态环境等领域犯罪，依法批准逮捕生产销售伪劣产品、假药、有毒有害食品、污染环境等犯罪嫌疑人136人，起诉75人。成功办理“善心汇”组织、领导传销活动案、“e租宝”非法集资案、光明滑坡特别重大事故系列案等一批在全国具有重大影响的案件。打击犯罪与保障人权并重，对犯罪情节轻微的依法从宽处理，减少社会对立面，一年来，不批准逮捕220件331人，不起诉811件974人。坚持未成年犯罪嫌疑人教育为主惩罚为辅的原则，对20件32名未成年犯罪嫌疑人适用附条件不起诉，帮助未成年人及时回归社会。

2017年12月19日，宝安区检察院举行司法监督员、特约检察员聘任仪式暨检察开放日活动

【职务犯罪查办与预防】2017年，宝安区检察院深入推进清廉和诚信社会建设，全力配合国家监察体制改革，以善始善终的态度跑完检察机关职务犯罪侦查和预防工作的最后一棒。立案查处职务犯罪案件26件38人，其中贪污贿赂案件24件34人，渎职侵权案件2件4人，重点查办社会保障、生态环境等领域以及发生在群众身边、损害群众利益的职务犯罪。积极开展个案预防和行业预防，结合办案提出检察建议。与金融、电力、税务、国企等部门建立廉政谈话、警示教育、廉洁共建等相关制度。深入案发部门、重点领域、重要行业开展法制和警示教育59场次。拓宽廉政教育形式，与光明新区纪检监察局联合举办廉政教育案例展。受理来信来访252件（次），在全市率先引入律师参与代理和化解涉法涉诉信访案件，努力将涉法涉诉案件纳入法治轨道。严把公共工程招投标项目准入关，提供行贿犯罪档案查询服务10339次，有效服务市场诚信体系建设。

【诉讼监督】2017年，宝安区检察院持续强化对诉讼活动的法律监督，通过立案监督程序，督促侦查机关立案118件，撤案14件。依法追捕7人、追诉37人。对不构成犯罪或者证据不足的，决定不捕1231人、不诉147人。针对瑕疵证据和待补查事实，向侦查机关发出补充侦查法律文书共计6882份。构建以抗诉为中心的多元化监督格局，提出刑事抗诉18件23人，办理近年来全市首批针对量刑畸重判决成功抗诉的案件。落实民事诉讼监督规则，受理民行监督案件61件，比上年增长141%。积极深化民行检察工作，在“基层民事行政检察工作推进年”专项活动中，被最高人民检察院评为先进基层检察院，为广东省获此殊荣的两家基层检察院之一。受理羁押必要性审查案件370件，立案后建议变更强制措施297人，建议被办案部门采纳284人。对羁押场所开展安全大检查活动9次，发现安全隐患16处并要求羁押场所及时整改，确保监区安全。积极推进驻所检察室规范化建设，被评为第五届“全国检察机关派驻监管场所一级规范化检察室”，是全市检察系统唯一蝉联四届该荣誉称号的基层检察院。

【检察工作新机制】2017年，宝安区检察院积极顺应改革发展需要，丰富检察工作内涵，探索、建立具有特区特色的检察工作举措。在全市检察系统率先推行认罪认罚从宽制度试点工作，共受理认罪认罚案件3779件，占同期审查起诉案件总量51%。通过推行繁简分流机制，以不到15%的办案力量承担公诉部门50%以上的案件数量，实现“难案精审，简案快审”，提高诉讼效率。同时，制定常见罪名量刑指导意见等一系列规范性文件，落实分级量刑原则，力推确定型量刑建议，使认罪认罚从宽落到实处。按照市检察院的统一部署，率先试点强化对公安派出所刑事侦查活动监督工作。通过建立全面适时介入侦查、重大敏感案件快速反应、旁听讯问工作等机制，大力提升监督质量和效果。2017年共办理立案监督案件168件，向侦查机关发出《纠正违法通知书》11份、《检察建议》26份、《侦查活动监督通知书》522份，各项业务在全市基层检察院中均排名第一。未成年人检察部全体检察人员参加心理咨询师资格考试，提高专业素质。建立心理咨询室，引入专业心理咨询师参与未成年人帮教工作，增强帮教效果。探索建立观护帮教基地，解决离开羁押场所的未成年人的安置问题，积极主动救助未成年被害人，体现司法温情。开展“送法进校园”活动，到各小学开展法治讲座11次。举办在校学生专场“检察开放日”活动，呵护未成年人成长。通过与团区委、区妇联、红马甲社工服务中心等部门、机构形成合力，借助外部专业力量，提高未检工作的专业化水平。与区法院签订《公益诉讼协作机制》，为今后公益诉讼工作深入开展打造良好的外部环境。积极开展公益诉讼诉前程序，共办理公益诉讼线索14条。督促相关执法部门拆除一级水源保护区违法建筑500平方米。促成行政机关解除土地出让合同1份，涉及土地86.359亩，涉及金额1450.8万元。要求有关部门追回被非法占用的土地50.8亩。由宝安区检察院支持起诉的楼村水库环境污染公益诉讼案成功获判。跨行政区域提起的全国首宗国有土地使用权领域的行政公益诉讼案，获评宝安区“十大法治事件”。严格落实司法责任制改革要求，突出检察官的办案主体地位，修订《检察委员会议事规则》，2017年，检委会审议案件218件，比上年下降45.91%。落实司法责任制对领导干部直接办案的要求，并制定相关的工作规定，年内宝安区检察院领导、检委会委员、部门负责人办理案件3503件。统一规范执法办案标准，探索检察机关不起诉裁量权的规范化建设，制定常见罪名相对不起诉指导意见等一系列规范性文件，明确不起诉的适用范围和条件，避免检察官办案组织扁平化管理可能导致的执法标准不统一问题。

【阳光检务】2017年，宝安区检察院努力建设更高层次的阳光检务，积极向区人大报告工作，建立人大代表联络微信群，定期汇报最新的检察动态。邀请人大代表参加不起诉案件公开宣告会、附条件不起诉案件听证会、光明滑坡案公开宣判庭等有关活动共11次。健全外部监督机制，聘任29名区人大代表、政协委员为宝安区检察院司法监督员，聘任10名民主党派、无党派人士为宝安区检察院特约检察员。举办人大代表及“两员”专场的“检察开放日”活动。积极推动案件信息公开工作，在案件信息公开网发布程序性信息11900条、终结性法律文书6158份、重要案件信息141件，发布数量在全市基层检察院中位列第一。大力推进“互联网+检察”工作，启用新网站及微信公众号，通过“两微一端”发送推文554条，宝安区检察院微信公众号多次进入正义网“互联网+检察”指数的区县级检察院排行榜，在全省检察系统中具备一定的影响力，有效地搭建接受公众监督的新媒体互动平台。设立专门的律师接待窗口，接受电话、窗口查询和递交材料28191件次。扩建阅卷室，提高律师阅卷效率，接待律师阅卷3290人次。推进电子卷宗扫描系统上线工作，为律师提供更为便捷的阅卷服务。开通网站及微信公众号的案件查询、预约平台，为律师及当事人提供便利的服务渠道。建立与律协的联席会议制度，推动检、律的良性互动，积极构建“法律职业共同体”。

【检察队伍建设】2017年，宝安区检察院按照“五个过硬”要求，认真履行全面从严治党主体责任，加强检察机关队伍建设，把从严治检落到实处。第一时间传达学习十九大会议精神，深入学习习近平总书记对广东工作重要批示精神，牢固树立“四个意识”。积极推进“两学一做”学习教育常态化、制度化，通过党组书记、检察长带头讲党课等方式，持续强化思想建设和纪律作风建设。组织各级责任主体完成2017年党风廉政建设责任书的签署工作。开展“体验红色文化、加强党性修养”专题党性教育培训班，进一步传承和弘扬延安精神。组织检察人员参加各类培训413人次。在全市检察系统中率先实施青年检察人员导师制，充分发挥资深检察人员的“传、帮、带”作用。在全市检察机关中首推“综合人才培养储备”计划，提升年轻干部综合素能。2人获国家级荣誉，2人获省级荣誉，19人获市级荣誉，其中林伟平被评为“全国检察机关优秀反渎局长”，是广东省唯一获此殊荣的检察官。注重检察文化建设，建成检察文化长廊，开展“检察文化建设年”“我心中的宝检精神”演讲比赛、宝检大讲堂等活动，激发干事创业的激情，在全院形成一种努力拼搏的工匠精神。成立院志编纂委员会，编写院志，筹建院史馆，强化检察文化传承和认同。（李秋敏）

附：2017宝安区检察院领导成员名单

党组书记、检察长：詹先见

党组成员、副检察长：黄冠明

胡厚雄　周爱忠　张孟东

党组成员、机关党委书记：熊　峰

法院

【概况】2017年，宝安区法院受理案件103796件，审结86432件，比上年分别上升29.22%，30.28%，收结案数再创历史新高，位居全国法院前列，获评“2013—2016年度全国社会治安综合治理先进集体”，是全国法院系统唯一获此殊荣的法院集体。

【刑事审判】2017年，宝安区法院受理刑事案件8497件，审结刑事案件8084件，判处被告人10791人。严厉打击危害人民群众生命财产安全犯罪，审结故意伤害、涉黑涉毒、“两抢一盗”等案件4225件，审结电信网络诈骗案件129件。重拳惩处破坏经济秩序犯罪，办结非法吸收公众存款、集资诈骗等涉众型经济犯罪案件29件，涉案金额24.5亿元。保持反腐高压态势，

2017年4月18日，最高院、全国妇联联合调研组到宝安法院调研指导家事审判工作

审结贪污、贿赂、渎职等职务犯罪案件38件。集中力量办好大案要案，成功审结“12·20”光明滑坡重大责任事故案件、全省首起超载型危险驾驶罪案件。

【民商事审判】2017年，宝安区法院审结各类民商事案件37613件，比上年上升15.58%，涉案标的175.93亿元。审结商事纠纷案件14356件，有效规范市场秩序。审结房屋买卖、物业服务等涉房地产案件2491件，促进房地产市场健康发展。办结金融借款、民间借贷等案件4255件，积极维护金融秩序。审结消费者维权案件540件，严厉打击制假售假等侵害消费者权益行为。坚持“能调则调，当判则判”，全年共调解民商事案件13782件，调解率为36.64%，有效化解大量社会纠纷。

【执行工作】2017年，宝安区法院受理执行案件49756件，执结40604件，执行到位标的额119.56亿元，比上年上升89.42%。运用网上执行查控系统，对82186个账户进行控制，成功扣划被执行人存款9037笔。解决“财产变现难”，组织网络司法拍卖371次，总成交金额6.85亿元，溢价率75.22%。建立法院、检察、公安打击拒执联动机制，对76人实施司法拘留，对58人采取边控措施，移送公安机关追究刑事责任28人，8人被判处拒不执行判决、裁定罪。

【审判管理】2017年，宝安区法院成立审判管理监督庭，建立监督有序、制约有效的审判监督管理机制。加强审判管理，坚持动态分案，保持办案团队人案均衡。加强审判监督，充分利用主审法官会议制度，集中“会诊”疑难复杂案件。实行审委会讨论案件类案检索制度，防止“同案不同判”。实行重大案件判前报备制度，确保放权不放任。狠抓长期未结案件清理工作，清结3196件，长期未结案件比上年下降26.10%，降至历史新低。

【社会综合治理】2017年，宝安区法院加强社会综合治理。深化矛盾纠纷多元化解机制。推动建立“宝安区矛盾纠纷多元化解综合法律服务中心”，打造集公共法律服务、诉调对接、诉讼服务等功能的一站式纠纷化解中心。强化非诉调解机制司法保障，办理司法确认案件5137件，优化纠纷多元化解平台，与贸促会深圳调解中心、市知识产权保护中心、团区委、区妇联等六家单位签订纠纷化解合作协议。进一步优化营商环境。服务创新驱动发展战略，审结知识产权案件4762件，宝安区法院知识产权审判庭获“全国查处侵权盗版案件有功单位”三等奖。服务供给侧结构性改革，探索“执行案件移送破产审查”（“执转破”）机制改革，依法移送18家“僵尸企业”进入破产审查，11家企业宣告破产，有效出清落后产能。9月，全市法院“执转破”工作推进会在宝安区召开，宝安经验得到高度肯定，并在全市法院推广。系统推进全民普法。着力打造1个平台、3条主线的“1+3”普法品牌。与宝安图书馆合作，打造宝安法治大讲堂，举办4期“身边的法官讲身边的法律事儿”专题讲座。以预防劳动争议纠纷为主线，在厂区开展劳动争议案件巡回审判。以强化知识产权保护为主线，积极送法进企业，坚决依法保护企业知识产权。以加强青少年法制教育为主线，与区教育局等单位合作编排青少年法治教育情景剧《让青春不留伤疤》，在全区十多所中小学开展巡演。

【司法改革】2017年，宝安区法院进一步推进司法改革。繁简分流机制改革深入推进。入选全国繁简分流机制改革示范法院，创新民商事案件“简案速裁、普案快审、繁案精办”工作机制，80%的民商事案件通过“速裁、快审”得到高效化解。“简案速裁”案件当庭宣判率达90%以上，“普案快审”案件快速宣判率达52.55%，“繁案精办”由院庭长承办疑难复杂案件20105件，办结16602件。全面推行快速办案机制，办结刑事快审案件5613件，快速执行案件26590件，分别占同类型结案数的69.43%和65.49%。家事审判改革提速换挡。全面启用家事诉讼中心，出台全省首份《家事案件心理咨询工作规程》，建立“家事纠

2017 年 5 月 13 日，宝安法院举行“法治大讲堂”启动仪式

纷综合心理疏导工作室”，形成规范专业的心理疏导机制，为 547 名当事人进行心理疏导，制作《心理咨询情况报告》49 份。宝安区法院洪胜元同志荣获“全国维护妇女儿童权益先进个人”称号。少年审判改革成效显著。持续推进专业帮教、朋辈帮教、犯罪前科封存、民事观护等举措，制作社会调查报告 258 份，为 190 名未成年人提供心理帮扶。深入开展“青春法治护航行动”，在全区中小学建立 38 个青少年法制教育基地，实现全区 10 个街道全覆盖。宝安区法院少年综合审判工作得到中美少年审判改革研讨会的高度评价。刑事认罪认罚从宽制度改革取得阶段成果。在全市率先启动刑事认罪认罚从宽制度试点工作，制定出台《刑事案件认罪认罚从宽、简案快审标准化规程》，建立认罪认罚协商制度，与刑事速裁工作有机衔接。试点工作启动以来，快速审结刑事认罪认罚案件 3614 件，占同期刑事结案 44.71%，当庭宣判率 90.62%。

【法院队伍建设】2017 年，宝安区法院以习近平新时代中国特色社会主义思想为指导，牢固树立“四个意识”，坚定“四个自信”。召开党组（中心组）理论学习扩大会，举办专题辅导讲座，深入贯彻学习党的十九大精神。深化“两学一做”学习教育活动，选派干警赴井冈山开展“弘扬革命老区精神”专题学习。组织干警赴高校开展素能提升培训，修订《法官助理工作流程》，开展法官助理轮训。委托社会第三方开展司法满意度调查，实现真查真改真见效。受理投诉举报 88 件，比上年下降 9.3%，办结 79 件。强化调研宣传工作，司法宣传工作被最高人民法院通报表扬，调研论文连续 2 年获全市法院优秀调研成果一等奖。

（陈紫芳）

附：2017 年宝安区人民法院领导成员名单

党组书记、院长：马文权

党组成员、副院长：孙肇平

季　媛（3 月起）　张艳红

李文权（7 月起）

党组成员、机关党委书记：

陈　勇（10 月止）

党组成员、政治处主任：

庞梅生（7 月起）

司法行政

【概况】2017 年，宝安区司法行政系统全面贯彻党的十九大精神，以习近平新时代中国特色社会主义思想为指导，深入贯彻习近平总书记对广东重要指示批示精神，自觉践行新发展理念，围绕中心工作忠诚履职，扎实推进“基层治理质量年”各项工作任务，为宝安全面建成现代化国际化创新型城市提供法治保障。

【法治宣传】2017 年，宝安区司法局以“法治是宝安的核心竞争力”为主线，推动“智慧普法”，在全区营造学法尊法守法用法的浓厚氛围，共利用“法治宝安”微信公众号推送法治信息 1047 条，在《法治宝安》《法治访谈》电台栏目各播出普法专栏 30 期，在《宝安日报》刊登“说法周刊”48 期，利用灵芝公园法治宣传园和全区公交站台更新法治公益广告 600 余幅。结合全区人口结构多元的特点和不同的普法需求，将领导干部、公务员、青少年、企业管理人员、劳务工、社区居民作为重点普法对象，以重要时间节点和政府中心工作为重点实施精准普法，围绕文明提升行动、社区两委换届选举、禁毒、交通整治、查违、土地拆迁等重点中心工作开展各类主题普法宣传活动，开展百场“以案释法”法治讲座，共推进法律进企业、进社区、进学校宣传活动 968 场，组织 111 名新提任处级领导干部参加任职法律知识考试。完成“一街道一公园、一社区一长廊、一企业一专栏”建设，共建成 10 个法治公园，139 条法治长廊，280 个企业法治专栏，建成 2 个普法 U 站，38 个青少年法治教育基地。做好省级“民主法治社区”和“法治文化建设示范企业”创建工作，2017 年，共 81 个社区申报省级“民主法治社区”，10 个企业申报“法治文化建设示范企业”。

2017 年 11 月 22 日，司法部基层工作指导司司长罗厚如到宝安区调研司法行政工作

【人民调解】2017 年，宝安区司法局进一步推进人民调解队伍、模式和组织专业化。完善区、街道、社区、企业四级调解组织 278 个，配备专兼职调解员 891 名，组建由党代表、人大代表、政协委员、各行业专家等人员组成的"专家库"。深化多元化纠纷解决机制，完善人民调解、司法调解、行政调解三大调解的有效衔接，建立联席会议制度，推进人民调解协议的司法确认，协同区法院建立全市首家矛盾纠纷多元化解综合法律服务中心，向区法院审前调解中心派驻专职调解员 5 名，共同推进诉前联调。完善专业性、行业性调解委员会及工作室建设，建立区、街道两级医疗纠纷人民调解委员会，实现全区医疗纠纷调解全覆盖；建立区婚姻家庭纠纷人民调解委员会；设立劳动、派出所、综治信访、法庭、交警中队、物业小区、企业单位等专业性工作室 76 个，形成调解专业化、多元化的新格局；推广"公平秤""和事厅"，细化"说事评理"等人民调解新方法，开展"人民调解宣传月"专题宣传活动 10 余场次，为群众提供免费咨询 1000 余人次。2017 年，共受理矛盾纠纷 11922 件，调解成功 11716 宗，防激化率 100%，挽回经济损失约 2.12 亿元，涉案 34353 人，涉案金额约 2.2 亿元；化解伤害赔偿纠纷 6632 宗，劳动争议纠纷 1771 宗，合同纠纷 860 宗，婚姻家庭纠纷 753 宗。

【法律援助】2017 年，宝安区司法局进一步完善公共法律服务体系建设，以服务网格为基础，夯实"1+10+N"三级公共法律服务实体平台。区级依托公共法律服务中心，街道依托司法所设立服务中心，社区依托"一社区一法律顾问"站点，实现"半小时"公共法律服务圈和"一站式"公共法律服务体系网络覆盖率达 100%，派驻值班律师为公安、检察院、法院、看守所、劳动仲裁等八大窗口提供法律咨询服务。全年共受理法律援助案件 5709 宗，受援人合计 7965 人次，共提供法律咨询 17880 人次。积极参与刑事案件认罪认罚从宽制度试点工作，深圳市为全国 18 家试点单位之一，宝安区为深圳市唯一开展试点工作的区，区公共法律服务中心积极参与试点工作，自 2017 年 3 月份开展试点工作以来，共见证认罪认罚案件并出具具结书 4197 份，占审查起诉案件总量的 52.3%，平均审查起诉时间比其他案件节约近三分之二，获省市肯定推广。

【律师服务与管理】2017 年，宝安区打造"一社区一法律顾问"3.0 升级版，实现全区 139 个社区法律顾问全覆盖，提供法律咨询，普法宣传、矛盾纠纷化解等综合性法律服务，实现政府、律师、辖区居民多赢局面。2017 年，驻点律师共进社区值班 32516 天次；提供免费法律咨询服务 18743 人次；参与法治宣传教育活动 863 场；开展法治讲座或培训 721 场；参与社区人民调解 805 宗；提供法律意见 1111 宗；协助街道社区处理群体性、突发性事件 106 宗；审查和起草合同 107 份。服务管理全区 104 家律师事务所，829 名执业律师，共办结投诉律所和律师案件 23 宗，查处区看守所附近路段临时摆摊法律咨询点 13 处，要求拆除违法设置的法律服务户外广告牌 5 块。组织辖区律师积极参与如"7·16"事件等综治信访及维稳工作，以实际行动，专业素养履行社会责任，助力法治宝安、平安宝安建设。落实区委区政府人才引进工作，共引进 20 名法律紧缺人才，促进法律行业高层次人才申报。

【公证服务】2017 年，宝安区司法局指导宝安公证处创新公证服务，优化服务模式，提供优质公证便民法律服务，完善公证便民利民惠民举措，完善公证受理指引制度、首问负责制和一次性告知制度。围绕政府中心工作，拓展公证新业务，推行公证服务进驻法院，开展公证司法辅助工作，创新开展知识产权保护公证，在全区建立 3 个知识产权服务点，增设专用保全设备，依法受理涉及知识产权的电子商务、网站页面、网络歌曲等新型案件，探索保管知识产权电子证据、电子存

2017年12月4日，宝安区2017年“12·4”国家宪法日暨法治宣传月活动启动

证业务等新方式。全年共办理公证案件24096件，完成20多万首歌曲证据保全工作，为港澳台籍中小学生入学办理公证835件，免费为70岁以上老人办理遗嘱公证132件。

【社区矫正和安置帮教】2017年，宝安区司法局推动社区矫正工作日常监管规范化、矫正方式个性化和部门衔接系统化。开展《涅槃·新生家园》心理矫正讲座12场次，服务对象400余人，派驻持证心理咨询师为全区447名社区矫正人员建立心理健康档案。赴深圳市第一、第二强制隔离戒毒所和河源、梅州等7个监狱对120多名宝安籍服刑人员开展高墙内帮教慰问活动。健全完善与法院、检察院、公安局等部门联席会议制度、情况通报制度，建立完善信息交换平台，共享社区矫正工作动态信息。在全区10个街道司法所建立全国联网的社区矫正工作信息网络，推进矫正工作信息化，采取普通管理、重点管理、特殊管理分层次管教方式，认真开展审前社会调查，全年共接收委托办理审前调查113份，人民法院采纳率100%。2017年，累计接收社区矫正人员547人，解除矫正人员444人，在册472人；累计接收安置帮教人员117人，解除帮教人员66人，现在册454人。帮教率100%，安置率95%。“两种对象”未发生脱管、漏管和重新违法犯罪等重大安全责任事故。

【司法队伍建设】2017年，宝安区司法局深入推进“两学一做”学习教育常态化制度化，深入学习贯彻党的十九大精神和习近平新时代中国特色社会主义思想。开展党员志愿服务活动22场次。组织党员参加“宝安党员课堂”学习，扎实推进“三会一课”相关工作。严格执行《宝安区司法局领导班子成员落实党风廉政建设主体责任清单》《廉政风险防控工作实施方案》，落实责任清单和党风廉政建设主体责任。 **（罗洁娜）**

附：2017年宝安区司法局领导成员名单

局　长：曾令云

副局长：梁伟棠（8月止）　查桂芳　贺章立（12月起）

2017年宝安区武装领导机构领导成员名单

中共宝安区委人民武装委员会
主 任：黄 敏（9月止）
姚 任（10月起）
副主任：姚 任（10月止）
郭子平（7月起） 李金宇（7月止）
柳 洲（7月起） 黄卿扎（7月止）
潘 强（12月起）

宝安区国防动员委员会
第一主任：黄 敏（9月止）
姚 任（10月起）
主 任：姚 任（10月止）
郭子平（7月起）
副 主 任：周学良 李金宇（7月止）
柳 洲（7月起） 黄卿扎（7月止）
潘 强（12月起）

中共宝安区人民武装部委员会
第一书记：黄 敏（9月止）
姚 任（10月起）
书 记：黄卿扎（7月止）
潘 强（12月起）
副 书 记：李金宇（7月止）
柳 洲（7月起）

宝安区人民武装部
部 长：李金宇（7月止）
柳 洲（7月起）
政治委员：李金宇（7月止）
柳 洲（7月起）

宝安区人民武装部

【概况】2017年，宝安区人武部党委深入贯彻军委国防动员部和省军区决策部署，认真落实警备区党委和区委区政府指示要求，看齐追随立根本，落实改革转职能，聚焦主业抓动员，军地联动促融合，依法从严保稳定，各项工作扎实开展，全面建设递次推进，呈现良好发展势头。2017年，宝安区人武部坚持举旗铸魂，思想政治水平不断提高。深入学习贯彻习近平新时代中国特色社会主义思想，积极参加警备区党委中心组4个专题理论学习，部领导带头辅导授课，扎扎实实、原原本本学习党的十九大精神，深入开展"维护核心、听从指挥"主题教育，扎实推进"两学一做"学习教育常态化制度化，组织拉网式"回头看"，彻底肃清郭徐流毒影响，广泛组织喜迎十九大、纪念建军90周年等系列宣传教育活动，逐次展开三大主题实践、重温入党誓词等"十个一"配套活动，区人武系统全体人员"四个自信"和"四个意识" 更加坚定和牢固。

【练兵备战】2017年，宝安区人武部坚持练兵备战，遂行任务能力不断提升。对表国防动员部明确的人武部"五部"职能定位，狠抓能力建设毫不放松，修订完善2类28种应急应战方案计划，完成辖区6个重要防卫目标的整编及26条国防坑道的普查工作。常态组织机关开展基础体能训练、营门反恐处突演练，先后组织1期民兵轻舟分队、1期军训教官、2期民兵干部骨干集训，共完成训练任务3000余人/天，组织民兵分队参加全市森林消防训练演练，遂行多样化能力任务有效增强。全年累计出动民兵4000余人次参加防台风备勤、抗洪抢险和应急处突维稳，圆满完成警备区机关和区委区政府赋予的各项任务。

【国防动员】2017年，宝安区人武部坚持攻坚克难，国防动员基础不断夯实。认真组织开展国防动员潜力调查统计，对国防动员相关的人力、装备、物资等潜力资源进行全面调查。编精配强 ××××名基干民兵和 ×××名预备役官兵，"区建连、街道建排、社

2017年3月3日，宝安区人民武装部和宝安区教育局共同举行的宝安区“小雷锋尖兵”立德树人社团启动仪式暨开展创新国防教育“弘扬雷锋精神，融合家风文化”系列活动在西乡街道凤岗小学举行

区建班”的民兵应急分队三级架构构建完毕，后备力量结构布局持续优化。紧盯“五率”量化考评指标。协调教育局编撰印发《宝安区中小学国防教育教材》，全年在国家级媒体报道13篇、市级媒体报道68篇，组织国防教育文艺宣传进社区演出10场；在5个公园、2个客运站、1个广场设置国防教育宣传栏；会同区委宣传部评选出国防教育示范学校10所；组织全区公立高中、深圳大学学生军训1.1万余人次，全民国防观念明显增强。

【部队管理】2017年，宝安区人武部坚持问题导向，部队管理秩序不断正规。坚决贯彻国防动员系统调整改革部署要求，迅速调整完善党团组织、军地各类领导机构，及时对接管理领导、业务指导、工作协调关系。妥善处理历史遗留问题，紧前推进停偿工作，依规做好公寓住房配套建设，全面整治营区内外环境。扎实开展“百日安全”活动，严密组织“六类危险部位”拉网式清查，对梳理出的12类25个安全隐患进行逐项“列单销账”；组织签订《安全工作责任书》《保密工作责任书》，严格落实《深圳警备区工作运行工作规范（试行）》《车辆管理使用规定》等13个规范性文件，确保人武部调整改革后开局顺、起步稳、工作实。

【征兵工作】2017年度夏秋季征兵工作，宝安区征兵办以提高兵员质量为核心，坚决执行上级征兵命令。兵役登记部署时间早，工作细致扎实有效。全区年满18周岁户籍适龄青年4580人，于5月30日完成登记4530人，登记率达98.9%，率先完成任务。在各级广泛宣传发动下，网上报名2498人，其中大学生1000余人，为历年来人数最多、学历层次比例最高的。区征兵办结合去年各街道应征入伍青年数量和户籍适龄青年数量，将任务指标细分到各街道。2017年，国家卫计委和国防动员部联合发文要求，征兵体检需依托二甲以上综合医院进行，区征兵办经与区卫计局协商确定依托宝安区人民医院进行征兵体检。在时间紧任务重的情况下，医院全力保障征兵体检工作，抽调医务人员高标准完成征兵体检站建设。公安分局全力保障政治考核工作，严格把关审批，9月6日按规定程序进行电脑随机选择定兵，圆满完成新兵征集任务。

（柯超华）

武警宝安中队

【概述】2017年，武警深圳支队宝安中队坚持以强军目标为统领，按照政治建军、改革强军、依法治军要求，认真贯彻落实武警部队、总队和支队三级党委会议精神，以《军队基层建设纲要》为依据，在强化看齐意识、落实看齐要求中，持续抓好经常性基础性工作落实，不断提高工作标准，圆满完成上级赋予的各项任务，中队全面建设水平稳步提升。2017年，武警深圳支队宝安中队被武警广东省总队评为“基层建设先进中队”“正规化执勤优秀单位”。全年中队4人入党，1人荣立三等功，1名干部提职，1名战士考学提干，14人被评为“优秀士兵”受到各级嘉奖和表彰。

【思想政治建设】2017年，武警深圳支队宝安中队思想政治建设引领铸魂工作扎实有效。突出维护核心、看齐追随这个最大政治，深入学习贯彻习主席系列重要讲话精神，从严落实理论学习制度，深化“双十二”融合教育法，认真抓好“两学一做”和“维护核心、听从指挥”两项重大教育，坚持每月分析官兵思想特点及对策，广泛开展“做良师益友、建育人熔炉”和“深知兵、真爱兵、带好兵”活动，主动做好心理预防工作，推进“红色基因代代传工程”，开展拜谒先烈寻根铸魂、队史教育固本铸魂、建好史馆续谱铸魂、用好环境熏陶铸魂、唱响队歌励志铸魂“五项铸魂”和读红色书籍、看红色电影、上红色网站、唱红色歌曲、做红色传人“五红”活动，引领官兵继承发扬革命优良传统，树立看齐追随的坚定信念。

【执勤战备】2017年，武警深圳支队宝安中队紧盯“维稳大事”抓能力保中心。固定执勤任务完成出色，目标单位宝安区看守所为全国屈指可数的

2017 年，武警深圳支队宝安中队与看守所开展共建活动

关押量大的看守所，常年超量关押，中队官兵在任务重、压力大、兵力相对紧张的情况下，认真修定目标执勤方案，着力提高官兵执勤处突能力，加大与看守所开展联系联防力度，定期开展联合方案演练，排查治理执勤安全隐患，确保看守所绝对安全。中队与宝安看守所共同研制的监门防伪印章识别做法被武警部队推广运用。中队临时任务完成圆满，多次抽组兵力圆满完成武装押解、冬休警卫、武装巡逻、春运执勤和处置灾害事件等任务。

【军事训练】2017 年，武警深圳支队宝安中队紧扣任务实际，聚焦实战化训练的要求，扎实开展实战化军事训练。狠抓军事训练人员、内容、时间、质量、弹药、摩托（飞行）小时、教练员、训练场地“八落实”，卫士演习、狙击手集训、新兵专勤专训、勤训轮换、教练员集训等活动效果明显。中队经常性训练，重点抓好士官训练，每周开展“士官训练日”活动，每月组织参加支队士官军事训练考核，对优秀士官进行表扬奖励，对训练不合格的士官上报支队进行集中整训；加强反恐应急班训练，抓好应急班人装结合专项训练，开展应急班魔鬼周特训，提高应急班人员快速反应和极限条件下的特战能力。执勤训练方面，重点抓好看守勤务哨兵情况处置训练、执勤设施使用、正规组勤和方案演练。

【后勤保障】2017 年，武警深圳支队宝安中队后勤保障工作紧贴“六型”要求加快后勤建设，抓好“一组五队”常态训练，严格落实“1126、6211”伙食保障要求，开展炊事员大培训活动，检修营产营具，统一购买配齐战士衣柜、学习桌椅、洗衣机，更换班宿舍空调、更换厨房蒸饭柜、消毒柜、冰柜等厨具，对厨房操作间“五区四线”规范管理。定期组织卫生员、军械员和“四小工”进行专业培训，不断提高其工作能力。中队严格落实财经制度，扎实开展生活费专项自查整改活动；持续开展节油、节电、节水、节气、节粮“五节”活动，倡导绿色低碳生活；注重搞好农副业生产，年初制定农副业生产计划，每季度对种植蔬菜、瓜果进行研究，每月对农副业生产收益进行统计；搞好卫生防病工作，开展“爱国卫生月”和创建“健康警营”活动，经常组织卫生常识教育，突出防范流行病，协调目标单位定期对营区及周边环境进行消毒杀菌，确保官兵身心健康。

【“双拥”工作】2017 年，武警深圳支队宝安中队党支部一如既往高度重视“双拥”工作，深化拥政爱民、政治纪律、群众纪律教育，引导官兵自觉视驻地如故乡、视人民如父母，牢记部队全心全意为人民服务的宗旨，扎扎实实为驻地群众办实事做好事。宝安区政府为中队官兵购买桌球台、不倒翁、沙袋、拳靶等娱乐设施和训练器材。中队与宝安区救助管理站结对子共建，经常组织座谈活动，中队

武警深圳支队宝安中队积极开展训练活动

官兵利用学雷锋日、“爱国卫生月”等时机到救助站搞卫生大扫除，救助站领导经常到中队慰问官兵，并为官兵讲解救助站有关工作，让官兵了解救助工作的性质及重要意义，给中队官兵传播正能量。中队与目标单位宝安区看守所扎实开展“共建、共管、共保安全”活动，效果明显，促进各项工作的有效落实。宝安区民政局、宝安区政法委、公安分局和看守所领导非常关心支持中队建设，每逢节假日都到中队看望慰问官兵，中队官兵能够时刻牢记职责使命，完成上级交办的各项任务。（耿乐乐）

2017 年 8 月 8 日，沙井开展“人人会逃生”主题消防宣传培训活动

附：2017 年武警深圳市支队宝安中队干部名单

中　队　长：刘　明（上尉）
政治指导员：宁健明（少校）
排　　　长：耿乐乐（中尉）

公安消防宝安大队

【概况】2017 年，深圳市公安消防支队宝安区大队以“创一流消防职业文化、建一流消防职业队伍、树一流消防职业形象，作中国消防事业的领航者”为目标，不断加强班子自身建设，努力完成工作任务，推动部队全面建设取得长足发展和显著成效，为维护地方经济社会发展和人民群众安居乐业做出积极贡献。2017 年接处警 4176 宗，比上年减少 35 起，其中火警 494 宗，增加 75 起，抢险救援 3088 宗，抢救疏散被困人员 996 人，成功处置“5·26”宝安 31 区住宅火灾、“6·8”松岗燕川北部工业园正豪科技有限公司火灾、“6·18”松岗碧头亦欣科技有限公司火灾、“6·28”新桥工厂仓库火灾、“9·22”沙井鑫鑫田工业园金铭泰塑胶制品公司火灾、“9·27”西乡广豪锋工业园火灾、“10·03”航城街道废品站火灾等急难险重任务，圆满完成珠海“天鸽”强台风灾后重建、“10·15”珠海方正科技园火灾增援和党的十九大、香港回归 20 周年以及深圳第十三届文博会等消防安保工作，被区委区政府表彰为十九大维稳安保“突出贡献单位”，被区消安委会表彰为 2017 年度消防工作“先进集体”“先进单位”。

【消防队伍建设】2017 年，深圳市公安消防支队宝安区大队始终把领导班子自身建设放在突出位置来抓，抓实、抓细、抓规范党的建设，锻造坚强过硬领导集体。抓实政治学习，坚定信仰信念。大队党委班子带头深入学习贯彻十九大精神，组织十九大报告、党章（修正案）专题研讨 3 场，代表支队邀请十九大代表费英英同志为全市消防官兵及专职队员授课。同时以习近平总书记系列重要讲话精神为重点，制定并落实 2017 年理论学习计划，组织党委中心组集中学习 12 次、年度主题教育专题研讨 5 场，“四句话、十六字”专题学习 5 场，开展 3 次“好书送基层”活动，赠送理论辅导书籍 300 余本。通过集中学习和个人自学的方式，引导全体干部深入学习党的先进思想、先进理论，深入学习宣传贯彻党的十九大精神，有力提升班子围绕中心、统领全局、科学决策的能力水平。严格党内生活，规范民主议事。大队党委班子严格落实《关于新形势下党内政治生活的若干准则》《中国共产党党内监督条例》。在日常工作和党内生活中，班子成员自觉遵守党的组织原则，认真落实“双重组织生活制度”，加强对挂点中队帮扶指导。在议事决策上，深入贯彻民主集中制和军政主官分工负责制，认真落实党委议训议教议管，严格执行“三重一大”、党务公开等制度，做到讨论充分、议事民主、决策科学，班子抓议大事能力明显增强。强化廉政建设，弘扬正气清风。严格落实党风廉政建设主体责任，贯彻监督执纪“四种形态”，开展“人大代表、政协委员评消防”活动，承担支队廉政教育阵地建设任务，组织参观红色教育基地和廉政教育基地，与中队、区级专职队签订党风廉政建设责任书，每月邀请中队和专职队干部列席大队党委会议，规范专职队消防员委员会运作，促进廉政责任落实，阳光用权。

【消防岗位练兵】2017 年，深圳市公安消防支队宝安区大队始终紧盯灭火救援中心任务，坚持以问题为导向，针对当前工作中存在的突出短板，强化举措，加压奋进，推动消防练兵、队伍建设、基础建设取得重要突破，部队打赢能力稳步提升。深化岗位练兵，提升攻坚能力。以体能、技能、六熟悉三项训练为基础，扎实推进全员大练兵。每月组织大队级业务会操、体能考核，奖优罚劣，以考促训，初中级灭火救援岗位士兵职业技能鉴定100%通过考核，获得支队2016年冬训考核和2017年上半年执勤岗位练兵考核第三名。组建演练导调评估队伍，以临场拉动为主，组织实战演练260余场，其中大队级演练12场，支队级演练2场，承办总队大跨度大空间建筑（南玻集团）跨区域实战演练，并作为主战大队参加演练。加强技战术研讨，组织典型战例战评4次，修订完善数字化预案921个，修订率达58%。建成"移动指挥部"，完善城市综合体专业队建设，组建高层建筑救援专业组，建立全区689家高层建筑数据台账，开展器材装备测试，系统开展专业理论学习和技能训练，参加支队高层专业队（组）比武竞赛，攻坚制胜能力明显提升。强化业务培训，提升消防合力。健全消防职业培训体系，完善石岩和塘下涌2个消防集训点，全年举办在职培训6期和专职消防员岗前培训3期，参训人员350人次，大队81名专职消防员完成总队专职消防队员职业技能鉴定。加强专职队干部培养，17名骨干通过选拔任职到干部岗位。加强多种形式消防队伍联勤联训，开展专（兼）职消防队伍大轮训、大培训工作，举办全区第四届消防队伍大比武活动。推进消防职业化进程，完成9支区级政府专职消防队事业单位法人登记。宝安区消防指挥中心建成运行，结合各街道接警调度终端，初步实现专（兼）职消防队伍统训统考统调统勤，有效整合全区消防力量。

【消防队伍管理创新】2017年，深圳市公安消防支队宝安区大队严抓队伍管理，铸魂育人，队伍风貌显著改善。大队始终坚守队伍安全稳定这个底线，大力推进政治建警、从严治警、文化育警和从优待警工作，加大队伍管理教育力度，加强典型培树及宣传工作，构建和谐警地关系，为圆满完成中心工作提供保证。坚持政治建警，筑牢忠诚警魂。打好意识形态斗争主动仗，扎实开展"维护核心、听从指挥"主题教育和"两学一做"常态化制度化学习教育，全面深化"提升班子作风""后勤财经领域突出问题""深化酒驾问题""深知兵、关爱兵"等6项专项教育整顿活动。政治工作走在前列，承担支队基层干部轮训工作，开展党员承诺践诺、党课授课、"讲讲我身边的最美消防员""我爱消防兵"主题演讲等活动，引导官兵牢记职责使命，做合格党员。思想工作经常有效，制定专职队思想政治教育指导意见，弥补专职队思想政治工作不足。认真落实思想调查分析、重点对象思想工作和"三级谈心"制度，大队内部组建心理工作团队，并与深圳市心理协会合作，深入开展心理测量1次、团体心理辅导活动10场次和个体心理辅导20人。坚持从严治警，确保队伍安全。深化正规化建设，各中队实现营区智能化安全管理，加装营区监控录像实现建筑走廊内部及室外无盲区覆盖。全面实施层级管理，修订完善《宝安大队层级管理规定》《宝安大队专职消防员绩效考核办法》等规范性文件6项，建立权责明确的层级关系和量化考评机制，形成队伍管理齐抓共管良好局面。坚持每月队伍形势分析，扎实开展"条令条例学习月""五无""四个不发生"创建、纪律作风教育整训等活动，全年未发生任何违法违纪案件及安全事故。开展支队大队级单位督察试点工作，初步建立三级督察队伍体系，进一步拓展大队专职督察组"队伍督察、帮扶指导、工作督办和受理投诉"4个职能，全年下队督察近600余次，下发整改通知书51份，帮扶45处，队伍整顿措施强有力，效果明显。坚持文化育警，激发队伍活力。以宝安消防文化理念为核心，以按纲建队和法治警营为推手，大力推进文化软、硬件建设，全部中队建成红门影院和荣誉室，公安网电脑、报纸杂志进入战斗班房。提升官兵文化素质，推进"一队一特色"，创建非洲手鼓队、红门醒狮队、向心力乐队3支品牌文艺分队，举办"喜迎十九大、忠诚保平安"文艺骑兵音乐会、水上趣味运动会等综合性文娱活动5场次。在支队廉政书画摄影作品评比中，大队获得优秀组织奖和19个个人奖项的优异成绩。宣传工作有新突破，完成2部形象宣传微电影和1部年度工作纪实片拍摄，其中《最美婚纱照》获总队"喜迎十九大·壮志映红门"主题微电影评选活动第三名。向区府及各部门编报《消防工作简报》12期，在宝安日报开设"宝安消防"专栏，主动向社会宣传大队工作成效，全年向外媒发稿130余篇，比上年增长15.5%，在公安内网发稿950余篇，增长53.2%。典型培树工作卓有成效，新发展党员15名、团员36名，2个集体、9名个人获上级党团表彰，2人荣立个人三等功，21人受嘉奖，6名专职队员获区政府表彰，王雪峰成功被部队院校录取，林泽钦在支队先进典型报告会上作个人事迹报告，余效成被总队评选为"优秀共产党员"，树立新时代公安消防部队的良好形象。坚持从优待警，警地融合发展。为1名干部办理家属随军、3名干部申领家属随军失/就业补贴，解决1名干部子女入学，组织慰问烈士刘明成遗属，慰问11户困难官兵及专职队员家庭，组织2次爱心募捐活动。加强警地共建工作，与8家地方单位新建双拥共建关系，组织消防保卫、学习雷锋、警民联欢、文娱体育、双拥创模等共建活动70余场次。对外开放消防站20次，深入辖区开展义务消防培训68次，受益群众6000余人。

【消防后勤保障】2017年，深圳市公安消防支队宝安区大队全面落实文件精神和要求，以党的十九大精神为指引，以科学发展观为统领，以贯彻落实《地方消防经费管理办法》为主线，以"提升经费保障水平、优化装备配备、拓展保障模式、夯实管理基础、强化队伍建设"为抓手，全面提升综合保障效益，为建设现代化鹏城消防铁军提供坚强有力保障。消防业务经费持续快速增长。全面落实财政部336号和省政府114号文件精神，大力宣贯省财政厅535号文件，积极争取地方党委政府和相关职能部门支持，区政府拨入经常性经费1.54亿元（包括应急救援队伍经费1076万元）。2017年，区政府常务会议审定《宝安区编外人员经费保障标准调整方案》，专职消防员人均基本保障参照一线岗位人员标准（年标准7.55万元/年/人）。及时保障合同制人员工资、社保、公积金经费，为队伍稳定提供强有力人后勤保障。提升军需卫勤保障能力。深入贯彻实施《消防员职业健康标准》，实现中队卫生室建设基本达标，落实现役官兵和合同制消防员职业健康体检，出台消防员职业健康管理有关规定，完善体检档案管理。完成现役官兵夏季被装领取发放及完成总队现役官兵个人被装申请相关工作；合同制被装因总队被装仓库合同制消防员被装尚未采购，大队仅自行采购石岩集训队及合同到期（2013年、2014年）日常训练所需被装（作训类），其他制服类被装尚未采购；完成2017年义务兵退伍被装收缴工作。完成大队级2016年粮秣账；完成大队现役官兵2017年1至3季度军粮领取发放工作；大队级粮秣账及宝安中队中队级粮秣账参加总队2017年粮秣会审。装备器材建设稳步发展。根据总队《关于认真做好装备管理系统数据核查工作的通知》的通知要求，大队结合十九大安保以及"双节"执勤备战要求，立即组织所属中队装备技师对通知精神进行学习，并要求各中队装备技师根据中队装备台账跟装备管理系统数据进行实时更新。切实做好数据清查工作，确保装备系统数据无误，对自身存在的问题进行梳理结合工作实际，组织开展2017年上半年装备技师及合同制驾驶员培训班；配合支队完成装备器材"物联网"系统前期测量统计工作。召开2017年装备建设研讨会，制订2017年装备器材购置计划；2017年，在大队积极争取协调下，区府立项通过2017年消防装备购置项目并计划下达投资1亿元，先行下达5000万元，用于大队计划购置34辆消防用车、通信设备一批、消防器材两批，及消火栓防护及监督管理服务。全力推进消防基础设施建设。大队承建区投资基建项目共9个，其中宝安区消防指挥中心修缮工程和全区街道专职消防队营房改造及配套设施完善工程完成验收；宝安、福永中队营房改造工程已取得施工图预算标底审定书；沙井、松岗、石岩消防中队警营文化提升工程完成施工图编制及审图工作；福永消防训练基地项目处于施工图编制阶段。宝安区消防培训基地及西乡消防站建设工程处于初步设计概算编制阶段。形成《宝安区消防站、消火栓建设主要环节进度表》，每周更新，每月总结。对当月存在问题和困难及时纠正与协调，确保下月工作顺利进行，协助大队领导解决消防站用地事宜、资金问题，确保17座消防站建设选址、1支区级政府专职队的建设以及2支大型机械救援队的选定工作。实地勘察走访各个街道，落实消火栓建设数量，从原各街道申报新建消火栓2617个增长至7394个，完善消火栓建设台账。基础工作管理。大队共42个伙食单位，11月支队统一招投标后，自12月1日全区42个伙食单位进行统一配送，按照部队经费和地方业务费科目统一进行大队结算及国库支付。伙食费按照人均35元/人/天标准执行，分4个科目部队伙食费、合同制伙食费、地方伙食补助、自筹伙食补助。节日活动经费按照中队、区级分队、街道级分队三级进行核拨，加菜费按照50元/人/天标准核拨。大队机关饭堂1月至11月拨入伙食费385185元，截至11月20日结余现金12100元，收支平衡，无浪费、打白条的情况发生，自觉遵守财务纪律，严格执行财务管理规定和伙食费管理各项规章制度。大队办理油卡共141张，主卡1张，副卡140张，保障37辆行政车、6张器材卡、1辆大巴车、3辆货柜车、1辆指挥车和93辆消防车的油料。支队保障油卡31张，保障31台消防车的油料，按照"一车一卡一册"的要求加强登记制度，落实检查制度。大队办理粤通卡共27张，包含大队2台货柜车，2台行政车，中队及分队23台行政车。按照中队执勤区域的远近和

2017年9月13日上午，宝安公安分局西乡派出所走进辖区优智实验学校，组织了一场以"人人会逃生"为主题的消防宣传培训会，学校师生近500人参加了此次活动，累计分发宣传资料近1000份

工作使用车辆的频次，结合之前使用金额进行测算的标准制定（400 元 / 月，500 元 / 月，600 元 / 月，700 元 / 月，800 元 / 月），每季度对地方牌车辆充值 1 次。

【消防职业化】2017 年，深圳市公安消防支队宝安区大队理顺思路，转变观念，明确方向，对多年来积累和沉淀下来的组织文化进行充分梳理、归纳、总结和提升，建立宝安消防文化体系。强化消防文化顶层设计。大队提出以“创一流消防职业文化，建一流消防职业队伍，树一流消防职业形象，作中国消防事业的领航者”为愿景的核心层文化，得到政府专职消防队员最广泛的认同。从核心层文化辐射外延到职业意识、职业道德、职业素质、职业文化、职业教育等具体表现内容，形成《宝安消防文化手册》，并制定相应的教案及读本，使消防文化顶层设计既保持高点站位又能接地气。将消防文化转化为职业化内在驱动力。消防文化建设是职业消防队伍建设的铸魂工程，大队立足消防职业发展需要，以“5+5+6”全力打造宝安消防文化，提出五大消防理念（即消防愿景、消防使命、核心价值观、消防精神、消防作风）、设计 5 个文化仪式（即消防员入职仪式、升国旗仪式、立功表彰仪式、入党 / 入团仪式、职业消防干部聘用仪式）、六个文化活动（即消防员活动日活动、迎新春晚会活动、消防员比武运动会、消防员户外拓展训练活动、单项比赛活动、离职欢送活动），从文化、行为上根植职业意识，培育专职队员职业自豪感、责任感，激发全体宝安消防人的“精气神”。强化消防文化宣贯力度。为实现消防文化全面落地，大队注重发挥政府专职消防队的主观能动性，制定《宝安大队政府专职消防队层级管理规定》。出台《关于进一步规范政府专职消防队消防员委员会运作的意见》，进一步规范政府专职消防队伍运作，激发全体专职消防员的责任心和创造性，强化政府专职消防队的组织领导及执行力，初步形成“大队从上向下建立消防文化体系，政府专职消防队自下而上推动消防文化落实”的宣贯模式。 **（杨海鹏）**

附：2017 年深圳市公安消防支队宝安区大队领导名单

党委书记、政治教导员：
李毅强（中校）
党委副书记、大队长：吴茂洪（上校）
副大队长：解　龙（少校）
刘　伟（少校）

人民防空

【概况】2017 年，宝安区全面贯彻落实中共中央、国务院、中央军委《关于深入推进人民防空改革发展若干问题的决定》和第七次全国人民防空会议、全省人民防空会议精神，紧紧围绕“战时防空、平时服务、应急支援”的使命任务，坚持战备牵引，突出工作重点，推进转型升级，促进融合发展，着力构建应战能力强、服务能力强、支援能力强的现代人民防空。

【民防行政审批】2017 年，宝安区应急办（民防办）严格按照广东省网上办事大厅公布事项办理各项业务，全年共受理 60 项，其中人民防空自建项目 50 项，应建人防总面积 31.2 万平方米；易地建设 10 项，收缴易地建设费 571.39 万元；办理竣工验收备案 19 项，人防地下室竣工面积 18.8 万平方米。完成人防地下室设计审查 27 项；累计提出方案审查意见 450 条，初步设计审查意见 162 条，并监督落实整改。

【民防行政执法】2017 年，宝安区应急办（民防办）推进“双随机、一公开”行政执法监管工作，制定本系统行政执法事项清单（18 项抽查事项）、执法领域市场主体名录库（390 个市场主体）、行政执法人员名录库（10 名执法人员）和抽查工作实施细则，加强事中事后监管。

【民防宣传教育】2017 年，宝安区应急办（民防办）加强民防宣传教育。制定《宝安区 2017 年度防空警报试鸣工作方案》，对警报试鸣工作从试鸣准备、操作、经费保障以及宣传教育等各方面进行详细部署和安排，确保防空警报试鸣各项准备工作有序进行。举办系列宣传活动，通过电视台播放公告、公共场所张贴公告、运用短信平台发放短信、张贴防空防灾知识挂图等形式提醒市民居安思危，树立国防意识和人防观念，做到有备无患。

【民防重点工程建设】2017 年，宝安区应急办（民防办）完成“101 工程”可行性研究报告评审上报工作，取得《估算评审结果确认函》，有序推进重新核发选址意见及用地预审工作。灵芝公共人防工程项目纳入新安街道十大项目——灵芝公园扩容提升综合改造工程。

【地震安全示范社区创建工作】2017 年，宝安区积极开展地震安全示范社区创建工作。在省地震局下发《关于 2017 年广东省地震安全示范社区认定结果的通报（粤震〔2017〕81 号）》中，西乡街道桃源社区、燕罗街道罗田社区、航城街道利锦社区、石岩街道塘头和水田社区等 5 个社区被评为省级地震安全示范社区。 **（陈　鹏）**

工 业

综 述

【概况】2017年，宝安区以“9·800·669”为发展密码，加快建设“湾区核心、智创高地、共享家园”。全区实现规模以上工业总产值6647.50亿元，增长9.5%；规模以上工业增加值1545.01亿元，增长9.7%，规模以上工业总产值和增加值增速均为2015年以来最快年度增速。从注册类型看，内资企业产值3289.51亿元，增长13.4%；港澳台及外商投资企业产值3357.99亿元，增长5.8%。从行业看，主导行业计算机、通信和其他电子设备制造业产值3449.15亿元，增长6.3%。从销售情况看，工业产品销售率为95.7%。

【投资增速创新高】2017年，宝安全区固定资产投资完成额817.06亿元，增长25.6%，创分龙华（2012年）以来历史新高。其中，房地产项目投资280.43亿元，下降4.1%；非房地产项目投资536.63亿元，增长49.9%。工业投资131.82亿元，增长39.9%。

【税收突破600亿元大关】2017年，宝安全区税收收入625.90亿元，增长17.0%。一般公共预算收入235.64亿元，剔除“营改增”和第五轮市区财政体制结算、非税收入等影响因素，增长11.9%。

宝安区行业龙头骨干企业选介

【深圳创维-RGB电子有限公司】该公司位于宝安区石岩街道塘头工业区创维科技工业园物流中心，是创维集团旗下专职从事最前沿显示技术的高科技子公司。2000年，是国内第一家专职DLP、LCD、LCoS等新型大屏幕显示设备集研发、生产、销售于一体的行业领先企业。至2017年年底，有员工16万余人，其中大专以上学历占70%，研究生、博士生占12%。有两条现代化光显背投生产线和等离子生产线，年生产能力15万台。先后与德州仪器、UMO、飞利浦、台达、爱普生等多家国际著名的500强企业合作，推出以DLP、LCD、LCoS为核心的全球领先的全数字光学电视系列产品近20款。依托集团“V12数字引擎”“六基色”技术，自主研发的以“超大屏全数字光机电引擎技术（TDLE）”为代表的数字光显背投专利达30多项。特别是与美国德州仪器公司在中国共建“创维-TI半导体实验室”，与爱普生签署战略合作协议，共同开发DLP、3LCD光显背投系列产品，使企业的核心竞争力得到极大提升，DLP、3LCD也因此成为创维在高端市场上的主打产品。在微显行业中，创维集团显示技术有限公司凭借“高质量”“服务好”的产品形象，一直占据着国产品牌第一的位置。本着“创维集团，心系教育”的理念，为配合国家“校校通网络，班班多媒体”的教学信息化工程，度身量造多媒体数字教学显示终端——“创维DLP/3LCD旗舰电教王”系列产品。该系列产品获得中国教育技术协会专家的一致认定，成为国内同类产品中唯一得到电教专家认证并一致推荐广为普及的产品。该系列产品具有零辐射、零闪烁、宽视觉无反射和更清晰、更明亮、更逼真、更可靠等优点。全国有1800所大中小学在使用“创维旗舰电教王”系列数字光学背投产品。

【深圳市华讯方舟科技有限公司】该公司位于宝安区西乡街道华讯方舟移动宽带产业园，2007年成立，在国内注册资金3571万元。该公司是深圳证券交易所上市企业华讯方舟股份（股票代码：000687）的控股股东，是一家专注于高速移动下宽带通信技术研发和应用的国家级高新技术企业、全球领先的移动宽带网络综合服务商、全球多家知名芯片厂商的亚太区代理，为最早向中国内地输出无线通信终端芯片的企业之一；2002 年，中国无线联合芯片厂商共同成立华讯国际（香港）集团有限公司，公司由单一芯片提供商转向芯片与方案为一体的提供商；2007 年，华讯国际携同联合发展（香港）集团及相关合作伙伴在中国内地正式成立深圳市华讯方舟科技有限公司，自此，华讯转变为芯片、方案、整机的通信产业全系列综合提供商。至 2017 年年底，公司下设深圳市太赫兹科技创新研究院和通信技术研究院（下辖深圳、北京、南京、西安、成都 5 家分院），建立院士专家企业工作站、博士后创新实践基地等，拥有完善的研发团队，囊括美国 NASA 实验室专家、中国国家千人计划学者、中国百人计划学者、孔雀团队、海内外人才及世界知名院校专家在内的行业科技精英，有研发人员 1051 人，占员工总人数的 50%。公司的科研成果广泛应用于卫星互联网、智慧城市、光谱、安检成像、高速通信、智慧教育等行业领域。秉承以技术创新为动力，以市场结果为导向的管理理念，公司沿着微波到毫米波到太赫兹路线，创造性将“微波 + 特殊 WiFi”的系统技术作为移动宽带网络解决方案，开拓 Ku、Ka 及 Q 波段兼容的下一代卫星网络时代。公司在毫米波领域研发出具有颠覆性的毫米波芯片，在太赫兹领域是世界上唯一拥有 3 种方式获得太赫兹源的企业，频率可达到 300G-1650G-3000G。2015 年年底，华讯初步实现从产品话语权到产业话语权的过渡，通过建设华讯 Ka 高通量同步通信卫星及 108 颗遥感卫星星座，打造以太赫兹通信为主要载荷的卫星宽带网络及从半导体元器件到下一代移动宽带网络暨互联网应用的全方位产业生态链，并致力于成为太赫兹技术体系下的全球性平台公司，最终建立太赫兹阵列式的下一代卫星通信网络。公司连续 3 年保持 400% 的复合增长率，2014 年产值 60 亿，2015 年产值突破百亿。连续 3 年入选深圳市工业百强企业、广东省制造业百强企业、广东省 500 强企业和中国软件业务收入百强企业；连续 2 年荣获德勤中国高科技高成长 50 强、德勤深圳高成长 20 强和深圳市市长质量奖等多项殊荣。华讯通过国际质量体系 ISO9001 认证和中国国家强制性产品 CCC 认证，属于国家级“双软企业”和“高新企业”，入选“深圳市知名企业”“广东省建国六十周年新粤商”等；同时，华讯是全球“PHS MoU Group”和“中国固网和无线终端联盟”等组织正式成员、“中国无线通信协会”副理事长单位、“国家 WAPI 产业联盟标准化”整体方案组成员、“深圳市手机行业协会”副会长单位。

【富葵精密组件（深圳）有限公司】该公司位于松岗街道松罗路燕川社区（工业区）臻鼎科技园号，1999 年成立。是由英属维京群岛国家华葵有限公司投资的外资企业（华葵有限公司为台湾臻鼎科技股份有限公司控股公司），总投资额 51500 万元，注册资本 17605 万元，主要经营生产印刷电路板产品。至 2017 年年底，企业自建厂房面积 24 万平方米，有员工 5754 人。公司设有专门的研发部门，该研发部门是富葵精密组件（深圳）有限公司设立的专业的研发机构。近 3 年来发展并壮大包含研发中心、FPC（可挠性线路板）研发及 HDI（高密度互联板）研发三大研究中心。研发中心主要负责产业技术趋势的研讨与规划，主导高新技术的开发及相关专利申请及保护，为 FPC 及 HDI 研发提供先进技术指导及培训；FPC 及 HDI 产品研究中心，负责各自进阶产品开发及技术提升；研发经费投入核算采用预算管理模式，实际发生额和预算比较，差异采用损益处理原则；年底考核结合投入产出比计算。

【兴英科技（深圳）有限公司】该公司位于宝安区沙井街道南环路 1 号，2002 年成立。注册资金 9900 万美元，员工 1 万人。属台湾上市公司——精英计算机股份有限公司在深圳宝安区的主机板生产基地。主要产品为电脑主机板、电脑适配卡、台式主机等产品。产品行销于世界各地，其中精英主板为国内市场知名品牌。通过 ISO9001、ISO14001、OHSAS18001、QC080000、EICC 等体系认证。产品 100% 外销于欧、美、亚、非各国。该公司以国际品保模式 ISO-9001 为质量标准,并通过 ISO14001 环境管理体系认证。2017 年，公司以“预防及持续改善”为质量政策,以双赢的角色为客户服务，以超弹性的生产规划满足客户的要求。良好的团队意识与强烈求知上进欲是兴英得以壮大的源泉。该公司属于国家鼓励外商投资的生产性项目企业，采用国际先进的生产技术、工艺和设备,产品质量和技术性能处于国内先进水平。未来将加速尖端科技的引进与应用研究，以延续高质量及高附加价值商品之开发，提供市场最具价值的产品，增进人类全体生活；致力研发多样化计算机产品，成为全球的领导厂商；以优越的研发、整合能力，引领个人计算机新潮流。

【欣旺达电子股份有限公司】该公司位于宝安区石岩街道水田石龙社区颐和路 2 号，1997 年成立。注册资本 18800 万元。是以锂离子电池模组的研发、设计、生产及销售为主营业务的高新技术企业，是国内领先的锂离子电池模组解决方案及产品提供商，致力于为客户提供安全、轻便、持久的绿色能源产品。凭借持续的自主创新能力，优秀的锂离子电池模组整体开发与设计能力，优秀的成本控制能力及合理的业务定位与优质客户资源，公司成为国内锂能源领域设计能力最强、配套能力最完善、产品系列最多的锂离子电池模组制造商之一。公司主要产品按用途分为手机数码类锂离子电池模组、笔记本电脑类锂离子电池模组、动力类锂离子电池模组三大

惠科电子（深圳）有限公司

类，主要应用于手机、MP3/MP4、数码相机、笔记本电脑、上网本、电纸书、电动工具、工业移动照明、医疗设备等。2017年，公司在巩固自身产品优势地位的基础上，加快向电动自行车、电动汽车和储能电站等领域拓展。此外，公司及下属子公司从事结构件（主要为精密结构件、薄膜开关）的研发、设计及生产。在满足自身电池模组生产需求的前提下，对外销售部分结构件产品，以满足客户一站式采购需求。定位于下游客户中的中高端品牌商，为其提供锂离子电池模组解决方案及产品。进入国内外知名品牌厂商的供应链体系。是高新技术企业，公司及下属子公司共有获授权的专利技术21项（其中发明专利3项），申请的专利41项（其中发明专利35项）。在锂离子电池模组领域，通过自主研发，拥有自主原始创新和集成创新的核心技术15项，技术处于国内同行业领先水平。在手机数码类电池模组、笔记本电脑类电池模组和动力类电池模组的电源管理系统研发方面，处于国内同行业领先水平。2008年3月，作为主要起草单位之一参与由国家工业和信息化部电子工业标准化研究所组织的国家标准《便携式电子产品用锂离子电池安全要求》的起草工作。2014年，再次列入深圳市政府直通车企业名单、广东省制造企业百强，荣获小米公司"优秀商务奖"、华为"质量优秀奖"、普瑞赛思荣获中国合格鉴定国家认可委员会颁发"实验室认可证书"。

【惠科电子（深圳）有限公司】该公司位于宝安区石岩街道惠科工业园，2001年成立，注册资本1000万美元，占地面积10万平方米，建筑面积20万平方米。是集消费类电子产品研发、生产、销售于一体的高新技术企业，是国内最强的综合性IT制造企业之一。主导产品为LCD显示器、液晶电视、平板电脑、一体电脑、手机、电源、机箱等。其中显示器产品的国内销售量居同类产品前三名，电源、机箱、彩电产品处于业界领先水平。国外主要项目有德国合资公司、荷兰惠科公司等，另在巴西、立陶宛、印度、俄罗斯等地设有办事处。作为国家高新技术企业，具有强大的研发生产能力，将科技创新作为企业发展的重要推动力。拥有一支高水平的专业研发队伍和与国际接轨的研发体系，拥有多项技术专利及软件研发成果，与国内、外多家高等院校、研究机构拥有多项合作。在硬件设备上，有各种电脑电源设备和各类检验、检测仪器多台，拥有世界上先进的全自动化SMT高速设备线。该公司定位于集IT、通信、家电为一体的消费类综合型供应商，与HP、DELL、海尔、联想等多家知名企业结成战略同盟，共同打造完整的全球销售网络。加大研发投入，投资3亿元组建惠科研究院，对工程塑料、精密模具、软件深度开发，努力打造成高技术、高品质、高效率的现代化企业。2011年，营业额52亿元，出口额达接近6亿美元。2012年，名列深圳百强企业第34位。

【恩斯迈电子（深圳）有限公司】该公司位于宝安区石岩街道塘头路塘头社区龙马资讯工业园。2000年成立。为台湾股票上市公司微星科技股份有限公司（全球前五大，台湾前三大电脑主板生产企业）透过其控股的英属维尔京群岛恩斯迈国际有限公司转投资于大陆的全资子公司，占地面积20万平方米，投资金额5180万美元，员工1万人。主要产品为电脑主板、显卡、附加卡、系统组装及光电产品。至2017年年底，先后获ISO 9001国际品质认证、ISO-14000国际环境管理系统认证，以及深圳市外商投资先进技术企业奖、深圳市宝安区区长品质奖。

【伟创力电子设备（深圳）科技有限公司】该公司位于宝安区西乡街道同富裕工业区天福路3号，2000年成立，是由世界500强企业新加坡伟创力集团公司投资的外资企业，总投资额2400万美元，注册资本1210万美元。主要经营生产血糖测试器、血糖控制仪、电脑硬盘、移动存储器、胰岛素泵等产品。至2017年年底，企业租用厂房面积3.7万平方米，员工约1200人。2003年获ISO14000质量/TL9000移动电话制造认证/EN46000医疗产品制造认证。连续五年获全国外商投资双优企业/先进技术企业荣誉。

城市规划和建设

2017 年 6 月 25 日，市规划国土委宝安管理局征集 50 组青少年家庭参与土地日宣传活动

国土资源管理

【概况】2017 年，市规划国土委宝安管理局紧紧围绕中心工作和重点任务，着力落实强区放权，努力破解发展难题，持续增进民生福祉，各项工作迈上新台阶。

【强区放权落实】2017 年，深圳市规划和国土资源委员会宝安管理局落实强区放权，深化职权衔接，健全基层综合决策能力，落实主体责任，利用放权动能，深入推进基础业务管理治理迸发化学变化，实现提质提效。顺利承接关闭（废弃）矿山生态环境恢复治理等 3 项事权，制定《矿山地质环境恢复和综合治理实施方案》，15 处关闭（废弃）石场重新排查建档。开展地质灾害防治，142 个地质灾害和危险边坡隐患点完成主体施工，756 个地质灾害和危险边坡隐患点全面巡查，重大隐患点实现实时影像动态监测，累计应急巡查 2368 人次，有效应对“天鸽”“苗柏”等特殊天气，全年未发生人员伤亡事故。快速承接房地产执法事权，坚持“房子是用来住的、不是用来炒的”的定位，继续深化落实房地产市场调控政策，严厉打击房地产市场违法违规行为，有效控制房价过快增长。全年推动 17 个楼盘预售，供应商品房 98 万平方米，比上年增长 19.5%，成交均价 5.7 万元 / 平方米，下跌 3%。进一步厘清整备事权，与区土地整备局建立顺畅协作机制，高效配合外环高速、深中通道等市区重点整备项目和利益统筹试点实施；全力推动龙善环保、海城工业园、大铲湾港区及海域整备项目，完成深圳机场飞行区扩建项目土地整备；完成 9.18 平方公里填海入库。进一步理顺土地管理，完成临时用地审批事权转移，移交临时用地 39 宗 84.81 公顷，推动移交 359 块 1414 公顷非经营性储备用地；加强闲置用地处置力度，认定处置闲置土地 21.67 公顷；强化储备土地监管，全区 17.5 平方公里国有储备土地管理规范。妥善承接地名行政执法，完成地名命名核准 99 项，高标准落实第二次全国地名普查补录工作，补充设立 1123 条道路标识牌，补设总量占全市三成。按照区委区政府要求，牵头承接地面坍塌管理职能，全年处置地面坍塌事故51宗，6个项目列入重大安全隐患地面坍塌治理项目，其中3个完成主体施工，1个完成60%，2个已开展前期工作。

【规划编制】2017年，深圳市规划和国土资源委员会宝安管理局立足长远，前瞻规划，抢抓粤港澳大湾区、广深科技创新走廊和城市总规修编等重大战略机遇，谋划提升宝安在湾区发展中的定位，宝安发展思路进一步清晰，辖区蓝图进一步绘就。全力对接城市总规修编，推动湾区核心重大战略布局在新一版城市总规划中基本落实，宝安中心区和新安、西乡纳入全市都市核心区，西部门户上升为市级城市中心，密度分区全面提升，机场东高铁枢纽纳入国家铁路体系核心节点，大湾区发展的集结号已经吹响。全面衔接广深科技创新走廊规划，高质量完成107时尚商务带立体空间规划成果深化。助力新一轮街道发展战略，编制完成航城、福海、新桥3个新设街道综合规划，深化完成滨海风情小镇、金蚝美食文化小镇规划。补齐市政规划短板，编制完成《海绵城市试点详细规划》《综合管廊详细规划》。加强海洋环境规划，启动《空港新城近岸海域生态环境演变规划及治理对策研究》。以轨道四期规划编制为契机，全力协调轨道规划，推动新增部分轨道站点，强化轨道服务功能，争取到13条地铁线列入全市轨道规划，地铁总里程230.9公里，居全市第一，全区轨道规划成网成环。贯彻落实“提升城市建设品质”行动，积极参与国际会展中心、互联网+未来科技城等重大项目方案设计，高水平完成滨海文化公园、工人文化宫建筑设计招标，全力指引大族智造基地、怡亚通大楼、中意智慧大厦建筑设计，打造传世经典地标；精细化规范公共空间设计，完成配建式公共空间设计研究，开展“双宜小村”品质提升规划研究，推动打造连片创意品质空间。

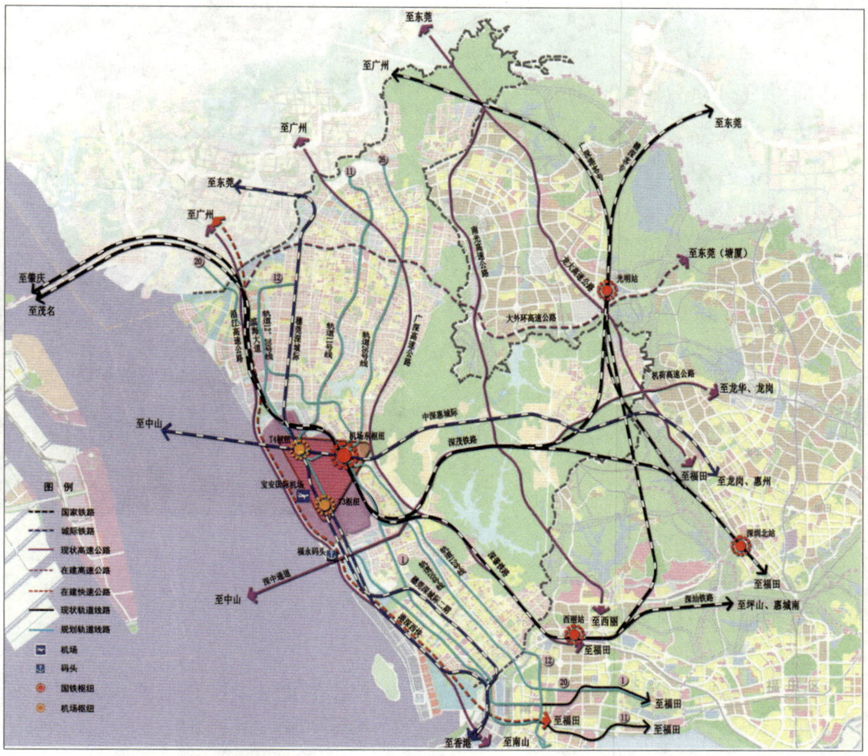

机场东“六位一体”交通枢纽关系图

【盘活土地资源】2017年，深圳市规划和国土资源委员会宝安管理局坚持多措并举盘活土地资源，破解空间瓶颈，全年完成土地出让99宗157.72公顷，地价收入71.06亿元。完成亚太卫星、鹏鼎总部用地和滨海文化公园（一期）配套商业等一批重大项目用地出让，提前编制互联网+未来科技城用地出让工作方案。兴益、领亚2宗3.87公顷保障性住房项目落地；用地供应实现向产业、民生精准配置，全年产业、公共服务及市政基础用地总面积145.5公顷，占比92.2%。启动修订非农建设用地管理办法，大力推进社区土地资源释放，全年推动开发利用30.05公顷非农建设用地。持续推动“农地”入市，新增石岩祝龙田“农地”入市项目。以高度政治责任感推进征返地落实，彻底偿还占全市37.5%的127.3万平方米征地历史遗留欠账；推动解决深中通道侧接线涉及三围海洋城项目征返地安置用地问题、三围村等191亩历史遗留问题。发挥总指办职能优势，全力推动空间拓展，全年建设用地清退161公顷，完成7.5平方公里地籍调查和土地总登记，拆除消化违建面积707.084万平方米，盘活未完善征转地手续、未建设空147.3公顷，清理被违法占用和存在权属争议的政府储备土地43公顷，各项行动超额完成任务。

【服务民生工程】2017年，深圳市规划和国土资源委员会宝安管理局充分发挥公共项目“全链条、一站式”审批的制度优势，全力服务辖区建设，着力补强基础配套，全年审批公共项目222项，民生保障更加有力。提前介入、贴身服务民生工程，推动宝安区人民医院整体改造等10个医院、深圳市第十三高级中学等21个学校、宝安音乐艺术中心等9个文体设施建设，拉动固定资产投资近300亿元，建成后预计新增1.32万个学位、1.22万个床位。完成6号线、12号线、13号线选址约41.5公里；推进桥兴路等主次干道22条、支路34条建设，审批方案设计54公里。完成消防站选址17座；协调推进220kV乌石岗变电站等12座变电站建设；完成凤凰山综合车场选址落地。专人负责配合辖区推进茅洲河流域、铁石片区、前海湾片区、大空港片区四大片区水环境整治，积极协调黑臭水体、内涝整治，审查审批项目100余个，落实3个污水处理厂用地60公顷，审批管线总长度368公里。

【安全生产与信访维稳】2017年，深圳市规划和国土资源委员会宝安管理局全年共接待上访群众71批158人次，受理信访案件153宗、电子信访112件次、信访咨询电话720件次；参与市、区群体性上访事件处置6宗，立新湖花园、幸福港湾及宝安中心区图则调整等重大信访维稳事件妥善化解。共办理人大、政协和党代表建议提案140件，按时办结率和答复满意率均为100%。（吴沁沁）

附：2017年深圳市规划和国土资源委员会宝安管理局领导成员名单

局　长：刘义刚（5月起）

副局长：吴少芬　刘维明

施　彤（11月起）

违法建筑查处

【概况】2017年，为破解城市发展难题，市委市政府实施城市治理质量战略部署，计划拆除消化违建2200万平方米，其中宝安全年须拆除消化违建669万平方米，占全市任务的30.5%，任务总量居全市第一。宝安区委区政府高度重视，实施“669工程”战略，将任务自我加压至714万平方米。宝安区土地规划监察局按照区委区政府部署，坚持抓大事、破难事、攻难关，以硬措施、硬手段、硬作风全面打响违建治理攻坚战，深入推进“查违攻坚”专项行动和“669工程”，严控新增、清拆整治一大批违法建筑，推动“控新增、减存量、保安全”等各项重点工作落实。根据市查违办通报，2017年宝安区通过城市更新、土地整备、建设用地清退、执法拆除、完善手续和其他方式共拆除消化违建726万平方米，超额完成年度拆除消化违建任务。

2017年6月14日，新桥外环高速用地清拆现场

【严控违建“零增量”】2017年，宝安区土地规划监察局健全宝安智慧网格化巡查机制，狠抓巡查防控，在4833个微网格上细分出124个查违格，按照市规划土地监察巡查机制，全面落实违建移动巡查，重点加强节假日期间违建监管力度，全年出动执法人员12.48万人次，巡查违建14.56万栋次。短平快查处新增违建，落实严查严控“1+1”文件精神，坚持以拆促控、拆字当头，对违法抢建实施“四清两断”“径行拆除”，全年拆除处置违法动工项目113宗。凝聚社会监管力量，畅通24小时举报投诉电话，开通规划土地监察官方微博微信（9月上线），发布查违动态微博48条，微信文章31篇，在省市区媒体宣传152次，全年接待群众上访45批次，对各类违建线索第一时间核查处置到位，形成违法建设全社会共同治理的良好氛围，顺利实现违建零增量目标。

【违建“减存量”落实】2017年，宝安区土地规划监察局将拆除消化违建714万平方米（市下达任务为669万平方米）作为政治任务，按照“数字化、表格化、责任化”方法论谋划部署，将全年任务指标细化为2598项查违任务，逐一落实到区领导、街道和部门、具体责任人，区、街道和社区层层签订责任书，明确一把手为拆除消化违建第一责任人。统筹督导相关部门和各街道合力攻坚，以滚石下山的气势开展10个街道违建集中拆除行动41次，拆除违建449宗149.78万平方米，攻克包括福永怀德服装城、航城聚豪高尔夫球场在内的面积超1万平方米的大型违建28宗，有力支持社区经济转型或重大项目落地。集中大拆除行动掀起一场场拆违风暴，成效显著，引得其他兄弟区取经学习。俯下身子解决实际问题，10月，局领导班子赴10个街道开展“如何更好完成669工程任务”专题调研，详细掌握各类拆除消化手段存在的困难，深入研究解决思路和措施；11月启动“冲刺60天，决胜669”专项行动后，全区平均每天拆除消化违建5万平方米，成效显著。在区委区政府坚强领导下，全区上下勠力同心、迎难而上，全年拆除消化违建726万平方米，得到市委伟中书记批示肯定。

【违建管治专项行动】2017年，宝安区土地规划监察局落实违法建筑全面管治专项行动，统筹相关部门推进既有建筑消防、质量安全“两个纳管”，对控停违建、山边附近违建等重点区域重点违建开展排查。组织开展“保安全”专项行动，拆除整改厂房改公寓违法建设项目201宗12.65万平方米，拆除屋顶铁皮棚违法建筑368宗13.79万平方米，排查发现并整改违法违规零星装修166处，实现对安全隐患排查全覆盖、整改零容忍。

【查违攻坚】2017年，宝安区土地规划监察局务实担当、敢于碰硬，对2009年6月2日之后新增的非法占用一级水源保护区红线的23栋3.43万平方米违建全部拆除处置完成，抽调8名骨干全脱产一线办公，入户谈判812次，对50余名违法当事人追究法律责任。以硬作风打响治水提质攻坚战，党员干部挑灯谈判、连夜攻坚，数次顶着台风极端恶劣天气赴惠州找寻违建当事人，确保案件执法到位；积极配合黑臭水体治理工作，10天内拆除10条黑臭水体红线内全部违法建筑10.1万平方米，得到市委书记王伟中批示肯定。坚持查违工作硬手段，全年清理被非法占用的政府储备地31.51万平方米，完成市考核年度任务；拆除处置过期临建22宗，拆除市督办重点案件14宗，拆除处置机场净空区超高违建17宗。

【住宅建设“互联网＋政务服务”推进】

2017年8月30日，市委督查室副主任黄培鹏率队的专项督查工作组到宝安对市85宗重点违建案件拆除情况实地督查

2017年，宝安区实现原村民非商品住宅建设“一户一栋”和临时建筑网上咨询、查询、办理。年内，全区收到原村民非商品住宅建设申请237份，批准92份；收到临时建设申请28宗，同意核发《深圳市宝安区临时建设工程规划许可证》4宗。

【土地规划事权工作】2017年，宝安区土地规划监察局做好临时用地审批、重大土地违法案件执法等8个事权承接工作，研究制定一批政策和业务规范，确保下放权力“接得住、用得好”。 （钟奇兵）

附：2017年宝安区土地规划监察局（查违办）领导成员名单

局长（主任）：陈　健

副局长（副主任）：关　俭　黄国青

城市规划

【概况】深圳市宝安规划设计院是1994年经宝安区政府批复成立，隶属于区政府、实行企业化管理的副处级事业单位，是集城市规划、市政工程、建筑工程、园林景观设计与咨询于一体的综合设计院，是中国城市规划协会和中国城市规划学会会员单位、深圳市规划学会常务理事单位和深圳市勘察设计协会理事单位。宝安规划设计院的设计资质为：城乡规划编制甲级，市政行业（道路工程）专业甲级，市政行业（给水工程、排水工程、桥梁工程）专业乙级，风景园林工程设计乙级、建筑工程设计乙级、土地规划机构乙级。院内设办公室、总师室、市场开发部、城市发展研究中心、规划设计一所、规划设计二所、规划设计三所、道路交通设计所、市政公用设计所、建筑景观设计所、综合设计所11个管理及生产部门。各专业技术人员配备齐全，技术力量雄厚，现有职工130人，技术人员108人，其中中级以上职称72人，各类注册人员28人。

【规划设计项目】2017年，宝安规划设计院紧抓宝安全面实施街道发展战略、开启强建设大发展新时代的历史机遇，加强与各街道、区直部门沟通联系，积极拓展业务，提供技术咨询服务。全年新签设计合

亚太卫星通信运营大厦效果图

同 152 项，合同额达 8348 万元。主要项目：燕罗街道综合规划、沙井街道发展规划（2017—2030 年）、新桥街道中心片区概念规划及城市设计、宝安区“双宜小村”总体实施计划（2018—2020）、宝安区学校建设发展规划（2017—2030 年）、宝安街道产业规划暨三年行动方案（2018—2020）——松岗新桥沙井、宝安区“十三五”人才住房和保障性住房筹集实施规划研究、江碧环境生态产业园综合规划、深圳市总体规划编制宝安区技术服务、茅洲河一河两岸概念规划、巨龙谷智慧农业园概念规划、银田工业区综合整治项目提升规划研究、宝安区铁仔山西北及周边城市更新片区规划研究、洪田工业区及周边城市更新片区规划研究、西乡三围海洋城地块图则调整研究、松岗街道重点更新片区布局规划研究、松岗街道西北门户地段规划研究南太云创城西区城市更新单元规划、石岩街道长城路西侧工业区城市更新单元规划、西乡街道塘西工业区城市更新单元规划、宝安区宝华森工业园复合式城市更新单元规划、松岗山美横路工业区更新单元规划、107 时尚商务带航城段西南片区规划研究、宝安区社区消防布警点建设实施规划、新桥街道社区市政规划设计及 2017 年度社区市政配套工程技术服务、福围社区综合改造工程、宝安社区给水管网改造工程（五期）设计、福永街道消火栓建设及改造工程（设计）、新桥街道长流陂松岗潭头一级消防站建设工程、宝安区水务工程项目管理服务、宝安区城市更新规划咨询服务、宝安区地质灾害和危险边坡安全隐患整治工程项目技术服务、宝安中心区规划建设咨询审议及技术咨询服务、区拓展空间保障发展十大专项行动技术服务。

【规划设计品牌建设】2017 年，宝安规划设计院将 2017 年定为院“品牌提升年”，研究制定《宝安规划设计院“品牌提升三年行动”实施方案》，号召全院上下，通过三年持续发力，将该院建设成深圳设计行业有影响力的一流规划设计院。打造设计“品牌项目”，要求每位总师挂帅 1 个“品牌项目”，精心指导，确保质量优秀，全年获市优二等奖 1 项、三等奖 4 项；强化质量管理实效，制定质量管理审核奖惩办法，强化过程督查，确保质量管理的实施、持续改进；着力技术服务提升，重点项目与院外优秀团队合作，为解决宝安城市规划建设深层次的问题提出高水平、高质量、切实可行的方案；加强对外宣传力度，以宝博会上成功承办宝安创新产业空间发展高峰论坛为契机，首次在宝安日报上向社会展示该院的技术优势以及扎根宝安 22 载、为区城市规划建设方面所做的工作。

【规划设计人才培养】2017 年，宝安规划设计院为增强院内专业技术人员的业务素质，提升设计能力，开阔视野，积极搭建培训交流平台，全年培训交流总数达 332 人次。参与行内专业培训，组织注册规划师、建筑师、结构工程师 10 人次继续教育选修 / 必修课学习；收集行业协会、区直部门等外部培训信息，组织相关人员参加顺应新常态的深圳规划实践与探索等专业讲座交流学习 46 次；选派总规划师参加住建部举办的 2017 年第一批“十三五”万名总师培训、组织部分中层以及以上管理人员参加勘察设计企业“人力资源管理能力提升”培训；组织技术骨干参加行业学会举办的中国规划年会、城市交通规划年会、女规划师年会等；加强自主培训，开设以“案例分享”为主题的总师课堂，组织全员参加质量管理体系换版培训，邀请市委党校教授进行公文写作与处理、沟通的技巧等素质提升培训。年内，晋升高级职称 6 人，中级职称 5 人。

（李 敬）

附：2017 年深圳市宝安规划设计院领导成员名单

院长、法定代表人：戴国强

中心区规划建设

【概况】2017年，宝安区中心区规划建设办公室围绕市、区重点工作，强化规划引领和统筹协调，着力提升城市品质，加快设施建设，加速创新型总部项目集聚，积极服务“湾区核心、智创高地、共享家园”建设，积极推动各项工作取得新发展。

【中心区规划设计】2017年，宝安中心区规划建设办坚持高标准规划，提升区域品质。借鉴国际先进城市的成功经验，完成滨海地带城市设计、创新型企业总部基地详细规划设计，有效指导中心区高水平建设和精细化管理。按照“地上地下”统筹规划思路，编制完成综合交通、地下空间、公共空间环境等专项规划设计，为提升中心区城市空间品质提供强有力支撑；按照“国际标准、国内领先”的要求，组织编制《中心区景观提升设计标准》，计划分期对中心区道路景观实施提升建设，实施中心区门户节点、景观路工程二期、都市绿环；完成《宝安中心区滨海水环境整治（大铲湾）凸堤开口方案研究》，全力推进区域生态水环境规划建设。

【中心区开发建设】2017年，宝安中心区规划建设办稳步推进重点区域重大项目和市政基础设施建设，获得重点区域年度绩效考核全市第一。全年建设项目48个，完成投资148.8亿元，投资完成率100%。2014年至2017年累计完成投资431.7亿元，名列全市重点区域前三。公共服务设施逐步完善，区城市规划展览馆、青少年宫竣工投入使用，幸福养老公馆竣工，受到各界人士的一致好评。滨海文化公园开工建设，深圳书城湾区城完成概念设计方案。社会投资项目建设加快，近3年在建的总投资超10亿元的社会投资项目共19个。其中，壹方中心、卓越宝中时代广场落成投入使用。

【产业布局发展规划】2017年，宝安中心区规划建设办坚持集聚发展，促进产业结构优化。完成中心区产业布局发展规划，重点引进和发展战略性新兴产业、现代服务业、创新型先进制造业总部。完成宝安中心区未出让用地策划，制定合理的开发模式和出让时序，将地块分为6个组团、4个阶段，由北向南，由中轴向两翼延展，带动低价值地块逐步提升。每阶段均预留部分优质地块，为未来高端总部项目提供发展空间。农商行、易尚、中意、怡亚通、亚太卫星、鹏鼎等6家总部项目落地并陆续开工建设，还有多家优质企业申请入驻。通过对企业的调研评估论证，初步完成信立泰、vivo、平安不动产等多家优质总部项目预选址和遴选方案。

【规划建设管理】2017年，宝安中心区规划建设办始终把加强自身建设放在重要位置，坚持民主集中制，严格实行集体领导，科学民主决策，依法、规范行使好职权。中心区规划建设管理领导小组办公室和开发建设分指挥部办公室设立于中心区规划建设办，为确保各项工作落实到位，进一步健全完善分指挥部责任落实和目标倒逼工作机制，协调开发建设中的问题。年内，召开25次分指挥部会议，及时解决滨海文化公园、农商行、中意、鹏鼎等项目开发建设中的问题近50项。承接市、区2017年人大建议、政协提案和区党代表提案和意见建议8件，均按规定程序办理完成。负责区六届二次党代会报告重点工作13项，“序畅宁绿洁美”行动工作任务3项，相关工作按计划正常推进并取得成效。

【规划建设信息宣传】2017年，宝安中心区规划建设办主动公开党政信息，努力探索宣传手段，为中心区规划建设工作提供有力的精神动力和舆论支持。主动公开信息总数近百条，与宝安日报、深圳特区报等多家媒体合作，全方位、多角度宣传规划建设工作成果和经验方法，有效提升社会影响力。

（谷菁菁）

附：2017年宝安区中心区规划建设办公室领导成员名单

主　任：邹建华

副主任：戴宗辉（10月止）　江　晖

土地整备开发

【概况】2017年，宝安区土地整备局完成土地验收入库3.72平方公里，圆满完成市下达的年度3.65平方公里整备任务；通过土地整备方式消化拆除违建98万平方米，超额完成91.97万平方米的年度任务；全年共拆除房屋99.86万平方米（包括永久性建筑80.86万平方米、临时建筑19万平方米），移交施工作业面550万平方米，完成补偿资金18.7亿元。

【土地整备制度建设】2017年，宝安区土地整备局落实强区放权改革，下放事权有效承接。编制宝安区土地整备地块验收移交入库工作规程，规范强区放权后宝安区土地整备验收、移交、入库等相关后续管理工作。修订区征地拆迁及土地整备指挥部会议议事规则，完善房屋征收工作的决策和审核程序。建立完善土地整备“1+N”规则体系，出台土地整备工作操作规程和利益统筹政策操作规程。制定完善土地整备资金支付管理办法等10项业务管理制度，加强整备业务的统筹规范管理。积极探索创新，工作效率有效提升。针对工作中的问题，深入调研提出一系列创新工作是开展重大疑难问题处置机制研究，筹建宝安土地整备及房屋征收工作专家顾问库。针对补偿标准低、补偿方式单一问题，提出在推进安置房规划建设同时，通

2017 年 3 月 15 日，宝安召开全区土地整备工作会议

过指导评估机构创新评估技术路线适当提高补偿标准。针对当前征拆推动难度大的问题，提出从城市二次开发政策体系中找出路，建立房屋征收和城市更新、棚改项目的工作衔接机制。

【重点项目土地整备】2017 年，宝安区海诚工业园和江碧环境园两大重点项目整备工作顺利完成，有效保障重大产业按期落地。塘下涌、山门消防站移交全部施工作业面。宝安人民医院整体改造工程（二期）项目整备工作顺利完成，拆除建筑面积 7 万平方米。福永英管山一期（怀德中学）项目整备工作完成，二期整备项目实施方案编制完成。福永人民医院扩建（二期）、沙井人民医院扩建（二期）、T4 航站楼、海上田园等一大批卫教产业项目顺利推进。加强重点项目土地整备工作。宝安区征地拆迁难度较大，工作量大面广，区土地整备局会同街道通过攻坚克难，轨道、道路、卫教、产业等一大批项目取得重大突破，有效保障省市重大项目的用地需要。水务方面，市区高度关注的茅洲河等十大黑臭水体征拆工作在区委区政府的强力推动下，攻克排涝河、衙边涌私宅拆除、塘下涌码头、碧头沙场等一系列土地征转难题，拆除房屋 12.9 万平方米，提供作业面 89.9 万平方米，圆满完成征拆任务，为全区水环境综合整治工程建设打下坚实基础。国家环保督查项目铁石水库一级水源保护区土地整备项目全面开展花木场清理。轨道交通方面，轨道 6 号线运用综合手段有效破解聚豪酒店、溪头花苑、塘丽一路、水田实验学校等 4 大征拆难点，拆除面积 12.13 万平方米，顺利打开全线 6 公里红线范围内施工面。穗莞深城际线上半年就完成沿线全部房屋征收工作，下半年妥善解决可能影响宝安区 GDP 达 160 亿以上的高压线迁改工作。北车基地项目移交全部作业面，拆除建筑面积 12.62 万平方米。轨道四期项目轨道 12 号线顺利开工。轨道 13 号线启动前期工作。道路方面，外环高速 72 个重点节点问题妥善解决 70 个。其中涉及南山区遗留达 10 年之久的南头城购地问题，通过区主要领导多次协调得以解决；涉及巨大房屋拆迁量的沙四段通过创新利益统筹方式顺利拆除，全线共拆除建筑面积 21 万平方米，提供施工作业面 188.98 万平方米，全线 13.45 公里 5 个标段全面进场施工。沿江高速（二期）拆除 5.3 万平方米，提供施工面 116 万平方米，超额完成省考核任务。市重点督办的塘头罗田 2 个收费站仅用半年时间完成征拆并提交全部施工作业面，保障高速公路收费站按期施工。

【违法建筑空间管控与土地整备利益统筹专项行动】2017 年，宝安区违法建筑空间管控行动顺利推进。违法建筑空间管控专项行动是区十大专项行动之一，旨在通过城市更新、土地整备、农地入市、非农指标落地等政策，将原农村集体未征未转空地纳入合法化、规范化处理范畴，消除违法建筑产生根源。区土地整备局会同街道坚持目标导向、问题导向，开拓思维，多渠道创新，克服工作难度大、政策

2017 年 4 月 20 日至 21 日，宝安区土地整备局组织开展业务培训

瓶颈多等一系列困难，完成147.66公顷未完善征转手续的土地清理，完成率124%；完成土地移交120.02公顷，完成率100.8%。土地整备利益统筹试点工作全面展开。为落实公共利益项目，实现产业升级，区土地整备局会同街道，积极探索创新，综合运用规划、土地、产权等政策，按照“重点办结一批，重点推进一批，重点发动一批”的工作思路，全面推广利益统筹试点项目，有效破解江碧环境园、垦岗医院、大族激光等重大项目土地整备工作难题，同步开展覆盖面积约1448.14公顷的16个土地整备利益统筹项目，编制完成利益统筹方案覆盖面积246.5公顷，完成率107%；完成土地移交24.47公顷，完成率106%。（张 雯）

附：2017年宝安区土地整备局（轨道办）领导成员名单

局　长：彭　涤

副局长：彭浪燕　潘子斌　黄伟文

副处级干部：张首伟

住房保障和建设管理

【概况】2017年，宝安区住房和建设局紧紧围绕“基层治理质量年”主线，紧盯安全、稳定、环保和廉政四大目标主动作为，聚焦住房保障和建设管理两大主业攻坚克难，各项工作取得良好成效。六大任务圆满完成。保障性住房筹集供应100%完成。管道燃气入户改造项目100%推进。既有建筑专业排查100%完成。建筑劳务工实名制和工资分账制100%落实。物业专项维修资金100%追缴。扬尘防控措施100%落实。六大难题有效破局。38、39区棚改项目推进速度快、建筑科技新、公益属性强，形成可复制、可推广的宝安模式。以“红黑榜”制度为突破口，强化施工、燃气、物业等行业诚信管理，行业风气明显改善。通过季度性综合大检查、百日亮剑，大整治、领导挂点督查、媒体公开曝光多措并举压实企业主体责任，在监工地实现零死亡。科技应用显成效，BIM技术和装配式建筑均实现零突破。建废处置资源化，建成1家建筑废弃物固定处理厂，8个项目实施移动式现场处理。综合管廊建设新增开工项目9.51公里。六大效能明显提升。党建进物业、进工地等工作强力推进，“简化租赁房屋鉴定备案手续”入选南都“马上办”年度红榜。科学规划助推发展，制定出台住房保障、管道燃气入户及地下综合管廊建设3个规划。工程招标择优竞价机制初步建立，小型工程预选承包商库作用初显。整合住房保障事务中心，机构设置更加优化。智慧管理进展顺利，城建档案查询和既有建筑排查2项微信业务全市首创。基层治理扎实有效，共对108个“村改居”小区实施以奖代补。

【住房保障制度建设】2017年，宝安区认真贯彻落实党的十九大关于住房工作的部署，坚持“房子是用来住的、不是用来炒的”定位，加快建立多主体供给、多渠道保障、租购并举的住房制度。编制出台人才住房和保障性住房“十三五”规划，制定棚户区改造实施办法和工作指引，统筹建立棚户区改造前期服务商和实施主体预选库，加快完善符合宝安住房保障工作实际的制度体系及工作规范。

【房源建设筹集】2017年，宝安区加大全区统筹力度，充分发挥各街道、区直单位的积极性和人才安居公司的主力军作用，通过城市更新、产业园区配建、棚户区改造、城中村综合整治等多措并举，千方百计拓宽房源筹集渠道。38、39区棚户区改造项目刷新深圳速度，实现当年立项、当年动工，成为全市首个开工的棚改项目。全年新开工及筹集人才住房和保障性住房16499套、供应5072套，分别是“十二五”总量的1.21和4.49倍。

【住房租售和后续管理】2017年，宝安区住建局受理日常轮候申请15889户，受理量位居全市第一，比上年增长18.35%。面向轮候家庭、重点企事业单位、紧缺及重点人才群体配租住房4455套，增长365%，5人以上轮候家庭实现应保尽保。抓好运营及后续管理，招标组建“维修工程预选承包商库”，投入445万元完成20个保障房项目维修；全年共收取18个项目7250套保障房租金2914万元；加大违规行为稽查力度，入户走访2711户，发放整改通知书80份；开展入住项目安全检查100余次，发放整改通知书20份。

【房改政策执行】2017年，宝安区住建局办理房改审批800余宗；审核新增发放房改住房补贴1500人；办理房改房产权转移登记140套；申报安居房建档138套、取得全产权104套；办理产权及资料变更38套；申办政策性住房补差15套、退房6套；签订魅力时代经济适用房补充协议75份；发放廉租住房补贴50.8万元、高层次人才住房补贴325.8万元。

【建设品质提升】2017年，宝安区住建局以国际一流湾区城市为标杆，协同各单位落实30条具体举措，匠心打造城市建设精品。深入开展工程管理提升行动，全力以赴创品质工程、平安工程，建智慧工地、人文工地。全年办理工程质量监督登记242项，总建筑面积204.54万平方米，总造价211.03亿元；办理竣工验收备案150项，总造价85.54亿元。

【建筑科技应用】2017年，宝安区住建局大力提升住建队伍科技和人文素养，聚焦海绵城市、BIM技术、装配式建筑等，组织开展观摩、培训及交流活动20余次。区工程质量检测中心顺利通过中国合格评定国家认可委复审，检测技术支持及服务保障能力有

2017 年 3 月 23 日，宝安区举行管道燃气入户工程 2016 年试点项目通气暨 2017 年入户工程集中开工仪式

效提升。对标先进抓好新技术、新工艺和新标准的实战应用，宝安人民医院整体改造工程（二期）率先全过程应用 BIM 技术，万科星城上郡项目和万科星城华府项目顺利通过装配式技术认定，全年开工装配式建筑项目 3 个，建筑面积 19.09 万平方米，实现装配式建筑零的突破。

【绿色建筑发展】2017 年，宝安区住建局推进建筑节能宣传进工地、进小区、进机关工作，加强建筑节能和绿色建筑施工图设计文件抽查，推动绿色建筑标识认证显著提升。年内全区新增绿色建筑评价标识认证项目 45 个，面积 214.72 万平方米。其中，获得国家二星级或深圳市金级以上标识项目 7 个，比上年提升 25%；泰华梧桐岛项目荣获广东省宜居环境范例奖，全市仅 4 个项目获奖，在宝安属首例。

【综合管廊建设】2017 年，宝安区住建局编制《宝安区综合管廊建设十三五规划》和五年滚动计划，完成 9 个项目详细规划编审，并全部落实项目主体。加强协调联动，先后组织召开会议 60 余次，扎实做好中心区海澜路等 7 个项目前期工作，纵深推进空港新城启动区项目，空港二期项目顺利开工，综合管廊考核再次位列全市第一。

【施工安全监管】2017 年，宝安区住建局认真贯彻落实习近平总书记关于“发展决不能以牺牲安全为代价”的重要指示精神，探索建立“市—区—街道”三级联动和“巡、拨、办、督、曝、析”机制，倒逼建筑企业落实安全主体责任。以“红黑榜”制度为突破口，开展“十百千万”系列宣传教育活动，通过季度性综合大检查、“百日亮剑”大整治、第三方诊断排查、领导挂点督查、红色警示、顶格处罚、媒体公开曝光等举措，全力清剿各类施工安全隐患，全年共出动检查人员 2328 人次，检查工地 529 项次，消除隐患 1478 处，区管在监工地实现零死亡。

【既有建筑纳管】2017 年，宝安区住建局在组织各街道对全区 15.4 万栋既有建筑质量安全状况全面排查的基础上，公开招标选定 18 家专业机构深入开展专业排查，选定 2 家督导机构全程跟踪督导，共完成 11.5 万栋建筑的专业排查。与此同时加强培训，抓好排查信息分类录入，建立既有建筑全生命周期信息化管理平台，推动实现信息化纳管。牵头制定《宝安区厂房改造工程管理暂行规定》和《宝安区老旧商品房住宅小区综合整治和后续治理方案》，建立相应工作流程和指引，统筹协调开展专项整治，全面消除“房中房、厂房改公寓”等重大安全隐患。

【物业行业管理】2017 年，宝安区住建局坚持“制度＋科技＋责任”，进一步理顺业主、业主大会、业主委员会、物业服务单位以及建设单位之间的关系，强化政府在物业管理中的指导和监督作用，维护物业管理各方合法权益。开展物业管理矛盾纠纷排查，着力化解物业服务收费、业委会换届选举、停车场权属等纠纷，确保行业和谐稳定。推进物业管理全覆盖，探索实施“村改居”物业小区“以奖代补”，推动全区 992 个小区实现物业管理全覆盖。加强物业专项维修金日常监管，发放日常金缴存催办书 229 份，行政处罚物业企业 3 家，追缴历史遗留小区 20 个，缴存金额约 1.14 亿元。

【燃气供应保障】2017 年，宝安区住建局统筹推进实施 59 个老旧小区项目、4.3 万户管道天然气入户改造，其中松岗居乐苑等 3 个项目通气点火。另外 25 所学校、6 家医院食堂及 87 个餐饮场所的管道天然气入户改造项目通过发改立项。加快燃气基础设施建设，全年新增市政燃气管道 25.91 公里，管网覆盖率提升至 73.7%；新增管道燃气用户 3 万户，累计 28 万户；新增瓶装燃气供应站 4 个、服务点 8 个，年内全区共有燃气供应站点 545 个。

【燃气安全管理】2017 年，宝安区住建局深入开展燃气行业安全大检查，常态加强监督巡查，共检查燃气站点 1399 家，发出《现场整改意见书》70 份，整改安全隐患 156 宗，行政处罚 1 宗。督促管道燃气企业抓好燃气管线安全保护，排查整治隐患 4 宗；依法查处第三方施工损坏燃气管道案件 1 宗。全面深入抓好燃气安全宣传培训，突

2017 年 4 月 18 日，宝安区工程管理提升行动启动

出宣传提醒和入户安检，通过微信、电视、报纸、公交站台、公交车身等媒体扩大燃气安全宣传覆盖面，累计发放宣传资料 54.6 万份。

【建筑废弃物管理】2017 年，宝安区住建局强化余泥渣土隐患点整治，8 个 A 类项目完成主体工程建设及整治范围的复绿工作，12 个 B 类整治项目基本完成主体工程。推进建筑废弃物综合利用，西部沿江新城建筑废弃物综合利用厂投产试运营，新桥街道黄浦社区金鱼场工业区城市更新、宝安区人民医院（二期）扩建工程等 8 个项目实施移动式现场处理，全年累计综合处理建筑废弃物 109.28 万吨、工程弃土 30.8 万立方米，分别完成年任务的 182.13% 和 102.6%。

【工程招投标监管】2017 年，宝安区住建局修订《宝安区建设工程项目招标代理机构监督管理办法》，开展招标代理履约评价，发布“招标代理履约评价红黑榜”，进一步加大对招标代理机构监管力度。制定出台《宝安区建设工程招标工作规则》，组建小型工程预选承包商库，强化廉政风险防控，提高招投标效率。制定出台《宝安区建设工程招标入围和定标工作指引》，实施招标人负责制，推动招标市场与施工现场“两场”联动，实现工程招投标从抽签随机向择优竞价转变。

【建筑劳务市场管理】2017 年，宝安区住建局 100% 推行建筑劳务工实名制和工资分账制管理，将落实“两制”管理作为项目施工许可前提条件，上线运行“两制”管理平台并与市住建局对接，139 个项目初步实现市、区实时动态监管。组织开展“清欠保支”大排查大整治行动，严厉打击违法违规行为，查处违法分包和未取得资质证书擅自承接业务案件各 1 宗，调处建筑工地劳资纠纷 26 宗，涉及劳务工 641 人，涉及金额 881 万元，比上年下降 57.38%。

【住房建设综合服务】2017 年，宝安区住建局坚持“解决思维”和“链条打法”，推动整体效能和综合服务实现新提升。加法做强造价监管，减法简化预算审核，2017 年完成工程项目预、结算审核 2237 项，金额 254 亿元，核减 10.77 亿元，审核金额同比增长 35%。智慧住建综合监管系统上线运行，在“筑美宝安”微信公众号开通城建档案查询、既有建筑排查 2 项便民业务，“简化租赁房屋鉴定备案手续”入选南都“马上办”年度红榜。工程招投标备案实现网上办理，工程质量监督登记等 6 个事项实行即来即办，开工报建、安全监督登记等 32 个事项审批时限至少压缩三分之一，平均审批时间从上年的 12 天缩减至 6 天。对全区 50 家建筑企业开展大走访、大调研和生产经营统计培训，主动服务了解企业需求。推动中交建、中电建、中建南方等大型建筑央企落户宝安，促进宝安建筑产业做大做强。

（李一松）

附：2017 年宝安区住房和建设局领导成员名单

局　　长：彭　颖

党组书记：戴鼎清

副 局 长：廖远滨　王慧婷　李玉仙

市政工程建设

【概况】2017 年，宝安区建筑工务局承接的政府投资建设项目共计 51 项，分教育类项目 27 项，其中提前介入项目 6 项，前期项目 8 项，在建项目 9 项，收尾项目 4 项；卫生类项目 4 项，其中在建项目 1 项，收尾项目 3 项；市政类项目 7 项，其中提前介入项目 2 项，前期项目 2 项，在建项目 2 项，收尾项目 1 项；公共建筑类 8 项，其中提前介入项目 3 项，前期 3 项，收尾项目 2 项；土地整备中心移交在建项目 1 项。全年累计完成工程投资约 12 亿元，全年累计完成招标 32 项，标底价 15.95 亿元，定标价 12.82 亿元，平均下浮率 19.62%。签订各类工程建设合同 76 份，合同价 13.05 亿元。全年 1 个工程项目完成结算审计，6 个工程项目完成决算审计。

【教育类政府工程项目】2017 年，宝安区建筑工务局进一步加强教育文体类政府工程建设。提前介入项目及前期

海秀路建设现场

项目工作进展情况。2017年提前介入项目有宝安区特殊教育学校、宝城39区九年一贯制学校，西湾小学、红树林外国语小学，宝城71、72区学校地下停车库、体育中心网球场改扩建6个工程。前期项目有宝安中心区N10区小学、湖南大学罗切斯特设计学院、海城小学、黄麻布学校、新桥小学、西乡中学综合楼、人大过渡校区装修改造、沙井中学文体楼8个工程。

主要项目进展情况。提前介入项目中，宝安区特殊教育学校、宝城39区九年一贯制学校、西湾小学、红树林外国语小学、宝城71、72区学校地下停车库5个项目的资料区教育局暂未移交该局，该局前期提前介入，加强与项目单位沟通，对于上述项目的设计、概算编制等工作提出相关意见，理顺前期项目移交工作，分清工作界面；体育中心网球场项目，该局提前介入，参与相关会议，对于工可研、匡算、概算、设计方案及初步设计图纸，均提出专业性意见。前期项目中，宝安中心区N10区小学建设工程原48个班方案的相关服务费用基本计清，并向区审计局送文备案和向区财政局申请支付，将重新开展60个班方案的前期用地报批、方案设计、造价咨询等所有前期工作；湖南大学罗切斯特设计学院深圳分院项目暂停，该局完成预算编制，并按照合同约定与各单位协商费用支付问题并向区财政局请款计费；海城小学、黄麻布学校、新桥小学、西乡中学综合楼、人大过渡校区装修改造、沙井中学文体楼等6个项目顺利完成施工、监理招标，并移交落地开工。

在建及收尾项目工作进展情况。2017年在建的项目主要有宝城71、72区学校，灵芝学校、黄麻布小学、海城小学、新桥小学、西乡中学初中部综合楼、宝安城市学校一期（人大过渡校区）装修改造、宝安中学集团外国语学校改造、沙井中学文体楼9个项目。灵芝学校工程按计划完成基坑开挖、土方外运、基坑支护、静压桩施工及地下室结构工程；黄麻布学校工程新建小学教学楼按期完工并投入使用，现正进行中学教学楼地下室底板施工；71、72区学校工程土石方工程基本完成，音乐舞蹈楼、一栋素质综合楼封顶，体育馆混凝土结构完成；新桥小学教学楼A区主体结构完成，进行室内墙体砌筑施工，教学楼B区正开展二层结构施工；西乡中学初中部综合楼工程2017年6月初开工，按计划完成基坑支护桩及工程桩施工，正进行开展地下室结构施工；人大过渡校区项目完成9栋老旧建筑物拆除、清理的工作，2栋改造装修工程完成水电预埋、门窗管道等安装工程，2栋临建工程完成结构施工；海城小学工程前期工作由原项目单位负责完成，因设计图纸中未能反映出场地内旧建筑承台、地梁和灌注桩，导致改变桩型的重大变更，致使进度延后2个月，于6月中旬复工。桩基基础施工完成，待完成桩基检测后开展地下室结构施工；沙井中学文体楼完成施工招标，抓紧时间办理施工报建手续；宝安中学集团外国语学校改造工程于2017年11月动工，进行施工区域围挡施工。完工及收尾项目有宝安职业技术学校（新校区）二批工程、宝安职业技术学校（新校区）周边配套工程、文汇中学体艺楼工、宝安区中小学生综合实践活动教育基地校舍安全工程4个工程。

【卫生类政府项目】 2017年，宝安区建筑工务局承接的卫生类政府工程建设项目共计4项。区人民医院（二期）整体改造工程，该工程是市、区重点工程，11月9日举行动工仪式，完成临建搭设、树木迁移、规划验线、试桩等工作并进行桩基检测；宝安区妇幼保健院新院降噪工程、宝安区预防医学大楼、宝安区中医院康复中心等3个项目，工程均竣工验收并移交管养单位。

【市政类政府项目】 2017年，宝安区建筑工务局承接的市政类政府工程建设项目共计7项，包括中心区景观路（二期）工程、海澜路与南坪二期连接通道—湖滨西路改造工程2项提前介入项目，中心区都市绿环绿化景观工程、通成路（铁仔山北麓—共和工业路）建设工程2项前期项目，中心区海秀路（新安一路—湖滨西路）延长段（二期）、空港新城启动区综合管廊及道路一体化工程、松福大道（沙井河桥）3项在建及收尾项目。

提前介入项目及前期项目工作进展情况。中心区景观路（二期）工程，本项目前期工作由区中心区规划办负责，该局提前介入，跟踪项目进展情况，协调项目存在问题，并对可研报告提出修改意见，协助区中心区办修改完善后报区发改局审批；海澜路与南坪二期连接通道－湖滨西路改造工程，该项目由区中心区办负责开展方案设计及初步设计，完成概算批复后移交该局负责施工图设计及后续工作。该局协助区中心区办完成勘察设计招标工作，并签订三方设计合同。设计单位开展勘察及方案设计工作。中心区都市绿环（宝源南路—金科路）段绿化景观工程，区中心区开发办公室于8月24日将该项目方案设计成果及相关前期资料移交该局开展初步设计工作，签订设计合同后，督促设计单位尽快完成初步设计、概算编制、施工图设计等工作，并同步开展造价咨询单位、施工图审查单位的招标工作；通成路（铁仔山北麓—共和工业路）市政工程，完成初步设计及概算编制、施工图设计，积极协调方案设计规划审批，同时做好可研调整准备工作。

在建及收尾项目工作进展情况。中心区海秀路（新安一路—湖滨西路段）新建工程，完成地铁监测、环境监理、水土保持监测、工程保险及燃气工程监理发包工作，签订合同6份，完成现场管线迁改、部分路段改建扩建及软基处理；空港新城启动区综合管廊及道路一体化工程，该项目包含19条市政道路，其中8条道路设置综合管廊。道路总长度为29.282公里，综合管廊总长度为16.92公里，总投资95.07亿元，EPC合同价70.78亿元。展览大道综合管廊工程（k0+300~k0+360段）于上年12月开工建设，完工，相关检测工作完成后即协调住建部门进行竣工验收。同时，区空港办于5月至6月陆续移交会展中心周边道路方案设计及选址批复后，该局沟通协调规土、住建、环水等多个部门，共同协作，充分发挥EPC模式的核心优势，其中海云路于2017年8月率先办理完成开工手续，会展中心周边其余道路也陆续开工；松福大道（沙井河桥）工程，沙井河桥涉及工程量不多，但由于施工期间要保证沙井河的通航，施工工艺只能采用非常复杂的挂篮施工方法，决定施工工序只能一步步进行，无法大幅度加快施工进度。另外由于河道内的桥梁桩基无法在一个汛期内完成，故桥桩的施工需要横跨两个汛期，对工期的影响很大。经过各方的共同努力，克服重重困难，提前在上年12月全线贯通，2017年6月全面建成通车，保证工程发挥最大的社会效益。

【公共建筑类项目】2017年，宝安区建筑工务局承接的公共建筑类政府工程建设项目共计8项，包括区养老院建设工程、宝安区四方公园景观提升工程、区残疾人综合服务中心建设工程3项提前介入项目，区政府办公楼中央空调冷冻水管保温维修改造工程、宝安1990升级改造项目（宝安老图书馆、文化馆、影剧院）、宝安公共文化艺术中心（博物馆、艺术馆、美术馆）工程3项前期项目，宝安中心区青少年宫工程、区质检大楼装修工程2项完工收尾项目。

提前介入及前期项目工作进展情况。宝安区养老院建设工程，区民政局为项目单位，该局提前介入，配合完成初步设计及概算报审，施工图审查，并开展预算编制工作；宝安区四方公园景观提升工程，区城管局为项目单位，该局提前介入，配合完成抽取招标代理单位、初步设计报审、概算报审、施工图报审、开展预算编制等工作；区残疾人综合服务中心建设工程，区残联为项目单位，该局提前介入，参加有关项目评审工作，就概算偏低问题委托咨询单位复核，提出相关意见供残联参考；区政府办公楼中央空调冷冻水管保温维修改造工程，区机关事务管理局为项目单位，接收项目前期资料后，立即开展项目后续工作，协调设计单位完成施工图设计工作，督促造价咨询单位完成预算编制工作，按照区重点工程建设指挥部工务专项工程工作会议纪要要求，将该项目与新三馆建设工程打包为一个项目进行招标及管理；宝安1990升级改造工程（宝安老图书馆、文化馆、影剧院）、宝安公共文化艺术中心工程，即新、老三馆项目，该局积极介入两项目前期工作，调研南山工务局及招商地产公司等相关单位，对项目单位主持完成的图纸、概算、预算认真审核，提出相关修改建议，并提出代建意向及代建方案，编制代建合同，并经区政府相关会议通过，新老三馆项目均签订代建合同。

在建及收尾项目工作进展情况。宝安区质检大楼装修工程，2017年1月开始进行工程施工，10月完成所有工程内容并完成初验，11月底实物移交区住建局进行二次装修。宝安中心区青少年宫工程，于7月2日举行落成典礼并进行各项专项验收工作。

【宝安区土地整备中心移交项目】2017年，西部沿江新城（一期）土地整备项目Ⅰ区竣工验收并场地移交，进行结算工作；尖岗山居住区卧龙四路市政工程除污水管和燃气管碰口和部分检测工作未完成外基本完成所有工程内容。此外，接收区土地整备局移交的35个完工待清理收尾项目，克服因项目历史久远、遗留问题多、原负责人员流走、资料散失等种种困难，以认真、负责、谨慎的态度做好项目清理工作，完成5150万元的工程款项支付，积极解决土地整备中心历史遗留问题项目。

【审计及历史遗留工程项目】2017年，宝安区建筑工务局配合区审计局完成对宝安职业技术学校的结算审计，完成宝安中小学综合实践活动教育基地校舍安全工程、宝源路（二期）市政工程、宝安区市民素质教育学校、文汇中学体艺楼、中医院扩建、中医院康复中心6个项目的决算审计。还对大约300个建筑工务局历史遗留工程进行两次梳理，梳理后经过上会研究讨论，确定上报发改局历史遗留工程项目 21 个。

【政府工程管理】2017 年，宝安区建筑工务局树立精品意识，狠抓质量管理，全力打造优质工程。严格按照建设法律、法规办事，加强工程承包管理，要求勘察、设计、施工、监理等单位不得以任何借口降低工程质量标准；实行项目经理负责制，建立“项目经理—科室负责人—分管局领导—局长”四级管理链条，确保工程质量管理落到实处；强化项目前期的提前介入，重视项目后期的移交管理，与相关单位一起密切协作、联合推进工作，确保项目建设衔接合理、推进顺畅；全面加强现场管理，加强对设计、施工、监理等参建单位的管理，明确参与政府工程建设各方的主体责任，并通过实行约谈警示制度、合同履约评价制度等进一步强化参建单位责任意识；积极探索招标工作创新，在区人民医院整体改造（二期）基坑和宝中集团外国语学校整体改造工程施工招标中，成功实现在“公开、公平”的基础上的“择优”，为打造优质工程打下坚实的基础。

【建筑安全管理】2017 年，宝安区建筑工务局强化底线意识，狠抓安全管理，全力打造“零事故”。建立安全文明管理制度，完善安全文明施工标准与图册，落实重大危险源日报、周报、月报制度；定期或不定期地组织人员到工地现场进行安全生产检查，并要求教育、卫生、市政、公共建筑四条线实施交叉检查，对检查中发现的问题逐项跟踪整改落实，把安全隐患消灭在萌芽状态；运用“全球眼”技术，实时监控工地现场情况，做到危险警情第一时间发现、第一时间处置、第一时间解决；加强安全生产管理工作，将安全文明措施费支付总额与履约等级挂钩，并组织各在建工程项目负责人、项目经理、项目总监等，在项目现场召开建设工程安全生产警示大会；继续实施全员安全教育培训，督促从业人员在实践中切实掌握安全防范技能，降低安全事故发生率；引进在建工程第三方工程质量、安全生产检查评估机制，建立在建工程第三方工程质量、安全生产检查评估通报现场警示大会机制和黄牌警示制度，对综合得分低于 60 分的项目施工单位和监理单位进行处罚，项目经理和项目总监在大会上公开表态整改，并黄牌警示。同时将第三方评估结果与承包商履约考评挂钩，得分高于 80 分的项目才能够评定为季度履约考评优秀等次，2017 年该局在建工程继续保持“零事故”。

2017 年，宝安区中医院扩建工程评定为 2017 年度广东省建设工程优质奖

【建筑工程督办与协调】2017 年，宝安区建筑工务局加强督办和协调机制助力。发挥三级督办机制作用，局领导、科室领导、督查室层层督办，以督办为工作抓手，通过督办促工作落实。同时，发挥四级协调机制，小问题科室协调解决，一般问题分管局领导协调解决，重大问题局长出面协调解决，局领导层面解决不了的问题，第一时间报请区领导协调，及时解决工程推进中的诸多难题，为工程建设扫清障碍。践行政府投资项目代建制管理，建筑宝安精品工程。利用市场专业化组织的技术力量和管理经验，推行代建制是政府投资体制改革的重要举措，对非经营性政府投资项目加快推行“代建制”，即选择专业化的项目管理单位负责建设实施，严格控制项目投资、质量和工期，竣工验收后移交给使用单位。该局积极赴福田区、南山区建筑工务局学习借鉴其在政府投资工程建设项目实施代建制的宝贵工作经验和先进做法，并积极参与制定《宝安区政府投资项目代建制管理办法（试行）》（简称“区代建制管理办法”），与招商蛇口形成新、老三馆建设阶段代建的合作意向。根据区代建制管理办法的规定，编制新、老三馆代建意向书、代建方案、代建合同，并通过区政府常务会议及相关区领导的审定，与招商蛇口签订新、老三馆的代建合同，为后续即将全面开展的现场动工工作做好铺垫，为区工程建设管理开拓新模式新思路。

【建筑工程事务管理】2017 年，宝安区建筑工务局抓服务提素质，后勤保障能力进一步提升。建章立制，机关事务管理逐步规范高效。年内出台《宝安区建筑工务局突发舆情事件新闻处置工作指引（试行）》《宝安区建筑工务局网站管理制度》《宝安区建筑工务局信息公开保密审查制度》《宝安区建筑工务局突发舆情事件新闻处置工作指引（试行）》《区建筑工务局保密工作制度》《区建筑工务局工作人员离深报告备案制度》《区建筑工务局后备人才工作暂行办法》等 11

项机关事务管理制度，机关事务管理逐步走向规范化、程序化；法律与合同事务保障工作有力。加强合同管理，审核各类合同共142份，出具法律意见书5份；积极参与合同履约违约责任追究，建立承包商违约记录信息目录并上报区信息中心，录入宝安区大诚信数据库；依法维护国家财产，配合相关方做好恒乐执行案、宏彤晖清算纠纷案、威利玛排除妨害纠纷案的调查取证工作。2017年恒乐执行案追偿所欠工程款本金8973万元，挽回巨额国有资产；承包商履约考评工作按计划推进，坚持用合同说话，按合同办事，并不断强化合同履约评价，被评为不合格等次的上报宝安区大诚信数据库，形成不诚信记录，让承包商深切体会到在该局项目上“干好干坏不一样”，提高各承包商履约积极性；建设智慧工程信息化管理平台（EIM项目）正式上线试运行，档案信息化建设取得新突破。不仅档案文件信息的完整性、准确性、及时性、真实性得到保证，而且档案移交难的问题也迎刃而解，大大提高项目档案综合管理与服务水平。 **（秦明峰）**

附：2017年宝安区建筑工务局领导成员名单

局　长：徐　曦（12月止）
　　　　张　宇（12月起）

副局长：岑伟芳　冯　强　余晓麟

总工程师：吴宝丰

公共物业管理

【概况】2017年，宝安区公共物业管理局深入开展“转作风，大调研”工作，清单式列出年度工作任务，树立抓落实、重结果、见成效的工作作风，突出“严、细、实、深、快”工作要求，强化督查促工作落实，各项工作扎实推进，工作效率、队伍建设和业务水平取得明显的进步。6月30日，印发实施《深圳市宝安区政府物业资产管理规定》，建立“大物管”“基本法”，为公共物业管理制定制度总纲。在此基础上，完成公共物业管理的产权管理、经营管理、办公用房调配等11部规范性文件起草工作，做到政府物业资产管理全流程全覆盖。

【“智慧物管”建设】2017年，宝安区公共物业管理局运用科技手段，启动宝安区“智慧物管”建设工作。为强化政府物业信息化管理，破解“小马拉大车”的管理困局，宝安区公共物业管理局研究开发一套在全区“智慧宝安”系统框架下的“1+1+10+N”（第一个“1”是宝安区管控中心，第二个“1”是宝安区公共物业管理局的管控中心，“10”是宝安区10个街道的预留接口，“N”是打通与消格、安格、网格等职能部门的链路、对接智慧物管系统）。系统建成后，与相关职能部门在政府物业安全巡查等方面联动，实现“底数清楚，动态管理，互联互通、安全高效”的目标。宝安区“智慧物管”通过“一张地图”，即宝安区政府公共物业管理数字地图，全范围、多视角、多层次地展示政府物业分布情况，对全区物业进行综合管理。“智慧物管”系统包括五大管理功能：精细化数据管理、大数据决策管理、多系统联动管理、动态化高效管理、便捷化服务管理。2017年宝安区公共物业管理局协调区信息中心、科创局，推进项目设计和预算，专家评审，数据整理对接等环节。11月21日，区智慧宝安建设领导小组办公室第二十八次工作例会审议并同意“智慧物管”项目概算批复。至年底，宝安区公共物业管理局完成“智慧物管”信息管理系统建设招标工作。

【公共资源移交接收“四个同步”】2017年，宝安区公共物业管理局创新工作机制，进一步明确城市更新公共资源专业归口单位，大幅度提高公共资源装修标准，并在深圳市首推城市更新公共资源“四个同步”（即同步设计、同步建设、同步接收、同步移交）要求，实现公共资源“拎包入住”标准，极大压缩公共资源的建设周期，促进公共资源尽早惠及民生。细化设置标准。解决幼儿园规划指标与指引冲突、“四个同步”过渡期装修等问题，基本实现公共资源“拎包入住”标准。

【社区公共资源规划和设计审核移交】2017年，宝安区公共物业管理局开展

2017年5月15日，宝安区召开研究成立区政府物业资产管理领导小组有关事宜暨研究审议《深圳市宝安区物业资产管理规定（征求意见稿）》专题会

社区公共资源宏观规划编制工作。联合宝安规划设计院编制宝安区近三年公共资源建设规划计划，大片区统筹公共资源建设，探索公共资源集约化建设模式，保障公共资源有序布局、合理建设、均衡发展、好用适用。落实社区公共资源设计审核常态化管理，严把审核关口。完成方大工业园、航城星座公馆等33个城市更新国有土地出让项目审核，完成华盛新沙荟茗庭（三期）等18个小区76处社区公共资源接收移交工作，物业面积3.8万平方米。

2017年6月16日，宝安区公共物业管理局在宝安区群众文化艺术馆开展2017年第五期政府物业安全教育培训

【政府物业产权管理】2017年，宝安区公共物业管理局做好摸清政府物业底数工作。开展全区党政机关物业和场地清理规范、政府物业固定资产账物核查和安全动态巡查等5项专项行动，进一步全方位、多渠道掌握物业底数，摸清全区公办学校、医疗机构和市直属机关等物业闲置情况，梳理全区“村小”物业产权情况。11月，市财委到宝安区检查时对宝安区党政机关物业和场地清理规范工作给予充分肯定。

【政府物业城市更新和拆迁补偿】2017年，宝安区公共物业管理局抓好政府物业更新置换。开展拆迁补偿谈判，完成25区、38区、39区等3处物业城市更新，完成松岗外环高速项目潭头钢材市场的征收及补偿工作，实现政府物业资产不断增值。完善资产处置手续。完成宝安人民医院二期、外国语学校、职训局、区检察院等4处办公用房清拆处置。做好棚改搬迁工作。1个月内完成新乐花园、海乐花园棚户区改造138套住宅搬迁和55户商铺搬迁补偿谈判，平稳和谐清退承租户，给两个小区改造搬迁补偿工作带一个好头，保证人才安居工程如期动工。

【新设街道办公和业务用房调配】2017年，宝安区公共物业管理局统筹航城、燕罗、新桥、福海4个新设街道办公用房、智慧管控中心、政务服务中心的调配和装修工作，全程跟踪督办狠抓落实，短短120天内完成4个新设街道办公用房选址、租金评估、装修和家具采购等工作，不断完善新设街道开办费一揽子方案，经区政府六届二十三次常务会议审议通过，确保四个新设街道如期挂牌运作，圆满完成新设街道开办有关工作。

【行政办公用房调配】2017年，宝安区公共物业管理局科学统筹办公用房调配工作。推进区人民医院扩建（二期）工程，确保区安监局等8个涉及单位如期搬迁，及区住建局等3个单位顺利完成二次搬迁。完成老干中心、质监站、燕罗街道党建中心等25个党政机关办公业务用房统筹调配，调配面积17.3万平方米。

【政府物业经营管理】2017年，宝安区政府经营性物业收益稳步增长。通过加强物业日常监管、续租管理，大幅降低物业闲置率，采取公开招标方式招租坪洲新村、中闽花园、源和苑等7处物业，多措并举实现租金收入5118万元，同比增长9.5%。完成房产、土地使用税源登记信息408条，缴交税费840万元。大力引进重点产业。充分运用产业扶持政策，为引进棕榈体育、康道营养等一批重点产业落户宝安提供发展空间。

【政府物业安全生产管理】2017年，宝安区公共物业管理局严格落实“一岗双责”。制定《安全生产“一岗双责”暂行办法》，增强承租人安全责任意识、风险意识，向各有关单位发出整改函309份、预警短信7260条。建立安全巡查机制。通过委托专门的巡查队伍，全天候不间断对全区所有政府物业进行地毯式的巡查，发现的问题及时处理。分级监控隐患物业。对巡查工作中发现的问题进行分级监控，实行“红黄绿”三级挂牌管理制度，动态监控物业安全隐患整治情况，重点开展午托班、房中房、“三合一”“二合一”场所等6项清理行动，累计清查出经营性物业安全隐患795项，整改率达95%；非经营性隐患3643项，整改率56%。加强公产房监管。梳理出全区公产房存在的安全隐患和产权不清等问题，明确管理辖区街道管理主体责任，切实消除安全隐患。持续多年实现政府物业安全生产“零事故”。

【政府物业安全培训与演练】2017年，宝安区公共物业管理局强化安全培训教育。提高物业使用人应急处置能力，完成安全教育培训和应急演练13场次，累计培训769人次，有效保障政府物业安全稳定。

【制度建设】2017年，宝安区公共物业管理局制定印发《宝安区公共物业管理局财务管理规定》和《宝安区公共物业管理局合同管理制度》，修订《合同管理工作流程图》等5个流程，严格规范合同管理和优化管理流程。严格执行《宝安区公共物业招租廉政风险防控工作规则》，确保政府物业租赁管理工作规范、公开和透明。开展保密自查自评工作，分级分类组织领导班子成员及涉密人员签订各层级保密承诺书，增强领导干部和涉密人员的保密意识，重点梳理整改涉密关键环节存在问题，切实提高各岗位人员的保密工作履职能力和水平。

（黄俊凯）

附：2017年宝安区公共物业管理局领导成员名单

局　长：江朗朗

副局长：陈代刚（12月止）　汤岳波

宝安建设投资集团

【概况】2017年，深圳市宝安建设投资集团有限公司有独资、控股企业11家，其中独资控股企业9家，包括宝华路桥集团、宝安排水公司、宝牧公司、海上田园公司、智能科技公司、福海公司、石岩湖公司、层层高公司、前海公司；参股企业4家，包括宝安水务集团（49%股权）、宝安人才安居有限公司（35%股权）、神州数码（上市公司，该司持有2626万股，占4.02%股权）、天威视讯公司（上市公司，该司持有2373万股，占3.84%股权）。2017年，集团承担的城市运营业务主要有排水设施运营管理、路桥养护、智慧宝安管控指挥中心及4个分中心运营管理，重大项目主要有宝牧石岩总部园区项目、海上田园升级改造、石岩湖国际院士村项目、福永意库改造提升、石岩水田、燕罗燕川产业统筹片区更新、区老干中心新办公场地装修、党建服务中心提升改造等。

【国有资产保值增值】2017年，宝安建设投资集团国有资产保值增值达到预期目标，各项经济指标完成情况良好。全年合并报表总资产87.97亿元，净资产78.45亿元，总收入8.9亿元，利润总额1.56亿元，比上年同期9,835万元增长59.57%。其中，宝华路桥集团积极巩固存量、开拓增量，狠抓道路养护质量提升，实现营业收入4.75亿元；宝牧公司通过优化物业租赁管理方式，提升物业综合收益，实现营业收入3639万元；海上田园公司大力开拓市场，完成政府定点酒店申报，实现营业收入4758万元，接待游客60万人次，景区人气有较大提升。

【区属国企集团化管理改革启动】2017年，宝安建设投资集团按照区委区政府工作部署，建投集团作为宝安国企集团化管理试点单位，完成企业经营管理、财务管理、人事管理、廉政风险防控等15项改革任务，形成科学高效的决策、执行、监督机制，实现集团从经营型向决策管理型转变。

【排水“一张网”管理新格局形成】2017年，宝安建设投资集团全力打造宝安排水“一张网”。宝安排水公司新接管排水管网833公里（在管排水管网达5045公里）、泵站100座、水闸65座、河道64条、海堤15.1公里、人工湿地2处。完成3257公里市政排水管网和42座泵站等首批水务设施实物资产移交，形成全区排水“一张网”管理新格局。完成501公里排水管网清淤工程，易涝点从原在管的99个减少至32个，有效解决宝安多年来“逢雨必涝”的被动局面。投入10万人次积极参与黑臭水体治理，顺利通过“国考”。全力做好防洪排涝工作，有效应对21场黄色以上暴雨及“苗柏”等4个台风，确保城市运行安全，得到市区领导的充分肯定和社会各界的高度赞扬，宝安排水模式和工作经验在全市推广。

【道路管养业务拓展】2017年，宝华路桥集团通过提升道路养护质量，入选宝安区小型建设工程承包商预选库，长筑公司取得城市及道路照明工程专业承包三级资质。在全国文明城市创建工作中，奋战160天，出动2.6万人次，高效完成宝城五区市场环境整治和西湾公园、燕罗街道保洁、机场南路绿化提升等应急任务，得到区领导高度表扬，展现国企“招之即来、来之能战、战之能胜”的优良作风。

2017年5月3日，宝安区引进高端人才的重要平台——石岩湖国际院士村项目正式签约启动

2017 年 9 月 21 日，宝安建投集团与招商蛇口公司签订福永意库产业园改造运营合作协议，打造宝安区高端产业载体新标杆

【智慧宝安管控指挥中心及各分中心高效运营】2017 年，宝安建设投资集团编制社会治理、民生保障、政务服务等各类监测报告 6907 份，为宝安区城市运行状态实时监测和应急协同指挥提供保障。在防御台风“苗柏”中，管控中心成为全市“三防指挥”唯一实现市、区、街道三级无缝对接的平台。管控中心全年接待国家、省、市各级部门及领导考察学习 310 批次。

【宝牧总部园区项目推进】2017 年，宝牧总部园区项目有序推进。项目专项规划经市建环委会议审定通过，总投资 22 亿元， 完成项目立项备案、策划定位和可研报告编制，制订一期拆迁补偿方案，项目实施全面启动。

【海上田园升级改造】2017 年，宝安建设投资集团按照“保护、优化、提升”的原则，优化海上田园升级改造方案，按照“动静分区、南区拓展、中区优化、北区修复”的思路，重点做好园区客房、会议中心、游乐设施、消防安全等公共配套设施提升工作。实施景区消防改造工程，为景区下来的升级改造打好基础。

【福永意库产业园启动改造】2017 年，宝安建设投资集团按照区委区政府统一部署，成功引进招商蛇口公司，完成合资公司组建，对园区 10 万平方米物业进行整体规划、整体设计，项目总投资 2.9 亿元，于 11 月全面动工，打造区高端产业载体新标杆。

【水田与燕川产业统筹片区更新】2017 年，宝安建设投资集团稳步推进水田、燕川产业统筹片区更新，完成两个统筹片区建设策划方案及土地权属梳理，成立工作小组进驻片区，开展城市更新意愿征集等工作。

【政府重点项目建设】2017 年，宝安建设投资集团认真完成政府重点项目建设。配合做好区人民医院改扩建搬迁工作，按时完成区老干中心一期内部装修并交付使用。区党建服务中心提升改造项目基本完工，打造集服务、宣教、培训等功能为一体的党群综合服务平台。

【供水安全保障能力提升】2017 年，宝安区供水安全保障能力进一步提升。宝安水务集团全年供水 4.39 亿吨，水质合格率 100%，获得第八届宝安区区长质量奖。收购接管燕罗、铁岗村、九龙坑等三座村级水厂，全面完成全区村级水厂整合工作。投入 2.21 亿元，完成优质饮用水入户三期工程 162 公里，以及供水管网改造三期、四期工程 291 公里，供水保障更加有力。

【企业经营管理】2017 年，宝安建设投资集团企业经营管理规范有序。以产权关系为纽带，建立健全董事会议事规则、产权代表报告和财务管理等现代企业制度，完善法人治理结构。完成集团及所属企业物业、土地信息登记造册，进一步规范物业租赁管理。调整完善集团本部内设机构设置，并通过校园招聘、社会招聘等多种方式，引进给排水、工程施工、财务会计等专业人才，进一步优化人力资源结构。

【安全生产】2017 年，宝安建设投资集团修订集团安全生产事故应急预案，深入开展防台防汛检查等 18 项专项行动，全年累计检查各类企业（场所）2063 家（次），发现安全隐患 663 条，整改率 100%，确保安全生产形势持续稳定。集团系统未发生群体上访事件。

（易华明　马文灏）

附 :2017 年宝安建设投资集团领导成员名单

党委书记、董事长：吴成智
总经理：李东宁（2 月止）
邬　洪（4 月起）
党委副书记：李东宁（2 月止）
邬　洪（5 月起）
监事会主席：林　俊
党委专职副书记：张冬青（3 月止）
陈冬元（4 月起）
纪委书记：张冬青（3 月止）
林　俊（7 月起）
副总经理：邬　洪（4 月止）　涂仁平
林纲伟（4 月起）
财务总监：何　艳

深圳国际会展中心效果图

大空港新城开发

【概况】 2017年是空港新城大开发大建设之年，宝安区空港办按照“项目化、数字化、表格化、责任化”要求，以“钉钉子”的精神，落实“硬要求”、拿出“硬举措”、展现“硬作风”，抓落实、重结果、见成效，努力加强自身建设，全面落实区委区政府的工作部署，统筹协调46支施工队伍，9800名工人，全力推进七大项目的开发建设。

【大空港新城建设】 2017年，宝安区大空港新城项目建设进入新高潮。国际会展中心主体钢结构工程完成20%。地铁20号线5个站点主体结构基本完工。7.44平方公里半岛区围填海申报取得海域不动产权证。重点片区考核取得新成果。空港新城内45个项目全面启动，固定资产投资超额完成区下达101亿的投资目标，完成市下达任务的120%，完成2016年固定资产投资的近4倍。现场协调取得新进步。8个现场协调小组增加为10个，召开分指挥部会议13次，分指挥部办公室会议26次，专题协调会110次，解决各类施工问题150多项。超前规划注入新理念。完成市政详规、交通详规2项详细规划，完成综合管廊专项规划，完成海上田园片区、福永西片区2项法定图则。基本完成海绵城市、地下空间和空中连廊、海滨城市、公共空间、低碳生态5项规划编制；启动综合防灾专项研究；启动智慧城市、金融服务、公共服务、湾区一体化4大战略研究。

【空港建设工作创新】 2017年，宝安区推动工地管理树立新标杆。紧紧围绕市委市政府提出的实现国际会展中心“一流的设计、一流的建设、一流的运营”目标要求，克服大空港地区多项重大工程同时交叉作业、安全风险点多、管理难度大等困难，以科技手段、绿色理念、人文管理加快打造“国际一流的空港都市区”。坚持科技驱动，智能安全管理。在身份识别方面，使用实名制管理系统采集工人个人详细信息，通过智能化电子考勤，实时掌握人员动态。在安全管理方面，通过园区监控，统一配备36伏USB手机充电接口，强化板房加固等多途径打造安全生活区，全方位杜绝安全隐患；坚持绿色园区，突破传统“工地”概念。将生态怡人、绿色发展的理念植入工地生活；坚持人文关怀，缔造精致生活。通过“一卡通”服务，为工人提供便捷、安全、舒适的社区化服务。实现共享WiFi全覆盖，答对动态安全题目便可免费上网。加强科技管控运用新手段。启动每周1次的航拍，航拍48次。每月按期编印《大空港新城启动区重点项目进展月报》，出版12期。引进EIM信息化管理系统，使工程项目管理全程可追溯、可还原、可复制。试点基层党建创出新特色。联合7大项目党支部成立空港新城建设项目临时党总支，以党建带动工建，实现党建与业务工作“双促进、共提升”。党务专员列席主任办公会议26次，参与议题研究219项，其中重大议题研究31项。综合管廊的开发建设，宝安区在2016年度、2017年上半年深圳市管廊工作绩效考核中连获全市各区第一。空港新城从2015年连续3年在全市17个重点片区考核中名列第一。

（蒋铭章）

附：2017年宝安区大空港新城办领导成员名单

主　　任： 郭东江

分管领导： 曾君莲　侯海龙　苏建忠

宝安产业集团

【概况】 宝安产业集团于2017年3月完成集团化改革，与区产业投资引导基金公司实行“两块牌子一套人马”，截至2017年年底，集团管理独资控股二级企业8家，参股二级企业1家，在岗员工1294人，经营业务涉及产业载体建设、基金投资运营、交通运输保障、文化旅游服务等多个领域，其中产业载体板块企业4家，交通运输企业4家，文化产业企业1家。2017年实现“利润大幅增长、项目快速突破、品牌实现重塑”，综合性产业投资集团初具规模。截至年底，资产总额74.48亿元，净资产72.12亿元，利润总额5288万元，比上年增长90%，实现业绩逐年快速提升。集团物业出租单价、资金管理效益、管理费用利用率等单项经营指标在区域行业内均保持领先，交通和文化板块克服行业整体下滑趋势，止跌回稳。

【项目推进】 2017年，宝安区产业集团紧抓产业载体建设主业，实现重点项目“建成一批、落地一批、突破一批”。翰宇人力资源中心改造项目完工交付使用，成为集团用租赁社会物业提升改造成为具有政府产业服务功能的成功范例；区科技展示馆项目25天内高标准高效率完成展厅建设，如期向“宝博会”献礼；观澜工业园四期完成竣工验收，按照区政府要求引入龙华区重点产业项目落地；银田工业区综合整治提升项目采取“三统两分”方式成功举行集中签约仪式，与区政府引进的合作企业紧密合作推进后续工作；市重大项目江碧环境产业园完成项目选址、环评公示，确定项目土地出让方式和建管模式，核心区待完成拍地即可开工建设；桃花源二期（扩建）项目完成项目立项，并联开展项目节能、环评、可研、测绘、交评报告编制等工作，用地占补平衡方案加快研究，基本具备动工条件；宝安科技创新中心大厦项目完成立项审批、可研、环评、节能评估等工作，协调解决建设用途和规划用途不符的问题；塘头工业区综合整治项目合作协议主要框架基本达成一致并签约；宝田、铁仔山统筹片区签订合作开发协议，先行启动区的业户信息核查、意愿征集等工作基本完成；金港大厦租赁谈判进入实质阶段，以租赁方式拓展产业空间，有望签约桃花源三期建设、蚝乡路棚户区改造等项目前期工作积极推进。

【基金管理】 2017年，宝安区产业集团重点推进100亿元规模的中德（欧）产业发展投资基金，推动实现区政府与广晟公司签订战略合作框架协议，集团与广晟金控公司签订中德（欧）产业发展基金合作协议，完成母基金管理公司深圳市中德欧股权投资基金管理有限公司注册，并完成第一次路演，第一支子基金对多个优质项目进行集中筛选。华讯方舟太赫兹基金各出资人对合伙协议达成共识，履行审批流程，项目很快运营投放。“深圳武汉理工大研究院”作为集团首个以基金引导作为股权投资的合作项目，成功举办“探路粤港澳大湾区·深耕新材料产业链”高峰论坛等多场大型学术交流活动。

【交通项目建设】 2017年，宝安区智能立体车库示范项目建设工作全面启动，其中甲岸B智能立体车库项目完成招标即将动工。宝城客运站及运营指挥中心项目完成立项，石岩汽车站配套设施项目实现开工建设，4个公交首末站硬件设施和服务功能开始提升。按时完成深圳市新能源环保督办任务。建成新能源场站5个，充电桩125个，135台燃油的士置换成纯电动车辆。全年共发送长途客运车辆38.5万次，发送旅客167.1万人次，未发生重大安全事故和维稳事件。

【文化板块实现盈利】 2017年，宝安书城先后荣获新华书店80周年“百佳文化地标”荣誉称号和国家新闻出版广电总局评定的全国实体书店奖励，全年实现营业总收入2547.55万元，比上年增长40.26%，营业利润516.09万元，增长2028.10万元，终止连续亏损局面，集团接收后第一年即实现盈利。

【集团化管理改革】 2017年是宝安国资国企管理改革之年，完成集团化管

2017年3月28日，宝安产业集团挂牌成立

2017 年 3 月 30 日，宝安区政府与广晟公司签订战略合作框架协议暨中德（欧）产业发展基金合作协议

理改革，出台具体实施方案，召开集团化管理改革工作会议，集团本部调整设置 9 个部室，有针对性提出 14 条改革思路，30 多项具体改革措施，现代化管理体制业已形成。深化绩效管理改革，建立量化考核评价体系，系统提炼量化指标，前置打分，实行员工自选与组织统筹分配相结合，过程督办与结果运用相结合，个人自评、同事互评、上级评价、组织评定相结合，为人才合理使用、薪酬调整以及职位调整提供客观依据，从根本上杜绝“人情打分”现象。

【制度建设】2017 年，宝安区产业集团进一步完善制度体系，修订出台集团管理制度规定 22 条，同步开展智慧管控平台建设。牵头起草《深圳市宝安区产业发展引导基金管理办法（试行）》《深圳市宝安区创新型产业用房管理办法实施细则》等产业政策，转交相关职能单位报区政府审定。

【诚信建设】2017 年，宝安区产业集团加强诚信建设。牵头注册成立宝安区信用促进会，扎实推进信用承诺书应用试点、评选诚信示范园区等工作。筹建深圳市企信通信用管理有限公司，积极拓展企业征信评级业务。加快大诚信体系建设，国内首创“区信用中心 + 区信用促进会 + 企信通公司”的“宝安区大诚信三驾马车”模式，由区信用中心负责政府公共信用，区信用促进会负责社会信用，企信通公司负责商务信用，形成三位一体、优势互补的“大诚信”体系，该模式得到国家发改委、商务部及其他省市的好评，作为创新模式标杆进行宣传推广。

【桃花源科技企业孵化器】2017 年，宝安区产业集团着重提升桃花源国家级科技孵化器的功能和服务，全面提升园区整体环境，累计投入 1500 万元用于园区整体改造提升及智慧园区建设；园区资质迭代升级，园区国家级科技企业孵化器资质从 D 级升至 B 级，获广东省小微企业双创示范基地称号；强化园区配套服务，成功收回桃花源餐厅近 2000 平方米物业，妥善解决园区近 1000 名企业职工就餐问题；主动从桃花源三期用地中划出 2000 平方米作为公交场站用地，争取 5 条入园公交线路及 1 条专线巴士，便利园区企业职工交通出行；完善创新孵化体系，建立“众创空间—孵化器—加速器”为核心的创新生态链条，吸引众多创新团队来园“筑巢”，在园孵化企业 120 家，在孵项目 369 项，拥有国家级高新技术企业 25 家，累计申请发明专利 1300 项、实用新型、外观专利、软件著作 4200 项，实现各项孵化指标逐年递增；扩大品牌效应，以桃花源科技创新园为蓝本，输出桃花源品牌，科技桃花源在宝安散点开花，全区建立科技桃花源 65 家；园区效益大幅上扬，园区 4 家企业成功上市，6 家企业进入上市准备阶段，2017 年园区实现产值 15.1 亿元、纳税 9000 万元，同比分别增长 16%、11%。

【廉政建设】2017 年，宝安区产业集团完善机构建设，成立风控法务部（纪检部），全程参与集团日常经营事务；强化廉政教育，深入开展纪律教育学习月活动，举办廉政讲座十余场次，组织干部职工 500 余人次参加；筛查廉政风险漏洞，加强廉政防控制度建设；按期开展岗位交流，严防腐败滋生链条；建立约谈机制，开展“教育提醒逐级约谈”30 余人次。

【安全生产与企业文化】2017 年，宝安区产业集团始终将安全生产工作作为关注重点，2017 年集团及下属企业共组织安全生产培训（会议）67 场次，开展安全演练 95 场次，出动 3168 人次，检查场所 1566 家次，排查安全隐患 354 处，整改率达到 100%，未发生安全责任事故。2017 年，宝安区产业集团组织开展文化创建活动十余次，“工作是快乐的，奉献是美丽的”企业理念得到广泛认可；大力推动群团组织建设，集团公司工会成立请示由上级区总工会批复，职工代表大会召开在即；有序推进共青团筹备工作；举办“参观走访学先进、登山健体攀高峰”登山活动、“园区绿道健康行 激情欢乐迎新春”健康行活动等形式多样活动，有效丰富职工业余文体生活。

（刘 锋）

附:2017 年宝安区产投公司（区引导基金公司）领导成员名单

党委书记、董事长：李泉生

总经理：张　宇（2 月止）

徐　曦（2 月起）

监事会主席、纪委书记：梁缉永（7 月起）

专职党委副书记：朱跃辉（3 月起）

副总经理：迟占明

财务总监：傅　虹（4 月起）

壹方城购物中心

附：2017 年宝安区规下服务业样本企业运行情况分析

2017 年，宝安区统计局根据《2017 年规模以下服务业抽样调查统计报表制度》对规下服务业 87 家样本企业的运行情况进行调查。宝安区规下服务业企业综合经营状况稳中向好，资产规模、营业收入、企业收益稳定增长，但经营成本居高不下、创新不足困难等问题依然存在。

一、规模以下服务业发展状况

1. 综合经营状况稳中向好。调查问卷结果显示，企业反映经营状况四季度保持良好稳定的态势，选择保持良好稳定的企业占总样本比例分别为 87.3%、91.1%、89.5% 和 90.8%。反映经营状况良好比例最高的是其他房地产业和铁路运输业，分别达到 80% 和 66.7%。

2. 资产规模保持平稳。2017 年四季度末样本企业资产总计 18.8 亿元，比上年同期下降 0.9%，保持基本稳定的态势。

3. 企业营业收入、企业收益稳定增长。样本企业中，2017 年四季度末宝安区规下服务业营业收入 4.69 亿元，比上年同期增长 0.76 亿元，同比增长 19.3%。样本企业中企业收益比上季增加（包括盈利增加、亏损减少、扭亏为盈）的企业占 23%，比上年同期增长 1.4 个百分点；企业收益比上季度持平的占 64.4%，比上年同增长 8.7 个百分点；企业收益减少（包括盈利减少、亏损增加、由盈转亏）的占 12.6%，比上年同期减少 10.1 个百分点，保持稳定增长的姿态。

4. 从业人数和薪酬稳定增加。样本企业中，2017 年四季度末规下服务业应付职工薪酬 0.88 亿元，比上年同期增长 16.0%；四季度末从业人员 1802 人，比上年同期增长 9.4%。

二、需要关注的问题

1. 流动资金紧张、融资难问题依然存在。在被调查的 87 家企业中，有企业反映本期流动资金与上期持平和紧张的占比 88.5%，企业反映当期流动资金充足的只占 11.5%，说明资金紧张问题仍是企业普遍存在的主要问题。其中企业在融资过程中面临的主要困难中金融机构评估不通过占 20%；融资成本太高占 26.7%；融资时间长、手续繁琐的占 33.3%；其他的占 20%。规模以下服务业企业规模小，没有资产抵押物或抵押物不足造成金融机构评估不通过，资金回笼缓慢导致融资成本过高，银行贷款份额小造成融资时间长、手续繁琐，都是造成融资难的主要问题。

2. 成本转嫁能力弱。调查显示，2017 年四季度末企业销售（服务收费）价格上涨的企业占 16.1%，比上年同期增长 1.3 个百分点，企业销售（服务收费）价格持平的企业占 72.4%，上年同期减少 4.9 个百分点，企业销售（服务收费）价格下降的占 11.5%，上年同期增长 3.5 个百分点。企业认为销售（服务收费）价格比上期增加，主要影响因素中，原材料价格和劳动力成本上涨共占 64.3%。服务价格增长主要原因是劳动力成本上升和原材料价格上升。劳动力成本、原材料价格增加，销售价格提升困难进一步压缩企业盈利空间，难以持续提升。

3. 创新不足，转型升级困难。规下服务业企业大部分科研投入不足，缺乏创新发展活力。调查显示，79.3% 的调查企业没有途径获取新技术等科技成果。企业仍拘泥于传统经营模式，内在创新动力不强，存在着规模较小、投入少、信息灵敏度低、重复经营、科技含量较低且缺乏创新意识等一系

深圳宝安机场 T3 航站楼

列问题，与同行相比竞争力弱，市场份额难以扩大。

三、有关建议

1. 继续加大政策扶持力度，减轻企业税费负担。规下服务业企业规模小、抗风险能力差，受政策影响程度大。政府部门应加大税收优惠政策的落地实效，扩大税收优惠政策的覆盖面，通过在合理的范围内对相关税费免收、少收或者暂缓征收的办法，减轻企业负担。另一方面简化办事流程，使企业真正享受专项财政资金支持，让企业获得更多实惠，切实为小微企业减轻负担，让更多的企业享受到优惠政策。为小微企业营造良好的社会氛围，促进小微企业的发展。

2. 增强企业主动创新能力。一方面要鼓励企业内部创新，通过技术、服务创新，转变经营方式，提高人员效率，降低内部管理成本，形成自己的经营特色。另一方面以市场为向导，鼓励企业根据市场需求培育新产业、新业态、新产品，拓宽服务功能，拓展企业获取新技术的途径，引导小微企业加快产业转型升级。帮助小微企业增强信心，从传统服务物业向现代服务业转变，主动寻找新的发展空间，提升企业在市场竞争中的竞争力、生存能力。

3. 优化自身管理，提升企业实力。企业要想做到长期发展，必须努力提升产品质量，加强内部管理，制定配套制度，解决管理不善的情况，提高生产效率，提升企业的综合实力，努力提高产品质量和服务水平，扩宽经营渠道。

说明：

一、规模以下服务业企业调查范围

1. 辖区内年末从业人员50人以下，且年营业收入1000万元以下的服务业样本法人单位。具体包括交通运输、仓储和邮政业，信息传输、软件和信息技术服务业，租赁和商务服务业，科学研究和技术服务业，水利、环境和公共设施管理业，教育，卫生和社会工作；以及物业管理、房地产中介服务等行业。

2、辖区内年末从业人员50人以下，且年营业收入500万元以下的服务业样本法人单位。包括居民服务、修理和其他服务业，文化、体育和娱乐业。

二、样本行业分布

2017年宝安区规模以下服务业样本行业分布情况

行 业	数 量
交通运输业、仓储和邮政业	33
信息传输业、软件和信息技术服务业	4
租赁和商务服务业	20
科学研究和技术服务业	2
水利、环境和公共设施管理业	6
居民服务、修理和其他服务业	6
教育业	3
卫生和社会工作行业	3
文化、体育和娱乐业	10
合 计	87

人居环境

城市管理

【概况】2017年，宝安区城市管理局（综合执法局）以争当“四个全面”先行区为指引，以建设现代化国际化“滨海宝安、产业名城、活力之区”为目标，进一步强化管理、优化服务、补齐短板、促进发展，扎实推进“基层治理质量年”和城市管理各项工作。

【市容环境提升】2017年，宝安区城市管理局抓好市容环境提升工作，打造精致干净美丽街区。抓好市容环境卫生指数测评工作。按照“高标准、大投入、铁制度”的工作要求，参照区“1+10+30”工作模式，打造“1+5+10”工作体系，开展道路清扫保洁、农贸市场整治、市容大巡查等工作，全区环境卫生状况得到持续好转，4月测评成绩触底反弹，每月成绩和排名持续提升，从全市倒数后三跃升至全市前三。广大的干部职工以问题为导向，发扬“5+2”“白＋黑”的精神，每天对10个街道9类区域开展环境卫生巡查工作，督促街道对问题立行立改，自4月14日启动以来，出动巡查人员6210人次，巡查里程6.2万公里，发现问题3.2万宗，全部整改落实到位。在全市率先开展精细化管理，开发宝安区环卫管理作业信息系统，利用科技手段对外包服务公司的人员配置、企业清扫作业、作业质量等进行管理；录入全区十个街道55个作业标段、12165名环卫作业人员、635台环卫作业车辆信息，对作业人员和车辆实施定位管理，同时采集公厕、转运站、集贸市场、天桥、涵洞、公园、广场等七类环卫部件坐标在宝安区环卫作业信息系统实行电子定位，全方位加强环境卫生监督管理；全力推进“厕所革命”，指导各街道完成41座公厕，23座转运站的升级改造任务，完成全区18座移动公厕采购工作；首创“一厕一人一管理”工作机制，通过各保洁员实行轮班制的方式，确保每个公厕保洁力量充足，实现开放时间内的保洁工作全覆盖。建立一厕一档，做到“监督有痕、管理有迹”；打造“星级”服务公厕，

2017年4月26日，宝安区开展公园“绿洁美”大提升行动

2017 年 9 月 22 日，宝安区中小学生活垃圾分类示范学校创建暨资源回收日百校联合大行动在海滨小学举行

提升公厕软服务水平，在全区公厕实行挂牌和管理责任公示制度，开展星级服务公厕创建行动，全区十个街道 256 座公厕完成市政公厕星级服务申报；抓好爱国卫生工作。广泛开展以“四害”防治、健康教育、健康细胞试点创建、爱国卫生六十五周年纪念等为主要内容的爱卫宣传，向社区、市民群众派发 68 万份各类健康知识宣传单，加大全区病媒生物防控力度，重点做好登革热防控，积极应对本地出现的 3 例登革热病例，出动专业防制人员 4.8 万人次，清除各类蚊蝇孳生地 9.4 万处，清除卫生死角约 5.7 万处，新装防蚊闸 3.4 万个、毒鼠屋 3.6 万个，申报创建西乡街道乐群社区、共乐社区，沙井街道辛养社区、沙头社区，新桥街道上星社区，松岗街道碧头社区等 6 个“广东省卫生村”。抓好路灯建设和管理工作。完成辖区灯杆灯罩清洗及箱变、67 台控制箱喷漆翻新工作，整改各类安全隐患 92 宗，处理市民投诉 122 宗。抓好垃圾处理工作。2017 年宝安环境园进场生活垃圾总量约 213.0 万吨（含光明新区、龙华新区部分），其中生活垃圾焚烧处理量约 143.30 万吨；生活垃圾卫生填埋处理量约为 69.70 万吨，日均处理垃圾约 5835.62 吨，日平均进场车次 700 车，全部完成无害化处理，园区和周边地区的环境状况得到大幅提升，臭气控制效果显著。完成老虎坑垃圾填埋场二期中区工程，扩容 320 万立方米，加快推进老虎坑垃圾焚烧发电厂三期工程、老虎坑垃圾渗滤液处理厂一期升级改造、老虎坑垃圾焚烧发电厂一、二提升改造建设。

【“双宜小村”建设】2017 年，宝安区城市管理局抓好“双宜小村”建设工作，营造宜居宜业的活力宝安。牵头制定《宝安区社会主义宜居宜业文明小村综合创建实施方案》和《宝安区“双宜小村”创建工作议事规则》，确保统筹指导工作有依有据；完成 2017 年试点审核工作，组织各街道相关负责同志研究讨论创建工作模式和工作计划，率队深入 10 个街道逐一进行现场核实和调研；完成全区城中村统计调查工作，全区共有城中村 432 个，城中村总面积 2760.8 万平方米，楼房栋数 10.2 万栋，村内原居民人数 9.7 万人，村内实际管理人数 208.1 万人；完成对城中村燃气入户改造工作协调，组织区住建、消防、网格和相关街道召开城中村燃气入户改造工作研讨会，对全区城中村燃气入户改造有关工作进行分析讨论，同时，将管道燃气使用率纳入双宜小村创建达标标准；与区住建局建立联动机制，通过建立工作协调机制、工作协作机制和执法协同机制三大举措推进双宜小村的环境整治、城市建设、施工监管、燃气管理等 8 项具体工作，进一步强化区、街道城管与城建部门沟通联系和工作配合，实现信息互通、执法联动、建管协同、合作共进；会同市规土委宝安局、宝规院和各街道等有关单位研究 2017 年创建试点的“一村一策”内容和未来 3 年的工作计划安排，同时组织华润、万科、中粮等 8 家单位就社会投资、企业参与等事项进行分析研究。

【城中村综合整治】2017 年，宝安区城市管理局抓好城中村综合整治行动，打造品质示范街区。抓好“品质社区”建设工作，在上年完成 164 个城中村整治的基础上，再完成 217 个品质社区创建工作。同时，委托深圳职业技术学院对“品质社区”项目实施情况进行满意度测评，群众满意度 91.9%；提高社区管理水平，增强环境整治力度。以社区为单位，开展市容市貌专项整治行动，指导各街道整合执法队、网格综治办等力量针对城中村内乱张贴、乱摆卖、乱挂晒、超门店经营、车辆乱停放等问题进行强力整治，落实专人巡查，防止乱象回潮；补齐市政设施短板。以“净化、美化、文化、绿化、硬化”为整治思路和方向，通过多项市政基础设施修复更新项目，快速提升市政设施短板，方便群众生活、提升整体环境。完成 432 个市容环境“净化”整治城中村创建，其中“示范村”33 个、“达标村”77 个。

【城市环境品质提升】2017 年，宝安区城市管理局抓好城市环境品质提升工作，打造美丽和谐宝安。以国家森

2017 年 10 月 22 日，宝安区城管局举办第七届“城管体验日”活动

林城市创建、“世界著名花城”建设和“美丽深圳”绿化提升行动为抓手，全力提升城市绿化景观，完成机场南片区应急景观提升四项工程，将机场南路打造成具有南粤风格、郁郁葱葱的门户景观大道，完成地铁 11 号线宝安段绿化永久恢复工程、宝安大道新城联检站景观整治工程，完成黄土裸露地块复绿 258.09 万平方米，完成宝源路等 18 条花卉景观大道建设、福海同泰工业园等 10 个花漾街区建设、钟屋荔枝公园等 20 个街心花园建设、五指耙观龙台等 8 个花卉主题公园建设和 2.4 万平方米立体绿化建设；以打造“国内领先、国际一流”城市夜景为目标，开展宝安区重点区域和重点路段城市照明工程，完成新城联检站人行天桥、新安跨线桥应急工程，凯旋城、中南花园、新锦安片区楼宇灯光应急工程，好旺角、丽景国际 2 栋楼宇及创业路口花坛灯光应急工程，宝安大道与创业路口节点灯光夜景应急工程，宝安大道（南山、宝安）交界节点灯光景观装扮应急工程等 5 项应急工程；开展主干道两侧建筑立面整治提升，对 107 国道、宝安大道等重要道路两侧的违法户外广告进行全面拆除，完成 249 处临街建筑外立面清洗和翻新工作，有效改善市容市貌；加快推进宝安国际机场 T3 航站楼进出场区域悬挂时花项目、宝安区立交桥和人行天桥等区域挂花项目、创业路（新湖路—裕安路）道路景观照明工程、海滨广场文创灯光项目、平峦山城市公园升级改造工程等重点区域城市环境品质提升工程的开展。

【“公园之区”建设】2017 年，宝安区城市管理局抓好“公园之区”建设工作，提升宝安区公园数量和质量。全面统筹指导全区公园建设，指导完成西湾红树林公园（一期 B 段）、芙蓉文化体育公园、书香公园、立新湖公园（三期）等 4 个新建公园建设；完成罗田森林公园（单体建筑除外）建设；加快推进松岗公园（二期）、石岩河湿地改造提升工程（生态湿地公园）和石岩湖周边环境提升工程建设；协助完成燕岭公园等 26 个社区公园改造提升；全区公园达 173 个，人均公园绿地面积 16.02 平方米。全面推进“平安公园”创建工作，完成“平安公园”示范点创建 14 个；推进专项公园的规划建设，中央海滨文化公园项目签订代建总承包合同，举行项目奠基仪式，加快推进项目设计工作；完成五指耙森林公园宝安片区的选址意见书办理及用地预审、地质灾害评估、环评、总规编制和专家评审等工作；加快推进西乡固戍污水处理厂上盖公园、老年人公园、人才林项目规划设计工作；开展宝安公园品质提升前期研究，打造老城区的标杆公园。

【“智慧城管”建设】2017 年，宝安区城市管理局抓好“智慧城管”建设，继续提升城市管理信息化水平。创新城市管理信息采集工作，把采集的重点放到大的小区和工业区、城中村，进一步监督指导提高案件采集质量，全年立案 55 万宗，结案数为 52 万多宗，结案率 95% 以上；开展智慧城管系统改造升级工作，建立完善“智慧城管”视频监控系统，深化推广无人机在城管领域的应用，完成 49 次飞行计划，实时调整外包企业“人、机、格”在系统上的绑定工作，确保相关案件实现第一时间处理；建立健全“三统一”联合值班指挥机制，实现全天候值班值守，提升区城管应急指挥和处置效率。100% 完成新型市容环境主体责任制签订工作；启用采集队伍“双考核 + 双随机”模式。修改完善考核办法，加强采集漏报的监管工作，对相关漏报严格按合同规定进行处罚，完成大型户外广告、伸缩棚、报刊亭和黄土裸露的专项采集工作。

【城市管理综合执法】2017 年，宝安区城市管理局抓好城市管理综合执法工作，全面提升宝安城管执法水平。加强队伍建设，创新管理模式。完成 2000 人社区综合整治中队建设和业务培训，初步完成“区—街道—社区”三级城管综合执法工作机制构建。推进队伍标准化、规范化、准军事化建设，组织修订完善“大执法”有关工作标准和工作制度。建立市容巡查动态机制，推行“片区责任 + 动态整治 + 联合执法”勤务模式，实行片长包干负责制，实现市容巡查动态监管，初步构建“1+10+124”市容巡查体系；开展专项执法行动，提升市容环境，组织开展伸缩篷专项整治行动工作，清拆面积61万平方米，根本上解决这一影响宝安市容环境的顽疾；组织开展整治“黑燃气”追根溯源专项行动，严格履行对违法销售瓶装燃气行为监管、查处职责；组织开展户外广告专项整治行动，对楼顶广告、悬挑广告等进行全面排查整治；组织开展农贸市场综合整治行动，完成全区102个农贸市场综合整治，委托第三方开展农贸市场现场考核测评及群众满意度调查；组织开展非法校外午托及校园周边乱摆卖整治工作专项行动，对非法校外午托及校园周边乱摆卖进行全面排查、集中整治，并严格落实片区巡查值守长效管理措施，固化执法成效；全面推进执法队伍法治化建设，调整、完善局523项行政处罚权责清单；推动工作协作机制完善，与公安部门签订《宝安区城管公安协同执法备忘录》；健全完善执法成效考核制度，加强执法案审业务指导考核；推行律师驻队模式，完成全区新设街道执法队律师进驻城管执法队伍工作。提前完成网格化智慧管理工程清积案百日行动任务，414015宗实有事件全部办理完毕，办巡率100%，其中办理A级事件37926宗，办巡率100%。2017年，全区城管综合执法立案3367宗，结案3336宗，罚款3953384元，共组织“统一执法日”行动42次；清理乱摆卖124074宗，超门线经营152197宗，清理乱涂写、乱张贴、乱刻画30175宗，各类违法户外广告23898宗，立柱广告170宗；整治垃圾收运和泥头车密闭化运输违法行为276宗；清理非法养殖、市场外销售活禽447宗，罚没家禽4567只；收容流浪犬5宗，教育不文明养犬165宗，查处违法养犬41宗；查处非法办学、非法校外午托360宗；查处“黑燃气”点1489宗，没收“黑燃气”15211瓶；拆除乱搭建5329处，拆除面积187051平方米，救助流浪乞讨及疑似精神病人62人。

【垃圾减量分类工作】2017年，宝安区城市管理局抓好垃圾减量分类工作，提升城市环境卫生水平。全力推进达标小区创建。选定各街道179个达标创建小区（覆盖率40%）、566个资源回收日活动小区，全区物业小区垃圾分类容器设施覆盖率100%，开展1.4万场“资源回收日”活动，社区覆盖率100%，联合第三方机构对各街道创建小区进行检查督导200余次；创建垃圾分类示范学校68所，全区70多个机关事业单位全面启动垃圾强制分类暨达标单位创建工作，达标单位覆盖率达到100%；开展垃圾分类收运分流处理工作。建成大件垃圾处理点7个，有害垃圾收集覆盖900多个小区（单位），累计回收废电池、灯管约25吨；建成9个果蔬垃圾分流处理设施，64%的农贸市场果蔬垃圾实现分类分流处理；各街道85%以上的公园绿化垃圾实行就地就近粉碎、循环利用，累计分流处理约1.1万吨绿化垃圾；建立“玻金塑纸”分类收运集中处理队伍，全区投放约608套废旧织物回收箱，累计回收处理约500吨；全面发放家庭生活垃圾分类投放指引约95万册，投放公益广告约3600幅；组织开展19场垃圾强制分类业务培训，参训人员2000人次。以首批26家会员单位为先锋，深入开展垃圾分类、垃圾不落地、关爱环卫工人等活动20余场。

【森林资源建设管理】2017年，宝安区城市管理局抓好森林资源建设管理工作，科学监控管理宝安区森林资源。加大营造林建设力度，开展义务植树活动，全区共设6个义务植树点，植树约100亩；持续推进主题林认种认养工作，植树60亩；强化森林资源保护管理，完成征占用林地申请初审8宗，占用林地面积3.8公顷，办理林木采伐许可12份，采伐蓄积1398立方米，木材量885立方米；抓实森林防火工作，层层签订森林防火责任书852份，确保责任链条无缝化，加强野外火源管控，制止野外违章用火2003起，清拆林区乱搭建9190平方米，完成区森林消防大队直属二、三中队组建，森林消防专业队员达107人，位居全市之首，初步构建凤凰山、羊台山、罗田林场三大森林防火战区，加快推进区森林消防战训教育基地建设前期工作；开展林业有害生物防控，完成12707亩薇甘菊防治工作；严格落实林业执法工作，开展“利剑行动”等专项行动，拆除捕鸟网32张，立案4宗，收缴红豆杉制品1件、保护动物一批、鸟类死体600公斤；依法查处林业行政案件19宗，打击违法人员12人、违法单位7家，林业行政案件罚款311350元；开展卫片执法监督检查工作，排查268处疑似非法占用林地卫片情况。加快推动国有林场改革工作，做好林场林地林木确权发证工作，完成21宗地，8.35平方公里地籍调查工作。

【机构调整】2017年，宝安区城市管理局做好机构升格调整工作，局属事业单位整合成立区市容环境综合管理服务中心、区城管工程事务中心、局后勤保障中心，区公园管理处机构升格为区公园管理中心（副处级建制）；开展局后勤保障中心、区市容环境综合管理服务中心和区城管工程事务中心等单位筹备工作。实行“早点名、晚点评”制度，部署当天工作任务，点评当天工作，及时发现问题、处理问题。完善“大督查”工作机制，继续实施“周一计划、周五动态、全程督查、每月绩效、年底见分晓”的阳光政务模式，督办各类任务9444项次，其中A类（市级任务）187项次，B类（区级任务）5623项次，C类（局级任务）3634项次。

【安全生产】2017年，宝安区城市管理局严格按要求组织开展安全隐患大排查大整治专项行动、安全生产“飞行突查”行动、安全执法专项行动等工作。制定特别防护期信访维稳工作方案，全面排查化解存在的矛盾隐患和突出问题，重点做好老虎坑环境园、凤凰山森林公园、宝安公园和海滨广场等人员聚集场所的动态管理工作。圆满完成2017宝安国际马拉松环境整治工作，组织开展沿线市容环境大检查活动；赛事结束后，全面动员、抢抓时间做好赛后沿线市容环境整治工作，迅速恢复市容环境秩序。做好防台风各项工作，严格执行值班制度，启动应急预案，落实防范措施；台风过后，全区城管应急队伍全员上路，在最短时间内恢复正常的市容环境秩序，台风天气应急处置期间，全区共出动人员2万人次，车辆1631辆次，清理路面垃圾1456吨，清理下水道周边垃圾1768处，清理积水1854处；清理倒伏树木6012棵；修复机场南路等主干道和重点区域路灯71座。

（陈康敬）

附：2017年宝安区城管局（执法局）领导成员名单

党组书记、局长：涂仁胜（6月止）

党组成员、机关党委专职副书记：李国雄

局党组成员、副局长：陈才苏　张柳珍　叶碧军（10月止）　廖云山　周　勇

2017年3月11日，宝安区几套班子领导到新安翻身工业区、福永凤凰第三工业区、福永凤凰小镇、松岗TCL云科技园、松岗沙浦工业区、松岗溪头第一、二工业区项目现场视察，并在松岗街道办召开城市更新工作现场会

城市更新工作

【概况】2017年，宝安区城市更新局抓住城市更新领域强区放权的重大机遇，提出“政府主导、规划领控、产业优先、公配同步、廉洁为基、服务为本”的工作理念，边组建队伍，边立体系、建制度，城市更新各项事权无缝衔接，更新基础进一步夯实，更新项目有序有效推进，项目实施率进一步提高。年内，在宝安区城市更新局的大力推动下，宝安区新增2个城市更新项目；宝城三区新兴宾馆等13个项目动工建设；新安街道22区中粮工业园等6个项目竣工；通过城市更新完成土地出让50.22公顷，比上年增长23.2%，收入地价款20.21亿元；城市更新项目年投资额达150亿元，增长25%，有效拉动宝安区的经济增长。

【城市更新政策体系编制】2017年，宝安区城市更新局全面服务更新委员各项决策，召开宝安区城市更新工作委员会会议13次，审议通过城市更新业务审批事项32项，其他事项30余项，有效推动宝安区城市更新工作开展；制订《宝安区城市更新暂行办法》为主文件，《宝安区城市更新片区规划研究范围划定和改造范围划定指引》《宝安区城市更新公共资源规划建设和使用管理规定》等12个配套文件为辅助的“1+12”政策体系；编印《城市更新工作手册》；修编城市更新“十三五”规划，划定35平方公里拆除重建范围，明确17项任务指标；启动城市更新项目智能审批系统、跟踪监管系统、辅助决策支持系统、综合管理信息库、移动终端查询系统、市区系统对接融合的城市更新智慧平台建设。

【城市更新计划与规划审查】2017年，宝安区城市更新局做好计划与规划审查，有力推动新增福海街道大洋工业统筹片区启动区、新桥街道康大工业基地“工改工”城市更新计划2个，涉及拆除用地面积23.5公顷；新桥街道万丰南山工业区及万丈埔工业区（一区）片区、石岩总部经济园区等9个项目专项规划审批通过，涉及拆除用地面积95.5公顷。

【城市更新项目实施】2017年，宝安区城市更新局加快项目实施，新安街道22区中粮工业园等6个项目竣工；宝城三区新兴宾馆等13个项目动工建设；茭塘工业区（一期）、辛养工业区等11个项目完成主体确认；通过城市更新完成土地出让50.22公顷，签订土地出让合同及补充合同44份，收入地价款20.21亿元；通过城市更新推动“800”项目完成投资150亿元，推动“669”项目消化存量建筑实际完

成面积 150 万平方米；完成城市更新供应商品房 82.49 万平方米，稳定房地产市场供应。

【城市更新项目产业优先】2017 年，宝安区城市更新局加大城市更新项目产业优先力度，开展新桥东、衙边工业区等 17 个产业片区规划研究；鼓励和倡导“工改 M1”项目，要求强区放权前列计划工改 M0 项目主导功能规划建设 20% 的厂房；新列入的 2 个城市更新项目主导用途的 70% 为厂房，预计新增厂房 60 万平方米。

【公共配套设施完善】2017 年，宝安区城市更新局明确公共设施的配建标准和管理规范，实现公配设施与更新项目首期同步规划、同步建设、同步验收、同步使用，实现“四同步”，破解城市更新项目空间“碎片化”、配套设施配建不足等顽疾，达到成片开发、完善公共配套的目的。同时在强区放权以来，宝安区城市更新局收储移交政府公共利益用地 26.64 公顷，其中，教育用地 7.33 公顷，道路用地 15.81 公顷，绿地 3.08 公顷；通过城市更新规划配建九年一贯制学习 2 所（93 班），小学 3 所（90 班），幼儿园 10 所（102 班），保障性住房（含宿舍）和人才安居房 36.6 万平方米，社康中心 10 处（1.2 万平方米），公交首末站 6 处（2.14 万平方米），停车位 25804 个，可打通 31 条市政路，变电站等公共配套设施 108 处，附属设施建筑面积 13.1 万平方米，可移交公共利益用地 24.08 公顷；通过城市更新建成投入使用初中 1 所（36 班），幼儿园 2 所（21 班），保障性住房和人才安居房 3.82 万平方米，停车位 5414 个，社区老人日间照料中心等公共配套设施 17 处 1.25 万平方米。

【信访和提案议案处理】2017 年，宝安区城市更新局妥善处理信访和“两代表一委员”提案议案。妥善处理信访 18 件，信息公开 8 件，较好解决项目在更新过程中发生的投诉问题，维护社会稳定；局领导督办并指定专人负责，办理市、区议案、提案和建议 34 件，满意率 100%。

【助定点扶贫村建设美丽乡村】2017 年，宝安区城市更新局切实解决河源市龙川县锦太村实际困难和问题，为贫困村修建道路、路灯、“三面光”工程、老人活动中心及垃圾站、公测等基础设施，进一步提升乡村基础设施建设，方便村民日常出行及生活。除基础设施建设外，积极推动锦太村自身造血工程，让贫困户走向一条致富的道路：打造一期 2.66 公顷的百香果基地，建设光伏发电设施。

（陈映冰）

附：2017 年宝安区城市更新局领导成员名单

局　长：黄再晓

副局长：林建强　陈正生（2 月起）

2017 年 5 月 5 日，区人大常委会组织市、区人大代表到翻身工业区、超材料产业（新安第一工业区）开展城市更新工作专题视察

网格综合管理

【概况】2017 年，宝安区网格办以加强和创新社会治理、服务人民美好生活为总要求，以开展“基层治理质量年”活动为抓手，以强化队伍建设为基础，坚持把安全稳定作为第一责任，立足社区网格，全面履行职责，扎实推进网格服务管理工作，圆满完成年度各项任务目标，有效维护辖区公共安全和社会大局稳定。截至 2017 年年底，全区登记在册的住宅出租屋 222.1 万间 / 套，系统采集的实有人口 537.1 万人；全年累计新登记实有人口 522.3 万人，注销 564.3 万人，累计变动率为 220.1%。协助各职能部门开展清查行动 2790 次，协助公安机关抓获犯罪嫌疑人 270 人。代征房屋租赁税 2.32 亿元，比上年上升 23.32%。

【网格化管理工程】2017 年，宝安区网格办不断夯实网格化管理工程基础。根据街道分设情况和网格化智慧管理工程运作存在问题，微调完善网格划分。在保持原有 4833 个网格不变的基础上，对基层网格进行适当调整和局部优化，较好解决各街道“插花地”的纳管问题。搞好网格互联互通。按照“1+10+124+4833”的架构，将管理力量下沉至社区，以基础网格作为城市精细管理切入点，积极推进警格、安格、消格等专业网格与基础网格的对接，实现社会治理“一张网”运行。完善大巡查业务内容。修订升级网格大巡查工作手册3.0版，优化事件巡查标准、图例，增加重大事件采报标准和经典案例分析，提升巡查效率和事件质量。

2017年4月至7月，“区—街道—社区”三级网格综管机构标准化建设陆续完成

【实有人口信息采集】 2017年，宝安区网格办扎实开展实有人口信息采集工作。以日常管理与专项行动为抓手，狠抓“四实”信息。开展基础信息大采集“春晓”行动。紧抓基础信息采集、重点人员动态管控、人口信息居住申报三条主线不放松，累计清查出租屋317.01万间/套，核查实有人口信息532.19万条，协助列管重点人员682人。开展基础信息质量核查和督察行动。重点核查“文化程度、政治面貌、住所类别、婚姻状况、服务单位”等人员信息，基础信息准确率大幅提升。2017年，全区共登记实有人口537.1万人，累计新登记522.3万人、注销564.3万人，变动率为220.1%，同比增长25.9%。

【出租屋安全隐患排查整治】 2017年，宝安区网格办多措并举，全力消除出租屋安全隐患，有效防范事故发生。开展打通出租屋生命消防通道及电动车违规充电行动。大力排查整治电动车室内违规停放和充电、消防通道堵塞等违规行为，累计打通消防安全通道堵塞73.8万宗，纠正电动车违规充电97.4万宗。开展“黑燃气”追根溯源行动。以出租屋为突破口，以“以车代库”为重点，与执法部门协调配合，累计排查“黑燃气”224.6吨，有效挤压“黑燃气”生存空间。开展厂房乱改公寓查处行动。发动网格员按标准逐栋逐户筛查核实，及时刹住“乱改”之风，从源头上消除潜在消防安全隐患问题。开展危险边坡隐患巡查行动。针对暴雨天气影响，将危险边坡列为A级定点巡查事件，共巡查疑似危险边坡1941处，对确认的752处危险边坡按防汛防灾标准进行每天一巡，确保事故零发生。开展用电隐患排查“驱虎”行动。针对出租屋漏电、触电事件频发问题，重点采集未接地线、未安装漏电保护装置等风险源，做到问题及时发现。协助查违和既有建筑消防、安全巡查。累计巡查上报查违类事件4.77万宗，整治4.75万处；巡查采集既有建筑17.56万栋，发现不合格楼栋4.7万栋；采集通报零星工程隐患15528宗；排查群租房、“三合一”场所5619家，发现隐患1113处。

【网格排查整治】 2017年，宝安区网格办着力提高网格排查整治效能。创新方法方式，针对性解决巡整盲点。改进方法，紧抓重点。针对出租屋常见安全事故隐患及人员居住特点，建立“夜巡”机制，重点排查房中房、安全生命通道堵塞、违规住人和电动车违规充电等隐患，累计出动网格员2.3万人次，整治队员3286人次，协助有关部门整治隐患4.49万宗，协助处理突发事件16宗。巡办联动，提升效能。采取“综合巡查+”的工作模式，建立“网格员、整治队、楼栋长”捆绑机制，形成巡整闭环，集中解决突出隐患问题。借势造势，营造氛围。通过召开事故现场会和利用电台、报纸、微博、微信、网站等媒介，大力宣传安全防范知识和典型案例，有效提高群众安全防范和主动履职意识，累计开展现场会2135场，刊登报道668篇次，制作《出租屋安全六要六不要》宣传板4.5万张，印制居家安全用电用气、居住登记自主申报等系列宣传单张250万份，微信公众号关注量达22296人，最高点赞12935人次。

【助力安保维稳】 2017年，宝安区网格办助力打好安保维稳攻坚战。开展十九大维稳安保大巡查行动。十九大期间，针对巡查盲点，以超常规手段对重点领域、重点部位、重点隐患进行巡查整治。全力控停零星工程，从初期7000余宗动工数下降至22宗；协助维护交通秩序、稳控重点人员、校园安保、道路施工管控工作，累计抽调网格员2530人参加行动，协助处置突发事件和紧急险情15宗。积极参加抗台防汛行动。台风“苗柏”“天鸽”“帕卡”过境期间，对“三边”地带、危房、危墙、危险边坡、易涝点全方位巡查，累计排查窝棚、危房、危险边坡隐患 1.42 万处，低洼易涝点 2044 处，通报疑似危险边坡 1507 宗，安全转移安置群众 2.6 万人。主动参与护航“宝马”行动。出动网格员 1924 人次，对辖区赛道沿线楼宇和制高点进行摸排值守，全程监控赛事沿线情况，实时对赛事沿线楼、房、人员动态进行视频掌控，做到不漏一楼一人。强化值守，确保节日安全。做好中秋夜市民赏月点、燃放孔明灯、烟花烟火等巡查防控工作，加大出租屋用电用气、餐饮及食品加工场所等各类安全隐患巡查力度，确保群众平安过节。

2017 年 9 月 14 日，新安网格员协助相关部门查获假冒知名饮料

【宜居与文明创建活动】2017 年，宝安区网格办以深入推进“序畅宁绿洁美”专项行动为抓手，将 39 个城中村纳入平安宜居创建，累计落实创建小区 230 个，全区创建率达 74%。积极助力文明创建，紧盯农贸市场、公共厕所、商业街、城中村等重点场所和区域，对乱张贴、乱摆卖、车辆乱停放等影响市容环境卫生类隐患进行巡查，与交警部门协调联动，组织网格员对重要路口进行值守和劝导，取得良好效果。

【网格信息化建设】2017 年，宝安区网格办不断提升信息化建设水平。完善网格智慧化管理。按照“巡、采、访、宣”的工作要求，新增网格员考勤、评分、定点巡查、学习任务等系统功能，进行科学量化评分，实现线上自动考核；建立微信企业号平台，实现全系统微信在线考勤，通过推送工作提示、情况通报等信息实现线上业务指导。积累充实信息数据库。及时更新新增基础数据，不断充实信息数据库，为数据分析和深度挖掘提供信息储备，重点对楼栋信息库进行补充和完善，共新增信息采集项三类 65 项。开发大数据指挥分析系统。完成宝安区智慧网格大数据指挥分析系统一期建设，集成事件、楼栋、人口、租赁、队伍等画像，深入分析挖掘数据，了解把握工作中的热点、盲点和趋势，实时掌握全区动态，为精确解决具体问题提供有力支撑。

【网格队伍建设】2017 年，宝安区网格办加强队伍建设。优化网格管理体制和机构建设。按照“一社区一中队”建制要求，落实 127 个网格中队建设，并制定印发《宝安区网格“大巡查”机构队伍标准化、规范化、准军事化建设工作指引》，以点带面，全面推进网格综管机构规范化、标准化、准军事化建设。配齐配强网格队伍。按照“一正三副”要求和“一格一员”原则，配齐 10 个街道网格巡查大队领导班子和一线网格员 4833 人。大力开展“七大”活动。以大学习、大培训、大考试、大军训、大比武、大整顿、大宣传活动为载体，不断加强队伍自身建设，提升队伍凝聚力和战斗力。推行网格员星级管理。制定完善《宝安区网格员星级管理办法》，建立系统模块，设定评星标准，直接与薪酬挂钩，按照“公开公平公正、能上能下”的原则，对网格员进行“五星六级”规范管理。严格督查考核和奖惩管理。深入开展月度“百优”、年度“十佳”网格员及“十大”“重大”事件评选，树立“红线意识”和“底线思维”，强化倒查问责，严格执行“十大禁令”“七要七严禁”等队伍管理制度，对违反人员纳入失信黑名单。全年累计辞退违规网格员 6 人，留队察看 41 人，并首批将 15 名违纪网格员名单提交诚信办纳入征信系统。

【楼栋长队伍建设】2017 年，宝安区网格办大力扶持培育楼栋长联合会，全区共设楼栋长联合会 10 个、楼栋长服务站 90 个，发展楼栋长 62867 名，建档率、入会率均达 100%；全年累计组织开展楼栋长治安、消防培训 1276 场次，培训 27.5 万人次。督促楼栋长落实主体责任，以督促楼栋长落实楼栋安全主体责任为主线，发动业主、楼栋长对照负面清单开展安全隐患自查自纠自改。楼栋长全年累计申报人口信息 88.7 万条，主动提供各类治安、消防隐患 2.98 万条，协助公安机关破

2017 年 12 月 27 日，市网格办年终考核组到宝安区开展年度工作检查验收

获案件 27 宗、抓获犯罪嫌疑人 16 名。192 名楼栋长获政府部门表彰奖励。

【房屋租赁服务管理】2017 年，宝安区网格办推进优化房屋租赁服务管理。开发智慧房屋租赁管理系统。推进“放管服”改革，以“互联网 +”为抓手，强化全区办事“一张网”建设，首创“智慧租赁”业务系统，全面推行租赁业务网上申报和全城通办，累计受理网上申请 74647 宗（占 98.83%），实现群众办事“最多跑一次”。宝安区政务服务排名前十大业务中，房屋租赁业务占 5 项，租赁业务办理量 15.8 万宗，占排名前十总业务量 68.71%。开展租赁“服务之星”评选。规范业务办理流程和标准，采取综合考评方式，全方位考核租赁服务人员业务技能和综合服务水平，每月评选“服务之星”10 名，激发队伍工作热情。强化房屋租赁管理和代征税工作。全区累计办理房屋租赁合同登记（备案）117290 份、核定个人出租房屋税费 41339 宗，登记（备案）出租房屋面积 4845 万平方米，代征房屋租赁税 2.32 亿元，比上年增长 23.32%。 **（黄金菊）**

附：2017 年宝安区网格综合管理办公室领导成员名单

主　任：刘开卫

副主任：古茂宏　梁初正（7 月止）

环境保护

【概况】2017 年，宝安区环保水务局按照“抓住一个核心、用好两个抓手、打赢三大战役、实现四个提升”的工作思路，聚焦治水提质、大气防治、智慧监管、生态发展，大胆改革创新、全力攻坚克难，全面完成中央环保督察整改和治水提质攻坚各项任务，得到区委区政府的充分肯定和社会各界的普遍认可。全年共开展生态文明建设考核任务 583 项，创历年之最；协调列入市治水提质建设计划项目 337 个，总投资 279 亿元，完成年度投资 82.7 亿元；茅洲河水环境综合整治工程全面推进，取得实效，共和村国考断面氨氮比上年下降 53%、总磷同比下降 78%，顺利完成考核；建成污水管网 890 公里，为上年 2.1 倍；6732 公里排水管网实现日常管养全覆盖，改造优质水源入户管网 397 公里，安全供水 4.2 亿吨；实施大气质量提升十大行动，大气优良天数 298 天；强化审批监管执法，行政审批 1740 宗，行政处罚 463 宗、罚款 8349 万元；承办市区两代表一委员议案、提案、建议 33 件，实现按时办复率、见面答复率、反馈意见满意与基本满意率 100%。

【海绵城市建设】2017 年，宝安区环保水务局完成《宝安区海绵城市建设专项规划（2017—2030）》的编制工作，印发实施 2017 年度的《宝安区海绵城市建设项目审批备案指引》，规范全区在海绵城市建设中的实施步骤，明确规划、投资审批、技术审查、组织统筹等环节的职责，统筹全区完成新建海绵城市建设项目 39 个、既有设施改造项目 43 个，全年新增海绵城市面积 8.3 平方公里。

【大气综合防治】2017 年，宝安区环保水务局成立区大气环境质量提升工作领导小组及办公室，初步建立大气联防联治工作机制，明确各街道各部门职责分工及年度重点任务，出台《宝安区大气环境质量提升行动计划（2017—2020）》，印发《宝安区 2017 年进一步强化大气污染防治工作实施方案》等 4 个专项方案，区领导主持召开领导小组会议 4 场，区大气办召开专题工作会议 18 场，研究解决问题 52 个。成立区大气治理督查队，建立常态化督查机制，全年组织专项督查 6 次，发出督办函 47 份。

【扬尘污染整治】2017 年，宝安区环保水务局加强扬尘污染整治。推行建筑工地扬尘防控 6 个 100%，37 个占地 5000 平方米以上工地安装 TSP 在线自动监测；核查裸土斑块 896 块，复绿 242 块；31 家搅拌站完成扬尘整治；加强道路扬尘管控，重点道路每天冲洗 2 次、机械保洁 3 次；新增 10 台喷

2017 年 5 月 27 日，宝安区“蓝天保卫战暨空气质量提升十大专项行动”全面启动

雾抑尘车，总数达到 24 台，实行 3 班倒作业；开展移动扬尘监测，对 20 条重点路段 176 公里道路实行不间断巡检。加强重点区域扬尘整治，大铲湾、机场片区 137 万平方米裸土得到复绿覆盖，福永码头片区 11 家搅拌站实行绿色改造，处罚空港新城工地扬尘污染案件 14 宗。

【工业废气治理】2017 年，宝安区环保水务局重点监管 330 家电镀线路板企业工业废气，完成 48 台非清洁能源锅炉用气、用电改造，完成 85 家家具企业水性漆改造，实施 94 家省重点 VOCs 企业源头和末端综合整治，对其他 350 家尚未纳入重点整治名单的涉气企业，加强日常巡查。

【移动源及面源整治】2017 年，宝安区环保水务局检测非道路移动机械 928 台、淘汰 260 台，处罚 7 家企业；完成 1242 家餐饮油烟排放单位整治工作；组织交警部门完成机动车尾气路检 20456 辆、对大货车及仍使用燃油的公共汽车场检 1006 辆；联合区城管局、各街道办打击露天焚烧和露天烧烤违法行为，查处非法焚烧废弃物 36 宗、烧烤档 2650 宗；协调区泥头车整治办、交警、城管等部门开展 19 次联合行动，完成检查泥头车 5840 辆次、处罚 2316 辆次。

【生态文明示范区创建】2017 年，宝安区环保水务局进一步加强生态文明建设。主持编制并经区政府印发实施《宝安区生态文明建设规划（2016—2025）》，确定生态空间、生态经济、生态环境、生态人居、生态制度和生态文化 6 大方面 41 项指标体系，提出创建国家生态文明建设示范区的 201 项重点工程，按季度做好创建指标技术评估，对各项指标的责任单位实行“一对一”技术指导。健全部门和街道生态文明建设考核机制，量化考核任务 583 项，开展现场督办 62 次，完成任务 573 项。全年削减化学需氧量 6.02 万吨、氨氮 0.67 万吨，完成率分别达到市下达任务的 146.86% 和 136.62%，污染减排考核名次提升两位，升至全市第六。新增省级宜居社区 10 个，总数达到 115 个，宜居社区覆盖率从 2016 年的 84.1% 提升到 91.3%，提前三年完成市下达的创建任务。市治污保洁工程 146 项任务全部完成，考核连续 6 年排名全市第一。

【环保审批服务】2017 年，宝安区环保水务局严格规范环保审批服务。实施电镀、制药、印染、钢铁等 4 个重点行业 138 家企业排污许可证核发工作，严格审批环保水务业务，全年完成 3433 宗，比上年增加 21.2%，其中，环评审批 1740 宗，否决 186 宗，否决率 10.6%。改进服务水平，对大族激光、长盈精密等 26 家重点企业提供政策咨询、技术指导等贴身服务；对国际会展中心、区人民医院、四大片区水环境综合整治等 105 个重大项目、民生项目实行容缺受理、并联审批；对景观提升、道路修缮、社区公园、人行天桥、地质灾害治理、建筑装饰等 6 类项目实行豁免审批。

【环保水务工程类项目技术审查】2017 年，宝安区环保水务局充分整合技术力量，在工程事务中心设立总工室，对全区环保水务工程类项目的初步设计、可行性研究、施工图设计成果进行技术审查；在技术监管中心设立环境技术审查部，对全区涉及环保水务审批的环评报告、排水设计方案等项目技术文件进行审查。全年完成工程类项目技术审查 93 宗次，完成环保水务审批项目技术审查 197 宗次。充分发挥技术优势，合理利用专家资源，为江碧环境生态产业园建设、会展中心排水设计、福洲大道污水干管迁改等难点问题提供专业技术解决思路，为 76 宗行政处罚案件提供技术咨询，为 67 宗街道“十大工程”项目的给排水、海绵城市等相关设计内容提供环保水务技术咨询意见。

【高污染行业集中入园】2017 年，宝安区电镀线路板行业整治发展逐步推进。完成全区电镀线路板企业现状调查摸底，编制《宝安区电镀线路板行业污染综合整治发展规划》并经市政府工作会议审议，提请市人居委和区政府联合印发实施。完成 1.39 平方公里的江碧环境生态产业园概念规划，开展其中 1.26 平方公里的城市更新统筹片区调查摸底，完成其中 0.13 平方公里的环保科技创新产业园土地整备及出让前期工作，启动工业废水集中处理厂前期招标。遴选示范厂区，完成改造提升方案专家审查。

【环保主任制度实施】2017年，宝安区环保水务局率先在全国试点实施重点污染源企业“环保主任”制度，共培训配备“环保主任”652名，《中国环境报》头版头条予以报道并配发专题社论，着重强调“‘环保主任’制度，就是在帮助企业理顺环境管理机制，提升内在治污动力”；组织开展企业环境保护专题培训，培训企业负责人1500人次、环保主任参训652人次，极大提高企业负责人对环境保护的法规意识。

【环保水政执法】2017年，宝安区环保水务局实行力量下沉，增设4个街道环保水政执法队，实现“一街一队”；下沉43名人员至街道环保水政执法队，并通过购买技术服务增配210名环管员；一线监管执法力量增加至330人，同比增长300%；实行一级执法，全面承接原由市、区环境监察机构承担的监管执法任务，变市、区、街道三级监管执法为街道环保水政执法队一级监管执法；实行全面巡查，对29445家工业企业按“四个一”巡查模式进行分类巡查，即对重点污染源企业实行一日一巡，对黑臭水体沿线涉水企业实行一周一巡，对小废水企业实行一月一巡，对普通工业企业实行一季一巡；实行巡办分离，全区划定96个环水网格，对应设立96个巡查组，同时设立32个执法组，每个执法组对应2—3个巡查组，巡查组负责现场巡查、发现问题，执法组负责核实取证、整治执法。

【环保监管执法】2017年，宝安区环保水务局全年组织开展各类专项执法行动22轮，其中茅洲河流域“小散乱污”企业排查整治组成100个巡查组、20个执法组共550人同时参与，检查企业11094家，处罚整治环境违法行为184宗；“利剑一号”专项执法行动联合环水、经促、城管等部门及各街道，出动25856人次，检查含汽修、餐饮在内的企业共13833家，整治违规行为934宗。2017年，全区共检查生产经营单位39000余家次，取得污染源监测数据20755个，关停淘汰重污染企业10家，立案721宗，下达处罚决定书463宗，处罚金额8349万元，同比增长202%，占全市处罚总量的34%，其中单笔处罚金额1239万元为全省之最。

【“三防”工作】2017年，宝安区环保水务局开展“三防”标准化建设，修编完善8项工作制度和区级“2+N”预案、街道“1+3”预案；建立汛期区级“1+2”、街道“1+1”的值班制度，组建“三防”应急抢险队伍11支7659人，全区各级“三防”责任人达152262人；储备橡皮艇等3大类66种“三防”物资15.71万件。完善“三防”责任体系，“三防”成员单位由35个增加至51个，市气象局专业人员汛期进驻智慧宝安管控中心。实施“大排查、大防御、大值守、大联动”工作机制，有效应对“6·16”“7·18”等特大暴雨和“苗柏”“洛克”“天鸽”等台风袭击，未发生人员死亡事件。

【环境安全应急处置】2017年，宝安区环保水务局落实重大信访件领导包销案制度，全年受理环保水务投诉17510宗，实现第一时间分拨、第一时间处置，处理率达到100%，未发生越级上访的群体性事件；加强环境安全与应急处置工作，开展环境安全培训8轮723人次，组织环境安全专项检查7轮4206家次，100%安全处置危险废物，全年集中收运工业废水（废液）5623吨，废酸1575吨，顺利通过国家环保部危险废物规范化管理考核。加强环境风险评估与应急能力建设，与4家环境监测单位和5家危废处置单位签订环境应急服务协议；督促400家企业完成突发环境事件应急预案编制、评估、备案，加强环境应急物资储备，开展环保水务应急演练24次，成功处置“7·21”东方换流站变压器油泄漏、“9·28”中铁十六局损毁福永污水处理厂配套干管等环境安全突发事件48宗，未发生人员伤亡事故。

【水务工程安全管理】2017年，宝安

2017年11月15日，宝安区举办首届重点污染企业“环保主任”培训班，631家在管污染源企业全面推进“环保主任”试点工作

区环保水务局定期研究部署安全生产工作，建立健全在建水务工程项目负责人安全生产责任制，开展在建工程安全生产大检查10轮，整治施工安全隐患858处。开展河道危险边坡、地下管线、海堤、水闸、泵站、排水管网等安全隐患排查，出动巡查人员8345人次，整治安全隐患2571处。

【环保法制宣传】2017年，宝安区环保水务局进一步推进法治政府建设，依法办理行政诉讼11宗、行政复议21宗、审查合同627份；在《宝安日报》曝光企业的重大违法行为227次。举办区级环保技术展，开展“河未来益起行”万人护河公益行动，组织7个学校近2万师生开展“绿色家园”系列创建，向市民发放宣传资料5万余份；开展“治水提质宣传进基层”活动34场，10条建成区黑臭水体治理群众满意度90%以上。进一步加强媒体舆论宣传，组织中央、省、市、区媒体现场采访53次；央视、广东卫视、深圳卫视及中国环境报、南方日报等各类媒体宣传报道343次，社会各界和市民群众关心环境、参与环保、贡献环保的意识不断增强。

【环保水务治理能力提升】2017年，宝安区环保水务局顺应新时期生态环境保护、污染防治攻坚和环境监察监测垂改工作形势，结合宝安实际，大胆改革创新，打造供水、排水、治水全链条水务管理，水、气、声、渣全要素环境管理，网格管理、全面巡查、巡办分离的全覆盖监管执法，技术支撑、应急保障、智慧管控的全方位技术监管，前期设计、建设施工、验收决算的全流程工程事务等“五大板块”，推动有限编制和优势兵力向专业部门、重点领域倾斜，提升环保水务治理能力现代化水平。根据最新三定方案，核定行政编制129名，核定事业编制138名，设有内设科室7个，直属机构13个，代管机构1个，下属事业单位5个，现实有公务员119人、职员134人，编外人员200余人。

【环保水务队伍建设】2017年，宝安区环保水务局督查任务3105项，其中承办上级督办任务1177项、局内督查1928项、编发督查通报46期，督查任务完成率99.6%。组织监管执法人员开展“军训＋培训”2期320人次，组织全局干部职工参加各项培训3465人次，其中参加上级培训665人次、参加局内培训2800人次，干部队伍的政治素养和业务水平全面提升。

（彭伟平）

水 务

【概况】2017年，宝安区有河流66条，全长274.75公里，海堤25.95公里，分属茅洲河、珠江口小流域。水闸共63座；排涝泵站98座，抽排能力620立方米/秒；水库12座，总库容18561万立方米；供水管网3309公里，自来水厂9座，总供水能力176万吨/天；排水管网6732公里，其中市政排水管网2882公里、社区排水管网3475公里，107国道等公路排水管网375公里；污水厂4座，处理能力116.5万吨/日；空气质量自动监测站18座。

【治水统筹机制建立】2017年，宝安区建立“31+66+10+10+66+219×3”的河长制三级责任体系，编制完成全区66条河流“六个一”系统工程河务手册，明确点、线、面、体、质网络工程10大类463个子项任务，协调组织召开区级河长会议115场，现场巡河101次，解决问题317个；建立“1+10+1”的黑臭水体治理三级工作机制，组织召开黑臭水体治理工作会议279场，现场调研293次，解决问题614个；健全指挥部三级议事决策机制，组织召开指挥部会议2场、联席会议12场、办公室会议38场，协调解决问题96项，审议议题80项。建立并逐步完善治水提质协调机制，有效提高问题解决效率。

【水环境综合整治】2017年，宝安区

2017年3月3日，广东省环保厅党组书记、副厅长姚奕生率队调研茅洲河治理工作

2017年5月20日，宝安区召开区黑臭水体治理誓师大会

环保水务局全面推进四大片区水环境综合整治工程，茅洲河流域水环境综合整治工程47个子项目总投资160.8亿元，完工32个，完成年度投资67.2亿元，累计完成投资81.9亿元；前海铁石片区水环境综合整治工程22个子项目总投资51.1亿元，顺利完成设计采购施工总承包招标并逐步动工；大空港片区水环境综合整治工程21个子项目总投资48.5亿元，全面完成规划统筹、勘察、可研和初设工作，正式开展设计采购施工总承包招标。

【污水管网建设】2017年，宝安区环保水务局从市下达的年度污水管网600公里任务两次加压提升至890公里，创新审批模式、缩短审批时限，采取规模作业和大兵团作战模式，并建立专项督查机制，建成雨污分流管网890公里，占全市46%，是2016年的2倍，是“十二五”的223%。排水管网6732公里实现日常管养全覆盖，其中市政排水管网2882公里、社区排水管网3475公里，107国道等公路排水管网375公里。消除入河排污口1647个，占全市任务总量的59%。

【正本清源工程】2017年，宝安区环保水务局按照区府办印发实施《宝安区全面推进排水管网正本清源工作实施方案的通知》要求，全面启动四大片区排水小区正本清源改造工作，提高雨污分流能力，实现从源头上治愈“水污染”顽疾。完成四大片区2016个排水小区改造的立项工作，匡算总投资45.8亿元。采用大兵团作战、全方位配合模式，在短短3个月时间内，快速完成摸底调查、勘察测量、初步设计和概算编制等工作，为2018年年底全面完成改造任务奠定坚实基础。

【水资源管理】2017年，宝安区环保水务局协调推进珠三角水资源配置工程及铁长支线供水工程，监测区管10座水库大坝安全，罗田水库顺利通过水利部水库工程运行管理督查。新增饮用水水源一级保护区围网36.8公里。完成3座村级水厂整合，全区供水实现“同城同网同质同价”，全年安全供水4.2亿吨，水质合格率100%。完成4座水厂排泥水处理工程，改造14个小区5539户居民162公里供水管网。完善水务设施运营服务监管考核，完善从源头到末端、从日常排水到应急防洪的“大排水”管理机制。

【环保督察整改】2017年，宝安区环保水务局加强环保督察整改。制定实施《宝安区落实中央环保督察反馈意见整改工作方案》及7个整改专项方案，成立由区委书记、区长为双组长，分管区领导为副组长的领导机构，部署截污箱涵雨污不分、污水管网建设滞后等7个方面、97项专项整改任务，建立交办案件常态跟踪和动态整改机制，对交办的40宗案件逐一建立后续跟踪档案，全年共开展12轮“回头看”行动、9轮不定期抽查。力保茅洲河水质和建成区黑臭水体治理考核达标，统筹多方力量按时完成雨污管网、排污口整治、补水系统、水质提升等工程建设任务，全面加强排水检查和执法行动，基本实现污水纳管、多源补水和生态修复，茅洲河国考断面氨氮比上年下降53%、总磷下降78%，均超额完成上级下达的目标；10条建成区黑臭水体年底全部实现不黑不臭。力促聚豪高尔夫球场清退圆满完成，根据2016年年底市政府交办聚豪高尔夫球场清退任务要求，区主要领导和分管领导亲自研究，该局牵头具体抓办，强力推进损失评估、补偿谈判、土地置换、关停退出、员工安置、资产移交等工作，评估价从初稿55亿元降为13.51亿元，收回土地204万平方米，置换用地1.38万平方米，既解决饮用水水源保护问题，又留住央企并扩大其在宝安的投资。力推饮用水水源一级保护区违建和建设项目全面清理，统筹协调、强力推动铁石、长流陂水库饮用水水源一级保护区2009年6月2日以后新增23栋、3.43万平方米的违建完成清拆，依法撤销10个建设项目环评批复，完成21家企业的关停、搬迁，及60处非法养殖点清理。

【环水智慧管控】2017年，宝安区环保水务局率先在全省开发运行“环保+水务”的“河务通”APP，打造环水信息数据库，涵盖全区66条河流、6732公里排水管网、102座泵站、60座水闸、2420个入河排污口、631家重点污染源企业等基础信息；开通河长端、巡查端、执法端和企业端，392

名区、街道、社区三级河长、68 名环水执法员、219 名环管员、219 名河管员、652 名企业环保主任分别运用相应终端，快速高效实现各类环保水政违法行为第一时间发现、第一时间处置、第一时间解决。 （彭伟平）

附：2017 年宝安区环保水务局领导成员名单

党组书记、局长：李育基

党组副书记、调研员：吴新锋

党组成员、副局长：林 青 李 军 谢佩强 文国祥（6 月起） 江炜炜（3 月起）

2017 年高考期间，宝安供电局全力做好高考保供电工作

供 电

【概况】2017 年，宝安供电局认真践行“人民电业为人民”的企业宗旨，全力确保安全生产和电力可靠供应，持续提升供电服务水平，努力满足人民追求美好生活的电力需要，服务宝安区建设社会主义现代化先行区典范。2017 年，宝安区全社会用电量 232.91 亿千瓦时，占全市 28.27%，居全市第一，比上年增长 4.65%，增速上升 1.98 个百分点。其中工业类用电量 164.15 亿千瓦时，占总用电量的 70.48%，增长 3.97%，仍处于主导地位。商业及其他类用电量 33.10 亿千瓦时，占总用电量 14.21%，电量同比增长 7.83%。居民类用电量 35.65 亿千瓦时，占总用电量 15.31%，电量增长 4.91%。电网最高负荷 457.7 万千瓦，上升 4.83%，上升幅度创 5 年新高。

【电网规划建设】2017 年，宝安供电局结合“智慧宝安”城市规划发展定位，以构建智慧坚强宝安电网为指引，结合“十三五”电网规划和重点区域、重大项目，大力推进滇西北、输配网、智能电网、电力迁改等各项工作。继续加快建设安全、可靠、绿色、高效的智能电网，满足人民追求美好生活的电力需要，大力推进智能电表、低压集抄、配网自动化和光纤通信建设，提高电网智能化水平和快速复电能力。实现全区智能电表、低压集抄全覆盖，预计 2019 年实现配网自动化及光纤通信全覆盖。投产 110 千伏塘坑站，新增容量 18.9 万千伏安；220 千伏乌石岗、110 千伏田园站“两通一平”进场施工；110 千伏田园二输变电工程取得选址意见书及相关批复。全年计划投资 8.9 亿元，配网工程下达计划 1184 项，投资完成率 100%，重点解决设备重过载、城中村用电紧张等热点难点问题。认真做好城中村供电改造，积极配合做好“双宜小村”创建工作，计划投资 6.22 亿元，新建 242 座电房。完成首批 177 座配电房选址及全部 325 个台区的改造立项工作。落实 20 个试点村项目申报，共上报 23 个项目、投资估算 6306 万元，全面开工。

【供电安全生产】2017 年，宝安供电局高度重视安全生产运行工作，积极落实宝安区“城市基层治理质量年”部署，大力推进城中村用电安全、电力设施外部安全隐患等专项治理。成立领导小组和工作小组，从消防重点区域、城中村老旧电气线路、外部安全隐患整治三方面入手，划分责任清单，明确时间节点，与区安监局等部门保持紧密配合，确保整治工作有序高效开展。排查发现 97 个城中村存在供电安全隐患，共发现隐患 3714 处，其中公变重过载 506 处、线路及低压设备残旧 1819 处、三线交叉 1389 处，处理 648 处，余下 3066 处在 2018 年的配基项目中整体改造。联合电信、公安、交通等 10 家单位，推进电缆沟低压线缆安全隐患整治，完成 28 段电缆沟隐患整治。顺利消除新安街道 82 区裕丰花园低压架空线路穿墙而过的严重安全隐患，积极协调处理 220 千伏琵琶变电站因外部施工造成的重大安全隐患。

【供电服务】2017 年，宝安供电局主动服务辖区骨干企业，大力支持市区重大项目建设，及时响应客户用电需求。密切关注辖区重大项目建设，跟踪落实 93 个重大项目的用电报装工作，完成报装 60 处，送电 46 处。主动优化业扩内部流程节点，减少各环节内部交付，提升服务效率，完成高压业扩报装 336 户，新增负荷 73.15 万千伏安，增加 19.27%。主动维护客户关系，搭建沟通平台，举办企业电

2017 年 11 月 18 日，宝安供电局举办“电网开放日”活动

工培训 6 场，覆盖 580 人，进一步提升企业电工的设备运维能力；召开客户座谈会 4 场，走访大客户 1159 次，收集问题 50 条，全部予以解决。探索创建特色客户服务文化，提出“问题优先，沟通无限”和“让灯先亮起来”的客户服务文化理念，提升干部员工的服务意识。不断创新服务举措，持续提升群众与企业的用电体验。推行设备主人制，建立主动沟通机制，公布低压设备运维主人联系电话，在城中村张贴联系方式 3 万张，接听来电 1.5 万余次，方便客户沟通解决问题。大力开展不停电作业，全年共开展不停电作业 942 次，有效减少客户平均停电时间。试点推广“供电服务朋友圈”，方便企业及时了解停复电信息。连续 7 年组织接听市民热线，倾听市民用电心声，解决市民用电疑惑。

【绿色低碳发展】2017 年，宝安供电局积极响应政府号召，主动承担社会责任，着力推进新能源建设，主动参与电动汽车充电桩推广，助力打造节能环保、绿色低碳之城，助力“美丽宝安”建设。全年计划建设充电桩 609 个，全年建成 652 个，完成率 107%，覆盖所有街道。与机场集团达成合作协议，计划建设 866 个充电桩，实现国企与国企在绿色电能领域“强强联合、互利共赢”的“绿色合作”。积极推广电子账单和电子发票，2017 年，网上业务办理占比 80.19%，非现金缴费率 100%，电子账单推广率 95% 以上，普通增值税电子发票率 100%，推广低碳发展的同时也提高市民办事便捷度。积极开展安全节能用电宣传活动，深入城中村、工业区、商贸市场等公共安全重点区域，向广大市民派发安全用电和节约用电宣传手册。

【保供电工作】2017 年，宝安供电局继续加强与区应急办、安监、公安、消防等部门的沟通联系，强化应急处理联动机制。有效应对台风“天鸽”“帕卡”对宝安电网的冲击，圆满完成党的十九大、香港回归 20 周年特级保供电任务和文博会、龙舟赛、马拉松赛等重要活动的保供电任务。认真做好 7 次大规模有序用电工作，与政府、上级电网调度、发电厂、施工方进行多次沟通，尽量压减施工时间，不断优化负荷控制预案，尽可能减小影响范围及强度。强化政企联动，协助推动市、区两级政府签订《宝安区电网建设目标责任书》，落实电网建设责任内容和监督检查机制。积极配合开展电力迁改工作，严防外部施工造成的电力设施破坏问题。220 千伏象创、奋琵甲乙线电力迁改顺利完成，外环高速（宝安段）、茅洲河流域（宝安片区）水环境综合整治项目，国际会展中心项目、深中通道深圳侧接线和深圳国际会展中心互通立交工程等重点项目线路改迁实施顺利。

（许坚阳）

附：2017 年宝安供电局领导成员名单

局　　长：符晓洪（3 月起）
党委书记：许开营
纪委书记：石　东（8 月起）
副 局 长：杨　颋　黄国平
工会主席：温　忠

农业和海洋渔业

农 业

【概况】2017 年，宝安区农业总产值扭转连续 5 年负增长的局面，全年实现农业总产值 2.28 亿元，比上年增长 21.3%，迎来“稳中求进”良好发展势头。其中：种植业产值为 1.07 亿元，增长 54.8%，占比 46.9%；渔业总产值为 1.21 亿元，增长 1.8%，占比 53.1%。

2017 年 12 月 28 日，宝安区委书记姚任赴龙川调研指导扶贫工作并出席联席会议

【种植业】2017 年，宝安区种植业产值 1.07 亿元，比上年增长 54.8%。种植业主要品种有蔬菜种植、花卉栽培、水果种植。蔬菜产量 2.25 万吨，增长 94.6%；水果产量 416 吨，增长 95.3%。由于全年自然气候，天气条件较好，没有受到自然灾害影响，产量大幅提升，从而使得种植业产值增长良好。

【涉农管理】2017 年，宝安区经促局坚持落实责任，确保涉农领域管理有序、安全、稳定。摸清全区 237 块农地合计 2.42 万亩底数，编制地块明细台账。落实中央环保督察及省国土厅耕地保护督察整改，协调将 08-4 地块（部分）调出一级水源保护区，持续开展撂荒耕地翻耕复绿。海洋渔业管理检查渔船 1161 艘次，清理蚝排 91 个，查处违法案件 19 宗。重大动、植物疫情防控得力，完成屠宰检疫生猪 148.4 万头、牛 3.1 万头、羊 5.9 万头，三鸟批发市场检疫 1641 万只，屠宰检疫率达 100%，检出的病畜、病禽全部作无害化处理；全区检测蔬菜 12.58 万份，合格率为 99.9%，优于市政府标准。

【精准扶贫】2017 年，宝安区经促局坚持精准发力，高标准完成全年扶贫任务。全力推进龙川县新时期精准扶贫精准脱贫和第二轮全面对口帮扶工作，完成到村帮扶项目 522 个，帮助 622 户 2449 人预脱贫、802 人实现就业，顺利完成全年脱贫任务，群众满意度达 100%。认真落实广西河池都安、大化瑶族自治县扶贫协作任务，启动政府、部门、街村、社会、企业 5 个层次对接，帮助 482 人实现就业。

2017 年宝安区农业产值情况

街 道	农业产值（万元）	产值来源
新安街道	577	花木场 17 个，花卉产值 565 万元；水产产量 15 吨，产值 12 万元
西乡街道	940	蔬菜产量 285 吨，产值 154 万元；渔业（海洋捕捞）产量 393 吨，产值 786 万元
航城街道	2161	蔬菜产量 3960 吨，产值 1584 万元；花卉产值 523 万元；水果产量 90 吨，产值 54 万元
福永街道	640	蔬菜产量 1600 吨，产值 640 万元
福海街道	220	渔业（淡水养殖）产量 275 吨，产值 220 万元
沙井街道	855	蔬菜产量 2138 吨，产值 855 万元
新桥街道	14324	蔬菜产量 5160 吨，产值 3264 万元；渔业（海洋捕捞）产量 5498 吨，产值 11060 万元
松岗街道	116	蔬菜产量 279 吨，产值 116 万元
燕罗街道	742	蔬菜产量 1527 吨，产值 610 万元；花卉产值 90 万元；水果产量 70 吨，产值 42 万元
石岩街道	2269	蔬菜产量 4500 吨，产值 1800 万元；花卉产值 318 万元；水果产量 208 吨，产值 125 万元；渔业（淡水养殖）产量 32 吨，产值 26 万元

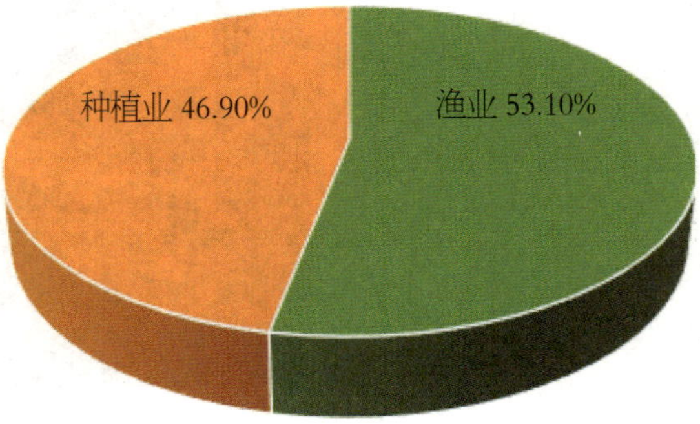

农业总产值比重构成图

海洋渔业

【概况】2017 年，宝安区渔业产值 1.21 亿元，比上年增长 1.8%，水产品产量 6213 吨，增长 21.1%；其中：淡水产量 322 吨，增长 631.8%；海洋捕捞产量 5891 吨，增长 15.8%。由于海洋捕捞业加大投资，增加新设备，采用高技术，致使产量增加，产值增长。

【管海治渔工作】2017 年，宝安区渔政大队围绕“三无”船舶监管、历史用海项目等监管等难点问题，积极探索，主动作为，不断提升管海治渔工作，各项工作有效推进中。年内，办理渔业违法案件 17 起，执行罚款 8.823 万元；办理海洋违法倾废行政案件 2 起，执行罚款 14 万元；所有结案案件均无错案、无行政复议、行政诉讼及变更处罚决定等情况。

【“三无”船舶和“绝户网”清理整治】2017 年，宝安区渔政大队坚决清理整治涉渔“三无”船舶和“绝户网”。在以往执法巡查的基础上，大队对辖区沿海街道及社区各涌口“三无”船舶逐一排查，并借鉴各地工作经验，形成专门报告报主管局研究。在日常执法的基础上，积极联合海事、边防等部门开展执法行动，组织开展清理取缔“三无”船舶行动 19 次，开展整治“绝户网”等违规渔具专项行动 36 次，2017 年开展执法巡查 36 航次，制作派发宣传资料 80 份，依法查扣海洋涉渔“三无”船舶 21 艘，查扣禁用渔（网）具约 2 万米、电鱼船 2 艘。

【蚝排安全隐患治理】2017 年，宝安区渔政大队加强小铲岛周边海域蚝排安全隐患治理工作。加强日常巡查，对新增蚝排“发现一个、清理一个”，2017 年共清理蚝排 83 个，在一定程度上遏制小铲岛周边海域非法蚝排的增加。研究开展全面清理工作，制定《宝安区小铲岛周边海域蚝排安全隐患整治工作方案》报区委区政府决策参考。

【临海用海项目监管】2017 年，宝安区渔政大队进一步规范临海用海项目监管。加强海域巡防监督机制，确保 3 辆巡逻车 24 小时不间断开展巡查，2017 年出动巡逻车 1080 辆次、人员 3240 人次开展日常巡查；加强执法突击检查，出动执法车 128 辆次、人员 473 人次在不同时间点开展执法检查；对辖区内深中通道、机场第三跑道、新兴产业基地、综合港一期等一批重大用海项目进行全面排查和日常监管，并逐一登记造册。

宝安海域

【海洋环境保护执法】2017 年，宝安区渔政大队加强打击海洋环境保护执法工作。加强海洋倾废执法监管，每月制定海域执法轮值安排表，巡查工作具体到每航次，采用电子航迹核准、24 小时暗岗监视、远海域突击拦截检查及夜间蹲守跟踪执法等方式，重点对前海疏浚工程、正强码头等重点用海项目进行监管，2017 年出动执法船艇 211 艘次，执法人员 946 人次，检查各类船舶 349 艘，核准电子航迹 6000 余艘次，办理违法倾废案件 2 宗，执行罚款 14 万元。加强海砂开采监管，对海砂开采违法行为多发区蹲守驻点共出海巡查 127 次，出动 744 人次，检查采砂船 43 艘，突击检查采砂企业 5 家（珠海国际、海岸金湾、金霆、玉成、海建），并采砂企业的海域使用情况登记造册，暂未发现违法采砂行为。加强海洋赤潮和陆源排污口的监视，每次出海巡查观察海水变化情况，每月对辖区 21 个入海排污口逐一核查，协调新安环保所办理关于新安海边有异味的市长热线信访件 1 宗。

【渔业违法行为查处】2017 年，宝安区渔政大队严厉打击各类渔业违法行为。严厉打击非法捕捞行为，通过日常巡查、夜间伏击、联合执法等方式，打击渔船非法捕捞行为。开展水生野生保护动物执法行动，联合市场监管部门开展打击非法经营利用黄唇鱼及加利福尼亚湾石首鱼等专项执法行动 3 次，检查相关经营单位 11 家，派发宣传资料 17 份。加强伏季休渔执法。2017 年，应休渔船为 9 艘，所有休渔渔船均严格执行“船进港、人上岸、证集中”等规定回港休渔，大队在每周巡查休渔渔船的基础上，开展海上休渔执法巡查 97 次，检查渔船 103 艘，无发现违法行为。

【渔船检验】2017 年，宝安区渔政大队积极做好行政审批和渔船检验工作。不折不扣完成省网上办事大厅权责清单补录工作，办理渔业船舶检验、渔业船舶登记、渔业船员发证与任解职、船舶进出渔港等业务 307 起，征收渔业资源增殖保护费 1733 元。根据辖区船籍港渔船作业停泊的实际情况，积极送服务上门，主动到宝安籍渔船较集中的蛇口渔港对进行现场验船。出动执法船艇 5 艘次，执法车 6 辆次，船检工作人员 55 人次，检验渔船 52 艘。

【海洋监察】2017 年，宝安区渔政大队加强海洋监察工作。严格执行海监三巡制度，在抓好海域巡防队 24 小时海岸巡查的同时，每周不少于 3 次开展海上执法巡查。执行各专项执法行动，根据省海监部门安排，联合海事、边防、海警等部门，开展“靖海 2017”“护桥 2017-2”“碧海 2017”等联合执法行动 4 次，检查各类船舶 87 艘，无发现违法行为。加强海岛保护。每周登岛检查 1 次，根据实际突击检查，确保人员在岗在位；组织开展小铲岛周边海域清理整治行动3次，共清理运送垃圾 300 袋。 **（杨路辉）**

交通 邮政 电信

交 通

【概况】2016 年，深圳市交通运输委员会宝安交通运输局按照市交通运输委党组“枢纽支撑、品质锻造、智慧引领、绿色共生”战略和区委区政府“湾区核心、智创高地、共享家园”的发展目标，以“坦诚、阳光、简明、担当”的工作作风，不断夯实交通基础管理，提升市民出行环境，服务社会经济发展，圆满完成全年各项重点任务目标。年内，宝安区轨道交通 11 号线顺利通车，6 号线、穗莞深城际线及北车基地项目土地整备工作任务推进顺利，保障宝安区轨道交通建设大局。

【交通规划】2017 年，深圳市交通运输委员会宝安交通运输局规划前瞻，对接新一轮城总规调整和粤港澳大湾区、广深科技创新走廊战略，优化全区干线路网和对外通道布局规划，积极推进中运量系统（云轨）研究及近期实施方案、大铲湾未来科技城、宝安大道快速化改造、湖滨路改善、慢行廊道、重大企业交通改善、宝安人民医院、妇幼保健院、中医院、6 个原设街道交通综合提升等 11 个专项改善规划。完成沙井路、西乡立交拥堵节点微改造方案，建安路特色商业街片区交通设施完善工程等 138 个道路基建项目的前期工作。跟踪抓好宝鹏快速、宝坪大道等跨区东西向快速通道及海滨大道、湖滨路、大铲湾未来科技城港口规划调整、空铁联运枢纽战略定位确定等事关宝安发展的重点工作，认真研究大空港交通疏解方案，协助做好中运量规划研究，并前置细化大空港公交接驳方案，深度研究重大交通设施对片区交通，乃至产业、生活的影响。

【交通设施建设】2017 年，深圳市交

宝安区交通运输局加强交通执法工作

通运输委员会宝安交通运输局主动协调，推进区内重大交通设施建设。穗莞深城际线机场以北段主线完工，东宝河新安大桥建成通车。大外环高速、深中通道、沿江高速二期、石清大道、沙井南环、凤塘大道等44个项目顺利推进。沙江西路延伸段、凤凰山综合车场等32个项目开工建设。打通共和工业路等17条断头路。新建、改造慢行交通59.5公里。

宝安区慢行廊道

【道路交通品质提升】2017年，深圳市交通运输委员会宝安交通运输局坚持价值导向，以“一路一中心十圈层”为主要思路，以杭州新塘路、广州阅江路等先进城市道路品质提升项目为标杆，与发改、城管、交警、街道等相关单位联手，以立体提升、“U型完整街道”理念，以全过程代建方式，倾力推进宝安大道（新城检查站－体育馆罗田路）和创业路（翻身路－宝兴路）精品示范段项目实施。按照市城市品质提升工作的部署要求。同时，会同交警、各街道梳理“白改黑”项目3年行动计划，总投资约4.3亿元。

【交通设施养护】2017年，宝安交通运输局共管养道路1875条，总里程1391.28公里，总面积2823万平方米，其中主干道425.25公里，面积1550.87万平方米；次干道246.48公里，面积572.3万平方米；支路347.853公里，面积486.3万平方米；街坊路367.262公里，面积243.2万平方米。管养标线75万平方米、护栏76万米、标志牌2.6万块、视线诱导设施1.6万个；管养桥梁、涵洞485座，管养隧道1座。

【道路养护管理】2017年，宝安区加强道路养护管理。年度合同养护费用约2.82亿元。累计完成主要设施维修量水泥砼路面122422平方米、沥青路面377679平方米，人行道409894平方米等。实施大中修项目7项，总投资2692.9万元。组织养护企业累计出动人员18800人次，累计排查24350条道路，发现并整改道路设施安全隐患37处、各类地面塌陷隐患30起。全面监测全区15座三类桥和113座边坡，排查问题，对应建档，及时跟踪，消除隐患。

【道路“三防”工作】2017年，宝安区受厄尔尼诺现象引发的极端天气影响，共遭受约10次黄色以上暴雨及6次台风的侵袭。因提前做好防强降雨、台风防范措施，完善防汛防风应急预案、加强值守、应急处置等工作，使损失降至最低，确保生命安全、道路安全畅通。在雨季来临前完成修复107国道虎背山边坡上的排水系统，同时将边坡上的路树歪斜不稳情况联系城管进行处置。快速反应妥善处置宝安大道北行K28+060处矛洲河桥北面左侧等33处路面塌陷问题，其中13起由该局负责修复，形成完善有效的塌陷预防处置机制。

【公交客运服务】2017年，宝安区优化调整公交线路96条。投放社区微巴20条，持续领跑全市，线路总量占全市42.5%。开通企业服务巴士13条。开通西湾公园假日专线等景区公交。投放新能源公交大巴1822辆，实现公交100%纯电动化。升级改造新一代公交停靠站171座，实现500米公交站台覆盖率96%。

【公交客运管理】2017年，深圳市交通运输委员会宝安交通运输局负责监管的公交企业1家、长途客运企业10家、客运汽车站14家；监管的营运车辆3229辆，其中公交大巴2015辆、中巴401辆、长途客车738辆、旅游客车75辆；监管公交线路共210条，有公交停靠站2770座；500米公交站点覆盖率96%。

【社区微巴】2017年，宝安区开通社区微巴20条和西湾公园1条假日微巴。为落实宝安区委区政府大服务、大走访的统一工作部署，宝安交通运输局为辖区重点企业、大型工业园区提供量身定制的公交服务，组织开通10条企业服务巴士线路，其中燕罗街道4条、石岩街道2条、福海街道3条、西乡街道1条。

【交通执法】2017年，深圳市交通运输行政执法支队宝安大队加强交通执法工作。全年开展行动3514次，出动执法人员29763人次，查处各类违法违章案件3954宗：查处运政违法违章案件2785宗，其中非法营运案件409宗（含异地出租车6宗、假冒出租车7宗、小汽车255宗、大巴车34宗、货车8宗、危险品货车99宗），一般违章大客车823宗、货车406宗、泥头车370宗、危险品车139宗、其他违章共644宗；查处路政违章案件1169宗，其中违章非道路标志511宗，擅自移动破坏交通设施47宗、占用挖掘道路86宗、擅自埋（架）设管线等设施63宗、违法开设路口19宗、其他违章443宗，共开具违法行为通知书337份、发出整改通知书354份。

宝安大道机场段

【交通安全生产管理】2017年，宝安区由交通运输局负责监管的交通运输企业738家，其中公交企业1家、长途客运企业10家、客运汽车站14家、汽车维修企业713家（一类34家、二类161家、三类518家）。营运车辆2953辆，其中公交大巴1743辆、中巴423辆、长途客车727辆、旅游客车60辆。负责管养的道路1875条，总里程1359.6公里、路面面积2823万平方米。管养桥梁485座，隧道1座，护栏56万米、标志牌1.6万套、诱导设施3万个。

【107国道宝安段市政化及禁限货】2017年，深圳市交通运输委员会宝安交通运输局在全市货运组织框架下，以沿江高速货运补贴政策为契机，先行启动研究107国道市政化改造前期工作。同时，结合解决新老城区交通痛点、堵点，大胆设想、小心求证，探索先行启动107市政化（新安、西乡南）示范段改造。

【交通建设标准完善】2017年，深圳市交通运输委员会宝安交通运输局根据市委市政府全面启动道路环境品质提升及区委区政府建设具有全球影响力的现代化、国际化滨海宝安的工作部署，以推进交通基础设施供给侧结构性改革为主线，牵头梳理《宝安区交通建设工程设计系列指引》（共22份），为今后一段时间内全区交通建设品质提升，提供强有力的技术支撑。

【智能交通建设】2017年，宝安区落实打造“海陆空铁一体化综合管控平台”的要求，推动43个断面地磁监测点、10个视频监测点、45个高清前端等基础设备布设工作，完善局监控中心、区域分控中心，建立重点道路断面交通数据采集系统、运政管理视频监控系统、桥梁和边坡在线监测系统、重点区域人流监测系统、积水检测系统、交通大养护数据采集管理系统，实现以综合交通管理一张图为核心的智慧管理模式。

【交通隐患整治】2017年，深圳市交通运输委员会宝安交通运输局开展交通综合治理“8·39·310”工作（即8大行动、39项工作、310项具体任务）。银晖路等18个短平快治堵项目，实现当年立项、当年动工。对107国道等重点道路开展塌陷隐患雷达探测，抢险修复路面塌陷28宗。完善提升111所学校、186个路口交通设施，检测地质隐患边坡117处，优化、封闭120个路口。

【交通服务】2017年，深圳市交通运输委员会宝安交通运输局定期召开交通联席会议，与各兄弟单位和辖区街道同频共振，解决基层交通需求。以“社区交通助理”为平台，服务社区，收集意见建议611件（其中走访85件、微信526件），解决433件，办结率80%，以实际行动解决交通诉求，服务市民出行。

【交通运输安全监管】2017年，深圳市交通运输委员会宝安交通运输局与公安、交警、城管、安监等部门联动，重点加强684辆长途客车、88辆旅游包车、272辆危运车的安全监管，依法查处媒体和群众反映的六类热点问题。保障路产路权，加大对乱开挖、乱设路口等违法行为的查处力度。深化“党政同责、一岗双责、失职追责、齐抓共管”安全监管责任体系，完善安全专家聘任制度，构建安全风险分级管控和隐患排查治理双重预防工作机制，保障行业安全稳定。

【轨道交通建设】2017年，轨道6号线运用综合手段有效破解聚豪酒店、溪头花苑、塘丽一路、水田实验学校等4大征拆难点，共拆除面积12.13万平方米，顺利打开全线6公里红线范围内施工面。穗莞深城际线完成沿线全部房屋征收工作，妥善解决高压线迁改工作。北车基地项目移交全部作业面，拆除建筑面积12.62万平方米。轨道四期项目轨道12号线顺利开工。轨道13号线启动前期工作。

（陈伟强　张雯）

附：2017年深圳市交通运输委员会宝安交通运输局领导成员名单

局　长：巫作如

副局长：李水仓　林慧青（6月起）　李庆伟（1月止）　张东辉（2月止）

2017年4月26日，宝安邮政工会开展书画爱心捐助困难员工活动

邮　政

【概况】中国邮政集团公司深圳市宝安局是中国邮政集团公司深圳市分公司下辖的综合生产局，负责宝安区邮政普遍服务和邮政金融工作。2017年，宝安局下设综合办公室、市场经营部、金融业务部、包裹业务局、财务中心和函件中心、保险中心、报刊投递中心，下辖10个邮政支局、26个邮政储蓄所，另有185间邮政代办所、银行自助设备711台，10个投递部、145条投递邮路。全局共有从业人员715人，业务范围包括储蓄、汇兑、特快、函件、集邮、包裹、报刊发行、投递等各种邮政业务。

【邮政业务发展】2017年，中国邮政集团公司深圳市宝安局贯彻落实以“一体两翼”为核心，开展“客户服务年”活动，不断提升重点业务竞争力，努力开创宝安邮政转型升级新局面，为实现“十三五”规划的良好开局迈开坚实的步伐。2017年共完成业务收入4.69亿元，完成年计划93%；完成收支差1.46亿元，完成年计划100%。

金融翼业务方面　代理金融收入3.2亿元，完成全年计划的100%。全年总资产规模达124亿元，新增22亿元，全面完成省、市分公司下达的总资产发展目标，被省公司评为“勇夺700亿”标杆县区分公司。新增总资产超1亿网点7个，其中福永所、石岩所点均新增总资产超1.55亿元。全年新增余额12.94亿元，比上年增长6.3亿元，网均新增余额4977万元，增长2423万元。代理保险完成收入4927万元，其中银保新增保费7.48亿元，中收3031万元；车险出单6239台；保障型保险出单6347笔，年化保费3752万元，收入1682万，增长82%。

寄递翼业务方面　包裹快递专业完成收入1.31亿元，增长39%。其中国内快递包裹完成收入3348万元，完成计划的108%，增长55%；国际小包完成9235万元，增长35%。

传统邮务体的发展　完成函件专业收入271万元，完成计划的76%；完成集邮专业收入971万元，完成计划的106%。函件、报刊、集邮业务分别通过以“文化礼品册”“邮资封”“微信商城”等平台为切入点，明确目标客户，通过走访、营销沙龙、品鉴会、案例分析等方式，使项目营销集中化，简洁化，持续化，调动全员营销。集邮销售借助各种新型平台，如“佳邮评选”活动、“集邮巡展”项目等进行热点营销，创收超百万元。

【邮政窗口规范化】2017年，宝安区有窗口网点38个，其中五星级窗口17个，四星级窗口7个，三星级窗口12个，高星级窗口占比达94.3%。在加强普遍服务和渠道建设上，该局重投入更重产出，信息化智能化特征明显。2017年网点配备填单机26台、智能发卡机29台，移动展业26台，有力支撑网点外拓。自助设备整合资源，优化布局，共优化低效ATM机139台，通过产能分析，有效提升自助设备产能，台均业务量从1853笔提高到2380笔，同时大幅降低渠道的成本支出。全面整治九围、西乡、沙井、溪头等4个储蓄网点，网点零星维修整治25个，优化网点布局，提升服务形象。整合普邮及揽投部资源，实行“营揽投合一”运作，加大投递辅助渠道的投入，全年共发展邮件自提点5968个，月妥投量达5万件；布放包

2017 年 5 月 3 日，宝安区分公司团委组织“宝安力量”青年员工拓展交流活动，庆祝第 95 个五四青年节

2017 年宝安邮政分局网点分布情况

序号	街道	支局名称	网点地址
1	新安街道	新安支局	新安街道新安二路 49 号邮电大楼
2	新安街道	裕安支局	新安街道宝民二路宝通大厦一楼
3	西乡街道	西乡支局	西乡街道龙吟路 21-23 号
4	西乡街道	固戍支局	西乡街道固戍一路
5	航城街道	机场支局	西乡街道机场航站三路 6 号
6	福永街道	福永支局	福永街道福永大道 287 号
7	沙井街道	沙井支局	沙井街道后亭村新和大道旧基变电站侧 2 号厂房
8	新桥街道	新桥支局	沙井街道 107 国道 82 号
9	松岗街道	松岗支局	松岗街道东方大道 1 号邮政综合楼
10	石岩街道	石岩支局	石岩街道宝石东路 377 号

裹柜 55 组，月妥投量 5000 件；投入车辆 450 台，皮带装卸机 11 台，智能模组带 1 台。2017 年共进口快递包裹 1046 万件，日均进口 3.1 万件，日人均投递 131 件，业务负荷全市第一，投递质量高于全市平均水平，实现网运、投递工作的平稳运行。

【企业文化建设】2017 年，宝安邮政局工会、团委积极开展各类劳动竞赛和各类生动有益的文体活动，推动企业中心工作，运用道德讲堂、征文、读书活动，工会干部培训等形式，开展“员工与企业相融共进、共同发展”主题教育活动，组织参加各类评先创优活动。注重企业文化建设，做到企业创文明工作与宝安区创建文明城市工作紧密相结合，成为集团公司 2017 年企业文化创建工作示范点。在“职工小家”创建活动获“广东邮政五星级职工之家”，沙井支局工会分会获“广东邮政五星级职工小家”两项省级最高荣誉。精心策划并参与演出的情景剧《使命》获 2017 年深圳邮政员工文艺汇演最佳创作奖。 （温木楼）

附：2017 年中国邮政集团公司深圳市宝安局领导成员名单

党委书记、局长：邱晋宁

党委副书记、纪委书记、工会主席、副局长：聂　晶

党委委员、副局长：徐勇军

电　信

【概况】2017 年，中国电信股份有限公司深圳宝安区分公司推进光网城市品质建设，认真贯彻落实国家实名制安全要求，清查整改实名制业务，打击黑接入，不断提升网络通信质量，协助政府积极推进信息技术和互联网在政务、民生、产业、教育、文化等领域的深入应用。提升 4G 网络服务质量，实现楼宇室分深度覆盖。通过内控提升企业内力，积极进行机制创新，向新兴业务要增长，向精确管理要效益。年内，宝安区分公司累计完成税后收入 20.25 亿元，超额完成进度 103.21%，在中国电信深圳分公司全市排名第三，比上年提升 1 个名次；17 年收入份额提升 0.4%，提升幅度全市第三；移动到达份额提升 0.7%，提升幅度全市第三，宽带份额 63.1%，下降幅度全市最低，为经济发展提供强有力保障，注入新鲜活力。细项业务中移动业务坚定“融合、合约、不限量”三大抓手，2017 年移动出账用户数 87 万户，4G 用户数翻倍提升，实现移动规模、效益双提升。同时，光纤宽带用户规模提升迅猛，2017 年达 48 万户，光纤渗透率 80%，平均带宽 57M。此外，渠道布局更合理，资源更丰富。自营实体渠道共 19 个营业厅，月均移动放号 11470 户；银行异业网点 72 家，月均主卡放号 3420 户；得益于渠道拓展和承包划小，专营店达到 144 家，移动 + 宽带月均放号 4583 户，大店承包放号初见成效。

【网络建设】2017 年，宝安电信 4G 网络建设完成 107 个室外基站的征点任务，共开通 84 个室外基站，新增基站规模全市占比 17%；完成 79 个室分系统的征点任务，开通 64 个室分系统，新增室分规模全市占比 12%；4G

2017 年 12 月 3 日，宝安电信助力宝安国际马拉松通信保障和顶级赛事顺利举办

室外覆盖率由 97.21% 提升至 97.35%，4G 室内深度覆盖由 86.60% 提升至 92.81%。同时，在光纤宽带网络建设方面，全年投资 0.33 亿元，新增光分端口 16.9 万个，主流社区光网覆盖 99%，市政公共楼宇、工业园区、商业大厦等区域的光覆盖均显著提升，环比上年年末，宽带用户光宽覆盖率提升 8.3%，为政府、企事业单位及居民提供高质通信服务。

【助力宝安信息化建设】2017 年，中国电信股份有限公司深圳宝安区分公司竭力提供高品质城市综合信息化服务，全力以赴推动宝安信息化建设。2017 年，与科技创新局合作的无线城市项目，提升宝安区信息化建设水平和公共服务能力，让居民更好地畅享信息化生活。与政务局合作咨询服务项目，为政务咨询中心提供话务人员及管理队伍，进一步推动政府服务创新和职能转变，优化公共服务效能，更好解决群众诉求处置不及时、解决不到位、部门推诿等问题，搭建起与居民沟通的服务平台，进一步实现为民服务便利化。助力智慧环水项目，提供“河务通”执法终端服务，为环保执法人员提供 300 多台执法终端，有效推动宝安的河流治理工作，进一步推进宝安区的城市环境美化与城市形象提升。

【助力宝安打造网络强区】2017 年，中国电信股份有限公司深圳宝安区分公司坚持以效益为中心，以市场为导向，围绕移动网和光宽带网两大核心网络，扎实开展网络覆盖能力提升工作，推进宝安建设网络强区。截至 2017 年年底，总体光覆盖率 97.3%，提升 8%，其中城中村提升到 96.6%，非城中村 97.8%。光端口利用率 45.5%，年度提升 12%。全年交付光端口 16.8 万，光端口总数 112.6 万。提升网络通信质量，打造移动精品网络。建设移动精品网络有效支撑天翼和宽带两大业务发展。室内 MR 覆盖率 92.81%，全年提升 6.2%；室外 DT 路测覆盖率 97.35%，全年提升 0.14%，室内、室外覆盖率均高于全市平均值。全年开通 L 网室外站 84 个、室分 64 个、C 网基站 98 个、800M498 个、小基站 10 个。全年恢复断站 298 个。

【履行企业社会责任】2017 年，中国电信股份有限公司深圳宝安区分公司切实履行企业社会责任。完成宝安马拉松通信保障等各类重大项目 42 个。配合 2017 深圳宝安国际马拉松通信保障，2017 年广东省龙舟锦标赛，壹方城开业、“跨越物流 10 周年”庆典等社会影响力大的活动开展通信保障，提前优化活动周边的无线信号，提供当天应急通信车现场保障。注重客户感知，客户投诉及时处理。区分公司前后端部门联动，落实金牌服务，装移机和修障定责量均稳步下降，四季度定责总量较三季度下降 36%。2017 年区分公司客户抱怨量压控下降成效明显，工信越级投诉量下降效果显著。全年工信越级投诉成功撤诉率 88% 以上，客户抱怨量逐季下降，比上年下降 8%。（刘熙荧）

附：2017 年深圳市电信宝安分公司领导成员名单

党委书记、总经理：邓　峰

副总经理：陆海明　黄小平　彭建国　周文琳（11 月起）

金融

银行

【中国银行宝安支行】中国银行宝安支行位于深圳市宝安区宝兴路万骏经贸大厦。2017年宝安支行设10个营业网点：营业部、新安支行、新城支行、西乡支行、前进支行、桃源居支行、建安路支行、流塘支行、幸福支行、宝源支行；5个部室：综合管理部、财务运营内控部、个人金融部、消费金融部、公司金融部。在职职工294人，中层以上领导干部55人。截至2017年年末，中国银行宝安支行各项一般性存款余额折合人民币为209.7亿元，比上年增长22.87亿元；各项贷款余额折合人民币为228.22亿元，增长11.23亿元。其中人民币公司存款增量达16.41亿元，人民币储蓄存款较年初增长3.34亿元。全年实现经营收入8.88亿元，增长0.51亿元，增幅6.1%。（朱　敏）

【中国农业银行宝安支行】农业银行宝安县支行成立于1982年，1985年3月从深圳市人民北路54号搬迁至宝安县建安一路50号，是宝安区最早设立的商业银行之一。宝安支行下辖11个营业网点和1个社区银行，营业网点主要分布于新安和西乡两个街道，其中新安街道6个，分别为支行营业部、新安、弘雅、尚都、新宝、宝安中心区支行；西乡街道5个，分别为新岸线、西乡、富通城、前进路、汇一城支行。宝安支行内设部门机构7个，分别为综合管理部、运营财会部、纪委办公室（监察室、安全保卫部）、风险管理部/信用管理部、国际金融部、个人金融部（财富中心）、公司业务部，全行在职员工306人。宝安支行以建设区域最好银行为目标，坚持改革创新，打造农行服务品牌，以文明单位建设为动力，切实提升精神文明、队伍建设和服务水平，并在各方面取得长足发展。截至2017年年底，本外币各项存款日均余额274亿元，比年初增加16.7亿元，人民币各项贷款余额356.4亿元，比年初增加50.7亿元。2017年宝安支行坚持推进“四好班子”建设，坚持落实“人才强行”发展战略，坚持提升服务，强化经营转型，坚持“从严治党、从严治行”，持续推进企业文化建设，获评第五届“全国文明单位”，辖内3个网点被《宝安日报》评选为“十佳公众满意文明窗口”。（肖　强）

【中国工商银行深圳宝安支行】2017年，中国工商银行宝安支行根植宝安，积极支持地方经济发展，为宝安经济腾飞助力。2017年，中国工商银行宝安支行从业人员共190名，二级支行6家，离行自助银行5家，自助柜员机40多台，服务渠道全面覆盖宝安区重点商业和居住区域。2017年，在为客户提供本外币理财、结构性存款、上市一路通、并购贷款、项目贷款、旧城改造贷款、供应链融资、证融通、保付通、融汇通、汇兑通、深圳企业通、工银关贸平台、行业融资方案、现金管理、信用卡等一系列金融产品和服务的基础上，着力深化产品创新，强化产品管理和新产品推广应用，努力扩大新产品市场效益，不断增强产品创新价值创造能力，有效增强竞争发展能力。2017年，推出“融e”生活客户端、“融e联”“融e购”“融e行”、特约商户POS机、金融社保卡等一批适应消费金融和移动互联时代特点的创新产品。充分利用各种渠道开展常态化消费者宣传教育，大力宣传收费政策、消费者金融知识、防范电子银行和互联网金融诈骗事项，扩宽金融

中国工商银行深圳分行宝安支行

知识教育的覆盖面。截至2017年年底，工行宝安支行日均存款总量168亿元，日均贷款总量268亿元。（陆　璐）

【中国建设银行深圳宝安支行】中国建设银行深圳宝安支行位于宝安区建安一路68号。2017年，中国建设银行深圳宝安支行进一步整合宝安区域的网点资源，加快发展，强化社区辐射范围和金融服务能力。宝安支行内设纪检监察部（综合保卫部）、公司业务部、零售业务部、风险合规与结算部、消费金融部、消费信贷（小企业）沙井团队等6个部门，统辖宝安区内全部16个建行网点，包括宝安支行营业部、创业支行、沙井支行、公明支行、宝城支行、福永支行、松岗支行、新安支行、机场支行、石岩支行、光明新区支行、前进支行、楼岗支行、福海支行、新桥支行、濠景支行；9家微银行，包括中粮锦云微银行、桃源居微银行、天源微银行、天骄世家微银行、西乡梧桐岛微银行、曦城微银行、石岩上屋新村微银行、西岸华府微银行、宏发上域微银行。截至年末，宝安建行从业人员合计424人，存款余额折人民币410.16亿元，贷款余额折人民币582.6亿元。有自助银行175个，ATM设备389台。（欧昌文）

【深圳农村商业银行】2017年，面对日趋复杂的经济金融和监管形势，深圳农村商业银行秉持“合规经营、稳健发展”的理念，开拓创新，攻坚克难，以转型促发展，坚持“社区零售银行”的战略定位，追求质量、效益、规模全面协调可持续发展；2017年，资产规模平稳增长，资产总额2697.95亿元；存款增长稳中有升，存款余额2360.61亿元；贷款规模增幅明显，贷款余额1297.94亿元。资本保持充足水平，盈利水平稳步提高，实现净利润37.36亿元，比上年增长5.71亿元，增幅18.04%。2017年，深圳农村商业银行不断加强产品创新与科技推动，做大做强零售业务，推出个人存款“稳利多”产品、单位结算卡及专属存款产品“结算易”；信用卡业务板块日趋成熟，完成银联、微信、支付宝、京东等线上线下多渠道支付体系搭建，2017年信用卡营业收入突破亿元大关；继续落实“科技立行”战略，网络金融业务快速发展，凭借云证书和生物ID识别登录的应用，获CFCA颁发“2017区域性银行最佳手机银行安全奖”；转型升级持续推进，公司业务逐步增强，积极完善财政类及公共事业类业务服务体系；着力推进“总对总”集团客户服务模式；落实以深圳主导产业为主的业务发展战略，创新科技企业的服务模式，夯实社区业务的基石地位；金融市场业务稳中有进，坚持“零违约”原则，发行首单同业存单，获得再贴现和银行间企业债券参团承销等业务资格，成功举办首届中小银行经营管理高峰论坛。2017年，深圳农村商业银行积极推进网点转型与渠道建设，成功打造第一家“新型智慧银行”——福田支行，推出第一家小型化网点——怀德公元社区支行，实现网点建设的“智能化”“轻型化”；2017年全行深圳地区营业证照共200个，数量位列全市第一；该行加大品牌宣传力度，推出“遇见本土最美的你”系列活动，活动总参与人数超15万人，持续开展各类公益慈善活动，体现“有温度”“有社会责任”的本土银行品牌形象。深圳农村商业银行在宝安区共有宝安支行、西乡支行、福永支行、沙井支行、松岗支行、燕罗支行、石岩支行等一级支行7个，二级网点57个，离行式自助设备282台，员工737人；网点布局坚持“高覆盖率、智能化、小型化、进社区”的原则；截至2017年年底，宝安区辖属支行存款726.91亿元，贷款383.01亿元，向宝安区缴纳地税款合计4796万元。（龚　宏）

农商行总部效果图

保 险

【中国人民财产保险股份有限公司深圳市分公司宝安支公司】中国人民财产保险股份有限公司深圳市分公司宝安支公司于1984年11月成立，1985年5月正式对外营业，其前身是中国人民保险公司宝安县支公司，是深圳人保系统成立时间最早、经营时间最长、最具经济实力的支公司之一。办公地址位于宝安区宝民一路27号宝安公路管理中心15楼。营业网点遍布宝安区新安、西乡、福永等3个街道各社区，共4个营业部、2个社区门店及42家4S店车险代办点，业务范围包括非寿险市场的所有领域，开办近百个险种，主要包括企业财产保险、家庭财产保险、机动车辆保险、货物运输保险、意外险及各种责任险等。中国人保财险宝安支公司不仅能做常规的财产保险业务，而且能根据客户的需要设计专项保险配套服务，能承保技术复杂、风险大、难度高的大项业务，新拓展环境污染责任险、进出口信用保险等险种。在服务深圳经济社会建设中，承保深圳众多大型财产险业务，涵盖深圳各领域的标志性大项目。如招商银行、华为、富士康集团等企财险业务，深圳地铁、广深沿江高速等工程险业务以及全市校园方责任险和学生意外险业务。2017年，公司始终坚持“以客户为中心”的经营理念，大胆创新、锐意进取，致力于建设精品支公司。在理赔服务方面，大力推进“极速理赔”，实现定损、理算、核赔、付款“四合一”，实现赔款通过资金系统直接支付，1小时通知赔付实现率达到98%；推出“一站式”理赔模式，实行“就近定损、就地交案”服务；推出营运车队VIP客户全天候定损、小额三者车损现场定损、手机查勘等服务项目；建立非车险VIP客户服务实施细则和个性化的理赔服务方案，理赔服务能力有效提升；优化非车险人伤案件管理，加强与客户的直接沟通，增强服务主动性。2017年，中国人保财险宝安支公司保费收入5.5亿元，累计赔款2.67亿元。（杨 滨）

【平安保险深圳分公司宝安支公司】中国平安保险公司成立于1988年3月，同年9月6日成立平安保险第一家分公司——宝安分公司，从事涉外财产险、运输险、责任险业务。1992年6月，平安保险宝安分公司更名为中国平安保险公司深圳分公司宝安支公司，可办理法定保险和国营企业、三资企业保险业务，以及各种外币保险和国际再保险业务。1993年获批取得经营机动车辆保险经营许可。2003年更名为中国平安财产保险股份有限公司深圳市宝安支公司。行业归口管理为中国保险监督管理局深圳市保险监督管理局。公司开办的保险险种有：企业财产损失保险、家庭财产损失保险、团体短期意外险、建筑工程保险、安装工程保险、货物运输保险、机动车辆保险、船舶保险、能源保险、一般责任保险、保证保险、信用保险及中国保险监督委员会批准的其他财产保险业务。2017年，平安人寿深圳分公司宝安区经营情况：下辖9家分支机构，保费收入46.56亿元，赔付支出4.86亿元；2017年平安产险深圳分公司宝安区经营情况：保费收入3.08亿元，赔付支出1.66亿元。（沈 兰 汪 维）

【太平洋财产保险深圳分公司宝安支公司】1994年4月27日，经中国人民银行深圳分行批准，成立中国太平洋保险公司深圳市宝安支公司，地址在龙井二路嘉宝大厦2楼。2000年年底，中国太平洋保险公司实行产寿险分业经营，更名为中国太平洋财产保险股份有限公司深圳市宝安支公司。辖西乡、松岗、沙井、福永、公明共5个营销服务部。公司经营的保险险种有：机动车辆保险、财产保险、各类责任保险、建筑、安装工程险、家庭财产保险、进出口货物运输保险、人身意外保险等。2017年，宝安支公司直销业务经营情况：保费收入1.36亿元，赔付支出6836万元，营业税金81万元。（综合科）

证 券

【概况】截至2017年年底，各家证券商在宝安设营业部或建立营业网点的有：国泰君安、招商证券、国海证券、中信建投等。

【国泰君安】国泰君安证券深圳松岗证券营业部地址位于宝安区松岗街道楼岗大道宝利来商业城2楼。2017年，营业部有从业人员54人，实现股票基金交易量累计506.13亿元，营业收入4522.19万元，营业利润2671.76万元，市场份额0.022615%。（王 磊）

【招商证券】招商证券股份有限公司建安路证券营业部成立于1991年，位于宝安区新安街道建安一路272号。2017年有从业人员107人。2017年实现股票基金交易量累计2922.90亿元，手续费累计1.24亿元，市场份额0.1000%。（杨蓉晖）

【国海证券】国海证券股份有限公司深圳宝安裕安路证券营业部，其前身为国海证券有限责任公司深圳宝安裕安路证券营业部，成立于2009年8月18日，为上市股份制企业。营业地址位于深圳市宝安区新城大道西南侧裕安路东南侧尚都花园2栋295号，地处交通便利的宝安中心区。营业部设备先进、交易系统稳定、安全、快捷、功能强大。2017年有从业人员8人。2017年累计实现股票基金交易额0.9568亿元，佣金收入累计737.9744万元，市场份额0.0469‰。

（李予忠）

商贸

经济贸易

【概况】2017年，宝安区自觉践行新发展理念，以供给侧结构性改革为主线，统筹推进稳增长、拓空间、增动能、强服务、促开放等各项工作，努力推动宝安区经济稳定增长和提质增效升级。圆满完成21项区六届二次党代会部署工作、24项区政府工作报告部署工作、3512件区督查事项和52件“两委员一代表”建议提案，较好完成区委区政府部署的各项工作任务，取得良好工作成效，成功获评全国唯一国家级出口小家电产品质量安全示范区，工业、商贸、外贸、工业投资、利用外资等主要指标创近年新高。

【产业政策】2017年，宝安区经促局坚持政策引导，不断完善产业政策体系。立足宝安产业实际，修订完善关于支持企业提升竞争力的若干措施及配套操作规程，牵头制定《宝安区促进重大产业项目落地和重点企业增资扩产“1+2+N”专项工作方案》《宝安区重点产业项目遴选办法》等政策文件，全方位支持企业做大做强。开发建设科技与产业发展专项资金项目审批管理系统，规范产业资金项目审批流程，提高资金使用效益，全年共扶持企业项目1485家次。组织开展产业政策宣讲活动32场次，协调办好“产业名城”专栏，引导企业用好用足产业政策措施。

【产业规划】2017年，宝安区经促局坚持规划引领，及时、深入把握全区产业发展脉搏。推动成立产业经济研究所，开发建设经济运行监测平台，动态监测1300余家重点企业经济运行数据及信息，形成月度季度报告。牵头编制完成《宝安区街道产业发展中期规划暨三年行动方案（2018—2020）》，首次全面摸清重点企业、园区与城市更新项目情况。制定《“深圳质量，宝安智造”三年行动计划》，编制2017年工作任务手册，统筹27家责任单位落实具体工作任务105项、明细工作任务994项。完成立新湖未

2017年7月29日，深圳国际智能装备产业博览会、深圳国际电子装备产业博览会及宝安产业发展博览会开幕

来产业集聚区、会展中心产业规划编制工作，形成手机、LED、上市企业、未来产业、智能装备制造等一批高质量的行业分析报告。

【制造强区建设】2017 年，宝安区经促局坚持“制造强区”，不断夯实实体经济基础。通过督责任、抓统计等多种方式深入挖掘工业投资潜力，实现工业投资 132 亿元，其中技改投资 49 亿元，大幅增长 40.3%，实施“机器换人”项目 94 个。深入推进“中国制造 2025”试点示范，大族激光、创维通过工信部“智能制造示范试点”验收，2 家企业产品入选国家第二批制造业单项冠军产品（精诚达激光头用挠性电路板、大族激光光纤激光切割机床）。华南地区首个无人机试飞区通过南部战区批复。深圳市航空业协会、深圳市激光智能制造行业协会落户宝安。国际院士科技创新中心正式启动，9 家区内企业与院士、诺奖获得者开展产学研合作。2017 年，工业占 GDP 的比重由 47.1% 上升至 49.5%，规模以上工业企业达 2869 家，居全市第一。

【企业培育】2017 年，宝安区经促局坚持“龙头带动”，建立龙头企业、上市企业、重点企业和中小微企业信息数据库，构建从“种子企业”到“领军企业”的良性发展梯队。新增产值 100 亿元以上工业企业 2 家、50 亿～100 亿元企业 6 家、10 亿～50 亿元企业 8 家；新增上市企业 5 家、“新三板”挂牌企业 40 家，全区共有上市企业 34 家，“新三板”挂牌企业 146 家，储备拟上市、拟“新三板”挂牌企业 216 家。新增国家 A 级物流企业 23 家，全区 A 级物流企业总量 49 家，占全市总量 44.5%。

【对德合作】2017 年，宝安区经促局坚持高端引领，在全市率先与商务部投资促进事务局签署投资促进合作协议，设立驻德国代表处，参与商务部海外渠道共建，与 50 余个德国政府部门和社会机构建立直接交流机制。与德国工商大会广州代表处签署合作备忘录，选派干部驻点学习服务。成功举办中德企业国际投资合作论坛和智能制造产业国际合作发展论坛，建立德方企业合作需求项目数据库，签约引进 7 个中德合作项目。协调组织 7 批次人员赴德（欧）考察交流。中德（欧）产业示范园（一期）主体完工，中德（欧）产业发展合作联盟会员增至 93 家。

【产业空间拓展】2017 年，区经促局坚持“守住红线”，坚决为宝安产业守住长远发展根基。制定工业控制线管理办法，细化工业控制线 77.72 平方公里。编制 5 个总部类、4 个工业类重点产业项目遴选方案，建立产值 10 亿元以上工业企业增资扩产项目库、新引进重点项目库和高成长大规模企业增资扩产库，精准保障重点产业项目用地用房需求。制定《宝安区拓展产业空间 2017 年行动计划》，推动完成“拓空间”项目 42 个，拓展产业空间 609.42 万平方米。摸查 5055 家“散乱污危”企业和 229 个工业园区，淘汰低端劣势企业 353 家。完成鹏鼎、亚太等重大项目用地出让、柔性电路板产业基地等 3 个项目遴选，信维通信等一批企业增资扩产需求得到解决，壹方城等 4 家大型商业网点新增商业面积 57 万平方米。

【企业服务】2017 年，宝安区经促局坚持“简政放权”，全方位为企业提供贴身贴心服务。全局 143 项行政审批服务事项全部实现全流程网上办理，全年共办结外资审批和备案事项 1878 件、对外贸易经营者备案 5935 家次，签发一般原产地证明 27389 份、国际商事证明 838 份、生产能力证明 2543 份。企业大服务大走访活动协调解决企业诉求 1420 项；“金融超市”解决企业融资需求 610 笔 70.7 亿元。成功举办 2017 年“宝博会、智博会”，组织 974 家企业参加 34 场境内外展会。不断强化电力保障，滇西北直流输电工程（宝安段）及一批变电站建成，新增电网线路 185.5 公里。切实维护金融秩序稳定，排查 139 家互联网金融机构和涉嫌违规交易场所，配合查处 23 个非法业务机构。

（杨路辉）

附：2017 年宝安区经济促进局领导成员名单

党组书记、局长：覃敬腾（4 月止）
涂仁胜（4 月起）
党组成员、副局长：刘柏稻　王会明
荣路清　梁　志（2 月起）
副局长：杨　辉（2 月起）
渔政大队大队长：王朝阳
企业服务中心主任：陆奕斌（4 月止）
杜生鸣（4 月起）

商　业

【概况】2017 年，宝安全区社会消费品零售总额 779.06 亿元，增长 9.0%，为 2015 年以来最快年度增速。分行业看，批发业商品销售额 1641.29 亿元，增长 8.3%；零售业商品销售额 555.37 亿元，增长 11.2%；住宿业营业额 13.79 亿元，增长 11.2%；餐饮业营业额 70.42 亿元，增长 4.9%。

烟草专卖

【概况】2017 年，深圳市宝安区烟草专卖局（公司）实现销量 96586 箱，比上年下降 0.83%；单箱销售额为 37443 元，增长 3.89%；完成税利 58123 万元，增长 2.78%；三项费用率为 1.97%，增长 5.35%，整体形式稳中向好。计查获涉烟违法案件 447 宗，各类违法卷烟总案值达 1532.92 万元。严厉打击各类涉烟违法犯罪分

2017年3月26日，深圳市、宝安区烟草专卖局相关负责人在“12·9”特大假烟生产网络案件现场查看查获涉烟物品

子的嚣张气焰，有力稳定宝安区卷烟市场正常秩序。

【卷烟销售】2017年，深圳市宝安区烟草专卖局（公司）把“提结构、强终端、讲规范”贯穿全年卷烟营销过程：提结构效果突显，通过品牌诊断分析模型进一步聚焦培育重心，通过淡化销量考核、突出品牌培育的目标引导，以精准的货源组织、科学的货源投放策略向存量市场精准发力，落实“稳高端、扩中端、调低端”要求；强终端实力提升，健全“特专”现代终端进、退机制，合法依规取消不符合规定的“特专”授权客户，维护“特专”规范经营形象；探索“特专”自律互助小组成员协作互动机制，协同构建“标准化+个性化”的服务模式，逐步发挥在稳定卷烟价格、提升盈利水平、规范经营秩序和现代营销手段运用等方面的功能；讲规范效能释放：专卖、内管、业务三方协作共治大户，通过“四网联动”机制对违法违规经营商户大户进行核查整改，日常教育辅以媒体宣传，并开展专项整治行动，保持大户治理高压。

【专卖管理】2017年，深圳市宝安区烟草专卖局（公司）加强专卖管理。累计查获涉烟违法案件447宗，其中涉假案件308宗、涉私案件156宗、涉非案件18宗、无证运输烟草专卖品案件35宗、无烟草专卖生产企业许可证生产烟草制品案件1宗（部分案件为复合案由），共计查获假烟0.146亿支、走私卷烟0.029亿支、非渠道卷烟0.028亿支，涉案物品总案值达1532.92万元，抓获66人，刑拘41人，逮捕31人。创新建立“四网联动”烟草专卖监管机制。在巩固内部“专销协同”网络的基础上，主动向网格综合管理网络、物流寄递管控网络、市监市场监管网络寻求延伸扩展，形成“四网联动”烟草专卖监管机制，直接促成多宗大案要案的破获，其中“12·09”特大制售假烟专案于3月26日成功收网，是深圳建市以来破获“多环节全链条一网打尽，逮捕人数最多”的生产销售假烟案件，受到国家局表彰。创新行政服务渠道。区局许可证新办业务进驻街道办政务服务大厅并实现跨街道通办，新办证业务有86%经政务服务大厅转送，专销协同确保受理材料流转正常，同步开展对新零售户的入网引导和经营监督。

【管理创新】2017年，深圳市宝安区烟草专卖局（公司）精益管理三“突出”：突出目标引领，全年实现降本增效31.26万元，超额完成目标任务；突出课题带动，组成5个QC课题小组开展课题研究；突出队伍支撑，积极组织参加“行业精益改善达人大赛”“优秀精益改善团队大赛”等。员工队伍素质提升，全年举办各类培

2017年6月中旬，宝安区烟草专卖局（公司）专销结合，组织3个试点“特专”自律互助小组共商“强终端”对策

训班 23 个，培训 1743 人次；烟草专卖管理员比例 87.03%，其中获高级以上证书 6 人，专卖师 3 人；营销员证书持证比例 80.9%，其中二级营销师 2 人，获高级证书 12 人。业务科营销精英在第二届烟草制品购销职业技能竞赛获团体第二名。企业文化蓬勃发展，特美思俱乐部成员占单位总人数 95%，业余时间开办瑜伽、书法、古筝等兴趣班，组织员工开展多项体育运动。（李莹莹）

附：2017 年宝安区烟草专卖局（公司）领导成员名单

党组书记、局长（经理）：陈东文

党组成员、副局长（副经理）：彭怀烈

党组成员、纪检组长：张小娟

2017 年 5 月 15 日，宝安盐务分局联合区疾控中心宣传碘缺乏病知识

盐业专卖

【概况】2017 年，深圳市盐务局宝安分局（盐业分公司）继续担负宝安区、龙华区和光明新区食盐市场监督管理和食盐供应工作。保持与 3 个区的食安办、打假办、公安部门的协调配合，及时报送各项材料和参加各类宣传、统一食品集中打假行动。全力做好和发挥成员部门盐业的作用和职能。截至 2017 年年底，碘盐覆盖率 98%，居民户抽检合格率 97%，合格碘盐食用率 97%。确保三区食用盐的安全食用和保障供应。

【盐业市场管理】2017 年，深圳市盐务局宝安分局（盐业分公司）结合各区食盐市场实际，分局按照“突出重点、整顿行业、规范全面”的工作思路，在注重加强日常食盐市场巡查的同时，积极联合其他打假职能部门开展联合执法，先后组织开展打击假冒食盐地下加工点、查处农贸市场、集体公共食堂和食品加工企业食用盐以及节假日期间食盐市场专项检查整治行动。分局共出动盐政执法人员 1676 人次，查处涉假盐违法案件 66 宗，出动执法车辆 851 车次，查获各类盐产品 123.79 吨（其中假冒盐产品 0.44 吨），罚款 1.05 万元，派发各类盐业宣传资料 43812 份，在区域打击盐业违法行为中取得成效。

【食盐安全体系机制完善】2017 年，深圳市盐务局宝安分局（盐业分公司）全面做好与区各职能部门及各区盐务分局的协调配合，进一步深化“政府责任、盐业主导、部门配合、社会参与”的长效工作机制，在盐业市场监管、惯犯、重点案件打击协调上发挥分局盐业的主导作用，提高盐政执法的合力。将“食盐放心消费”创建和“食盐安全管理”建设工作相结合，通过组织推动，实施传递压力，建立完善的食盐安全体系机制。

【违法食盐商家查处】2017 年，由于国家盐改政策实施以来，一些外省市食盐在区域一部分的食盐商家，为牟取利润，无任何食盐批发许可资质进行外省市的食盐批发销售，且捏造虚假的资质材料和合同，使区域食盐市场受到很大的冲击。经过分局执法人员不间断的伏击和收集证据，查处区域非法经营食盐案，分局依法将案件移交给公安机关，公安机关对两事主予以刑事拘留，给区域很多家无食盐批发许可证的商家敲醒警钟，有效震慑和打击违法食盐市场。

【食盐安全宣传】2017 年，深圳市盐务局宝安分局（盐业分公司）加强食盐安全宣传力度。组织多次专项检查行动。重点排查人口密集的旅游景点、商贸繁华地带、交通枢纽等重点区域场所的销售食盐及使用食盐环节，加大力度整顿食盐市场，每检查一处执法人员向负责人当面传达食盐专卖管理规定和如何辨别真假冒盐，提高其自觉把好食盐进货渠道关的意识，对外设立公布投诉举报电话。突出重点以城乡接合部和边界区域的农贸市场、副食品粮油店，工业区集体食堂及周边餐饮店作为检查和行动重点，以工业盐、食品加工用盐为管理目标，开展全面核查登记工作，掌握本区域的食盐经营、食品加工用盐、腌制用盐等情况，深入了解登记并调查盐产品的源头。充分利用宣传日进行大力宣传食盐。结合“3·15 消费者权益日”“5·15 消除碘缺乏病宣传日”及食品安全周宣传日活动，通过现场

咨询、印制宣传单张等多种形式的广泛宣传，提高市民购买合格碘盐的意识，引导市民到有经营许可的店铺购合格碘盐，自觉抵制和举报不法分子的制售假行为，形成全社会共同监督食盐安全的健康氛围，确保食盐市场安全稳定。

【食盐安全管理】2017年，深圳市盐务局宝安分局（盐业分公司）以确保食盐质量安全和供应安全为核心，加大区域机关、学校、医院、工厂等集体公共食堂及餐饮业等单位的食用盐安全检查，对使用单位进行签订食盐安全责任书，进一步巩固和确保食盐安全。 （李永旺）

2017年6月17日，宝安区政府与招商局蛇口工业区控股股份有限公司签署合作协议

附：2017年深圳市盐务局宝安分局（盐业分公司）领导成员名单

局长（经理）：谢汉香

招商引资

【概况】2017年，宝安区切实贯彻落实深圳市“招大商、招优商、招好商”的重要精神，以优化提升营商环境“1+5”政策为抓手，以创新驱动经济高质量发展为主题，坚持投资推广与招商引智、招商引技相结合，抢抓全球价值链重构契机，积极推介宝安优良的营商环境，大力引进全球创新资源和高端项目，逐渐将宝安打造成优质龙头企业的投资沃土，招商引资工作全面引领宝安区建设“湾区核心、智创高地、共享家园”。

【招商统筹】2017年，宝安区高度重视投资推广服务工作，区主要领导率先垂范，亲自洽谈重大项目。成立项目推进专责小组，全区45宗重大项目由区领导挂点包干，坚持“一个项目，一名领导，一个小组，一套方案，一抓到底”的“五个一”制度，一对一地解决项目推进中的重点难点问题。开展企业“大走访大服务”，协调解决新引进企业落户难的问题，助力亚太卫星取得总部大厦项目建设用地，推进瑞士ABB、中信置业等一批签约世界500强企业投资项目落户。在原有的“1+1+4+N”大招商推进工作机制基础下，建立“洽谈—引进—注册—项目落地—形成生产力—纳入统计指标范围”的招商引资工作链条机制，加大区招商引资专职部门对全区招商引资工作的统筹力度，加强各相关职能部门之间招商引资信息互通共享机制，重大项目跟踪推进联动机制等制度，有效推动项目引进和落地，推动构建全区“大招商”格局。

【精准招引】2017年，宝安区投资推广署立足“增量做优、存量做强”的原则，建立“强链＋补链＋建链”招商模式。依托电子信息产业、新一代信息技术产业、智能制造产业、临空产业等支柱产业，精准招引其他优势产业与支柱产业结合，促进产业链升级。围绕传统计算机与通信终端设备产业、传统金融与商贸业、传统制造产业等现有传统产业，补足该产业链缺失的细分行业龙头企业。围绕发展潜力大的未来产业，招引产业链配套龙头企业，通过建链招商打造优势产业链，促进产业集群化发展。

【招商宣传推介】2017年，宝安区投资推广署利用宝博会等重大展会搭建项目与资源对接平台，扩大“产业名城”营商品牌全球影响力。实施走出去和引进来并重，主动对接“一带一路”、粤港澳大湾区和广深科技走廊的战略部署，攻坚克难、开拓创新，积极推介宝安区一流营商环境。

【招商选资】2017年，宝安区统筹洽谈项目1424批次，纳入项目库357宗；成功推进50宗项目签约，签约项目拟投资额合计759.03亿元；推动36家重大企业注册落户，其中腾讯、中能建等9家世界500强企业投资进驻；细分行业龙头企业有云洲科技、思贝克、大生农业等23家；纳入规上统计的企业营收合计288.95亿元。2017年，境外和国内其他省市在宝安区投资注册的企业2182家，比上年增长71.5%，注册资金208.8亿元，为区域经济社会发展开好局。

【产业链招商】2017年，宝安区投资

2017年9月17日，“投资宝安，共赢未来”中国（深圳宝安）——阿联酋投资合作交流会在阿联酋迪拜成功举行

推广署在加强优势产业链环节方面，招引怡亚通、菜鸟网络、DHL，不断壮大具有国际领先水准的现代物流产业集群；招引腾讯项目，规划互联网未来科技城，打造辐射引领全球的“互联网+”产业集群。在补足产业链薄弱或缺失环节方面，招引亚太卫星，合作建设航天卫星产业科技城和卫星科普教育基地，打造自主创新的“卫星+”集群；招引云洲科技，融合“创新链+产业链”，填补国家海上无人艇产业的空白，助推宝安区智慧海洋产业发展。

【创新要素汇聚】2017年，宝安区投资推广署深入落实“创新驱动发展战略”，招研引智抢占产业高端的局面日益彰显，协助引进院士团队3个，引进“国家千人计划团队”3个、“孔雀团队”1个。同时，联合中国交建和大连理工建设“政产学研教”一体的科技创新小镇，打造一批国家级重点实验室；联合哈工大和嘉富公司，建设国家工程技术中心和院士工作站；引进哈佛康道科研团队，构建生命健康领域产学研体系。

【产业名城推介全球拓展】2017年，宝安区投资推广署积极开展“走出去、引进来”双向招商和推介，主动落实“一带一路”倡议，赴美国、加拿大等10个发达国家开展20场次海外投资推广活动，走访洛杉矶、多伦多等地区高端研发机构60余个，累计搭建海外投资推广直通车10条，接洽德国、以色列、澳大利亚等海外回访团队9个，达成意向合作项目36宗，其中美国戈尔、瑞士ABB等4宗项目落户。

【中德（欧）交流合作】2017年，宝安区投资推广署举办“中国制造2025对话德国工业4.0”为主题的中德企业宝安对接会，成功与德国物流联盟等机构签署战略合作协议，累计促进中德双方企业或机构签署合作协议6宗。积极协助举办“宝安区—德国工业技术投资交流会”“德国汉诺威工业博览会—宝安区投资环境推介交流会”，推进德国青年、社会和教育国际联盟等项目在宝安落户或合作。在区统一部署下，努力做好区政府与商务部投资促进事务局签订合作协议，设立宝安驻德代表处等相关工作。

【招商服务】2017年，宝安区投资推广署对标国际一流，深入落实优化提升营商环境“1+5”政策，召开项目研究会议130余场次，走访正威集团、中交建等40余家签约龙头企业，着力为企业解决落户过程中的难题，累计陪同企业实地选址考察146次，通过邮件、微信等书面形式联系企业2150多次，电话联系1400余次。举办各类重大产业项目招引政策解读会10场次，受理重大产业项目招引专项资金申报，对符合条件的11家企业14项申报项目进行奖励，金额共1361万元。同时，向市署推荐15家投资推广重点园区并获认定。

（周景楠）

附：2017年宝安区投资推广署领导成员名单

署　长：古菁华

副署长：卢基贤　易雁翎

财 政

【概况】2017 年，宝安区全面贯彻中央、省、市的宏观经济调控政策，坚持稳中求进工作总基调，充分发挥财政的保障和服务作用，全力推动宝安区经济社会健康持续稳定发展；积极发挥党建引领作用，顺利完成国企集团化管理改革，国资国企各项工作成效显著。年内，宝安区财政综合预算收入完成 683.1 亿元（剔除政府性基金预算调入一般公共预算 36.0 亿元和国有资本经营预算调入一般公共预算 0.8 亿元两项抵消项收入后，区本级财政综合预算实际收入 646.3 亿元），增长 12.7%。一般公共预算总收入 573.0 亿元，其中一般公共预算收入完成 235.6 亿元，剔除营改增、体制调整因素后，按可比口径增长 11.9%；转移性收入 337.4 亿元；一般公共预算收入中，税收分成收入 227.7 亿元，非税收入 7.9 亿元。政府性基金预算收入 109.0 亿元，比上年增长 2.0%，其中国土资金收入 104.9 亿元，其他基金预算收入 3.3 亿元。国有资本经营预算收入 1.1 亿元，增长 66.6%，其中企业上缴利润 0.6 亿元，松岗街道投资管理公司转让供水管网收入 0.3 亿元，上年结余收入 0.2 亿元。宝安区财政综合预算支出 479.6 亿元，完成市级考核任务。其中一般公共预算支出 425.4 亿元；政府性基金预算支出 54.1 亿元；国有资本经营预算支出 489 万元。2017 年立足“补短板”，突出“惠民生”，财力继续向重点民生领域倾斜，九大类重点民生和公共安全支出 364 亿元，增长 32%，占一般公共预算支出的 86%，高出全市平均水平近 10 个百分点。完成政府性基金预算支出 54.1 亿元，调出资金 35.3 亿元，年终结余 18.8 亿元。完成国有资本经营预算支出 489 万元，调出资金 7550 万元，年终结余 3127 万元。

【八项支出情况】2017 年，宝安区八项与 GDP 有关的支出 378 亿元，比上年增长 31%，在全市各区中，八项支出总量位列第一，增速位列第五，超过各区平均增速近 6 个百分点。

【民生支出】2017 年，宝安区九大类重点民生和公共安全支出 364 亿元，比上年增长 32%，占一般公共预算支出 86%，高出全市平均水平近 10 个百分点。

教育经费投入 68.6 亿元。保障公办中小学，提高生均拨款标准，加大对薄弱学校和新开办学校扶持力度；新建、改扩建学校 13 所，6 所新校投入使用，新增中小学公办学位 2.08 万个，全区中小学公办学位 13.7 万个。保障学前教育，提高普惠性幼儿园补助标准和保教人员从教津贴，向 7.5 万名在园儿童发放健康成长补贴，新设立幼儿园 23 所，增加学前教育学位 9780 个。保障职业教育，组建“宝安职业教育集团”，与德国共建中德工业智造学院，打造精密制造、智能制造高端课程，实现优质教育资源倍增。支持民办教育发展，安排民办教育专项资金 7.8 亿元，用于购买民办义务教育学位及发放长期从教津贴等。

医疗卫生经费投入 29.2 亿元。保障基础设施建设投入，推进石岩人民医院（一期）、沙井人民医院（一期）、中心医院（一期）相继完工并投入使用，全区病床总数达到 7990 张。保障医疗卫生体制改革，提高公立医院“以事定费”补助标准，加大儿童窝沟封闭、妇女两癌筛查等 20 项惠及民生检查救治项目保障力度。保障社康医疗和公共卫生服务双提升，提高基本医疗和基本公共卫生服务补助标准，出台专家下社康专项补助政策，新建并营业7家社康中心，社康总数135家在全市排名第一。保障医疗人才引进和培养，引进5个市级“三名工程”高层次团队、25名学科带头人，66名特聘专家，建成省级、国家级重点专科5个。

城乡社区和农林水务经费投入101亿元。保障街道和社区，提高街道市容环境保障标准，安排社区党群服务中心升级改造和租赁费，保障街道安全生产经费和社区管理工作经费。大力扶持股份合作公司发展，安排扶持资金1.9亿元、老虎坑环境园经费1.2亿元等。保障“双宜小村”创建，安排城中村市容环境“净化”整治和10个市容环境整治提升“示范村”和20个“达标村”创建经费。保障城市交通，加快轨道6号线、外环高速、沿江高速二期、深中通道侧接线建设，东宝河新安大桥建成通车，打通“断头路”17条。

社会保障和就业投入36.2亿元。保障养老方面，完善宝安区养老服务体系，为60～79周岁户籍老人购买意外伤害和医疗保险，发放居家养老服务经费。加快推进区级公办养老院建设，养老院建设规模从600床调整至1000床。大力发展社区养老，新建社区老年人日间照料中心10家。保障就业创业，促进150名户籍居民创业、3700名户籍居民再就业；城镇登记失业率控制在0.49%，为近5年最低水平。群体性劳资纠纷持续下降。加大人才引进力度，“院士宝安”签约诺贝尔奖得主2名、院士9名，引进国家千人计划团队、院士团队、孔雀团队7宗，全年新认定区高层次人才600人，新增人才入户8729人，增长126%。

文化体育和传媒投入7.1亿元。开展形式多样、内容丰富的群众文化服务，开展文化春雨活动，招募文化义工5269名、采购文化钟点工550名、聘请文化辅导员30名，提供常态化文化服务项目48个，累计举办各类群众性文化活动6100场，服务群众超过2100万人次。打造文艺创作“宝安模式”，打磨文艺精品，讲述“宝安好故事”，2017年区级以上奖项111项，其中国家级7项、省市级93项。举办高端品牌赛事，举办宝安国际马拉松赛、松岗龙舟赛等群众文体活动9000多场，承办乒超联赛、CBA联赛等高端赛事7场。

2017年2月23日，宝安区召开国企集团化管理试点暨建投集团工作会议

公共安全投入34.2亿元。全区治安形势持续向好，加大路面巡逻防控的力度，开展“飓风2017专项行动”等专项破案行动。消防安全形势平稳，保障73个社区小型消防站，3610个消火栓开工建设；在老旧工业区、出租屋和“三小”场所安装3.4万套用电安全动态监控系统，全年实现火灾事故零死亡。“雪亮工程”扎实推进，保障一类探头1.1万个、二三类探头23万余个，探头密度达到建成区每平方公里1000个。禁毒工作成果显著，保障10个街道戒毒康复中心，国家禁毒委将宝安“通报警示地区”降级为“重点关注地区”。

【财政规范管理】 2017年，宝安区实现国库集中支付全覆盖，全区有部门、街道、社区等预算单位508个，全部纳入国库集中支付，全年支付252万笔，每一笔支出都有迹可循。全面推行公务卡结算，全区共办理公务卡29284张，规范和减少现金支出。开展财政业务轮训组织全区80名财政干部赴上海财经大学参加全区行政能力培训班；组织开展内控与绩效专题培训、预算绩效管理等培训80次，培训1500人次。制定支出标准，联合相关部门制定教育生均拨款、卫生以事定费、城市维护保障以及会议费、培训费等35项标准。全面铺开预算绩效管理，出台绩效管理制度，所有部门均编制绩效目标和绩效自评报告，实现绩效管理全覆盖；选取4个资金金额总计3.7亿元进行绩效再评价。加强政府采购管理，全年下达采购项目9277项，采购计划42亿元，严格审核非公开采购项目30个，处理各类采购投诉、信访等26件。

【部门预算编制改革】 2017年，宝安区财政局（国资委）积极推动预算编制改革。编早编细部门预算，大幅提前预算编制工作，预算时间较往年提前两个月，除抢险、应急类项目资金外，所有资金细化到具体项目和使用单位。严控一般性经费，除基本支出和必保项目外，其余一般性项目支出一律按不低于5%的比例压减。提高街道财力统筹力度，整合各部门下达至街道、社区的经费，由街道、社区统筹使用。独立编制社区预算，参照一级预算单位管理的方式，编制每个社区的预算。坚持预算编制与执行、绩效挂钩，根据项目上年度的执行情况，清理预算执行率低、绩效差的支出项目。

2017 年 12 月 29 日，宝安区委区政府召开财政年终结算汇报会

【国企运行总体情况】截至2017年12月31日，全区有国有独资、控股企业133家，其中区直管企业5家，二级企业45家，三级企业83家。区属国企资产总额324.5亿元，比上年增加73.9亿元，增长29.5%；负债总额57.8亿元，比上年减少0.7亿元，下降1.3%；净资产266.7亿元，增加74.7亿元，增长38.9%；营业总收入62.8亿元，增加15.9亿元，增长33.9%；利润总额4.9亿元，增加1.5亿元，增长44.1%；净利润4.0亿元，增加1.4亿元，增长53.8%；全年上缴税收总额3.0亿元，增加1.0亿元，增长50.0%。在全市10个区级国企监管系统中，区属国企总资产、净资产、国有净资产排名位列第一，利润总额排名由第三位上升至第二位，质量效益居全市各区前列。

【国企集团化改革】2017年，宝安区财政局（国资委）积极推进国企重组整合。区直管四大国企在履行拓展产业空间共同使命的同时，分别定位为民生保障商、城市运营商、产业投资服务商和基层基础投资建设运营商，紧紧围绕区委区政府中心工作，做好非政府所长、市场又不愿意做或做不好的事情，充分发挥区属国企的社会价值。明确集团管控模式。成功组建宝投集团、宝安产业集团和宝安实业集团，与建投集团形成区属国企四路纵队，着力解决宝安区国企“多小散弱”的问题；将四大集团总部定位为决策管理型企业，下属二、三级企业定位为执行经营型企业，做到决策管理在上、执行在下，分工明确、运转高效。加强员工队伍建设。实行定员定岗制度，按照精干、专业、高效原则，区直管企业统一设定员额48名，内设机构不超过9个，区直管企业根据所属企业实际，核定所属企业员额总数，推行定员定岗制度；提高准入门槛，区直管企业新聘用员工须具备全日制本科及以上学历或中级职称，二、三级企业新聘用员工须具备大专及以上学历或初级职称，进一步有效“打破大锅饭，剪断关系网”。

【国资监管】2017年，宝安区财政局（国资委）加强国资监管。推行外派财务总监和监事会主席制度。选派具有中级会计师以上职称的专业性人才到区直管企业任财务总监，财务总监通过联审联签参与企业重大决策，实现对产权管理、投资管理、业绩考核、薪酬分配等重大事项的监管，2017年连签676笔，涉及金额131亿元，有效加强企业重大财务事项监督。整合党内监督和监事监督的合力，实现外派监事会主席担任集团纪委书记，同时兼任区国资委纪委委员，强化国资国企系统监督执纪问责工作。完善全面预算和业绩考核工作。严格审核四大集团2017年全面预算方案，突出集团管控、保值增值、成本控制和社会效益4个原则，提出企业薪酬总额增长不得高于利润增长率、管理费用的增长应与本企业利润增长率挂钩等刚性原则，充分发挥预算目标的导向作用。完善业绩考核方式，将经济指标和分类指标的比例由原来的7:3变为5:5，体现区直管企业的功能性；在分类指标中增设特别贡献加分项，企业在完成区委区政府交办的重大任务、招商引资等方面有突出贡献的，可按实际情况加0～5分不等，激励国企主动作为、主动担当。打造“智慧国资”监管平台。涵盖党建、人事、财务、资产、投资及督办考核6大模块，包括“三重一大”决策、定员定岗、用人计划、物业租赁、大额资金、产业空间拓展、重点项目督办等80项监管指标，把企业的人、财、物纳入全程动态监控，初步完成国资监管总平台的建设，着力打造智慧国资、阳光国资。

（贺 影）

附：2017 年宝安区财政局（国资委）领导成员名单

局长（国资委主任）：查红俐

副局长（国资委副主任）：翁保荣

陈兴源　王映芬（3 月止）

郭　暖（3 月起）

2017 年 5 月 11 日，市国税局领导班子在宝安区国税局开展"转变税收征管方式、提高税收征管效能"专题调研

税　务

国家税务

【概况】2017 年，宝安区国税局坚持"干好税务、带好队伍"原则，克难奋进、求真务实，顺利完成 2017 年初全区国税工作会议确定的年度工作目标。年内，宝安区国税局坚持依法收好税、依规减免税，实现税收与经济协调发展，圆满完成组织税收收入任务，有力支持宝安地方经济社会持续健康发展。2017 年组织税收收入 386 亿，增长 27.1%。其中：增值税一般货物及劳务收入 153.3 亿，增长 11.3%；营改增 63.7 亿，增长 62.2%；免抵调库 98.6 亿，增长 39.8%；企业所得税 61.7 亿，增长 23%；消费税 5.1 亿，增长 4.2%。出口退税 155 亿，增长 0.1%。实现区级分成收入 123 亿，增长 42.5%。在全市 12 个区级征收单位中，连续 6 年税收总量保持第一。全年共办理出口退税 155 亿元，减免税金 82 亿元，其中鼓励高新技术企业减免税 30 亿元。

【税收质量优化】2017 年，宝安区国税收入质量持续优化。税收与经济协调增长体现经济发展的成果。与此同时，收入质量持续优化。从二三产数据分析，2017 年第二产业入库税收 259 亿元，占总税收 67%；第三产业入库税收 127 亿元，占总税收 33%，比上年同期提高 3.6 个百分点，税收结构呈现以第二产业为主、第三产业比重不断提高的优化态势。高新技术企业实现税收收入 117 亿元，占总收入 30%，增长 47%，比全局税收增长高出 20 个百分点，表明经济转型成效显著。

【税收分析强化】2017 年，宝安区收入分析持续强化。提升站位，坚持从税收角度看经济、看社会、看发展，收入预测准确率达 95% 以上，收入分析水平不断提高，每月编制《收入快讯》，联合地税部门成立税收分析团队撰写分析报告，积极为地方经济发展建言献策。

【税收改革】2017 年，宝安区国税局作为全市国税系统征管改革的试点单位，按照"区局做实，分局做专"和"小步快走"的要求，在 8 月 1 日率先推行转变税收征管方式改革。在改革的第一阶段，重点围绕落实"区局做实"的要求，在区局机关新设立风险管理科、大企业和国际税务管理科、进出口税收管理科，有效提高区局统筹指导能力和集约管理能力，构建风险管理全闭环业务流程。使风险管理逐步实现科学化、精准化，大企业和国际税务管理逐步实现专业化、个性化，进出口税收管理逐步实现规范化、标准化。此外，积极探索多方协税机制，与地方网格管理部门合作，构建"网格化"巡查管理体系；加强"税邮合作"，通过邮政部门向 5.1 万余户纳税人发起基础信息核实邮件；扎实做好企业所得税汇算清缴工作，汇缴率 100%；继续推进落实《国地税合作规范 3.0》，加强涉税信息数据交互，提升国地税合作水平；继续做好营改增后续政策辅导，确保供给侧改革红利充分释放。

【法治建设】2017 年，宝安区国税局积极落实"三项制度"试点，试点推行"执法全过程记录制度"，在全市国税系统率先推广使用执法记录仪，全区局所有一线执法人员共配备 120 台执法记录仪和 7 台数据采集站，有效促进"阳光执法、规范执法"；积极开展法治税务示范基地建设，下辖福永分局获"深圳市税务系统法治基地"的荣誉称号；推行法律顾问制度，聘请外部法律顾问，完成税务人员法律顾问遴选；推进内控机制建设，扎实做好制度、流程、信息、监督"四道防线"建设；加强执法规范管理，全年共完结 2 个行政复议案件和 1 个行政诉讼案件，开展税收执法督察，共发现疑点问题18项并全部整改完毕。

【优化纳税服务】2017年，宝安区国税局坚持便捷与高效并重优化纳税服务。积极落实“50”行动，打造办税服务厅“安静工程”，优化营商环境。让网上办税真正“热闹”起来。全新升级微信公众号2.0，打造VR全景大厅等特色功能；加大预约办税推广力度，引导纳税人网上申领发票，全年超过11万户次纳税人网上申领发票4615万份；优化电子税务局体验区，网上申报率96.5%。让线下办税真正“安静”下来。完善导税员工作制，优化导税服务；启动税务志愿服务U站，引入社会志愿者力量参与纳税服务；开设绿色通道、潮汐窗口，树立延时服务理念，优化窗口服务；实行“无声叫号”，优化叫号模式；率先试点推行全量预约预审模式，优化办税流程。经过努力，往年各个办税服务厅“排长龙”现象得到大幅度缓解。此外，扎实做好纳税人培训辅导工作，开展311场现场培训和20场网络直播培训，参加人数27105人次，培训满意度100%。

【队伍建设】2017年，宝安区国税局严格落实管党治党责任，坚持严管厚爱、倾情带队，持续推动全面从严治党向基层延伸。坚持学习教育引领，推动学思践悟。牢固树立“四个意识”，围绕打造党建工作“堡垒工程”要求，认真学习贯彻党的十九大精神，按照“学懂、弄通、做实”要求，开展多形式、多层次、全覆盖的培训，班子成员分别到所在党支部开展十九大精神宣传阐释，组织全体党员参加市局讲习团授课、座谈讨论、知识测试等，做到弄通道理、畅通思想；扎实推进“两学一做”学习教育常态化制度化，不折不扣地落实好领导干部讲党课、专题民主生活会等规定动作，邀请市委党校教授作专题报告，开展“进军营、学作风、做尖兵”、助学扶贫、参观东江纵队纪念馆、参观“一大”会址等形式多样的主题党日活动，全年开展各类“三会一课”249次。注重党建工作与税收工作相融合，通过开展“一支部一品牌”创建、与市局机关支部“开门建党”等活动，积极引导各级党组织和广大党员干部充分发挥战斗堡垒作用、先锋模范作用，有力保证各项税收工作的顺利推进。坚持层层传导压力，推进廉政建设。努力打造党风廉政建设“平安工程”，着力营造风清气正的政治生态。认真履行主体责任。落实党风廉政建设责任制，区局党组专题研究党风廉政建设工作22项，推动“一岗双责”履行到位；严格执行党组成员挂点督导制度，形成责任层层压实、压力层层传导的党风廉政建设工作格局；建立党组会会前学廉制度，提升履行主体责任的意识和能力。有效落实监督责任。强化廉政教育，深入贯彻市局警示教育大会精神，组织全体干部职工500多人分13批到宝安区看守所接受廉政警示教育，通过编发45期“纪律在身边”廉政专栏等，筑牢干部职工思想防线；积极实践监督执纪“四种形态”，推动纪检部门聚焦主责主业；建立执法风险防控和廉政风险防控“双防控”的工作格局，强化部门联动监督。扎实做好巡视巡察问题整改，现全部整改完毕；在此基础上，进一步加强对分局的工作指导，规范业务流程，统一工作标准，制定相关规定和工作指引6项。坚持严管善待激活，提升队伍素质。牢牢把握新时期好干部标准，坚持正确选人用人导向，严格过程监督，完成4名科长、12名副科长选拔、15名科级领导干部试用期满转正等工作，为转变征管方式改革择优遴选12名基层干部充实到区局机关，同时配齐配强分局领导班子，开展正科级领导干部及分局副局长交流轮岗工作，充分调动各个层级干部职工的积极性；抓牢“人才强税”导向，沙井分局黄智文局长入选第五批全国税务领军人才，新增9名干部入选市局各类专业人才库，4名干部入选市国税局“岗位大练兵、业务大比武”活动“岗位能手”。（李　嘉）

2017年6月26日，全市国税系统“青年文明号开放周”活动启动仪式在区国税局福永分局举行

附：2017 年宝安区国税局领导成员名单
党组书记、局长：熊 为
党组成员、副局长：马文聪 徐 磊 刘仁泉
党组成员、纪检组长：林海弟
党组成员、福永分局局长：陈 峰
党组成员、总经济师：徐 伟
总会计师：聂 勇（8 月起）

2017 年 4 月 1 日，宝安区地税局联合市地税局第四稽查局、“前海之声”宝安电台举办“2017 年税收宣传月启动仪式暨税企畅谈税收优惠政策活动”

地方税务

【概况】2017 年，宝安区地方税务局以理念现代化、体制机制现代化、技术手段现代化、治理环境现代化和地税人的现代化等税收征管现代化 5 个内涵为引领，不断深化征管体制改革，着力破解数据化程度不高、税所承担的工作量偏大、风险管理核心作用有待提升、绩效管理系统未落地运行等突出问题。年内，宝安区全面深化“带税所”数据化管事模式改革，巩固强化风险管理核心地位，广泛开展基层标准化建设，取得可喜的成绩，组织收入实现由任务导向向质量提升为主导的转变。全年组织税收收入 240.5 亿元，可比增长 24.26%，增收 46.95 亿元。在各区局中，税收总规模排在南山、福田和龙岗之后列第 4 位，可比增幅排在前海和南山之后列第 3 位，较全市平均可比增幅（10.8%）高 13.46 个百分点。按第五轮财政体制匡算，组织区级预算收入 108.52 亿元，可比增长 14.87%，完成区级预算收入预期目标的 113.64%。

【数据化管事模式改革】2017 年，宝安区地方税务局以数据化、信息化为引领，提升纳服质效。建立“数据驱动征管”模式，梳理注销审核、催报催缴、欠税管理、个体户管理、非正常户认定等业务，形成信息化批处理事项清单 16 项。优化集征收管理、税收分析、数据统计等功能为一体的综合信息平台，实现注销事项“智能化扫描”，待办事项“智能化提醒”，日常业务数据全面统计，税收收入的多维度展示。明确事项岗责，优化管理链条。全面统计分析各科所、各岗位业务量，厘定组织架构，统筹安排好各科所职能定位及事项划分，明确各岗位的职责清单，形成业务部门统筹、管理科和税务所分工协作、各司其职的“岗、责、人、事”四统一管理链条。

【标准化建设】2017 年，宝安区地方税务局注重实践性和实效性，多元化自建 13 个标准化项目。紧扣征管端提质减负、纳税人端体验提升，涵盖信息化、风险化、征管业务、咨询辅导等改革重心和紧迫问题。其中注销流程、简易快办窗、税费种自动核定等多个标准化项目取得显著效果，具备较强推广意义。结对共建，承接市局 68 个标准化项目。汇聚“老、中、青”人才梯队的力量，成立 18 个项目组，成员涵盖 19 个科所共 56 人，与征科处、法规处等 8 个处室结对共建 68 个项目，形成产出物 68 份。

【风险管理】2017 年，宝安区地方税务局风险管理实现“3+3”的质效提升。成效比上年提升近 3 倍（补税额从 5.78 亿元增至 20.6 亿元，补税率从 11.69% 增至 23.33%），质量提升 3 倍（失联户不配合户总数从 24.5% 下降至 5.4%）。注销流程实现“信息化、风险化”。低风险注销即来即办，中风险注销 16 个工作日办结，总体注销办理时限下降 24.8%。指标建设、业务工作和风险管理三者“紧密结合”。科科建指标，推动传统经验转化为体现先进生产力的风险指标，丰富自定义任务量，强化对市局风险任务的补充作用。建成 12 个特色风险指标，其中 7 个指标推送自定义任务进行验证。

【“绩效管理＋廉政防控”】2017 年，宝安区地方税务局建立指标量化、全过程管控的“绩效管理闭环”。绩效平台增设 32 项征管纳服类自动取数监控指标，并建构“实时监控—预警提示—改进提升—考核评估”的绩效管理闭环。实现与局长奖励金结合的“结果运用”。系统自动统计、提取绩效管理中反映工作完成质量、工作业绩的客观数据，结合局长奖励金强化结果运用。奖励金涵盖 98% 征管纳服类业务，人员覆盖率由 20% 提高至

78.40%，奖励项目由原8个扩大到63个。建立党建强队伍的“体系化”工作模式。实施党建“1+N”制度体系，提炼标准元素，运用信息技术嵌入系统，推动党建工作量化考核、标准化管理，达到党建强队伍、党建促业务的目的。（张文兰）

附：2017年宝安区地方税务局领导成员名单

局　长：林杰三（3月止）
邢华二（3月起）

副局长：曾思红　陈若星（9月起）　余建生（9月起）　车俏冰（9月止）　卓立峰（9月止）

2017年9月4日，市地税局第四稽查局举办稽查执行标准化项目讨论会

税务稽查

【概况】2017年，深圳市地方税务局第四稽查局办理各类案件217户，其中立案稽查84户，包括国地税联合稽查6户，查补收入5945.30万元，入库5214.01万元，入库率87.7%；督导133户纳税人开展纳税自查，查补收入3.51亿元，入库2.73亿元。共清理陈积案件9户，查补收入合计1072万元；共查办16户举报案件，比上年增长100%，实现查补金额1349万元，其中查补金额上百万3户。

【稽查制度建设】2017年，深圳市地方税务局第四稽查局积极参与稽查数据化管事模式改革，以“执法行为规范化、事项流转流程化、工作指引表格化”为工作思路，制定出台《税务稽查执行工作指引》，并开发出集执行指引、事项提醒、台账查询、入库清单打印四大功能的执行工作系统。通过梳理分析近8年查处的400度户稽查案卷，提炼涉及多税种的10各风险预案，建立精准度高、综合性强、成果转化率高、易于检验修正的房地产行业问题特征模型。

【税收宣传与纳税服务】2017年，深圳市地方税局第四稽查局围绕“依法诚信纳税，共创征纳和谐”为主题，加大对“税收违法黑名单”公告及联合惩戒制度、重点税源企业自查的宣传力度，结合税收宣传月和“12·4”法制宣传日活动，宣传最新税收政策，联合龙华区局举办典型稽查案例巡展；联合国税第三稽查局开展联合税务稽查回访，听取监察员代表和纳税人的合理意见建议；利用上门回访开展纳税辅导，向纳税人提出税务稽查建议，推动税企间平等交流，良性互动。

【稽查创新】2017年，深圳市地方税务局第四稽查局以稽查系列唯一主包身份，联合龙岗区局和第五稽查局承接市局自有房产综合风险模型的设计建设，将区局征管经验和稽查成果相结合，建立具有税种覆盖面广、实操性强、风险点准、见效快的自有房产综合风险模型，筛选出82户次风险任务推送至稽查系列和区局应对。

【稽查队伍建设】2017年，深圳市地方税务局第四稽查局持续强化队伍建设，不断提高工作质效。以稽查案件办理情况通报会制度为抓手，严格执行税务稽查流程监督机制，加强廉政教育。借助“三会一课”平台、行管平台等，深入学习贯彻党的十九大精神，扎实开展“两学一做”常态化制度化。赴福建龙岩、井冈山开展党性宗旨教育、开展“一把手”讲专题党课、集体过政治生日、党员志愿服务进社区、慰问困难党员等多主题党建活动。结合稽查的业务需求，开展税政专题知识培训、电子稽查软件运用培训等，组织各类培训11次，参加人员271人次，派出干部239人次才加市局及区组织的各类培训。（林艺璇）

附：2017年深圳市地方税务局第四稽查局领导成员名单

局　长：王　勋（10月止）
霍　炬（10月起）

副局长：沈　文　吴　洪

二级执法员：王俊武　胡培基

经济综合管理

市场监督管理

2017 年 6 月 18 日，深圳市市场和质量监管委宝安局组织党员参观宝安县第一次代表大会纪念馆

【概况】2017 年，深圳市市场和质量监管委宝安局以“固本强基、防控风险、质量发展、机关运行”为主线，以智慧建设、制度建设为抓手，以探索综合监管方式创新为重点，以面上管得住、点上管得好为目标，积极探索和推动统筹兼顾、平战结合的综合监管执法机制，确保各项工作有序、严谨、可控、高效，顺利完成市市场和质量监管委、区委区政府布置的工作任务。截至 2017 年年底，宝安区累计登记市场主体 721475 户，占全市 23.2%，排名第一，其中企业 361426 户，占全市 20%，个体工商户 360049 户，占全市 27.7%；全区在用特种设备共 53283 台，占全市总量 25%；食品生产经营单位 37669 家，占全市总量 26%；药品零售企业 1779 家，占全市总量 27.16%；全年完成食品（含农产品）监督抽检 28060 批次，比上年增长 36%，达 9.3 批次 / 千人，合格率 98.3%，提高 0.1 个百分点。全年完成快速检测 64.5 万批次，增长 54.3%。2017 年，宝安区新登记企业 66211 户，比上年减少 13.7%，占全市登记总量 18.2%，排名第三。新登记设立个体工商户 49431 户，增长 15.3%，占全市登记总量 26.1%，排名第一；受理食品经营许可 24898 份；完成新版 GSP 认证 253 份，完成药品经营许可 464 份，完成二类医疗器械经营备案 462 份，完成三类医疗器械经营许可 229 份，完成省局交办的药品批发连锁总部变更业务 25 家，各类许可申请提前办结率 100%，未出现超期、逾期；专利申请量 34698 件，位居全市第二，增长 29.12%；专利授权量 19910 件，位居全市第二，增长 30.3%；有效发明专利 6464 件，增长 27.92%，每万人发明专利拥有量 20 件。

【稽查执法办案】2017 年，深圳市市场和质量监管委宝安局坚持以“全覆盖、零容忍、严执法、重实效”为总要求，不断强化重点行业重点领域的安全生产监管执法工作，通过建立“上下联动、左右协同”工作机制，加强与上级部门及区各职能部门联动协作，全面凝聚执法合力，与公安部门、法院、检察院建立行政执法与刑事司法衔接工作制度，联合印发《宝安区市场监管部门行政执法与刑事司法衔接工作规定》，同时将年度执法办案列入工作任务目标，分解到各办案单位，并制订专项执法督查制度，确保执法工作落实到位，全年立案7733宗，比上年增长50.59%，结案数7560宗，增长38.48%，有效案件4962宗，到位罚没款2010.89万元，增长91.09%，继续保持在全委系统立案数、结案数、食品类案件立案第一、药品案件第一、监管所立案排名第一的“五个第一”目标。2017办理行政复议诉讼941宗，败诉率8.18%，下降18.6%，组织召开案审会、听证会39次，制订办案指导文件30多份，开展执法培训5期。

【大要案·典型案】2017年，深圳市市场和质量监管委宝安局加大查办专业领域案件、重点案件、特色案件力度，联合公安机关破获五起网络销售假药重大案件，涉案货值近100万元，开展打击药品违法犯罪行为“飓风行动”，移送公安案件41宗，刑拘53人。大力整治食品加工黑窝点，依法查处取缔40个食品加工黑窝点，查扣涉案食品483吨；医疗器械领域查处无证“小区微整形”案，查获无合法来源的药品、化妆品、医疗器械货值逾200万元。开展电动车专项整治，全局共开展清理销售门店行动599次，暂扣电动自行车655台，电动自行车生产经营单位从344家减少至305家。

【特种设备监察】2017年，深圳市市场和质量监管委宝安局全面落实责任制工作目标，推进落实2017年辖区特种设备日常监督检查计划，生产单位监督抽查比例达32%，超过目标任务2个百分点，特种设备定检率达99.01%，超过任务目标2.01个百分点。扎实推进特种设备安全专项整治工作，开展“厂房改公寓”停用待核实特种设备专项整治、违法建筑电梯安全专项整治等8个专项整治工作，严厉查处各类特种设备违法行为。召开公众聚集场所特种设备安全、大型游乐设施等工作会议、开展“安全生产月”的系列宣传活动、开展特种设备应急演练、推行企业安全自查自纠及安全承诺制度、邮寄《特种设备使用管理规则》等宣贯资料等措施推动落实特种设备安全企业主体责任；以执法促监管，强化案件查处，立案124宗，结案82宗，罚没入库258万元。

【老旧电梯更新】2017年，深圳市市场和质量监管委宝安局继续对投入使用超过20年（含20年）的老旧电梯或故障频发电梯，经有资质的电梯安全评估机构评估，认为需要更新的电梯实施整体更新并给予资金补贴，减少老旧电梯安全隐患，共发放老旧电梯更新工作宣传海报2000余份，通过电视电台等途径宣传区老旧电梯更新工作政策157余次，受理老旧电梯更新申请71台，完成老旧电梯更新37台，审批拨付老旧电梯更新补贴资金322.2万元。

【特别防护期安全】2017年，深圳市市场和质量监管委宝安局深入贯彻各级关于特别防护期安全生产大检查大整治工作要求，以特别防护期大检查大整治为抓手，统筹局领导、科室、监管所三级联动执法，安全生产综合执法行动形成固定的长效联动执法机制。重点加大对环保油、锂电池、电线电缆、特种设备安全、消防器材质量安全、热水器及燃气具安全、电动自行车和电动摩托车产品质量、无照无证生产经营等较易存在安全隐患的重点场所进行排查整治，全年共整改各类安全隐患1939个。

【工业园区整治行动】2017年，深圳市市场和质量监管委宝安局积极探索建立综合监管执法机制，加强风险分析，强化风险管理，建立《安全监管风险名录清单》，对辖区粉尘涉爆企业、工业园区、电梯、高压容器、大型游乐设施等特种设备、大型食堂、农贸市场、电池生产企业、电动车生产企业等危险源进行全面排查，共梳理风险名录清单1817条；实施挂图作战，以工业区为空间抓手，推进工业园区综合整治，对全区601个工业园区逐个整治，累计整治完成工业园区423个，完成率70%，共检查商事主体9293户，发现问题2444宗并整改完毕。

【打假专项整治】2017年，深圳市市场和质量监管委宝安局开展打假重点（警示）区域的摸排确定工作，经过调查摸底确定新安街道区间路为2017年区打假警示区域，并制定整治方案；统筹协调组织各职能部门有针对性地开展专项整治行动。强化卷烟市场排查整治、开展农资打假专项整治、开展建材产品专项整治、开展食品安全整治 。整治效果显著。由行政机关立案查处案件1874宗，涉案产品商品货值0.69亿元，移送公安机关立案65宗，刑拘犯罪嫌疑人65人，逮捕43人，有力震慑制售侵权和假冒伪劣产品违法犯罪行为。

【传销查处】2017年，深圳市市场和质量监管委宝安局全力整治“拉人头”传销和网络传销等违法行为，及时调整和充实宝安区打击传销和变相传销领导小组成员，并签订《深圳市宝安区打击传销工作目标责任书》，明确各部门职责分工，严格落实打击传销工作计划和制度要求；积极开展全区性的打击传销专项排查整治行动，共检查场所173家，教育遣散20人；组织开展10次全区性的打击传销宣传教育活动，大力宣传传销的危害性和传销活动的内容形式。2017年，未发生涉传销规模性群体事件，辖区内传统“拉人头”式传销基本灭迹，传销情况总体平稳可控。

【政务服务改革】2017 年，深圳市市场和质量监管委宝安局继续推进“一门式一网式”政务服务模式改革，将商事登记、食品药品准入、特种设备登记等 54 项行政审批事项入驻区行政服务大厅，基本实现“个人办事不出街，企业办事不出区”的目标，同时实施红线预警、削峰平谷制度，建立滚动式后备梯队，确保行政审批业务按时完成，并为区重点项目企业采取主动服务、提前介入的方式开设绿色通道，为企业提供便捷优质的许可准入服务，2017 年新登记企业 66211 户，同比减少 13.7%，占全市登记总量的 18.2%，新登记企业量全市排名第三。新登记设立个体工商户 49431 户，同比增长 15.3%，占全市登记总量的 26.1%，新登记个体户数全市排名第一。

【智慧市监建设】2017 年，深圳市市场和质量监管委宝安局按照黄敏副市长到宝安局调研的指示精神，加快打造“智慧市监”体系，推动全区基础网格、警格、消格、安格和市格“五网融合”、一张网运行的要求，全面建成智慧宝安“1+10+N”管控体系，构建“第一时间发现、第一时间分拨、第一时间处置”的闭环管理链条。宝安局积极推进“智慧市监”系统项目及管控分中心项目建设，完成立项审批工作。同时借助区网格化智慧管理工程，加大对无照废品站、无照职介、无照药店、无证电梯、食品安全（无证餐饮和无证食品生产）、贩卖活禽 6 项“智慧宝安”网格化实有事件办理力度，截至 2017 年年底，共接收区智慧宝安管理平台实有事件信息 48281 宗，办结 47951 宗，结案率 99.32%。

【商事主体监管】2017 年，深圳市市场和质量监管委宝安局针对虚假登记问题，推动人脸识别系统运行，同时

2017 年 7 月 27 日，时任宝安区委书记黄敏参观第二届宝博会区长质量奖展区，区长质量奖首次亮相宝博会

加大对虚假注册类案件的查处力度；实施一把手负总责，分管领导具体负责，局领导分片包干，科所责任到人的原则，采取现场指导与电话催报相结合的方式，全力推进商事主体年报工作，完成商事主体年报 36.07 万家，占全市的 22.52%，企业年报率达 84.27%，个体户年报率 36.12%；强化信用监管，建立以信用为基础的监管措施，加强企业信用归集和信息公示，开展联合惩戒，配合区相关部门查询企业征信 4106 条，加强异常名录管理，载入经营异常名录累计有 57201 家企业 106302 条记录，199269 家个体户 571732 条记录；开展 2017 年商事主体公示信息抽查工作，共抽查商事主体 12161 家，其中委托专业机构开展审查 6400 家；加强清无案件办理，全年立案 2509 宗，增长 3.9%，占全委 77.75%。

【公平竞争维护】2017 年，深圳市市场和质量监管委宝安局全面落实市场公平竞争监管职能，通过开展培训、定期约谈、案件查办等综合监管模式加强广告监管、合同监管及电子商务监管工作，针对广告法适用的热点问题出具指导意见 400 多件，处理信访件 28 件，完成 271 家广告企业信息摸底，加大查处对房地产、互联网金融、医疗器械保健食品等热点领域的广告发布违法行为，共立案查处 781 宗。

【电子商务监管】2017 年，深圳市市场和质量监管委宝安局以网络市场虚假广告、价格欺诈、不正当竞争等多发违法领域为重点组织开展网络市场专项整治行动，累计网上检查网站及网店 11897 个、实地检查网络经营者 3879 个、责令删除违法商品信息 2987 条、责令整改网站 657 个；约谈宝安区 3 家 B2B 网站开办单位、3 家 B2C 网站开办单位、10 家医疗机构；联合宝安区互联网产业基地、名优产品展示中心、新安青年创业孵化基地等网络经营主体集中的产业园区，组织开展广告、电子商务法律法规宣讲会。

【民生计量工作】2017 年，深圳市市场和质量监管委宝安局积极应对媒体舆情，充分利用交通运输部门数据监测系统与运输轨迹的对比，联合市交委开展执法行动 20 次，抽查计价器 200 余台（件），立案查处 5 宗，罚没 4 万元。组织开展对 106 家集贸市场计量专项检查，完成辖区 59 家制造

计量器具许可证获证企业、32家次机动车安检机构、74家检验检测机构证后监管工作。开展电线电缆、液化石油气定量包装及食品和化妆品过度包装抽查，共抽查样品80批次。

【标准化资助】2017年，深圳市市场和质量监管委宝安局推动深圳市机器人标准检测协同服务平台落户宝安；组织深圳标准技术研究院到深圳市华讯方舟科技有限公司等企业开展走访调研，积极推动华讯方舟等16家企事业单位共同成立太赫兹产业联盟；开展2017年标准化战略资助工作，共完成75个标准化项目资助申请，拨付资助金额815.71万元；推动企业办理产品标准自我声明公开587个，完成企业标准实施监督124家，积极推动内外销产品“同线同标同质”建设，完成采用国际标准认可6个。

【知识产权资助】2017年，深圳市市场和质量监管委宝安局完成知识产权资助和区知识产权优势企业认定的资助工作，共资助882家企业、50个自然人近6000项目，1663.97万元，全区三种专利申请量34698件，位居全市第二，比上年增长29.12%；专利授权量19910件，位居全市第二，增长达30.3%；有效发明专利6464件，同比增长27.92%，实现每万人发明专利拥有量21.4件。开展知识产权宣传进街道、进社区、进园区、进企业和进校园宣传活动近20场次，并举办“4.26世界知识产权日”户外宣传暨环立新湖公益跑活动，大力开展知识产权专项执法行动，查办各类知识产权案件168宗，其中专利案件65宗。

【质量强区战略】2017年，深圳市市场和质量监管委宝安局制定《宝安区2017年度质量强区行动计划》，完成监督抽检898批次，完成不合格产品后处理198批次。积极做好2016年度宝安区质量考核工作，取得全市第四名的好成绩，圆满完成区领导提出的排进前五名的要求；完成第八届区质量奖评审工作，发放奖励资金450万，区长质量奖展区首次精彩亮相宝博会。新增1个中国驰名商标、25个广东省著名商标、11个广东省名牌产品；大力推进省工业机器人产业知名品牌示范区创建，完成28批次质量抽查工作，完成6家工业机器人示范区骨干企业认定工作。

【禽流感防控】2017年，深圳市市场和质量监管委宝安局多措并举，通过印发防控宣传海报、利用广播电台（FM104.3）、公交站台发布防控公益广告等形式，加强活禽禁售及禽流感防控宣传，努力营造群防群治的防控环境。组织各监管所坚持源头治理，加大执法力度，增加检查频次，共出动执法人员6231人次，检查市场3747个次，责令整改活禽代宰点15个次、市场5个，立案21宗，罚款9万多元，累计查扣涉案活禽1061只，抄告城管和卫生部门违法线索104条。按照“四不两直”工作要求，加强对辖区农贸市场落实活禽禁售工作的明察暗访力度，强化督导，较好完成禽流感防控工作任务。

【市场和质量监管宣传】2017年，深圳市市场和质量监管委宝安局围绕工作主题，先后开展“3·15网络诚信、消费无忧”“4·26世界知识产权日”“食品安全宣传周、教育月”“计量与交通”“世界标准日”、工业机器人品牌示范区等系列宣传活动87场次，印发宣传资料37万份。对外报送新闻稿879篇，拍摄《市场发现》10期、报委微信公众号20篇，《市场和质量监管》《宝安信息》和《信息快报》等上稿30余篇，全年共完成政务宣传得分95分，超额完成任务指标，受到区委宣传部的专函肯定和表扬。通过微信公众号、广播电视、公交站台等多渠道宣传主动宣传435篇次。

【安全监管调研】2017年，深圳市市场和质量监管委宝安局按照宝安区委《关于开展“转作风·大调研”工作的通知》要求，迅速成立由局领导班子及业务骨干组成的调研课题组，积极深入开展调研活动，调研组共实地调研监管对象157家、到其他辖区局学习3次、到技术研发机构走访5次，形成《强化风险防控，构建多维度食品安全监管模式》《强化工业机器人品牌建设，发挥产业集群优势》等7份调研报告并报区委区政府。着力将调研成果转化为工作成果，将创新食品安全监管、产品品牌建设、扶持义齿优势产业发展、知识产权保护等一批调研成果运用到在实际工作中，推动工作取得新成效。 （岳辉跃）

附：2017年深圳市市场监管局宝安分局领导成员名单

局　　长：林顺辉

党委书记：詹俊亮

副 局 长：邱桂良　郑穗华

陈子晟（7月起）　李廷义

集贸市场管理

【概况】宝安区群星农贸市场服务中心是宝安区属自收自支的事业单位，主要职能是管理区属集贸市场，负责区属市场的硬件维护、安全保卫、食品卫生、环境治理及租金收缴等各项工作，并参与区属集贸市场的规划、开发、建设。中心机关设办公室、人事部、财务部、工程部、市场部5个职能部门，下设新安、福永、沙井、松岗、石岩、罗官6个市场管理部。2017年，群星中心下属原龙华、观澜管理部人、财、物整体移交至龙华区，潭头钢材市场因政府外环高速建设项目被征拆，原潭头管理部撤销，中心下属市场管理部从9个减少至6个，管理的市场资产减少5个。2017年，中心围绕全区各项重点工作，认真履

2017年8月3日，宝安五区市场摊主接受媒体采访

行职责，不断提升区属市场服务水平，保证市场安全稳定、环境洁净、食品放心。

【市场经济发展】2017年，宝安区群星农贸市场服务中心与各管理部签订《经营目标管理责任书》，在充分调研的基础上确定各市场年度经济指标任务，合理制定年度增收计划和内部考核机制，各管理部认领指标任务。同时通过规范经营管理，加强对各市场店档出租、收费及合同管理的监督，利用法律手段解决突出问题，处理合同纠纷，清理欠租户，提高租金标准，打击影响、控制市场档位的海鲜肉霸，稳定市场收入。各管理部不断开拓创新，优化市场布局，完善硬件设施，推动市场升级改造，促进各市场增收创收。2017年，区属市场经营运作良好，全年实现总收入4571万元。

【市场安全生产】2017年，宝安区群星农贸市场服务把市场安全生产工作放在首位，防微杜渐。各市场安全工作进一步加强：完善安全生产制度，制定《市场安全生产操作规范》《市场安全用电管理规定》及《在编人员正常上班时间外值班工作规定》，明确14项45条安全生产检查规范；抓好安全监督管理，与商户签订《安全生产责任书》3099份，全年开展安全生产检查599次，发现隐患538项，处罚49人次，组织安全培训8次、消防演练8场，参训296人次；加强消防设施维护，全年投入400万元对市场硬件隐患进行整改，加装用电动态监控系统，对各市场进行建筑物安全检测；落实消防隐患整改，全年完成整改504项，整改率93.68%，其中整治店铺明火或高功率用电设备问题80例，整治乱拉接电线电源65例，整治电动车充电89例。

【市场管理服务】2017年，宝安区群星农贸市场服务中心全面提高市场管理标准，大力开展市场综合治理。广泛宣传动员，各市场派发宣传单（本）4800余份，安装宣传栏7块，制作宣传横幅24条，印制“社会主义核心价值观”“诚信经营公约”等宣传海报850张；开展联合整治，取消所有市场临时散档，拆除市场违章搭建200多处，开展市场大扫除1100次，清理乱摆卖2112宗，增派治安及保洁员35名，创文期间取缔307个历史遗留临时散档，妥善应对商贩集体诉求；改善硬件设施，投入167万元铺设路面、梳通下水道、整治臭水沟、改善排污排水系统，购置高压冲洗、冲干机，投放分类垃圾桶46套，为各市场的商户配置垃圾桶2179个；严抓食品安全，与经营商户签订《食品安全责任书》1200余份，协助商户办理营业执照395份，食品流通许可证37份，办证率97%以上，派发食品安全宣传单（册）2200份，全年处理食品安全违规经营行为6宗，清理过期食品156件、无标签食品65件，完成检测室建设和专项补助资金使用情况的复检验收；规范商户经营，与商户签订《门前三包责任书》2500余份，协助商户办理执照395份，通过扣分制度约束商户行为。在全体员工共同努力下，市场治理取得较大成效，特别是五区（宝民）市场，结束长期脏乱差的历史。

【市场重点工作】2017年，宝安区群星农贸市场服务中心加强管理，提升服务水平的同时，中心推进落实相关重点工作：在应变维稳方面：顺利完成龙华、观澜4个市场人员及资产移交，实现平稳过渡；配合政府做好潭头钢材市场拆迁相关工作，稳妥分流118间商户和10名内部人员；完成官田市场关停后商户搬迁，379档个体商户顺利撤离。在开拓发展方面：积极推进市场升级改造，完成沙井明珠市场升级改造设计及概算编制；投资500万元建成“智慧市场”信息平台，实现消防安全、食品安全、市场监管及便民服务信息化管理；与华讯方舟合作开发“农鲜通”虚拟市场，试点网络配送服务，开拓市场发展新局面。

【管理队伍建设】2017年，宝安区群星农贸市场服务中心进一步加强内

菜市场内部清洁整齐

部管理，工作作风持续转变，工作效率不断提高：规范议事规则，全年召开班子会议 47 次，审议重大事项 138 项，按月督查督办重点工作完成情况，形成规范的议事规则和办文流程，强化执行能力建设；抓好队伍建设，推动中层干部轮岗，优化管理部人员配置，精减临聘人员，完善值班应急机制，加强人员培训，严格执行网格化管理，强化劳动纪律；推行绩效考核，完善内部督查工作制度，每项工作建立三级责任人，督查结果与绩效工资挂钩，纳入部门年度考核，促使各项工作提前谋划、包户定责、层层落实，全年督查处罚 79 人次，扣罚绩效工资 23470 元；落实党风廉政建设，组织 73 名党员干部观看警示教育片，组织 38 名党员干部参观宝安区 2017 年反腐倡廉案件巡回展览，开展"党规党纪在线测试"活动，合格率 100%，落实廉政谈话提醒常态化，加强对经费使用、工程、店档招租工作的监管，中心班子成员带头廉洁自律，按要求完成领导干部个人事项报告。

【农贸市场体制改革研究】2017 年，宝安区群星农贸市场服务中心结合"转作风大调研"工作，对群星中心体制改革课题开展调研，取得一定成果：明确中心的主要矛盾及体制改革的必要性，中心作为事业单位经营市场，单位不事不企，队伍老化臃肿，市场硬件老旧效益低下，有限的资产收益和日益增长的政策性支出矛盾日益突出，实行改革既是事业单位改革的总体要求，也是解决中心当前问题的迫切需要；分析改革过程中必须克服的重点难点问题，通过调研全面了解员工思想动向，明确人员安置问题为重点问题，只有合理保障原有人员利益，平衡改革成本、改革目标与人员稳定之间的关系，改革工作才能平稳推进；提出改革实施方案的具体思路，按照分类改革的原则，人员采取提前退休、协议离职及其他各种分流方式，研究保障在职人员工资及社保待遇的初步思路，同时保证区属市场可持续发展。 **（姜善章）**

附：2017 年宝安区群星农贸市场服务中心领导成员名单

主　任：苏铁军

副主任：叶运强

国有企业管理

【概况】2017 年，宝安区投资管理集团公司集团上下紧扣发展使命，团结一心，开拓奋进，各项事业取得重大突破，为促进社会民生和谐有序提供有力保障，为推进区属国有企业改革发展，湾区核心建设做出积极的贡献。为做大做优做强区属国企，区委区政府对国资国企进行优化整合。根据区国有企业工作会议精神以及《宝安区国有企业重组整合方案》要求，扎实高效完成 6 家企业股权划转，于 2017 年 2 月 10 日将深圳市宝华路桥建设集团有限公司、深圳市石岩湖度假村管理有限公司成建制无偿划转至深圳市宝安建设投资集团有限公司，深圳市宝路华运输（集团）有限公司、深圳市西部公共汽车有限公司、深圳市宝安客运中心有限公司、深圳市道亿投资有限公司成建制无偿划转至深圳市宝安区产业投资服务有限公司。科学稳妥地完成部室整合和人员分流调配工作，顺利按区委区政府的要求完成整合任务，有序落实集团化改革；公司（党委）内设原有 10 个部（室），结合公司业务职能，整合内设机构，提高效率，根据区投资管理公司文件《关于深圳市宝安区投资管理公司员工定岗定编定员方案的通知（宝投管 [2017]12 号）》，公司本部定岗定员 48 人，另设外派财务总监 6 名，现整合为 9 个部（室）：办公室（党委办、督查室、应急办、信访办、维稳办、信息办）、组织人事部、纪检部（审计部）、财务预算部、发展投资部、企业管理部、资产法务部、物业管理部、安全生产监督管理部；截至 2017 年年底，合并报表的 14 家企业总资产 76.38 亿元，比年初增长 8.91%；总负债 7.63 亿元，比年初下降 29.97%；净资产 68.72 亿元，比年初上升 16.38%。完成利润总额 2.09 亿元。上缴区财政利润 1962 万元，上缴

2017 年 3 月 28 日，宝安区投资管理集团公司揭牌成立

税费 7871 万元。

【重大项目推进】2017 年，宝安区投资管理集团公司积极推进重大项目建设。海纳百川总部大厦建设项目预计 2018 年 6 月完工，从 2015 年 4 月底正式开展主体工程施工以来，截至 2017 年年底，完成固定资产投资 13.18 亿元，超额完成区政府下达的任务；中德（欧）产业示范园项目截至 2017 年年底，完成固定资产投资 8126 万元，超额完成区政府下达的任务。A 地块完工。项目计划2018年完成B栋封顶；深汕合作区深圳市清真屠宰场、深汕合作区粮食综合产业园两个项目均在合作区设立项目工作小组，完成项目可行性研究报告等相关工作。9 月 14 日，经合作区招商引资工作领导小组审议同意引进项目并列入项目供地库；大洋统筹片区城市更新项目该片区城市更新项目取得突破性进展，福安公司申报项目更新计划，列入 2017 年第一批宝安区城市更新计划；再生资源公司建筑废弃物综合利用厂项目经多次与政府相关业务部门协调，2017 年 10 月底，再生资源公司与住建局签订项目的委托管理合同，2017 年年底启动运营试投产。项目预计 2018 年上半年正式投产；粮食公司西部粮库项目项目用地 2017 年区政府常务会研究同意出让，粮食公司办理土地出让手续及修改项目的可研编制工作；宝投创谷（泉宝工业区）项目 2015 年 4 月列入宝安区第一批旧工业区环境安全综合提升试点项目，区城市更新局编制完成片区城市更新规划研究初稿，就该规划研究积极与区城市更新局沟通；区城市更新局进行固戍维尔康地块城市更新项目的城市更新片区规划研究及专项规划的审批工作。积极与纳税大户鑫荣懋公司及区城市更新局沟通协调推进项目进展。

【农副产品民生保障】2017 年，宝安区投资管理集团公司有效落实民生保障问题。嘉康公司生猪屠宰量连续 3 年位列全市第一。2017 年嘉康公司生猪屠宰量达 145 万头，日均屠宰 4000 头，稳居全市第一，满足宝安和龙华区的肉食供应，为市民提供优质安全放心的肉品；寰通公司全市各区属企业蔬菜种植面积排名第一。寰通公司作为市“菜篮子”工程建设重点单位，在落实好精准扶贫项目过程中，开辟河源龙川精品蔬菜新货源地，不断加强优质精品蔬菜的供应，2017 年为市民供应 3.2 万吨无公害蔬菜和大量优质农产品，蔬菜种植面积和规模在全市各区属企业蔬菜种植面积排名第一；粮食公司不断提高粮油经营水平，2017 年完成 22 万吨储粮任务，实现 2 年翻两番。

【企业管控模式创新】2017 年，宝安区投资管理集团公司立足科学管控，强化源头把关，在推进集团化改革过程中取得良好成效。区国企系统首个制定物业公开招租制度并实施的单位。近年来，先后制定、完善物业租赁经营事项相关规范。同时建立企业物业租金价格评估服务中介库。在全区物业公开招租方面首开先河，更好的规范物业租赁管理；区国企系统首个实现信息平台资源整合的单位。从 2015 年起，在建立健全企业管控平台建设上下功夫，利用先进的科技手段，建立包括会计核算、预算、物业管理、人力资源、薪酬及资金管理六大信息系统，有效对区属企业的人、财、物等重要资源和信息的集中和动态管理；建立健全集团化制度体系成果显著，2017 年 3 月集团化改革以来，基于近年来的制度建设基础，大力推进制度体系建设，先后制定集团化改革“1+9+N”工作方案，完善投资管理、合同管理、工程建设、物业管理等 57 项制度，科学、规范、可控、高效的涵盖经营发展各个领域；人事制度改革取得实质性突破，从集团化改革以来，不断完善建立符合市场规律和国有企业实际情况的激励机制，引进培养人才，打破原有国企职工与聘用制员工身份界限，统一实行合同制。建立全系统的薪酬预决算管理体系，把员工工资水平与企业利润直接挂钩，有效调动员工活力。

【安全生产与信访维稳】2017 年，宝安区投资管理集团公司始终把安全生产和信访维稳作为头等大事抓落实，确保安全责任落到岗位、落到人头。坚持“全覆盖、零容忍、严整改、重

2017 年 12 月 27 日，宝安区举行西部沿江新城建筑废弃物综合利用厂项目营运试投产仪式

实效”的工作理念，确保公司系统没发生较大的安全生产事故，安全生产形势持续稳定。2017 年，在抓好安全生产责任制考核、突出隐患排查整治的基础上，全面推动“智慧安监”管控系统和用电安全动态监控系统建设，积极探索建设新安全管理模式，实现从“人防”向“技防”升级的安全管理方式取得新成效。在信访维稳方面，坚持隐患排查和领导包案制度，深入开展企业信访隐患和矛盾纠纷排查，立足法律依据，认真跟踪落实信访维稳各项工作，做到对苗头性问题及时进行解决处理、及时上报。信访维稳工作处于稳控状态，为服务市、区的工作大局起到积极作用。 **（戴卓彤）**

附：2017 年宝安区投资管理集团公司领导成员名单

党委书记、董事长（原董事局主席）： 林　戈

党委副书记、总经理： 李烨华

党委副书记、纪委书记、监事会主席： 李慧丽

党委专职副书记： 张冬青（3 月起）

副总经理： 何齐聪

副总经理： 赵俊峰（5 月起）

财务总监： 孔淑玲

集体资产监督管理

【概况】 2017 年，宝安区集体资产监督管理办公室紧紧围绕“抓规范、推改革、促发展”三项使命，一手抓“服务”，一手抓“监管”，积极落实宝安区“基层治理质量年”街道发展战略和社区经济提升行动工作任务，在推动社区集体经济规范发展、健康发展、可持续发展方面干在实处、走在前列。“社区集体经济综合监管服务平台”运行良好，实现四大系统“1+10+246”全覆盖，四大交易八项指标七项位列全市第一，率先在全市实现土地合作开发项目通过平台选择合作方。修订出台股份合作公司物业出租管理办法和交易指引，集体土地用地使用权交易等处置管理办法正提交区政府研究。建立健全“区—街道—股份合作公司”三级监管体系，各类培训 40 余场，培训 1700 余人次。全面走访 246 家股份合作公司，提出集体股股权虚置、股权流转、公司章程等方面的意见，配合市修订《深圳经济特区股份合作公司条例》，制定股份合作公司薪酬管理制度指导意见。拨付专项资金 1.82 亿元，对全区 96 家股份合作公司给予转型资助和帮扶。修订出台《宝安区股份合作公司换届选举工作指导意见》，完善股份合作公司“三会”架构。

【监管政策体系建设】 2017 年，宝安区集体资产监督管理办公室启动《关于加快宝安区社区集体经济综合监管服务平台建设推动股份合作公司规范管理的意见》“1+9+1”系列文件中涉及物业出租、土地开发、建设工程、货物与服务采购等集体资产交易管理办法修订工作。2017 年 12 月，宝安区人民政府办公室印发《宝安区股份合作公司物业出租管理办法》（2017 年修订），宝安区集体资产办印发《宝安区股份合作公司物业出租交易指引》。

【综合监管服务】 2017 年，宝安区集体资产监督管理办公室不断优化社区集体经济综合监管服务系统功能，科学设置土地合作开发备案流程，对股份合作公司线上线下交易活动实行全流程监督指导，夯实股份合作公司领导班子拒腐防变的技术堤坝。宝安社区集体经济综合监管服务系统全年共录入各类集体资产交易信息 7681 宗，其中：物业出租类信息 5331 宗，含自行交易 5216 宗、进平台交易 115 宗；土地开发类信息 14 宗，含自主开发 1 宗，合作开发 13 宗；建设工程招投标类信息 1901 宗，含平台公开招标 22 宗，成交 17 宗；货物与服务采购类信息 435 宗，含平台交易 9 宗，成交 9 宗；各项交易量稳居全市前列。在全部四大类交易的八项指标中有七项指标位列全市第一，另一项指标居全市第二。土地合作开发项目上平台且通过街道集体资产办备案的有 9 宗，在全市率先实现土地合作开发项目通过平台选择合作方，4 宗平台交易项目有 2 宗完成交易，成交估值达 52.32 亿元。全年共收到集体土地合作开发项目备案申请 37 宗，其中，审查通过

2017年11月22日，宝安区首个街道级物业信息管理平台——福海街道股份合作公司物业（土地）信息管理平台正式上线

并出具备案意见22宗，6宗审查中，需补充资料项目9宗。另外，证照和股权系统录入证照备案信息1060人，出国（境）申请2016人次，发放证照1595人次。

【专项资金管理】2017年，宝安区集体资产监督管理办公室将困难社区股份合作公司认定指标由人均集体分配数额3000元提高至6000元，认定西乡街道深圳市佳特利股份合作公司等27家社区股份合作公司为2017年困难社区股份合作公司。对困难社区股份合作公司实施精准帮扶，加大在社保缴费、贷款利息、物业改造、设立物业公司、社区规划设计、购置兴建物业和兴建临时停车场方面的帮扶力度。在完成上一轮欠发达股份合作公司进行财务专项审计和对水库、水源保护区社区帮扶资金的发放及使用进行绩效评估的基础上，相应调整《宝安区扶持股份合作公司发展专项资金管理办法》相关条款。结合社会经济发展形势和最新政策规定，9月修订出台《宝安区扶持股份合作公司发展专项资金管理办法（2017年修订）》及配套文件，通过降低申报门槛、扩大扶持范围、提高扶持额度等方式，引导推动股份合作公司转型升级，提高股份合作公司可持续发展能力。充分发挥扶持股份合作公司发展专项资金杠杆作用，全年核拨1.82亿元专项资金扶持共96家社区股份合作公司。

【“银企互联”系统大额资金监管】2017年，宝安区集体资产监督管理办公室根据市、区党委政府的决策部署和市党风廉政建设领导工作小组的要求，在社区集体经济综合监管服务系统的基础上，启动宝安区股份合作公司银企互联系统建设工作，对辖区股份合作公司银行账户进行监管。2017年年底，股份合作公司银企互联系统的软件开发工作完成，与账户集中的几家银行对接，12月27日，宝安区股份合作公司银企互联系统正式上线，第一批选定区股份合作公司在农商行、工商银行、中国银行和建设银行开设的银行账户进行银企互联和对接，全区246家股份合作公司在上述四家银行开设的账户数量占全部账户数量的80.4%，基本实现对社区股份合作公司财务资金的实时监控和对大额的资金异动的预警分析。

【“三资”清产核资】2017年，宝安区集体资产监督管理办公室加强“三资”清产核资。12月19日，完成宝安区股份合作公司“三资”清产核资审计服务项目公开招标，17家供应商推荐为中标供应商。印发《宝安区股份合作公司“三资”清产核资工作方案》，于2018年1月至6月开展全区股份合作公司及子公司“三资”清产核资工作，以货币资金、土地、物业、应收账款、在建工程、经济合同等为重点，全面摸清所有股份合作公司及子公司的资金、资产、资源情况，夯实综合监管服务平台数据基础。清产核资的基准日确定为2017年12月31日，计划指导各股份合作公司及子公司在2018年1月底前完成结账工作，2018年2月开始全面清查。2018年6月，对经过清查确认的“三资”，按货币资金、固定资产、集体资源、经济合同、债权债务等类别进行登记造册，明确产权，建立台账，并补录到区“三资”管理信息系统。

【股份合作公司规范管理】2017年，宝安区集体资产监督管理办公室加强股份合作公司规范管理。全面走访246家股份合作公司，形成《宝安区股份合作公司发展情况调研报告》《关于宝安区33家欠发达股份合作公司2016年度营业收入及当年人均集体有效分配情况的专项审计报告》《关于石岩街道19家欠发达股份合作公司2016年度利润及亏损分红情况的专项审计报告》。开展关于宝安区股份合作公司亏损分红情况的调查研究，分析股份合作公司产生亏损分红现象的原因，有针对性地提出相关工作建议，努力杜绝股份合作公司亏损分红等不规范行为。对“政企社企分开”后社区基层治理体系及股份合作公司运营管理中存在问题充分研究，有针对性地提出八项对策建议。规范股份合作公司财务管理，统一会计科目设置和会计核算方法。开展股份合作公司经营管理班子薪酬制度改革，在走访调研基础上，经过五轮测算，

2017 年 12 月 26 日，宝安区集体资产办组织召开股份合作公司“三资”清产核资工作动员部署会

科学设定绩效指标，形成薪酬管理制度指导意见。

【建议提案办理】 2017 年，宝安区集体资产监督管理办公室按照《深圳市人民代表大会代表建议、批评和意见办理规定》以及市政协的有关规定，严格执行“及时沟通、按时答复、征求意见”工作要求，积极回复市区人大代表、政协委员关于宝安股份合作公司和社区集体经济方面的建议和提案。全年共答复区级建议 5 宗、区级提案 2 宗和市纪提案 1 宗，其中主办和分办的意见（提案）为 5 宗，均寄送《人大代表（政协委员）建议（提案）办理情况征求意见表》。截至 7 月 28 日，代表和委员全部对答复结果表示满意。

【宣传培训】 2017 年，宝安区集体资产监督管理办公室联合区纪委、区公共资源交易中心等单位，深入基层组织开展多轮“1+9+1”政策宣讲和平台操作、集体资产交易流程、财务规范化改革、扶持股份合作公司发展专项资金等业务培训，帮助基层工作人员迅速掌握平台操作。组织大型综合培训 2 场，246 家股份合作公司全覆盖共 549 人次参加培训；深入街道和股份合作公司开展各类培训 36 场次，培训经营管理人员 1100 余人次。组织股份合作公司董事长到宝安区泰华梧桐岛科技创新园参观考察，学习先进经验、开阔经营视野、转变发展观念。联合区委党校、宝安干部学院组织开展宝安区社区股份合作公司董事长（总经理）理想信念专题培训班，37 名股份合作公司董事长赴江西瑞金学习革命优良传统，提升求真务实、一心为民、清正廉洁、艰苦奋斗的意识。通过深圳特区报专题宣传监管平台一周年成果，全年在宝安日报“社区经济专刊”刊出 29 期 48 版宣传稿件，利用微信公众平台、政务网站实时宣传推广集体资产交易成果，提供社区股份公司交流和展现风采的平台。

【“转作风”大调研】 2017 年，宝安区集体资产监督管理办公室到基层一线、工作现场走访，到民意最集中、问题最突出的地方调研，形成《“制度 + 科技，监管促发展”——关于宝安区集体经济综合监管服务平台的调研报告》《关于股份合作公司“农地入市”项目的研究——以凤凰股份合作公司“方格项目”为例》《关于宝安区集体经济综合监管服务平台的调研报告》。结合工作实际和群众期盼，集中力量研究存在的瓶颈和短板，总结出 16 个工作难点、痛点、堵点问题，提出 15 条对策建议，全部列入 2018 年工作计划。

【队伍与制度建设】 2017 年，宝安区级集体资产智慧管控力量和街道专职队伍建设进一步加强，宝安区集体资产“1+10+246”三级监管体系初步形成。“1”为区集体资产办，负责开展对全区集体资产进行全口径、全流程的事前、事中及事后监管；指导“10”个街道集体资产办切实履行职责，提升监管能力和服务水平；加强对“246”家股份合作公司宣传培训、监督考核、帮扶转型等工作，带领股份合作公司融入全区产业布局。6 月，宝安区机构编制委员会核定宝安区集体资产监督管理办公室事业编制为 15 名（实增 1 名），其中单位领导职数 3 名（1 正 2 副），其他机构编制情况维持不变。加强内控管理，编印《宝安区集体资产监督管理办公室规章制度汇编（试行）》，包括 14 项制度：党风廉政建设主体工作系列制度、会议制度、公文处理实施办法、合同管理制度、印章管理制度、考勤和请休假制度、预算管理制度、收入管理制度、支出管理制度、政府采购管理制度、固定资产管理制度、保密管理制度、档案管理制度、信息工作管理办法。落实“一岗双责”制度，开展安全检查 112 次走访挂点社区密切联系服务群众 44 次。（张　颖）

附：2017 年宝安区集体资产监督管理办公室领导成员名单

主任：张其芳

审 计

2017 年 3 月 30 日，宝安区召开政府廉政工作暨审计工作会议

【概况】2017 年，宝安区审计局共审计（调查）56 个单位，完成 260 个审计项目。共查出违规问题金额 763 万元，损失浪费金额 978 万元，管理不规范问题金额 36.34 亿元，违规资金 431 万元，核减工程造价 1.42 亿元。审计报告中提出审计意见建议 686 条（其中被采纳意见 570 条）。出具审计移送处理书 4 份，移送违规违纪线索 4 条，移送处理金额 5.03 亿元。通过区政府网站向社会发布审计结果公告 216 篇。

【廉政暨审计工作会议】2017 年，宝安区审计局近年来首次召开全区廉政工作暨审计工作会议。3 月 30 日，召开廉政工作暨审计工作会议，传达全省、全市审计工作会议精神，通报近年来全区审计工作基本情况和财政财务收支审计、政府投资项目审计过程中发现的 14 个方面共 27 条主要问题，对存在问题进行全面原因分析，提出 8 项审计意见建议，并提出 2017 年行政监察工作意见和审计工作思路。区长姚任指出，要用好用足审计监督武器，强化廉政风险点排查防控；要举一反三加强审计整改，从体制机制方面堵塞漏洞；要加强纪检监察、审计部门与各单位之间的沟通互动，共同协作进步；要全面抓好廉政工作和审计工作，严格规范制度流程，紧抓筑牢思想防线。全区各街道、各部门有关负责人近 90 人参加会议。

【审计计划首次纳入全省统一管理】2017 年，宝安区审计局推进审计计划纳入全省统一管理。广东省以下审计机关人财物改革试点工作开展后，2017 年开始实施全省审计计划统一管理，完成情况纳入年度绩效考核。宝安区审计局通过局领导带队走访、清理历史遗留项目、规范申报项目、加强催办未送审项目以及科学谋划明年预送审项目等，多举措推动审计项目计划的落实，确保计划执行率达 100%。

【重大政策措施落实情况跟踪审计】2017 年，宝安区审计局采取按季度、分专题方式，围绕“治水提质”“街道发展战略”“大气环境质量”和“强区放权”等区中心工作开展 4 项重大政策措施落实情况跟踪审计。坚持以推进“放、管、服”和深化供给侧结构性改革为主线，综合反映各项政策取得的成效和存在的问题，全面监督重大政策的落实情况。每季度分别向市审计局和区政府提交审计结果，获上级高度重视。

【党政主官任期经济责任异地交叉审计】2017 年，党政主官任期经济责任异地交叉审计首次在宝安区开展。广东省审计厅自 2017 年 6 月起到宝安区开展宝安区委书记、区长任期经济责任审计。审计实施过程中，发出审计询问函及取证单共 793 份，涉及 57 个责任单位，相关整改工作延续到 2018 年上半年。审计期间，审计署深圳特派办副特派员郝士坤、广东省审计厅厅长何丽娟、副厅长陈剑，广东省纪委派驻审计厅纪检组长张穗汉、副巡视员肖炳祥等分别率队到宝安区调研指导审计工作。宝安区委书记姚任、副区长梁敏华先后带队到佛山审计组及广东省审计厅沟通汇报工作。上级审计机关对审计期间宝安区的配合工作给予较高评价。

【区本级预算执行情况和其他财政收支审计】2017 年，宝安区审计局全面实施 2016 年度区本级预算执行情况和其他财政收支审计。审计重点抽查 3 个部门、1 个街道预算执行情况；抽查 2 项专项资金使用和管理情况、区 2016 年度国有土地使用权出让收支情况、政府重大投资建设项目资金使用情况以及国有资本经营预算执行和运营情况等。审计期间延伸审计 20 个单位。着力反映财政收支的真实合法效益，揭示披露财政管理薄弱环节、公共财政资金风险隐患等突出问题，查出管理不规范金额 10.99 亿元；着重从体制、机制和制度层面提出 24 条审计建议。审计结果促进相关单位完善内控机制，直接促成《深圳市宝安区临时用地和临时建筑管理暂行办法(征询意见稿）》《宝安区 2018 年度环保专项经费使用项目申报指南（征求意见稿）》的编制工作。审计工作报告首次提交深圳市审计局审定，并获宝安区人大常委会高度肯定，助推《深圳市宝安区人大常委会关于加强对审计查出问题整改工作监督的暂行办法》的新出台。

【领导干部经济责任审计】2017 年，宝安区审计局完成对福永街道、妇联、环保水务局等 7 个单位领导干部的经济责任审计。围绕“权力运行”和“责任落实”两条主线，强化对权力运行的监督制约，将各部门落实中央“八项规定”情况、“三公”经费支出情况、人民群众反应强烈的不正之风纳入审计范畴，继续探索在有管理自然资源资产职责单位领导干部任期经济责任审计中，将自然资源资产管理情况纳入审计范围。审计查出管理不规范金额 3.9 亿元，非金额计量问题 45 个，通过重点关注“三公六费”，发现公务支出和公款消费方面问题金额共 102.77 万元；提出审计建议 45 条。所有项目向区政府提交审计结果报告，向区经济责任审计工作领导小组汇报审计工作情况，并跟踪检查有关单位整改落实情况。此外，指导社区“两委”换届经济责任审计工作，与区委组织部联合印发《深圳市宝安区社区党委书记经济责任审计管理暂行办法》，密切跟踪并有针对性地提供业务指导。

【绩效审计】2017 年，宝安区审计局公开征集意见，围绕老百姓关注热点，完成宝安区教育费附加 2015 至 2016 年管理和使用情况绩效审计、宝安区西部活力海岸带示范段—西乡街道西湾片区景观提升工程绩效审计和宝安中心区图书馆绩效审计等 3 个项目。重点审计相关项目的制度建设、内部控制、资金使用和运营管理情况，从制度、管理层面提出审计意见和建议。目的在于促进健全制度、规范使用资金、提高管理水平、更好发挥财政资金的经济和社会效益。审计发现存在财政资金使用效益较低、内控制度执行不力、招投标执行和监管不到位、资产管理核算不规范、建设工期延误等问题。区人大、区政府高度重视审计结果，要求各有关单位落实好审计建议，积极整改。

【政府投资项目审计】2017 年，宝安区审计局全年按计划完成政府投资项目工程竣工决（结）算审计项目 238 个，送审资金 45.7 亿元，核减工程造价 1.42 亿元；告知性工程变更备案 311 笔，涉及备案金额 5.93 亿元。此外，在 6 个街道中各选择 1 个投资规模较大、社会影响显著的“十大工程”开展全过程跟踪审计，并配合深圳市审计局开展燕罗街道罗田水流域片区雨污分流管网工程等三个项目的治水提质跟踪审计，通过“望”施工现场，“闻”群众声音，“问”工程情况，“切”问题症结等方式，督促建设单位对发现问题立行立改，保障工程质量，提高政府资金的投资效益。审计重点关注披露工程招投标、超投资规模、结算价超合同价、工程变更管理及其他建设程序履行等方面问题。完成项目的审计结果通过区政府网站平台发布公告。

【区属国有企业审计】2017 年是宝安区宝投集团、宝安建投集团、宝安产业集团、宝安实业集团四大区属国企正式集团化的第一年，宝安区审计局对宝投集团、宝安建投集团、宝安产业集团 2016 年度资产、负债和损益情况实施审计，并根据区委区政府对区属国有企业集团的定位，督促区属国有企业全面贯彻和执行区委区政府方针政策和重点工作；督促企业加大自主经营力度，提高企业经营管理水平，加强企业盈利能力，实现区属国有企业在“四大板块”的龙头引导能力。共提出 11 条审计建议，并将审计情况形成专题报告，编印《审计要情》提交区领导研阅，供决策参考。审计结果作为集团主要负责人年度考核参考依据。此外，与宝安区财政局（国资委）、宝安实业有限公司、宝安区建投集团共同印发清产核资审计工作方案，对宝华路桥和宝实集团的年度经营审计工作现场和 62 份经营审计报告进行抽查。

【宝安区切块资金使用情况调查】2017 年，宝安区审计局开展宝安区切块资金使用情况调查，助推完善区切块资金管理机制。调查发现存在部分项目前期工作质量不高、执行基本建设程序不够严格、工程进度不够理想、资金执行率偏低和资金沉淀严重等问题，提出助推完善区切块资金管理机制的多项意见建议，引起上级领导关注。张虎同志对该局《审计建议规范切块资金管理提高资金效益》一文作出批示。

【异地交叉审计】2017 年，宝安区审计局按照省、市审计机关的统一部署安排，抽调业务骨干配合开展异地交叉审计，既有效整合审计资源，又促进审计业务交流。例如受深圳市审计局委托派出多名审计人员参与对龙华街道的异地同步经济责任审计，抽调 1 名业务骨干到广州参加广东省审计厅组织的 22 个县（区）党委政府主要领导干部异地同步经济责任审计。

【“转作风、大调研”】2017 年，宝安区审计局成立 4 个课题调研组，按照“四不两直”要求，由局领导带队，深入各街道，走访项目现场，摸清底数，找准问题，将调研工作做细做实。共提交 4 份调研报告，分别为《关于宝安区审计系统组织架构和队伍建设的调研报告》《“街道发展战略”重大项目进展情况调研报告》《关于加强经济责任审计思路和建议》和《宝安区政府投资审计面临的问题及建议》。其中《“街道发展战略”重大项目进展情况调研报告》刊登在 2017 年第 10 期《宝安调研》，区委书记姚任专门对此作出批示。

【创新审计整改】2017 年，宝安区审计局建立审计整改回访制，局领导带队回访发现问题较多的被审计单位，督促被审计单位按照审计意见和建议规范管理；对屡审屡犯或有条件整改而不整改的，及时抄报组织和监察部门，提请区领导进行诫勉谈话。狠抓政府投资项目审计发现问题整改落实工作，对近两年发现的计划执行率偏低，造价管理、工期管理、招投标管理等问题进行梳理分析，形成调研报告，供领导参考。借力宝安区人大常委会监督，按照区人大常委会出台的《深圳市宝安区人大常委会关于加强对审计查出问题整改工作监督的暂行办法》，加强对区 2016 年财政预算执行审计工作报告和绩效审计工作报告的审计整改跟踪督办，形成监督合力。

【经济责任审计管理信息系统】2017 年，宝安区审计局首创经济责任审计管理信息系统。以“数字宝安”平台为依托，联合宝安区委组织部在全市审计系统率先建成经济责任审计信息系统，将全区 92 个经济责任审计对象纳入其中，全面提升经济责任审计质量。此系统建立预警提示功能，推进经济责任审计全覆盖；建立项目查询“两条线”，将宝安区近十年来的所有经济责任审计项目资料全部纳入其中，加强审计“回头看”；建立信息汇总一键生成，提升审计成果运用；建立审计全程信息查询，将审计底稿、审计取证单、审计报告等审计档案信息纳入系统，实现经济责任领导小组对经济责任审计工作的全过程监督。

【健全审计质量控制体系】2017 年，宝安区审计局按照计划、执行、审理、整改“审计四分离”有关要求，完善内部审计质量控制体系，争取总审计师、审理科的批复到组建，明确审理机构工作职责、审理工作运行流程，全面规范审理行为。通过加强对审计审理的统筹，检查和督导，落实《国家审计准则》分级质量控制体系的要求，实现审计质量控制的闭环管理。

【编印《宝安区政府投资项目审计办事指南》】2017 年，宝安区审计局编印《宝安区政府投资项目审计办事指南》，探索强化服务新方式，助推政府投资项目审计提速提效。《办事指南》共分 4 部分 24 项，涵盖常用审计制度规定、审计工作流程、常用工作表格及常见问题解答等方面内容，收录审计工作纪律、政府投资项目决(结)算审计流程、工程变更备案工作流程、审计资料报送要求和各种相关文书、表格等，为建设单位做好政府投资项目竣工决（结）算审计资料送审工作提供指引。

【审计新闻信息宣传】2017 年，宝安区审计局刊登在深圳市《信息快报》《宝安信息快报》、深圳审计信息网和宝安日报等各类平台的信息共 153 篇次，其中有 3 篇信息分别获张虎、郭子平和张现军同志批示；编印宝安区《审计要情》3 期；在局网站“工作动态”“通知公告”“政策法规”以及“审计小知识”等栏目上传更新信息 203 条，在局微博平台更新信息 124 条；创建微信公众号，发布审计要闻 21 篇，及时向社会发布审计最新动态、审计要闻及相关专业知识，以全新形象提升审计社会影响力。

【审计培训】2017 年，宝安区审计局举办学习培训以审促帮。10 月，应区机关事务管理局邀请，派出经验丰富的审计人员向区直单位财务人员授课，课题聚焦公务接待费、公务出国（境）经费、公务用车的购置和运行费、会议费、差旅费和培训费等“六费”核算管理问题，指出 66 个需要重点关注的事项，用 27 个案例提醒各单位加强“六费”核算管理，同时从审计角度提出有针对性的建议。11 月，该局组织全体审计人员、区直机关直属国有企业内审机构、各街道纪检审计室和区建筑工务局相关人员共计 90 余人开展为期两天的审计业务培训，邀请审计署驻深圳特派办，市审计局政府投资专业局、市审计局环境资源处等单位（部门）的专家和相关部门专业老

2017 年 7 月 10 日，广东省审计厅厅长何丽娟、副厅长陈剑到宝安区巡查并指导审计工作

师授课。

【志愿者服务及扶贫助学公益活动】 2017年，宝安区审计局由局领导班子带头，定期开展不同形式的志愿者服务活动，全年共86人次参与服务活动，所有人员年内至少参加1次活动，活动形式包括：每月至少1次组织3～5名志愿者到宝安区深业海岸线居委会海裕社区服务中心开展“四点半学校”志愿服务，主要为青少年儿童提供校外辅导服务；组织党员干部开展“环境卫生清洁大扫除”专题志愿服务活动，到公共场所清理卫生死角；10月至12月，全体干部职工轮流排班，在每周三晚上下班高峰期安排4名人员在交通繁忙的创业一路与新湖路路口开展“文明交通我参与，文明出行我带头”志愿服务行动。积极开展扶贫助学公益活动，8月，与团区委联合主办开展“相聚深圳，筑梦明天”深圳·喀什两地青少年“心连心”助学联谊活动，发动30多个深圳爱心家庭参与，资助30名新疆喀什地区贫困儿童，分批次组织孩子来深圳开展夏令营活动；全年组织40人次参与实地扶贫活动，派出1名干部脱产到广东省河源市龙川县铁场镇和田村驻点开展精准扶贫工作，从交通、环境建设、知识教育、技能培训和产业发展等方面落实帮扶，指定每名党员帮扶1～2名困难户或五保户，每季度组织党员分批次到扶贫地实地走访，看望困难群众，送去关爱和慰问。 （施凌涛）

附：2017年宝安区审计局领导成员名单

局　长：周方舟

副局长：邓炳祥　宋　超

统　计

【概况】2017年，宝安区统计局以“提高统计能力、提高统计数据质量、提高统计服务水平”为中心，以“两学一做”学习教育制度化常态化为抓手，紧扣目标，精准发力，在经济新常态下，切实履行统计各项职能，顺利完成包括“15+24”个统计调查专业或项目，156类报表，26374个统计对象，11930个常规调查对象的统计调查工作，编印8种统计刊物，研究5个重点课题，撰写48篇统计分析，圆满完成“三农普”各项普查任务，做好第四次经济普查前期工作，为宝安经济社会的发展提供统计保障。

2017年5月15日，宝安区统计培训学校揭牌成立

【统计数据质量提升】2017年，宝安区统计局建立交流走访机制。每月召开街道统计办主任座谈会，通报各街道月度经济指标任务完成情况，交流统计工作心得，推广好的做法，促进各街道统计数据质量提升，及时协调处理街道提出的需区局解决的问题，保障街道统计工作顺利开展；紧跟区领导、街道处级干部挂点企业部署，加大企业走访服务力度，抓好与企业之间的对接落实，全年赴街道和企业走访183次，提供统计辅导服务，明确数据填报口径，抓好统计数据质量，确保应统尽统。加强统计培训。分层次、分专题开展统计专业培训，相继召开2016年工业统计年报50家重点样本单位数据汇审会、区18家增加值率低且规模较大企业统计年报数据初审会等各类培训76场，参训人员超6100人次，通过业务培训、明确数据填报口径，进一步提升统计员业务水平，提高统计数据质量。做好催报及数据审核工作。每个数据报送期均安排专人值班，利用QQ群、电话、网络等方式，在一套表上报期间提供全天候的统计业务咨询服务，加强数据审核力度。共核减43个涉及打捆报送或者未严格执行统计制度的投资项目，发现“四上”企业数据质量问题265次，配合上级统计部门进行实地数据质量检查11次。抓好“四上”企业入库工作。依托街道统计办，获取企业基础资料，与工商、税务等部门数据对比、补充，充分掌握“四上”单位新增、变更等动态情况；加强实地走访，进一步加大企业摸排力度，掌握新引进企业第一手资料，建立定期通报工作机制。黄敏书记、德会常委相继主持召开宝安区“四上”企业入库工作会议。2017年，宝安区新增“四上”企业1244家，列全市第二，占全市19.2%，比上年（新增597家）多647家，实现倍增。其中，规模以上工业企业新增754家、净增519家，分别占全市36.0%和33.5%，均为全市第

一。圆满完成“三农普”各项普查任务。按照国家统一要求，严格做好宝安区6个涉农街道，30个涉农社区，805户普查户的现场登记、现场督导、数据质量审核及验收等各项普查工作。全部普查对象已通过审核验收并上报，验收率和通过率均达到100%。省、市农普办先后4次到宝安区开展检查和质量抽查，均对农普工作予以充分肯定。

2017年12月8日，宝安区统计局在壹方中心举办12·8统计法制宣传活动

【统计服务】2017年，宝安区统计局认真做好统计咨询与核查工作。向区发改、经促、科创、中心区办、投资推广署等政府职能部门提供企业数据查询服务300余次，提供数据35876条；为社会公众提供电话、网站咨询服务逾700余次，切实做好统计数据服务。协助上级统计部门核查数据580余次，涉及数据超过7690条。深入开展专题调研。该局紧紧围绕区中心工作以及经济运行中的热点和难点问题开展调研走访100余人次，针对研究工业增加值率、税收与GDP等热点问题，结合宝安区发展实际情况撰写《关于提高工业增加值率的报告》《部分代工类型企业对宝安经济的影响简析》《宝安区电子商务统计情况汇报》等多篇分析。完成重点课题研究5个，撰写统计分析48篇，其中市采用的2篇、区采用的11篇。《我区税收与经济发展分析》获全省市、县级优秀统计分析报告二等奖，部分统计分析得到区领导的批示。做好数据解读工作。搞好统计预警，充分发挥统计“晴雨表”“风向标”的作用，及时向区委、区政府各单位提供相关统计数据，2017年共编印《宝安统计月报》《宝安统计》《宝安统计信息》等6刊物共41期，编撰完成《宝安区2016年国民经济和社会发展统计公报》《2016年统计年鉴》。

【智慧统计建设】2017年，宝安区统计数据平台建设取得实质进展。区统计局多次与市统计局、区信息中心沟通优化智慧宝安统计分析系统项目设计方案，6月获得项目总概算批复后，高效率完成招标采购需求文件及评分规则等文件编制及招标工作、需求调研工作等，年内完成项目初步建设，项目建成后将进一步强化对区内经济指标的预警、监测、分析，更好地服务宝安区经济社会管理。开发“数据宝安”系统实现统计数据实时共享。为实现相关部门对统计数据的查询需求，参照市统计局对统计数据“外单内共”的做法，上线“数据宝安”查询系统，通过移动办公设备及手机APP，实现统计数据信息的及时查询与共享，目前该系统已在全局范围内试运用。启用固定资产投资平台助力完成固投目标任务。今年正式启用固定资产投资平台数据共享功能，每月及时将投资项目数据情况共享，使相关部门及街道及时掌握责任项目的进度情况，为宝安区完成固定资产投资800亿元任务提供数据支持。

【统计法治建设】2017年，宝安区统计局切实做好统计普法宣传。印发《深圳市宝安区统计法治宣传教育第七个五年规划（2016—2020年）》，成立“七五”普法工作领导小组，利用年报会、日常专业培训会、统计工作会等大力宣传统计法，特别是在“9·20”统计开放日、“12·4”全国法制宣传日和“12·8”《统计法》颁布纪念日期间，区统计局采取区、街道、社区三级联动方式在区、街道、社区繁华地段广泛宣传统计法律法规。梳理统计法律法规并汇编印发。汇总整理现行的各类统计法律法规，编印《统计法律法规资料汇编》，并派发给各街道、社区及企业统计员进行普法学习；宣传解读《中华人民共和国统计法实施条例》。《中华人民共和国统计法实施条例》实施后，先后两次召开学习会，组织区全体干部职工及街道业务骨干参加学习，并对《中华人民共和国统计法实施条例》的指导意义开展讨论交流。利用业务培训、走访企业等机会，与企业统计员面对面交流，广泛深入地宣传。加强执法队伍建设。在全区范围内开展宝安区统计法制业务培训、宝安区统计局法律法规知识培训等多场法制培训、组织人员参加全省统一的执法资格考试，进一步加强执法人员对统计执法流程和操作规范的了解，全力打造一支政治强、作风硬、业务精的法制工作队伍。深入开展统计执法检查并严厉查处违法行为。制定《宝安区统计行政执法工作程序》，保障统计法律和统计规章制度的贯彻实施。制定2017统计执法工作方案，要求统计执法检查常规化、细致化，加大对违法案件的查处力度，确保源头数据质量。与有关部门开展联合执法检查，2017年以来共检查、约谈企业234家。

【统计队伍建设】2017年，宝安区统计局全方位整合资源建立高效统计调查运作机构。按照区统计局新“三定”方案，整合原有下属事业单位，成立“深圳市宝安区统计综合调查队”，加挂“智慧宝安管控指挥中心统计分中心”牌子，更合理配置人员、整合业务，建立起更加高效的统计调查运作机制，进一步提升统计调查专业化和统计信息化水平。打造“1+10+124+N”紧密型统计队伍。制定出台《宝安区“1+10+124+N”统计队伍组建工作方案》，牵头组建区、街道、社区、企业“四位一体”的专职统计员队伍，以“制度＋科技”为手段，通过明确职责、完善制度、动态督查来实现区、街道、社区三级联动，全面提升全区统计队伍整体工作水平，并向区机构编制部门争取到145名专职统计员编制，分配至全区10个街道，增强基层统计力量，着力打造一支专兼结合、以专为主的统计队伍。建立宝安统计培训学校，打造正规化、专业化的统计培训体系。为贯彻落实中央统计管理体制改革的决策部署，区统计培训学校于5月15日正式成立，为统计部门和广大统计员提供技能培训和素质提升的专业平台，是“1+10+124+N”紧密型统计队伍建设的重要阵地，举办3期“1+10+124+N”统计员培训，累计培训300人次，参训人员覆盖街道、社区、企业统计员，采取小班教学方式效果显著。 （卢　瑶）

附：2017年宝安区统计局领导成员名单

局　长：李纪文

副局长：曾国辉（3月止）

胡　旻（3月起）

安全生产监督

【概况】2017年，宝安区安监局以“制度＋科技＋责任”为统领，落实政府监管和企业主体两个责任，突出安全风险隐患评估和事故预防，以项目带动重点行业领域安全隐患整治，以科技创新驱动监管效能提升，以观念引领加强安全生产社会共治，努力构建安全生产监管稳固格局，切实做好“特别防护期”各项安全生产管理工作，实现全区安全生产形势持续稳定。

【“智慧安监”系统建设】2017年，宝安区安监局完成“智慧安监”一期系统建设工作，按照完成“全区一张网”的建设目标，调整优化系统124个网格，完成管控通数据对接等功能的升级改造，完成系统终验、信息安全测评、代码还原测试等工作，保证系统建设任务顺利完成。

【用电安全监控系统】2017年，宝安区安监局在全区范围内推广用电安全监控系统，加强用电安全动态监控系统安装应用试点，优先在老旧工业区、老旧小区和“三小”场所等区域安装，切实降压电气火灾和触电事故，2017年全区安装约2.7万套用电安全动态监控系统；推动电动自行车充电桩建设，定期督促街道开展电动自行车充电桩建设工作，共建成充电点1362个，充电桩5139个。

【企业标准化建设】2017年，宝安区安监局持续推进小微企业安全生产标准化创建、评审工作，2017年共有126家企业通过评审组织单位评审并取得达标证书，并对250家小微企业开展标准化达标创建工作。全面强化工业园区安全管理，加强工业园区机构设置、制度建设、宣传教育、安全投入、隐患治理等，推动工业园区安全管理水平上新台阶。

【安监执法监察】2017年，宝安区安监局强化安全执法监察，推行“全员执法”和“飞行突查”工作机制，加强与公安、消防、卫生、工商等各职能部门的协调配合，整合执法力量，推进综合执法和联合执法。结合辖区实际，分行业制定安全执法的负面清单，严格执法和责任追究，倒逼企业按规范要求、按标准流程抓好安全管理，将主体责任落实到每个环节。2017年，全区共执法巡查企业11248

2017年6月16日，宝安区在体育馆开展“第十六个全国安全生产月”宣传咨询日活动

家次，发现隐患20848条，整改隐患15662条，行政处罚1610次共3214.98万元。

【安全专项整治】2017年，宝安区安监局组织开展安全生产十大专项整治行动工作，共排查193万多项，整改119万多项，整改率61.65%，整治投入2.51亿元，立案查处1559起，处罚962万元，关闭取缔1204家，处理企业人员1579人；做好十九大期间安全生产工作，制定宝安区六条措施，对电镀企业、零星装修、有限空间作业、重大危险源企业、锂电池企业仓储、老化车间进行重点监控，重点检查粉尘企业、危化品生产企业、加油站、电池生产企业和重大危险源，确保党的十九大召开期间所有问题隐患“动态归零”。

【危化企业监管】2017年，宝安区安监局持续开展危险化学品生产储存企业专项整治，共排查整治企业34家，整治消除安全隐患239条。开展加油站专项整治，共排查整治68家加油站，整改消除安全隐患265条。开展重大危险源及涉氨制冷企业专项整治，共排查整治企业8家，整改消除安全隐患124条。开展输油管道专项检查，共排查输油管线5条，督促企业进一步加强管线巡查及沿线安全管控。开展电镀企业专项整治，排查整治电镀企业300家，整改消除安全隐患3401条。

【职业病危害专项治理】2017年，宝安区安监局开展有机溶剂企业职业卫生摸底调查暨专项整治方面，检查用人单位共计862家次，发现隐患1376项，警告81次，罚款104万元，督促完成职业卫生培训1013人，职业病危害因素定期检测645家，职业健康检查568家。强化石材加工专项整治，全区共排查238家石材加工企业，督促73家完成职业病危害因素定期检测、职业卫生培训和档案管理，创建

2017年7月28日，宝安区举办政府履行安全生产监管责任论坛，区安监局局长阮开江做主题演讲

石材加工行业示范企业22家。强化陶瓷生产和耐火材料制造粉尘危害专项治理，检查用人单位8家次，发现安全隐患13条，立案处罚1宗，罚款900元。强化汽车制造和铅蓄电池生产行业尘毒危害专项治理，排查职业病危害的汽车制造企业合计45家。

【安全生产应急管理】2017年，宝安区安监局强化应急管理工作，认真做好应急预案备案工作，完成区级大型应急演练2场，街道级应急演练10场，指导企业开展应急演练100场；督促企业加强应急管理，开展应急预案专项执法检查，完成应急预案备案的企业共521家。

【安全生产宣传教育】2017年，宝安区安监局以“宝安安全你我他”“宝安安监头条号”“宝安安监美篇号”微信公众号等新媒体媒介为载体，开展线上推文及互动，微信公众号“宝安安全你我他”至今粉丝量有7.1万人，阅读量200万余人次，在中国安全生产报发布的全国百家市县乡三级安监局微信号影响力排行榜名列前茅，多次获得第一名；强化“以事故为导向”宣传，在事故原址建设“8·29火灾事故纪念广场”，共接待出租屋业主及二房东等相关学习培训百余场万余人；广泛开展“六进”活动，提升全民安全意识，推进安全文化建设，分别开展“大篷车”“安全文艺巡演”“隐患来找茬”等活动16场、18场、30场，受教育人数共计2.2万余人；成功举办“全国安全生产月”活动，向全区市民派发安全生产资料约80万份；丰富宣传手段，设计制作动漫系列片5部、各类单张、展板、漫画书籍共计约1104万份，其中区局81.7万份，包括单张“锂电池防火安全”“燃气安全”等共12种，更新E站展板16种等。

【重点行业领域治理】2017年，宝安区安监局强化粉尘涉爆企业专项整治，全区共出动检查人员7134人次，检查企业3620家次，发现安全隐患5727条，整改4193条，关闭取缔566家，查封设备设施180余台。对全区516家有限空间作业企业开展整治，共出动检查人员6710人次，检查企业1932家次，发现安全隐患3998条，整改2933条。立案81宗，处罚110.58万元。强化锂电池专项整治工作，对各街道巡查员、锂电池企业安全主任、车间主管等人员开展业务培训，全区共出动检

查人员3242人次，检查企业1231家次，发现安全隐患2001条，整改1786条，立案57宗，处罚61.81万元。强化易燃易爆危险化学品专项整治工作，建立健全全区1931家易燃易爆危险化学品使用企业档案，排查企业580家，发现安全隐患3958条，督促企业整改3246条，对1931家企业负责人、安全管理人员开展专题培训，共培训20场次2689人次。强化各街道工业园安全生产专项整治工作，完成排查工业园区40个，排查企业1077家，发现安全隐患6811条，指导企业整改4581条。

【安全生产隐患督查督办】2017年，宝安区安监局加强安全生产社会共治，充分发挥“12350”“96119”举报热线作用，全年共受理各类咨询、求助安全生产隐患举报1635宗，受理有效举报和其他部门转办的各类安全隐患410宗，移办410宗，移办率100%，发放隐患举报奖金0.6万元。

【安监队伍与作风建设】2017年，宝安区加强队伍与作风建设。持续开展“两学一做”学习教育，坚持每周组织一次集中学习，深入组织全体党员共同学习十九大报告原文、《党章》和《准则》《条例》等规章制度，开展专题讨论、组织生活会等活动，深化全面从严治党，解决党内存在的突出矛盾和问题。定期召开局务会，在思想认识、工作作风、工作效率、服务意识、履职能力等五方面查问题、找差距、定措施、抓落实。强化监督，坚持政务公开、财务公开。实施局内部谈话提醒制度，建立与上下级之间定期沟通机制。加强廉政建设，认真落实党风廉政建设和反腐败工作责任分工，对本单位负责的党风廉政建设工作任务进行分解，责任落实到人。采取定期上党课、请专家作专题报告、观看廉政警示片等多种形式，开展经常性的党风、党纪和廉政教育，及时传达贯彻落实上级有关党风廉政建设的文件和会议精神。公布举报电话和局长信箱，接受群众的举报，设立24小时值班的接访室，开门接受群众的来访。对全区898名安全生产执法监督检查人员以及执法人员统一规范管理，实现队伍管理信息化；组织安监系统全员依法行政能力提升执法培训，年内，共开展10场培训，培训930人，实现培训全覆盖，进一步提高安监队伍业务素质；扩充安监执法队伍，组织开展4场行政执法证培训，累计参加培训考试人次1073人，获得申领行政执法证资格的专职安全员近700名，经申请考核通过并获得安全生产行政执法临时证的141名。 **（周海灵）**

附：2017年宝安区安监局领导成员名单

局　长：阮开江

副局长：钟晓鸣　陈远锋　黎惠波

专职副大队长：李座铭

食品与药品监督管理

【食品安全监管】2017年，深圳市市场和质量监管委宝安局大力实施宝安区“食品安全放心工程”，扎实推进全国文明城市和国家食品安全示范城市创建工作，在全市率先建立起“1+10+175+N”食品检测体系，初步形成监督抽查、快速检测室、流动检测车三个层次的食品安全风险监测网。实现3个100%全覆盖（即“一街一车”配置全覆盖、农贸市场快筛点建设全覆盖、重点餐饮单位明厨亮照全覆盖），全年完成食品（含农产品）监督抽检28060批次，比上年增长36%，达到9.3批次/千人，合格率98.3%，提高0.1个百分点。全年完成快速检测64.5万批次，增长54.3%。全区457家学校食堂A级比例由12%提高到15%，优良率（AB级）达100%；全市独创开展区级食品安全示范街建设，成功创建中洲购物中心等7条“区级食品安全示范街”；完成宝安国际马拉松、两会、第23届中小学生田径运动会等重大活动食品安全保障15次。

【药品安全监管】2017年，深圳市市场和质量监管委宝安局推进药品企业落实主体责任留痕化、规范化、标准化建设，制定《宝安区深化落实药品安全企业主体责任实施方案》《药品生产经营单位责任约谈制度》等，引

2017年9月4日，市地税局第四稽查局举办稽查执行标准化项目讨论会

导、督促、倒逼企业落实主体责任，从源头筑牢药品安全第一道防线；推行特邀检查员制度，探索监管前移和服务转型，尽早发现风险，也帮助企业提高自查的水平及监管队伍的专业化水平，开展各类监管对象日常监督检查3096家次；全市率先制定和推行"规范药店"团体标准，创建南昌社区规范药房试点社区；会同有关单位创建创业天虹路段市级化妆品安全治理示范区、创建龙井社区"南粤护老"保健食品示范区。完成日常监督抽检476批次，药品评价性抽样合格率100%，"药品安全状况"绩效考评获全市第三。（岳辉跃）

2017年4月20日，国家质检总局检验监管司司长孙文康现场调研进口旧工程机械二维码溯源管理

检验检疫

【概况】2017年，宝安出入境检验检疫局聚焦供给侧结构性改革主线，守住质量安全底线，提高供给质量水平，增强改革创新动能，优化质量技术服务，各项工作取得阶段性进展。全年共检验检疫出入境货物4.59万批，比上年下降38.59%；货值21.12亿美元，下降33.1%；其中，出境1.99万批，下降58.81%，货值6.26亿美元，下降60.57%；入境2.6万批，下降1.72%，货值14.86亿美元，下降5.32%。下厂（场）检验检疫监管2279家次/4658人次；工作日日均受理报检173批，检出不合格2557批，不合格货值1.15亿美元。共签发各类原产地证书63867份，累计为企业减免关税4.05亿人民币。

【动植物及其产品检验检疫】2017年，宝安出入境检验检疫局继续加强动植物及其产品的检验监管工作，全年共检验检疫进出口动植物及其产品12004批次，其中4批次入境观赏鱼中检出农业部二类水生动物疫病——神经坏死病毒。创新入境观赏水生动物"3+2"检疫监管模式，落实精准追踪、延长监管链条，实现该业务全年批次、货值分别同比增长33%、39.5%；率先在E-CIQ系统试行出境竹木草制品"分级分类"系统自动抽批并在深圳地区全面推广，为辖区企业平均每单节约0.5天；创新木质包装标识加施企业监管模式，加大对出境木质包装使用企业的监督力度，并积极打击市场上伪造、假冒IPPC标识的违法现象。

【食品与化妆品检验检疫】2017年，宝安出入境检验检疫局继续加强食品与化妆品的检验检疫工作，共检验检疫进出口食品化妆品9054批。探索建立"企业分级监管+产品风险分类"的出口食品生产企业分类监管新标准，推动企业主动落实主体责任，提升监管有效性；全力推动"同线同标同质"工作，辖区符合条件的出口食品企业全部上线平台，助力企业年内销销量激增千万元；帮扶圣安娜饼屋（深圳）有限公司顺利通过香港食环署实地检查，辖区麦轩食品有限公司获2017年宝安区质量大奖。

【工业产品检验检疫】2017年，宝安出入境检验检疫局继续加强工业产品的检验监管，突出抓好危险化学品、旧工程机械、特种设备等重点敏感产品的质量安全。积极推动消费品"三同"工程，立项地方标准《消费品同线同标同质评价指南》，推荐6家企业申报全国首批试点；深化进口旧挖掘机二维码溯源应用，检验进口旧工程机械6250批，检出不合格2394批；深化供港燃气瓶"3+1"智能监管体系应用，共检验523批，1.92万瓶，检出有问题钢瓶39个，有力保障辖区特种设备安全。

【"利剑"专项行动】2017年，宝安出入境检验检疫局扎实开展打击出口假冒伪劣商品工作，加大打击出口假冒伪劣商品、非法检验鉴定机构等违法案件的专项整治行动力度，首次在出口退运和境外通报调查中发现假冒伪劣线索并对当事人实施处罚，获深圳局稽查处通报表扬，并有1人获深圳市打假先进个人荣誉称号。

【质量安全维护】2017年，宝安出入境检验检疫局贯彻落实中国质量（上海）大会及《指导意见》新要求，结合实际，以体系建设、绩效考核、业务督查为抓手，着重在完善制度建设、规范业务运作、防控风险隐患方面下功夫。上半年组织开展国门生物安全风险隐患排查和专项整治活动，对 17 项业务和关键环节进行风险排查，并对供港水产品等 7 项重点业务进行督查。组织开展工作质量自查，重点对 E-CIQ 主干系统入境报检单挂单、检验检疫证单签发等情况开展检查，杜绝业务风险；将业务督察与质量体系管控紧密结合，针对内部审核、业务检查中发现的问题，及时更新完善质量管理体系文件；与市场监管委宝安局就深化合作备忘录多项内容达成共识；联合市场监管委宝安局开展联合执法监管及“3.15”普法宣传、国门生物安全进社区进校园、中国品牌日等质量宣传服务活动，其中质量月期间联合进校园活动获《南方都市报》专版报道。

【技术性贸易措施调研】2017 年，宝安出入境检验检疫局开展技术性贸易措施调研开展。4 月，采用调查问卷的方式，组织实施 2016 年国外技术性贸易措施对宝安出口企业影响情况调查。调查采用分层抽样方法，根据行业类别抽取 60 家出口企业作为样本企业进行调查，主要采用现场调查和企业座谈集中填答问卷两种方式进行，保证现场调查企业数高于 30%，形成《国外技术性贸易措施对宝安出口企业影响情况调查报告》并上报。

【“三同”工程“逐一帮扶”培训】2017 年，宝安出入境检验检疫局积极开展“三同”工程“逐一帮扶”业务培训。“同线同标同质”工程（下称“三同”工程），是指出口企业在同一条生产线上，按照相同的标准生产出口和内销产品，从而使供应国内市场和供应国际市场的产品达到相同的质量水准。5 月 9 日，宝安检验检疫局组织 16 家出口食品农产品企业参加质检总局主办的“进出口食品安全讲堂”活动和“逐一帮扶”业务培训会，进一步推进“三同”工程有序开展，引导帮扶辖区出口食品农产品企业借助最新平台拓展国内市场。

【检验检测认证行业政策宣贯会】2017 年，宝安出入境检验检疫局加强检验检测认证行业政策宣传。6 月 15 日，联合市场和质量监管委宝安局召开检验检测认证行业政策宣贯会，以规范检验检测认证市场管理，促进行业健康发展，提升第三方检验检测认证服务质量，让检验检测认证行业成为成宝安区新的名片。会上，两局专家分别就相关政策等进行解读，共同解答企业问题。此次宣贯会共有近 60 家相关企业参加。

【助出口木制品企业应对美国新规】2017 年，宝安出入境检验检疫局助力宝安企业出口木制品企业应对美国新规。上半年，美国联邦公报发布关于复合木制品甲醛标准的最终规则，预计将影响宝安辖区 30 余家企业。宝安局第一时间推出多举措助木制品企业提升质量应对新规：利用注册登记或复审换证的契机，规范企业质量控制体系运行，提高企业产品质量；指导企业及时收集国外相关法律法规新要求，并敦促企业对管理、采购、检验人员进行培训，提升出口产品关键原材料有毒有害物质控制能力；对关键原材料供应商宣传最新要求，明确出口国对原材料的要求，从原料做起控制企业产品有毒有害物质含量；指导企业建立有关制度，定期对供应商提供的材料有毒有害物质进行测试，验证是否满足最新要求，防止不合格原材料使用到企业产品中；指导暂不具备相应技术条件的家具企业另辟蹊径，积极开拓美国以外的国际市场，如积极利用自贸原产地政策优惠，转战与中国有自贸协议的东盟、澳大利亚等国家和地区。

【示范区公共检测平台授牌】2017 年，宝安出入境检验检疫局推进建设示范区公共检测平台。8 月 14 日，深圳市华测检测技术股份有限公司等宝安出口小家电质量安全示范区公共检测平台企业授牌。宝安区出口小家电质量安全示范区是深圳地区首个出口产品质量安全示范区，建成 3 年多来，区内产品知名度、美誉度逐年提升，产业发展呈现良好态势，在推动产业质量提升方面发挥积极引领作用。为进一步提升宝安区出口小家电质量安全水平，为示范区企业提供更优良的检测技术服务，示范区联合建设办公室积极打造公共检测平台，并在区公共检测平台企业中选取深圳市华测检测技术股份有限公司、深圳市沃特测试技术服务有限公司、深圳世标检测认证股份有限公司作为示范区公共检测平台企业。3 家企业不仅为示范区企业提供优质的产品检测认证服务，还将免费为区内企业提供不合格产品整改方案、产品升级方案及技术壁垒应对等附加服务，确保产品质量符合进口国标准。该检测平台的建立，将大大加快示范区企业自主创新成果转换，改善区内自主创新环境，提升企业自主创新能力。

【首推原产地证书“企业自主制证”模式】2017 年，宝安出入境检验检疫局首推原产地证书“企业自主制证”模式。9 月 27 日，山田电器（深圳）有限公司申报员登记领取 50 份空白原产地证书，成为深圳地区首家实行“企业自主制证”模式企业。为落实国务院深化“放管服”改革有关要求，进一步加快中国电子检验检疫网上申报系统推广应用，根据深圳检验检疫局相关部署，宝安局在产地证申报企业中推行“企业自主制证”模式，即检验检疫部门将空白证书发放给企业，企业可在公司自行打印审核完成原产地证书，相较于以往的集中制证模式，企业具有较高自由度，可灵活掌握制证时间。

【圣安娜饼屋（深圳）有限公司通过

香港食环署巡查】2017年，宝安出入境检验检疫局助圣安娜饼屋（深圳）有限公司顺利通过香港食环署巡查。10月19日，香港食环署官员在深圳局食检处和宝安局相关人员陪同下，对宝安辖区供港食品企业圣安娜饼屋（深圳）有限公司进行巡查。食环署官员详细听取企业介绍基本情况、生产工艺、食品安全保障等情况，实地检查冷冻面团产品整个生产工艺过程，并重点检查HACCP关键控制点监控、厂区环境卫生及虫鼠防治、原料供货证明、生产用水及产品抽样检测、人员健康检查和培训、检验检疫部门监管记录等方面。其中，进行资料审核、生产车间及仓库检查时，食环署官员详细了解并拍照留存。通过现场检查，香港食环署官员充分肯定圣安娜公司的食品安全管理工作，同时也对检验检疫部门为该企业量身定制“一企一策”监管方案、指导应对香港食物内除害剂残余规例、帮助其实验室通过CNAS认可、推行无纸化报检便利通关等帮扶措施给予高度评价。

2017年12月1日，宝安出口小家电产品质量安全示范区通过国家级现场考核验收

【出口示范区建设工作推进】2017年，宝安出入境检验检疫局继续积极推进出口示范区建设工作。12月1日，质检总局国家级出口工业品质量安全示范区考核验收组组长宋振乾宣布，宝安出口小家电产品质量安全示范区顺利通过国家级质量安全示范区现场考核验收。这是深圳地区建成的首个国家级质量安全示范区。宝安出口小家电产品质量安全示范区自2013年开始创建，定位为“产业集聚区内优秀企业集合”，由31家质量管理能力强、产品质量水平高、自主创新能力强的小家电生产企业组成。自创建以来，区内企业自主品牌数由11个增至17个，增长54.55%；企业申请各项技术专利338个。2016年示范区企业出口小家电总额23.18亿美元，增长4.65%，占宝安区小家电出口总额的84.75%。

【深度服务辖区重大项目建设】2017年，宝安出入境检验检疫局对大族激光、欣旺达电子、王氏港建、伟创力集团等辖区大型企业开展“一企一策”精准服务；积极对接深圳市重点民生项目宝安区“智慧医疗”建设，对项目四家医院进口医疗器械采取“绿色通道＋专人跟踪＋24小时技术指导”跟踪式“定制服务”；对港珠澳大桥进口工程机械采取“随到随验，即验即放”快速服务，验放设备21批次，货值达1000多万人民币；对宝安老虎坑垃圾发电厂三期工程进口成套垃圾焚烧设备采取“提前介入＋风险分析”定制服务，货值达3000万美元。

【检验检疫队伍建设】2017年，宝安出入境检验检疫局全力争创市级文明单位，成立领导小组，出台创建方案，局领导带队，多次主动走访、征询地方政府对创建工作的意见，向区分管联系领导专题汇报创建工作，积极对接地方文明城市创建。始终坚持创建促发展，在文明创建中实现队伍素质整体提升：以环境提升推动队伍面貌进一步提升，全面升级窗口卡座，更新完善大厅便民设施，增添窗口创建元素，开展节能减排行动；以模范引领带动工作作风进一步改善，全局71人加入深圳义工队，占总人数74%，在职党员100%加入；组织开展地铁义工等志愿服务24次，辐射群众近万人；开展“先进模范在身边”系列学习宣传活动；以规范化建设促进管理水平进一步提高，确立创建规划、月报进度、规定标准、措施要求等，通过召开会议、下发文件等形式广泛动员、全员参与。着力打造文化品牌，开展“见字如面”“一书一世界”系列读书分享活动、国门生物安全进校园行动；建设质检书屋、道德讲堂、职工之家等平台；扎实开展扶贫工作，局领导带队多次赴小古村对口扶贫家庭走访慰问，帮助其家庭年收入增加1.2万元。2017年12月19日，宝安检验检疫局职工小家获评深圳市“先进职工小家”。

（唐代婷）

附：2017年宝安出入境检验检疫局领导成员名单

党组书记、局长：宋春华

副局长：洪鉴湖　董献中（6月起）　王　侃

科技 教育

科 技

【概况】2017年，宝安区科技创新局（科协）以打造深圳国家自主创新示范区主力区为目标，深入实施创新驱动发展战略，强力推进综合创新生态体系建设，全面激发大众创业、万众创新活力，以科技创新推动经济结构调整和产业转型升级，深入实施创新驱动发展战略，推动全区科技创新工作更好地服务于经济社会发展。科技投入效率大幅提高。2017年全社会研发投入达120亿元。高新技术产业迅猛发展。全区新增国高企业808家，总数达到3030家，全市第一；全区实现高新技术产品产值4155亿元，同比增长14.6%，占规模以上工业总产值的62.5%；科技创新资源加快集聚。建设院士工作站5个、博士后工作站3个，建设企业博士后工作站和博士后创新实践基地15个，吸引3个省、市创新科研团队落户。认定区级高层次科技创新人才89人，总数达到581人，各类创新平台累计达164个。新增3项广东省科学技术奖，总数达23项。组建智能硬件产业技术创新和新型显示产业技术创新联盟，全区总数达12家。创新载体步伐加快，全年新增科技桃源31个，全区科技桃花源达63家；新增4个国家级孵化器，全区国家级孵化器总数达7个。全年实现新增创新空间311万平方米，总数达680万平方米。科技服务水平明显提升。联合银行为科技企业推出“科技金融贷”服务企业1500多家。引进科技创新人才200人，帮助欣旺达电子股份有限公司、华测检测认证集团等71家区科技龙头企业吸收高质量紧缺人才落地，扩大人才队伍梯队。

【创新政策体系】2017年，宝安区科技创新局（科协）坚持创新驱动。按照区六届三次党代会报告提出的“加快建设湾区核心、智创高地、共享家园，全力打造社会主义现代化先行区典范”的目标，多次召开专题会议学习研究党代会精神和要求，全力推动落实60项重点工作，促进科技创新保持良好的发展态势。出台科技创新系列政策。宝安区坚持创新驱动，坚定坚守实体经济和高端制造，紧紧抓

2017年，宝安区科协流动科普进校园活动共开展40场

住粤港澳大湾区和广深科技创新走廊建设契机，结合当前科技创新工作实际情况，广泛征求广大创新型企业的意见建议，制定相应的行动计划和实施方案；贯彻落实《深圳市关于促进科技创新的若干措施》，制订《宝安区贯彻落实〈关于促进科技创新的若干措施〉的实施方案》。积极探索建设国际一流创新体系，促进科技创新健康发展，为建设“湾区核心、智创高地、共享家园”目标贡献力量。

2017 年 9 月 15 日，2017 年“双创周”众里主会场开幕式启动

【科技创新服务】2017 年，宝安区科技创新局（科协）稳步提升科技创新服务水平。贯彻落实区委区政府重点工作部署，积极调整科技创新发展定位，以“优服务、重业化、强平台”为发展方向，以高新企业、科技人才、科创园区、科研机构为服务对象，联合高校院所、金融机构、服务机构等单位打造优质科技创新服务平台。国家高新技术企业培训、宣讲 25 场、孵化器载体提升活动 10 场、举办桃花源创新论坛 4 场、科技金融对接会 22 场、“创新宝安”系列活动 20 场、基层党群专项资金项目活动 29 场、合计举办各类平台服务活动 90 多场，累计服务企业万余家。细致做好各项科技创新政务服务工作。按照 100% 网上申报、100% 网上审批政务服务模式改革工作要求，与区编办沟通，认真梳理局行政服务事项，汇总上报各服务事项的材料清单、审核要点、表格样表等资料，并将 44 个服务事项信息录入区政务服务管理系统；做好与市科创委科技项目系统对接工作，协助区政务服务大厅窗口人员受理项目材料，全年受理科技计划项目 2448 项。

【协同创新机制推进】2017 年，宝安区科技创新局（科协）深度推进政产学研合作协同创新。打造以“院士创新工作室”为亮点宝安区产学研合作示范基地，第一批院士工作站宝安区 5 家企业入选，分别是创鑫激光、创世纪、华讯方舟、诺普信、裕同包装。组织诺普信、创鑫激光、亚太卫星等科技企业与宋宝安院士、林尊琪院士、孙家栋院士等 3 位院士开展核心技术攻关并积极筹建院士创新工作室、申报深圳市院士工作站。邀请中科院院士开展首届“院士宝安行活动”，安排大族激光、中源智人、科聚新材料等公司就产学研合作与院士进行对接。以项目为纽带，积极引导企业联合高校院所开展产学研协同创新，安排专项资金 865.9 万元帮扶欣旺达、景旺电子等区内高科技企业与清华大学、武汉大学深圳研究院、华南理工大学、浙江大学等国内知名高校、科研院所开展 37 个产学研协同技术攻关项目。新组建智能硬件产业技术创新和新型显示产业技术创新联盟，累计建成 12 个产业技术创新联盟，在重大产业链环节引进、市场联合创新等方向进行有益的探索，逐步形成以关键共性技术联合攻关为主的创新联盟集群。加大国家高新技术企业培育力度。全区国家高新技术企业总数达到 3030 家，占全市 11230 家总量约 27%。居全市各区第一，比上年度增加 808 家。

【产业空间布局】2017 年，宝安区科技创新局（科协）合理布局，快速拓展创新研发空间。推进国家自主创新示范区、高新区、广深科技创新走廊等工作落地实施，修订国家自主创新示范区宝安九大园区实施方案，根据市关于高新区扩区部署统筹推进相关工作。统筹推进广深科技创新走廊规划有关工作，梳理区实施重点项目并拟定初步工作方案。积极指导厂房改造建设。指导厂房改造业主做好园区产业定位和运营方案编制，完成骏丰中城智造创新园等 19 个拟改造项目的产业评估。推进“双差”片区建设。完成凤凰第一工业区等 13 个“双差”地块的摸底调研，提出更新改造方案和建议。深入调查区内重点企业用地用房需求，建立企业空间需求项目库。高标准实施科技桃花源工程。制定完成科技桃花源健康发展草案，对现有工业园区摸底调查，启动新园区的认定工作。2017 年，新增 4 个国家级孵化器［宝安智谷、众里、中粮（福安）、高新奇］总数达 7 个。创新载体的快速增长，为科技项目快速落奠定基础，321 家区外企业落户科技桃花源，进一步助力宝安产业发展。2017 年，宝安区科技创新局（科协）重点推动各类科技项目引进工作。引进捷豹电波科技“5g毫米波研发团队”、易瑞生物“易瑞快检团队”、前海信息技术“云芯一号”等3个高端研发孔雀团队项目落户宝安区。加大创新科研团队培育力度，为全区科技产业加快转型升级提供智力支持。以高层次人才为核心组建创新科研团队，开展宝安“凤凰团队”培育组建工作，培育石金新型碳素材料科技团队、农业科技创新与“互联网+创业”等团队24个，增强源头创新能力。推动“双创”工作快速发展，引进培育未来天使机器人、星空侠客等75个团队项目，大力扶持区内初创企业成长。深入贯彻人才开发供给侧改革，促进企业和学校形成常态性合作，构建人才培育库。推进前海信息、维图视等科技企业分别与广东工业大学、深圳大学等国内知名院校深度合作，推动区内企业建设、认定研究生培养实践基地12个。支持鼓励以产业发展的技术需求为导向，以院士及其创新团队为技术核心，与企业联合攻克产业关键、共性技术，促进科技成果转化及产业化。积极推进航天公园及卫星科普教育基地建设工程项目：跟进区航天科技公园的概念设计工作；卫星科普教育基地项目方面：完成用地规划预审、可行性研究、占用林地审批等工作；完成建筑方案设计、初步设计和概算的编制以及专家评审工作，初步设计方案及概算报区发改局审批；完成详勘工作，正进行详勘审图；环评工作走报批流程，待省级相关部门批复；用地方案图、建设用地规划许可证等走报批手续；道路、管线下穿广深高铁方面进行专项设计。

【创新创业】2017年，宝安区创新创业活跃。高水平组织第四届深圳宝安创新创业大赛，收到报名1623个，为历年最多。经历复赛、行业赛、决赛层层比拼，最终72个企业项目获奖。此外，宝创赛成功晋级国赛行业赛项目16个，占全市76个晋级国赛项目的21%，占全市第一。承办第十九届高交会宝安展区活动，负责展区设计、搭建，组织24家企业参展，6天展览接待近18万人次，占高交会参观总人数的三分之一，意向交易额达3个亿。组织中国第六届创新创业大赛电子行业总决赛，宝安区两家参赛企业获奖，也是深圳市仅有的两家获奖企业。承办2017年双创周宝安分会场活动，采用“1+N”模式，设立1个主会场、7个分会场，共开展13场活动，充分展现宝安科技创新成果。负责第二届宝博会双创展区、科技桃花源展区及智能终端体验区工作，组织51家科技企业参展，共吸引观众2.5万多人次。

【科技计划项目】2017年，宝安区科技创新局（科协）积极落实科技计划项目配套补贴和医疗卫生基础研究补贴项目的审定工作。受理科技计划项目配套补贴申请16项，组织对项目进行核查。根据项目核查情况，对深圳市洲明科技股份有限公司等13个企业安排科技计划项目配套补贴，合计542.9万元。受理宝安区医疗卫生基础研究项目补贴申请431项，根据《关于申报宝安区2017年医疗卫生基础研究项目的通知》，组织对项目进行核查。根据项目核查情况，对185个项目予以立项，对其中“低变性温度下的复合PCR方法用于线粒体DNA 12S rRNA基因突变检测和方法学评价”等168个立项项目安排医疗卫生基础研究补贴156.6万元。大力推进“专家库”建设，做好专家遴选工作。通过主动上门、发函邀请、自我推荐等多种途径，广泛征集和遴选各行业领域技术专家，不断优化科技专家库结构，为保障宝安区科技政策制订、项目评审、项目督导验收等工作发挥积极作用。2017年，区科技专家库再度扩容，新增成员227名，总数1132人。做好项目评审专家邀请工作，为各业务科共邀请评审专家92批568人次。

【智慧宝安项目评审】2017年，宝安区科技创新局（科协）围绕产业发展、民生服务、社会管理、政务服务等领域，积极做好智慧宝安项目的评审工作，有效利用科技手段和信息技术优势，为“智慧宝安”建设提供坚实的技术支撑。截至2017年年底，完成专家评审并出具评审意见项目36个。

【科技惠民】2016年，宝安区科技创新局（科协）扎实开展全区科普工作。充分发挥以科技馆为龙头的科普教育基地作用，积极打造科普活动品牌，夯实服务根基，系统开展“热点科学”主题科普展览、“畅谈科学”公益科普讲座、“e宝课堂”公益科技创新教育等活动，主办具有宝安特色的“健康科普大讲堂”“科技惠民产品集市活动”“科普走基层”等主题系列活动，形成独具特色的全民科学素质工程系列活动。大力推进科普教育基地、科普示范社区建设，新认定宝安区妇幼保健院等8个机构为区科普教育基地，认定新安街道建安社区为区科普示范社区，区科普教育基地增至30家，区科普示范社区增至30个。协同各基层科协、学会（协会）举办各类科普活动共700场，发放科普资料6万份，放映科普电影1270场，每年度接待观众近50万人次。举办“科技少年成长营”等3个大型创客活动，组织“2017 FIRST少儿创意赛华南区选拔赛以及2017 FIRST科技挑战赛深圳选拔赛”等赛事。

【科技队伍建设】2017年，宝安区科技创新局（科协）深化“两学一做”学习教育。加强政治理论学习，全面贯彻党的十九大精神，以习近平新时代中国特色社会主义思想为指导，深入贯彻习近平总书记对广东重要指示批示精神，始终在思想和行动上与党中央保持高度一致。扎实推进“两学一做”学习教育常态化制度化，认真落实“三会一课”制度，局领导班子通过讲党课、听讲座、观看专题片、集中研讨、参观学习、网上学习等多

2017 年 11 月 13 日，市科创委领导参观电子信息产业展现场

种方式带领干部职工深入学习党的十八大、十九大及省市有关全会精神，提升班子成员和干部队伍的思想政治素养。坚持“用制度管权、按制度管事、靠制度管人”原则，完善《宝安区科技创新局党组工作规则（试行）》《宝安区科技创新局（科协）财务管理暂行规定（修订）》等 46 项规章制度，形成结构合理、程序严密、制约有效的管理制度及约束机制。始终坚持民主集中、团结协作、勤政廉洁和求真务实的工作原则，领导班子之间、科长之间科学分工，紧密协作，共同谋划，齐心发力，全局上下形成讲团结、求创新、谋发展的良好工作格局。按照“制度 + 科技 + 责任”工作要求，认真落实“知、判、议、决、督”政务工作模式。建立三级责任体系，全面落实各项重点工作。推进年度党风廉政建设工作要点的实施，严格执行民主集中制，坚持集体议事和民主决策机制，班子成员抓好分管工作的同时，把党风廉政建设与实际工作相结合，做到各司其职、各负其责，形成一级抓一级、层层抓落实的责任体系。自觉遵守党员干部廉洁自律准则。日常工作中带头遵守廉政法规，在做到严于律己、慎微慎独、清正廉洁的同时，不断加强对班子成员和干部队伍的廉政把关。及时办理两代表一委员议案建议。2017 年累计收到市人大代表建议 1 项，市政协提案 2 件，区党代表建议 2 项，区人大代表建议 7 项，区政协委员提案 8 项，全部完成办理工作。（谷 男　许明辉）

附：2017 年宝安区科技创新局（科协）领导成员名单

局　长：于剑锋

副局长：李　政　万国顺（5 月起）　韩　竞（4 月起）　郑志强（3 月止）

科协专职副主席：李　政（4 月起）

教　育

【概况】2017 年，宝安区共有办学单位 511 个，其中中小学含教育基地、特殊教育学校共 138 所（公办 76 所、民办 62 所），职业教育学校 4 所（公办 2 所、民办 2 所），幼儿园 369 所（公办含 7 所分园共 16 所、民办 353 所）。在校学生 46.11 万人，其中幼儿 11.63 万人，小学生 24.19 万（公办 10.3 万、民办 13.89 万），初中生 6.69 万（公办 3.43 万、民办 3.26 万），高中及职校生 3.6 万（公办 2.055 万、民办 1.545 万）。全区共有公民办教职员工 40014 名，其中公办中小学、职校共有教职工 11362 名，民办学校教职工 11710，学前含行政、保育员、后勤、校医等教职工 16942 人。专任教师共 27168 名，其中公办学校 10420 名，民办学校 8688 名，幼儿园 8060 名。全区特级教师 24 人，市级及以上学科带头人 42 人，研究生及以上学历 1295 名（具有博士学位教师 8 名），副高级职称以上教师 1199 名（正高级职称教师 7 名）。

【学校与学位建设】2016 年，宝安区新改扩建学校 13 所，新增中小学公办学位 2.08 万个，创历史最好水平。新设立幼儿园 23 所，重新核准规模 30 所，新增学前学位 0.88 万个。编制《学校规划建设中长期（2017—2030）规划》。落实 10 宗教育储备用地，总面积达 28.82 万平方米。义务教育阶段继续全面实施“阳光招生”政策，努力让每个孩子都能享有公平而有质量的教育。全区公办小一招生 2.03 万人，公办初一招生 1.23 万人。

【教育改革创新】2017 年，宝安区积极创新办学模式，由区政府与华中师范大学、深圳市康达尔（集团）股份有限公司合作共同开办的华中师大宝安附属学校顺利开学，“政府 + 名校 + 企业”办学模式在宝安落地开花。继续深入推进集团化办学，在成立宝中集团、职教集团和幼教集团三大教育集团的基础上，新组建新安中学教育集团，优质教育资源进一步扩大，好学校办到更多市民群众的家门口。

【素质教育】2017 年，宝安区教育局

扎实推进教育多元化、内涵化、差异化发展，积极应对高考改革。2017年全区共有12270人参加中考，8341人参加高考，中高考成绩稳中有进。在全市率先响应市教科院提出的教材“二月革新”计划。开展翻转课堂和慕课，推行单元整体教学，优化学习方式，深化基础教育人才培养模式改革。组织开展宝安区第23届中小学生田径运动会，筹备第4届艺术节等大型比赛活动，为学生综合素养展示与发展搭建舞台。各学校因地制宜、各展所长，大力创建特色项目，形成“人人有特长，校校有特色”的良好发展态势。2所学校获评“全国书法教育示范校”，3所学校被评为“全国青少年校园足球特色学校”。在第21届“中国少儿戏曲小梅花荟萃”活动中，宝安戏曲娃们获个人和集体节目金奖14枚，包括9枚个人小梅花金奖、2个“全国十佳”、3枚最佳集体节目金奖，得到中央宣传部领导的高度赞扬。

【学前教育】2017年，宝安区教育局继续推进学前教育。制订出台《宝安区学前教育规范管理年工作方案》及《宝安区幼儿园日常管理积分制实施方案》等文件，全面实施幼儿园积分制管理，通过量化考核，促进全区幼儿园规范、优质发展。推进普惠性幼儿园建设，新增普惠性幼儿园36所，普惠性幼儿园占比77.5%，发放普惠性幼儿园补助经费1.35亿元。向符合补贴条件的74765名幼儿发放在园儿童健康成长补贴1.12亿元，对符合条件的保教人员发放从教津贴5228.64万元。扎实推进“研训基地一片区牵头园”项目，评选出17所优质特色示范园。积极开展培训、教研、跟岗学习等帮扶工作，充分发挥优质教育资源的辐射、示范和带动作用，基本构建起广覆盖、保基本、质量优的学前教育公共服务体系。高分通过深圳市学前教育二期行动计划督导评估。

【职业成人教育】2017年，宝安区加强职业成人教育。宝安职教集团与德国手工业行会签署合作备忘录，着力打造精密制造、智能制造高端课程。职教集团第一校区与英国牛津城市学院签署合作备忘录，职教集团第二校区与德国F+U教育集团签订合作意向书，中德“双元制”实验班于2017年9月开班。2017年，职校学生积极参加各类竞赛活动，获全国技能大赛一等奖5个、二等奖2个、三等奖5个。发放实习实训补贴612.95万元。

【民办教育】2017年，宝安区教育局按照“规范＋扶持＋监管”的思路，围绕落实区政府出台《促进民办中小学规范优质发展暂行办法》，起草《宝安区民办中小学规范管理提质促优专项工作方案》和1+10配套文件，4种方式、8大重点、30条措施全力推动民办学校提质促优。出台《宝安区引进高端民办学校工作指引》，为民办教育的多元化发展探索路径，推动民办学校转型发展。认真开展公民办学校结对帮扶活动，选派31名公办学校优秀骨干教师到民办学校进行结对支教。为7435名教师发放从教津贴6073.92万元，发放学生学位补贴6.19亿元，发放民办教育专项资金7.8亿元。对桃源居中澳实验学校、康桥（华侨）书院等4所学校办学规模进行重新核准，义务教育阶段共增加126个班3557个学位。

【教师队伍建设】2017年，宝安区教育局坚持“外引内培”并重，进一步优化教师队伍，面向全国引进优秀校长3名、选聘优秀教师38名，面向社会和应届毕业生招聘教师643名。完成“未来教育家”第一期培养项目，10位首批“未来教育家”培养对象及72名专业协作团队成员被授予证书；启动“薪火计划”名师培养工程，首批遴选113名青年教师开展小学语文、初中语文、初中化学3门学科项目培训。以“互联网＋培训”为抓手，采取分级、分层培训模式，组织各级各类培训653场，参训人数53.5万人次。评审确定宝安区第四批名校（园）长、名师379人，评审产生第三批区级各类工作室69个。启动学前教育“苗圃工程”，评审名园长、名教师109人。宝安区教师参加省教师技能大赛获一等奖10项（其中7个第一名）、市教师技能大赛获一等奖30项（其中13

2017年2月17日，宝安区跳水训练基地在海韵学校揭牌成立

2017 年 9 月 6 日，华中师大宝安附属学校揭牌，“政府 + 名校 + 企业”的办学模式在宝安落地开花

个第一名）。确定区级立项课题 226 项，市级立项课题 40 项。7 名校长、教师获评省、市名校长名师工作室主持人和教科研专家工作室主持人，获省基础教育成果一等奖 3 项、市第三届教科研优秀成果奖 5 项。

【教育干部队伍建设】2017 年，宝安区教育局深入推进“两学一做”学习教育常态化制度化，通过开展纪律教育活动月、廉政文化大讲堂、一把手讲党课、师德师风演讲等一系列活动，全面提升干部队伍思想政治素质。召开全区教育系统党建工作推进会，区委教育工委全面加强对民办学校、幼儿园、培训机构等 197 个基层党组织的管理，实现党组织和党的工作全覆盖。建立完善公民办学校“党建 + 教学 + 管理”帮扶机制，向民办学校派出党务人员 38 名、送课 285 节次。教育系统 20 位处级领导干部深入基层一线 160 余次，完成调研报告 20 份，为宝安教育后续发展提出切实有效对策。实施“科技 + 制度 + 公开”反腐模式，完成公办学校校（园）长重点业务管理系统一期建设，实现对全部公办办学单位集体议事、工程招标等重大敏感事项线上全流程实时监控。全年共对 89 所公立办学单位、6790 个议题、127 个工程招标项目全流程实时监控。全面落实财务审计、任职审计，强化对民办学校财务监管，教育系统继续保持稳定。

【教育国际化与信息化】2017 年，宝安区教育局推进教育国际化和信息化建设。制订出台《宝安区教育系统外籍教师管理办法（修订稿）》等系列文件，全年引入外教 160 名，实现所有公办中小学、幼儿园外教全覆盖。起草《宝安区创建教育国际化示范校指南》，进一步规范姊妹学校管理，建立常态交流合作机制。全区教育系统近 5 万台终端接入全市最大区级教育城域网，成为全市唯一与国家教育云、粤教云、鹏教云资源融合的区，被评为“国家数字教育资源公共服务体系建设试点”示范区。与微软、华讯方舟合作，选取 12 所学校作为试点，创建国内领先、具有全球样板意义的“未来学校”。全国首个未来教育体验中心在宝民小学正式启用。

（文道军）

【教育督导工作】2017 年，宝安区教育督导室以创新机制为动力，以推进均衡为重点，以深化内涵为突破，深入推进教育督导综合改革，促进教育事业健康发展。督政方面，提请区政府召开区教育督导委员会第二次会议暨迎接“广东省推进教育现代化先进区”复评部署会议，审议并原则通过《宝安区深入推进责任督学挂牌督导工作的实施意见》；稳步推进教育现代化先进区复评工作，提请区政府印发《宝安区迎接广东省推进教育现代化先进区复评工作方案（修订稿）》；高度重视学位建设专项督查工作，协调做好市人民政府教育督导室关于义务教育阶段学位建设情况的专项督查；牵头制定学前教育三年行动计划专项督查、特殊教育专项督查等迎评工作方案并印发实施；继续推进学习型社区督导评估，12 个社区通过“深圳市学习型社区”督导评估，10 个社区通过“宝安区学习型示范社区”督导评估，有效促进社区教育现代化水平的提升。督学方面，挂牌督导完成 5000 多校次 1 万多人次经常性督导，“全国责任督学挂牌督导创新区”创建工作顺利推进，以 99.61% 教师（行政）参与率和的 97.37% 家长（学生）参与率完成网络问卷调查，12 月 6 日接受国家认定实地核查，宝安区将责任督学挂牌督导纳入区委区政府重点改革项目强力推进，督学服务双保险、网格化、常态化等做法得到教育督导局领导和验收组专家的高度评价。开展广东省标准化学校督导评估，80% 义务教育阶段学校（校区）通过评估。创新深圳市义务教育阶段办学水平评估新模式，邀请市外教育发达地区的专家参与，选派新任督学组成助理评估组，评估、实训同步加强。优质化民办学校督导评估提质增效，2017 年评估优质化学校 7 所，参评学校整改项目 100 多个，其中增加或改造功能场室 21 个，平均班额下降 3—5 人，优良课率普遍提升 20%—30%。不断加大学前教育督导评估力度，96 所（次）幼儿园通过各级督导评估验收，宝安区高分通过市二期行动计划专项督导检查。围绕区教育局“德育家庭教育年”等工作部署，组织责任督学分 20 个小

2017 年 12 月 29 日，区教育局举行迁址办公启动仪式

组，对 134 所中小学（含分校）开展宝安区“德育家庭教育年”专项督导，44 所学校被评为“德育家庭教育工作先进单位”。顺利通过省、市组织的学校美育、体育、德育、校园欺凌治理等专项督导。质量监测方面，召开宝安区 2016 年国家义务教育监测结果反馈会暨深化教育督导改革工作会议，教育部教育督导局领导、区主要领导出席会议并讲话。完成 2017 年国家义务教育质量监测工作，被教育部基础教育质量监测中心授予“县级优秀组织单位”称号。完成 2016—2017 学年全区中小学视力监测任务，监测学生 22 万名，组织市、区疾控中心领导和专家，教育行政部门、学校和学生家长代表参加的座谈会，通报监测情况，研究改进措施；配合完成市民办学校质量监测工作。

【责任督学挂牌督导】2017 年，宝安区 511 个办学单位，分为 20 个责任区，在全区共建有 14 个联络点，并加挂责任督学事务中心的牌子，2017 年 12 月高分通过国家“中小学校责任督学挂牌督导创新区”实地核查验收，现聘有 20 个督学长、143 名责任督学，2017 年度，全区责任督学到校开展经常性督导累计 5000 余人次，接受咨询或投诉 1000 余件，提交督导记录或报告 5200 余份，发现学校安全隐患或不规范办学行为 100 多处，区教育督导室制发《整改通知书》100 多份，约谈校领导 50 余次。

【义务教育均衡发展督导】2016 年，宝安区教育督导室全面推进义务教育阶段学校标准化建设，全区 65 所公办学校和 41 所民办学校顺利通过区级评估和市级复核，有效促进区域义务教育均衡底部的抬高。落实区政府交办任务，协调区教育局积极落实整改和迎检工作，顺利通过国家义务教育发展基本均衡县复查验收，相关整改和迎评工作得到检查组专家的好评。配合区教育局做好广东省教育现代化先进区复评迎检工作，根据教育督导室《关于对创强争先督导验收方案进行修订的通知》（粤府教督函〔2016〕147 号）以及宝安区实施教育一级管理等实际情况，代拟《宝安区迎接广东省推进教育现代化先进区复评工作方案（修订稿）》，并征求相关部门意见，报区政府办公室印发。

【中小学、幼儿园和社区教育综合督导】2016 年，宝安区教育督导室继续开展广东省义务教育标准化学校督导评估。对两所新开办的公办学校（航城学校、松岗实验学校）和两所民办学校校区或分校（松岗中英文学校溪头校区、冠华育才学校银丰分校）开展区级评估，组织 25 所公民办学校接受市级复查验收。全区 2016 年前开办的公办学校均通过市级认定，占全部义务教育阶段公办学校 92.9%；49 所义务教育阶段民办学校通过市级复查认定，占比 77.8%；公民办学校通过校数占全区义务教育学校总数的 84.3%。完成沙井中学、海韵学校、塘尾万里学校、滨海小学、新安湖小学、上合小学、西乡小学、径贝小学、钟屋小学、兴围小学、松岗第二小学等 11 所公办中小学的办学水平评估，全区接受评估的学校 59 所，占公办学校总数 80.8%。

完成对景山实验学校、料坑学校、北亭实验学校、金源学校、文康小学、陆兴小学、智园小学等 7 所学校的宝安区优质化民办学校督导评估，全区通过评估学校 36 所，占学校总数 59.0%。

新安街道特蕾新裕锦幼儿园、松岗街道西岸华府蒙思幼、福永街道中心幼儿园等 3 所幼儿园通过广东省一级幼儿园评估（复评）；新安街道菁英幼儿园、新安街道天鹿第二幼儿园、西乡街道阳光花安居家园幼儿园、福永街道福宁幼儿园、福永街道和平世家幼儿园、福永街道万科曼京幼儿园、福永街道鸿德幼儿园、沙井街道上南第二幼儿园、沙井街道和民幼儿园、松岗街道哈佛摇篮幼儿园、石岩街道园岭幼儿园、石岩街道育才幼儿园、新安街道创业二村幼儿园、新安街道新锦安幼儿园、西乡街道钟屋幼儿园、西乡街道九围幼儿园、西乡街道黄麻布幼儿园、西乡街道丽景城晶晶幼儿园、沙井街道爱德幼儿园、沙井街道黄埔幼儿园、沙井街道金沙幼儿园、松岗街道崇文幼儿园、松岗街道第二幼儿园、松岗街道沙溪幼儿园、松岗街道北师大松岗幼儿园、石岩街道田心幼儿园、石岩街道水田幼儿园、石岩街道璧辉幼儿园等28所幼儿园通过市级幼儿园评估（复评）；新安街道盛荟名庭幼儿园、西乡街道香缤山幼儿园、西乡街道阳光花领航城幼儿园、西乡街道雍华源幼儿园、西乡街道春田幼儿园、西乡街道启智幼儿园、福永街道金贝第二幼儿园、福永街道福围花蕾幼儿园、沙井街道金博士幼儿园、松岗街道全纳沙浦围幼儿园、松岗街道春田花花幼儿园、西乡街道唐峰幼儿园、福永街道崛起第六幼儿园、福永街道塘尾荔园幼儿园、新安街道天羚幼幼儿园、西乡街道崛起第五幼儿园、福永街道崛起第四幼儿园、福永街道下十围幼儿园、沙井街道沙民安山幼儿园、松岗街道华盛幼儿园等20所幼儿园通过宝安区一级幼儿园评估（复评）；新安街道宝龙幼儿园、新安街道天鹿第二幼儿园、新安街道幸福摇篮幼儿园、新安街道天赋宝宝幼儿园、新安街道德智幼儿园、新安街道盛荼名庭幼儿园、西乡街道雅歌幼儿园、西乡街道月亮星星第三幼儿园、西乡街道宝珍幼儿园、西乡街道中粮锦云幼儿园、西乡街道东华格林幼儿园、西乡街道固腾幼儿园、西乡街道香缋山幼儿园、西乡街道阳光花领航城幼儿园、西乡街道雍华源幼儿园、西乡街道春田幼儿园、西乡街道启智幼儿园、福永街道万科曼京幼儿园、福永街道新天力幸福幼儿园、福永街道金贝第二幼儿园、福永街道福围花蕾幼儿园、沙井街道鼎元第二幼儿园、沙井街道立才第二幼儿园、沙井街道粤文第二幼儿园、沙井街道辛养幼儿园、沙井街道阳光第二幼儿园、沙井街道佳贝幼儿园、沙井街道名门世家第五幼儿园、沙井街道爱心堡幼儿园、沙井街道立德幼儿园、沙井街道衙边幼儿园、沙井街道粤文幼儿园、沙井街道金博士幼儿园、松岗街道东风幼儿园、松岗街道雾岗幼儿园、松岗街道全纳沙浦围幼儿园、松岗街道春田花花幼儿园、石岩街道德聪第三幼儿园、石岩街道荔湖幼儿园等39所幼儿园通过深圳市规范化幼儿园检查验收。新安街道新兴东社区、新安街道海乐社区、西乡街道河西社区、西乡街道劳动社区、西乡街道共乐社区、福永街道兴围社区、福永街道桥头社区、沙井街道蚝一社区、松岗街道楼岗社区、松岗街道潭头社区、石岩街道上屋社区、石岩街道应人石社区等12个社区通过深圳市学习型社区督导评估；新安街道安乐社区、翻身社区，航城街道鹤州社区、黄麻布社区、利锦社区，新桥街道新二社区，沙井街道沙三社区，松岗街道碧头社区，燕罗街道塘下涌社区，石岩街道石龙社区等10个社区通过宝安区学习型示范社区督导评估。

【教育质量监测】2017年，宝安区教育督导室协助做好宝安区2016年国家义务教育质量监测，对宝安小学、为民小学、华文学校、金碧实验学校、陆兴小学、欣欣小学、康桥书院、宝城小学、弘雅小学、流塘小学、塘头小学、明德外语实验学校、福永中学、新安中学、宝安第一外国语学校、燕山学校、明德外语实验学校、陶园学校、冠华育才学校、龙山学校等20所学校进行语文和艺术教育质量监测，高质量完成质量监测所有工作任务。继续委托第三方机构对全区小学开展学生视力监测，完成全区130所中小学的监测任务。

【教育督导信息化】2017年，宝安区根据宝安督学责任区挂牌督导实际情况，委托平台开发公司对责任督学挂牌督导工作信息化平台进行二次开发，与区网格办合作开发手机督导软件，完善相关功能，基本实现学校日常督导工作情况的网上报送和督导室的无纸化办公。

【督学队伍建设】2017年，宝安区教育督导室按照“分类分层、学用结合”的原则，开展导向性、针对性强的督学培训工作，受训督学219人次。组织区教育督导委员会成员单位特约督学或科室长到国家教育行政学院培训，考察北京市朝阳区、顺义区教育督导工作，提高成员单位对教育督导的认识，掌握国家教育及教育督导工作的形势和未来发展趋势；借用办学水平评估和优质化民办学校评估平台，评训结合，邀请评估组组长和评估专家对相关督学现场指导，让督学在评估实习中接受培训，获得感强；针对学前教育督学的工作特点，3月、7月分别组织幼教督学武汉大学研修班和中小学骨干督学、学校视导员辽宁师范大学研修班，考察大连市教育督导信息化工作，提高各类督学政策的把握能力、方案的解读能力和实际的督导能力，领略信息化工作给教育督导带来的全新气象；组织全区责任督学全员培训，对责任督学挂牌督导和信息化手段运用进行有针对性的培训。

（方焕昌）

附：2017年宝安区教育局领导成员名单

党委书记、局长：范燕塔

专职党委副书记：陈出新

副局长：范培川　熊俊峰　吴永明

2017年宝安区人民政府教育督导室领导成员名单

党委副书记、主任：李全毅

副主任：张德梅

文　化

综　述

【概况】2017年，区文体旅游局围绕加快“湾区核心、智创高地、共享家园”建设的总体目标，坚持目标导向、问题导向、结果导向，按照“强基础、补短板、提质量、创品牌、保安全”的工作思路，加快推进文化创新发展，着力增强体育综合实力，全面提升文体旅游服务水平，努力推动文体旅游产业繁荣发展，有效增强宝安文化软实力，2017宝安国际马拉松跳跃升格获评中国田协“金牌赛事”，关爱劳务工子女“爱心课堂”项目全市唯一入选文化部“2017年基层文化志愿服务活动典型案例”，“文化春雨行动”获评首批“广东省公共文化服务体系示范项目”，区体育中心被评为“全国群众体育先进单位”，区文体旅游市场执法大队荣获2017年全省“扫黄打非”先进集体。

【群众文化活动】2016年，宝安区文体旅游局群众文化活动丰富多彩。举办各类文化活动6200多场，“绿水青山、乡土家园”全国第八届“群艺杯”摄影艺术展、“同饮一江水”广东打工者歌唱大赛、深圳市第十二届外来青工文体节等一批大型文化活动，8家社区书画社16场书画进基层活动，为市民搭建文化参与的舞台；28场文艺小分队慰问演出、50场美术书法摄影展、90场节庆文化活动、250场送文艺进社区进企业、3780场送电影进社区，满足市民基本文化需求；全区公共图书馆接待读者348万人次，新增读者证4.3万张，外借图书186万册次，义务馆员到馆服务1451人次5818小时；40场周末音乐会、劳务工大讲堂，45场“开心超市”、宝安文化茶座，53场戏剧戏曲专场、149场宝图星期讲座等品牌活动，满足市民对文化品质的要求。

2017年5月11日，第十三届文博会宝安文化创意产业项目签约仪式举行

【文化服务】2017年，宝安区文体旅游局文化服务创新。举办各类群众性文化活动6100场，其中全年共放映公益电影3780场，群艺馆举办各类文艺演出、展览、讲座等文化活动1090场，受益人员超200万人次，有效满足市民的多元化文化需求。累计招募文化义工5269名、采购文化钟点工550名、聘请文化辅导员30名，“文化春雨行动”广度、密度和覆盖度进一步提升，年服务群众超过2100万人次，群众满意度超过90%，获评“广东省首批公共文化服务体系示范项目”，央视国际频道播放长达30分钟的《文化也有“钟点工”》纪录片，宣传宝安经验做法。打造全市首个企业文化服务联盟，整合30家文艺协会、社团、企业，以“需求方线上点单，供应方线下上菜”的全新文化服务模式，为广大外来青工提供精准服务。

2017年12月18日，2017年华文诗人笔会“百年新诗·千年宝安”诗歌朗诵会在宝安图书馆举行

【文艺精品创作】2017年，宝安区打造文艺创作“宝安模式”，文艺精品获市级以上奖项100（件）次，其中，国家级7项、省级11项、市级82项，原创歌曲《爱国之恋》、广播剧《社区达人关大姐》分别获中宣部、广东省“五个一工程”奖，小品《留门》获第十五届中国人口文化奖曲艺类金奖第一名，舞蹈《孤独梦》《最后一支舞》获人口文化奖歌舞类优秀奖，获奖级别和次数排名全市双第一。

【文化产业】2017年，宝安区着眼政策更具引导性、资金使用更具规范性、活动平台更具影响力，积极推动产业集聚、做强做大，全区现有规模及限额以上文化企业385家，其中，上市文化企业5家，全国印刷10强企业2家、国家级动漫企业3家；深圳市文化创意产业百强企业16家，位列全市第3；认定为深圳市工业设计中心的单位10家，位列全市第3；国家级文化产业基地1家，市级文化创意产业园区5家，区级以上文化产业园区（基地）9家，入驻企业747家；文博会分会场11个，F518创意园考核排名居全市首位；2017年全区文化创意产业实现增加值211.73亿元，比上年增长4.5%。

【文化产业扶持】2017年，宝安区抓好文化产业扶持。出台《宝安区文化创意产业园区管理办法》等政策，建立文化产业项目库，建立重大文化创意活动综合评估体系，共资助文创项目155个，下达资金3234.93万元。首次引入专家评审机制，加强文博会项目的评估把关，第13届文博会实质交易额65.88亿元，增长14.85%，接待观众60.73万人次，增长83.58%，24个重大签约项目总签约289.6亿元，是上年的5倍，政府签约项目的落户率从前三年的44%上升至80%，主会场宝安展区获评“优秀展示奖”和“优秀组织奖”。

【工业设计】2017年，宝安区着力打造工业设计高地，举办第十届工业设计节，推出首届“宝安杯”智能硬件创新设计大赛，首创“平台+孵化/加速+投资+产品化+产业化”赛制，推动获奖产品走向产业化、市场化，4个通过众筹获得初期启动资金，4个量化生产投入市场，2017年新增省级工业设计中心1家、市级工业设计中心2家，辖区企业宝嘉能源累计获得国际设计大奖62项。

【文体旅游审批改革与监管执法】2017年，宝安区文体旅游局深化政务服务改革，优化审批流程、压缩审批时限、改进服务手段，受理审批业务879件，新增持证场所226家，实现群众办事少跑腿、少用时、少负担，初步建立文化市场“空证”清理常态机制，注销“空证”场所361家。2017年，宝安区文体旅游局打好“分类执法、三个全覆盖、诚信管理”等“三记组合拳”，在全市率先建立文体旅游市场诚信管理平台，出台《宝安区文体旅游市场信用管理暂行办法》《宝安区文体旅游市场黑名单管理暂行规定》，对1782家经营单位进行信用评级并向社会公示，构建以信用管理为导向的新型监管机制。出动执法力量28680人次，检查持证经营场所7170家次，发现整治安全隐患1113起，经营场所连续6年实现“零事故”。

【文体旅游阳光政务】2017年，宝安区文体旅游局推行阳光政务模式，年度督办重点事项369项，印发督查通报11次，发出督办函15份，发出提醒短信6530条，年度108项重点任务、10项民生实事项目均按时保质完成，上半年全区绩效评估10项考评指标有7项第一。提升财务监管效率，全局部门预算执行进度达99.3%，全年刊登播报新闻报道2026篇（条），党政信息市、区采稿108篇，在区直部门排名第三。

2017年5月25日，广电中心举办“文明宝安行”走进罗田社区活动

文物保护与开发利用

【文物保护】2017年，宝安区文体旅游局在全省率先启动区级文物保护与利用总体规划编制，开展王大中丞祠等5处不可移动文物专项保护规划编制，为文物保护及开发运营提供整体性指引。公布《宝安区不可移动文物保护清单》，对涉及文物的八类工程的申报、审批等流程进行清晰的分类说明，有效规范城市更新中的文物保护工作。建立区、街道、社区三级文物保护网络，将235处古建筑文物安全巡查纳入网格巡查，委托专业安全公司对全区重要文物点实施专项安全检查。

【文物开发利用】2017年，宝安区文体旅游局做好文物开发利用工作。出版《宝安不可移动文物名录》等丛书4本，新增北帝古庙等文物保护单位4处，全区现有省级4处、市级7处、区级20处。加强文化遗产的传承利用，区级非遗项目增至28个，全市最多，劳务工博物馆被专家誉为“全国第一家平民博物馆”，民办博物馆总量11家，居全市首位。　　（毕胜民）

广播影视

【广播电视宣传】2017年，宝安广电中心紧扣区委区政府中心工作，切实发挥广电职能，履行本土主流媒体责任，圆满完成党的十九大、建党九十六周年、建军八十周年等主题宣传任务。全年制播新闻5400条，获市台采纳播出新闻750条，排全市各区之首；电视专题数同比增长108%，专栏数同比增加50%，为宣传宝安、推广宝安发挥积极作用。特别是为深入学习宣传贯彻党的十九大精神，中心创新策划实施“以声音致敬新时代”——《基层党员诵读十九大报告》特别节目，融合传统媒体和新媒体传播，获多家媒体公众号的转发和上级部门点赞，取得良好效果。2017年，西部传媒公司对内设机构及职能调整，由原来的14个部门和一个下属二级企业整合为11个部门和1个下属二级企业，优化内部机构设置，部门职能配置更合理。

【线下宣传】2016年，宝安广电中心深入基层开展50多场线下活动，成功承办的“文明宝安行　走进社区”大型公益活动、“面朝大海　筑巢引凤”和宝安区人才林揭幕仪式等活动，有力配合区各街道、各有关部门工作，形成强大宣传声势；策划开展“嗨，我来讲”理论宣传巡演活动，赢得市民积极评价和上级部门高度认可；组织举办宝安区少儿艺术节暨少儿春晚，影响力辐射全市，收获广泛好评。

【精品创作】2017年，宝安广播电视中心文艺精品创作成绩喜人。广播剧《社区达人关大姐》获广东省第十届精神文明建设“五个一工程”奖；广播新闻《一个人的“长征”——访著名摄影家左力》获广东省广播影视奖广播新闻类三等奖。

【融媒体建设】2017年，宝安广电中心积极探索新媒体传播新途径，整合资源开设“宝安广电”微信公众号，内容从纯新闻资讯转变为“热点＋新闻资讯＋民生”综合内容，并同步直播宝博会等活动，传播率和影响力大幅提升。同时，中心以高清化设备改造为契机，确立融媒体发展优先战略，推动融媒体发展和运营迈出重要一步。

【广电安全工作】2017年，宝安广电中心认真贯彻落实宣传部关于意识形态的工作部署，成立中心意识形态安全工作领导小组。在党的十九大、香港回归二十周年等多个重要时间窗口，严格落实“一岗三责”和新闻节目“三审”、重播重审制度，确保舆论导向正确；定期开展安全大检查和安全播出应急演练，落实安全值班制度，保证全年安全生产和安全播出。

【广电基础设施建设】2017年，宝安

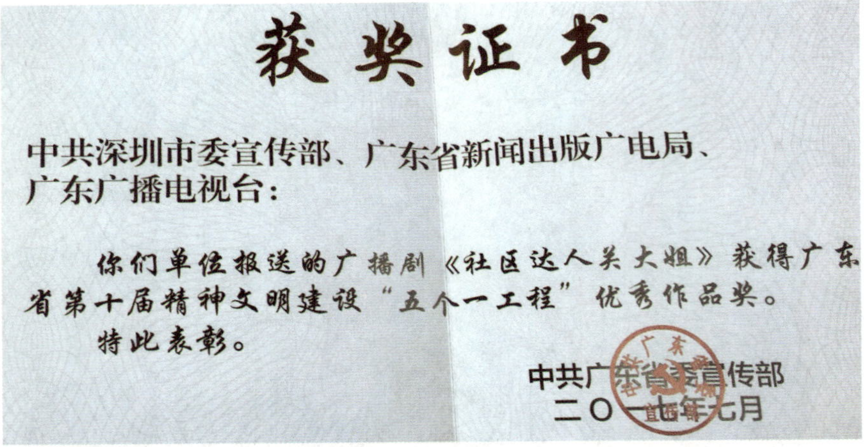
获奖证书

中共深圳市委宣传部、广东省新闻出版广电局、广东广播电视台：

你们单位报送的广播剧《社区达人关大姐》获得广东省第十届精神文明建设“五个一工程”优秀作品奖。

特此表彰。

中共广东省委宣传部
二〇一七年七月

2017年7月，宝安广播剧《社区达人关大姐》获广东省第十届精神文明建设“五个一工程”优秀作品奖

广电中心加强基础设施建设。历时7年的莺歌山发射台建设取得重大进展，建设项目取得用地规划许可证。莺歌山发射台土建、发射工艺、供电等项目的初步设计和专家评审工作完成。媒体资产管理存储系统项目进入施工阶段。广电高清化升级改造稳步推进，2018年全面完成改造工程。

（田蓓蓓）

附：2017年宝安广播电视中心领导成员名单

党委书记、中心主任：杨家勇

党委副书记：尹庆玲（4月止）

中心副主任：尹庆玲（4月止）

汪周礼

图书馆

【概况】宝安区图书馆（新馆）于2013年12月30日建成部分开放，2015年9月正式全面开放。项目总投资6.15亿元，占地3.19万平方米，建筑面积4.8万平方米，其中图书馆面积3.73万平方米。设计藏书量120万册，阅览座位2000个，日接待读者能力1万人次。新馆共设置少儿图书馆、期刊阅览室、报纸阅览室、盲文阅览室、24小时自助图书馆、青少年阅览室、图书借阅区、工业技术图书阅览区、数字服务与体验区、参考与专题服务区、港澳台和外文阅览室等20余个全开架式文献阅览室，以及书画室、视听室、报告厅、多功能活动室和自修室等，为广大市民读者提供综合性文献借阅服务及信息服务。同时，新馆为广大市民读者提供无线WiFi全覆盖、手机移动阅读、自助打（复）印及扫描、地下车库车辆停泊、休闲餐饮等配套服务。12月，区图书馆获得中宣部“第七届全国服务农民、服务基层文化建设先进集体”及广东省委宣传部“第二届广东最美阅读空间”荣誉称号。

【“总分馆制”建设】2017年，宝安区图书馆加强“总分馆制”建设。9月，《宝安区公共图书馆总分馆制建设实施方案》正式印发，全区公共图书馆管理体制改革正式进入“快车道”。随着总分馆建设顶层制度的制订与完善，通过政府财政资金的强有力保障，区、街道、社区三级垂直管理模式的公共图书馆总分馆制在宝安区得以全面落实，在全国公共图书馆界率先实现制度性的突破。

【全区公共图书馆服务网络】2017年，宝安区全区建成公共图书馆97家，其中区图书馆1家、区图书馆直属分馆8家、街道图书馆5家，社区阅读中心38家，社区或企业图书馆38家，流动服务点7家，基本形成以区图书馆为龙头，以街道图书馆为骨干，以直属分馆、社区阅读中心、流动服务点和社区图书馆为节点的“区—街道—社区（工业园区）”三级公共图书馆服务网络，构筑起遍布宝安全区的“精神家园”。

【文献借阅】2017年，宝安全区公共图书馆接待读者突破400万人次，外借图书196万册次，新增读者证4.8万张，服务量在全市各区领先。其中，区图书馆新馆（中心区图书馆）标杆性作用显著，全年接待读者280万人次，最高峰单日接待2.4万人次；外借图书152万册次，比上年增长21%；新增读者证3.6万张，其中新增免押金励读证2.2万张，占比62%，推出学生励读证，进一步体现借阅服务“零门槛”作用。直属分馆、街道图书馆及社区阅读中心共接待读者147万人次，外借图书44万册次，新增读者证1.2万张，全民阅读气氛浓厚。

【馆藏结构完善】2017年，全区公共图书馆新增馆藏22.8万册，按照“按需采购、精准匹配、动态调整”的策略，为区图书馆总馆、各街道图书馆、直属分馆和社区阅读中心采购和调配图书资源。同时提高青少年图书、少儿绘本及市民推荐新书的复本量，满足更多读者的阅读需求。

【数字图书馆服务】2017年，宝安区图书馆提供中国知网、超星数字图书等各类电子数据库24个。微信平台实现“服务号”和“订阅号”协同运作，累计用户达7.7万，图文阅读量达74万，微信公众号影响力位列全国公共图书馆公众号前十。图书馆网站访问量27万次，数字资源访问量421万次。新增二维码读者证、扫码借书、微信、支付宝缴纳图书逾期费用等线

宝安图书馆阅览区

上服务。

【图书馆业务培训与行业促进】2017年，宝安区图书馆加强业务培训与行业促进。以“大学习＋小培训”相结合方式，全年开展全区公共图书馆馆员综合学习4次，内容涉及行业趋势发展、新技术应用、政策法规等；开展个性化业务培训4次，内容涉及摄影摄像技能、影视资料后期制作、新媒体运营和服务礼仪。此外，组织本馆业务骨干对基层图书馆员进行业务培训3场，现场辅导255次。在宝安区图书馆学会指导下，成立阅读推广委员会和学术交流委员会。通过专业委员会推动学会工作的开展，成功实施“领读人”计划，培育阅读推广活动的“领读人”；举办“科普阅读月”系列活动，在区图书馆打造“科普阅读示范基地”；定期开展“馆员沙龙”，分享国内外先进图书馆管理经验与案例，提升馆员综合素质。

【志愿者服务】2017年，宝安区图书馆进一步推进志愿者服务。积极加入市、区义工联志愿者招募体系，并与大中小学建立合作关系，扩大志愿者招募范围。开展专项培训项目“悠阅会”，培养一批具备阅读推广能力的专业志愿者。结合城市规划展览馆需要，组建志愿讲解员队伍。全年志愿者来馆服务2400人次，8060小时。招募培训亲子义工家庭331个，参与服务439小时。

【基层图书馆服务】2017年，宝安区图书馆不断深化基层图书馆服务。通过与社区、企业合作共建的方式，全年新建直属分馆1家（西乡流塘），社区阅读中心8家（新乐、上合等），全区建成社区阅读中心38家。新建的社区阅读中心平均面积120平方米，藏书3000册，报刊90种，并提供无线上网、少儿亲子阅览、电子图书下载阅览等服务，满足周边居民的阅读与学习需求。图书馆流动服务点建设多点开花，年内，新增德昌服务点、百川服务点、区党建中心服务点等流动图书服务点4家，通过与企业和党建中心等不同机构合作，把基层图书馆服务拓展到更多领域。

【宝图读者活动】2017年，宝安区图书馆积极开展读者活动。全年开展“宝图星期讲座”134场，完成全年民生实事工作任务的168%。讲座涵盖时政经济、历史地理、科技创新、文学艺术、家庭教育、健康养生、职场规划、摄影技巧、法治普及9大主题，讲座累计1.5万人次参与。品牌结构进一步丰富，新增子系列4项，包括“与原创获奖作者共读童书”、家庭教育活动“优阅父母学院”、文学主题活动“悦享厅·名作家名对面”和法律主题活动“宝安法治大讲堂”。全年开展图图姐姐讲故事、爱阅小课堂、少儿英语乐园、“悦读·记忆”等少儿系列活动共289场，累计4.8万人次参与。面向幼

2017年12月16日，立新湖自助分馆建成开放

宝安周末音乐会现场

开心超市演出剧照

儿和小学低年级读者群体开展“小小馆员体验日”活动32场。启动馆校、馆企合作，开展“阅读推广进校园”、全城共读活动16次，努力营造书香社会氛围。引入社会优质资源，开展“书香墨韵”“书香陶趣”“书香暖心”“创想汇”等特色活动超过200场。实施数据库线下推广项目，开展各类数据库使用培训23场。发挥图书馆文化阵地作用，举办摄影、美术、书法、普法教育等各类展览34场。采用“送活动到基层”形式，在基层图书馆开展读书会、陶艺制作、心理咨询等活动164场。（郑裕鸿）

附：2017年宝安区图书馆领导成员名单

馆　长：周英雄

副馆长：熊　军　郑　萌（11月止）

文化艺术馆

【群众文化活动】2017年，宝安区群众文化艺术馆统一部署认真做好节假日及全区大型公益性群众文化活动，丰富广大市民节日精神文化生活。具体承办、协办“西乡三月三北帝庙会”“南粤幸福活动周”“宝安戏剧活动月”“十一”假期广场演出、春节广场“七天乐”及迎新年文艺演出等专题文艺展演60多场。2017年，开展好宝安区公益文化活动品牌，举办宝安文化茶座44场、“开心超市”46场、周末音乐会44场、美术书法摄影展览40场。开展“宝安民俗绘画作品”巡展75场。

【公益性文化活动】2017年，宝安区群众文化艺术馆贴心服务群众，再造宝安群文品牌。“文化春雨行动”是一项文化惠民工程，结合工作实际，大力加强“文化春雨行动”实施力度，扩大“文化春雨行动”的影响力和覆盖面，详细部署和推进“抓联系人、抓示范点”，实施文化创新驱动“全面开花”，不断创造宝安群文工作“别样精彩”。举办《宝安区“文化钟点工”技能培训班》2期，提升“文化钟点工”的服务能力和水平。6月1日晚10点，央视CCTV4“走遍中国”栏目播出《文化也有钟点工》，隆重向全国观众介绍宝安区的“文化春雨行动”，通过各个视角，全景式地向社会大众介绍宝安如何借助社会力量壮大文化人才队伍，如何敢为人先、创新公共文化服务模式。大力做好文化志愿者（文化义工）的发动和录入工作，并通过市文化志愿者的网络注册为宝安区群艺馆文化志愿者达320人，开展文化志愿者（文化义工）在网上登记和参与的多项公益活动。300多名文化志愿者的积极参与，既弥补专业人员数量上的不足，又提升宝安区普通群众参与群众文化共建共享的热情。

【深圳市第十三届外来青工文体节】2017年4月至6月，宝安区群众文化艺术馆圆满完成深圳市第十三届外来青工文体节开幕式演出工作任务，在深圳市第十三届外来青工文体节上，宝安区获一等奖8个、二等奖19个、三等奖15个、优秀奖31个。群艺馆获得由中共深圳市委宣传部、深圳市文体旅游局颁发的“深圳市第十三届外来青工文体节”优秀组织奖。

【深圳市第十四届鹏城金秋文化艺术节】2017年8月至11月，深圳市第十四届“鹏城金秋”文化艺术节举行，宝安区群艺馆积极组织全区各街道队伍参加各类项目比赛。宝安区在此项赛事上获金奖10个、银奖10个、铜奖16个、优秀奖40个。金奖总数为全市第一。

【非物质文化遗产保护】2017年，宝安区群众文化艺术馆以“宝安有宝，风物犹在。历史千年，传承有我”为宗旨，全面推进“贴心服务群众，创新传承文化”的公共文化服务理念，在非物质文化遗产保护方面，取得明显的社会效益。2017年举办“世界非物质文化遗产——二十四节气”系列专题讲座12场。开展“传统奶茶（麦氏）制作技艺”展览、新安湖社区元宵祈福非遗活动、“非遗进校园——国家级非物质文化遗产七星狮舞走进燕山学校”、麦轩食品文博会专场活动等中大型非遗展演展示活动15场。编印出版《深圳市宝安区非物质文化遗产代表性项目名录》一书，由中国戏剧出版社出版发行。举办全市非遗工作经验交流座谈会1场。11月举办非遗传承人、非遗工作者培训班1期。截至2017年年底，成功申报国家级名录1个、省级名录8个、市级名录15个、区级名录29个；国家级传承人1名、省级传承人6名、市级传承人14名、区级传承人26名。（张琼娥）

附：2017年宝安区群众文化艺术馆领导成员名单

馆　长：刘明军

副馆长：王文舵　朱韶军

旅　游

【概况】2017年，宝安区着力打造城市旅游品牌，凤凰山森林公园、石岩劳务工博物馆、F518时尚创意园、茶阅世界等成为深圳旅游的新热点，年度接待游客729万人次，比上年增长5.85%，旅游业总收入35.98亿元，增长4.3%。完成《宝安区旅游及相关产业普查分析报告》，举办宝安绿道骑行、“宝安四宝”推介、“宝安十景”评选、沙井金蚝节、深圳帐篷节等系列活动，新“宝安十景”评选活动公众投票数达15万人次，浏览量达50万人次，全年接待“宝安一日游”游客523.41万人次，增长6.01%，满意度99.23%。

【旅游开发】2017年，宝安区加快旅游重点项目开发，西湾公园二期开园，滨海文化公园（一期）正式动工，凤凰文旅科创小镇、西乡滨海风情小镇等重点项目有序推进，提出《关于沙井金蚝美食文化小镇开发模式的建议》，推动福永杂技魔术元素有机融入海上田园水上街市改造。

【深圳市西海岸海上田园风光旅游区】深圳市西海岸海上田园风光旅游区位于宝安区西部的沙井、福永境内，西临珠江入海口，南接深圳黄田国际机场，东依规划的滨海大道，北面与东莞市相邻，总面积约24平方公里。该旅游区大片水面和纵横的塘基形成阡陌纵横、鱼塘万亩的田园风光，是深圳市沿海最具田园风光特色、最富生态农业潜力和环境人为破坏最小的地段。宝安区根据现状条件以及围绕深圳市未来城市定位的大目标，确定该区性质为以海滨园林化的生态基塘养殖和生态旅游为主要特色的大型水乡生态旅游区，兼生产、观光、休闲、度假、娱乐、生产示范、展示教育、科研教育、自然保护、城市防灾等功能。根据性质定位和基地现状，海上田园风光旅游区划分为三大功能分区，即海上田园风光旅游区、水产及农业生态区和海上生态景观区，并根据功能特点确定两大走廊联系各功能分区，即由海上田园风光旅游走廊联系海上生态景观区和海上田园风光区，由水产及农业生态走廊联系水产及农业生态区。其中，海上田园风光旅游区集中控制区内的主要旅游、观光、度假活动，兼生态农业展示和示范、科研、教育、城市防灾等主要功能，景点紧凑，相对人工构筑物及建筑物较多；水产及农业生态区以基塘水产养殖和塘基种植为主要特征；海上生态景观区，以沿海红树林、滩涂和珠江入海口海景为区内的主要景观。

【羊台山森林公园风景区】羊台山森林公园位于深圳市西北部，地处宝安区石岩街道、龙华街道与南山区的交会处。公园东面和东北面与宝安区龙华街道相邻，南面与南山区相接，西面和西北面与宝安区石岩街道相连，规划总面积28.52平方公里。园内森林总覆盖面积在98%以上。羊台山森林公园地势走向以大羊台山为中心，向四周延伸，形成中间高，四面低的高丘陵、低山地貌特征。园内最高处为大羊台山，海拔587米，有深圳西部第一峰之称。山区森林茂盛，山谷

2017年11月11日，“宝安十景”公布仪式暨第二届深圳帐篷节在海上田园举办

大小水库、水池4处，天然泉水到处可见。2004年“羊台叠翠”被评为深圳八景之一，2005年深圳市政府对羊台山森林公园进行重新规划，该公园为边建设边开放型，游客随时都可登山游玩，根据规划，羊台山森林公园建设将突出生态、自然、人本三大理念，发展的目标定位为：以生态保护为前提，以森林风景资源为基础，重点保护好羊台山的森林资源及其森林生态环境，改善城市生态环境，并在此基础上，加强森林公园基础设施建设、管理服务设施建设和游憩设施建设，开展森林游憩活动，包括观光、游览、野餐、徒步、探险、野营、科学考察和文化教育等。在规划期内，建设成为深圳市乃至全省知名的森林公园，并以此带动深圳市森林公园体系建设。该公园总体形象定位为：羊台叠翠，绿野仙踪。公园分为水源生态保护区、分散森林游憩区和集中森林游憩区3个功能区，拟建高峰水库生态保育区、大羊台山登山览胜区、小羊台山森林游览区、南山林果观光区、大围肚野营区、罗租山休闲娱乐区、冷水坑科普教育区等七大景区。景区开发分前、后两期，前期主要是以森林游憩区两个景区（大羊台、小羊台森林游览区）作为重点，以建设基础设施和游憩设施为主，对外开放；后期以分散森林游憩区的4个景区进行开发，顺序为：冷水坑景区—罗租山景区—大围肚景区—南山景区。森林公园总体规划期限为7年，建设分两期：前期2004年至2006年；后期2007年至2010年。该园设“古道遗址、百米竹径、石雕浮墙、客家民俗围屋、龙浮石刻”等40个旅游点供市民观光。经专家测算，羊台山森林公园建成后，可日供1.8万多人次来“天然氧吧”享受。羊台山森林公园主要有“四多两丰富”的特点。“四多”指峰多、石头多、沟谷多、水源多。“两丰富”指野生动植物资源丰富，因园内日照时间长、气候温和湿润，野生动植物资源均非常丰富，共有植物114科400多种、野生动物120多种，其中属于国家重点保护的植物有桫椤、苏铁蕨、白桂木、土沉香、野生樟树等，动物则有蟒蛇、穿山甲、猫头鹰和褐翅鸦鹃等。柿子是羊台山特有水果，成熟之季，树挂金果、满山飘香。石岩羊台山登山广场位于羊台山森林公园大羊台片区山脚下，地处宝安区石岩街道龙眼山村，规划面积3万平方米，由前广场、莲花广场、莲花池、生态园，以及广场两侧的苏派建筑和游廊、登山爬山廊组成，可以满足休憩游人和健身群体的多样化需求。放眼望去，东侧照壁石刻《石岩赋》，介绍羊台山的人文、地理、历史；西侧照壁刊文《羊台山登山广场记》，描绘广场的建设历程。

【凤凰山风景区】凤凰山风景旅游区坐落在福永街道凤凰社区东面，海拔378米，方圆1.2公里，素有“凤山福水福盈地”的美誉。凤凰奇拔峻秀，像一弯新月镶嵌在西海之滨，西眺伶仃洋，南瞰深圳湾。峰峦连绵叠翠，树木四季葱茂；百鸟啼鸣，花果飘香；山泉浅唱，壑洞幽藏，奇石多姿，古庙生辉。自然风景绮丽，人文景观丰富。水光山色，峭岩古洞，构成一幅风光旖旎、雄伟壮观的山水画卷。景区分为3部分：山下胜景区，古庙胜景区，山顶胜景区。山下胜景区位于凤凰山南麓，由位于岭下的“凤凰文昌塔”以及沿石阶路的“朝阳灵犬石”“普门示现牌坊”“青牛跃涧留仙迹”“圣水灵泉”“松经风琴”等景区组成；古庙胜景区是凤凰岩风景游览区的主体部分，以始建于1297—1307年间的凤凰庙为主体，配以众多的自然景观，如“净瓶露”“莺石点头”“凤凰仙洞”“长

凤凰古村

寿仙井”“合掌枕流”等，峭壁上留下历代文人墨客题咏，还有新建综合大楼和望海楼；山顶胜景区从“云顶参天”开始分为南北两路：南路（沿大茅山方向）有猪兜石、“万福洞”“石乳清湖”“狮吼巨石”“烟楼晚望”等；北路有“试剑石”“伶仃奇石”“较剪石”等景点。

【凤凰古村落文化旅游集聚区】凤凰古村落文化旅游集聚区包括凤凰古村、凤凰艺展中心和凤凰书院。凤凰古村位于宝安区福永街道凤凰山脚下，始建于宋末元初大德年间，有700余年历史。

凤凰古村 占地面积5.2万平方米，现有古建筑360座。其中，具有文物价值的建筑包括：明代建筑4座，清代建筑60座，民国时期建筑96座，是广东省内古建筑最集中，保存最好，面积最大的典型广府居民建筑群之一，是研究岭南广府建筑艺术的活教材，是不可多得的综合性古建筑文化艺术的天然宝库和殿堂，历史、文化、艺术、科研价值突出。走进凤凰古村，巧夺天工的砖、木、石雕刻、栩栩如生的兽头鸟身，色彩斑斓的壁画檐画，古朴精致，韵味十足。凤凰古村还是历史名人文天祥族人后裔的聚居地，1279年，文天祥被元军押解元大都路过凤凰山侧畔的零仃洋，写下千古传诵的名句：“人生自古谁无死，留取丹心照汗青”。随着改革开放城市化的发展，文氏后人大多数搬离古村，古村成为大量外来人员聚集地，古村日渐破损，安全隐患堪忧。这一现状引起区委区政府高度重视，区委区政府领导到凤凰社区调研时提出对古村进行保护性开发的战略构想。2013年12月，区委区政府主要领导直接联系，争取与中国艺术研究院合作开发凤凰古村。2014年1月2日，宝安区政府与中国艺术研究院、深圳市凤凰股份合作公司签订合作开发凤凰古村的框架协议，揭开凤凰古村保护性开发的序幕。

西湾红树林湿地公园

凤凰艺展中心 位于凤凰广场公园旁，原本是1栋现代风格独特的社区办公楼，共6层，总建筑面积7500平方米。凤凰社区腾出办公楼改造成为条件优越的美术展览中心，促进社区文化建设，让老百姓在家门口就能欣赏到高端文化艺术。首层为会议厅、接待室及2间展厅，2～4层则为7间标准展厅及2间层高达9米面积500平方米的大展厅，第5层为专家工作室，6层天台为庭院休闲空间及3间休息室。

凤凰书院 位于著名的凤凰山风景区凤岩古庙下，由中国首位诺贝尔文学奖获得者莫言先生亲笔题写院名，书院分上下两层，首层为100个座位的大讲堂，二层则为50个座位的小讲堂，另设读书典藏陈列室和会客室各1间、艺术创作室3间。文博会期间，邀请国内著名学者来此开讲，成为传播大师智慧、传承优秀中华文化的高端交流平台。伴随国内著名学者受邀前来讲学，凤凰书院成为深圳文化新地标。

【沙井蚝壳屋（江氏大宗祠）】沙井蚝壳屋（江氏大宗祠）位于沙井街道的步涌社区，面积约4万平方米，始建于清代初期，自墙基至墙顶，全墙为蚝壳砌造，外露的蚝壳如鱼鳞般镶嵌成墙体，发出耀眼的银光。蚝壳屋以蚝壳作主体材料，黏结之物是用含有蚝壳灰、石灰、糯米饭、糖等的混合物舂捣而成，既硬且韧可经百年风雨。深圳一带在远古是海洋，陆地由河流冲积而成，故此石头少而贝类多，人们建屋就地取材，贝壳质轻而又经久耐用，因而成为上佳的墙体材料。据《步涌江氏族谱》记载，江氏祖籍是济阳考城（今河南兰考），南宋景炎三年（1278），江涵翁到惠州做郡宰，后定居在府城。约明代建文二年（1400），江纳流担任盐使司的官职来到此地，致仕后就在归德场定居下来，成为步涌立村的祖宗。沙井蚝壳屋（江氏大宗祠）是深圳历史最悠久、保存最完好的蚝壳屋，对于研究珠三角地区蚝民渔民的栖息史和建筑艺术史，具有重要的历史价值和艺术价值。

【西湾红树林湿地公园】宝安西湾红树林湿地公园位于海岸带中段（机场段），总长4.9公里，设计用地面积120公顷，湾区海域面积252公顷，主要是对岸线进行景观设计与生态修复。以“大美西湾，活力宝安”为主题，以走近红树林为特色，新建观海栈道3座、下海台阶4座、观景栈道2座，新增绿化1.93万平方米，新建停车位123个。设有16个景点，其中，海上有观海台，临水区域有红树探秘、石滩观鱼、红树卫士、缤纷花带、临海石阶，陆地有扬帆广场、榕荫沁爽、海洋画壁、林中栈道、棕榈广场、生态旱溪、绿荫芳花、阳光草坡。红树探秘、滨海栈桥、海堤漫步、悬空眺望四级观海平台，全方位、多角度满足市民体验海景的需求。3座“船锚”形的观景平台伸向海面，每座“船锚”呈弧形展开，取意“新月倒影，拥抱游人”，可容纳2200人观景。宝安西湾红树林公园作为西部活力海岸带的示范段，处于宝安西部活力海岸带的关键生态节点，汇聚宝安最丰富的生态资源、最美的海岸景观。

【曾氏大宗祠】曾氏大宗祠位于宝安区新桥街道新桥社区大宗祠路，始建于清乾隆年间，嘉庆三年（1798）扩建。五开间三进，占地面积1050平方米。前堂大门悬挂“曾氏大宗祠”匾额，楹联“天下斯文忠一贯，古今乔木第三家”。天井前立有石牌坊，由雕工细腻的花岗岩砌筑而成，这是清朝嘉庆年间为表彰新桥曾氏由皇帝御赐兴建，坊上横额楷书“大学家风”四字。中堂有天井，左右为廊庑，后堂为祖堂，供奉着宝安曾氏始祖曾仕贵以来的历代祖先牌位。该宗祠是深圳市建筑面积最大、建筑规格最高的祠堂，也是深圳市唯一一座五开间带牌楼亭阁的宗祠建筑。1984年公布为深圳市文物保护单位，2002年7月公布为省级文物保护单位。

【永兴桥】永兴桥位于宝安区新桥街道新桥社区桥头村。始建于清代康熙年间，重建于清乾隆五十年（1785）。全桥用花岗岩石砌筑。桥长50米，面阔3.4米，桥洞3个，洞高5米余，桥面两侧设置石栏，望柱上立石狮，柱间各嵌石栏板，石栏浮雕龙凤图案。永兴桥是深圳市唯一一座石拱桥，桥身结构坚固，造型美观，具有极高的桥梁工程技术和艺术水平。1984年9月公布为深圳市文物保护单位。

【中共宝安县“一大”会议旧址】中共宝安县“一大”会议旧址位于燕罗街道燕川社区，始建于清代中期，是燕川村陈素白的后人为纪念其祖先而兴建的分支祠堂，该祠为三开间两进一天井两廊枋建筑，主体建筑为砖木结构，清水外墙，大门门面、部分厅柱、墙角下部、檐阶、天井以经砂石岩石条为材料，前厅屋顶为船型脊，后厅屋顶为博古脊，通面阔11.6米、进深18.4米，占地面积213.44平方米。1928年2月23日，中共宝安县委在此召开第一次党员代表会议。抗日战争期间，中共领导建立的东宝行政督导处设在燕川村，这里曾作为督导处开展农民运动、减租减息的办公地。1999年3月29日被宝安区人民政府公布第一批文物保护单位。2000年深圳市和宝安区投入资金100多万元对其进行维修及设备的完善，并举办“宝安革命风云”陈列展览，把素白陈公祠改建成中共宝安县“一大”会议纪念馆，2000年10月建成，2001年6月正式对外开放。被深圳市确定为青少年爱国主义教育基地，红色旅游景点之一。

【深圳（宝安）劳务工博物馆】深圳（宝安）劳务工博物馆位于石岩街道上屋社区，是以外来劳务工为题材的博物馆，利用旧厂房改造而成，占地面积3500平方米。30年前，25名女工在这家名为“上屋怡高电业厂”的港资工厂中成为全国首批劳务工。该馆收藏并展示改革开放30年来广大劳务工在深圳工作生活的实物史料，全方位、多角度地反映劳务工群体的发展历史，旨在成为深圳乃至全国劳务工文物的收藏基地、劳务工历史的教育展示基地和劳务工问题研究基地。同时，这家博物馆也以别开生面的方式“昔日重现”中国第一批“三来一补”企业的创业历程和成长经历。深圳（宝安）劳务工博物馆于2008年4月正式开馆。2011年5月，获深圳首批红色旅游景区称号。

附：2017年宝安区文体旅游局领导成员名单

局　长：邓少玲

副局长：柯　明　童尽一　郭汉奎　卢　清

卫生　体育

卫　生

综　述

【概况】2017 年，宝安区共有医疗卫生机构总数 1102 间，较 2016 年年底增加 146 间，增长 15.3%。其中公立医院 9 间，民营医院 12 间，社康中心 135 间，诊所、医务室 760 间，门诊部、中医馆 175 间，卫生监督及疾控机构 7 间，慢性病防治机构 1 间，采供血机构 1 间，医疗服务站 3 间。病床总数达到 7980 张，较 2016 年年底增加 123 张，千人床位 2.53 张。宝安区拥有医疗卫生从业人员 18215 人（包括民营医院、诊所等），其中医生 6231 人、千人医生数 2.01 人，护士 6125 人、千人护士数 1.98 人。全区卫计系统公立单位（包含卫计局机关及下属 17 个单位）共配备公务员编制 86 个，事业编制 6101 个，雇员编制 13 个。拥有职工 12896 人，在编人员 5560 人，聘用人员 7336 人。硕士研究生以上学历人员 1395 人，占 10.82%；副高及以上职称人员 2135 人，占 16.56%。全年总诊疗 2076.59 万人次，增长 7.45%，其中门诊诊疗 1888.43 万人次，增长 8.0%。

【卫生资源】2017 年，宝安区医疗卫生重大项目有序开展。宝安人民医院（集团）第二人民医院、宝安第二人民医院（集团）总医院、区中心医院等 3 家扩建工程（一期）于 7 月 2 日正式启用，新建床位 550 张。宝安人民医院（集团）第一人民医院整体改造工程（二期）在 1 年时间内完成基坑工程的前期工作，顺利开工建设。宝安区中心医院整体改造（二期）完成可研及设计一体化招标工作。中医院（集团）福海医院完成初步规划方案。宝安第二人民医院（集团）总医院扩建（二期）完成医疗一级流程设计。宝安区中心医院、宝安区儿童医院等项目的前期准备工作继续推进。全区社康中心装修改造项目 53 个，其中新建项目 21 个，新建成社康中心 5 间。城市更新单元配建社康中心标准由 400 平方米提高到 1400 平方米。

【学科和人才队伍建设】2017 年，宝安区卫生和计生局进一步加强医疗卫

2017 年 4 月 14 日，宝安第二人民医院（集团）挂牌成立

2017 年 10 月 13 日，宝安区顺利通过国家慢性病示范区复评审并获专家组高度肯定

生人才和学科建设。宝安区拥有医疗卫生从业人员 1.8 万余人（包括民营医院、诊所等），其中医生 6231 人，护士 6125 人。新增市“三名工程”高层次团队 5 个，其中宝安人民医院（集团）3 个，中心医院 1 个，妇保院 1 个，总数达到 7 个。制定 A-F 类高层次人才评审认定办法及宝安区卫生柔性引才项目评审实施办法，累计申报落实人才专项经费 4297.92 万元。认定卫生 A-F 类高层次人才 57 人，其中包括博士生导师 3 人，省级重点学科带头人 4 人，硕士生导师 15 人。认定宝安区高层次人才 97 人。“人才引进 1000 工程”引进宝安区紧缺人才 160 人。柔性引才项目认定特聘顾问、特聘团队等 66 个。启动 200 名中青年骨干高级医师研修培养计划，选派 167 名优秀医疗卫生人才赴国内外进修培训。启动新一轮重点学科发展规划布局，错位发展区内重点学科。

医疗服务与管理

【医疗服务】2017 年，宝安区医疗服务水平和质量不断提升。连续 3 年实施改善医疗服务行动，通过推进预约诊疗服务、合理调配诊疗资源、改善患者就医体验、落实优质护理要求、规范诊疗行为“五大举措”，全面改善医疗服务。全区总诊疗量较 2016 年增加 144 万人次，平均住院、门诊收费分别是 8014.69 元 / 人次、168.88 元 / 人次，均低于全市平均水平。区属公立医院平均预约比为 46.8%，比上年增加 8.6 个百分点，连续 5 年位居全市各区之首。三大集团“智慧药房”项目全部上线使用，服务 18 万人次。线上全流程就诊服务全面推广，就医体验得到提高。中医药事业创新发展，继续完善中医医疗服务体系，加快推进中医院（集团）各分院及社康中心建设，福海分院、松岗分院、9 家社康中心立项。与南方医科大学、中国中医科学院洽谈全面合作。承办第二届全国中医馆发展论坛，加快建设宝安中医药主题公园与中医药博物馆。推动中医药大数据建设。圆满完成“广东省龙舟锦标赛”“宝马”等重大活动医疗卫生应急保障任务。

【医疗行业监管】2017 年，宝安区卫生监督能力稳步提升。进一步完善执法程序、规范执法行为、提高执法效能，保障执法公平公正，卫生监督实施全过程记录。处理全市首例无证非法行医处罚案件，得到社会广泛关注，也受到省卫监所、市政府的充分肯定和表扬。在卫生行政执法微课评比中，石岩卫生监督所（预防保健所）获全国二等奖，区卫生监督所及西乡卫生监督所（预防保健所）获得全国三等奖。行政审批事项实现 100% 网上申报、100% 网上审批。控烟处罚力度加大，对 4 间次违反《深圳市经济特区控制吸烟条例》的场所给予行政处罚，罚款 12 万元。受理医疗机构行政许可审批申请 468 宗，完成审批 377 宗，取得《医疗机构执业许可证》开业 158 家，主动申请注销《医疗机构执业许可证》66 家。继续推进“三调解一保险机制”建设，加强院内安全防范和医疗纠纷处置，依法依规处置医疗纠纷。2017 年全区医疗纠纷 210 例，处理完成 183 宗，其余 27 宗依法处理。受理医疗损害鉴定经费和尸体解剖经费申请 59 宗，支付医疗损害鉴定和申请尸体解剖经费约 55 万元。

【医药体制改革】2017 年，宝安区医药卫生体制改革稳步推进。以医疗集团建设为抓手，协同推进公立医院综合改革。出台《宝安区医疗集团化改革工作方案》，成立宝安第二人民医院（集团），医疗集团共 3 家。集团实行单一法人治理，形成医疗集团服务共同体、责任共同体、利益共同体。继续实施公立医院院长绩效考核。计划生育技术服务资源优化整合，原区计划生育服务中心更名为区计划生育管理服务中心。以完善全科医学服务体系为抓手，推进分级诊疗。制定实施“强基层”系列政策措施，社康中心基本医疗服务标准提高到 40 元 / 人次，较上年提高 60%。建立 5 个全科医学门诊和 1 个全科病房，加快推进慢病患者双向转诊工作。制定全市首部公立医院专家进社区补助经费管理办法，95% 的社康中心实现每周至少 5 个半天有专家坐诊。

2017 年 11 月 9 日，宝安人民医院（集团）第一人民医院整体改造工程（二期）完成基坑工程的前期工作，顺利开工建设

公共卫生与社区健康服务

【公共卫生】2017 年，宝安区公共卫生工作全面开展。创新基本公共卫生服务模式，将计划免疫查漏补种、严重精神障碍患者管控等公共卫生工作与网格综管部门捆绑管理，推动公共卫生社区全覆盖、网格化管理。连续 9 年未发生疟疾本地感染病例，顺利通过省专家组消除疟疾达标考核验收，成功实现消除疟疾的总目标。完成各类公共场所免费监测 7621 间次。加强法定传染病报告管理，开展传染病、病媒生物、消毒效果、死因等监测和预警工作，为政府防控决策提供技术支撑。完成一类疫苗接种 1206951 针次，接种量比上年增加 17.61%，接种率超过 95%。艾滋病抗体检测人数、高危人群干预人数不断提高。突发公共卫生事件应急处置能力进一步提升，全年处置传染病疫情 102 起，协调开展突发事件医疗救援 242 起，分批分类对全体应急队伍人员进行实操演练培训，开展综合性演练 22 次，培训 39 次。全年孕产妇死亡率 5.52/10 万，处于低位波动状态；新生儿破伤风发生率连续 3 年为零；婴儿死亡率、5 岁以下儿童死亡率下降到 1.80‰和 2.21‰，各主要健康指标数据达到中等发达国家水平。

【社区健康服务】2017 年，宝安区社康中心医疗服务能力不断提升。社康中心门诊服务人次占举办医院门急诊总量的 52%。稳步推进全科医生队伍建设，率先建立国际全科医生技能培训中心，并率先在全市完成第一期 24 名高级家庭医生认证工作。家庭医生培训、认证工作得到省、市的高度认可，并在全市推广。市全科医生技能竞赛成绩优异，全区 6 人参赛全部进入前 10 名并包揽总分前三。社康中心居民满意度跃居全市第三，员工满意度跃居全市第二，成为全市唯一居民满意度和员工满意度双双进入全市前三名的区。2 家社康中心获评全国优质服务示范中心称号。（易维洲）

附：2017 年宝安区卫生和计划生育局领导成员名单

局长、党组书记：杨北兵

党组副书记：陈泽强

副局长：代　扬　陈高飞（3 月止）
林　浩（7 月始）　陈锦隆（7 月始）

体育

【全民健身】2017 年，宝安区积极发展全民健身。拍摄大型群众性体育户外真人秀综合节目《健身总动员》20 期，区体育中心三大场馆全市率先推行白天免费开放政策，累计接待健身市民 836 万余人次，荣膺 2017 年深圳市“百佳市民满意项目”；举办青少年体育技能公益培训 40 余项培训 12755 人，完成国民体质测试 12864 人，培训国家三级裁判员 139 名、国家三级社会体育指导员 544 名，区体育中心获评“2013—2016 年度全国群众体育先进单位”。

【体育赛事】2017 年，宝安区举办各类体育赛事 173 项 5170 场，其中，宝安国际马拉松赛、广东省龙舟锦标赛、洲际篮球赛等高端赛事 13 项，宝安国际马拉松赛跳跃升格获评中国田协“金牌赛事”。“宝体杯”业余赛事比赛 32 站 3079 场，累计参赛 19846 人次，第三届“区长杯”青少年足球联赛参加学校、队伍数量均比第一届上升 50% 以上。

【竞技体育】2017 年，宝安区积极发展竞技体育。“陈静俱乐部训练基地”“宝安区青少年男子足球队训练基地”分别在体校、沙井中学挂牌。2017 年宝安区竞技体育获市级以上金银铜奖牌 537 枚，其中国际级 4 枚、国家级 71 枚、省级 113 枚，宝安女足获全运会亚军、“省长杯”冠军，体育单招考试 18 人被高等院校录取。

【文体设施建设】2017 年，宝安区实施“文体惠民”工程，加快文体服务设施建设，打造区、街道、社区三级服务网络，文化、体育设施总量排在全市首位，区级“新老三馆”完成前期、即将动工，宝安音乐艺术中心、体育中心网球场改扩建工程开展方案设计招投标，体育中心运动员集训中心开展项目建议书报建。街道级松岗文化艺术中心、松岗体育中心、新桥文化艺术中心先后投入使用，新安文体中心、石岩体育馆完成项目工程量超 60%。社区级建成户外篮球场等小场地 58 个，配送篮球架 40 副、室内乒乓球台 40 张、室外乒乓球台 40 张、室内健身器材 4 套、室外健身路径 33 套，扶贫龙川健身器材 59 件。接收政府文化类公配物业 11 处，出台管理办法并制定具体建设方案。在全市率先出台《公园体育设施建设规划》，率先实现街道和社区综合文化服务中心全覆盖的两个 100% 目标，提前完成市级下达的任务。

【体育产业】 2017 年，宝安区继续推动体育产业发展。出台《宝安区体育产业园区管理办法》，起草《宝安区高端体育赛事资助操作规程》《宝安区高水平职业体育俱乐部资助奖励操作规程》，这些文件的印发将填补区体育产业的政策空白。引进深圳首个体育行业专业孵化机构，和惠体育创意创业孵化园落户宝安，年吸纳进驻企业 150 家，孵化成功出园企业 50 家，培育久裕交通器材有限公司（自行车零配件）成为深圳首批体育产业基地示范单位。 （毕胜民）

2017 年 12 月 3 日，深圳宝安国际马拉松赛开跑

松岗体育中心

民 政

【概况】2017 年，宝安区民政局紧紧围绕区委打造“湾区核心、智创高地、共享家园”，率先建成新时代中国特色社会主义现代化先行区新样板的目标定位和上级民政部门的部署安排，以全面深化民政工作改革为动力，以保障和改善民生为重点，坚持“以民为本，为民解困，为民服务”的工作宗旨，努力践行“民政爱民、民政为民、民政惠民”，充分发挥民政在社会建设中的骨干作用，较好完成各项工作任务。新增社区老年人日间照料中心 10 家，总数达 31 家，为全市第一；区福利中心获“2017 广东省最佳养老机构”提名奖；稳妥开展社区居委会换届选举，参选率 96%，为宝安区历届之最；大力发展冠名慈善基金，新增冠名慈善基金 20 家；2017 年“广东扶贫济困日”筹集善款 1716.97 万元，在全市各区（含新区）排名第一；编印《宝安军人风采》，为建军 90 周年和党的十九大献礼；积极筹办机关党委成立大会；费英英当选党的十九大代表。

【社区救助】2017 年，宝安区民政局多措施保障困难群体，不断提升社会救助水平。提高城市居民最低生活保障标准，将全区城市居民最低生活保障标准从 800 元提高为 900 元，低收入居民社会救助认定标准从 1200 元提高为 1350 元，2017 年发放低保救助专项资金 420 万元。47 名低收入家庭学生获得学费资助 22.9 万元。深入推进临时救助，全年临时救助 247 人次，发放救助金 108.41 万元；在宝安区人民医院、中医院等 5 家定点医院上线实施困难群众医疗救助“一站式”结算服务，共救助 627 人次 9.2 万元；为 126 户低收入居民购买社保综合医疗保险，缴费 35.36 万元；为 500 名低收入居民购买重大病补充保险。关爱外来务工人员及其子女，实施外来务工人员及其子女重大疾病救助项目，共为 204 名外来务工家庭申请大病关爱基金救助 140 万元。开展困难群体心理帮扶工作，举办心理帮扶沙龙活动 10 场、学习讲座 35 场。

2017 年 5 月 27 日，宝安区委常委、组织部长吴晶看望慰问宝安区社会福利中心孤残儿童

常态化走访看望困难居民家庭，组织党员干部“一对一”结对帮扶低保困难群众。投入慰问经费224万元用于节假日慰问。提升防灾救灾能力。加强救灾物资仓库储备管理。下拨各街道防灾救灾经费212万元，建立防灾救灾物资预选供应商目录，与3个商家签订《宝安区民政局应急救灾物资委托代储备供应协议书》，以协议形式储存应急待购易耗物资。加强应急避难场所建设和管理。提前完成2020年全区达108处避难场所的任务目标。做好汛期台风暴雨等自然灾害防御工作。组织各街道开展防汛备汛工作安全大检查；常态化做好防台风暴雨工作，全年5次台风均按要求开放应急避难安置点108处，共转移安置15000余人次。编印4.5万册《宝安区自然灾害应急避险（避难）场所信息》发至各街道、各社区进行广泛宣传。积极开展“全国综合减灾示范社区”创建活动。组织开展“5·12”国家减灾日宣传周活动，全区创建13个“全国综合减灾示范社区”。

2017年10月31日，宝安区举办“宝城秋韵”老年人文艺汇演，副区长周学良、区民政局局长黄平彪出席活动并给“敬老孝亲文明家庭”颁奖

【社区建设】2017年，宝安区民政局着力增强社区自治能力，不断提升社区治理和服务水平。认真做好街道行政区划调整，高效推进完成区划调整勘界任务，依法确立四条新设街道界线，完成宝安区行政区划图、各街道行政区划图以及街道社区图集的编制更新工作。推进落实“插花地”属地管理，联合南山区开展“插花地”沿线行政区域界线界桩辅助点增设等工作，进一步明确行政区域界线管辖范围，推动两区全面落实“插花地”属地管理责任。稳妥开展社区居委会换届选举和任职培训，全区140个社区居委会换届选举顺利完成，选出新一届班子成员957人，印发当选证书15207份，通信录1700本，登记选民11.97万人，参选率96%，为宝安区历届之最。对全区社区居委会成员进行任职培训。加强社区工作站和社区居委会建设，推行社区工作准入制，制定社区工作站、社区居委会工作事项清单，统筹核拨社区社会管理经费6.724亿元；规范居委会管理，全区140个居委会实现居务监督委员会全覆盖；实施社区公益服务项目，发放服务补贴及管理经费333.8万元，全区社区公益服务人员261人，服务总时间23.15万小时；实施社区民生微实事项目，共申报服务类项目808个，下拨区级补助经费3100万元。强化新版社区家园网运行管理，建立完善区、街道、社区三级社区家园网工作人员队伍，举办社区干部网站实操技术培训班，完善社区家园网子网站的建设。开展“社区邻里节”活动，促进社区居民融合。组织在新安街道海裕社区举办深圳市第十一届“社区邻里节”宝安区分会场活动。全区共140个社区举办社区邻里节活动。以社区邻里节为平台，让居民走出家门相互了解，提升居民对社区的归属感和认同感，增强社区凝聚力，有效推动社区的和谐发展。发挥社工在社区公共服务领域的辅助作用。组织开展“‘欢乐暑假·社工陪伴’关爱来深留守儿童行动”，开展活动300多场，服务社区儿童15000余人次；推进设立龙川县社工工作站，发挥社工在对口扶贫工作中的辅助作用。

【社会组织】2017年，宝安区民政局着力规范社会组织管理，进一步增强社会组织服务社会能力。规范社会组织登记管理，编印《宝安区社会组织登记指引》，优化申请材料模板，实现社会组织登记“一窗式办理”；新登记成立社会组织79家，撤销登记47家，注销4家，变更登记66家。开展社会组织项目扶持和等级评估，扶持社会组织优质项目45个，共395万元；对19家符合条件的社会组织进行等级评估，以评促建。强化社会组织管理，走访82家社会组织，编制第五批承接政府职能社会组织目录，完成全区899家社会组织年检工作。发挥区社会组织培育服务中心作用。培育孵化社会组织10家，受理各类业务咨询700余次，开展各类学习交流活动9场，开展社会组织人才信息库专家服务14次（其中专家讲座及培训5次，一对一上门指导9次），举办各类专业培训及讲座13场。扎实推进社会组织党建工作。区社会组织党委新成立党支部24个，新增党员122人；召开七一党建工作座谈会，为30余家社会组织提供党建工作指导；借助宝安区人才库在库党建专家资源，组织7场党建专题培训、1场党建主题座谈会。

【双拥优抚】2017年，宝安区民政局落实拥军优抚政策，推动军民融合深度发展。加强双拥优抚资金保障，投入4418万元支持和加强国防建设，保障双拥优抚工作，将双拥优抚工作体现在具体行动上。投入资金较2016年增长14.3%。积极稳妥做好退役士兵接收、安置和就业培训工作，安置退役士兵172名，共发放安置经费和生活补助费2129万元；为58名退役士兵办理复户，为255名退役士兵办理社保接续；投入154万元开展职业技能培训，提高复退军人再就业能力；开设宝安退役军人服务微信平台，适时发布就业信息。大力开展双拥慰问和帮扶解困，结合春节、八一、烈士纪念日等重要节日，以及十九大特别防护期等特别活动，联系慰问部队246万元，发放优抚对象慰问金169万元。做好优抚对象日常服务，通过为家庭购买医疗保险、短期疗养、免费体检、送医送药活动等，解决优抚对象实际困难；保障优抚对象合法权益，办理各类优抚证件44个，新认定优抚对象14人，办理优抚对象关系转移18人，退回终止办理身份认定17人；开展"挂光荣牌"活动，制作发放"光荣军属牌""光荣之家牌"449块。积极创新拥军文化，组织编印《宝安军人风采》，得到中央军委原委员、中共中央委员、中国人民解放军总政治部主任于永波上将和原中共中央委员、中国人民解放军总后勤部政委张文台上将等3位将军的高度赞扬，并亲自为本书题写书名；为200名优抚对象开展健康知识讲座；开展庆祝建军90周年国防教育文艺巡回汇演；培育壮大社会拥军力量，引导社会力量开展技能拥军、文化拥军、法律拥军等活动。

【养老事业】2017年，宝安区民政局着力完善适度普惠型社会福利体系，养老服务水平不断提高。稳步推进居家养老。下拨居家养老服务经费592.7万元，居家养老服务运营管理经费29.6万元，惠及1600多名老人；新增高层次人才父母居家养老服务，享受补贴56位，拨付经费9.7万元。大力发展社区养老。新建社区老年人日间照料中心10家，年底累计将达到31家，较2016年增长47.6%；加大扶持力度，年内拨付社区养老财政扶持资金226万元，福彩公益金项目扶持资金250万元。加快推进机构养老。加快推进区级公办养老院建设，根据《区级公办养老院规划建设工作会议纪要》（深宝府会纪〔2017〕146号）会议精神，将养老院建设规模从600床调整至1000床，随后重新开展前期工作并调整相关指标，完成可行性研究、航空限高、人防核准、水土保持、用地规划指标调整申报、设计方案报批等20多项前期报批工作，开展概算报批、设计施工图审查、消防审查、工程规划许可报批等工作。创新发展智慧养老。开展"互联网+"养老试点，养老信息惠民工程系统培训、测试、推广等工作有序开展，年底将全面推行养老事业电子化办公。健全基本养老保障及福利制度。落实70岁以上户籍高龄老人津贴制度，给13021名老人发放津贴2205万元；继续推行"银龄安康行动"，4357名老年人自费投保，推动60～69岁户籍老人纳入购买意外险范围；简化敬老优待证办理流程，累计办理敬老优待证10333张；提高老年人依法维权意识，举办13场老年维权巡回法制讲座；加强"星光老年之家"运营管理，资助星光老年之家日常管理费用288万元；实施"幸福老人"计划，资助140个老年社会组织开展活动209场；举办2017年宝安区"宝城秋韵"老年人文艺汇演，对20个"敬老孝亲文明家庭"和"最美长者文明家庭"进行表彰。积极推进养老服务质量提升。开展养老院服务质量大检查大整治活动，区福利中心被市推荐参加省民政厅2017年福彩杯"老有所依，天使在身边"养老院服务质量专项行动之广东省最佳养老机构评比，区福利中心主任陶隽被评为广东省优秀养老院院长。

【社会事务】2017年，宝安区民政局着力推行民政服务标准化建设，社会事务管理水平进一步提升。婚姻登记服务更接地气。婚姻登记坚持实行延时服务、节假日服务、预约服务和免费颁证服务，最大限度地满足群众需求。共办理婚姻登记10409宗，其中结婚登记6572对，离婚登记3054对，补发婚姻登记证783宗，登记合格率100%。开展婚姻家庭辅导，咨询辅导846例，其中调解372例，成功317例，成功率85%。丰富婚姻文化，举行婚姻幸福讲座等活动，累计举办活动11场。特殊儿童养育教育水平不断提高。规范护理工作，全年诊治32902人次，转院84人次，外出诊治215人次，无群体性疾病发生。妥善做好93名托养机构返院儿童安置工作，拓宽康复思路，巩固特色康复成效，为92名儿童实施康复治疗，为1名脑瘫儿童实施骨科矫形手术，3名开展术后康复训练。完成中心适龄儿童预防接种497人次，建卡率100%；开展儿童体格生长发育监测325人次。完善新入学学生档案，制订个别化教学训练计划，开展素质教育课堂、青春期教育课堂、特殊儿童社会适应能力拓展项目。加强就业技能培训，新增职业教育项目4个，促进残障儿童的就业技能提升。社会救助服务有序推进。按照求助有门、处置有章、救助有效原则，坚持依法救助、主动救助、人道救助，救助流浪、乞讨人员3507人次，服务25442人天次。街面主动流动救助599人次，发放物资3791件，帮助332人找到亲属，护送返乡39人。孵化"暖城计划""社会救助体验营"等三个"微救助"服务项目；救治全区流浪乞讨病人1002人次，救治费用647万元。完成51名异地托养对象接回任务，新增35个社区流浪乞讨人员救助咨询点，范围覆盖全区各街道。不断提升殡葬服务水平。6个街道公益性墓园均建有生态墓区，免费为群众提供花葬、树葬、草坪葬等不保留骨灰，地表不留标记的生态安葬。继续做好生态墓区的建设和管理工作，推行安葬方式改革，下拨经费60万元，给予每个生态墓区补助经费10万元。清明、重阳节期间全区墓园共接待祭扫市民25万人、车辆5万余辆，无安全事故发生。

【民政队伍建设】2017年，宝安区民政局强化内部管理，领导班子和干部队伍建设切实加强。坚持“党务政务两不误，党务政务两促进”的工作原则。加强领导班子建设，完善局长办公会和局务会重大问题议事规范，坚持重大事项集体讨论、集体决策。落实领导班子成员分工，强化岗位责任。加强领导班子党性和廉政教育，“一把手”亲自带头上党课。深入学习贯彻十九大精神，邀请十九大代表费英英上党课。积极筹建机关党委成立大会，成立深圳市宝安区民政局机关党委筹备工作领导小组，确定机关党委（纪委）组成人员结构，经党员大会选举产生中国共产党宝安区民政局第一届委员会和第一届纪律检查委员会。加强干部责任意识，开展比先模人物的思想境界，比解放军铁的纪律，比白衣天使的责任感，比煤矿工人的工作环境，比下岗工人的工资待遇，比农民的生活水平“六个对比”讨论活动。进一步增强干部的责任意识，增强全局意识，增强政治意识，增强创新意识。加强干部作风建设，组织民政系统先模事迹报告会，树立先进典型，让大家学有榜样。开展党员干部与困难群众一对一结对帮扶，组织党员到龙川开展扶贫工作。开展体验学习，组织开展“欢庆十九大·颂歌献给党”演讲比赛，参观深圳改革开放展览馆，集体观看防腐倡廉视频资料，增加干部党性观念，提高拒腐防变能力。邀请第三方专业机构进行审计，加强对低保金、优抚金、社区管理经费、慈善公益金等专项资金等的监管。用好督查系统，推行“知判议决督”全链条封闭管理，建立督查督办工作制度。坚持责任导向和层级管理，坚持实施局领导与科室、单位负责人绩效面谈制度。实行每周局领导班子办公会、每月局务会和重点工作督办通报制度，提高行政履职能力和工作效率。 （熊春波）

附：2017年宝安区民政局领导成员名单

局　长：黄平彪

副局长：史纪新　胡应福（3月起）　张明明

公益慈善

【概况】2017年，宝安区慈善会紧紧围绕区委区政府提出的打造“真心慈善、创新慈善、文化慈善、合力慈善”的工作要求，不断创新，多渠道多形式开展慈善活动，不断丰富宝安慈善文化内涵，持续提升慈善公信力，在区民生和保障领域发挥重要作用。2017年共接收善款2681万多元，发放慈善金3352万多元，实施公益慈善项目10个，成立冠名基金2家。

【慈善募捐】2017年，宝安区慈善会多形式多渠道开展募捐活动，壮大慈善资金实力，最大限度发挥慈善金救助功能，惠及更多困难群众。在总结第二届大赛经验的基础上，宝安区慈善会第三届公益慈善项目大赛经过初赛、尽责调查和决赛路演，共10个项目获宝安区慈善会资助并实施，项目类型涵盖关爱特殊儿童、社会帮扶和外来务工子女等。为更好地确保资助项目的效果，第三届大赛将项目实施周期由1年改为2年，每个项目最高资助由原来不超过20万元提升为30万元，通过项目运作方式，救助更多区内困难群众，提升社会组织专业水平，培养区公益慈善专业人才，为宝安慈善事业发展注入新活力。继续开展慈善微跑活动，倡导健康的生活方式。2017年4月，宝安区慈善会在认真总结第一届慈善微跑活动的基础上，举办第二届“与爱同行”慈善微跑活动。慈善微跑活动由区慈善

2017年4月15日，宝安区举办“与爱同行”第二届宝安慈善微跑活动

会、区工商联、区义工联、中国银行宝安支行共同倡导和主办，以“与爱同行”为主题。活动在凤凰山森林公园绿道举行，进行10公里折返微跑，当天参与慈善微跑活动的爱心人士超过3000人。慈善微跑活动倡导健康的生活方式，有效宣传慈善理念。重点培养和发展冠名基金，让救助更具有针对性。由深圳市洪韦盛实业有限公司捐款100万元成立福海信息港慈善基金；深圳市鼎盛精密工业有限公司捐款50万，成立鼎盛精密关爱基金。冠名基金的成立，充分激发企业家参与慈善的热情，让救助更加灵活多样和精准。2017年接收深圳市新世界房地产开发有限公司定向捐赠金额400万元，用于龙川扶贫项目。各街道发动辖区企业，定向捐款611万多元，用于广西大化、都安县集中供水工程（俗称“水柜”）项目。项目对接让慈善帮扶项目化、精准化。2017年共接收广东扶贫济困日善款1737万多元，位居全市第一。是区慈善会配合区政府开展精准扶贫工作的重要举措。

2017年6月30日，宝安区举办慈善奖表彰大会暨2017年“广东扶贫济困日”活动启动仪式

【慈善救助】2017年，宝安区慈善会坚持“弘扬中华民族扶贫济困的传统美德，开展安老、扶孤、助学、助医、助残、济困、救灾工作”的宗旨，始终把生活最困难、遭遇最不幸、群众最同情的弱势群体作为救助重点。慈善救助，能够有效缓解弱势群体的困难状况。2017年，宝安区慈善会接收善款2681万多元；实施公益慈善项目10个；成立冠名基金2家；共救助困难群众369人次，救助金额387.30万元，其中户籍困难居民重大疾病救助208人次共257.45万元，劳务工重大疾病救助145人次共119.06万元，突发性重大事故救助9人次共4.99万元，关爱驻地困难官兵救助2人次共0.8万元，个案救助5人次共5万元。2017年是宝安区慈善会成立10周年，区慈善会系统总结十年来取得成果和荣誉。宝安区慈善会致力打造真心慈善，深入推进创新慈善，坚持弘扬文化慈善，积极探索合力慈善，在扶贫济困、救灾救助等慈善事业取得瞩目成绩的过程中，彰显鲜明的、独特的特色。通过系列总结与回顾，积极谋划未来前行的道路，让宝安的慈善事业向高度、广度、深度推进。编印宝安区慈善会10周年大事记，评选成立10周年10件有影响力的大事。将成立10年来宝安区慈善会两届理事会的工作进行梳理，图文并茂留存珍贵的历史资料，为慈善会的传承与发展奠定良好基础。经过专家委员会研究，评选出成立深圳市首个区级慈善会、慈善救助办法正式启动、举行“5·12”汶川特大地震募捐、启用宝安区慈善会会标、发布慈善动漫、会歌和慈善娃、颁发首届宝安区慈善奖、开展慈善文化进校园活动、出台慈善会首个五年规划、举办首届优秀公益慈善项目选拔赛、打造“合力慈善”、举办“基层公益慈善组织创新发展深圳宝安论坛”等十件有影响力的大事，号召宝安市民进一步关心慈善、追求慈善、参与慈善。举办“宝安区慈善会成立十周年回顾展”。回顾展在区城市规划展览馆负1楼展厅布展，展览分“探索”“创新”“收获”“前行”4个板块，充分反应宝安区慈善会发展的历程。展览面积1000平方米，系统展示区慈善会经过从无到有、从有到强的发展和成立十年来取得成果和荣誉。根据回顾展内容，编印《深圳市宝安区慈善会十周年（2007—2017）》画册。出版《基层慈善改革创新实践——宝安区慈善会十年探索》。该书共15万多字，以宝安区慈善会为案例，在募捐模式改革、内部治理机制完善、社会吸纳与合作、慈善文化传播、嵌入性社会治理改革等方面，通过经验观察和理论思考，提炼出符合我国基层慈善会改革和发展趋势的经验和模式。制作宝安区慈善会成立10周年专题片《慈善 在路上》。收集慈善会成立以来的影像资料，制作慈善会成立10周年专题宣传片。通过“涓涓细流 汇聚成海”“大道至简 慈善从微”“阳光慈善 爱心托付”“春风化雨 润物无声”等板块，充分体现区慈善会的发展道路和宝安特有的慈善文化。打造慈善文化宣传品牌。与宝安日报社合作办好42期《慈善周刊》和5期《善源》杂志。

【慈善队伍建设】2017年，宝安区慈善会严格执行章程和财务管理制度、慈善资金审批制度，坚持集体审批慈善金。开展第三方审计，主动接受财政、审计部门和专业机构以及社会的监督，不断规范慈善金使用，进一步提升慈善公信力。继续开展第三方审计，确保慈善金规范使用。慈善会在政府采购专业机构中认真筛选，聘请深圳市长城会计师事务所有限公司作为第三方审计机构，对慈善金的收支情况进行审计。审计结果表明，宝安区慈善会财务报表按照《基金会管理条例》和《民间非营利组织会计制度》的规定编制，公允反映宝安区慈善会 2016 年 12 月 31 日的财务状况及 2016 年度的业务活动成果和现金流量。继续发挥监事会监督作用，自觉接受社会监督。坚持每季度、每半年向监事会报告慈善金收支情况，接受监督，听取意见和建议。监事会成员对区慈善会慈善金的管理给予高度肯定。同时通过微信号公众号平台、慈善会网站、报纸等媒介，公开每一笔慈善金收支情况，接受社会监督。市民可通过慈善会微信、网站等途径查询慈善金使用情况。认真做好《慈善法》的学习培训，提升以法规范慈善活动的能力。2017 年，宝安区慈善会贯彻落实《中华人民共和国慈善法》。10 月，在全区 10 个街道分别召开慈善救助业务培训班，300 多人参加培训。此次专项培训旨在学习《慈善法》，深度解读宝安区慈善会救助办法，推动宝安区慈善救助工作的顺利开展，将救助措施、办法深入社区，落到实处。

【“合力慈善”打造】2017 年，宝安区慈善会积极落实区委提出的打造“合力慈善”工作要求，把慈善事业的发展引向新高度。宝安区慈善会重视队伍建设，开展多项学习交流，积极打造“合力慈善”，努力提升慈善队伍专业化水平。联系服务会员，推动慈善工作。走访名誉会长、理事、会员和社会组织。会长张洪华亲自带队走访慈善会名誉会长、理事、会员和区内公益慈善类社会组织，加深了解，宣传慈善理念，报告慈善会工作，听取慈善会发展意见和建议。举行宝安区慈善奖表彰大会，营造良好慈善氛围。6 月 30 日，在区委区政府会堂举行宝安区慈善奖表彰大会，激励和表彰支持宝安慈善事业的企业、机构和个人，评选出欧阳泉、曾少强等慈善捐赠个人奖 20 名；鸿荣源置业集团（深圳）有限公司、深圳市宏发投资集团有限公司等慈善捐赠企业奖 20 名；深圳市宝安区义工联合会、深圳市宝安区茶文化研究会等慈善典范机构 10 名、深圳市宝安区总商会、卢暖培等慈善推动奖 20 名，树立慈善典型，营造全民慈善的良好氛围，更好地推动宝安慈善事业发展。深入推进“合力慈善”工作。指导松岗街道成立慈善协会，与松岗街道签订《推进公益慈善事业发展合作框架协议》；指导福海街道成立慈善协会，充分发挥街道、社会组织和企业的优势，共同搭建平台，进一步打造“合力慈善”，惠及更多困难群众。开展社会组织等级评估工作。为规范运作，依法履行职责，促进自身健康发展，宝安区慈善会在基础条件、内部治理、工作绩效和社会评价等方面接受业务主管单位的评估检查。对登记和监督、内部治理、业务活动、财务管理和信息公开五个方面 85 项工作进行梳理和展示。区慈善会是唯一获评 5A 级的社会组织。社会组织等级评估工作的开展，有效促进自身建设，为发展夯实基础。　　**（郝肖男）**

附：2017 年宝安区慈善会领导成员名单

会长：张洪华

常务副会长：项　健

副会长：陈长贵　黄平彪　苏洪根　欧阳泉　曾少强　林填发　翁志明　黄尔春　吴换炎　忻元甫　刘焕德

秘书长：刘国玲

社 保

【概况】2017 年，宝安区各险种参保总人次达 1206.40 万，约占全市份额的 21%。其中养老保险参保 206.17 万人，比上年增长 11.12%；医疗保险参保 288.01 万人，增长 8.25%；工伤保险参保 234.61 万人，下降 6.87%；失业保险参保 233.03 万人，增长 4.99%；生育保险（含生育医疗）参保 244.60 万人，增长 5.57%。

【社保征缴】2017 年，宝安区全年共征缴各项社会保险费达 162.06 亿元，比上年增长 17.16%。其中养老保险征缴 112.25 亿元，增长 13.43%；医疗保险征缴 34.97 亿元，增长 29.31%；工伤保险征缴 3.03 亿元，增长 39.03%；失业保险征缴 8.36 亿元，增长 19.27%；生育保险征缴 3.45 亿元，增长 10.05%。

【社保待遇】2017 年，宝安区各项社保待遇依法依规准确及时发放。全年审核退休人员 3909 人次，发放养老保险待遇共计 15.42 亿元，比上年增长 10.29%；审核市外医疗保险费用报销 31118 人次（其中生育医疗保险 20421 人次），医保待遇偿付 31.61 亿元，增长 17.86%；支付生育津贴 19920 人次，发放生育津贴 1.73 亿元，增长 162%；全年工伤认定 6370 人次，工伤待遇发放 7593 人次，其中工伤补偿金额约 27630 万元，增长 14.2%，工伤医疗费支付 5744.2 万元，增长 4.39%；失业金申领累计 18594 人次，发放金额累计 1.27 亿元，增长 6.8%。

【社保稽核】2017 年，深圳市社会保险基金管理局宝安分局稽核、检查各类企业 518 家，涉及人数约 3.88 万人，追缴社会保险费共计 685.2 万元。重大案件跟进督办，对“梁标骗保案”

2017 年 8 月 9 日，宝安区副区长周学良到区社保局调研

等大案要案迅速响应，填补此类案件移交司法部门的空白。信访维稳方面，制定《深圳市社会保险基金管理局宝安分局关于特别防护期信访维稳工作方案》并严加执行，按照“一人一策一专班”的要求，逐人列管纳控，跟进落实。

【社保创新】2017 年，深圳市社会保险基金管理局宝安分局推进社保创新工作。社保同城通办业务向纵深推进，2017 年基本实现全部业务险种的“一窗式”通办，服务能力不断提升；进一步加大社保自助服务终端机的覆盖面。宝安区 82 个社区累计投入 159 台社保自助服务终端机，服务近 320 万人次；推出养老金领取资格“刷脸”在线认证业务，深圳退休人员足不出户就可以轻松办理每年的认证手续；截至 2017 年年底，深圳市 80 家医院纳入省内异地就医直接结算系统，72 家纳入跨省异地就医直接结算系统，其中宝安区 12 家二级定点医疗机构全部上线该结算系统，宝安参保人可享受广东省内 510 家医院、全国 4800 多家医院的异地就医结算服务；医保移动支付实现掌上医保，亲民便民，“医保移动支付”与支付宝、微信、平安集团、建设银行、银联云闪付 5 家支付平台建立合作关系，宝安区就诊量较大的 8 家公立医院和 1 家民营医院开通移动支付；积极推进“智慧医保”系统上线工作，选取深圳恒生医院为深圳市第一批智慧系统的试点医院，加强监管力度，利用系统的“事前”“事中”“事后”监控，初步实现对医疗机构门诊诊疗行为、对医生超量用药、超标准收费等数据筛查，密切跟踪监控指标，发现疑似违规行为，进一步现场查实，截至 2017 年年底，基本完成宝安区所有定点医疗机构和定点药店的智能监控系统对接工作；重构宝安区统筹医保信息系统，完成辖区内 62 家定点医院及社康中心的区统筹系统重构，极大方便群众就诊。（孙　颖）

附：2017 年深圳市社会保险基金管理局宝安分局领导成员名单

局　长：程盛芝

副局长：刘树辉　梁　云

人口与计划生育

【计生管理】2017 年，宝安区加强计生管理。2017 年宝安区户籍人口总数 570082 人，户籍人口出生 15292 人，政策生育率 97.83%；常住人口总数 4467122 人，常住人口出生 68862 人，政策生育率 96.89%。计划生育目标管理责任制有效落实，根据省考核新要求，加强对街道和计生兼职单位工作的指导和检查，对全区 10 个街道进行计划生育目标管理责任制考核。全员人口信息库建设进一步加强，开展国家流动人口动态监测，完成入户问卷调查，加强人口计生信息数据动态监测并对育龄群众进行监测。利用多种媒体公布打击“两非”有奖举报电话和信箱，多部门联合执法开展集中整治“两非”专项行动。协助查处跨区域“两非”案件 7 宗。

【计生惠民服务】2017 年，宝安区全面开展计生、妇幼惠民服务。开展 21 项全区性计生和妇幼项目。完成 22333 例地中海贫血初筛、33877 万例新生儿疾病筛查和 38171 例宫颈癌和乳腺癌免费筛查。免费优生健康检查 9362 对夫妇，免费查环查孕服务 116225 人。为 0 ～ 3 岁婴幼儿提供 8029 人次科学育儿指导与干预，为 15094 户户籍独生子女家庭购买意外伤害保险。宝安成为全国消除艾滋病、梅毒、乙肝母婴传播项目 6 个试点区县之一，为全国推广提供经验和办法。

【计划生育利益导向】2017 年，宝安区卫生和计划生育局抓好计划生育利益导向。向 1338 名育龄群众发放节育奖 103.32 万元，向 1468 名职工以外户籍独生子女父母发放保健费 24.23 万元，向 76 名群众发放计划生育特别扶助金 68.52 万，向 4973 名群众发放独生子女父母计划生育奖励金 1204 万元。

2017 年，宝安区表彰卫生计生系统“十佳”先进工作者

【计生依法行政落实】2017 年，宝安区卫生和计划生育局做好计生依法行政落实。通过在媒体开设宣传专栏，开通官方微博和微信公众号，开展宣传咨询和义诊服务活动，举办图片展览等方式，大力宣传“全面二孩”政策。严格落实各项制度。严格实行首问责任制度、一次性告知制度和限时办结制度，按照规定的办事权限、办事程序、办事材料办理各类审批。实现“100% 审批事项网上受理，100% 审批事项网上办理”。2017 年，全区办理计生证明约 6.4 万份，办理一孩登记 7212 宗，二孩登记 11636 宗，再生育审批 309 宗。宝安阳光计生服务热线（29996797）每周 7 天每天 24 小时提供服务。每月对咨询电话数据进行分析，对群众反映较多的热点问题进行专题宣传。2017 年，阳光计生服务热线为群众提供计生政策咨询服务 8738 人次，接通率 100%。

（易维洲）

职业培训

【概况】2017 年，宝安区委区政府高度重视产业工人职业技能培养和市民素质提升工作，素质工程联席会议成员单位通力配合，共同深入推进素质工程各项工作，召开宝安区 2017 年素质工程联席会议，审定并印发《深圳市宝安区社区教育专项经费管理使用办法》和《深圳市宝安区素质工程专项经费管理使用办法》等文件，统一部署 2017 年全年工作目标任务；瞄准区 350 万产业工人和 530 万市民，打造职业训练和市民素质提升的专业机构，为建设“滨海宝安、产业名城、活力之区”提供人才和智力支撑，并进一步推进宝安区城市学院规划建设。“企业员工素质提升行动”被深圳关爱行动系列推选表彰活动组委会评选为 2017 年深圳关爱行动“百佳市民满意项目”等荣誉。2017 年，宝安区职业训练局（城市学院）开展宝安区首届“终身学习节”。举办城市学院名师系列讲座（中国复兴与中国文化的世界使命、中国复兴与中国文化的根本精神、中国复兴与汉唐文化的精神、中国复兴与文化自信、中国复兴与人才兴邦——以曾国藩识人用人为例、粤港澳大湾区中的深圳未来与宝安前景）。举办 2017 年深圳市“全民终身学习活动周”宝安分会场开幕式暨“民生培训进小区”动员会。承办全国社区教育数字化学习联盟成立大会暨学术研讨会。

【国际合作交流培训】2017 年，宝安区职业训练局（城市学院）服务产业强区建设，推动国际合作交流培训。与德国 IB 集团、F+U 集团就开展双元制职业培训达成合作意向，以“我们把做高端制造业企业家当成心肝宝贝”为服务理念举办中德产业合作总裁培训班，组织企业经营者赴德国学习工业 4.0 战略下的德国智能制造、制造自动化技术和现代生产管理技术等，进一步加强国际交流合作培训，做到文化、产业、人才、技术、理念“五个交融”，交易先交心、交心后合作、合作后扶持、扶持后互助、互助后共进，共培训学员 103 名，11 家学员企业与德方达成合作意向，走访考察德国工业 4.0 智能制造企业、孵化器、研发机构等 16 家、德国教育协会、教育集团、学校、公共服务机构 15 家、政商界交流 6 次、德国工业 4.0 创始人等专家教授专题讲座 8 场、中德企业家交流 320 人次；围绕宝安区产业发展需求，积极探索培训调研和课题研究，研发 VR 科技和机器人培训课程，为宝安区产业转型升级提供技术支撑。

【社区教育】2017 年，宝安区职业训练局（城市学院）深入开展社区教育，助力建设“共享家园”。“以人的素质提升”来推进社区治理，发挥宝安城市学院主阵地作用，扎实推进学习型宝安建设，编撰出版《城市第一课》读本和《学习之星口述史》，举办宝安区首届“终身学习节”活动和 2017

2017年，宝安城市学院以“市民素质提一分，治理成本降一成”为理念，多次开展“民生培训进小区”系列活动及举办各具特色的“市民学吧”

年深圳市“全民终身学习活动周”宝安分会场开幕式，推出110名“百优十佳”学习之星，并开发宝安学习地图，向市民推出549项民生工艺免费培训项目；承办全国社区教育数字化学习联盟成立大会暨学术研讨会，来自全国28个省、市149个单位的268位代表参会；举办宝安区市民大学堂，邀请著名专家学者作精彩演讲，成功举办各类主题讲座241场，受众1万多人次，尤其举办城市学院（凤凰国学堂）名师讲座和沙龙14场，分别邀请成中英、楼宇烈等国内外学术名家作主讲，多名市、区领导出席参加；加强宝安区城市学院师资队伍建设，充实完善社区教育师资库，面向社会公开征集，初步建立起拥有150多名的专家学者组成的师资库，聘任33名来自各行各业人士为宝安城市学院首批客座教授；开展2017年开展市民讲外语系列活动，举办示范英语角300场、德语夜校企业班和机关班共4期，培训近万人次；带动各街道组织开展精英就业和创业、会计操作及居民技能等民生类和就业创业类项目培训，培训达上万人次；开展第三辑宝安区社区教育典型案例编撰及社区教育发展报告编制工作，挖掘总结社区教育服务民生创新工作52篇、老年教育16篇、青少年教育10篇；继续与华南师范大学、华南农业大学、深圳信息职业技术学院开展成人高等学历教育合作办学业务，共开展28个专业本、专科班，在校生532人；成功组织石岩街道创建全国社区教育示范街道，也是全市唯一示范街道，同时海乐社区等12个社区高分通过评估成功创建深圳市学习型社区，安乐社区等10个社区高分通过评估成功创建宝安区学习型示范社区；同时根据市民学习需求结合宝安特色，针对性开发7个微课在线学习课程，购买104个微课在线学习课程，满足居民随时随地的在线学习需要，为下一步“O2O”线上城市学院学习资源建设打好基础，启动数字化学习资源建设工作。

【民生培训示范区】2017年，宝安区职业训练局（城市学院）探索建设共享家园，打造民生培训示范区。根据老百姓需要，在西乡街道龙腾社区、松岗街道东方社区、沙井街道后亭社区、新安街道洪浪社区针对性开设“健康学吧”“父母学吧”“安全学吧”“心灵学吧”等“市民学吧”。同时，通过在线直播，搭建信息化平台，达到小马拉大车的效果，营造“时时能学、处处可学、人人皆学”的浓厚氛围，实现居民“学在小区”和“在家中学习”。4场试点主题培训活动直接培训居民600人次，通过直播录播平台培训居民达2万多人次。

【宝安区城市学院规划建设】2017年，宝安区职业训练局（城市学院）推进宝安区城市学院规划建设。上半年完成宝安城市学院（筹）建设工程（一期）的项目前期申报手续，并移交区建筑工务局进行项目建设，科学编制城市学院十三五规划，构建“三院一中心”，即社区学院、工匠学院、企业家学院、公共实训中心（职业技能鉴定中心），设置八大市民学习体验中心，11个实训中心及六大实验室，有序落实城市学院（一期）（中国人民大学深圳校区过渡校区）全部申报手续、部分建筑物拆除审批、学院安全管理、原老职校资产处置、过渡校区智能化系统建设和设备购置及“三化”（绿化、智能化、亮化）工作，强力推进宝安城市学院（人大过渡校区）规划设计建设，并形成整体框架，项目完成全部施工，进行竣工验收准备工作。城市学院（筹）建设工程（二期）规划、可研工作初步完成。

【职业培训助力产业升级】2017年，宝安区职业训练局（城市学院）职业培训助力产业升级。针对企业高层次人才，产业工人和企业管理人员，大力开展职业训练和管理能力方面等相关培训活动，牵头联合相关部门合作完成第十五届中国国际人才交流大会国际职业教育与高技能人才专馆宝安展区的布展工作。多形式多渠道打造国际职业教育和高技能人才专馆宝安展区，及联合

2017 年 8 月 4 日，宝安城市学院在沙井青年创业中心举行宝安青年创业辅导沙龙活动

共同发起宝安区统计培训学校；首次建设企业内训平台，并经专家进行评审，成功在深圳市银宝山新科技股份有限公司、华讯方舟科技有限公司、深圳市航盛电子股份有限公司 3 家公司建立企业内训平台，为建设宝安区公共实训和企业内训平台建设打下基础；聚焦产业人才开展技能培训，提升产业工人技能，促进企业转型升级：推出领航计划、少帅计划、动力计划等企业培训“套餐”，培训 1250 人次，进一步提升现代企业经营管理能力和企业发展竞争力；支持宝安区 47 家企业开展 102 个项目的自主培训，培训 4116 人次，积极发挥企业主体作用；开展创客创新、工业机器人、工匠精神与中国制造、电子产品研发与设计专题等 4 个专题的工匠大学堂培训，培训 1500 人次，大力提升宝安区产业工人的整体综合素质；开展 55 个主题的技师沙龙活动，培训 1952 人次，加强技能人才学习交流。同时不断加强鉴定质量管理和积极开展职业技能鉴定工作，为产业人才 30923 人次提供培训鉴定，组织职业技能鉴定 10077 人次（其中，初级工 3911 人，中级工 5624 人，高级工 542 人。经考试合格取得《职业资格证书》5012 本，鉴定量居全市各区之首，超额完成年度工作目标任务）、全国计算机等级考试 7341 人次、联合办学学历教育在校生 532 人，并深入社区、工业区张贴宣传海报 5000 张，派发宣传手册 1 万份，进一步扩大职业技能鉴定影响力和深入调研，不断开发职业技能鉴定新工种。

【职业培训项目督查评价】2017 年，宝安区职业训练局（城市学院）项目督查评价日趋体系化。为充分发挥“制度 + 科技 + 责任”的作用，落实“管、办、评”分离，通过集中采购、远程督查等措施，进一步促使职业培训和社区教育分类项目监管、督查、评价依据数据化，督查评价体系化；认真审核 2016 年 122 份督查评估报告和总结，及进行归档；编制《宝安区职业培训和社区教育分类项目督查评估体系》《第三方督查评估工作指引》，出台《宝安区职业训练局（城市学院）职业培训和社区教育分类项目培训教育机构管理考核暂行办法》、设计《社会监督公示牌》等项目相关物料；跟进机构项目课程开展现场（远程）督查，对不到位机构实行补课等整改措施；同时不断完善职业培训和社区教育预选供应商管理制度，推进供应商招录补录工作，首批宝安区职业培训和社区教育政府采购预选供应商完成招录 25 家机构。 （曾志远）

附：2017 年宝安区职业训练局（宝安区城市学院、宝安区素质工程领导小组办公室）领导成员名单

党组书记、局长（院长、主任）：
贺泉龙

党组成员、副局长（副院长、副主任）：
刘益民　车勇成（4 月止）

副局长（副院长、副主任）：
王凌云（5 月起）

党组成员、教务长（副院长）：
傅海茫（6 月起）

居民收支与消费者权益保护

【居民收入与消费】2017 年，根据居民家庭抽样调查资料，全年城市居民人均可支配收入 48382.93 元，比上年增长 9.0%；居民人均消费性支出 33447.41 元，增长 8.2%，恩格尔系数为 31.6%。

【消费者权益保护】2017 年，深圳市市场和质量监管委宝安局认真做好消费者权益保护及权益维护工作，共受理 12315 投诉举报中心转办诉 46924 件，其中热点投诉人提交的热点件 16724 件，比上年增长 53.9%，挽回消费者直接经济损失 104.6 万元。制订出台《宝安局关于印发 2017 年热点投诉举报处理和行政复议诉讼办理主要应对措施的通知》，成立热点投诉举

报跟单小组和投诉举报处理中心，有效减少因投诉举报办理时限超期而引起的复议诉讼；检查更新42家消费者权益服务站，督促新建4家消费者权益服务站，全区服务站总量达287家；首次召开宝安区消费维权告诫培训会，对被投诉前十名的商超进行通报，并要求根据自身情况认真查找问题，做到规范经营、减少被诉。 （岳辉跃）

2017年3月15日，市市场和质量监管委宝安局举办“网络诚信 消费无忧”3·15国际消费者权益日宣传活动

附：宝安区2017年从业和工资收入情况简析

2017年，在区委区政府的坚强领导下，全区上下以习近平新时代中国特色社会主义思想为指引，全面贯彻落实党的十九大精神，坚持稳中求进工作总基调，以供给侧结构性改革为主线，推进一系列积极的就业政策，全区经济实现有质量的稳定发展，就业形势保持稳定，工资水平延续增长势头。

一、从业人员基本情况

截至2017年12月，辖区单位从业人员（统计范围为纳入国家企业一套表四上非私营企业和四下统计的单位，不包括私营单位和个体工商户）88.52万人，比去年同期增加5.46万人，增长6.6%。从业人员中在岗职工从业人员87.58万人，占总人数的98.9%；其他从业人员（主要包括聘用的港澳台和外籍人员等）0.94万人，占总人数的1.1%。单位从业人员结构呈如下特点：

（一）企业、事业单位从业人员增长最快，机关单位保持平稳

从执行会计标准类别分组看，2017年企业单位从业人员为85.33万人，占总人数的96.4%，与去年同期比增长6.7%；事业单位为2.10万人，占总人数的2.4%，与去年同期比增长12.4%；机关单位为1.09万人，占总人数的1.2%，与去年同期比增长0.1%。

从经济类型来看，国有单位从业人员为3.49万人，占总人数的3.9%，与去年同期比增长5.1%；集体经济为0.12万人，占总人数的0.1%，与去年同期比下降7.7%；其他经济从业人员为84.91万人，占总人数的95.9%，与去年同期比增长6.7%。

在其他经济中，内资从业人员为30.51万人，占比35.9%，与去年同期比比重提高5.8个百分点；港澳台商投资从业人员为36.78万人，占比43.3%，与去年同期比比重减少3.4个百分点；外商投资从业人员为17.62万人，占比20.8%，与去年同期比比重减少2.4个百分点。因近几年受物价上涨、企业用工成本不断提升的影响，有部分工厂外迁出深圳，港澳台商投资从业人员连续两年出现减少的趋势，但仍为宝安区用工的主体，占其他经济从业人员的43.3%。内资从业人员近两年增量最快，从2015年占比为27.0%，到2017年占比为35.9%，比重提高8.9个百分点，增幅为各经济类型之首。其中，内资经济中，有限责任公司企业吸纳的从业人员最多，为17.9万人，占内资经济的比重58.7个百分点（见表1）。

（二）第二、三产业从业人员持续增长，第三产业吸纳的劳动力从业比重持续上升

从产业划分来看，宝安区第二产业为68.51万人，占全区单位从业人员的77.4%，比去年同期增加2.46万人，增长3.7%。第三产业为20.01万人，占全区单位从业人员的22.6%，比去年同期增加3.01万人，增长17.6%。从宝安区2013年到2017年第三产业从业人员数来看，每年持续增加，年均增长达8.2百分点。宝安区二、三产业从业人员比重由2013年的84.3:15.7转变为2017年的77.4:22.6，第二产业从业人员所占比重下降6.9个百分点，第三产业上升6.9个百分点。近几年来，宝安区十分重视第三产业发展，加大对第三产业的投入力度，拓宽投资渠道，不断优化第三产业发展环境，产业结构调整取得重大突破，有力地促进现代物流业、新兴产业等不断地快速发展。从数据来看，宝安区从业人员从第二产业逐步转移到第三产业趋势很明显，第三产业比重的呈持续每年提高的趋势线（见图2），这就意味着宝安区经济正在由原来的工业主导型经济向服务主导型经济转变，这种趋势

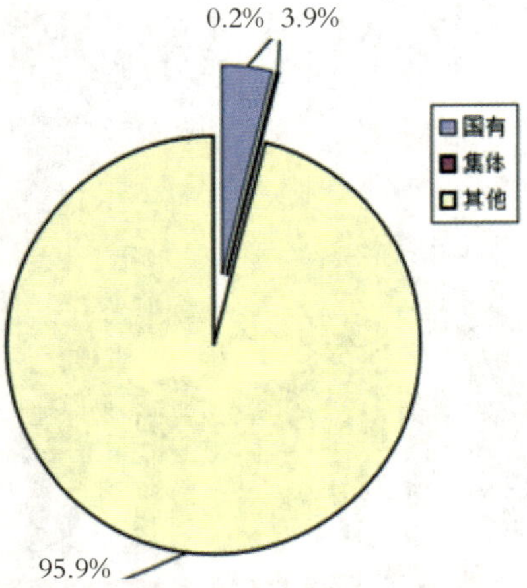

图 1 2017 年按经济类型从业人员数比重

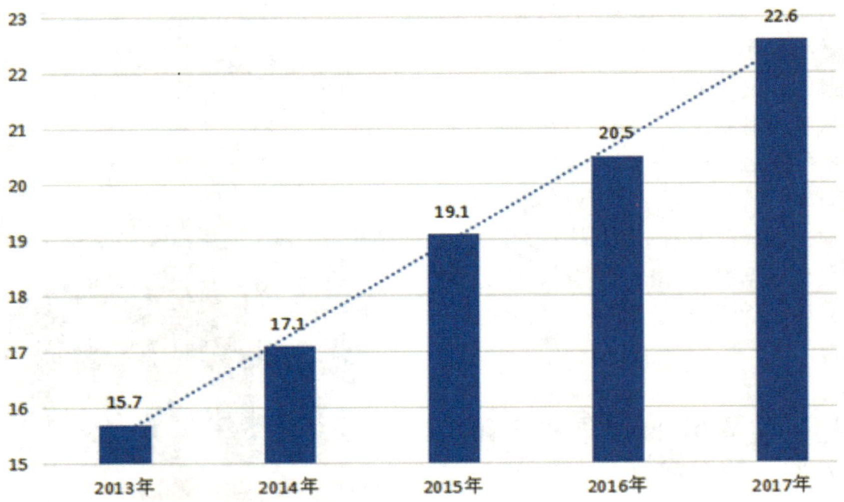

图 2 各年第三产业从业人员比重（%）

将对宝安区经济增长、就业以及各个方面带来深远而持久的影响。

（三）大部分行业从业人数增加，制造业比重逐年下降

从分行业划分来看，在纳入统计范围的16个行业中，有13个行业增员，3个行业减员。与去年同期比从业人员数增长最快的行业是信息传输、软件和信息技术服务业，从业人员为0.28万人，增长36.3%；其次是居民服务、修理和其他服务业，批发和零售业，从业人员分别为0.45万人、2.12万人，与去年同期比增长23.1%、22.2%。与去年同期比有3个行业从业人员出现负增长，分别为文化、体育和娱乐业，从业人数0.14万人，与去年同期比下降12.6%；公共管理、社会保障和社会组织，从业人数1.13万人，与去年同期比下降9.7%；建筑业，从业人数0.52万人，与去年同期比下降5.9%；

从业人员主要集中在3大行业，分别是制造业67.78万人，占比76.6%；交通运输、仓储和邮政业6.18万人，占比7.0%；租赁和商务服务业4.76万人，占比5.4%（见表2）。从近几年制造业占比情况来看，2015年比重为80.0%，2016年比重为78.7%，2017年比重为76.6%。宝安区的制造业从业人员比重呈逐年下降的趋势，2017年比2016年下降2.1个百分点。宝安区大力发展的交通运输、仓储和邮政业，从业人员的比重是近3年来增长最快的行业，从业人员比重呈逐年上升的趋势，从2015年比重5.8%，到2017年比重7.0%，提高1.2个百分点。

表 1　各年其他单位类型从业人员数比重

	2015 年		2016 年			2017 年		
	期末人数(万人)	比重(%)	期末人数(万人)	比重(%)	与去年同期比比重差异变动(%)	期末人数(万人)	比重(%)	与去年同期比比重差异变动(%)
其他单位合计	82.38		79.61			84.91		
(一)内资	22.27	27.0	23.97	30.1	3.1	30.51	35.9	5.8
其中:1.股份合作	0.88	4.0	0.86	3.6	-0.4	0.88	2.9	-0.7
2.联营	0.09	0.4	0.05	0.2	-0.2	0.03	0.1	-0.1
3.有限责任公司	12.64	56.8	14.16	59.1	2.3	17.9	58.7	-0.4
4.股份有限公司	7.87	35.3	8.18	34.1	-1.2	10.86	35.6	1.5
5.其他	0.79	3.5	0.72	3.0	-0.5	0.84	2.8	-0.2
(二)港、澳、台商投资	41.88	50.8	37.18	46.7	-4.1	36.78	43.3	-3.4
(三)外商投资	18.23	22.1	18.46	23.2	1.1	17.62	20.8	-2.4

表 2 各年宝安区年末从业人员人数各行业比重情况

序号	行 业	2017 年人数（万人）	2017 年比重（%）	2016 年比重（%）	2015 年比重（%）	2017 年与 2016 年差异变动（%）
1	制造业	67.78	76.6	78.7	80.0	-2.1
2	电力、热力、燃气及水生产和供应业	0.21	0.2	0.2	0.2	0.0
3	建筑业	0.52	0.6	0.7	0.8	-0.1
4	批发和零售业	2.12	2.4	1.9	1.8	0.5
5	交通运输、仓储和邮政业	6.18	7.0	6.3	5.8	0.7
6	住宿和餐饮业	0.52	0.6	0.5	0.6	0.1
7	信息传输、软件和信息技术服务业	0.28	0.3	0.1	0.1	0.2
8	房地产业	1.15	1.3	1.1	1.0	0.2
9	租赁和商务服务业	4.76	5.4	4.8	4.5	0.6
10	科学研究、技术服务业	0.37	0.4	0.4	0.4	0.0
11	水利、环境和公共设施管理业	0.04	0.0	0.1	0.1	-0.1
12	居民服务、修理和其他服务业	0.45	0.5	0.4	0.3	0.1
13	教育	2.05	2.3	2.1	2.0	0.2
14	卫生和社会工作	0.81	0.9	1	1.0	-0.1
15	文化、体育和娱乐业	0.14	0.2	0.2	0.2	0.0
16	公共管理、社会保障和社会组织	1.13	1.3	1.5	1.4	-0.2
	合 计	88.52				

二、工资基本情况

随着宝安区经济在新常态下保持平稳发展，在岗职工年平均工资也持续增长，在岗职工年平均工资首次突破 7 万元大关。2017 年，辖区从业人员劳动报酬总额为 649.08 亿元，与去年同期比增长 14.1%，其中在岗职工工资总额 637.64 亿元，与去年同期比增长 14.3%，其他从业人员工资总额 11.44 亿元，与去年同期比增长 0.9%。在岗职工年平均为 72452 元，与去年同期比增加 5785 元，增长 8.7%（见表 3）。

（一）国有单位工资增速高于集体、其他经济类型单位

从执行会计标准类别分组看，2017 年，企业单位在岗职工平均工资为 70868 元，比去年同期增加 5187 元，增长 7.9%；事业单位在岗职工平均工资为 105823 元，比去年同期增加 19306 元，增长 22.3%；机关单位在岗职工平均工资 131907 元，比去年同期增加 29631 元，增长 29.0%；

从经济类型来看，国有单位在岗职工平均工资 116644 元，比去年同期增加 23348 元，增长 18.2%；集体单位 89417 元，比去年同期增加 19563 元，增长 15.7%；其他经济类型单位 70618 元，比去年同期增加 5052 元，增长 7.7%。国有单位在岗职工平均工资增速分别高于集体、其他经济类型单位 2.5 和 10.5 个百分点。

（二）第三产业在岗职工年平均工资水平持逐年提升

从产业划分来看，第二产业在岗职工年平均工资为 67203 元，比去年同期增加 4484 元，增长 7.2%；第三产业在岗职工年平均工资为 91137 元，比去年同期增加 8643 元，增长 10.5%。从近 3 年数据可得（见表 4），宝安区第二产业工资水平增幅一直放慢，第三产业工资水平增幅明显逐年提升，2017 年第三产业平均工资增速高于第二产业 3.3 个百分点，这是宝安区产业结构不断优化，以现代服务业和中、高端制造业为主体的产业结构逐步形成的结果。

（三）垄断行业和技术含量高的行业工资水平较高

从国民经济行业来看，2017 年大多数行业从业人员年人均报酬都有不同程度的增长。增长最快前 3 个行业为公共管理、社会保障和社会组织，在岗职工年平均工资为 133127 元，比去年同期增长 28.7%；建筑业，在岗职工年平均工资为 83176 元，比去年同期增长 27.0%；电力、热力、燃气及水生产和供应业，在岗职工年平

表 3 各年宝安区在岗职工工资水平

	2013 年	2014 年	2015 年	2016 年	2017 年
在岗职工年平均工资（元）	50681	55201	61126	66667	72452
人均工资增速（%）	10.7	8.9	10.7	9.1	8.7

表 4 各年宝安区第二、第三产业在岗职工工资水平

	2015 年		2016 年		2017 年	
	在岗职工年平均工资（元）	工资增速（%）	在岗职工年平均工资（元）	工资增速（%）	在岗职工年平均工资（元）	工资增速（%）
第二产业	57837	10.6	62719	8.4	67203	7.2
第三产业	75515	7.4	82494	9.2	91137	10.5

表 5 2017 年宝安区分行业在岗职工年平均工资情况

序号	行 业	年平均工资（元）	同比增长（%）
	全 区	72452	8.7
1	制 造 业	67025	6.7
2	电力、热力、燃气及水生产和供应业	90103	24.6
3	建筑业	83176	27
4	批发和零售业	82279	16.2
5	交通运输、仓储和邮政业	107199	0.5
6	住宿和餐饮业	59147	2.3
7	信息传输、软件和信息技术服务业	105557	8.2
8	房地产业	92110	17.1
9	租赁和商务服务业	64024	22.0
10	科学研究、技术服务业	123361	7.0
11	水利、环境和公共设施管理业	136560	10.5
12	居民服务、修理和其他服务业	56619	13.9
13	教育	105995	21.3
14	卫生和社会工作	69720	2.9
15	文化、体育和娱乐业	103803	20.1
16	公共管理、社会保障和社会组织	133127	28.7

均工资为 90103 元，比去年同期增长 24.6%。

在涉及宝安区 16 个行业大类中（见表 5），有 11 个行业高于全区在岗职工年平均工资水平，有 5 个行业低于全区平均水平。年平均工资水平居全区前 3 位的分别是：水利、环境和公共设施管理业为 136560 元，公共管理、社会保障和社会组织为 133127 元，科学研究、技术服务业为 123361 元；居最后 3 位的分别是：居民服务、修理和其他服务业为 56619 元，住宿和餐饮业为 59147 元，租赁和商务服务业为 64024 元。2017 年，人均在岗职工工资最高的行业（水利、环境和公共设施管理业）与最低的行业（居民服务、修理和其他服务业）高出 79941 元，最高行业收入是最低行业收入的 2.4 倍。而 2016 年为 2.6 倍，2015 年为 2.6 倍，2014 年为 2.7 倍，2013 年为 3.4 倍。虽然每年的行业间工资收入差距在缩小，但行业之间职工收入差距仍然明显，垄断行业和技术含量高的行业工资水平仍处于宝安区较高的工资水平位置。

三、对策建议

习总书记将“扩大中等收入群体”这项工作，提到事关“全面建成小康社会目标”“维护社会和谐稳定”“国家长治久安”的重要位置。就业是民生之本，收入是民生之源。针对当前就业工作面临的形势，我们要坚持在经济发展中保障和改善民生，深入实施就业优先战略，大力推进创业带动就业，确保全区就业局势总体稳定。

（一）提高较低收入群体的工资水平，扩大中等收入者的人数

从表 5 来看，宝安区居民服务、修理和其他服务业，住宿和餐饮业，租赁和商务服务业，这三个行业年平均工资一直都是较低的，政府要特别关心和扶持这几个行业的生存和发展，给予政策上的优惠，尽快让他们提高工资收入，降低和别的行业的工资差距。宝安区从业人数最多的行业是制

2017 年 10 月 14 日，第 12 届中国（深圳）国际物流与交通运输博览会闭幕，宝安展团和本土优质物流企业受到广泛关注

2017 年 5 月 26 日，宝安区新桥街道在新桥市民广场举行新桥街道 2017 年创建深圳市国家食品安全示范城市“攻坚战”暨食品安全大排查、大整治专项行动启动仪式

造业，占全部从业人员的总人数的 76.6%。所以，这个行业的工资涨跌对宝安区整个工资水平起着关键的作用。制造业的年平均工资为 67025 元，低于全区的年平均工资（72452 元）。要提高制造业在岗职工的工资水平，就必须进行产业升级，淘汰一部分产能落后、劳动密集度高的企业。引导企业向高端、高附加值的行业方向发展，帮助企业提高经济效益，增强企业在市场中的竞争实力。宝安区需通过产业升级增加制造业的工资收入，进一步增加宝安区中等收入者的人群。

（二）关注行业收入差距，促进工资合理增长

随着经济转型升级的加快，产业转换、过剩产能淘汰都将带来行业收入的波动，一方面要对用人单位各类中、低层级劳动者的工资，在劳动生产率提高、企业经济效益增长的基础上，根据不同行业、企业的情况，通过建立劳资平等协商制度形成正常的工资增长机制。另一方面要重点关注经济发展支柱行业收入的波动情况，对于新兴产业、支柱产业的发展要给予一定的政策倾斜，提高行业工资水平，吸引人才流入，在促进工资合理增长的同时，不断缩小行业收入差距。

（三）加大力度发展第三产业，增加就业岗位

从就业结构来看，第三产业仍有很强的吸引就业的能力。因此，宝安区应继续加大力度发展第三产业，继续加大对传统服务业的升级改造，促进金融、物流、信息技术等现代服务业的发展，扶持培育互联网、电子商务等新产业、新业态，增加更多劳动力吸纳空间，促进产业结构升级改造。

（四）积极推动创新创业，完善就业服务体系

深入推进“大众创业、万众创新”，完善创业优惠政策，建立创业服务平台，积极拓宽创业投资融资渠道，通过创业带动就业，培育新的经济增长点。同时，要不断完善就业服务体系，做好人才市场的管理，推进职业教育建设，提高劳动者就业技能，加大就业信息的传播力度，增强劳动者职业转换能力。

街道

新安街道

2017 年 11 月 16 日，兴东社区新时代党员讲习所揭牌成立

【概况】新安街道位于宝安区东南部，西临珠江口东岸，与蛇口半岛相望，处于粤港澳大湾区中轴线的黄金起点，毗邻前海蛇口自贸区、南山片区，辖区面积 30.9 平方公里。新安的地理位置十分优越，广深高速、沿江高速、107 国道和宝安大道纵贯新安；宝安国际机场、大铲湾国际集装箱码头等重要交通枢纽近在咫尺；地铁 1 号线、5 号线、11 号线、12 号线站点密布，地面公交站点 500 米覆盖率高达 95.5%；宝安中学、新安中学等市、区名校集中，各类中小学及幼儿园达 102 所；宝安人民医院、宝安中医院、南方医科大学深圳医院 3 所三甲医院，1 所二甲专科医院和 17 个社康中心等医疗资源集中。下辖 22 个社区；是宝安区委区政府驻地。2017 年年末常住人口 44.39 万人，其中户籍人口 23.58 万人。

【经济发展与社会事业】2017 年，新安街道经济发展提质增效。经济指标领跑全区，2017 年地区生产总值 619.3 亿元，比上年增长 9.8%；固定资产投资 142.31 亿元，占全区 17.4%；社会消费品零售总额 234.03 亿元，增长 9.2%；两税收入超过百亿元，略有增长。创新要素加速集聚，新引进企业 118 家，其中产值亿元以上企业 6 家；新增国高企业 103 家，总数达 343 家；新增“四上”企业 154 家，总数达 511 家；新增 2 个国家级科技企业孵化器、3 个市级创业孵化基地；新增中国驰名商标山特电子；奥尼电子等 4 家企业在新三板上市。现代服务业发力腾飞，第三产业比重 82.6%，高出全市平均 24 个百分点；深圳最大的单个商业综合体壹方城开业，阿里巴巴旗下盒马鲜生超市、腾讯旗下超级物种超市落户，构建起新零售业态。企业服务持续深化，成立全市首个街道级创新创业和促进就业联盟；走访服务企业 320 家次，协调解决企业诉求 119 个；组织辖区企业参加宝博会、东盟博览会等各类展会 12 场次。城区品质换档升级，投入 8.39 亿元，完成 65 个政府投资项目建设；建成雨污分流管网 55.5 公里；完成海绵城市建设 16 万平方米；改造升级社区公园 9 个；完成怡华新

洪浪公园打造成社会主义核心价值观主题公园

村、岭下花园2个“双宜小村”试点；新圳河、双界河黑臭水体治理深入推进，基本消除黑臭。城市更新加速实施，38区新乐花园、39区海乐花园作为全区首个棚改项目，50天完成960户签约交房工作，刷新棚改签约“深圳速度”；39天高效完成宝安人民医院整体改造（二期）254户征收签约。城市管理更加精细，实施全区首个市容环卫进社区考核机制，市容环境进一步提升；打造五区市场和甲岸城中村2个样板，治理经验多次在市、区推广；开展4大片区综合整治行动，完成40个城中村“净化”工作，城中村面貌焕然一新；清拆整治广告招牌3000多块，打造创业路广告招牌示范路；消除违建存量44.68万平方米，完成年度任务109%。民生福祉持续增进。关爱帮扶扎实有力，全面完成29个“民生微实事”；建成1家老年人日间照料中心；新成立2个冠名慈善基金；完成龙川和大化精准扶贫年度任务，落实扶贫资金1015万元。政务服务更为便捷，率先构建“1+22”政务服务体系，政务服务街道范围内通办通取；建成全区首个24小时政务自助服务区，全年累计办理政务服务业务9.6万余件。科卫等其他事业齐头并进，优生惠民工程持续推进，全年为3062名居民免费提供孕前优生健康检查；“孕妈妈健康屋”荣获2017年度深圳市家庭发展“十大品牌”和“最佳人气”双奖；圆满完成年度征兵任务，街道工会、妇联、残联、老年协会和香港宝安新安同乡会顺利完成换届选举。

【社区建设】2017年，新安街道社区治理活力迸发。率先完成社区“两委”换届，21名“两非”委员进入社区班子，22个社区顺利选出173名年富力强的“两委”班子成员；现代化社区治理试点强力推进，街道城管、执法、安监、网格等人员下沉社区，成立“社区营造”联合会，调动各方力量参与社区治理；新增业委会19个，小区自治不断加强，“邻里守望工程”扎实推进，邻里关系进一步融洽。文化事业春风化雨。文明建设深入开展，打造社会主义核心价值观主题公园，建成多宝利市场等4个文明示范点，甲岸村、五区市场等代表宝安顺利通过全国文明城市迎检；海裕社区获评第五届“全国文明单位”；街道获评全国“扫黄打非”进基层示范点。民俗文化广泛传承，出版上合、甲岸、翻身、安乐4部村志，《上合民俗志》等上合丛书通过专家评审。群众文化更加活跃，广泛开展“社区邻里节”系列文化活动，举办第二届“黄连胜杯”粤港澳大湾区醒狮邀请赛、首届“党建杯”象棋争霸赛，举办“春雨之声”歌唱大赛、“闪酷杯”等各类文艺活动202场，丰富群众文化生活。志愿文化全面精准，新安U站连续6年被评为“市优秀志愿服务U站”，海富社区成立全市首家户外单体禁毒阳光志愿服务U站，洪浪社区“禁毒阳光志愿服务U站”获市关爱行动“百佳市民满意项目”称号。

【综合治理】2017年，新安街道社会治理精准发力。安全管理有序推进，完善安全生产“党政同责、一岗双责、失职追责”责任体系；建立灭火救援快速反应机制，实现22个社区微型消防站全覆盖；街道上下联动，有效防御“天鸽”等4次强台风，街道网格管理中心抗击台风“苗柏”被评为宝安区2017年智慧管控“十大事件”。海裕社区获评全国综合减灾示范社区。辖区全年未发生较大以上生产安全事故，事故死亡人数比上年下降37.5%。治安形势持续向好，圆满完成特别防护期任务，获评区“十九大信访维稳安保工作突出贡献单位”称号；建成街道综治中心和海富、兴东2个社区综治中心，新建650套二类监控；创建10个平安小区，建成4个义警联络站，组建1.4万名义警巡防队伍，群防群治效果凸显；全年刑事治安总警情比上年下降32%，街道平安创建暨社会治安综合治理工作考核全区第一。民主法治不断增强，成功创建省级“法治街道示范点”和10个省级“民主法治社区”；新设花园小区“和事室”5个；成功调解劳资、物业等矛盾纠纷2728宗；提供法律援助142次；接收社矫人员146人，解矫108人，无一脱管、漏管；开展普法宣传活动 112 场、法治讲座 135 场，受教育群众逾 3.5 万人。

【党的建设和精神文明建设】 2017 年，新安街道全面推进党的建设。党建阵地不断拓展，海乐等 10 个社区党群服务中心完成升级改造，17 个社区党群服务中心通过达标验收；首设“新时代党员讲习所”，并在全区推广；新成立中心区企业总部园区党委和建安商业街党支部；尖岗山园区党委开展各类活动 20 多场。书记项目硕果累累，2017 年共推出 161 个“书记项目”，涌现出“暖心亭”“安乐夜话”等一批“叫得响”的党建品牌；兴东“党员帮你亭”和洪浪“ABC 党员分类管理法”被选为深圳市城市基层党建典型案例，安乐“党员惠民之家”荣获宝安区年度“十佳书记项目”。队伍活力不断增强，完成街道大部制改革，提拔机关干部 36 名；提拔社区工作站站长 2 名，对 7 名社区主要负责人进行轮岗；组织干部参加专题研修、素质提升等培训 2240 人次。廉政建设持续从严，不断强化“两个责任”，修订 3 个财政制度，建立“教育提醒逐级谈话”机制，谈话提醒 26 人次；开展经济责任审计 61 人次；开展书记讲党课、廉政警示教育等活动，敲响廉政警钟。

（陈国辉）

附：2017 年宝安区新安街道领导成员名单

党工委书记、办事处主任：高荣望
党工委副书记、办事处副主任：孙志刚
党工委副书记：田　庄
纪工委书记：邱一欢（3 月起）
党工委委员：蓝洪春（3 月止）
刘继武（3 月起）　严德胜　刘　尧
周展明（6 月起）
办事处副主任：周展明（6 月止）
万国顺（6 月止）　杨　辉（3 月止）
赵海翔（2 月起）　江静波（5 月起）

2017 年 4 月 19 日，西乡街道举行保障城市安全“城中村综合整治”专项行动启动仪式

西乡街道

【概况】西乡街道位于宝安区西南部，东接石岩街道，南接新安街道，西至珠江口岸边，北接航城街道；辖区面积 58.55 平方公里，下辖 25 个社区；2017 年年末 46.21 万人，其中户籍人口 16.08 万人。

【经济发展与社会事业】 2017 年，西乡街道地区生产总值 400 亿元，比上年增长 9.6%；规模以上工业总产值为 595.65 亿元，增长 7.9 %；规模以上工业增加值为 135.83 亿元，增长 9.7%；固定资产投资完成额为 129.04 亿元；社会零售消费品总额 126.66 亿元，增长 8.6%。创新创业方面。新增国高企业 229 家，总数排名全区第一；科技创新园区 13 个，其中国家级孵化器 4 个、占全区总数 80%，国家级众创空间 4 个、占全区总数 50%，院士工作站 2 个、占全区总数 40%，成为宝安名副其实的创新高地。优质企业培育方面。街道前 20 强企业工业总产值增 15.83%，威通科技、麦克韦尔等龙头企业增长势头强劲，年产值分别增长 82% 和 148%。产业载体建设方面。引进扶持力度加大，落实“1+5”文件，率先举办街道级产业与空间载体对接推介会，签约项目 10 个；完成“1+2+N”产业任务，举办全区首场用地用房供需洽谈会，清理“散乱污危”企业 75 家。重点项目方面。“十大产业”项目中，定军山增资扩股项目完成；中德欧、星辉、威富等 5 个项目开工建设；宝实创意大楼，嘉兴宇、奋成、骏业工业区完成项目前期。文化惠民方面。积极开展“文化春雨”行动，举办各类文体活动及公益培训 1.3 万余场，支持打铁文艺社、荔枝青年剧团等团体发展壮大，“三月三”庙会、首届“中国 · 宝安漫画节”等活动异彩纷呈，龙腾、固戍荣获市学习型社区称号，街道荣获全区唯一的深圳市全民终身学习活动周特殊贡献奖。教育医疗方面。新增公办学校 4 家、新增公办学位 2980 个；宝安中心医院一期扩建工程投入使用、新增病床 600 张；启动西乡敬老院改扩建项目，新增 2 家社康中心。

【社区建设】 2017 年，西乡街道继

2017年9月8日，全区首个基层人民法庭U站在西乡法庭挂牌成立

续抓好社区建设。将做强社区作为街道书记项目，出台66项措施，选派14名社区书记，下沉126名协管员充实力量，组织70场“说事评理”活动；在龙腾、劳动社区开展现代化社区治理体系建设试点，探索出邻里互助社等多个创新举措。基础设施方面。开展58个政府投资项目前期工作，总投资约35.3亿元。新开工建设34个，总投资约14.42亿元；完成工程129项，总金额约8亿元。重大项目全面提速，北帝古庙周边街区整治工程主体基本完成，铁岗九年一贯制学校初中部教学楼和服务楼提前交付使用，劳动西乡片区污水支管网完善工程完工，机场外排渠综合整治工程、企龙山公园新建工程、铁仔山城市公园扩建工程有序推进。2017年街道发展战略“十大工程”项目完工4个、当年开工4个、稳步推进5个。推进12个治水提质项目，总投资18.83亿元，铁岗排洪渠综合整治工程，以及河东、河西、福中福等4个雨污分流工程全面动工；完成咸水涌中游、西乡小河涌污水总口等截污改善工程，西乡河基本告别黑臭现象，生态文明建设考核全区第一。城中村整治全面推进，完成64个城中村综合整治任务，2个城中村纳入“双宜小村”规划，改造、新建社区公园和休闲广场100座、社区篮球场26座。道路建设步伐加快，宾隆路、航空路二期、碧海A23号路等7条道路新建工程完工，通达路新建工程完成75%，超额完成打通“断头路”任务；碧湾路、劳动路、铜鼓路等3条道路综合整治工程完工。交通设施不断完善，新增停车场9个、停车位4385个，公共快速充电桩90个。城市建管方面。城市更新取得进展，21个城市更新项目，开工4个、批复专规9个；铁仔山西北城市更新片区规划研究工作基本完成。完成征地拆迁及土地整备7项，提供36万平方米施工工作面；保持查违攻坚高压态势，消化违建90.8万平方米，完成年度目标103.5%。

【综合治理】2017年，西乡街道继续加强综合治理。公共安全形势方面。社会治安状况持续好转，组建2万余人“两长两员”义警队伍，实现610“三零”“三无”目标，河东社区完成无邪教示范社区创建，新增布警点13个，全年总警情比上年下降27.4%，降幅高于全区4.6个百分点。安全整治铁拳频出，开展“安全生产十大专项整治行动”，整治粉尘企业83家，关闭取缔锂电池企业30家，立案处罚危化企业7宗，将零星装修工程与非零星装修工程纳入日常安全监管范畴；组织“铁拳”专项整治行动20次，整治工业区、加工场所142处，整治三小场所63家；指导华丰世纪工业园区、宝运达物流园等9个工业园区完成标准化创建工作；推广建设用电安全动态监控系统1864套、小绿人充电桩1042个；全年发生安全生产事故5宗，死亡人数2人、下降80%；发生火灾事故54宗，下降27%，无人员伤亡；交通事故死亡人数9人，下降18.2%。创新管理方面。依托智慧管控指挥平台，建立“1+25+26+963”智慧网格管理体系，完成一格一员配备、一社区一中队建设，率先搭建可视化调度平台，视频督查和值班点名延伸到社区；组建110个整治格，实现人机格绑定，整治数量、质量与绩效挂钩；实现整治联勤联动，微小事件即巡即办，全年共采集实有人口信息115万条、实有事件125万宗，办结率100%。

【党的建设和精神文明建设】2017年，西乡街道继续做好党的建设和精神文明建设。党建基础不断夯实，开展“五员”进社区试点，组织342人次下访，共接访、走访群众776人次，化解矛盾109起，群众越级集体到区上访，比上年批次下降66.7%，人次下降59.9%；推进街道、社区两级党群阵地和西湾公园党群服务中心特色阵地建设，成功申报党群专项资金项目14个，开展活动250场；新成立新兴领域党支部7个，园区党委2个，创建龙腾社区“三微”党建模式，新建“美食街联盟”等民主协商平台，在丽景城等小区成立党支部。便民服务方面。街道政务服务中心增加25个窗口，建立24小时自助服务区，完成25个社区政务服务中心建设，率先在全区开展政务服务跨街道“通办通取”试点；创办劳动管理服务公众号，为劳动从业人员提供劳动法律咨询、仲裁排庭查询等服务。党风廉政建设方面。建立《西乡街道行政问责实施办法》《政府投资小额修缮工程管理暂行规定》等20余项制度机制；主办和配合上级立案13宗，立案13人，处分9人，问责12人；召开廉政风险分析评审座谈会，梳理出廉政风险点110余个，提出防控措施近310条；组织参观宝安区查处的典型案件巡回展，联合宝安电视台拍摄15期明察暗访片《走拍西乡》；对敏感岗位进行57人次调整交流，全年提拔科级干部23人，无一投诉。（刘月娥）

2017年3月9日，宝安区“基层治理质量年街道发展战略项目”集中启动仪式在航城街道设立主会场，现场举行727科技创新园、深业生命健康中心开工仪式

附：2017年宝安区西乡街道领导成员名单

党工委书记、办事处主任：林更斌
党工委副书记：赖志明　黄晓瑜
党工委委员：宋乃阵　张寿安（3月起）
纪工委书记：张寿安（3月起）
邱一欢（3月止）　谢承希（4月起）
罗培庆（2月起）
办事处副主任：黄世斌
温少荣（2月起）
执法队队长：袁立辉（2月起）

航城街道

【概况】航城街道位于宝安区西南部，东接石岩街道，南与西乡街道相连，西濒珠江口，北至福永、新桥街道；地处粤港澳大湾区核心支点、“广深科技创新走廊”重要枢纽、107时尚商务带先行启动区、宝安区黄金发展带中心位置；辖区面积45.62平方公里，下辖黄麻布、九围、黄田、钟屋、鹤洲、后瑞、草围、三围、利锦9个社区；2017年年末常住人口27.14万人，其中户籍人口1.99万人。

【经济发展与社会事业】2017年，航城街道整体经济发展稳步前行，各项事业发展态势良好。地区生产总值211亿元，比上年增长9.1%；规模以上工业总产值371亿元，增长2.1%；规模以上工业增加值77亿元，增长7.0%；固定资产投资额44亿元；社会消费品零售总额累计67亿元，增长8.3%。科技创新方面。新增西部硅谷、航城信息港2家桃花源科创园区；吸引投资92.25亿元开展“十大产业项目”，其中727科技创新园项目建设完成，深业生命健康中心、信濠研发拓展中心项目建设分别完成50%、45%；承办宝博会航城信息港、泰华梧桐岛两大分会场活动，签约13宗重大项目，协议投资额134.3亿元；成功举办文博会专项活动首届航城设计嘉年荟，达成4项大型战略合作意向；完成“一街道一中德产业合作示范园区（项目）”的遴选工作。企业服务方面。127家企业通过国家高新技术企业认定；定期走访21家重点企业、260家“四上”企业，协调解决企业诉求78项；企业服务管理平台一期工程完工并投入试运行；实施“散乱污危”企业、园区和闲散用地清理行动，淘汰低端产能企业60家，完成航城信息港等3个厂房改造项目，释放、盘活产业空间39.4万平方米。志愿服务方面。开展创建文明城市志愿活动2816场，组织文明宣讲团到社区、企业宣传17场；街道义工联全年开展各类服务3213场，服务群众1.97万人次、4.8万小时；打造全区首个“义警＋义工”特色志愿服务U站。政务服务方面。全年受理各类服务事项9.1万宗，100%按时办结；19个政务服务机构254项服务事项实现统一纳管，创新推出“卡片式”服务，首个24小时自助服务网点投入使用，实现“跨街道通办通取、24小时不打烊”。教育医疗事业方面。航城学校初中部、黄麻布学校（初中部）投入使用，新增学位569个，黄麻布学校、黄田学校扩建工程稳步推进；完成辖区第一所公立医院选址。

【社区建设】2017年，航城街道致力民生提档，社区建设成果丰硕。公共设施建设方面。投资6.72亿元推进辖区交通、生态、医疗、文化、水务等“十大工程项目”（共计10大项18个子项），其中黄麻布河清淤工程完工，航空东路—南昌路至宝源路、黄麻布社区公园、黄麻布片区生态修复等3个项目进场施工，其余各项正有序推进中；新建日间照料中心1间，改建并投入使用社康中心2间，设立社区流浪乞讨人员咨询点6个；投放社区微巴1条，新建微巴场站1个。辖区建设管理方面。依法消化拆除违建53.71万平方米，完成全年任务量104.79%，实现“违建零增长、存量负增长”；拆除一级水源保护区花木场违建9万平方米，保护深圳市“大水缸”饮用水安全；完成5个征地拆迁及土地整备项目共75.12万平方米，为省、市重点项目提供施工面35.6万平方米；6个城市更新项目有序推进，其中深业世纪工业中心、鹤洲工业区顺利完工；开展机场外排水渠等4条黑臭水体治理工作，九围河综合治理工程提前完成，机场外排水渠综合治理工程完成65%，易涝点整治工程全面完成。社区治理升级改造方面。选取草围社区开展现代化社区治理体系建设试点，创新“三队三中心”社区治理结构；完成8座社区公厕及6座垃圾转运站升级改造；草围新村、旧村“双宜小村”试点项目一期建设完工，“品质社区”项目22个城中村全部通过市容环境“净化”验收；街道环卫指数连续三个月位居全区第一。

2017年12月23日，“宝安党建定向行航城站”活动在泰华梧桐岛举行，航城街道与深圳大学签订4项合作协议，开展街校党委结对共建

【综合治理】2017年，街道不断完善安全保障，平安系数稳步提升。公共安全保障方面。开展393个网格、14个安格、3个消格隐患排查整治和街巷走访“夜巡”等行动，全年巡查企业4499家次，整治隐患5337条，查处“黑煤气”17.22吨、危化品119.38吨；率先完成“一街道一快检车一快检室”建设，抽检2554批次，合格率99%，保障人民群众“舌尖上的安全”；动工建设航城首个消防站，完成3个社区微型消防站建设，“5分钟消防圈”逐步形成；推广使用1019套用电安全动态监控系统，50家“四类企业”引入安全生产“技术管家”；开展各类交通综合整治行动762次，案件处理率100%；建成电动自行车充电点92个，充电桩405个；完成7543名“两长两员”义警队伍建设，组建楼栋长联合会，安装高清探头1000个，辖区刑事治安总警情下降32.3%，实现自1993年以来首次全年零命案；成功破获“3·10”特大运输、贩卖毒品案件，查获毒品17.43千克；全年未发生亡人火灾事故，各类安全事故死亡人数在全区街道中最少。维护辖区稳定方面。化解区领导“包销案”2宗，降低预警级别2宗；全年受理矛盾纠纷1994宗，调处成功率98%，成功处置天福华府等重大矛盾纠纷29宗；全国“两会”“一带一路”、香港回归20周年、党的十九大等特别防护期以及市、区“两会”维稳安保胜利实现“四零”目标；全年实有事件整治率达99.76%，实现十九大期间所有A、B级事件积案归零及问题隐患“动态归零”；全年共处置各类劳资纠纷1622宗，100%妥善化解原聚豪高尔夫球场停业转型、通达五金厂搬迁等重大劳资纠纷20宗，涉及员工2115人，涉及金额4846.5万元。

【党的建设和精神文明建设】2017年，航城街道牢抓从严治党，党建工作亮点纷呈。基层党建方面。先后进行9次理论中心组学习、246次支部学习；全年新设机关事业单位党支部21个、“两新”组织党支部3个，撤销“两新”企业“空挂”党支部17个；选优配强“两委”班子，顺利选举产生9个社区共59名社区“两委”班子成员；草围社区在全区第一个完成党委换届、第一个完成“两委”换届；完成3个社区党建标准化建设，开展“党建+360°”系列活动55场次，成功举办宝安“党建定向行”航城分会场活动，与深圳大学签订4项协议；开展直接联系群众工作，走访接待群众及商铺1.1万人（家）次，解决疑难问题260个。党风廉政建设方面。扎实开展“一把手”讲廉政党课、“三纪”培训班、“纪法教育讲堂”活动，举办各类廉政培训25场次，组织党员赴廉政教育基地学习，开展预防式、指向式等各类谈话1228人次；出台党风廉政建设“3+1”文件，梳理班子主体责任清单74项，规范街道管理制度50项；积极开展13项专项审计、9个社区经济责任审计以及10个股份合作公司相关审计工作，实现社区“一年之内审计全覆盖”；配合区开展首轮巡察工作，调取21个单位、9个社区、10家社区股份合作公司各类资料131册，开展谈话58人次，快查快办案件15宗15

人；对照巡察反馈意见梳理12大问题，逐一整改落实；率先出台《关于加强社区股份合作公司规范管理、防控廉政风险实施方案》，选取钟屋等3个社区为试点，开发社区阳光互通APP，解决社区股份合作公司监管“最后一公里”难题；强化明察暗访工作，编辑《航港观察》5期，在全街道形成风清气正的干事创业氛围。

（魏海燕　陈斯涛）

附：2017年宝安区航城街道领导成员名单

党工委书记、办事处主任：龚建荣
党工委副书记：詹文烈（正处级）
　　陈香川
纪工委书记：刘新华
党工委委员：周玉强　乔永普　杨知义　刘新华
办事处副主任：徐　胜　林　莉

2017年4月25日，全国妇联副主席邓丽率六省妇联负责人到福永街道怀德妇女儿童服务中心调研家庭和儿童工作

福永街道

【概况】福永街道位于宝安区中西部，北连新桥街道，西南濒珠江口，西邻福海街道，东南与航城街道相接；福永区位优势独特，处于粤港澳大湾区A字形中轴，辖区内20平方公里土地列入大空港规划，拥有陆、空、轨“三位一体”的交通立体网络，是承南启北开放城市布局的重要纽带；辖区面积37.6平方公里，下辖7个社区。2017年年末常住人口27.01万人，其中户籍人口2.89万人。

【经济发展与社会事业】2017年，福永街道转方式、提质量，经济实力明显增强。各项经济指标向好。实现地区生产总值304亿元，增长9.6%；规模以上工业增加值增速全区排名第二，工业增加值率高出全区3.4个百分点；全社会研发投入9.8亿元，增长10%；两税收入83亿元，单位税收产出高出全区36个百分点；完成固定资产投资66亿元，达到全年任务的114%。转型升级形成共识。社区股份合作公司逐渐从“只看租金、不看产业”的传统模式中走出来，主动清理淘汰低端企业98家，收回二房东经营物业6.8万平方米，对接南科大等9家科研机构和优质企业；清空银山工业区、福永工业区9万平方米产业用房，打造2个智能制造专业园区；美格智能成功上市，成为集体经济与优质企业合作共赢的范本，集体物业在产业转型升级中真正发挥主力军作用。重点企业落地开花。严格落实区股份合作公司物业出租管理办法，解决企业用房后顾之忧，成功留住群晖等4家龙头企业；新增4家上市（新三板挂牌）企业、72家“四上”企业、43家国高企业。引进1个省级创新平台，新增星航中心、美盈智汇创新园2个科技桃花源分园；康道医疗、棕榈体育等8家优质企业落户，深圳西部第一家益田假日天地和盒马鲜生华南首家门店开业。临空经济雏形初现。以航空运输、物流辅助服务为代表的现代物流业发展迅速，成为经济发展重要引擎，规上服务业营收达到427亿元，占全区64%。

【社区建设】2017年，福永街道强建设、补短板，城市品质明显增强。稳步推进政府投资。完成政府投资12.5亿元，新开工项目25个、完工41个，街道发展战略26个项目全部完成初步设计，福围西路“断头路”打通工程等4个项目开工，白石厦街心公园等5个项目启动招标；一批立项多年事关民生福祉的重大项目得以推进，拖延12年的大军山土地整备项目顺利完成，立新南路启动清拆。大力拓展土地空间。十大专项行动全部完成，消化拆除违建51.15万平方米，完成9个土地整备项目共7.1万平方米，清退建设用地、清理政府储备土地共38个图斑17.83万平方米；怀德航港国际、兴围华府非农建设项目和凤凰第三工业区城市更新项目动工，龙腾阁、天欣花园棚户区改造项目启动。不断优化城市功能。完成64.75万平方米海绵城市建设，整治内涝点、危

2017 年 6 月 16 日，“益田假日天地”正式开业，填补了福永高端商圈的空白

险边坡、地面塌陷 26 处；统筹治理黑臭水体，疏通管网 160 公里，建成管网 40 公里，福永—怀德片区雨污分流管网工程完成概算批复。开工建设 9414 户燃气管道入户改造工程。建管并重补齐短板。提高小型修缮工程实施效率，消除 84 处环境乱象，完善 38 处市政缺失；均衡公共配套布点，新建 1 座大件垃圾处理站，升级改造 40 座垃圾屋；高标准打造凤凰东区、咸田二区“双宜小村”；市容环境得到根本改观，环卫指数测评 4 次位列全市前十、8 次排名全区前三。持续完善交通配套。金兴路等 9 条道路建成通车，福围西街等 5 条道路交通设施完成改造；新建扣车场 1 个，清理地锁及障碍物 1396 个、僵尸车 417 辆，新增（释放）停车位 2885 个，建设自行车停放点 200 个。打造亮点提升景观。立新湖绿道全线贯通，改造提升凤凰文塔等 2 处街心花园；启动“见缝插绿、全民创森”工程，完成 4.97 万平方米黄土裸露覆绿；完成德丰路等 6 处灯光亮化；新增（改造）文明宣传阵地 169 个，建成翠岗社会主义核心价值观主题公园，绘制主题彩绘墙 33 面。

【综合治理】2017 年，福永街道稳定势、惠民生，群众幸福感明显增强。做实做细网格管理。实行安格、消格、网格联合执法机制，全面开展“六巡”行动，整治 A 类事件 11.35 万宗；扎实开展“拉网排雷”“驱虎”等专项行动，7018 栋出租屋用电接地检测、建筑质量安全检测实现全覆盖，查处黑煤气窝点 38 个，处置重点隐患 4332 宗。全面夯实安全基础。新建 4 个小型消防站、83 个微型消防站、72 个消火栓，建成电动车充电桩 520 个，安装用电安全动态监控系统 3036 套、简易喷淋 1100 套；狠抓重点领域治理，创建达标园区 24 个，关闭取缔高危企业 53 家，实现 231 家危险企业安全托管和标准化创建，完成福海农贸市场消防安全重点区域整治；打通消防“生命通道”2122 处，安全事故总数及死亡人数分别下降 26% 和 33%。持续加强平安建设。组建 8588 名“两长两员”，新增（改造）监控探头 493 个；圆满完成十九大等重要节点安保维稳任务，成功化解 3 宗重点信访积案以及加莱物流、霍尼韦尔等 10 宗重大突发性事件，越级集体访人数下降 64%；加强劳动管理排查预警，重大劳资纠纷下降 71%；1614 家物流企业实现备案管理，全市最大的街道级戒毒康复中心投入使用。稳步推进民生事业。完成民生微实事 45 件，政务中心受理业务 2.51 万宗；怀德中学新建工程完成 36%，新增幼儿学位 360 个；福永人民医院一期扩建项目主体完工，新增医疗用房 3.85 万平方米；大力发展慈善养老事业，新增老年人日间照料中心 1 家、全民助残健身示范点 1 个、冠名基金 3 个；开展关爱妇儿活动 542 场；工会组建率 97%；注册义工增至 2.4 万人，开展志愿服务 9300 多场次。

【党的建设和精神文明建设】2017 年，福永街道立体系、出精品，党建水平明显增强。突出班子领导核心作用。从严实施街道领导“责任三捆绑”制度，搭建“幸福福永逐鹿台”，实行项目经理制，领导带头包干 108 项重点工作。构建规范高效运行体系。搭建运行架构，设定议事规程，修订制度 22 项，召开党政联席会议 51 次，传达上级精神 83 项、研究重点工作 148 项、议定具体议题 272 项；中层以上干部实现工作动态 34831 条，每人每周平均 15 条；建立幸福设计院、加工厂、归属地、催化室 4 个工作群，使各部门、各社区形成“比工作进步、晒办事成果”的良好氛围。进一步夯实队伍管理力量。加大干部提拔、轮训、交流力度，选优配强中坚力量，提拔科级干部 24 人，选调干部 11 人，敏感岗位轮岗 61 人；完善辅助人员绩效考核，改建“人才公寓”“工会之家”；塑造学习型、服务型、廉洁型机关文化，出版《凤凰山下》，绘制“六张地图”，编撰《所谓福永》五套手册。深入学习十九大精神。出台“学先进、树标杆”等 10 项措施，举行专题培训 38 场。开展“学报告、学党章”考学活动，. 街道党员干部、党组织书记讲党课 76 场；开展“福永先锋岗”活动，评选模范党员 114 名。全面提升基层治理水平。顺利完成社区“两委”换届，统一规范社区班子分工，社区干部纳入街道管理体系。完成32家股份合作公司换届选举；推进怀德社区现代化治理体系试点，制定较大法人单位联席会议等15项制度；社区党群服务中心服务大厅全部对外开放，实施“德善公益学堂”等6个特色服务项目；积极支持党代表履职，形成“党代表对话”等线上线下互动模式。扎实推进党风廉政建设。制定出台《加强改进作风严肃工作纪律十项规定》，重点纠治34类作风问题；设立小型修缮承包商预选库，建立重点工程专项抽查机制，实施“工程一律招标、变更一律上会、联签审批一律改为上会审议”的工程管理“三个一律”制度。深入推进精神文明建设。高水平举办粤港澳大湾区民间艺术分展，开展“幸福福永朗诵者”等系列活动712场，举办高端讲座62场；文艺精品迭出，《丝路飞花》等9个节目获42项市级以上大奖；创建全市首个“企业文化服务联盟”，荣获“市文化志愿服务示范项目奖”；街道荣获“全国群众体育先进单位”称号；“青年之声”“曲艺培训表演”2个全国性示范基地落户；怀德社区获评“全国文明单位”及省“文明家庭”“平安家庭”创建示范社区；凤凰社区获评“全国综合减灾示范社区”及省“五星级宜居社区”。

（欧阳珊）

附：2017年宝安区福永街道领导成员名单

党工委书记、办事处主任：魏剑彬
党工委副书记：李立军　闫　虎
纪工委书记：肖宏义（3月起）
党工委委员：周　慧　陈炜诚（3月起）
肖宏义（3月起）　郑志强（3月起）
办事处副主任：邱为民（4月起）
曾燮斌（6月起）　罗光耀（5月起）

2017年4月17日，宝安区五类百强企业联合会启动“走进街道”系列活动，首站走进福海街道参观考察

福海街道

【概况】福海街道位于宝安区中西部，西濒珠江口，北与沙井街道为邻，东北接新桥街道，东、南与福永街道相连；辖区面积约31.8平方公里；下辖7个社区；2017年年末常住人口30.32万人，其中户籍人口1.41万人。

【经济发展与社会事业】2017年，福海街道实现地区生产总值420.88亿元，比上年增长8.9%；规模以上工业总产值1156.49亿元，增长6.5%，总量全区排名第二；规模以上工业增加值289.01亿元，增长7.1%；社会消费品零售总额42.47亿元，增长8.9%；固定资产投资完成额127.97亿元，增长15.7%；进出口总额631.12亿元，增长3.7%；两税收入41.18亿元。产业创新方面。新增国家高新技术企业105家，总数达413家，引进中惠达海洋产业园项目、韩国“一带一路”云平台B2BC项目等重大项目6个，总投资额18亿元；引进谱尼测试集团、清华中城智能制造联合研究中心入驻骏丰中城智造创新园，中粮机器人产业园新入驻50多家机器人企业；福海信息港被授牌“深圳市投资推广国际化重点园区”“宝安区侨港澳台青年创新创业基地”“韩国高科技孵化中心”；淘汰转移“散乱污危”企业430家，释放产业空间21.5万平方米；为长盈、大族等重点企业解决近10万平方米生产用房；辖区首个商业综合体同泰时代广场正式开业。民生实事方面。桥头小学扩建工程完工并投入使用，新增学位1350个；深圳市第十二高级中学开工建设，福海实验学校初步确定选址；宝安中医院福海医院完成土地移交入库并开展方案设计；完成52个民生微实事项目，惠及社区16.1万群众；成立福海街道老年协会，新建“塘尾社区老年人日间照料中心”；成立信息港慈善基金和鼎盛精密关爱基金；组织“展翅行动”之生源大学生和“福海候鸟人才展翅工程”之留守家庭大学生实践活动。塘尾片区5个区域交通环境改造工程、轨道11号线沿线景观提升工程、桥头次中心区周边交通综合整治工程顺利完工；凤塘大道扩建工程、富桥大道新建工程全面动工。文化建设方面。桥头醒狮队在2017“中国·溧阳国际龙狮争霸赛”中获得第二名，小品《生日》荣获深圳市廉政小品曲艺创作大赛金奖；新建“文化春雨”活动点22个、星光街区艺术活动点2个；开展“福之海”系列文体活动，举办“亲情讲堂”89场，营造浓郁社区文化氛围。成立福海读书会，推动打造书香家庭、书香社区、书香企业（园区），成功举办第13届全国打工文学论坛、“诗意立新湖”诗歌朗诵会、“阅读引领人生”有奖征文比赛等各类文化活动10多场，桥头社区顺利通过“深圳市学习型社区”评估验收。文艺事业方面。成立福海文学会、摄影会等文化组织，创办《福海文学》期刊；组建文化复兴战略研究顾问团，开展文化复兴工程国学系列——文化与商道进企业活动12场次；成功举办中国汉字艺术节暨两岸礼物博览会和首届湖岸艺术节；全年共开展“戏聚福海”·名家名段面对面、中外名曲赏析音乐会——高雅艺术进基层、弘扬社会主义核心价值观曲艺走基层送欢笑巡演、北艺南传等文艺活动47场。

【社区建设与综合治理】2017年，福海街道社区建设卓有成效。顺利完成社区“两委”换届选举。实现全部社区“两非”进“两委”等“五个全部”，选派街道优秀骨干到7个社区挂职任第一副书记，形成社区党委“1+1+2”配备；推进“1+2+4”现代化社区治理体系试点工作，树立社区党委核心，强化居委职能，加强队伍建设，构建“一核多元”的现代化社区治理体系。社区股份公司管理规范有序。平稳完成社区股份合作公司换届选举工作；建立健全互联网+物业（土地）管理平台，完善社区股份合作公司监管工作；积极推进社区经济模式转型升级；全面推进稔田社区、新和一区“双宜小村”创建工作。城市管理高效优质。超额完成“669”工程任务，累计消化拆除违建86.622万平方米，违法建筑“零增量”，智慧查违案件办结率100%；深入城中村开展“六乱”治理，环境卫生指数从3月全市排名第71名提高到12月的第2名，完成塘尾、桥头等农贸市场环境综合整治，复绿3.8万平方米裸露土地，顺利完成创建第五届全国文明城市攻坚任务；福永河水环境综合整治工程完成总工程量60.5%，基本消除黑臭水体，沙福河水环境综合整治工程完成清拆阶段任务。治安形势明显好转。开展“飓风”行动、社会面大巡逻、出租屋大清查等专项整治行动80余次，严厉打击各类违法犯罪活动，全年各类警情比上年均有下降，刑事治安总警情下降17.1%，刑事警情下降32.15%，“八类”、入室盗窃、黄赌毒分别下降44.2%、49.2%、40%，塘尾派出所（福海派出所）被评为广东省公安系统2017年度全省优秀公安基层单位。安全生产形势总体平稳。建立“一企一档”3420份，完成工业园区达标创建30个；率先成立街道安全生产协会，积极开展粉尘涉爆、锂电池、电镀、危化品使用量大等重点企业的专项整治；加强城市安全风险管控，制定城市安全地图，建成微型消防站115个，电动车充电点119个（511个桩），安装用电动态监控系统2605套。社会矛盾妥善化解。各类矛盾纠纷处理实现3个100%，即调处成功率100%、履行率100%、防止矛盾激化率100%；加强劳资纠纷排查调处，重大劳资纠纷发生9宗，比上年下降66.7%；鸿福花园、塘尾华强城、和平居民上访事件3宗纳入区领导包销案的重大信访矛盾得到有效稳控。

【党的建设与精神文明建设】2017年，福海街道全面掀起学习贯彻习近平新时代中国特色社会主义思想和党的十九大精神的浪潮。举办十九大专题学习班、征文比赛和观看主旋律电影等多种形式主题活动，发放《党的十九大报告》《习近平谈治国理政（第二卷）》等学习资料1.2万本，开展十九大精神大型宣讲活动5场，举办十九大精神专题讲座2场；成立“福海讲习团”，开展理论学习中心组学习14场，各类专题学习50余场，组织书记讲党课12场；持续实施“党员示范工程”，开展宣讲教育课40余场。“党性铸魂”凝聚人心。组织开展党员干部谈心谈话、重温入党誓词等思想政治教育活动108场；组织340名党员干部到中央党校、遵义、井冈山等地开展8期“党性修养和作

2017年6月16日，深圳第十二高级中学奠基仪式在福海街道举行

风建设”“坚定理想信念”等革命传统和党性教育专题培训。扎实开展“转作风 大调研”工作，16篇调研报告转化为实施方案。“1+7+N”党群服务体系初现雏形。街道党群服务中心项目立项，新增园区（小区）党群服务中心18个（建成并投入使用4个）；培育孵化“点亮渔火”“红领计划”等9个党群服务项目，打造大洋园区“党建+360°”联盟，实现以项目服务群众，以服务凝聚民心。新兴领域党建初见成效。建成大洋园区党委等9个园区党委，新建5个“两新”党支部；长盈精密、大族激光、洲明科技、新丰电器、天派电子5家企业被评为宝安区党建百强企业；举办“党群杯”趣味运动会、宝安党建定向行等系列活动，创新党建服务形式。党风廉政建设全面从严。实施“忠诚、服务、创造”主题作风建设工程，坚持开展街道“一把手”讲廉政党课和专题警示教育活动，面向社会聘请6名纪律作风监督员，定期开展明察暗访，驰而不息纠正“四风”；抓早抓小，对党员干部存在的苗头性、倾向性问题及时开展谈话提醒164人次；保持反腐高压态势，畅通举报渠道，全面开展基层党员干部违法违纪线索排查工作，共排查出线索23条，协助上级纪委办案14宗，自办案11宗，处理投诉11件。（刘 法）

附：2017年宝安区福海街道领导成员名单

党工委书记、办事处主任：谢海生
党工委副书记：祝锐胜 高 涛
纪工委书记：易春雷（3月起）
党工委委员：潘树荣 陈高飞（3月起） 易春雷（3月起） 林松龙（6月起）
办事处副主任：梁艺坚 李杏珍（4月起） 林松龙（6月止） 程志强（4月止）

2017年8月30日，“8·29”火灾事故周年警示会在沙井街道召开，市委常委刘庆生，副市长、市公安局局长徐文海，省公安消防总队总队长曹奇，市安监局局长张勇，市公安局副局长甘桂平，市政府副秘书长王刚，宝安区区长姚任、副区长周兆翔，以及各区分管区领导、相关责任部门负责人参加警示会

沙井街道

【**概况**】沙井街道位于宝安区西北部，珠江口东岸，东接新桥街道，南邻福永街道，北连松岗街道，西北隔茅洲河与东莞市长安镇相望；辖区面积约35平方公里；下辖21个社区；2017年年末常住人口36.03万人，其中户籍人口2.88万人。

【**经济发展与社会事业**】2017年，沙井街道实现地区生产总值373亿元，比上年增长10%，增速从2016年的全区倒数第一，一跃成为全区正数第一。进出口总额612.46亿元，增长15.1%（增速全区第一）。完成固投67.7亿元（完成率100%）。全年累计拆除消化违建102.37万平方米（完成率为100.5%，任务总量占全区15%，全区排名第一），保持违建“零增量、减存量”目标。新增国家高新技术企业110家（总数273家，超出目标数25家）、“四上”企业34家（总数475家），“四上”企业入库124家（完成率为100%）。淘汰低端落后企业35家，腾挪产业升级空间6.63万平方米，新增创新型产业空间22万平方米。完成全区首宗政府主导“1+2+N”典型案例（蚝一社区、信维通信、耀星公司），全年为龙头企业信维通信增资扩产解决厂房5.2万平方米，为世纪云芯解决厂房3万平方米。

【**社区建设**】2017年，沙井街道主办的9项区民生实事全面完成。壆岗小学扩建新增公办学位540个，沙井人民医院扩建一期正式投入使用。新增1家社区老年人日间照料中心、2家青年见习基地、1个24小时政务自助服务区。21个社区党群服务中心在全区率先集体启用，街道政务服务中心实现所有事项跨街道通办。2017年，沙井街道打通新和大道、向兴路、共和工业大道、帝堂路等4条“断头路”。与首都经贸大学合作共梳理出26个交通优化项目，8个已实施。共建设违停球12套，持续开展交通执法劝导行动，交通秩序不断改善。2017年，沙井是全市土地整备任务最重的街

2017 年 12 月 21 日，“湾区明珠　蚝美沙井”第十四届沙井金蚝美食文化节开幕

道，全年共完成 8 个重大项目，拆除建筑面积 16.7 万平方米。其中，4 天时间突击拆除衙边涌和帝堂路项目红线范围内 32 栋私宅，打通阻隔 21 年的帝堂路；外环高速沙井段南头城地块顺利进场施工；历时一个月完成排涝河征拆工作。推动全区第一宗上区集体资产综合监管平台集体土地使用权交易（东塘旧村城市更新项目）。15 万平方米的茭塘工业区等 16 个立项的城市更新项目有序推进。全力以赴推动占全省第九批 21 个挂牌督办地区总量 40% 共 30528 家“四类场所”火患整治，现场评估通过验收。验收前，通过实施“两建两装”“两拆两查”“两宣两会”，全面完成壆岗加强型消防分队、17 个小型消防站、22 个微型消防站、592 个消火栓等硬件建设，完成 10535 套用电安全动态监控系统等消防设施配备。拆除泡沫彩钢板 15.95 万平方米，整改消防问题 2.7 万余宗。因消防问题刑事治安拘留 194 人，促进消防安全主体责任得到进一步落实。西部片区、共和片区及新桥片区 131.4 公里雨污管网建设任务提前完成。茅洲河、排涝河、沙井河、衙边涌等黑臭水体治理进度达到预期目标，茅洲河共和断面氨氮总量达标，顺利通过“国考”。持续开展“利剑行动”，全面整治河流周边“小散乱污”企业，正本清源加快实施。

【综合治理】2017 年，沙井街道圆满完成十九大安保和信访维稳工作，对 79 名重点人员实行全面纳管，全部盯死看牢，实现特别防护期进京赴省到市零上访。南头城土地历史遗留地块、沙头旺角美食街等 7 宗信访积案得到破解，民主、蚝业等信访问题突出社区保持平稳可控。全街道刑事治安总警情持续下降，辖区派出所全年刑事治安拘留共 3106 人。沙井民兵应急连获评省级文明单位。

【党的建设和精神文明建设】2017 年，沙井街道强化党建工作。率先出台基层党建 1+5 文件（即《沙井街道创新城市基层党建完善社区治理体系工作方案》及 5 个配套制度）。成立沙井街道社区党校，为学习宣传十九大精神、推动“两学一做”制度化常态化和拓展社区党员培训搭建平台，相关做法被市委组织部在全市推广。社区“两委”班子换届选举过程实现零投诉、零上访、零违纪，173 名社区班子成员均高票当选，21 个社区工作站组建改造完毕，选优配强社区工作人员 654 人，街道下派人员 75 名（包括后亭现代化社区试点下沉 10 人），其中科级干部 7 名，进一步做实做强社区工作站。全面加强两新党建和区域化党建，新建两新党支部 25 个，建立健全园区党委 8 个、商圈党委 1 个，5 家企业获评区党建百强企业；与中电建水环境公司联合发布区域化党建共同行动纲领，区域化党建工作不断深化。　　　　（卢天云）

附：2017 年宝安区沙井街道领导成员名单

党工委书记、办事处主任：
张春明（4 月止）　覃敬腾（5 月起）
党工委副书记：毛健强　朱　锐
纪工委书记：张　军（3 月起）
党工委委员：张春明（4 月止）
覃敬腾（5 月起）　毛健强　朱　锐
曹炎成　张　军（3 月起）
陈　新（5 月起）　胡应福（3 月止）
辛文明（3 月起）
办事处副主任：辛　逸　周荣国
邓亚虎

新桥街道

【概况】新桥街道位于宝安区西北部，东临玉塘街道，南靠福永街道，西接沙井街道，北临松岗街道，辖区面积 30 平方公里（其中建成区面积 21 平方公里），下辖新桥、新二、上星、上寮、黄埔、万丰、沙企等 7 个社区；共有股份合作公司 33 家（其中有一级股份合作公司 6 家，二级股份合作公司 27 家）。新桥有着优越的区位优势，是连接广府和海外的水陆要地。广深高速、107 国道、宝安大道，地

2017 年 12 月 26 日，新桥街道举办 2017 年重点工程竣工暨 2018 年重点工程集中开工仪式

铁 11 号、18 号线，（在建）穗莞深城际轻轨以及码头、机场，海陆空港四维一体的现代立体交通，让新桥成为雄踞广深创新发展轴的重要战略支点。随着粤港澳大湾区强势崛起，“宝安湾”蓝图渐次铺开，广深科技走廊建设全面提速，深圳西部城市中心规划顺势而生，新桥街道区位优势和影响力更加凸显。2017 年年末常住人口 27.17 万人，其中户籍人口 1.61 万人。

【经济发展与社会事业】2017 年，新桥街道促升级、优服务，经济发展量增质提。实现街道 GDP275 亿元，比上年增长 9.7%（下同）；规模以上工业总产值 507.17 亿元，增长 11.3%；规模以上工业增加值 151.14 亿元，增长 9.8%；社会消费品零售总额 42.59 亿元，增长 9.3%；完成固定资产投资总额 49.74 亿元，完成区下达全年任务的 110.3%。产业空间有效拓展，完成创新智慧港（一期）、汇聚新桥 107 创智园、阿凡达－新桥创新产业园建设，完成富城万裕产业园升级改造，整治“散乱污危”企业较集中园区 4 个，淘汰低端企业 36 家，为企业创新研发、转型升级腾出 37.3 万平方米空间，有效解决创世纪机械制造总部、迪能激光等街道重点企业的增资扩产用房问题。转型升级全面提速，有效推进“工业上楼”样板——康大“工改工”项目和新桥宝实科技城的规划建设。汇聚新桥 107 创智园等 2 个产业园被认定为宝安区科技桃花源，阿凡达—新桥创新产业园等 3 个产业园被纳入深圳市重点投资推广园区。辖区国家高新技术企业由 141 家增加至 198 家，创新动能持续增强。依托创新智慧港，实现双创共享合作签约和街道军民融合示范园区创建。企业服务成效明显，搭建街道产业服务平台，建立企业诉求月度专题协调机制，提供线上线下、24 小时无间断企业服务。广泛开展街道领导“双挂”联系服务活动，累计走访重点企业和重点项目 1056 家次，协调解决企业诉求 292 宗，解决率达 100%。宝博会（新桥分会场）圆满落幕，促成 34 家企业达成合作意向，意向成交额 12.4 亿元。2017 年，新桥街道搭平台、创精品，文体事业蓬勃发展。古镇韵味日益彰显，清平古墟（一期）、曾氏大宗祠改造提升工程完工，获央视《我们的年味》纪录片取景。本土文化杂志——《新桥》成功发行，古镇再添文化品牌。文体活动精彩纷呈，以新桥文化艺术中心为平台，牵手深圳出版发行集团和聚橙网，邀请世界级表演团队为市民提供高品质芭蕾舞剧、话剧、文艺演出 14 场次。积极开展“文化春雨”“书香乐荟”“看新桥赏古镇”徒步活动和“最美新桥”摄影大赛等文体活动 130 余场。以“林书豪—李群”篮球公益示范基地、宝安青少年男足训练及后备人才培养基地落户新桥为契机，打造新桥体育品牌。机关干部带头开展“公益一小时，共创文明城”活动，引发志愿服务热潮，义工人数呈倍数增长。广泛开展“红马甲”活动，2.2 万人次主动投身文明劝导、环境清理等志愿服务，号召辖区居民人人参与文明创建、人人爱护环境卫生。社会保障更加有力，举办“春风行动”等公益招聘会 26 场次，累计为 2.6 万名劳务工提供就业服务，城镇失业登记率为 0.56%。积极打造区级创业孵化基地（宝安书城弘毅众创空间），为 53 家企业提供创业支持。以创业带动就业，创业培训 200 余人次。开展“春风送温暖”等系列帮扶活动，向就业困难人员、残疾人、优抚对象等困难群体发放救助金和慰问金 560 万元。推动爱心单位和个人积极投入慈善事业，新成立慈善冠名基金 3 家。向龙川县 3 个扶贫村投入 433 万元，精准落实 57 个帮扶项目，累计完成 86% 贫困户脱贫任务。

【社区建设】2017 年，新桥街道补短板、惠民生，百姓福祉持续增强。民生项目多点开花，完成新桥文化艺术中心等 10 个重点民生项目建设，总投资 3.12 亿元。完成 50 项民生微实事。完成街道及社区综合文化服务中心建设，建成 8 个全民健身小场地、3 个社区“馨和家园”和 100 个“一平方米”读书角。创新启动“悦读”生活课堂，藏书超 6 万册的新桥图书馆正式运营。230 个街道政务服务事项实现跨街道通办，7个社区政务服务中心窗口完成建设，实现居民办事不出社区。新桥线、洪田线等2条社区微巴线路投放运营，打通市民出行“最后一公里”。市政配套日臻完善，打通永兴路等3条“断头路”，完成38个社区道路修缮项目，持续推进东环路等3条道路建设。新增城市绿道3.6公里，大钟山公园等3个公园正式开园。7个社区公共停车场投入使用，划设50个共享单车停放点，累计投放共享单车1.15万辆。市容环境更加靓丽，深入开展“迅雷行动”“八大片区整治”等专项行动，累计查处各类市容环境问题4.7万宗。强力整治“五大痛点”，10座农贸市场、23座垃圾中转站、24座公厕、116座垃圾屋完成软硬件双提升。完成万丰永泰小区等10个城中村“五化”整治，完成洪田新村等2个“双宜小村”创建，使城中村环境更加宜居宜业。教育卫生事业持续发展，大力推动优质教育资源均衡分配，开工建设中心片区九年一贯制学校，动工扩建新桥小学，规划建设学校、幼儿园各3所。强力推动辖区公立医院规划建设，力争补齐医疗资源短板。积极推进“国家食品安全示范城市”创建，查处食品违法案件154宗。开展优生优育知识宣传28场次、家庭发展能力建设促进活动75场次，服务群众6000余人次。持续深化社区老年服务，建成1间老年人日间照料中心。大力弘扬新桥传统文化，开展醒狮、粤剧等本土传统文化艺术表演28场，推进新桥舞麒麟申报区非物质文化遗产，新桥麒麟醒狮武术队获第十届全国舞龙舞狮锦标赛第三名。加大文物保护力度，对曾耀添宅进行抢救性保护，完成7支社区文物义工队伍组建。

【综合治理】2017年，新桥街道抓建设、重治理，城市品质显著提升。城市空间加速优化，高效推动“拓展空间、保障发展”十大专项行动，全年拆除消化违建88万平方米，率先超额完成“669”工程任务。全力推进重大项目土地整备工作，完成外环高速（新桥段）、南环路（二标段）、沙福河黑臭水体治理等10个市、区重大项目7.4万平方米征地拆迁任务。新桥、新二社区土地整备利益统筹试点项目持续推进，新桥东片区规划研究取得阶段性成果，有效破解城市更新“碎片化”顽疾。生态品质有效改善，多措并举推进河长制，完成治水提质工程6.1万平方米征拆任务，5个茅洲河EPC子项目和沙福河黑臭水体治理各项考核任务顺利达标。辖区内220公里雨污分流管网建设圆满完成，新桥河截污系统通水入网正式启用，补水系统投入运行。裸土复绿33.8万平方米。完成瑞昌路等5条道路及长流陂水库绿道绿化提升，打造10个特色花卉景观节点，累计提升绿化面积3.5万平方米。2017年，新桥街道消隐患、压责任，安全基础不断夯实。安全生产形势趋稳向好，完成7个社区和76个工业园区义务消防队伍组建，建立24小时消防巡查制度，全面压实企业安全生产主体责任。绘制重点危化品企业监管地图，实现重点危险源精准监控。构建“1+2+7+22”标准化5分钟消防响应体系，消防应急处置效率明显提高。新建221个消火栓，完成149个治安亭消防设施配备，安装4159套用电安全监控系统、6939套独立式烟感火灾探测报警器，消防技防水平有效增强。以1个区挂牌督办市场（上寮市场）、1个街道挂牌督办社区（黄埔社区）、2个火灾隐患突出工业园区（新桥福新发工业园、万丰景业坊工业园）安全隐患整治为重点，全年整治突出安全隐患29万余处。辖区全年未发生较大以上安全生产事故。平安建设效果明显，率先超额完成义警队伍组建，首创街道综治督察制度和群防群治指挥系统，建成网格化布警点3个。持续深化平安创建，创建平安小区2个，巩固平安小区2个，整治治安复杂重点区域3个。严厉打击各类违法犯罪活动，刑事治安总警情同比下降24.4%。社区戒毒康复服务中心率先启用，有效开展“5+N”戒毒康复服务。和谐法治深入人心。强力开展维稳安保专项行动，全国“两会”、党的十九大等特殊节点实现“四个不发生”目标。严格落实领导包案，成功处置上寮德普电子城、万丰荣泰园物业等27宗较大矛盾纠纷。坚持强化预警和调解先行，成功处置重大劳资纠纷34宗，全年累计追回欠薪1700余万元。街道公共法律服务平台为

2017年12月26日，新桥街道文化艺术中心启用

3455人次提供法律咨询，受理法律援助案件122宗，成功调解民间纠纷1370宗。全面推动街道法治建设，开展“法律五进”活动152场次，完成青少年法治教育基地等13个法治阵地建设，创建5个省级“民主法治社区”，街道获评2017年宝安区法治建设先进集体称号。交通秩序持续改善。首创“6+6+19+1”交通网格化管理模式，创新交通违法告诫会制度，交通管理效能明显提高。完成中心路米字路口等4个交通拥堵点综合整治，有效提高道路通行效率。开展交通安全隐患整治专项行动，整改隐患1983处。开展“拔钉行动”“围城行动”等专项整治4928次，纠正、查处各类交通违法违章行为为5.3万宗。加强交通安全宣传，开展交通安全“五进”活动280场，派发宣传资料50余万份。

【党的建设和精神文明建设】2017年，新桥街道转作风、抓执行，党风政风焕然一新。深入学习贯彻习近平新时代中国特色社会主义思想和党的十九大精神，街道处级以上干部带头读报告，组织“两代表一委员”到嘉兴南湖学习红船精神，邀请十九大党代表费英英到街道宣讲党的十九大精神，开展“不忘初心、牢记使命”大家谈等学习活动260余场。街道十九大精神宣讲活动获央视采访报道。迅速落实“转作风、大调研”工作，街道处级以上干部聚焦工作中的难点和着力点，形成15份调研报告，并加快推进调研成果转化。党建服务创新发展，首创党建+360°服务U站和党建电子地图，构建线上线下“1+3+7+8+N”党建服务体系。创新打造党建+360°服务信息平台，142个服务项目被党员认领实施，形成党建服务民生新格局。党建+360°服务信息平台作为街道书记项目获市、区领导批示肯定，并作为在“第五届南都街坊口碑榜”评选中的全区唯一纯党建项目获得优秀奖，同时在中央党校来深调研时，被区选派参与经验介绍。党建基础不断夯实，7个社区党群服务中心完成升级改造并投入使用。创建“一社区一特色”党建，新二学习型社区、黄埔志愿服务型社区、万丰关爱型社区创建效果明显。扎实推进特色园区党建，成功培育党建百强企业4家，创建服务型园区党委8个，推进象山园区党委智慧化建设，建立“党员+义工+社工”的园区联动服务机制，组织开展志愿服务行动55场次，获园区企业高度认可。公共文明建设深入推进，辖区公共区域实现社会主义核心价值观宣传全覆盖，中心路社会主义核心价值观主题墙、洪田火山公园爱心亭文化长廊完成建设，书香公园社会主义核心价值观主题公园对外开放，“唱响我们的价值观”、道德剧场等文明宣传活动走进市民生活。沙企社区软弱涣散党组织成功“脱帽”。干部队伍建设有效加强，编制《新桥街道规章制度汇编》，以制度管人管事。按街道选派、社区竞聘、社会遴选相结合的形式，选优配强社区工作人员405名，平稳完成“两委”班子换届选举，受到省换届巡视组高度肯定。锤炼干部队伍，先后选派44名干部到八大片区整治一线磨炼。突出政治标准，落实好干部要求，新提拔15名科级干部。组织党员干部分批赴井冈山接受红色教育，开展街道干部党性教育培训36期，加强新入职人员岗前培训，提高干部队伍综合素质。街道机关干部在全区组工活字典比赛中夺得冠军。加强廉政勤政建设，认真执行廉洁自律准则、纪律处分条例等规定，严格落实党风廉政建设主体责任，廉政纪律谈话提醒124人次，廉政回访299人次，组织610人参加违纪违法案例警示教育。强化执纪力度，查处10宗违法违纪案件，对10名违纪党员给予党纪处分。加大审计监督力度，审计整改问题132个。出台《新桥街道工作人员“为官不为”及“行政无为”问责办法（试行）》，建立健全懒政怠政整治机制。

（张秀芬）

附：2017年宝安区新桥街道领导成员名单

党工委书记、办事处主任：卫树强
党工委副书记：窦文耀　宋德东
纪工委书记：刘锡贤（4月起）
党工委委员：杨希成　徐伟林（3月起）
邱南山（3月起）
办事处副主任：窦文耀
彭志远（3月起）　钟启旗
江日坤（4月起）

松岗街道

【概况】松岗街道位于宝安区西北部，东接光明新区公明办事处，南与沙井街道毗邻，西北与东莞市接壤，是深圳的西北门户。松岗街道辖区面积27.66平方公里；下辖13个社区；2017年年末常住人口30.38万人，其中户籍人口2.96万人。

【经济发展与社会事业】2017年，松岗街道抓重点、破难点，经济社会发展取得新成绩。经济保持稳定增长。全年实现地区生产总值209亿元，增长9.3%，完成固定资产投资67.6亿元，顺利完成区下达的任务。其他主要指标也实现较快增长，规模以上工业总产值435亿元，增长11.6%（增速全区第二）；规模以上工业增加值107.3亿元，增长10.3%；社会消费品零售总额51.8亿元，增长8.9%；两税收入43.9亿元，增长71.4%（增速全区第一）。发展效益稳步提升。十大产业项目加快推进，上年实施的8个项目中，健仓科技园、潭头智能制造装备产业园等6个项目完工；2017年共实施9个项目，其中东方万怡酒店、双林产业园、富比伦二期等3个项目竣工，东方四队片区及旧工业区等2个项目开工。产业升级步伐加快，引进优质企业15家，其中外资企业13家，实际利用外资554

2017 年 7 月 4 日，广东省龙舟锦标赛在松岗五指耙水库举行

万美元；德富莱、乐百川等一批高科技企业落户松岗；核心产业做优做强，国家、省、市级高新技术企业 174 家，上市企业 12 家，区百强企业 15 家，产值过亿元企业 78 家。松岗琥珀（国际）交易市场年营业额达 1.8 亿元；淘汰低端企业 42 家，新增产业发展空间 18.3 万平方米。集体经济加速转型，制定《股份合作公司重大事项议事决策机制》《股份合作公司薪酬改革方案》，规范股份公司运营管理，加快集体经济转型发展，40 家股份合作公司和 3 家经济发展公司总资产 61.3 亿元，增长 6.1%；年度总收入 7.8 亿元，增长 7.3%。科技创新取得实效，101 家企业通过国家高新技术企业认定。桃花源科技创新园等高新产业园区加强基础设施和服务能力建设，共拓展高端产业空间 89 万平方米；健仓科技园获评区“科技桃花源”；组织开展科普活动 8 场，营造出浓厚的科技创新氛围。发展环境继续优化。深化领导挂点联系重点企业制度，街道领导挂点重点企业 178 家，解决企业诉求 77 条；组织 24 家企业参加文博会、宝博会等大型展会；160 家企业获得市、区科技创新、人才优先资金扶持。治水提质攻坚战顺利推进。提前完成茅洲河松岗段干支流全部 7.7 万平方米建筑物拆除，移交 37.7 万平方米施工作业面。完成街道中心片区 39.2 公里雨污分流管网建设。积极推进河长制“六个一”工程，7 条河流共 37.9 公里河道实现管养全覆盖。城市建设全面加快。全年实施政府投资项目 196 个，涵盖交通、教育、卫生、文体等领域，第一小学新校区、实验学校、绿道网完善工程等 85 个项目完工，沙浦小学、松裕横路、佘屋东路等 46 个项目开工建设；其中 2016、2017 年两年十大重点工程共 22 个，开工 14 个。强力推进 21 个土地整备项目，全年共征收土地 36.4 万平方米，征拆建筑物 51 万平方米，门户新城、潭头渠等 7 个项目全部完成任务。城市更新卓有成效，12 个项目立项，其中溪头工业区、联投东方竣工并投入使用，沙浦国际艺展中心一期、二期封顶。“拓展空间保障发展”指标任务顺利完成，全年完成建设用地清退 24.3 万平方米、违法建筑管控 37.3 万平方米、违法建筑非法销售监管执法 23 宗、政府储备土地清理 7705 平方米，超额完成年度任务。全年消化拆除违建 87.5 万平方米，完成区下达任务的 102.2%。市容环境显著提升。抓住创文契机，成立 13 支整治大队伍，以“行走松岗”模式，用脚步丈量松岗大地，全方位排查整治城市管理痛点、难点、乱点；顺利完成 45 个城中村“净化”验收、碧头社区省卫生村创建工作；创建潭头西路市容环境示范街；对 36 个公厕进行星级改造；推行“门前三包”，与商家签订 4 万份管理公约。利用 88 块“环卫公众监督牌”“松岗城管”微信公众号等途径，促进市民群众共同参与城市管理，市容环境卫生指数从倒数提升到全市前列，多次排名全区第一。加大城市管理执法力度，查处市容市貌违法行为 37501 宗；办结市容执法行政案件 433 宗，年度完成率 133.7%，绩效评价排名全市第一；处置数字化案件 44604 宗，办结率 99.9%，街道 8 次月排名全区第一。深入开展打铁行动，拆除乱搭建铁皮棚、伸缩蓬 3786 处共 3.6 万平方米，督促园区、企业自拆铁皮棚 15.8 万平方米，拆除“蒙古包”164 个共 2 万平方米。开展“掏窝”专项行动，查扣“铁甲威龙”600 辆。生态环境持续改善。圆满完成中央环境保护督查任务，3 宗案件通过整改复查。加强 136 家重点工业企业日常监管，向茅洲河流域“散乱污危”企业全面宣战。全年查处环境违法案件 146 宗，处罚金额 2640 万元，限产停产 15 宗，行政拘留 7 宗。积极推进生态环保宣传进社区进企业，顺利完成红星、花果山社区宜居创建工作，累计完成 11 个社区创建，通过率达 85%。积极配合江碧环境生态园建设，分类分级整治电镀企业，电镀车间从 650 个减少到 410 个。扎实推进垃圾减量分类，创建 44 个生活垃圾减量分类示范小区。教育资源不断优化。实验学校和第一小学共扩充公办班级 18 个、学位 900 个。新增普惠性幼儿园 6 所，普惠性幼儿园达 35 所，覆盖率 90%。强化校园监督指导，9 所学校、9 所幼儿园通过省、市、区各类评估。松岗中学高考、中考成绩

继续位居全区前列，东方小学被确定为首批“全国校园足球特色学校”、宝安区男足后备人才培养训练基地，沙溪小学羽毛球屡创佳绩。社区素质教育成效明显，潭头、楼岗社区荣获“深圳市学习型社区”称号，碧头社区通过宝安区学习型示范社区验收。计生卫生管理服务继续加强。医疗设施不断完善，松岗人民医院扩建一期完成验收；与复亚养护院合作，新成立老年人日间照料中心1家。卫生服务力度加大，举办123场大型健康教育知识讲座、义诊等活动，受益群众达2万余人。计生管理工作扎实开展，建成“综管—社区—街道”网络，街道全员计生数据覆盖率达95%以上。文体事业蓬勃发展。文体设施不断完善，文化艺术中心、体育中心相继开放，街道和社区两级综合文化服务中心顺利揭牌。成功举办广东省龙舟锦标赛，共有23支队伍参赛，20多家主流媒体专题报道，龙舟品牌影响力显著提升。群众性文体活动成果丰硕，举办宝安区第六届松岗杯“阳光少年”诗文朗诵比赛，助推宝安阅读城市创建；56个“文化春雨”活动点共开展美术、音乐等活动4200场次；积极参与上级文体赛事，获得各类奖项17个。社会保障体系逐步健全。慈善事业不断发展，“广东扶贫日”募款165万元；成立街道慈善协会，筹款1687万元。成立2家冠名基金会、1家社区基金会。帮扶力度继续加大，全年共发放低保、救济金、老人津贴、优抚安置金986.6万元。就业工作成绩突出，促进67名户籍失业人员、45名户籍生源毕业生就业，“零就业家庭”保持动态归零。法治建设不断深入。开展普法“五进”活动112场次，受教育人数达6.3万人次。扎实开展调解工作，成功调解各类纠纷案件1320宗。打造“法治公园”“法治长廊”“青少年法治校园”3个普法基地，提升法治文化渗透力。“两代表一委员”作用充分发挥。建成社区党代表工作室13个、人大代表联络站3个、政协委员联络站1个。全年组织开展人大代表、党代表、政协委员走访接访活动167次，解决、答复群众意见45条。按时办理党代表提案24件、人大建议60件、政协提案13件，满意率100%。

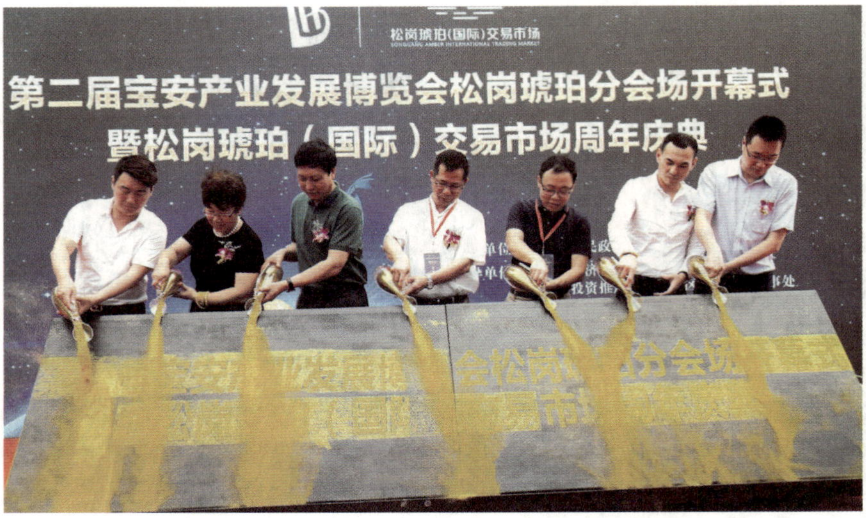

2017年7月28日，2017宝安产业发展博览会松岗街道分会场开幕式在松岗琥珀（国际）交易市场举行，松岗世纪琥珀博物馆同日开馆

【社区建设】2017年，松岗街道持续加大社区建设力度，社区发展活力进一步增强。社区“两委”换届圆满完成。充分发挥党委在换届工作中的统领作用，6月顺利完成13个社区“两委”换届，11个社区党委书记与居委会主任实现“一肩挑”，比例达85%，整个过程“零投诉、零违纪、零上访”。社区议事决策机制不断完善。在全区率先出台《社区“四议两公开”议事决策机制》，同时规定股份合作公司重大事项需报社区党委讨论、审批，强化社区党委的领导，有效促进社区、股份合作公司建设管理制度化、规范化。社区工作站专职工作者队伍率先建立。改革工作站机构设置，设置三大类岗位、5个职能组，组建411人的队伍，增强社区管理服务能力。社区党组织建设进一步规范。成立13个社区工作站党支部、12个一级股份公司党（总）支部、29个二级股份公司党支部，健全三级党组织管理机制。

【综合治理】2017年，松岗街道创新基层治理举措，平安稳定局面得到巩固。网格化管理不断深化。率先推行“一格多元”网格化管理，划分13个大网格、158个小网格，整合各部门、各社区力量，对网格内的实有事件包干负责，进行全方位、全覆盖巡查整治，积案数量持续减少，案件办结率持续提升。组建500人的综合整治大队，下沉社区开展公共安全、消防、维稳、应急等综合整治。深入推进“两长”队伍建设，设置楼栋长8498名，配备率达100%，6833名楼栋长、门店店长加入“两长”义警队伍。全年巡查网格事件59.9万宗，办结59万宗，办结率达98.5%。投入4655万元建设全街道电子视频监控系统，对重要路段、重点区域、人员密集场所进行实时监控、智能预警。城市安全基础有效夯实。扎实开展安全隐患排查整治，累计消除隐患4.7万宗，关闭取缔不达标粉尘企业24家，查扣危化品187吨，打通“生命通道”673处；全年行政立案131宗，罚款372万元，罚款额全区排名第一。安全生产事故宗数（77宗）、死亡人数（17人）分别下降3.7%、22.7%，未发生较大以上安全生产事故。查处食品安全违规行为184宗。治理地质灾害项目33个。综治维稳力度不断加大。落实信访突出问题领导包销案制度，19宗案件得到成功调处和稳控。社会治安形势持续好转，刑事警情（1921宗）、治安警情（5119宗）分别下降13.7%、20.2%，侦破刑事案件548宗，抓获违法犯罪嫌疑人596人。强力开展禁毒工作，查获吸贩毒人员657人，缴获毒品5.8万克。劳资关系平稳可控，劳动信访（1002宗）、仲裁立案（526宗）、劳资纠纷突发事件（6宗）、欠薪逃匿案件（1宗）分别下降2.7%、30.8%、64.7%、83.3%。应急管理水平稳步提高。组织应急演练13次，开展应急宣传培训16场。接报突发事件260宗，全部得到及时妥善处置，未发生大规模群体性事件和突发事件。

【党的建设和精神文明建设】2017年，松岗街道坚持不懈抓党建、转作风、建文明，发展基础进一步夯实。“两学一做”深入开展。制定“两学一做”学习教育常态化制度化实施方案，学习教育覆盖街道所有党组织和党员。以“学”为基础，通过“三会一课”、党组织书记讲党课、“两学一做”微课堂等措施，深入学习党的十九大精神和习近平系列重要讲话精神，不断强化理论武装。以“做”为关键，制定92项具体任务，成立“两学一做”调研督导组6个，保障工作任务落到实处。干部队伍建设不断加强。全年共推荐重用处级干部2名；开展机关事业单位干部选拔6次，累计提拔重用干部38人，为敢担当、敢作为的干部提供舞台。党领导下的宣传群团武装工作不断强化。宣传工作继续加强，全年共策划宣传报道496篇，其中市级以上报刊104篇；处置舆情128例，没有发生严重影响街道形象的舆情事件。群团组织不断发展壮大，新组建工会22家，新建“两新”团支部8个，新建青年文明号4个，获3个市、区级“巾帼文明岗”称号，圆梦计划、读书月、感恩母亲节等系列活动有声有色。武装工作成绩突出，2017年10人被批准入伍，超额完成区下达的7名征兵任务，兵役登记全区第一，街道武装部获评市“先进基层武装部”。党风廉政建设和反腐败深入推进。压紧压实“两个责任”，签订党风廉政建设责任书41份。加强制度保障和廉政风险防控，完善抓早抓小“四级”谈话模式，街道处级干部累计谈话提醒189人次，发出提醒函42份，及时纠正和解决一批问题。严肃查处党员干部违纪行为，立案审查11宗11人，训诫谈话24人次，组织纪律整顿活动2次。突出教育引导，圆满完成纪律教育学习月活动，组织社区干部“清风正气”专项纪律教育，开展一把手讲廉政党课29场，编发廉政短信4万余条。通过上下共同努力，在全街道进一步形成风清气正、奋发向上的干事创业环境，为顺利完成各项工作提供坚强保障。（徐毅强）

附：2017年宝安区松岗街道领导成员名单

党工委书记、办事处主任：
许　华（12月止）
党工委副书记：姚伟光　冀小平
纪工委书记：庄京朴（3月起）
党工委委员：廖文安　何明青（4月起）
庄京朴（3月起）　廖国军（5月起）
办事处副主任：文凤英
庄召科（4月起）

燕罗街道

【概况】燕罗街道于2016年12月26日挂牌成立，位于宝安区西北部，是深圳的西北门户。东临光明新区公明街道，西北与东莞市长安镇相邻，南与松岗街道接壤，域内有国有罗田水库和罗田林场。辖区面积36.53平方公里，其中山水绿地约20平方公里，建成区面积16.6平方公里。下辖燕川、罗田、塘下涌、山门、洪桥头5个社区，社区股份合作公司10家。2017年年末常住人口14.06万人，其中户籍人口0.59万人。

【经济发展与社会事业】2017年，燕罗产业街道集聚、创新驱动，经济稳中向好。燕罗街道产业基础雄厚，有工业企业2720家，规上企业242家，其中世界500强企业5家，上市企业19家；产值过亿企业83家，5亿元以上企业20家，10亿以上企业11家。拥有同富裕工业园、燕川北部工业园等连片园区和鹏鼎控股、劲嘉印刷、三诺电子等行业龙头企业。2017年，实现地区生产总值231亿元，增长9.0%；规模以上工业总产值573.1亿元，增长8.3%；社会消费品零售总额31.2亿元，增长8.8%。两税收入35.3亿元，增长23.8%。完成工业投资26.6亿元，其中技改投资9.1亿元。新增“四上”企业入库70家，高新技术企业66家。欧普特工业材料有限公司入选“广东省院士专家企业工作站”，菜博士现代农业产业园获批市科普示范基地，百财、嘉达、富比伦3个园区建成为科技桃花源。企业服务方面。组织63家企业参加高交会、宝博会、文博会等展会，为企业提供展示营销平台。走访服务26家百强企业和186家“四上”企业，协调解决企业反映的招工、公交、道路等问题159个。积极发展社会事业。实现街道、社区政务服务窗口业务通办，办理网上业务3400余宗。民生服务方面。按标准向低保户、优抚对象、残疾人等发放低保和临时救济金；慰问资助17名困难户籍居民和劳务工11.3万元。开展各类就业创业培训活动35场、培训1018人次，帮助就业325人次。投入250万元，实施民生微实事项目53个。全面开展餐饮

2017 年 11 月 1 日，燕罗街道举办首届快乐跑活动

食品安全巡查和公示试点。科教文卫方面。燕山学校综合提升改造工程完工。为符合条件的 738 对育龄夫妇提供免费孕前优生健康检查。举办大型群众文体活动 333 场，2 万人次参与。“比麟堂”龙狮团在第十届全国舞龙舞狮锦标赛中获得一金两银的佳绩。洪佛拳传统武术被评为区级非物质文化遗产。在同富裕工业园成立全区首个园区妇联。开展志愿服务 3300 余场，服务居民超过 10 万人次。

【社区治理】2017 年，燕罗街道社区建设亮点纷呈。各个社区顺利完成两委换届选举。投入 280 万完成山门等 5 个社党群服务中心升级改造。完成燕川社区旧区治安重点区域整治，新增燕川北部工业区安全文明小区。绿化提升 16 处，裸土复绿 1.8 万平方米，屋顶绿化 3000 平方米，成功创建燕川“宜居社区”。成立罗田等 4 个社区阅读中心和劲嘉、鹏鼎 2 个企业阅读中心，在企业建成 3 条健身路径。开展罗田社区学童才艺培优公益项目和罗田社区中共历次党代会图片展。园岭北路公共停车场建成，洪桥头社区微巴场站投入使用，新增社区微巴线路 5 条。推进“党建 + 洪拳”项目，成立燕罗街道洪佛拳协会、打造党建 + 武术项目示范基地。

【综合治理】2017 年，燕罗街道持续加强综合治理。公共安全形势方面。投入 500 多万元高标准建设街道、社区综治中心和街道社区戒毒康复中心。新增燕川北部工业区安全文明小区，新建成网格化布警点 8 个。全年办理信访事项 519 宗，成功化解重点案件 20 宗，无群众集体到市进京上访情况。妥善处置突发事件 132 宗，成功应对“天鸽”等多场台风暴雨。开展普法宣传活动 67 场，提供法律援助 4 宗，法治街道和省级民主法治社区创建均顺利通过考核验收，全年调解纠纷 719 宗。建立劳资隐患预警监控系统，发展 882 名劳资信息员，全年共发现劳资隐患 45 宗，提前化解 44 宗。继续推进创文工作。打造标杆公厕和星级农贸市场。拆除消化违建 52.77 万平方米。开展土地整备项目 6 个，整备土地 5.44 万平方米。全年新增市、区投资项目立项 20 个。投入 1500 万元，实施 52 个小额修缮项目。整治“六乱”严格执法，行政处罚案件数 573 宗。新建雨污分流管网 37 公里，沿河截污管 19.95 公里，整治入河排污口 132 个，辖区“一河四水”全面截污，安全生产有效加强。网格化巡查整治 A 类隐患 20.5 万余宗。安全生产实行“大宣教、大排查、大整治”、重点行业领域十大专项整治等专项行动。发出安全生产整改指令书 777 份，立案处罚 87 宗，有效消除一批安全隐患。安装电气安全动态监测系统 1961 套，建成电动车充电点 135 个，打通消防生命通道 5.9 万余处，新建 10 个小型消防站、168 个消防栓。重点整治不戴头盔等违法

2017 年 12 月 30 日，燕罗街道工商联合会及燕罗商会揭牌成立

行为，查扣违规电动车1.3万多辆次，“铁甲威龙”357辆。

【党的建设和精神文明建设】2017年，燕罗街道队伍素质显著提升。深入推动习近平新时代中国特色社会主义思想和党的十九大精神学习宣传贯彻工作往深里走、往实里抓。党工委理论中心组开展十九大精神专题学习6次，面向党员干部举办十九大专题宣讲会9场。向全体党员发放学习书籍5000余本，“学报告学党章”考学参考率100%。利用“一大”纪念馆等开展支部“体验式”组织生活。结合普遍直联工作，帮助群众解决各类问题174个。党建创新扎实推进。成立“洪佛拳协会”，在协会成立党支部，建设活动基地，打造“党建+洪拳”项目。打造两新党建“一园区一品牌”和社区党建“一社区一亮点”。培育“智慧党建”“安全金盾”“龙腾六助”等园区党建品牌；罗田“青少年才艺培优”、山门“党群同‘剧’、社区同乐”、塘下涌“党群一家，和谐社区”等社区党建特色项目。成立全区首家非公企业党群服务中心，全年建成企业党群服务中心13个共12760平方米，形成大有特色、小有亮点的服务网络。劲嘉、三诺等4家企业被评为区“党建百强企业”；燕罗派出所党支部“防诈骗、保民安，党员先行、群防群治”项目被评为区“十佳支部书记项目”。（张见笑）

附：2017年宝安区燕罗街道领导成员名单

党工委书记、办事处主任：詹 辉

党工委副书记：周海峰

麦健鹏（3月起）

党工委委员、纪工委书记：

张映祥（4月起）

党工委委员：杨荣伟 姚文群（4月起）

龚贵祥（6月起） 易春雷（4月止）

谢承希（4月止）

办事处副主任：罗 辉（2月起）

黄巧玲（4月起） 许光华

石岩街道

【概况】石岩街道位于宝安区东北部，东邻龙华新区大浪街道，南与南山区西丽街道接壤，西连西乡街道，北接光明新区。辖区总面积65.8平方公里，下辖9个社区工作站，1个社区管理组，22个社区居委会，25个社区股份合作公司和3个居民小组。2017年年末常住人口32.18万人，其中户籍人口2.11万人。

【经济发展与社会事业】2017年，石岩街道实现地区生产总值（GDP）405亿元，比上年增长9.2%，总量排名全区第三，增速排名全区第七；实现规模以上工业总产值1526.8亿元，增长11.5%，总量排名全区第一，增速排名全区第三；规模以上工业增加值为251亿元，增长9.2%，总量排名全区第二，增速排名全区第七；固定资产投资完成额50.4亿元，占全区比重6.2%；实现社会消费品零售总额64.7亿元，增长9.2%，总量排名全区第五，增速排名全区并列第二；进出口总额556.3亿元，增长9.8%，其中外贸出口359.93亿元，增长9.3%，总量排名全区三，增速排名全区第二。产业转型升级步伐加快。新引进上市股份公司总部1家，新增“新三板”挂牌企业7家、“规上”企业144家、国高企业145家，新增认定广东省500强企业2家、市百强企业2家、区六类百强企业8家、宝安区科技桃花源2家，实现产值5亿元以上工业企业研发机构全覆盖。淘汰转移落后低端企业45家，释放产业空间11.6万平方米。载体建设成效明显。院士经济工作初显成效，裕同科技、领亚美生智慧绿谷分别挂牌深圳市院士（专家）工作站、宝安区院士创新工作室。大力推动欣旺达、银宝山新等制造业拓展产业空间，新增创新型产业用房约50万平方米，新引进优质企业47家。企业服务工作不断深化。成功举办2017年“宝博会”石岩街道分会场活动和宝安购物节石岩分会场活动，举办两期石岩企业家讲堂及12场宣讲培训活动，走访企业834家/次，解决企业诉求

2017年4月19日，石岩街道举办“城中村综合整治”专项行动启动仪式

2017 年 6 月 29 日，石岩街道举办石岩湖绿道贯通仪式

122 项。完成羊台苑二期 600 套企业人才住房配租工作，年底完成第二批共 100 套人才保障住房配租工作。借“一带一路”助力 8 家深圳企业与哈萨克斯坦代表达成合作意向。中德智能制造微论坛暨欣旺达—西门子战略合作签约。协助工商联（商会）、华侨港澳协会、台商协会开展服务会员企业工作。推进 2017 年“双十”工程。2017 年“十大重点工程”15 个项目开工 8 个。基本完成石岩小学改扩建工程的 3 栋教学楼建设；塘头学校扩建工程初中部 1、2 号楼投入使用，其他 7 个项目稳步推进；2017 年“十大产业”项目 11 个，完工 2 个，在建设项目 3 个，剩下 6 个项目正常推进。加快“科技健康绿谷”项目建设，72 个建设项目经完工 35 个，在施工建设项目 28 个，正常推进项目 9 个。推动重点工作和民生实事，自加压力，落实重点工作 183 项，民实实事 17 项，落实率 100%。其中石岩人民医院扩建工程（一期）投入使用，新增 728 张病床。石岩湖绿道（一期 B 段）全线贯通。推进羊台山森林公园一期配套项目—羊台山片区停车场及配套人防工程、石岩河湿地改造提升工程、石岩湖周边环境提升工程（A 区）、石岩街道羊台山路（宝石东路—石环南路）工程进度。加快建设雨污管网步伐。完成新建管网 51.5 公里，其中麻布片区雨污管网工程完成 10.5 公里、上屋西片区雨污分流管网工程完成 6 公里（完工）、铁岗水库流域料坑片区雨污分流管网工程完成 13.3 公里、北环路以北片区雨污管网工程完成 9.7 公里、北环路以南片区雨污管网工程完成 12 公里。有效治理河流和内涝。全力推进石岩河黑臭水体治理，顺利通过国家环保部的考核；投资 2.63 亿元，全力推进石岩河黑臭水体治理，建设水利工程 32 个。石岩街道坑尾大道排水箱涵工程和石岩河景观工程进入施工阶段，应人石河综合整治工程完成 90% 的工程量。落实“9·800·669”工程。街道实现地区生产总值（GDP）405 亿元，增长 9.2%；“800 工程”方面，完成 50.4 亿元，任务完成率 100%；“669 工程”方面，全年拆除违建 95 万平方米，任务完成率 111.79%。强力推动“拓展空间 保障发展”十大专项行动。违法建设疏导专项行动任务超额完成 113.59%；违法建筑空间管控专项行动完成率 100%；土地整备专项行动完成率 100%；建设用地清退专项行动超额完成 103%；推动祝龙田股份公司申报 7.2 万平方米用地列入市利益统筹项目第三批试点目录；推动水田社区（一期）7.65 万平方米用地、官田社区 9.33 万平方米用地、上排社区 17.8 万平方米用地等土地整备利益统筹项目。大力做好土地整备工作。实施征地拆迁项目 30 个项目，签订补偿协议 55 份，征收土地面积 2.62 万平方米，征收永久性建筑物 5.45 万平方米，征拆临时建筑物 2.86 万平方米。

【社区建设】2017 年，石岩街道以“基层治理质量年”活动为抓手，加快基础设施建设，提升城市发展质量，打造良好的人居环境。开展“基层治理质量提升年”行动。制定“1+9”实施方案，成立领导小组和九大行动专责小组，细化工作措施 254 项，分解具体任务 378 项，建立三级督查督办机制，实行周报、月报工作机制。完成 340 项街道主办任务，完成率 100%。抓好城中村里子项目。街道“品质社区”麻布新村、水田新村等 5 个样本工程基本完工；69 个城中村“三线下地”工程完成总形象进度的 90%。大力实施社区闲置空地美化提升工程。在 10 个社区共梳理出 106 块长期闲置的待建地，投资 1000 万元，开展硬底化和美化提升工程，完成整治 100%。完善交通基础设施。加强道路交通安全管理和道路规划建设协调工作，完成料坑临时停车场建设工程，启动石岩同富裕工业区立体车库、石岩街道办篮球场智能地下停车库及石岩中心区智能地下停车库等 3 个机械式立体停车库项目的前期工作。做好救济救助工作。始终关注弱势群体，发放各项低保救助金 76.56 万元、扶贫济困专项资金 34.67 万元、慈善资助金 42.3 万元、高龄津贴 68.56 万元，受益人数 722 人。持续开展就业帮扶和法律援助。免费提供公共就业服务 7134 人次。街道登记户籍失业率 1%，低于区下达登记失业率控制在 3% 的标准。为困难群众提供法律援助 41 宗，涉案人数 629 人，涉案金额 1229.4 万元。实施免费孕前优生健康检查。通过计卫联手，在石岩医院常态化开展免费孕前优生健康检查体检服务，共有1596对符合生育政策的计划怀孕夫妇参加免费体检，超额完成区任务指标的106.4%。全面推进素质教育工程。启动“金钥匙行动”，开展“七类人”培训。完成上屋、应人石社区创建“2017年深圳市学习型社区”；完成石龙社区创建“2017年宝安区学习型示范社区”的督导评估工作，争创“全国社区教育示范街道”，现完成前期申报工作。

【综合治理】2017年，石岩街道狠抓安全稳定不放松，实现社会大局稳定。牢记安全维稳第一责任，加大安全稳定的保障力度，全力以赴保平安，为城市建设和发展营造良好环境。加强公共安全基础建设。组建社区、企业多种形式的消防队伍；推进石龙、浪心消防站和街道消火栓等项目建设；建成电动自行车充电点198个、安装充电桩624个。强化生产安全领域监管。重点开展铝镁粉尘、危化品等高危行业企业整治和职业卫生安全检查，累计检查企业20995次，督促整改隐患31724处；处罚130宗，经济罚款222.82万。推进治安防控体系建设。完成组建1.3万人的群防群治义警队伍和配备装备器材工作；完成街道综治中心升级改造，完成综合性社区戒毒康复中心建设，完成14个网格化布警点选址并建成3个；创建祝龙田第四工业区等安全文明小区，整治应人石社区福景二期等重点区域；拨付普清视频监控补助经费39.92万元。扎实做好信访维稳工作。受理各类群众信访案件1864宗，办结1864宗，办结率100%。圆满解决俊鸿服装有限公司劳资纠纷、浪心万大工业园租赁纠纷等33宗案件。落实重大案件领导包案24宗，调处化解9宗，妥善处理一级水源保护区业主赴省上访及桃园居物业管理纠纷等一批重点案件。维护来深建设者合法权益。纠正和惩处各类劳动违法行为，处理监察案件461宗，追发工人工资福利4909.9万元。联合公安处置3宗涉嫌拒不支付劳动报酬犯罪案件，垫付219名工人工资165.6万元；置换劳动调解案件178件共1179宗。提高实有事件的办结率。巡查采集实有事件80.04万宗，办结实有事件79.79万宗，办结率99.68%。全力做好“三防”工作。落实汛前汛中汛后三防安全大宣传、大检查、大整改行动。共排查208处地质灾害风险点、3600间危房旧房建筑和33处低洼易涝点，转移安全隐患区域人员2760人，整治危险边坡19处，设置危险边坡警示牌20个，未发生人员伤亡事故。持续开展“行走石岩”活动。共开展“行走石岩”活动123次，采取“重点区域重点监控”的方式，逐步破除市容管理难点，做到立行立改，共计整治乱摆卖18245宗，超门店8669宗，户外广告5860宗，横幅1809宗，无证烧烤419宗，“三乱”2690宗，伸缩雨篷841个，泥头车19宗；查处非法午托42宗、非法办学19宗；查处黑燃气43宗、扣押、移交燃气瓶989瓶，乱堆放3597宗；完成城管查处结案案件600宗，处理数字化案件29724宗；重点做好32个监测点的巡查及蹲点工作。按时完成石岩河黑臭水体治理的征拆任务。按时按量完成石岩河25个点的征拆任务并移交施工作业面，完成拆迁建筑面积26171.67平方米，其中永久性建筑面积15422.78平方米，临时性建筑10748.89平方米，为石岩河黑臭水体治理工作的全面推进开好局、铺好路。打响一级水源保护区违法建筑清拆行动攻坚战。不折不扣、坚决落实中央环保督查组督导件，成立专门机构，抽调力量驻点办公，落实班子成员包案责任制，倾尽全力推进一级水源保护区内违法建筑整改工作，21栋违建全部处置完毕，清拆总面积33971平方米，圆满完成中央环保督导组督导的专项行动任务。全面推行河长制工作。加强水务设施日常监管，累计清理道路雨、污水口（井）约4210个，疏通排水排污管道1500米，处理排水排污相关数字化城管案件231宗；创造性实施河长制“六个一”系统工程，街道14条河流配备区、街道、社区三级河长共48名。加强规划土地监察执法。保持查违高压态势，拆除永久性建筑6.1万多平方米，拆除临时建筑67.5万平方米，拆排栅2.15万平方米，切钢筋306柱，拆墙体3437平方米，吊走集装箱281个。核查卫片图斑1759宗，智慧查违案件7826宗。

【党的建设和精神文明建设】2017年，石岩街道全面加强党群工作，服务能力进一步提高。围绕政府工作，重视群众的服务质量，进一步完善基础工作，提升政府的工作能力。政务服务功能不断完善。政务服务实现跨街道“通办通取”；采用“政务+党建”模式，面向办事群众全面启动“窗口党员暖心送服务”微服务；打造街道24小时自助服务区，政务服务时间从有限到无限的转变，群众满意度100%。成功创建区级“青年文明号”“巾帼文明岗”。顺利完成基层党组织换届调整工作。结合大部门制改革，撤并调整后设18个机关、事业党支部，夯实机关党建基础。选派街道领导及中层干部作为“第一书记”，实施“一社区一方案”，顺利完成9个社区党委、22个社区居委会、3个居民小组的换届选举工作，实现一肩挑和交叉任职80%以上；新建“两新”支部16个。开展年度基层党建“书记项目”。大力实施“机制、组织、阵地、品牌”四大工程，初步构建起“1+9+19+N”的党群服务体系，共开展活动3241场次，服务群众9.5万多人次；“一月一主题”党员志愿服务582场次。打造“一社区一特色”+“一园区一特色”党建品牌。突出“党味”焦点，强化服务内核，打造社区和园区党建品牌，官田社区推出“人人小讲堂”，成立“一坊二社三班四队”开展十项党建系列活动；领亚园区党委打造

“领·智党建”“领·善之行”“领·享部落”“领·悦生活”四大服务品牌。强化党风廉政建设。落实党风廉政建设主体责任，排查廉政风险点744个，固化权力运行流程62项；逐级签订党风廉政建设主体责任书，一级抓一级，层层抓落实，紧抓“关键少数”。文化工作百花齐放。以创建全国文明城市为契机，结合区“文化春雨行动”，完成首届羊台山森林音乐节活动，完成第二十三届“羊台之光”系列文体活动14项和第十五届羊台山登山节活动；继续打造文艺精品，舞蹈“父亲”和“美猴王”两个视频秀节目分获市外来青工文体节才艺类比赛优秀奖和铜奖，相声“共享那点事”获鹏城金秋曲艺类比赛金奖。此外，加强国防教育、国防动员和民兵预备役工作；网格综合管理中心获“全国巾帼文明岗”；塘头社区荣获第四批省级就业星级社区；侨联、残联、工青妇、审计、动植物检疫、食品安全等工作都取得良好的成绩。 （蔡小聪）

附：2017年宝安区石岩街道领导成员名单

党工委书记、办事处主任：谷更军
党工委副书记：李广明（5月止） 王妍霞 陆奕斌（3月起）
纪工委书记：蓝洪春（4月起）
党工委委员：王国华（10月止） 肖宏义（3月止） 徐伟林（3月止） 蓝洪春（4月起） 朱志光（5月起）
办事处副主任：卓钢亮 陈浩强 叶意挺（4月起） 杜俊平（3月止） 李茂进（10月止）

新安街道——海滨广场

沙井街道——海上田园

石岩街道——石岩水库

福永街道——立新湖

全国先进模范人物

费英英，女，1983年1月生，浙江湖州人。2006年3月入党，1999年9月考入民政部重庆民政学院就读。2002年3月经学校选拔推荐至深圳市宝安区社会福利中心工作。从一线做起，先后在区社会福利中心任护理员、护理班长，护理长。2006年6月因工作需要调至康复部先后任康复师、部长助理。经过1年多的努力，成功使12名脑瘫患儿恢复肢体功能，是该单位康复治疗方面的主要业务骨干，因工作表现突出，2007年起，先后任职康复部副部长、老人部副部长，现为保育部副部长。该同志先后荣获全国先进工作者（2015年）、全国青年岗位能手（2014年）、全国民政系统劳动模范（2012年）、广东省劳动模范（2012年）、广东省五一劳动奖章（2008年）、广东省南粤楷模（2016年）、广东省三八红旗手（2017年）等多项各级荣誉表彰，当选深圳市、宝安区党代会代表。2017年6月，当选党的十九大代表、10月18日赴北京参加中国共产党第十九次全国代表大会。

刘毅，男，1963年1月生，广东兴宁人，1988年加入中国共产党，广东省委党校行政管理专业本科毕业，宝安区航城街道司法所所长。刘毅扎根基层30余年，曾获广东省“全省优秀乡镇残联理事长”、深圳市“民政系统抗震救灾先进个人”“爱国拥军模范”和“2011—2015全国法制宣传教育先进工作者”等荣誉称号。在航城街道任职期间，刘毅以人民群众利益和需求为工作落脚点，紧紧围绕中心工作和上级部署，建立健全各项司法运行机制，做好群众贴心人，化解各类矛盾纠纷，推进和谐法治城区建设，尤其是2017年，其领导工作队伍调解各类社会矛盾纠纷成功率达97.3%，为航城启航、法治护航作出杰出贡献，并于2017年5月荣获中华人民共和国司法部“全国模范人民调解员”称号。

陈军，男，1982年12月生，湖北黄石人，在职研究生学历，硕士学位。2011年进入深圳市宝安区松岗街道安监办，2016年7月任松岗安监办副主任至今。陈军长期扎根基层安全一线，执法融入宣传教育，钻研安全技术，提出各类有效解决方案，完善基层安全监管模式。分管街道安全生产执法工作，严执法、重宣传，以罚强安，处罚金额从2011年35万上升到2017年274.5万，名列深圳各街道前茅；在安全生产方面，不断钻研，创新技术。2014年推动辖区电镀行业加热棒技术改造，电镀行业火灾事故率下降50%；2015年开始在全区率先研究推广粉尘行业湿式除尘系统，旭生机械（深圳）有限公司被选为全国工贸行业粉尘涉爆隐患整治示范企业之一；2016年在街道大力推行危化品减量替代行动，有效缓解危化品安全隐患；2017年创新安全监管模式，开展园区安全员挂职锻炼，培养大批安全管理人才；同年1月，荣获国家安全监管总局、国家煤矿安监局授予的“安全生产监管监察先进个人”称号。

广东省先进模范人物

许琳，男，1980年12月生，广东五华人，大学学历，学士学位，2003年11月参加工作，1999年1月加入中国共产党，共青团深圳市宝安区委员会书记。承担宝安区青少年宫的建筑落成、宝安国际马拉松的志愿服务组织工作；以需求为导向，推进社区志愿服务；策划开展的团区委“‘听吧’宝安青年微信公开课”项目荣获市直机关“党建杯”（文化创意组）创新大赛决赛一等奖。2017年5月被授予2016年—2017年度“广东省优秀共青团干部”称号。

姚绪群，男，中共党员，1964年11月生，广东平远人，宝安区新安街道司法所所长。在任期间，带头编写典型案例以案释法、出版普法读本促依法办事、举办普法讲座和活动树立法治意识；组建法律服务志愿者队伍，以“法治＋文化”的方式，深入开展“法律五进五提升”活动，创建“互联网＋社区民生法务”平台、法治文化商业街和主题公园；推进法治建设“四级同创”工作，成功创建省级“法治示范街道”和10个省级“民主法治社区”；开创社区“和事厅”、建立社矫劳动基地、提供法律援助为弱势群众排忧解难，积极参与突发维稳事件处置，推进基层治理法治化。2017年1月13日被中共广东省委评为“依法治省先进个人”。

宝安区 2017 年国民经济和社会发展统计公报

2017 年，在区委区政府的坚强领导下，全区上下以习近平新时代中国特色社会主义思想为指引，全面贯彻落实党的十九大精神，自觉深入践行新发展理念，围绕供给侧结构性改革这一主线，坚持质量主攻方向，全面推进市、区各项重点工作，经济社会持续健康发展，“9·800·669”目标超额完成。

一、综合

初步核算，全年全区实现地区生产总值（GDP）3448.36 亿元，比上年增长 9.2%。其中，第一产业增加值 1.16 亿元，增长 15.1%，对 GDP 增长贡献率为 0.05%；第二产业增加值 1796.45 亿元，增长 9.4%，对 GDP 增长贡献率为 54.2%；第三产业增加值 1650.75 亿元，增长 8.8%，对 GDP 增长贡献率为 45.7%。三次产业结构为 0.03:52.10:47.87。在第三产业中，交通运输、仓储和邮政业增加值增长 8.4%，批发和零售业增加值增长 3.7%，住宿和餐饮业增加值增长 0.9%，金融业增加值增长 5.0%，房地产业增加值增长 6.6%，其他服务业增加值增长 16.9%。全区人均 GDP 达到 111849 元，比上年增长 4.1%，按平均汇率折算为 16566 美元。

全年每平方公里土地产出 GDP8.69 亿元，比上年增加 0.95 亿元；每平方公里土地产出税收 1.58 亿元，增加 0.23 亿元；万元 GDP 水耗、电耗分别下降 5.8% 和 4.5%。

全年现代服务业增加值 1056.13 亿元，占第三产业的比重为 64.0%，比上年提高 0.8 个百分点。新兴产业增加值 1244.97 亿元，增长 12.6%。物流业增加值 306.46 亿元，增长 10.3%。

二、农业

全年农业总产值 2.28 亿元，比上年增长 21.3%。其中，种植业产值增长 54.8%；渔业产值增长 1.8%。

三、工业和建筑业

全年全部工业增加值 1708.18 亿元，比上年增长 9.4%，占地区生产总值的比重为 49.5%。规模以上工业增加值 1545.01 亿元，增长 9.7%。

规模以上工业企业 2351 家，实现总产值 6647.50 亿元，比上年增长 9.5%。其中，内资企业产值 3289.51 亿元，增长 13.4%；民营企业产值 2446.43 亿元，增长 9.2%；港澳台及外商企业产值 3357.99 亿元，增长 5.8%。分轻重工业看，轻工业和重工业产值分别为 1918.58 亿元和 4728.92 亿元，增长 5.8% 和 11.0%。

通信设备、计算机及其他电子设备制造业产值 3449.15 亿元，比上年增长 6.3%，占规模以上工业总产值的

表 1　2017 年主要农产品和水产品产量

指　标	单　位	绝对数	比上年（±%）
蔬菜	吨	22549	94.6
水果	吨	416	95.3
水产品	吨	6213	21.1

比重为 51.9%。规模以上工业企业销售产值 6361.64 亿元，增长 8.7%。工业产品销售率为 95.70%，提高 0.43 个百分点。出口交货值 2913.93 亿元，增长 8.7%。

规模以上工业企业实现利润总额 309.99 亿元，比上年增长 5.5%。工业经济效益综合指数为 189.8%，比上年提高 11.67 个百分点。总资产贡献率 7.9%，提高 0.17 个百分点；资产负债率 54.3%，下降 2.26 个百分点；资产保值增值率 113.2%，下降 8.29 个百分点；成本费用利润率 5.3%，下降 0.09 个百分点；全员劳动生产率 167299 元 / 人，增长 15.4%；流动资产周转率 1.7 次，下降 0.02%。

全区资质等级以上建筑企业 76 家；实现建筑业增加值 94.39 亿元，比上年增长 10.3%，占地区生产总值的比重为 2.7%。

四、投资和消费

全年完成固定资产投资 817.06 亿元，比上年增长 25.6%。其中，非房地产项目完成投资 536.63 亿元，增长 49.9%，占固定资产投资完成额的 65.7%；房地产项目完成投资 280.43 亿元，下降 4.1%。

从投资方向看，工业完成投资 131.82 亿元，比上年增长 39.9%，其中技术改造完成投资 48.54 亿元，占固定资产投资完成额的 5.9%；住宅完成投资 317.74 亿元，下降 8.0%；公共设施完成投资 312.71 亿元，增长 64.1%。

全年 118 个重大建设项目累计完成投资 237.71 亿元，完成年度计划的 152.2%。其中，政府投资项目 83 个，完成投资 104.94 亿元；社会投资项目 35 个，完成投资 132.77 亿元。项目分类别看，其中道路交通 16 个、宜居环境 36 个、社会民生 31 个、新兴产业 7 个、现代服务业 9 个、高新技术和先进制造业 7 个、城市更新 12 个。

全年批发业商品销售额 1641.29 亿元，比上年增长 8.3%；零售业商品

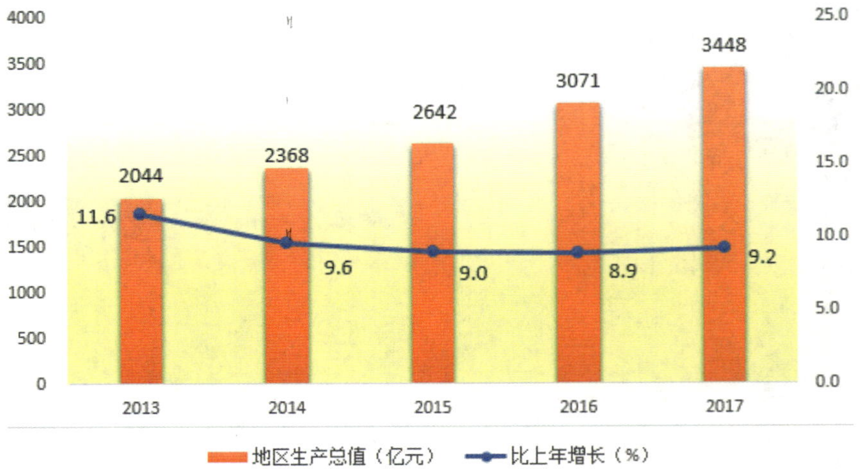

图 1 近 5 年来地区生产总值及其增长速度

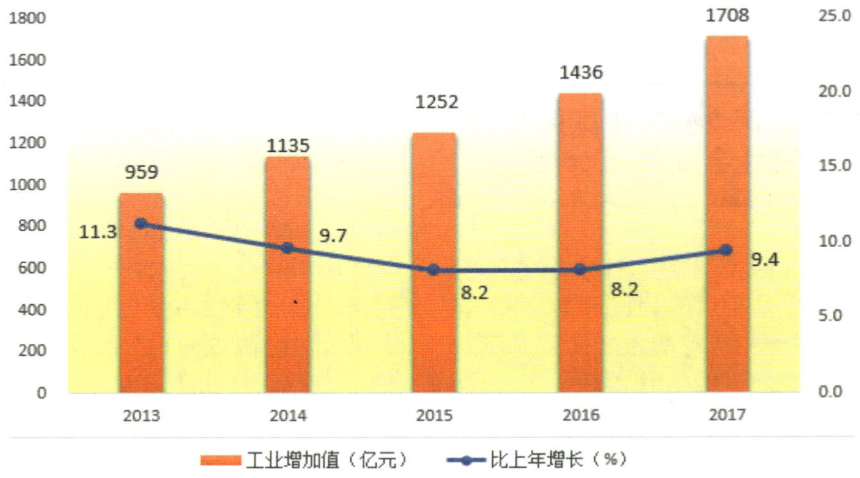

图 2 近 5 年来工业增加值及其增长速度

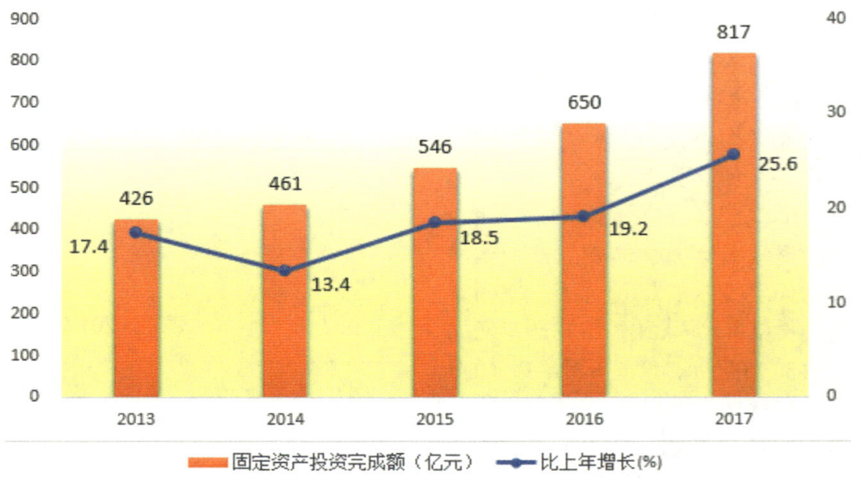

图 3 近 5 年来固定资产投资完成额及其增长速度

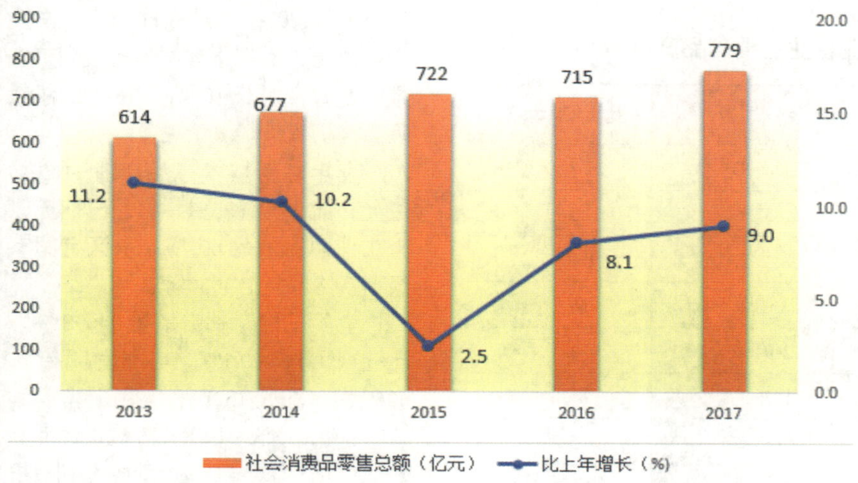

图4 近5年来社会消费品零售总额及其增长速度

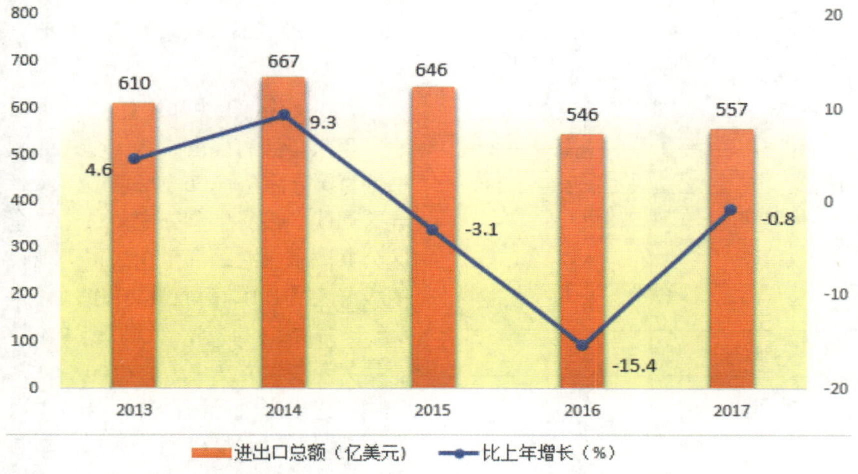

图5 近5年来进出口总额及其增长速度

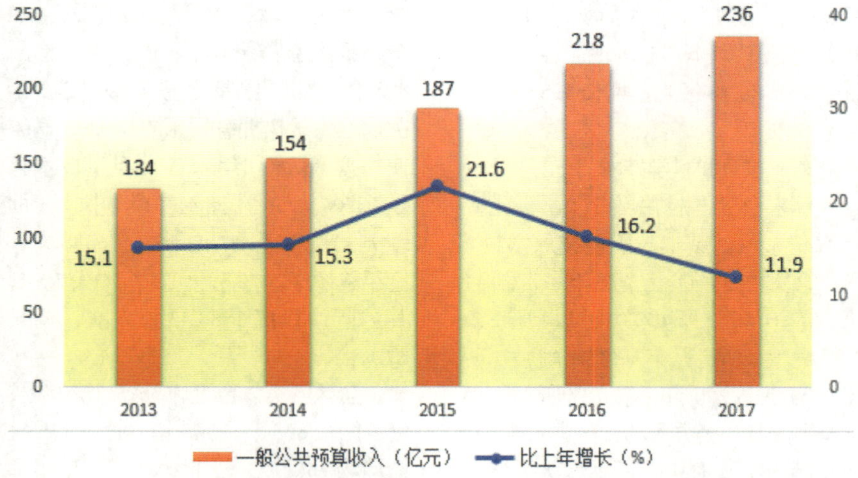

图6 近5年来一般公共预算收入及其增长速度

销售额555.37亿元，增长11.2%；住宿业营业额13.79亿元，增长11.2%；餐饮业营业额70.42亿元，增长4.9%。社会消费品零售总额779.06亿元，增长9.0%。

在限额以上批发和零售业商品零售额中，汽车类商品零售额175.94亿元，比上年下降0.7%；石油及制品类27.05亿元，增长4.9%；粮油、食品、饮料、烟酒类10.68亿元，增长15.0%；服装、鞋帽、针纺织品类12.60亿元，下降12.3%；日用品类8.45亿元，增长22.6%。

五、对外经济

全年进出口总额3770.99亿元，比上年增长1.7%，其中出口总额2456.70亿元，增长3.1%；进口总额1314.29亿元，下降0.8%。贸易顺差1142.41亿元。

全年新批外商直接投资项目296宗，比上年增长58.3%，协议（合同）外资金额9.62亿美元，下降17.1%。外商实际投资额4.82亿美元，增长48.9%

六、交通、邮电与旅游

全年货物运输周转量295.91亿吨公里，比上年增长2.9%，其中公路97.30亿吨公里，增长4.1%，民航8.23亿吨公里，增长6.3%，水运190.38亿吨公里，增长2.1%；旅客运输周转量447.77亿人公里，增长6.9%，其中公路31.40亿人公里，增长6.0%，民航416.05亿人公里，增长7.0%，水运0.32亿人公里，增长7.2%。

全年邮政业务总量3.16亿元；全年邮政国内汇款3.21亿元；年末邮政储蓄余额115.23亿元。电信业务收入（纳税收入）21.63亿元；固定电话用户70.71万户，下降4.1%；互联网宽带用户63.08万户，增长6.8%。

全区星级酒店13家。其中，五星级2家，四星级5家，三星级6家。

全年接待游客729.00万人次，比上年增长5.9%。过夜游客205.59万人

表 2　2017 年规模以上工业企业主要产品产量

产品名称	单位	绝对数	比上年（±%）
光电子器件	万只	4751286.83	37.7
电子元件	亿只	432.09	24.3
印制电路板	万平方米	2841.27	8.1
半导体分立器件	万只	155220	6.5
移动通信手持机（手机）	万台	2404.97	-14.8
家用吸尘器	万台	1276.80	-19.1
彩色电视机	万台	1665.43	-10.5
组合音响	万台	1448.17	-2.7
集成电路	万块	3792.03	20.8
数字激光音、视盘机	万台	1696.99	75.2
液晶显示器件	万片	7618.29	-53.7
复印和胶版印制设备	万台	255.94	-8.9
打印机	万台	48.23	50.4
啤酒	千升	362720.16	-14.3
电力电缆	千米	482335.27	50.4
服装	万件	833.02	-13.8
塑料制品	万吨	16.91	-0.6
表	万只	1485.09	5.8
自来水生产量	万立方米	42263.10	1.9

次，增长 5.5%，其中，接待过夜国内游客 178.83 万人次，增长 5.4%，过夜海外游客 26.76 万人次，增长 6.0%；一日游游客 523.41 万人次，增长 6.0%。

全年旅游总收入 35.98 亿元，增长 4.3%。其中，宾馆酒店收入 12.11 亿元，增长 5.0%；旅行社收入 2.87 亿元，增长 2.5%；景点收入 3.11 亿元，下降 0.8%。

七、财政和税收

全年国地税总收入 646.48 亿元，比上年增长 17.0%，其中税收收入 625.90 亿元，增长 17.0%。

全年一般公共预算收入 235.64 亿元，比上年增长 11.9%。一般公共预算支出 425.42 亿元，增长 31.4%。其中，公共安全支出 34.15 亿元，增长 38.4%；教育支出 68.59 亿元，增长 55.4%；医疗卫生和计划生育支出 29.17 亿元，增长 35.6%；社会保障和就业支出 36.18 亿元，增长 155.9%。

八、教育和科学技术

年末全区学校总数 511 所，比上年增长 6.9%。其中，职业技术学校 4 所（含民办 2 所），十二年一贯制 11 所，完全中学 7 所（其中民办 1 所），初级中学 3 所，九年一贯制学校 57 所（其中公办 20 所，民办 37 所），小学 58 所（其中公办 45 所，民办 13 所），幼儿园 369 所（其中公办含 7 所分园共计 16 所），特殊教育学校 1 所，教育基地 1 所。全年各类教育招生人数 10.80 万人，在校生 46.11 万人，毕业生 5.47 万人。年末各类学校教职工总数 4 万人，增长 10.8%，其中专任教师 2.71 万人。

全年高新技术产品产值 4169.16 亿元，比上年增长 11.4%，占规模以上工业总产值的 62.7%。全区有国家级高新技术企业 3030 家。

全年三种专利申请量 34698 件，比上年增长 29.1%。其中发明专利 6069 件，增长 15.5%；实用新型专利 17948 件，增长 31.2%；外观设计专利 10681 件，增长 34.6%。三种专利授权量 19910 件，增长 30.3%，其中发明专利授权量 1480 件，增长 16.1%；实用新型 10595 件，增长 23.6%；外观设计 7835 件，增长 44.3%。

九、文化、卫生和体育

年末全区有区图书馆 1 个，区图书馆直属分馆 8 个，街道图书馆 5 个，社区阅读中心及社区图书馆 83 个，全区公共图书馆总藏书量 377.36 万册；区级群艺馆 1 个，街道级文化馆（站）6 个，博物馆 14 个，影剧院 61 个。全年共开展各类文化活动 6100 场次，其中“送电影进社区”3780 场，“送文艺进社区进企业”200 场。全年获省级以上文化艺术奖项 18 项，其中国家级 7 项，省级 11 项。

年末全区共有医疗卫生机构 1102 个，比上年增长 15.3%，其中医院 22 个，卫生监督所 6 个，门诊部、诊所 893 个，社区健康服务中心 135 个。医疗卫生机构拥有病床 7980 张，病床使用率 86.7%。年末各类卫生技术人员 15704 人，增长 8.4%，其中执业（助理）医师 6154 人，注册护士 6358 人。全年总诊疗 2076.59 万人次，增长 7.5%，其中门诊诊疗 1888.43 万人次，增长 8.0%。

全区各类体育设施 3695 个。其中，健身路径 538 条、游泳馆（池）116 个、篮球场 752 个、足球场 51 个。全年举办群众性体育活动 5170 场次，参加人数 50 万人次。国民体质测试有效人数

表 3　2017 年进出口总额及其增长速度

指　标	绝对数（亿元）	比上年（±%）
进出口总额	3770.99	1.7
出口额	2456.70	3.1
其中：一般贸易	723.85	8.8
加工贸易	1522.77	-0.6
其中：机电产品	1922.33	2.7
高新技术产品	890.64	12.8
其中：内资企业	865.02	6.0
外商投资企业	1591.68	1.5
进口额	1314.29	-0.8
其中：一般贸易	391.45	5.5
加工贸易	870.80	-2.4
其中：机电产品	624.24	-36.8
高新技术产品	329.88	-51.0
其中：内资企业	350.21	-13.0
外商投资企业	964.08	4.5

表 4　2017 年对主要国家和地区进出口总额及其增长速度

国家和地区	出口额（亿元）	比上年（±%）	进口额（亿元）	比上年（±%）
香港	1026.27	0.8	5.57	-32.2
美国	514.59	13.4	112.09	10.5
欧盟	333.65	-0.2	81.55	8.3
日本	133.60	2.7	156.89	-2.3
东盟	122.88	-2.4	242.57	21.1
中东	36.40	-5.4	9.86	39.8
台湾	33.66	2.1	267.10	1.2

11179 人，达标率 92%。全年竞技体育获市级以上金银铜奖牌 537 枚，其中国际级 4 枚、国家级 71 枚、省级 113 枚。

十、城市建设、环境保护、安全生产

全年全区新建公园 4 个，公园总数达 173 个，其中社区公园 155 个，人均公园绿地面积 16.02 平方米 / 人，增长 1.3%。全区公共厕所 420 座，垃圾转运站 248 个，全年处理垃圾 213 万吨，增长 11.2%，其中采取卫生填埋处理的达 69.7 万吨，采取焚烧处理的 143.3 万吨，全区城市生活垃圾无害化处理率 100%。

全年环境空气质量 AQI 指数范围在 22 ～ 198 之间，空气质量优良天数合计为 298 天，空气质量优良率为 83.7%，比上年减少 3.4 个百分点。二氧化硫年平均浓度 9 微克 / 立方米，同比保持不变；二氧化氮年平均浓度 43 微克 / 立方米，下降 2.3%；可吸入颗粒物（PM10）平均浓度 66 微克 / 立方米，上升 11.9%；细颗粒物（PM2.5）平均浓度 36 微克 / 立方米，上升 5.9%。区域环境噪声平均等效声级均值 58.3 分贝；道路交通噪声平均等效声级均值 69.3 分贝。

全年各类生产安全事故共死亡 139 人。亿元地区生产总值生产安全事故死亡率为 0.02，比上年下降 36.2%。工矿商贸事故 61 宗，上升 3.4%；死亡 38 人，下降 24.0%；受伤 33 人，上升 106.3%。道路交通事故 420 宗，上升 53.9%；死亡 101 人，下降 15.1%；受伤 234 人，上升 17.6%；直接经济损失 119.19 万元，上升 10.0%。火灾事故 282 起，下降 2.7%；无人员死亡，受伤 1 人，直接经济损失 195.80 万元，下降 55.6%。

十一、人口、人民生活和社会保障

年末常住人口 314.90 万人，比上年末增加 13.19 万人，增长 4.4%；常住户籍人口 53.84 万人，增长 12.7%；常住非户籍人口 261.06 万人，增长 2.8%。户籍人口出生率 22.17‰，死亡率 1.58‰，人口自然增长率 25.59‰。

根据居民家庭抽样调查资料，全年城市居民人均可支配收入 48382.93 元，比上年增长 9.0%；居民人均消费性支出 33447.41 元，增长 8.2%，恩格尔系数为 31.6%。

年末各险种参保总人次达 1206.40 万人，比上年末增长 4.3%，其中养老保险 206.17 万人、医疗保险 288.01 万人、工伤保险 234.61 万人、失业保险 233.03 万人、生育保险 244.60 万人。

全年实缴各项社会保险费达 162.06 亿元，比上年增长 17.2%。其中，养老保险累计征收 112.25 亿元，医疗保险 34.97 亿元，失业保险 8.36 亿元，工伤保险 3.03 亿元，生育保险 3.45 亿元。

全年民政事业费1.45亿元，比上年增长13.3%。年末社区服务设施1486个，社会福利院1个，福利院床位数400张。城镇居民家庭最低生活保障标准900元/人月，增长12.5%。年末领取最低生活保障人数488人，发放最低生活保障金410万元，比上年增长5.7%。

全年受理治安案件34036宗，比上年下降22.7%；查处行政案件20633宗，下降4.0%；查处人数20405人，下降7.2%。全年刑事案件立案数11603宗，下降26.7%；破案数5132宗，下降2.6%。

注释：

[1] 本公报2017年数据为初步统计数。

[2] 个别数据因四舍五入的原因，存在着与分项合计不等的情况。

[3] 地区生产总值及各产业增加值绝对数按现行价格计算，增长速度按可比价格计算。由于国家实施研发支出核算方法改革，从2016年开始，GDP数据包含研发支出部分，之前年份不包含。

[4] 产业分类按照《三次产业划分规定》（国统字[2012]108号）执行。

[5] 物流业增加值的增长速度为现价增速，不考虑价格因素。

[6] 工业技术改造投资是指工业企业利用新技术、新工艺、新设备、新材料对现有设施、工艺条件及生产服务等进行改造提升，实现内涵式发展的投资活动。

[7] 规模以上工业企业指年主营业务收入达2000万元及以上的工业法人企业。限额以上批发业指年主营业务收入达2000万元及以上的批发企业。限额以上零售业指年主营业务收入达500万元及以上的零售企业。限额以上住宿餐饮业指年主营业务收入达200万元及以上的住宿餐饮企业。固定资产投资统计范围为500万元以上的投资项目（不含国防、军工），非房地产开发包括基本建设、更新改造和其他投资。

[8] 一般公共预算收入增速：剔除"营改增"和第五轮市区体制结算因素、非税收入影响因素，为可比口径。

[9] 社区公园：含政府投资、管理以及村建、村管的社区公园。

[10] 公共厕所为市政公园公厕、农贸市场公厕及加油站公厕，未包含商场公厕、医院公厕等。

[11] 养老参保人数为新口径：即报告期末参加职工基本养老保险，且有养老缴费记录（含当月缴费或历史缴费记录）的深户人员和停保3月及以内或缴费年限满10年的非深户人员。

[12] 民政事业费包含教育支出、社会保障、就业支出、医疗卫生与计划生育支出、住房保障以及其他支出。

[13] 邮政、电信、旅游、进出口、利用外资、财税、教育、科技、文化、卫生、体育、市政建设、环境保护、安全生产、社会治安、社会保障的数据来源于部门统计，其他数据来源于宝安区统计局。

宝安区各街道主要经济指标（1—12月）

区域	规模以上工业总产值		规模以上工业增加值		社会消费品零售总额		固定资产投资完成额		进出口总额	
	总量（亿元）	同比（±%）	总量（亿元）	同比（±%）	总量（亿元）	同比（±%）	总量（亿元）	同比（±%）	总量（亿元）	同比（±%）
全区	6647.50	9.5	1545.01	9.7	779.06	9.0	817.06	100.0	3770.99	1.7
新安	233.62	39.1	66.39	40.1	234.03	9.2	142.31	17.4	158.13	−0.12
西乡	595.65	7.9	135.83	9.7	126.66	8.6	129.04	15.8	355.33	−18.2
航城	370.54	2.1	77.25	7.0	67.06	8.3	43.88	5.4	166.37	−3.2
福永	357.33	4.9	95.28	12.1	48.89	9.0	66.25	8.1	284.20	−15.5
福海	1156.49	6.5	289.01	7.1	42.47	8.9	127.97	15.7	631.12	3.7
沙井	891.85	10.4	230.68	11.4	69.77	8.9	67.70	8.3	612.46	15.1
新桥	507.17	11.3	151.14	9.8	42.59	9.3	49.74	6.1	291.49	5.3
松岗	434.98	11.6	107.25	10.3	51.75	8.9	67.64	8.3	91.57	1.3
燕罗	573.10	8.3	141.32	6.9	31.19	8.8	72.14	8.8	240.74	−22.4
石岩	1526.78	11.5	250.86	9.2	64.65	9.2	50.39	6.2	556.28	9.8

注：全区进出口总额包括其他代理数据，所以存在各街道合计数不等于全区数的情况。

宝安区规模以上工业企业主要产品产量

指标名称	计量单位	本月数	1—12月累计	累计同比(±%)
1. 光电子器件	万只	1082107.28	4751286.83	37.7
2. 电子元件	亿只	43.63	432.09	24.3
3. 印制电路板	万平方米	265.89	2841.27	8.1
4. 半导体分立器件	万只	13821.00	155220	6.5
5. 移动通信手持机（手机）	万台	777.74	2404.97	−14.8
6. 电饭锅	万个	3.56	37.64	−22.5
7. 家用吸尘器	万台	630.22	1276.80	−19.1
8. 家用电热烘烤器具	万个	1.69	125.65	−70.5
9. 家用电风扇	万台	33.40	603.80	−31.3
10. 彩色电视机	万台	180.81	1665.43	−10.5
11. 组合音响	万台	167.21	1448.17	−2.7
12. 集成电路	万块	2294.28	3792.03	20.8
13. 数字激光音、视盘机	万台	168.95	1696.99	75.2
14. 半导体存储器播放器	万个	0.42	34.76	−29.5
15. 液晶显示器件	万片	520.18	7618.29	−53.7
16. 复印和胶版印制设备	万台	23.63	255.94	−8.9
17. 打印机	万台	5.88	48.23	50.4
18. 两轮脚踏自行车	万辆	0.33	7.76	−62.2
19. 家具	万件	8.37	97.86	−16.6
20. 啤酒	千升	19926.22	362720.16	−14.3
21. 电力电缆	千米	58835.00	482335.27	50.4
22. 服装	万件	50.36	833.02	−13.8
23. 塑料制品	万吨	1.55	16.91	−0.6
24. 表	万只	206.01	1485.09	5.8
25. 自来水生产量	万立方米	3622.31	42263.1	1.9

宝安区规模以上工业企业经济效益

指标名称	计量单位	1—12月累计	累计同比(±%)
企业单位数	个	2351	—
亏损企业	个	489	8.9
主要业务收入	万元	60647499	6.8
管理费用	万元	3896652	13.4
财务费用	万元	427248	435.6
利息支出	万元	248746	56.8
应交增值税	万元	784800	14.8
利润总额	万元	3099889	5.5
产成品	万元	3241230	7.4
应收账款	万元	16483403	16.3
资产总计	万元	55887260	7.6
负债总计	万元	30370768	3.3
总资产贡献率	%	7.9	0.17
资产负债率	%	54.3	−2.26
资产保值增值率	%	113.2	-8.29
工业成本费用利润率	%	5.3	−0.09
工业全员劳动生产率	元/人	167299	15.4
流动资产周转率	次	1.7	−0.02
工业产品销售率	%	95.7	0.43
工业经济效益综合指数	%	189.8	11.67

深圳市及各区主要经济指标对比（1—12 月）

指标名称		深圳	宝安	龙岗	福田	南山	罗湖	盐田	龙华	光明	坪山	大鹏
地区生产总值	总量（亿元）	22438.39	3448.36	3858.62	3820.56	4601.50	2161.19	585.49	2130.16	850.12	605.06	330.02
	同比（±%）	8.8	9.2	9.8	8.4	9.1	8.6	8.5	8.8	9.8	12.1	6.8
规模以上工业总产值	总量（亿元）	30702.65	6647.50	7940.34	850.27	5680.54	464.73	670.08	4239.48	2004.49	1640.72	519.38
	同比（±%）	9.9	9.5	13.8	1.5	8.4	−0.2	10.1	11.8	12.8	13.0	6.0
规模以上工业增加值	总量（亿元）	8087.62	1545.01	2240.65	150.61	1860.26	57.12	71.68	1134.48	441.89	350.02	208.49
	同比（±%）	9.3	9.7	12.0	2.2	7.1	0.7	2.6	12.0	13.2	14.2	4.5
固定资产投资完成额	总量（亿元）	5147.32	817.06	946.69	374.51	1096.76	228.98	148.65	618.27	371.56	377.66	77.66
	同比（±%）	23.8	25.6	24.0	24.8	23.5	24.2	21.3	24.9	22.8	26.8	5.2
社会消费品零售总额	总量（亿元）	6016.19	779.06	732.12	1817.51	803.87	1256.78	77.39	287.80	120.31	77.64	60.89
	同比（±%）	9.1	9.0	9.2	9.2	9.1	9.1	8.9	9.2	9.0	9.5	8.7
一般公共预算收入	总量（亿元）	3331.81	235.64	236.78	163.71	237.82	97.63	33.67	120.80	49.75	45.47	24.12
	同比（±%）	10.1	11.9	1.4	11.3	27.6	15.8	3.9	10.7	12.1	25.2	5.1
税收收入	总量（亿元）	—	625.90	628.30	1505.57	1325.05	489.85	76.87	386.55	126.67	106.15	65.40
	同比（±%）	—	17.0	3.6	7.6	30.3	6.1	−6.6	14.9	16.7	27.5	−0.02
出口总额	总量（亿元）	16533.57	2456.70	2346.72	2703.34	1984.68	1754.29	1424.11	2193.98	446.72	557.80	67.10
	同比（±%）	5.5	3.1	4.6	−11.4	14.9	14.2	26.1	8.1	2.6	0.7	49.7

注：1. 各区主要经济指标为各区公布数。
2. 深圳市 GDP、工业、固投、社零合计数包括深汕合作区数据。

宝安城区

宝安区 2017 年 1—12 月主要经济指标

指标名称	计算单位	1—12 月累计	累计同比（%）
1. 地区生产总值	亿元	3448.36	9.2
2. 规模以上工业总产值	亿元	6647.50	9.5
3. 规模以上工业增加值	亿元	1545.01	9.7
4. 固定资产投资完成额	亿元	817.06	25.6
5. 社会消费品零售总额	亿元	779.06	9.0
6. 一般公共预算收入	亿元	235.64	11.9
7. 一般公共预算支出	亿元	425.42	31.4
8. 税收收入	亿元	625.90	17.0
9. 进出口总额	亿元	3770.99	1.7
进口总额	亿元	1314.29	−0.8
出口总额	亿元	2456.70	3.1

注：1. 宝安区统计口径为（不含光明、龙华）数据，6—9 项指标分别由财政、税务、经促局提供。
2. 一般公共预算收入增速为可比口径，剔除“营改增”和第五轮市区体制结算因数、非税收入影响因素。

索引

说 明

1. 本索引按照主题词首字汉语拼音字母顺序排列。
2. 索引条目后的数字表示本书的页码；数字后的拉丁字母（a、b、c）分别表示该页码的左栏、中栏、右栏。
3. 本期的特载、大事记、人物、统计资料、附录等内容未作索引。

A

安监队伍与作风建设 ………… 243a
安监执法监察…………………… 241c
安全监管调研…………………… 229b
安全生产 ……………… 180c、189c
安全生产监督…………………… 241b
安全生产宣传教育……………… 242b
安全生产隐患督查督办………… 243a
安全生产应急管理……………… 242b
安全生产与企业文化…………… 183c
安全生产与信访维稳…………… 166a
安全生产与信访维稳…………… 232c
安全维稳工作…………………… 84c
安全专项整治…………………… 242a

B

八项支出情况…………………… 219b
百年合成号……………………… 79b
宝安"创意十二月" …………… 77a
宝安参展"2017物博会" ……… 76a
宝安参展第十九届"高交会" … 76c
宝安参展第十三届"文博会" … 74c
宝安参展第十四届"中国—东盟博览会" ……………………………… 75c
宝安产业集团…………………… 182a
宝安地标建筑…………………… 39a
宝安凤凰茶……………………… 77c
宝安概况…………………………36
宝安建设投资集团……………… 179a
宝安荔枝酒……………………… 78a
宝安率先在全省成立区级文艺志愿者协会……………………………… 73c
宝安芒叶粽……………………… 78c
宝安区城市学院规划建设……… 277c
宝安区行业龙头骨干企业选介… 161b
宝安区切块资金使用情况调查… 237c
宝安区土地整备中心移交项目… 175c
宝安人才园建设………………… 109a
宝安沙井蚝油…………………… 78a
宝安石岩沙梨…………………… 78b
宝安物产与品牌………………… 77c
宝安咸茶………………………… 77c
宝安月团………………………… 79a
宝安云片糕……………………… 79a
宝安在全省率先全面推进环保主任试点工作……………………………… 74a
宝牧总部园区项目推进………… 180a
宝图读者活动…………………… 259c
保供电工作……………………… 200c
保险……………………………… 212a
编印《宝安区政府投资项目审计办事指南》 ………………………… 238b
标准化建设……………………… 224b
标准化资助……………………… 229a
部队管理………………………… 155a
部门预算编制改革……………… 220c

C

财政……………………………… 219a
财政 税务 ……………………… 219c
财政规范管理…………………… 220c
财政和税收……………………… 42b
残疾人事业"十三五"计划…… 139a
残疾人文体活动………………… 141c
残联……………………………… 138
残联"三大活动品牌" ………… 139c
残联"三大调研" ……………… 139b
残联"四大服务体系"建立…… 140b
残联民生实事项目……………… 138c
残联组织建设…………………… 138c
曾氏大宗祠……………………… 264a
产业规划………………………… 213b
产业空间布局…………………… 248b
产业空间拓展…………………… 214b
产业链招商……………………… 217c
产业名城推介全球拓展………… 218b
产业政策………………………… 213a
产业转型升级促进……………… 101c
诚信建设………………………… 183a
城市更新工作…………………… 190a
城市更新计划与规划审查……… 190c

城市更新项目产业优先………… 191a
城市更新项目实施……………… 190c
城市更新政策体系编制………… 190b
城市管理……………………… 186a
城市管理综合执法……………… 188c
城市规划……………………… 167b
城市规划和建设………………… 164
城市环境品质提升……………… 187c
城市建设、环境保护与安全生产 43a
城中村综合整治………………… 187c
出口示范区建设工作推进……… 246a
出租屋安全隐患排查整治……… 192a
传销查处……………………… 227c
创新宝安……………………… 73a
创新创业……………………… 249a
创新审计整改…………………… 238a
创新要素汇聚…………………… 218a
创新政策体系…………………… 247c
创业带动就业…………………… 109c
慈善队伍建设…………………… 273c
慈善救助……………………… 273a
慈善募捐……………………… 272c
促进非公有制经济健康发展…… 134a

D

打假专项整治…………………… 227c
大空港新城建设………………… 181a
大空港新城开发………………… 181a
大气综合防治…………………… 194c
大统战工作格局构建…………… 94a
大要案·典型案………………… 227a
代表履职能力提升……………… 102c
代表履职平台拓展……………… 102c
档案史志……………………… 84b
党的建设和精神文明建设…………
286a、287c、289c、291c、293c、295b、298a、301a、303a、305c
党的十九大精神学习宣贯活动… 85a
党的十九大特别防护期工作…… 120c
党的十九大特别防护期应急工作 112a
党风廉政建设和反腐败工作…… 124
党风廉政建设和监督工作……… 126c
党管人才工作…………………… 89a
党建+360° 服务模式 ………… 131b
党外人士队伍建设……………… 94b
党校队伍建设…………………… 97b
党政主官任期经济责任异地交叉审计236b
道路“三防”工作……………… 205b
道路管养业务拓展……………… 179c
道路交通品质提升……………… 205a
道路养护管理…………………… 205a
地方税务……………………… 224a
地理环境……………………… 36a
地震安全示范社区创建工作…… 160c
第四季度新开工项目集中开工… 107a
第五届全国文明城市创建……… 93b
电信…………………………… 208b
电网规划建设…………………… 199a
电子商务监管…………………… 228c
东欧国家院士合作发展论坛…… 77a
动植物及其产品检验检疫……… 244a
督察督办……………………… 83c
督促重点工作落实……………… 101b
督学队伍建设…………………… 254c
队伍建设……………………… 223a
队伍与制度建设………………… 235c
队伍执法规范化建设…………… 146c
对德合作……………………… 214a
对外经济……………………… 42a

E

2017“宝博会”“智博会”“电博会”……………………… 75b
2017年宝安大事记……………………44
2017年宝安区民生实事三级责任分解及完成情况…………………………57
2017年全国双创周深圳活动暨第三届深圳国际创客周………………… 76a
2017智能制造产业国际合作发展”论坛…………………………… 77b
2017中德企业国际投资合作论坛 76b
恩斯迈电子（深圳）有限公司… 163c

F

发挥党派团体的作用…………… 123a
发挥界别优势作用……………… 123a
发挥企业家作用………………… 134c
法律援助……………………… 152b
法院…………………………… 149c
法院队伍建设…………………… 151a
法制建设……………………… 83b
法治…………………………… 142
法治宝安建设…………………… 143c
法治城区建设推进……………… 102c
法治建设……………………… 222c
法治信访、阳光信访、责任信访 98a
法治宣传……………………… 151c
房改政策执行…………………… 171c
房屋租赁服务管理……………… 194a
房源建设筹集…………………… 171b
非公经济人士成长……………… 133b
非物质文化遗产保护…………… 260c
风险管理……………………… 224b
风险管理和应急准备…………… 113a
凤凰古村落文化旅游集聚区…… 263a
凤凰山风景区…………………… 262c
扶贫劳务协作…………………… 110a
服务民生工程…………………… 165c
服务职工……………………… 129b
福海街道……………………… 292b
福永街道……………………… 290a

福永意库产业园启动改造……… 180b
妇联………………………………… 131c
妇联区域化建设…………………… 132c
妇女参政议政……………………… 132b
妇女儿童服务……………………… 132a
妇女儿童规划达标率领先全市… 132b
妇女权益维护……………………… 132a
富葵精密组件（深圳）有限公司 162b

G

改革创新推进……………………… 144a
改革推进…………………………… 83c
干部任后监督……………………… 102a
港澳侨台工作……………………… 94c
高污染行业集中入园……………… 195c
工程电子招标投标系统市区一体化 117c
工程招投标监管…………………… 173a
工会………………………………… 127a
工会创新工作……………………… 130a
工会干部和职工素质培训……… 128b
工会宣传…………………………… 129c
工会组织建设……………………… 127a
工商联……………………………… 133b
工商联（商会）组织建设……… 135c
工业………………………………… 161
工业产品检验检疫………………… 244b
工业废气治理……………………… 195a
工业和建筑业……………………… 41a
工业设计…………………………… 256b
工业园区整治行动………………… 227c
公安………………………………… 144b
公安消防宝安大队………………… 157a
公共机构节能……………………… 114c
公共建筑类项目…………………… 175b
公共配套设施完善………………… 191a
公共卫生…………………………… 267a
公共卫生与社区健康服务……… 267a
公共物业管理……………………… 177a
公共资源交易……………………… 115c
公共资源移交接收“四个同步” 177c
公交客运服务……………………… 205b
公交客运管理……………………… 205c
公平竞争维护……………………… 228b
公文办理…………………………… 82a
公务后勤保障……………………… 114a
公益慈善…………………………… 272b
公益性文化活动…………………… 260b
“公园之区”建设………………… 188b
公证服务…………………………… 152c
公职人员管理……………………… 111b
人事规范管理……………………… 111c
公职人员培训……………………… 111c
公职人员招考招聘………………… 111b
共青团……………………………… 130b
供电………………………………… 199a
供电安全生产……………………… 199b
供电服务…………………………… 199c
供水安全保障能力提升………… 180b
股份合作公司规范管理………… 234c
固定资产投资……………………… 106c
馆藏结构完善……………………… 258c
管海治渔工作……………………… 202a
管理创新…………………………… 215c
管理队伍建设……………………… 230c
广播电视宣传……………………… 257a
广播影视…………………………… 257a
广电安全工作……………………… 257c
广电基础设施建设………………… 257c
广东省先进模范人物……………… 308a
规划编制…………………………… 165a
规划建设管理……………………… 169b
规划建设信息宣传………………… 169b
规划设计品牌建设………………… 168b
规划设计人才培养………………… 168c
规划设计项目……………………… 167c
轨道交通建设……………………… 206c
国防动员…………………………… 154c
国海证券…………………………… 212c
国际合作交流培训………………… 276c
国际人才交流合作………………… 108c
国家税务…………………………… 222a
国民经济和社会发展……………… 39b
国企集团化改革…………………… 221a
国企运行总体情况………………… 221a
国泰君安…………………………… 212c
国土资源管理……………………… 164a
国有企业管理……………………… 231c
国有资产保值增值………………… 179b
国资监管…………………………… 221b

H

海岸与海洋资源…………………… 37c
海绵城市建设……………………… 194c
海上田园升级改造………………… 180a
海洋环境保护执法………………… 203a
海洋监察…………………………… 203c
海洋渔业…………………………… 202a
航城街道…………………………… 288a
蚝排安全隐患治理………………… 202c
“合力慈善”打造………………… 274a
和谐劳动关系建设………………… 110a
宏观经济与投资项目管理……… 106a
宏观统筹…………………………… 107a
后勤保障…………………………… 156b
环保督察整改……………………… 198b
环保法制宣传……………………… 197a
环保监管执法……………………… 196a
环保审批服务……………………… 195b
环保水务队伍建设………………… 197b
环保水务工程类项目技术审查… 195c
环保水务治理能力提升………… 197a
环保水政执法……………………… 196a

环保主任制度实施…………………… 196a
环境安全应急处置…………………… 196c
环境保护……………………………… 194b
环水智慧管控………………………… 198c
会务与公务安排……………………… 81c
惠科电子（深圳）有限公司…… 163b

J

“9·800·669工程”落实 …… 120b
机构编制和体制机制改革……… 90b
机构调整……………………………… 189c
机关安全生产工作…………………… 114b
机关工会工作………………………… 114c
机关食堂管理………………………… 114c
机关事务管理………………………… 113c
机要保密……………………………… 84a
基本公共服务………………………… 40a
基层党建工作………………………… 86c
基层图书馆服务……………………… 259b
基金管理……………………………… 182b
稽查创新……………………………… 225b
稽查队伍建设………………………… 225c
稽查执法办案………………………… 226c
稽查制度建设………………………… 225a
集贸市场管理………………………… 229c
集体资产监督管理 ………… 233b
集团化管理改革……………………… 182c
计划生育利益导向…………………… 275c
计划预算监督………………………… 102b
计生管理……………………………… 275c
计生惠民服务………………………… 275c
计生依法行政落实…………………… 276a
纪检 监察 ………………………… 124
纪检监察队伍与作风建设……… 126b
纪检监察干部队伍建设………… 126b
纪检监察体制机制改革………… 126a
技能人才“工匠工程” ………… 109a
技术性贸易措施调研……………… 245a
既有建筑纳管………………………… 172b
“绩效管理+廉政防控” ……… 224c
绩效管理……………………………… 83a
绩效审计……………………………… 237a
价格管理……………………………… 108a
监督工作……………………………… 102a
监管政策体系建设…………………… 233c
检察…………………………………… 147b
检察队伍建设………………………… 149b
检察工作新机制……………………… 148b
检验检测认证行业政策宣贯会… 245b
检验检疫……………………………… 244a
检验检疫队伍建设…………………… 246b
建设品质提升………………………… 171c
建议提案办理………………………… 235a
建筑安全管理………………………… 176a
建筑废弃物管理……………………… 173a
建筑工程督办与协调………………… 176b
建筑工程事务管理…………………… 176c
建筑科技应用………………………… 171c
建筑劳务市场管理…………………… 173b
健全审计质量控制体系…………… 238b
交通…………………………………… 204a
交通 邮政 电信 …………… 204
交通、邮电与旅游…………………… 42a
交通安全生产管理…………………… 206a
交通服务……………………………… 206c
交通规划……………………………… 204a
交通建设标准完善…………………… 206a
交通设施建设………………………… 204c
交通设施养护………………………… 205a
交通项目建设………………………… 182c
交通隐患整治………………………… 206b
交通运输安全监管…………………… 206c
交通执法……………………………… 205c
交易业务平台整合…………………… 115c
教师队伍建设………………………… 251c
教学培训……………………………… 96a
教育…………………………………… 250b
教育督导工作………………………… 252b
教育督导信息化……………………… 254b
教育改革创新………………………… 250c
教育干部队伍建设…………………… 252a
教育国际化与信息化………………… 252b
教育和科技…………………………… 42b
教育类政府工程项目………………… 173c
教育系统采购管理改革推动…… 118c
教育质量监测………………………… 254b
街道…………………………………… 284
节能减排统筹………………………… 107b
节能宣传活动………………………… 107c
金融…………………………………… 210
经济发展与社会事业a …………
213、238、284a、286b、288b、290a、292b、294b、296a、298c、301c、303b
经济综合管理………………………… 226
精品创作……………………………… 257b
精准扶贫……………………………… 201b
精准招引……………………………… 217b
警务改革……………………………… 145b
竞技体育……………………………… 267c
就业创业服务………………………… 109b
就业创业政策………………………… 109b
居民收入与消费……………………… 278c
居民收支与消费者权益保护…… 278c
卷烟销售……………………………… 215a
决策咨询……………………………… 97a
军事…………………………………… 154
军事训练……………………………… 156a
科技…………………………………… 247a
科技 教育 ……………………… 247
科技“一带一路”与粤港澳大湾区创新论坛……………………………… 77a

K

科技创新服务…………………… 248a
科技队伍建设…………………… 249c
科技惠民……………………… 249c
科技计划项目…………………… 249b
科学化规范化管理……………… 113c
科研课题……………………… 96b
空港建设工作创新……………… 181b

L

垃圾减量分类工作……………… 189b
劳动技能竞赛和劳模工作……… 128c
劳动人事争议仲裁……………… 111a
劳动用工诚信评价机制………… 111a
劳动用工监管…………………… 110b
劳动争议调解组织建设………… 111a
劳资纠纷应急处置……………… 110c
劳资纠纷预警防范……………… 110a
老干部和保健工作……………… 89c
老旧电梯更新…………………… 227b
理论宣讲……………………… 96a
历史人文资源发掘……………… 93a
历史沿革……………………… 36a
"利剑"专项行动……………… 244c
联谊工作……………………… 123a
廉政建设……………………… 183c
廉政宣传和教育预防…………… 125c
练兵备战……………………… 154c
临海用海项目监管……………… 203a
领导干部经济责任审计………… 237a
楼栋长队伍建设………………… 193c
旅游…………………………… 261a
旅游开发……………………… 261a
旅游资源……………………… 37c
履行企业社会责任……………… 209c
律师服务与管理………………… 152c
绿色低碳发展…………………… 200b
绿色建筑发展…………………… 172a

M

美协成果……………………… 137b
民办教育……………………… 251b
民防行政审批…………………… 160b
民防行政执法…………………… 160c
民防宣传教育…………………… 160c
民防重点工程建设……………… 160c
民商事审判……………………… 150a
民生计量工作…………………… 228c
民生培训示范区………………… 277b
民生实事…………………………57
民生支出……………………… 219b
民政…………………………… 269a
民政队伍建设…………………… 272a
民主监督 ……………………… 121b
民族宗教工作…………………… 95a
母亲文化节活动………………… 132a

N

年度国民经济计划执行………… 106a
年度协商计划制定……………… 122b
"凝聚"青年心向党…………… 130b
农副产品民生保障……………… 232b
农贸市场体制改革研究………… 231a
农业 ……………………… 41a、201
农业和海洋渔业………………… 201
女性岗位建功成长成才………… 132b
女性社会组织发展……………… 133a

P

排水"一张网"管理新格局形成 179c
盘活土地资源…………………… 165b
培育社会主义核心价值观……… 93a
配合抓扶贫工作………………… 121a
配合抓规划和智慧管理工作…… 121a
配合抓治水工作………………… 121a
平安宝安建设…………………… 142c
平安保险深圳分公司宝安支公司… 212b

Q

企业标准化建设………………… 241c
企业服务……………………… 214b
企业管控模式创新……………… 232c
企业经营管理…………………… 180c
企业培育……………………… 214a
企业文化建设…………………… 208a
气候…………………………… 36b
强区放权落实…………………… 164a
禽流感防控……………………… 229b
青少年志愿服务………………… 130c
区本级预算执行情况和其他财政收支审计………………………… 236c
区属国企集团化管理改革启动… 179b
区属国有企业审计……………… 237b
区政协委员"直通车"………… 122a
区直机关党务工作……………… 81a
区重点、重大、民生项目交易任务…117a
全国第十三届打工文学论坛…… 77b
全国社区教育数字化学习联盟落户宝安……………………………… 74a
全国首家区校共建未来教育体验中心揭牌……………………………… 74b
全国先进模范人物……………… 307a
"全国助残日"系列活动……… 141a
全民健身……………………… 267c
全区公共图书馆服务网络……… 258b
全区廉政暨审计工作会议……… 236a
全市首家街道级社区党校成立… 73a
群众团体……………………… 127

群众文化活动…………………… 255a
群众文化活动…………………… 260a
群众性文明创建活动…………… 93b

R

燃气安全管理…………………… 172c
燃气供应保障…………………… 172c
人才队伍建设…………………… 108b
人才精准服务…………………… 109a
人才资源开发…………………… 108b
人居环境………………………… 186
人口……………………………… 37b
人口管理………………………… 108a
人口与计划生育………………… 275
人民防空………………………… 160
人民生活和社会保障…………… 43b
人民调解………………………… 152a
人事任免………………………… 102a
人事制度改革…………………… 111b
人物……………………………… 307
融媒体建设……………………… 257c

S

"三防"工作…………………… 196b
"三年大变样"行动计划……… 107a
"三年大提升"行动计划……… 107a
"三同"工程"逐一帮扶"培训… 245a
"三无"船舶和"绝户网"清理整治……………………………… 202a
"三项底线保障"推进………… 139c
"三资"清产核资……………… 234b
森林资源建设管理……………… 189b
沙井蚝壳屋（江氏大宗祠）…… 263b
沙井街道………………………… 294b
商贸……………………………… 213
商事主体监管…………………… 228a
商业……………………………… 214c
社保……………………………… 274c
社保创新………………………… 275a
社保待遇………………………… 274c
社保稽核………………………… 274c
社保征缴………………………… 274c
社会安全维护…………………… 144c
社会大局稳定维护……………… 142a
社会面动态管控和治安管理水平提升 ………………………………… 146a
社会生活………………………… 269
社会事务………………………… 271c
社会事业管理…………………… 107c
社会综合治理…………………… 150b
社会组织………………………… 270c
社区"会改联"全覆盖………… 132c
社区"两委"换届……………… 86a
社区公共资源规划和设计审核移交177c
社区建设…………………………… 270a、285b、287a、288c、290c、294c、296c、300b、304b
社区建设与综合治理…………… 293a
社区健康服务…………………… 267b
社区矫正和安置帮教…………… 153a
社区教育………………………… 276c
社区救助………………………… 269a
社区微巴………………………… 205c
社区治理………………………… 302a
涉农管理………………………… 201a
摄影活动………………………… 137c
深度服务辖区重大项目建设…… 246a
深化联络站创建工作…………… 123b
深圳（宝安）劳务工博物馆…… 264c
深圳创维-RGB电子有限公司… 161b
深圳农村商业银行……………… 211b
深圳市第十三届外来青工文体节… 260c
深圳市第十四届鹏城金秋文化艺术节 ………………………………… 260c
深圳市华讯方舟科技有限公司… 161c
深圳市首个制造业创新中心在宝安启动……………………………… 73a
深圳市西海岸海上田园风光旅游区261b
深圳首家母胎医学研究所落户宝安 73c
深圳喜嫁礼饼…………………… 79a
深圳质量建设…………………… 107b
审计……………………………… 236a
审计及历史遗留工程项目……… 175c
审计计划首次纳入全省统一管理 236a
审计培训………………………… 238c
审计新闻信息宣传……………… 238c
审判管理………………………… 150b
生态文明建设…………………… 40b
生态文明示范区创建…………… 195b
圣安娜饼屋（深圳）有限公司通过香港食环署巡查………………… 245c
施工安全监管…………………… 172b
石岩街道………………………… 303b
实有人口信息采集……………… 192a
食品安全监管…………………… 243b
食品与化妆品检验检疫………… 244b
食品与药品监督管理…………… 243b
食盐安全管理…………………… 217a
食盐安全体系机制完善………… 216b
食盐安全宣传…………………… 216c
示范区公共检测平台授牌……… 245b
市场安全生产…………………… 230a
市场管理服务…………………… 230b
市场和质量监管宣传…………… 229b
市场监督管理…………………… 226a
市场经济发展…………………… 230a
市场重点工作…………………… 230c
市容环境提升…………………… 186a
市政工程建设…………………… 173c
市政类政府项目………………… 174c
首推原产地证书"企业自主制证"模式……………………………… 245c

首宗土地合作开发类项目完成… 118b
书协活动………………………… 137a
数据化管事模式改革…………… 224a
数字图书馆服务………………… 258c
“双宜小村”建设……………… 187b
“双拥”工作…………………… 156c
双拥优抚………………………… 271a
水环境综合整治………………… 197c
水田与燕川产业统筹片区更新… 180b
水务……………………………… 197b
水务工程安全管理……………… 196c
水资源管理……………………… 198b
税收分析强化…………………… 222b
税收改革………………………… 222b
税收突破600亿元大关 ………… 161a
税收宣传与纳税服务…………… 225b
税收质量优化…………………… 222a
税务……………………………… 222a
税务稽查………………………… 225a
司法队伍建设…………………… 153c
司法改革………………………… 150c
司法行政………………………… 151c
思想建设………………………… 101a
思想政治建设…………………… 155c
松岗街道………………………… 298c
诉讼监督………………………… 148a
素质教育………………………… 250c

T

太平洋财产保险深圳分公司宝安支公司………………………………… 212b
桃花源科技企业孵化器………… 183b
特别防护期安全………………… 227b
特区一体化建设………………… 107a
特色宝安…………………………57
特载……………………………… 1
特种设备监察…………………… 227a
提案工作………………………… 121c
体育……………………………… 267c
体育产业………………………… 268a
体育赛事………………………… 267c
体制改革………………………… 40b
调研视察工作…………………… 101b
停车场建设推进………………… 107c
统计……………………………… 239
统计队伍建设…………………… 241a
统计法治建设…………………… 240b
统计服务………………………… 240a
统计数据质量提升……………… 239b
统战工作与港澳侨台事务……… 94b
投资和消费……………………… 41b
投资增速创新高………………… 161a
图书馆…………………………… 258a
图书馆业务培训与行业促进…… 259a
土地规划事权工作……………… 167b
土地整备开发…………………… 169c
土地整备制度建设……………… 169c
团结联谊………………………… 123c

W

外事工作………………………… 82c
网格队伍建设…………………… 193b
网格化管理工程………………… 191c
网格化智慧管理………………… 143b
网格排查整治…………………… 192b
网格信息化建设………………… 193a
网格综合管理…………………… 191c
网络建设………………………… 208c
危化企业监管…………………… 242a
违法建筑查处…………………… 166a
查违攻坚………………………… 167a
违法建筑空间管控与土地整备利益统筹专项行动………………… 170c
违法食盐商家查处……………… 216b
违建“减存量”落实…………… 166c
违建管治专项行动……………… 167a
维权维稳和困难帮扶…………… 128c
伟创力电子设备（深圳）科技有限公司………………………………… 163c
委员队伍建设…………………… 120a
卫生……………………………… 265a
卫生 体育 ……………………… 265
卫生类政府项目………………… 174c
卫生资源………………………… 265b
位置与面积……………………… 36a
文化……………………………… 255a
文化 旅游 ……………………… 255
文化、卫生和体育……………… 42c
文化板块实现盈利……………… 182c
文化产业………………………… 256a
文化产业扶持…………………… 256b
文化服务 ……………………… 256a
文化设施建设与文化活动……… 92c
文化艺术馆……………………… 260a
文联……………………………… 136a
“文明城市”创建……………… 140c
文明城市创建任务……………… 120c
文体旅游审批改革与监管执法… 256c
文体旅游阳光政务……………… 256c
文体设施建设…………………… 267c
文物保护………………………… 257a
文物保护与开发利用…………… 257a
文物开发利用…………………… 257a
文献借阅………………………… 258c
文艺精品创作…………………… 256a
文艺精品创作…………………… 92c
文艺品牌提升…………………… 138b
污水管网建设…………………… 198a
武警宝安中队…………………… 155c
物业行业管理…………………… 172c

X

西湾红树林湿地公园…………… 263c
西乡街道……………………………… 286b
戏曲成果……………………………… 137a
线下宣传……………………………… 257b
项目推进……………………………… 182a
消防队伍管理创新………………… 158a
消防队伍建设……………………… 157b
消防岗位练兵……………………… 157c
消防后勤保障……………………… 158c
消防职业化………………………… 160a
消费者权益保护…………………… 278c
小型建设工程招标系统开发启用 118a
校园文化建设……………………… 97b
协商议政……………………………… 122c
协同创新机制推进………………… 248a
欣旺达电子股份有限公司……… 162c
新安街道……………………………… 284a
新能源汽车充电桩建设………… 107b
新桥街道……………………………… 295c
新设街道办公和业务用房调配… 178a
新闻信息工作……………………… 82b
行政办公用房调配………………… 178b
行政区划……………………………… 38a
信访工作……………………………… 97c
信访工作机制完善………………… 99b
信访和提案议案处理…………… 191b
刑事检察……………………………… 147c
刑事审判……………………………… 149c
兴英科技（深圳）有限公司…… 162b
宣传队伍建设……………………… 93c
宣传工作……………………………… 91b
宣传培训……………………………… 235a
宣传文化体育发展专项资金…… 93a
学科和人才队伍建设…………… 265c
学前教育……………………………… 251a
学习宣传党的十九大精神 …… 91b
学校与学位建设…………………… 250c
循环经济与节能减排…………… 107b
烟草专卖……………………………… 214c

Y

“1+7”专项行动 ………………… 85b
107国道宝安段市政化及禁限货 … 206a
严控违建“零增量” …………… 166b
盐业市场管理……………………… 216a
盐业专卖……………………………… 216a
燕罗街道……………………………… 301b
扬尘污染整治……………………… 194c
羊台山森林公园风景区………… 261c
阳光检务……………………………… 149a
养老事业……………………………… 271a
药品安全监管……………………… 243c
医疗服务……………………………… 266a
医疗服务与管理 ………………… 266a
医疗行业监管……………………… 266b
医药体制改革……………………… 266c
壹方城………………………………… 39a
宜居与文明创建活动…………… 193a
移动源及面源整治………………… 195a
义务教育均衡发展督导………… 253b
艺术展出活动……………………… 137c
异地交叉审计……………………… 237c
意见建议督办……………………… 103a
意识形态和理论武装工作……… 91c
音协成果……………………………… 137a
银行…………………………………… 210a
银企互联”系统大额资金监管… 234b
应急处置……………………………… 112c
应急管理……………………………… 112a
应急宣教培训……………………… 113b
应急值守和信息报送…………… 112b
永兴桥………………………………… 264b
用电安全监控系统………………… 241b
优化纳税服务……………………… 223a
优化提升营商环境………………… 107a
邮政…………………………………… 207a
邮政窗口规范化…………………… 207c
邮政业务发展……………………… 207a
渔船检验……………………………… 203b
渔业违法行为查处………………… 203a
舆情应对处置……………………… 92a
预案管理和应急演练…………… 112c
园区循环化改造…………………… 107b

Z

责任督学挂牌督导………………… 253a
责任信访落实……………………… 98c
招才引智活动……………………… 108b
招商服务……………………………… 218c
招商统筹……………………………… 217a
招商宣传推介……………………… 217c
招商选资……………………………… 217c
招商引资……………………………… 217
招商证券……………………………… 212c
征兵工作……………………………… 155b
整体交易服务水平提升………… 116c
整体交易规范……………………… 116b
整体交易信息化水平提升……… 116c
正本清源工程……………………… 198a
证券…………………………………… 212c
政策研究……………………………… 82c
政党协商……………………………… 94a
政法…………………………………… 142a
政法队伍建设……………………… 144a
政府采购项目诚信履约抽检…… 118b
政府储备粮管理…………………… 108a
政府工程管理……………………… 176a
政府投资项目审计………………… 237b
政府物业安全培训与演练……… 178c
政府物业安全生产管理………… 178c

政府物业产权管理……………… 178a
政府物业城市更新和拆迁补偿… 178a
政府物业经营管理……………… 178b
政府重点项目建设……………… 180b
政务服务……………………… 84b
政务服务改革…………………… 228a
政务新媒体宣传………………… 92b
政协机关网格化管理工作……… 120c
政协机制建设…………………… 121b
政协落实包案任务……………… 121a
政协落实黑臭水体治理和河长制工作120c
政协信息工作…………………… 122a
政治建设………………………… 43b
政治协商………………………… 120b
知识产权资助…………………… 229a
执行工作………………………… 150a
执纪审查和巡察工作…………… 125a
执勤战备………………………… 155c
职工文体活动…………………… 129a
职务犯罪查办与预防…………… 148a
职业病危害专项治理…………… 242a
职业成人教育…………………… 251a
职业培训………………………… 276b
职业培训项目督查评价………… 278b
职业培训助力产业升级………… 277c
志愿者服务……………………… 259a
志愿者服务及扶贫助学公益活动 239a
制度建设 ………179a、183a、101b
制造强区建设…………………… 214a
质量安全维护…………………… 244c
质量强区战略…………………… 229a
治理劳资纠纷试验区建设……… 127c
治水统筹机制建立……………… 197c
“智慧安监”系统建设………… 241b
智慧宝安管控指挥中心及各分中心高效运营……………………… 180a
智慧宝安建设…………………… 83a
智慧宝安项目评审……………… 249b
智慧城管”建设………………… 188c
智慧市监建设…………………… 228a
智慧统计建设…………………… 240a
智慧物管”建设………………… 177b
智能交通建设…………………… 206b
中德（欧）交流合作…………… 218c
中共宝安县“一大”会议旧址… 264b
中国工商银行深圳宝安支行…… 210c
中国建设银行深圳宝安支行…… 211a
中国农业银行宝安支行………… 210a
中国人民财产保险股份有限公司深圳市分公司宝安支公司………… 212a
中国银行宝安支行……………… 210a
中欧协同创孵高峰论坛………… 77c
中小学、幼儿园和社区教育综合督导253b
中心区规划建设………………… 169a
中心区规划设计………………… 169a
中心区开发建设………………… 169a
种植业…………………………… 201a
重大项目建设…………………… 106c
重大项目建设推动……………… 101c
重大项目推进…………………… 232a
重大政策措施落实情况跟踪审计 236b
重点行业领域治理……………… 242c
重点片区建设…………………… 39c
重点群体就业…………………… 109c
重点项目土地整备……………… 170a
重要展会和论坛………………… 74c
重要政务活动保障到位………… 113c
主流媒体正面宣传……………… 92a
主体责任和监督责任…………… 124c
助出口木制品企业应对美国新规 245b
助定点扶贫村建设美丽乡村…… 191b
助力安保维稳…………………… 192c
助力宝安打造网络强区………… 209b
助力宝安信息化建设…………… 209a
助力街道、国企发展…………… 118c
助推企业转型升级与创新发展… 95c
住房保障和建设管理…………… 171a
住房保障制度建设……………… 171b
住房建设综合服务……………… 173b
住房租售和后续管理…………… 171c
住宅建设“互联网+政务服务”推进 167a
专卖管理………………………… 215a
专题视察………………………… 121b
专题调研………………………… 122b
专项资金管理…………………… 234a
“转作风、大调研” ……237c、235b
自身建设………………………… 111c
综合管廊建设…………………… 172a
综合监管服务…………………… 233c
综合文稿服务…………………… 82a
综合治理……………………………
285c、287b、289a、291b、295b、297b、300c、302b、305a
“总分馆制”建设……………… 258b
组工干部能力建设……………… 91a
组织（人事） 工作 …………… 85c
组织建设………………………… 101a
作风建设和行政问责…………… 125b
作协成果………………………… 136c